Jenaer Beiträge zur Romanistik 2

Herausgegeben von
Claudia Hammerschmidt
und Rainer Schlösser

Corinna Ortuño Stühring

Die Kritik der Gegenwart

Eine systematische Analyse deutsch-französischer Literaturkritik am Beispiel von Michel Houellebecq und Günter Grass

AVM.edition

Corinna Ortuño Stühring:
geboren 1983 in Karl-Marx-Stadt (Chemnitz)
verheiratet
2000–01: Auslandsaufenthalt in Frankreich
2003: Abitur
2003–11: Studium Romanistik/ Politikwissenschaft (MA und Lehramt), Jena
2009–12: Promotion
2011: Lehrtätigkeit Universität Jena
2011–13: Referendariat in Jena

Bibliografische Information der Deutschen Nationalbibliothek

Die Deutsche Nationalbibliothek verzeichnet diese Publikation in der Deutschen Nationalbibliografie; detaillierte bibliografische Daten sind im Internet über http://dnb.d-nb.de abrufbar.

AVM - Akademische Verlagsgemeinschaft München 2013

Printed in Germany

Gedruckt auf chlorfrei gebleichtem, säurefreiem und alterungsbeständigem Papier (ISO 9706)

ISBN 978-3-95477-002-1

Verlagsverzeichnis schickt gern:
AVM - Akademische Verlagsgemeinschaft München
Schwanthalerstr. 81
D-80336 München

www.avm-edition.de

Inhalt

Literaturkritik in der Kritik. Vorwort zur systematischen Analyse deutsch-französischer Literaturkritik von Corinna Ortuño Stühring

Die Literaturkritik ist ein innerhalb der deutschsprachigen Literaturwissenschaft nur am Rande behandeltes Gebiet. Trotz ihres Bestehens seit der Antike haben es Literatur- und Medienwissenschaft wie auch der Journalismus bis heute weitestgehend unterlassen, eine systematische Darstellung ihrer Kriterien zu liefern und ein Analyseraster zu entwickeln, das es jenseits historisch wandelbarer Werteskalen und subjektiver Geschmacksbildung gestatten würde, allgemeingültige Kategorien der Literaturkritik zu entwickeln und also Literaturkritik ihrerseits zum Gegenstand der wissenschaftlichen Analyse zu machen.

Die vorliegende Studie von Frau Ortuño Stühring, die aus ihrer Dissertation an der Friedrich-Schiller-Universität Jena hervorgeht, verfolgt nun die Absicht, eben diese Lücke zu schließen und eine ‚Kritik der Kritik' zu liefern, die sich jenseits präskriptiver, aber auch jenseits impressionistischer Ansätze verortet. Ziel der Arbeit ist es, durch die wissenschaftliche Analyse eines nach strikten Selektionsmechanismen etablierten Rezensionskorpus die Literaturkritik zu relegitimieren und einen wissenschaftlich fundierten Ansatz für die systematische Analyse von Literaturkritik zu entwickeln. Darüber hinaus wird zudem die Rezeption der beiden – in Bezug auf quantitative Rezeption und Übersetzung – erfolgreichsten Autoren der Jahrtausendwende in Deutschland und Frankreich (Günter Grass und Michel Houellebecq) sowohl im eigenen als auch jeweils anderen Land skizziert, das divergierende Perzeptionsmuster dieser Rezeption untersucht und die Entwicklung des deutsch-französischen Literaturtransfers bzw. der deutschen „Literaturkritik" und der französischen „critique littéraire" vorgestellt.

Insofern lässt sich auch von einem dreiteiligen Anliegen vorliegender Untersuchung sprechen: Richtet sich das Hauptziel der Untersuchung auf den Versuch, einen wissenschaftlichen Ansatz zur Analyse von Literaturkritik entwickeln, wird auch die literaturkritische Rezeption eines deutschen und eines französischen Erfolgsautors sowohl in Frankreich wie auch in Deutschland und also die Wahrnehmung der Literatur des jeweiligen Nachbarlandes untersucht und zum dritten das Konzept von Literaturkritik sowie die Mechanismen des Literaturtransfers zwischen beiden Ländern dargestellt.

Nach einem einführenden Abriss über die Entwicklung der Textkritik (mit Schwerpunkt auf Deutschland), der klaren Exposition von Vorgehensweise und Fragestellung (die gleichzeitig einen Forschungsbericht über die wenigen Studien zum Thema „Literaturkritik“ enthält) sowie der Legitimation des Textkorpus (Kapitel 1) stellt das zweite Kapitel Konzepte sowie den Stand des deutsch-französischen Literaturtransfers zur Zeit der Jahrtausendwende vor. Dieser wird zeitlich auf die Dekade 1995 bis 2005 und medial auf Printmedien beschränkt, genauer gesagt auf jeweils drei deutsche und drei französische überregional erscheinende Tageszeitungen unterschiedlicher politischer Ausrichtung: für Deutschland auf die *Frankfurter Allgemeinen Zeitung*, die *Frankfurter Rundschau* sowie die *Süddeutsche Zeitung*, für Frankreich auf *Le Figaro*, *Le Monde* und *Libération*. Hinsichtlich der berücksichtigten Primärliteratur konzentriert sich die Autorin für Grass auf *Ein weites Feld* (1995), *Mein Jahrhundert* (1999) sowie *Im Krebsgang* (2002), für Houellebecq auf *Les particules élémentaires* (1998), *Lanzarote* (2000), *Plateforme* (2001) und *La possibilité d'une île* (2005). Durch die Wahl unterschiedlicher, aber vergleichbar wichtiger und verbreiteter Tageszeitungen kann im Folgenden der Frage nachgegangen werden, ob grundsätzliche landesspezifische Unterschiede in der Rezeption der beider Schriftsteller auszumachen seien und ob sich durch die Analyse der Rezeptionen Gründe für die Quantität der Rezeption gerade von Grass und Houellebecq erkennen ließen.

Insofern sind die Ausgangsfragen von vorneherein mit Fragen nach Implikationen des Literaturtransfers als einer Domäne des Kulturtransfers verknüpft. Nach einem kurzen Überblick über „Kultur- und Literaturtransfer in der Wissenschaftstheorie“ (vgl. 2.1.1) sowie einer knapp, aber präzise gefassten Auseinandersetzung mit dem im deutsch-französischen Kontext so wichtigen Begriffspaar „Kultur“ und „Zivilisation“ stellt die Autorin mit Lüsebrinks Modell des Kulturtransfers fünf Formen kultureller Rezeption vor, von denen sie (neben dem Kommentar als Literaturkritik und insofern dem Gegenstandsbereich ihrer Arbeit) v.a. die Übertragung bzw. Übersetzung herausgreift, um sie für ihr Konzept von Literaturtransfer nutzbar zu machen. Ausgehend von der insbesondere durch Walter Benjamin aufgeworfenen Frage nach der „Aufgabe des Übersetzers“, durchaus das Fremde in der Übersetzung stehen zu lassen, betont sie immer wieder die Gefahr der stereotypen Darstellung der Fremdkultur, was sich durchaus auch in der Selektion sowie der literaturkritischen Darstellung der in Frankreich oder Deutschland übersetzten literarischen Texte des Nachbarlandes niederschlage. Die hier auch quantitativ argumentierende Auseinandersetzung mit ‚Tendenzen des deutsch-französischen Literaturtransfers‘ (vgl. 2.2.2) kommt schließlich zu dem

Schluss, dass sich insgesamt die französische Rezeption deutscher Literatur vor allem am Klischee ‚deutscher Schwermut' und ‚Tiefgründigkeit' orientiert habe und man von einem „regelrechten Voyeurismus" für die Verarbeitung der deutschen Geschichte sprechen könne, der durch den Mauerfall 1989 nur noch verstärkt worden sei; in Deutschland wiederum herrsche die Vorstellung von der französischen als einer ‚frivolen' Literatur vor. Für beide Länder lasse sich jedoch insgesamt ein Rückgang der Rezeption von Literatur des jeweiligen Nachbarlandes und stattdessen ein Anwachsen der Rezeption angelsächsischer Literatur feststellen.

Im Anschluss an diese allgemeinen und statistisch unterfütterten Aussagen setzt sich die Studie nun mit dem Begriff der Literaturkritik auseinander (Kapitel 3). Aufbauend auf den Ergebnissen des vorausgehenden Kapitels stellt Ortuño Stühring zunächst die zwei Stufen des Transfers heraus, die Literaturkritik insbesondere bei der Rezeption eines Textes aus einem anderen Kulturkreis abdecken müsse: zum einen den Transfer auf der Metaebene, indem ein Text rezensiert würde, der dem Leser der Kritik in der Regel noch nicht bekannt sei; darauf folgend dann im Idealfall ein weiterer Transfer auf der Objektebene, der erst durch die Lektüre des rezensierten Textes zustande käme. In jedem Fall aber nähme die Literaturkritik die Rolle eines Vermittlers im Transferprozess ein. Daher sei es auch besonders wichtig zu berücksichtigen, dass Literaturkritik und „critique littéraire" durchaus andere Schwerpunkte setzten. Hierauf folgt dann ein Rückgriff auf die historische Entwicklung in Deutschland und Frankreich, wo Literaturkritik bis heute nicht scharf von Literaturwissenschaft getrennt ist.

Den Schwierigkeiten, „Aufgaben und Funktion von Literaturkritik" zu bestimmen und das „Problem der Wertung" anzugehen, widmet sich Ortuño Stühring in den folgenden beiden Unterkapiteln, in denen v.a. die Orientierungsfunktion und die Rollen des Rezensenten als Vermittler, Anwalt, Richter oder Erzieher hervorgehoben werden. Die zentralen Aufgaben der Literaturkritik bestünden somit in Information, Explikation und Interpretation, die zudem als „Entscheidungshilfe" für oder gegen den Kauf fungiere.

Dass dieser Prozess der Entscheidungslenkung jedoch schon weitaus früher einsetzt, stellt die Untersuchung im Kapitel zum „Problem der Wertung" (3.3) heraus, das den Weg zurückverfolgt, den der rezensierte Text bis zur Rezension bereits genommen hat. Auch bei der Darstellung der marktorientierten Selektionsmechanismen und des sich zwischen idealistischen und ideologiekritischen Positionen bewegenden Feldes ästhetischer Wertung stellt Frau Ortuño Stühring immer wieder ihre streng logische

Gedankenführung unter Beweis, wenn sie etwa die Schwierigkeiten einer klaren Differenzierung zwischen der Suche nach Bewertungskriterien und der schon stattfindenden Wertung am Beispiel des Scheiterns an postmodernen Lebensformen der Protagonisten Houellebecqs herausstellt. Diese reine Beschreibung und Informationsvergabe über Inhaltsstrukturen der Romane Houellebecqs werde sowohl auf Rezensenten- wie auch auf Leserseite aus der Neutralität der Feststellung zu einer – positiven oder negativen – Wertschätzung durch das jeweils zugrundegelegte Wertesystem, das aber oft implizit sowohl die Rezension wie auch deren Lektüre bestimme, so dass intersubjektiv gültige Wertung nicht erreichbar sei. Unter Rekurs auf Norbert Mecklenburg spricht sie somit vom „axiologischen Zirkel", der, in Anlehnung an den ‚hermeneutischen Zirkel', in der Gleichzeitigkeit von praktischer Durchführung der Wertung und der Darlegung ihrer axiologischen Basis die Unabschließbarkeit der Wertebegründung impliziert.

Das folgende vierte Kapitel sucht nach den theoretischen Grundlagen eines Ansatzes zur Analyse und Interpretation von Rezensionen. Über eine Unterscheidung werkexterner (v.a. kommunikationstheoretischer Aspekte und Gesichtspunkte wie Sprache, Untersuchungsstrategie, Literatur- und Rollenverständnis des Kritikers) und werkinterner Kriterien (v.a. textbeschreibender, textinterpretierender und textwertender Aspekte) erstellt die Studie hier eine über die Ergebnisse von literaturkritischen und literaturtheoretisch-methodologischen Studien etablierte systematische Übersicht über die Kategorien, die eine Untersuchung von literaturkritischen Texten *idealiter* zu berücksichtigen hätte.

Diese theoretischen Überlegungen werden im Folgenden durch ihre Überprüfung anhand eines Rezensionskorpus von 44 Rezensionen teilweise relativiert. Der analysepraktische Teil der Studie erweist sich letztlich als ihr Hauptteil, der sich aus der höchst prägnanten und gelungenen Vorstellung der beiden herangezogenen Erfolgsautoren Michel Houellebecq und Günter Grass (Kapitel 5) sowie der akribischen und ergiebigen Analyse sowohl der französisch- wie deutschsprachigen Rezensionen des in Kapitel 1 bestimmten Textkorpus in o.g. Tageszeitungen zusammensetzt (Kapitel 6 und 7). Für die dezidierte Zielsetzung der Untersuchung sind jedoch v.a. die „Ergebnisse der Rezensionsanalyse" (Kapitel 8) von zentralem Interesse, zieht Ortuño Stühring hier doch erneut Bilanz und konzentriert sich im Vergleich der Rezensionen der französischen und deutschen Tageszeitungen auf drei Aspekte: die Rezeption der beiden Autoren insgesamt, die jeweilige Rezeption der Einzelwerke sowie den Umgang der Rezensenten mit Sprache und Stil der rezensierten Texte.

Vor diesem Hintergrund kann sie schließlich feststellen, dass die Rezeption der Autoren im jeweiligen Nachbarland durchaus positiver ist als im eigenen (vgl. etwa die von Ortuño Stühring für *Mein Jahrhundert* und *Im Krebsgang* herausgestellte Kritik an Grass' wenig authentischer Spracharbeit in Deutschland, die in Frankreich fehlt, und gleichzeitig die in deutschen Tageszeitungen insgesamt viel euphorischere Auseinandersetzung mit Houellebecqs Texten) – wobei gleichzeitig stereotype Vorstellungen von der Literatur des Nachbarlandes, etwa der ‚frivolen' französischen oder der ‚tiefgründigen' deutschen Literatur, nach wie vor in den Rezensionen verankert seien.

Insgesamt jedoch konnten kaum Differenzen zwischen der Einschätzung der beiden Autoren in Frankreich und in Deutschland ausgemacht werden; die Unterschiede der deutsch-französischen Literaturkritik liegen laut vorliegender Analyse weniger in der Bewertung der Autoren oder Texte (als Ergebnis), sondern vielmehr in den Wertungsmechanismen selbst. So stellt Ortuño Stühring fest, dass französische Kritiker – konform der schon in Kapitel 3 herausgestellten unterschiedlichen kulturhistorischen Entwicklung des jeweiligen Verständnisses von Literaturkritik – wesentlich häufiger als deutsche ein Urteil aus der Besprechung ausklammern; fände dennoch eine Bewertung statt, sei diese entweder positiv oder negativ, während in deutschen Rezensionen meist ein abgewogenes Werturteil unter Einschluss sowohl der positiv wie auch negativ eingeschätzten Phänomene zu finden sei.

Stärker als eventuelle nationale Voreinstellungen seien eher die durch eine vergleichbare politische Orientierung der jeweiligen Tageszeitungen geprägten Ausrichtungen, die zu Parallelen der Wertung führten. Dabei differenziert die Autorin jedoch genau und warnt unter Verweis auf ihre eigenen Untersuchungsergebnisse vor voreiligen Rückschlüssen auf etwaige Zusammenhänge zwischen einer eher konservativen Ausrichtung der Tageszeitungen und ‚werkimmanent-traditionsgebundenem' Vorgehen bzw. linksgerichteter Einstellung des Blattes und ‚außerliterarisch-avantgardistischer' Tendenz der Literaturkritik, die sich in der Praxis nicht belegen lassen.

Auch ein Zusammenhang zwischen Bewertungsstrategie und nachweisbarem Literaturverständnis des Kritikers ist nach Ortuño Stühring kaum feststellbar und kann eigentlich nur im Bereich der Sprachanalyse ausgemacht werden: v.a. Kritiker, die zur ‚werkimmanent-ästhetischen Strategie' tendierten, hätten in ihren Rezensionen auch stilistische Kategorien für die Bewertung der jeweiligen Texte berücksichtigt.

Die vielseitigen, hier im Detail nicht reproduzierbaren Analyse- und Vergleichskriterien, die Frau Ortuño Stühring zur Beurteilung und Zusammensicht der einzelnen Rezensionen heranzieht, werden schließlich im letzten Kapitel der Arbeit (vor dem umfangreichen Anhang mit übersichtlich gegliedertem Rezensionsmaterial) – als Ergänzung und Korrektur von Kapitel 4 – zusammengefasst, so dass hier als Fazit der Untersuchungen die Erweiterung der theoretischen Grundlagen um die in Kapitel 6 bis 8 gewonnenen praxisnahen Erkenntnisse und also das modifizierte Raster zur Analyse literaturkritischer Texte präsentiert werden kann. Das Kapitel schließt mit einer Übersicht über die sowohl theorie- wie praxisrelevanten Kriterien, deren Berücksichtigung zu einer intersubjektiv überprüfbaren ‚Kritik der Kritik' führen und also zur Grundlage der wissenschaftlichen Auseinandersetzung mit Literaturkritik gemacht werden kann.

Insgesamt betrachtet, wird Corinna Ortuño Stühring somit ihrem Anliegen in vollem Umfang gerecht: Sie entwickelt sowohl einen Ansatz zur Analyse und Interpretation von Literaturkritik, leistet gleichzeitig einen Beitrag zum Themenfeld der deutsch-französischen Literaturkritik und beleuchtet damit auch die Mechanismen des Literaturtransfers zwischen beiden Ländern. So ist ihr nur beizupflichten, wenn sie behauptet, mit ihrer Arbeit „einen umfassenden Ansatz für die systematische Untersuchung von Rezensionen" geliefert und so dazu beigetragen zu haben, „die Literaturkritik bzw. die Textgattung Rezension, anstatt ihre Legitimität in Zeiten technologischer Massenmedien anzuzweifeln und ihr Ende zu beklagen, wieder stärker in den Mittelpunkt wissenschaftlich-analytischer Forschung zu rücken" (S. 299).

Die Herausgeber der „Jenaer Beiträge zur Romanistik" freuen sich daher sehr, Corinna Ortuño Stührings *Kritik der Gegenwart* als zweiten Band ihrer Reihe präsentieren zu dürfen. Unser Dank gilt zunächst der Verfasserin, aber auch dem AVM-Verlag, der seit der Auflösung des MeidenbauerVerlags die Betreuung der Reihe übernommen hat. Diesem Band wünschen wir die Aufmerksamkeit und Verbreitung, die seine Autorin und ihre wichtigen Forschungsergebnisse verdienen.

Jena, im Januar 2013

Rainer Schlösser
Claudia Hammerschmidt

Vorwort

Die im September 2011 in der Philosophischen Fakultät der Friedrich-Schiller-Universität Jena eingereichte Dissertation entstand bereits als thematische Idee infolge der ersten Begegnung mit der Arbeit von Frédéric Meynier-Heydenreich im Jahr 2006. Seine Auseinandersetzung mit der deutsch-französischen Literaturkritik unter dem Aspekt der Fremdkulturvermittlung, die ich mit großem Interesse gelesen habe, inspirierte mich zu einer näheren Beschäftigung mit literaturkritischen Texten diesseits und jenseits des Rheins. Die Perspektive, die ich auf die Arbeit mit den Rezensionen richten wollte, sollte jedoch weniger eine kultur-, denn eine literaturwissenschaftliche sein, allerdings lag mir die interkulturelle deutsch-französische Sichtweise ebenso am Herzen wie ein Stück weit Interdisziplinarität zwischen dem romanistischen und germanistischen Fachbereich. Ich danke daher an vorderster Stelle meiner Betreuerin Frau Prof. Dr. Claudia Hammerschmidt, sich als romanistische Literaturwissenschaftlerin auf dieses fachübergreifende Wagnis eingelassen und mich in vorzüglicher Weise bei jeglichen wissenschaftlichen und praktischen Fragen beraten und mir durch kritische Fragen und konstruktive Hinweise immer wieder Denkanstöße gegeben zu haben. Zudem danke ich Herrn Prof. Dr. em. Reinhold R. Grimm, der mich bereits bei den Vorarbeiten zu meiner Dissertation sowie als Zweitbetreuer der Arbeit stets unterstützt hat. Mein herzlichster Dank gilt darüber hinaus der Fazit-Stiftung, die mir auf außerordentlich unkomplizierte Weise die nötigen finanziellen Mittel gewährt hat: Ohne sie wäre das Projekt nicht realisierbar gewesen. Danken möchte ich zudem der Mitarbeiterin der Tageszeitung Libération, Béatrice Dumont, die mir in großem Vertrauen und geduldiger Zuarbeit zahlreiche gewinnbringende Artikel aus der Zeitung für meine Arbeit zur Verfügung gestellt hat.

Von besonderer Bedeutung während eines solchen längerfristigen Projektes ist zudem der konstruktive Austausch mit interessierten Gesprächspartnern, der häufig über Problemstellen hinweghilft, Blockaden löst und eine andere, externe Perspektive auf das eigene Arbeiten erlaubt. Diesen Austausch haben mir nicht nur meine Freunde André Voigt, Annegret Dudek und Marcus Müggenburg ermöglicht, sondern in besonderer Weise mein Mann Daniel Ortuño Stühring. Dafür, sowie für das mühevolle Korrekturlesen, die Hilfe bei der Erstellung der Druckfassung, aber in erster Linie das bedingungslose Vertrauen in meine Fähigkeiten zur Realisierung dieser Arbeit möchte ich nicht nur ihnen, sondern zugleich meinen Eltern herzlich danken.

Weimar, Oktober 2012
Corinna Ortuño Stühring

1 Einführung

1.1 Der Untersuchungsgegenstand

In immer wiederkehrenden diskursiven Hochphasen gehen die Kultur- und Literaturwissenschaften, Schriftsteller und Literaturkritiker[1] auf Symposien und Tagungen, Konferenzen und Kongressen mit zunehmender Häufigkeit der Frage nach: Wie steht es eigentlich um die Literaturkritik? Die Feuilletons der Printmedien greifen Debatten dieser Art auf und nutzen sie nicht selten zu apokalyptischen Gesängen, die scheinbar das Ende der Literaturkritik ankündigen wollen. *Kritik* und *Krise*, so verrät die Etymologie, sind miteinander verwandt: Die Fähigkeit des *krinein*, des Unterscheidens, Urteilens und Meinens, gilt den Stoikern der Antike als Voraussetzung der *krisis*, verstanden als ein von irrationalen Gefühlen gereinigter Zustand, der moralischen Fortschritt erlaubt.[2]

Literaturkritik hat zur Aufgabe, einen gewichtigen Teilbereich der Kultur – die Literatur – zu reflektieren. Da die Kultur eines Landes Ausdruck des Denkens der in ihr lebenden Generationen ist, wird dank der Literaturkritik letztlich sichtbar, wie eine Gesellschaft über sich selbst nachdenkt. Die Literaturkritik nimmt somit die nicht unbedeutende Rolle ein, zur moralischen und kulturellen Weiterentwicklung von Gesellschaften beizutragen und existiert womöglich auch aus diesem Grund – in abgewandelter Form – schon seit mehr als zweitausend Jahren.[3] Das *Metzler Literatur Lexikon* bescheinigt, dass die älteste Vorform der Literaturkritik, die Werkexegese, im Bereich der Theologie an die antike Kommentierung Homers anknüpft[4] und so auch die Erklärung nicht

---

[1] Die Formulierung schließt ebenso das weibliche Pendant ein. Aus Gründen des Leseflusses wird im Rahmen dieser Arbeit auf die explizite Nennung der femininen Form neben der meist generalisierten maskulinen verzichtet, wenn die weibliche Entsprechung nicht von besonderer Bedeutung ist.

[2] Vgl. Dotzauer, Georg: „Im Sturzflug himmelwärts. Warum die Literaturkritik nicht aus der Öffentlichkeit verschwinden darf", in: *Der Tagesspiegel*, vom 13.03.2009.

[3] Vgl. ebd.

[4] Vgl. Art. „Exegese", in: Burdorf, Dieter/Fasbender, Christoph/Moennighoff, Burkhard (Hrsg.): *Metzler Literatur Lexikon. Begriffe und Definitionen*, dritte, völlig neu bearbeitete Auflage, J. B. Metzler, Stuttgart/Weimar 2007, S. 216 sowie Meynier-Heydenreich, Frédéric: *Die Literatur der Anderen. Fünf Jahre deutsch-französische Litera-*

biblischer Texte im späten Mittelalter begünstigt. Die Textkritik blickt demnach auf eine lange Tradition zurück, geht aber im Laufe ihrer Entwicklung über das bloße Kommentieren oder Deuten hinaus und bemüht sich seit dem 16. Jahrhundert um objektive Normen und Methoden zur Beurteilung vor allem literarischer oder philosophischer Texte. In der Mitte des 17. Jahrhunderts beginnt sich, zuerst in Frankreich, ein Modell der Literaturkritik zu etablieren, welche sich als Begleitung aktueller Buchproduktionen versteht. Zunächst dominieren dabei jedoch bis in das 18. Jahrhundert hinein weiterhin Urteilskriterien, die sich in und außerhalb von Frankreich an den ästhetischen Vorstellungen des französischen Hofes orientieren, welche auf Aristoteles zurückgehen. Die Befreiung der Literaturkritik von solch festgesetzten Maßstäben findet in Frankreich erst relativ spät mit dem Aufkommen der Romantik statt, als sich nationale Wertesysteme ausbilden und Demokratisierungstendenzen u. a. im für die Literaturkritik so wichtigen Bereich des Pressewesens zu beobachten sind. Die romantische Bewegung charakterisiert sich durch eine Relativierung des Schönen: Weder die Geschichte, noch die klassische Ästhetik könne den Wert eines Werkes bestimmen, vielmehr solle Literatur nur an sich selbst gemessen werden, fordert Victor Hugo.[5]

In Deutschland präsentiert sich Johann Christoph Gottsched Mitte des 18. Jahrhunderts noch immer als ein Verfechter des französischen *bon goût* Versailles, der als Maßstab an die Beurteilung von Literatur angesetzt werden solle, obwohl Lessing und Kant der Literaturkritik längst einen neuen Weg geebnet hatten.[6] Während Kant die ästhetische Urteilskraft an den allgemeinen Menschenverstand bindet und fordert, dass der Kritiker sich, um intersubjektive Verbindlichkeit zu erreichen, an die Stelle anderer versetzen solle, bevor er sein Urteil fällt, da es keine objektiven Regeln für guten Geschmack geben kann,[7] heißt es in der *Hamburgischen Drama-*

---

turkritik (1995–1999) (= Europäische Hochschulschriften, Reihe 1: Deutsche Sprache und Literatur, Bd. 1906), Peter Lang, Frankfurt a. M. 2004, S. 21f.

[5] Vgl. Meynier-Heydenreich: *Die Literatur der Anderen*, S. 21–23.

[6] Vgl. Jaumann, Herbert: Art. „Literaturkritik“, in: Fricke, Harald u. a. (Hrsg.): *Reallexikon der deutschen Literaturwissenschaft. Neubearbeitung des Reallexikons der deutschen Literaturgeschichte*, Walter de Gruyter, Berlin/New York 2000, S. 465 sowie Meynier-Heydenreich: *Die Literatur der Anderen*, S. 22f.

[7] Vgl. dazu ausführlicher: Kant, Immanuel: *Kritik der Urteilskraft* (= Philosophische Bibliothek, Bd. 507), 2. Auflage, Felix Meiner, Hamburg 2006.

turgie Lessings: „Der wahre Kunstrichter folgert keine Regeln aus seinem Geschmacke, sondern hat seinen Geschmack nach den Regeln gebildet, welche die Natur der Sache erfordert".[8] Dennoch ist Lessings Konzeption keineswegs frei von normativen Grundsätzen, lediglich ficht er einen doppelten Kampf: Dieser richtet sich einerseits gegen den französischen Klassizismus des 18. Jahrhunderts, andererseits aber gegen den Geniegedanken des Sturm und Drang. Die historischen Gegebenheiten des Literaturbetriebes zur Zeit Lessings zeigen jedoch, dass dessen Prämissen nur eingeschränkt auf gegenwärtige Verhältnisse übertragbar sind. Im 18. Jahrhundert findet eine Auseinandersetzung mit Literatur zumeist durch die Schriftsteller selbst statt: Erst im 19. Jahrhundert bildet sich im Zuge der Expansion des Buchmarktes und des Zeitungswesens sowohl in Frankreich als auch in Deutschland der Typus des professionellen Kritikers heraus: nicht nur im Hexagon gilt Sainte-Beuve als einer der ersten Kritiker im heutigen Sinne. Mit ihm entwickelt sich die Grundhaltung, nicht mehr strikt den Ästhetikkriterien der Klassiker zur Beurteilung von Literatur zu folgen, sondern Subjektivität zu gestatten und sich an der Biografie des Autors und seiner Zeit zu orientieren.[9]

Voraussetzung für die Entstehung des Kritikerberufes ist zum einen, dass sich breitere Bevölkerungsschichten für Literatur zu interessieren beginnen: Die so genannte Schöne Literatur[10] gilt Adel und Bürgertum Mitte des 19. Jahrhunderts nicht mehr als Distinktionsmittel, sondern erreicht auch die Arbeiterschaft. Zum anderen findet eine Ausdifferenzierung akademischer Disziplinen an den Universitäten statt: Neben den traditionellen Studienfächern Theologie, Jura und Medizin kann Ende des 19. Jahrhunderts bereits auch Germanistik oder Soziologie gewählt werden. Die professionalisierte Literaturkritik, die ihren festen Platz inzwischen in den Feuilletons gefunden hat und damit zu einem kulturjournalistischen Phänomen

---

[8] Lessing, Gotthold Ephraim: *Hamburgische Dramaturgie*, BCU, Lausanne 1786, S. 108. Anm.: Direkte Zitate werden am Satzende generell ohne Satzzeichen zitiert.

[9] Vgl. Fuchs, Tilla/Clement, Elise: „‚Qu'est-ce que la critique?' Literaturkritik in Frankreich", in: Miller, Norbert/Stolz, Dieter (Hrsg.): *Positionen der Literaturkritik. Sonderheft der Zeitschrift Sprache im technischen Zeitalter*, SH-Verlag, Köln 2002, S. 41.

[10] Die Herkunft der Bezeichnung *Schöne Literatur* steht im Zusammenhang mit den französischen *belles lettres* und fand in deutsche Lexika Eingang unter dem Terminus der *Belletristik*. Vgl. Wetzel, Christoph: Art. „Belletristik", in: Harenberg, Bodo u. a. (Hrsg.): *Harenberg Literaturlexikon. Autoren, Werke und Epochen – Gattungen und Begriffe von A bis Z*, 2. Auflage, Harenberg Lexikon Verlag, Dortmund 2001, S. 116.

avanciert ist, nimmt im Zusammenhang mit der durch das sich spezialisierende Wissen größer werdenden Unübersichtlichkeit die Rolle des Vermittlers ein und genießt bis in die 30er Jahre des 20. Jahrhunderts hinein große Aufmerksamkeit. Mit dem Aufkommen des Stumm- und später des Tonfilms verändert sich die Medienlandschaft radikal: Literatur ist nun nicht mehr das zentrale Mittel gesellschaftlicher Verständigung und Selbstreflexion; der Typus des lesenden Arbeiters nimmt wieder ab. Die Literaturkritik des nationalsozialistischen Deutschlands ist ab 1936 gar ganz verboten und wird durch Literatur- bzw. Kunstbetrachtung ersetzt. Nach dem Zweiten Weltkrieg erlebt die Literatur sowohl in der BRD als auch in der DDR zwar noch einmal einen Aufschwung als moralische Instanz zur Aufarbeitung nationalsozialistischer Verbrechen sowie zur Legitimation und Repräsentation Deutschlands als eine postnationalsozialistische Gesellschaft, jedoch tritt mit dem Siegeszug des Internets und damit der Vermittlung von Wissen und Informationen auf audiovisuellem Wege, aber auch zahlreicher gewordenen Möglichkeiten der Freizeitgestaltung das Buch als Unterhaltungsmedium in den Hintergrund.[11] Zugleich verändert sich die Gestalt des Literaturkritikers: Aus seiner zumeist recht gesichtslosen Anonymität in Tageszeitungen oder Zeitschriften heraustretend, versucht er zunächst das Medium Fernsehen zu erobern, welches Literatur und ihre Kritik in Sendungen wie *Das Literarische Quartett* oder *Apostrophes* aufgreift oder prominente Kritiker wie Bernard Pivot oder Marcel Reich-Ranicki hervorbringt, die sich vielfach darauf konzentrieren, mit ihren Leseempfehlungen ein breites Publikum anzusprechen und auf abwägendes Erörtern zu verzichten.[12] Damit geht zum Teil ein Qualitätsverfall der Kritiken einher, der nicht verborgen bleibt: Hans Magnus Enzensberger verfasst 1987 mit seinem Essay Rezensenten-Dämmerung einen Nachruf auf die Literaturkritik, in dem er den Schwund des kritischen Kritikers beklagt. Ähnlich äußert sich Daniel Kehlmann, einer der bedeutendsten deutschen Autoren der Gegenwart, im April 2002 über

[11] Lothar Matthes belegt in der Zeitschrift *Dokumente*, dass in Deutschland nach Angaben der *Stiftung Lesen* Mitte der 1990er Jahre jeder durchschnittlich etwa 15 Minuten täglich mit Lesen von Unterhaltungsliteratur verbringt, während der Fernsehkonsum etwa drei Stunden des Tages einnimmt. Vgl. Matthes, Lothar: „Literaturkritik als Mittler fremder Kulturen – (heraus-)gefordert oder überfordert?", in: *Dokumente* (52, 3) 1996, S. 230.

[12] Vgl. Nickel, Gunther: „Krise der Literaturkritik. Historische Dimensionen eines aktuellen Themas", in: ders. (Hrsg.): *Kaufen! statt Lesen! Literaturkritik in der Krise?* Wallstein, Göttingen 2005, S. 8–14.

die deutsche Literaturkritik. Er wirft ihr vor, zu einem Stand vor der Zeit Lessings zurückzukehren: Dieselben Kritiker, die noch in den 1960er oder 1970er Jahren mit Adornozitaten nach engagierter Literatur verlangen, verfallen nun in die Beliebigkeit eines Geredes und begeisterten sich schon für die Schilderungen einfachster Alltagssituationen, so Kehlmann.[13] Gunther Nickel sieht davon ab, dass Kehlmann mit seinen Aussagen über die Literaturkritik vor Lessing Unrecht hat, da diese einer normativen Regelpoetik folgt, stimmt ihm ansonsten aber zu.[14] Begibt man sich auf die Suche nach den Gründen für diesen Wandel, stößt man schnell auf das Moment des Zeitgeistes. Literaturkritik könne heute nur bestehen, wenn sie Ideen, Konflikte oder Probleme, vor allem aber die Bedürfnisse der Generationen, für die sie schreibt, aufgreife, so Nickel. Traditionelle Literaturkritik hingegen sei nicht demokratisch: sie orientiere sich nicht an der Mehrheit, sei nicht Ausdruck einer Meinung, sondern vielmehr Autorität und Anwalt des Publikums, da sie aus genauer Kenntnis des Gegenstandes heraus gegen den Mehrheitsgeschmack opponiere.[15]

Mit der Verbreitung des Internets tritt für die traditionelle Literaturkritik ein neues Problem hinzu. Die zahlreich gewordenen Blogs und Websites, auf denen sich Amateure über Lieblingsbücher und Lektüreerlebnisse äußern, haben gewiss eine Berechtigung für das Fortbestehen des Gesprächs über Bücher und die Lebendigkeit von Autoren, allerdings sind sie – aus Sicht des professionellen Kritikers – zumeist substanzlos, folgen keinerlei nachvollziehbaren Kriterien und werfen das Problem der Legitimation von Literaturkritik auf. Durch die für jedermann gegebene Möglichkeit, Literatur im Internet zu kommentieren, verliert sich die Autorität schriftlicher Äußerungen und mündet in eine gewisse Gleichgültigkeit. Zudem stellt sich vor allem für das jüngere lesende Publikum der Eindruck der Wertlosigkeit des geschriebenen Wortes ein, da es ununterbrochen verfügbar ist und nicht einmal dafür bezahlt werden muss. So sind auch seriöse, etablierte Websites wie die von Thomas Anz ins Leben gerufene Online-Zeitschrift *literaturkritik.de* oder die französische *Lire* ambivalent zu betrachten, da sie der traditionellen Form von Kritik in Zeitungen

---

13 Vgl. Nickel, Gunther: „Krise der Literaturkritik. Historische Dimensionen eines aktuellen Themas“, in: ders. (Hrsg.): *Kaufen! statt Lesen! Literaturkritik in der Krise?* Wallstein, Göttingen 2005, S. 5.

14 Vgl. ebd., S. 5f.

15 Vgl. ebd., S. 5–7.

und Zeitschriften das Fortbestehen erschweren. Im Spagat zwischen dem Willen, dem gedruckten Wort den Vorrang zu geben und dem Zwang, mit der Schnelllebigkeit des Internets mithalten und stets so aktuell sein zu müssen wie ihre zumeist weniger professionellen ‚Kollegen', stellen eine Vielzahl von Tages- und Wochenzeitungen Literaturkritik mittlerweile auch online zur Verfügung und nehmen so den Kampf mit einer neuen Art von Öffentlichkeit auf. Die durch eine hochintellektuelle Grundhaltung geprägte Zeitschrift *New York Review of Books* geht sogar so weit, ihre Leser zum Besuch bei Facebook zu bitten, jener Internetplattform, die die Möglichkeit virtueller Freundschaften eröffnet, und lädt ein, mittels eines Mikroblogging-Netzwerkes auf 140 Zeichen in Echtzeit über Literatur zu diskutieren.[16]

Literatur und ihre Kritik scheinen demnach omnipräsent zu sein, aber dennoch auf tönernen Füßen zu stehen. Denn parallel zu dem umfangreicher gewordenen Online-Angebot mehr oder weniger ernstzunehmender Formen von Literaturkritik sinkt der Stellenwert derselben in den gedruckten Ausgaben eben dieser Zeitungen und Zeitschriften. In Frankreich ist es *Le Monde*, in Deutschland die *Frankfurter Allgemeine Zeitung (F.A.Z.)*, die im Rezensionswesen quantitativ auf Rang eins rangieren. Die *F.A.Z.* beispielsweise beschäftigt vier Literaturredakteure, zwei in Paris ansässige Kulturkorrespondenten eigens für Frankreich und zusätzlich einen in Genf, der über französische Zeitschriften berichtet und gilt damit gerade – aber nicht ausschließlich – in Bezug auf die französische Literatur als wichtigste Vermittlungsinstanz.[17] Am Beispiel des *Spiegel* sei allerdings verdeutlicht, dass im Jahr 1959 noch drei von rund 53 Titelgeschichten literarischer Art waren, während 2008 keine einzige Literatur zum Gegenstand hatte.[18] Es zeichnet sich heute also eine Tendenz zur abnehmenden Präsenz der Literaturkritik im Bereich der Druckerzeugnisse ab, die stattdessen immer stärker in digitaler Form in Erscheinung tritt. Dies allerdings begünstigt den Trend, sich über Literatur zunehmend online in oft qualita-

---

[16] Vgl. Dotzauer: „Im Sturzflug himmelwärts".

[17] Vgl. Kasper, Judith: „Das Rezensionswesen im Wandel – Autonomie und Heteronomie der Literaturkritik im Spiegel der Rezeption der französischen Literatur durch das deutsche Feuilleton", in: Eggeling, Giulia/Segler-Meßner, Silke (Hrsg.): *Europäische Verlage und romanische Gegenwartsliteraturen. Profile, Tendenzen, Strategien*, Narr, Tübingen 2003, S. 245.

[18] Vgl. Dotzauer: „Im Sturzflug himmelwärts".

tiv minderwertigen Artikeln zu informieren, als die *Frankfurter Allgemeine* oder *Le Monde* sie bieten, was die Achtung vor dem Kritikerberuf schmälern und letztlich Zweifel an der Literaturkritik als Vermittlungsinstanz zwischen Schriftsteller und Gesellschaft aufkommen lassen kann.

In einer Periode der beschleunigten Buchproduktion, der zumeist das Primat der Wirtschaftlichkeit zugrunde liegt, wird die Rolle der Literaturkritik heute verstärkt auch an ihrem Einfluss auf die Verkaufszahlen eines Buches gemessen. Insbesondere die Verlage, aber natürlich auch die Schriftsteller haben ein ausgeprägtes Interesse an einer hohen Abnahme und bemühen sich weitgehend um eine gute Kooperation mit den Redaktionen. Sie senden Programme und Leseexemplare, mit denen sich der Verlag potenziellen Lesern literarischer Neuerscheinungen in Form von Rezensionen präsentiert und suchen darüber hinaus das persönliche Gespräch, um den Kritiker mit seinen literarischen Vorlieben kennen zu lernen. Generell gilt zwar, dass jede Rezension, ob positiv oder negativ, dem Absatz zuträglich ist, allerdings können Passagen aus einer positiven Kritik beispielsweise zu Werbezwecken nutzbringend weiterverwendet und auf die Umschlagseiten nachfolgender Ausgaben der im Verlag erscheinenden Werke gedruckt werden. Wie verkaufsfördernd eine Kritik aber tatsächlich ist, kann am ehesten bei Besprechungen randständiger Autoren gemessen werden: Ihnen gilt die Literaturkritik als wichtigstes Vermittlungsinstrument, da die meist in kleineren Verlagen publizierten Werke nur selten mit Anzeigen beworben werden. Tatsächliche Zahlen sind dabei aber relativ zu betrachten. Während eine Verkaufssteigerung um 500 Bücher nach einer Besprechung für große Verlage zu vernachlässigen ist, kann es für kleinere Verlage das Überleben auf dem Buchmarkt bedeuten. Allerdings sind Besprechungen von Büchern aus Kleinverlagen höchst selten: Gerade wenn es sich um fremdländische Literatur handelt, können große Verlage nicht ignoriert werden und haben Vorrang. Die Literaturkritik beugt sich somit häufig diesen ökonomischen Zwängen, da eine wechselseitige Abhängigkeit zwischen Zeitung und Verlag besteht, und begibt sich alsdann in die Gefahr, einseitiger und angepasster zu rezensieren, ohne dabei aber behaupten zu können, zu einer tatsächlichen Verkaufssteigerung beizutragen.[19]

Die vorliegende Arbeit ist vor diesem Hintergrund bemüht, der Literaturkritik – in einer sich als äußerst komplex und diffizil erweisenden

---

[19] Vgl. Kasper: „Das Rezensionswesen im Wandel“, S. 239 und S. 248f.

Lage – zu einer Relegitimation zu verhelfen, indem sie die Analyse und Interpretation von ausschließlich in gedruckter Form erschienenen Rezensionen aus überregionalen deutschen und französischen Tageszeitungen in den Mittelpunkt stellt. Die Untersuchung von literaturkritischen Texten anhand eines wissenschaftlichen Ansatzes kann verdeutlichen, dass die Literaturkritik in etablierten Medien noch immer qualitativ hochwertige Formen annimmt. Zudem ist ein Ausschluss von Rundfunk und Fernsehen als Medien für Literaturkritik notwendig und leicht nachvollziehbar, da eine Kritik, die ihr Publikum auf auditivem oder audiovisuellem Wege erreichen will, anderen Kriterien und Richtlinien folgt, als die Rezension in einer Zeitung: Dies würde die Vergleichbarkeit der Kritiken und damit das Untersuchungsergebnis erheblich beeinträchtigen.

1.2 Vorgehensweise und Fragestellung

Ausgangspunkt für die Untersuchung sind die Beobachtungen der Entwicklung deutsch-französischer Literaturkritik von Medard Ritzenhofen und Jochen Förster in der Welt. Ritzenhofen stellt im Jahr 1999 am Vorabend des neuen Jahrtausends fest, dass auf dem Gebiet der Literatur Michel Houellebecq und Günter Grass zu den am meisten gelesenen, übersetzten und rezensierten noch lebenden Schriftstellern gehören.[20] Förster bestätigt die intensive Wahrnehmung vor allem Houellebecqs im Jahr 2001 und gibt an, dass *Plateforme* das am meisten rezensierte Werk der vergangenen Dekade sei.[21]

Ritzenhofen bettet seine Beobachtung zur Rezeption der Autoren zudem in den Kontext deutsch-französischen Literaturtransfers ein und behauptet, dass das „Lamento über schwindendes Interesse und schleppenden Ideenhandel nur ein weiteres Klischee in der langen Kette deutsch-französischer Allgemeinplätze“ sei, das nicht mehr der Realität entspräche. Er plädiert dafür, die Klagen über eine immer weiter sinkende Kulturkommunikation zwischen beiden Nationen zu beenden, da der intellektuelle Ideenhandel zwischen Deutschland und Frankreich florie-

---

20 Vgl. Ritzenhofen, Medard: „Der deutsche Houellebecq“, in: *Die Welt*, vom 18.12.1999.

21 Vgl. Förster, Jochen: „Romantiker! Poet! Existentialist!“ in: *Die Welt*, vom 29.09.2001.

re.[22] Diese Behauptung geht mit dem überein, was Tilmann Krause 2002 mit Zahlen belegt. Der deutsch-französische Literaturtransfer unterliege um die Jahrtausendwende einem Wandel: Während Mitte der 1990er Jahre der deutsche Transfer mit dem westlichen Nachbarn im Bereich Literatur mit nur 7% der Neuübersetzungen, die aus dem Französischen stammen, auf einem Tiefpunkt ankommt, erfährt er im Jahr 2000 einen Höhepunkt, wie er zuletzt in den 1960er Jahren erreicht wurde: 22% aller Neuübersetzungen in Deutschland gelangen aus dem Hexagon über den Rhein.[23] In anderen kulturellen Domänen verhält es sich ähnlich: Ob es sich um Filme, literarische Neuerscheinungen oder Literaturpreisträger handelt – in den meisten Fällen wird genau dokumentiert, wie sich die französische Kultur in all ihren Facetten entwickelt. In Frankreich widmen die Feuilletons der französischen Printmedien ebenfalls kaum einem anderen Land größere Aufmerksamkeit als Deutschland: Die Presse appelliert an das historische Bewusstsein der Franzosen und pflegt beispielsweise die Erinnerungskultur mit zahllosen Beiträgen, die zum zehnjährigen Jubiläum des Mauerfalls 1999 erscheinen.[24]

Da der Literaturkritik als Mittlerin der Kultur des Nachbarlandes stets eine bedeutende Rolle im binationalen Austausch zukommt, untersucht die vorliegende Arbeit vor diesem Hintergrund die literaturkritische Praxis in Frankreich und Deutschland.[25] Die Studie wird dabei jedoch weniger quantitativer als qualitativer Natur sein und exemplarisch die Rezeption Michel Houellebecqs und Günter Grass' als den am meisten gelesenen und rezipierten Autoren beleuchten.[26] Die Festlegung des Untersuchungszeitraumes der Arbeit erfolgt in Anlehnung an den von Ritzenhofen und

---

[22] Vgl. Ritzenhofen: „Der deutsche Houellebecq".

[23] Vgl. Krause, Tilmann: „Frankreich kommt wieder", in: *Die Welt*, vom 20.04.2002.

[24] Vgl. Ritzenhofen: „Der deutsche Houellebecq".

[25] Anm.: Die Grundlage der vorliegenden Arbeit stellt mein im Jahr 2008 verfasste Magisterarbeit zur Rezeption von Michel Houellebecq in Frankreich und Deutschland dar. Sinngemäße und z. T. wörtliche Übernahmen, die ausgebaut und mit Ergänzungen versehen wurden, lassen sich daher nicht vollständig vermeiden und betreffen insbesondere die Kapitel 1.2, 3.1, 3.3, 5.1.1, 8.1 und 10.

[26] Vgl. Altwegg, Jürg: „Die munteren Kinder von Günter Grass und der Wiedervereinigung. Blick in französische Zeitschriften: Eine Pariser Messe für die neue deutsche Literatur", in: *Frankfurter Allgemeine Zeitung*, vom 17.03.2001 sowie Ritzenhofen: „Der deutsche Houellebecq".

Förster 1999 bzw. 2001 beobachteten literarischen Austausch, der Ende der 1990er Jahre im Vergleich zum Beginn der Dekade deutlich steigt. Um einen umfassenderen Einblick in die Rezeption der Autoren um die Jahrtausendwende geben zu können, wird der Zeitraum auf die Jahre 1995 bis 2005 festgelegt. Damit sind zugleich jene Jahre abgedeckt, die für beide Autoren hinsichtlich ihrer schriftstellerischen Tätigkeit eine wichtige Periode darstellen: Houellebecq veröffentlicht 1994 in Frankreich seinen ersten Roman *Extension du domaine de la lutte*, hat aber erst 1998 mit *Les particules élémentaires* herausragenden Erfolg und wird gleichsam über Nacht zu einer Persönlichkeit der Zeitgeschichte, die die literaturinteressierte Öffentlichkeit in Atem hält. Im Jahr 2000 erscheint seine Erzählung *Lanzarote*, 2001 *Plateforme* und 2005 feiert sein vierter Roman *La possibilité d'une île* beträchtliche Auflagenzahlen. Doch auch wenn Günter Grass schon in den 1950er Jahren seine ersten Werke auf den Markt bringt und den französischen Lesern vor allem durch die 1959 erschienene *Blechtrommel* bekannt ist, stellt der Untersuchungszeitraum auch für ihn keine unbedeutende Schaffensperiode dar: Neben einigen lyrischen Werken veröffentlicht er 1995 *Ein weites Feld*, das für ein großes Echo unter den Literaturkritikern sorgt, 1999 erscheint *Mein Jahrhundert*, mit dem Grass auch ein Frankreich ein literarisches Monument geschaffen habe,[27] und im Jahr 2002 veröffentlicht er schließlich die Novelle *Im Krebsgang*. Damit sind zugleich jene Werke der Schriftsteller benannt, deren Rezeption zwischen 1995 und 2005 untersucht werden soll.[28]

Die Analyse wird dabei an folgende Fragestellungen geknüpft sein:

- Welche Unterschiede sind in der Rezeption beider Schriftsteller zwischen Frankreich und Deutschland auszumachen?

---

[27] Vgl. Ritzenhofen: „Der deutsche Houellebecq".

[28] Der Roman *Extension du domaine de la lutte* von Michel Houellebecq stellt im Rahmen der Untersuchung einen Sonderfall dar. Das Original erschien in Frankreich 1994, fällt also nicht in den Untersuchungszeitraum hinein, die Übersetzung gelangt mit einer Verzögerung von fünf Jahren auf den deutschen Buchmarkt und wurde somit innerhalb des Untersuchungszeitraumes besprochen. Da aber davon ausgegangen werden kann, dass sich ein recht umfassendes, repräsentatives Bild auch anhand der Untersuchung der genannten Werke Houellebecqs ergibt, wird auf die Einbeziehung des Erstlingsromans Houellebecqs verzichtet.

- Lassen sich aus der Untersuchung der Rezensionen Gründe für die intensive Rezeption gerade dieser beiden Autoren erkennen?

Über die Rezeption ihrer Werke hinaus füllen beide Autoren die Kulturbeilagen der Zeitungen nicht selten mit provokativen oder gar polarisierenden Äußerungen: Grass sorgt immer wieder mit politischen Stellungnahmen zum Zeitgeschehen und zuletzt durch seine Autobiografie *Beim Häuten der Zwiebel* für heftige Debatten. Houellebecq hingegen erregt die Aufmerksamkeit der Journalisten mit zwiespältigen Aussagen zum Sextourismus in Thailand oder wüsten Beleidigungen des Islam. Gemeinsam ist ihnen stets die Kontroversität und Uneinigkeit, die für die Beurteilung von Person und Werk charakteristisch sind, was einen Reichtum an Gedanken der Kritiker erwarten und die Analyse und Interpretation der Rezensionen somit als äußerst aufschlussreich nicht nur in Bezug auf die Literatur erscheinen lässt: Denn aufgrund der Wahl der Themen, die in den Werken, welche im Untersuchungszeitraum erschienen sind, behandelt werden, erlaubt ein Urteil über Günter Grass oder Michel Houellebecq gleichsam einen Rückschluss auf die Bedürfnisse des Publikums, von dem die Autoren gelesen werden. Im Zusammenhang mit der Frage nach den Gründen für eine so umfassende Aufnahme der Schriftsteller in den Rezensionen wird zu untersuchen sein, ob die Werke der Autoren nach Ansicht der Kritiker die Vorstellungen von Literatur widerspiegeln, die vom jeweiligen Nachbarland existieren, oder ob sie ihnen konträr entgegen stehen und darin möglicherweise der Grund für die intensive Wahrnehmung liegen könnte.

Darüber hinaus setzt sich diese Arbeit zum Ziel, das Studium der Rezensionen mit der Entwicklung eines Ansatzes in Verbindung zu bringen und sowohl auf theoretischer Basis als auch mittels praktischer Untersuchungen der Kritiken ein Analyseraster aufzustellen, das bislang für die Textgattung der Rezension nicht existiert, um damit zukünftig eine systematische Analyse und Interpretation literaturkritischer Texte zu ermöglichen. Im Anschluss an die praktische Rezensionsanalyse und -interpretation soll herausgearbeitet werden, welchen Aspekten der Literaturkritiker in der Besprechung eines Werkes tatsächlich nachgeht, um diese symbiotisch mit den theoretisch erarbeiteten Kriterien in Einklang zu bringen, damit ein möglichst praxisrelevantes Analyseschema erstellt werden kann: Im Zusammenhang damit sollen demnach zugleich die Kriterien der Literaturwissenschaft kritisch hinterfragt werden. Die Grundlage für die Untersuchungsaspekte liefert insbesondere Thomas

Anz, der zwar primär auf die notwendigen Bestandteile einer Kritik in Hinblick auf das Verfassen einer solchen eingeht, dennoch aber in präziser Form Anregungen gibt, die auch für die Entwicklung eines Ansatzes zur Analyse und Interpretation von Literaturkritik nutzbar sind.[29]

Die Untersuchungsstrategie der Literaturkritiker stellt in Hinblick auf den zu entwickelnden Ansatz einen zentralen Gesichtspunkt dar. In diesem Zusammenhang wird die Arbeit versuchen, folgende Fragen zu beantworten:

- Lassen sich Haupttendenzen in der Anwendung von Untersuchungsstrategien feststellen?
- Lassen sich Parallelen zwischen der politisch-kulturellen Ausrichtung einer Zeitung und der Untersuchungsstrategie ausfindig machen?
- Lässt die Anwendung einer Untersuchungsstrategie Rückschlüsse auf das Literaturverständnis des Rezensenten zu?
- Lässt die Untersuchungsstrategie eines Kritikers Zusammenhänge mit positiven oder negativen Wertungen eines Werkes oder Autors erkennen?

Isolde Fischers Dissertation *Die literarische Tageskritik in deutschsprachigen Zeitungen seit 1955*[30] ist hinsichtlich der Methodik und Vorgehensweise von Kritikern zwar eine interessante Quelle, allerdings bleibt sie inhaltlich wie sprachlich den Ideen und dem typischen Vokabular der 1970er Jahre verhaftet und muss deswegen für heutige Zwecke als zu undifferenziert und veraltet gelten. Als enttäuschend für die Entwick-

---

[29] Vgl. Anz, Thomas: „Literaturkritik", in: Heß, Dieter (Hrsg.): *Kulturjournalismus. Ein Handbuch für Ausbildung und Praxis*, 2., aktualisierte Auflage, List, München 1997, S. 50–59 sowie ders.: „Theorien und Analysen zur Literaturkritik und zur Wertung", in: ders./Baasner, Rainer: *Literaturkritik. Geschichte – Theorie – Praxis*, C. H. Beck, München 2004, S. 194–219.

[30] Vgl. Fischer, Isolde: *Die literarische Tageskritik in deutschsprachigen Zeitungen seit 1955. Eine Untersuchung ihrer Wertmaßstäbe unter Berücksichtigung der Besonderheiten ihres Vokabulars, vorgenommen an ausgewählten Kritiken zu fünf zeitgenössischen Romanen*, Dissertation ohne Verlagsangabe, Wien 1974.

lung eines Analyseansatzes müssen auch die französischen Kollegen eingestuft werden, welche trotz zum Teil viel versprechender Titel wie *Méthodes de la critique littéraire* von Elisabeth Ravoux Rallo[31] keine wesentlichen Impulse liefern konnten, da der Begriff critique littéraire in Frankreich nicht nur die journalistische Literaturkritik, sondern zugleich die Literaturwissenschaft fasst. Eine dem Zwecke dienliche Beschäftigung mit dem Verständnis von Literaturkritik auf deutscher und französischer Seite erweist sich somit als zwingend notwendig in Vorbereitung auf die Untersuchung der Rezensionen, da die Literaturkritik seit ihrer Entstehung in Frankreich Entwicklungen durchlebt hat, die sie zum Teil stark von Deutschland unterscheidet, was Inhalt und Form der heutigen literaturkritischen Texte beeinflussen kann. Eine der Fragen an die Rezensionsuntersuchung wird aus diesem Grund sein, ob sich die unterschiedlichen Vorstellungen, die in der Vergangenheit bis in die 90er Jahre des 20. Jahrhunderts hinein in beiden Ländern von Literaturkritik existieren, in den Rezensionen niederschlagen. Als Basis dafür werden jedoch vor allem deutsche Studien von Anz und Getschmann dienen müssen, da die wissenschaftliche Beschäftigung mit dem Thema bis auf wenige Ausnahmen wie in Michel Jarretys *La critique littéraire française au XXe siècle* aufgrund der Begriffsverschiebung zumeist Zielsetzungen verfolgt, die für die angestrebte Arbeit wenig Bedeutung erlangen können.[32]

Um jedoch auch die inhaltliche Nachvollziehbarkeit von Aussagen und Urteilen der Rezensenten zum literarischen Werk Houellebecqs und Grass', zu Sprache und Stil der Autoren sowie das bessere Verständnis kultureller Bezüge zu gewährleisten, wird der Analyse eine nähere Betrachtung der Literatur Houellebecqs und Grass' vorangestellt. Das Kapitel legt demzufolge den Schwerpunkt auf deren schriftstellerisches Schaffen und vollzieht wesentliche Aspekte ihrer Biografie nur insofern nach, als sie dafür relevant erscheinen.

---

[31] Vgl. Ravoux Rallo, Elisabeth: *Méthodes de la critique littéraire*, Armand Colin, Paris 1999.

[32] Vgl. Getschmann, Dirk: *Zwischen Mauerbau und Wiedervereinigung. Tendenzen der deutschsprachigen journalistischen Literaturkritik – Metakritik und Praxis*, Königshausen & Neumann, Würzburg 1992 sowie Jarrety, Michel: *La critique littéraire française au XXe siècle* (= Que sais-je?, Bd. 664), Presse universitaire de France, Paris 1998.

An nicht nur biografisch, sondern auch sprach- und literaturwissenschaftlich bedeutsamen Publikationen, die Houellebecq und Grass in ihrem literarischen Werden betrachten, Einzelaspekte ihres Romanwerkes oder die Person selbst fokussieren, mangelt es bei stetig zunehmender Fülle nicht. In Anbetracht der verhältnismäßig kurzen Schriftstellertätigkeit Houellebecqs erstaunt die Menge an Sekundärliteratur, die die Literaturwissenschaft zum jetzigen Zeitpunkt bereits hervorgebracht hat. In jüngster Zeit haben vor allem stilistische Analysen an Umfang gewonnen: Den Anfang machte in dieser Hinsicht Dominique Noguez, Freund und Befürworter Houellebecqs, der im Jahr 1999 eine detaillierte Stilanalyse verfasst, doch auch Eva Beránková steht dieser in ihrem Nutzen nicht nach. Darüber hinaus zeichnet sich ein beständiges Bemühen der Literaturwissenschaft darum ab, das Neue, Außergewöhnliche der Literatur Houellebecqs zu fassen: Dabei sticht neben Rita Schober vor allem Emil Mihm hervor, dessen *Studien zum französischen Roman der Jahrtausendwende* sich als exemplarische Studien zum Werk Houellebecqs offenbaren. Allerdings wird ein Mangel an biografischen Darstellungen deutlich, da bislang lediglich zwei Werke erschienen sind, bei denen jedoch nicht gänzlich von einer wahrheitsgemäßen und objektiven Darstellung ausgegangen werden kann, da es sich einerseits um eine von Houellebecq nicht autorisierte Biografie handelt, andererseits um ein Werk seiner Mutter Lucie Ceccaldi, welches 2008 erscheint und als Verteidigungsschrift auf Angriffe und Vorwürfe ihres Sohnes gilt.[33]

Günter Grass hingegen ist als Person, Schriftsteller und politisch aktiver Bürger in zahlreichen biografischen Abhandlungen, welche in deutscher, englischer, französischer und polnischer, zugleich auch in verschiedenen nordeuropäischen Sprachen publiziert worden sind, ertragreich gefasst. Besondere Berücksichtigung sollen dabei die Arbeiten

[33] Vgl. Beránková, Eva: „Les fureurs d'un physicien quantique. Quelques remarques sur le style de Michel Houellebecq", in: *Verbum Analecta Neolatina* (8, 1) 2006; Ceccaldi, Lucie: *L'innocente. Récit*, Scali, Paris 2008; Demonpion, Denis: *Houellebecq non autorisé. Enquête sur un phénomène*, Maren Sell, Paris 2005; Noguez, Dominique: „Le style de Michel Houellebecq (2)", in: *L'Atelier du roman* (19) 1999, S. 121–134; Schober, Rita: *Auf dem Prüfstand. Zola – Houellebecq – Klemperer*, Frey, Berlin 2003 sowie dies.: „Weltsicht und Realismus in Michel Houellebecqs utopischem Roman *Les particules élémentaires*", in: *Romanistische Zeitschrift für Literaturgeschichte/Cahiers d'Histoire des Littératures Romanes* (25) 2001, S. 177–211.

des Journalisten Harro Zimmermann und Olivier Mannonis finden.[34] Die biografischen Aufarbeitungen werden begleitet von einer nahezu unübersehbaren Menge sprach- oder literaturwissenschaftlicher Untersuchungen, die für eine Charakterisierung der Grassschen Literatur von Nutzen sind. Erwähnenswert ist zudem, dass sich auch französische Wissenschaftler wie der Historiker und Journalist Lionel Richard oder der Autor und Übersetzer Eryck de Rubercy mit Grass' Romanwerk, aber auch seiner Bedeutung als Literat und Intellektueller für die Literaturszene ebenso wie für die deutsche Gesellschaft im Allgemeinen auseinandersetzen.[35] Allerdings muss an dieser Stelle betont werden, dass sich der an der Thematik des deutsch-französischen Literaturtransfers bzw. der wechselseitigen Wahrnehmung der Literatur des Nachbarlandes Interessierte keineswegs mit umfangreicher Sekundärliteratur konfrontiert sieht. Das *Frankreich-Jahrbuch* von 1995 mit zahlreichen Beiträgen zu dieser Problematik sowie Marie-Luise Christadler, Fritz Nies und Wolfgang Asholt, die in Bezug auf den deutsch-französischen Kulturtransfer als wichtige Namen gelten, liefern hier zweifellos bedeutende und interessante Anregungen, können jedoch aufgrund der überwiegenden Publikation Mitte der 1990er Jahre dem Anspruch dieser Arbeit auf Aktualität hinsichtlich des deutsch-französischen Literaturtransfers bis 2005 nur bedingt gerecht werden. Aus diesem Grund werden dafür aktuellere Studien von Joseph Jurt, der 2009 erschienene *Schnittpunkt Frankreich* von Fritz Nies sowie aussagekräftige Presseartikel hinzugezogen.[36]

An die Vorstellung von Grass und Houellebecq schließt sich die Analyse und Interpretation der Rezensionstexte an. Diese soll auf vergleichender Basis anhand von literaturkritischen Texten aus deutschen

---

[34] Vgl. Mannoni, Olivier: *Günter Grass. L'honneur d'un homme*, Bayard, Paris 2000 sowie Zimmermann, Harro: *Günter Grass unter den Deutschen. Chronik eines Verhältnisses*, Steidl, Göttingen 2006.

[35] Vgl. De Rubercy, Eryck: „Günter Grass: Les proses d'une épopée", in: *L'Atelier du roman* (36) 2003, S. 143–150 sowie Richard, Lionel: „Esthétique et politique. *D'Anesthésie locale* à *Toute une histoire*", in: *Magazine littéraire* (381) 1999, S. 45–49.

[36] Vgl. Deutsch-Französisches Institut (Hrsg.): *Frankreich-Jahrbuch 1995*, VS Verlag für Sozialwissenschaften, Opladen 1996; Jurt, Joseph: „Traduction et transfert culturel", in: Lombez, Christine/Von Kulessa, Rotraud (Hrsg.): *De la traduction et des transferts culturels*, L'Harmattan, Paris 2007 sowie Nies, Fritz: *Schnittpunkt Frankreich. Ein Jahrtausend Übersetzen* (= Transfer. Literatur – Übersetzung – Kultur, Bd. 20), Narr, Tübingen 2009.

und französischen Printmedien erfolgen, so dass anschließend nicht nur festgestellt werden kann, wie die am meisten rezipierten Schriftsteller der Jahrtausendwende diesseits und jenseits des Rheins wahrgenommen werden. Die komparatistische Vorgehensweise ermöglicht es zudem dank der Fokussierung auf Unterschiede in der Wahrnehmung der Schriftsteller und ihrer Werke, mögliche Ursachen für divergierende Perzeptionsmuster aufzuzeigen, wofür Ideen der Imagologie einbezogen werden, ohne dass das Ziel der Arbeit aber darin besteht, deutsch-französische Eigen- und Fremdwahrnehmungsmuster sowie stereotype Nationalvorstellungen als Einflussfaktoren für Werturteile ausführlich zu besprechen. Eine Zusammenführung der Untersuchungsergebnisse soll die Erkenntnisse hinsichtlich der Bewertung von Schriftsteller, Werk, Sprache und Schreibweise durch die Rezensenten sichern. Zudem soll in Verbindung damit auf Unterschiede in der deutschen und französischen Bewertung und Bewertungspraxis aufmerksam gemacht werden. Da eine praktische Analyse und Interpretation literaturkritischer Texte, welche Houellebecq und Grass zum Gegenstand haben, bislang in dieser Form noch nicht unternommen wurde,[37] kann mit der vorliegenden Arbeit ein Beitrag zur Grass- und Houellebecq-Forschung geleistet werden, der aufgrund der vergleichend angelegten Vorgehensweise nicht nur für Romanisten von Interesse sein kann, sondern dank seines interdisziplinären Aspekts ebenso für den germanistischen Fachbereich.

---

[37] Frédéric Meynier-Heydenreich untersucht zwar im Rahmen seiner quantitativ angelegten Studie *Die Literatur der Anderen. Fünf Jahre deutsch-französische Literaturkritik (1995–1999)* unter dem Blickwinkel der Fremdkulturvermittlung in einem breiten Spektrum von Autoren auch einzelne Rezensionen zu Michel Houellebecq in der deutschen sowie zu Günter Grass in der französischen Presse, ein vollständiges Bild über die Wahrnehmung der Autoren kann sich aber aufgrund der anders gewählten Zielsetzung nicht ergeben. Auch Siegfried Mews, der 2008 in englischer Sprache seine Studie *Günter Grass and his critics* zur Wahrnehmung von Person und Werk Grass' seit den 1960er Jahren veröffentlicht, legt den Schwerpunkt der Untersuchung auf den angloamerikanischen Raum und beschränkt sich auf zusammenfassende Darstellungen der Rezeptionsgeschichte, ohne dabei eine detaillierte Rezensionsanalyse vorzunehmen.

1.3 Das Textkorpus

Als Textkorpus gelten in der vorliegenden Arbeit jene literaturkritischen Texte, anhand derer die angestrebte Analyse und Interpretation erfolgen wird. Es handelt sich dabei um Primärquellen, welche im Zeitraum von 1995 bis 2005 die oben genannten epischen Werke Günter Grass' und Michel Houellebecqs rezensierend betrachten. Um eine homogene Vergleichsbasis zu schaffen, wird einerseits auf die Einbeziehung von Lyrikbänden, andererseits auch auf Essays, Briefe und politische Reden verzichtet, die die Autoren in dieser Zeitspanne veröffentlichen. Ferner sind Beschränkungen hinsichtlich der Zeitungen notwendig, aus denen die Rezensionen entnommen wurden. Die Auswahl soll im Folgenden näher erläutert werden.

1.3.1 Die ausgewählten Tageszeitungen

Für die Untersuchung der Rezeption Houellebecqs und Grass' in Frankreich und Deutschland werden jeweils drei deutsche und französische, überregional erscheinende Tageszeitungen berücksichtigt, die internationale Anerkennung genießen. Es kann demnach davon ausgegangen werden, dass ihren journalistischen Arbeiten Seriosität und Sachkompetenz zugrunde liegen: Überregional erscheinende Boulevardzeitungen werden daher nicht herangezogen. Zudem ist aufgrund der Auflagenhöhen der Zeitungen von täglich mindestens 100000 Exemplaren eine gewisse Repräsentativität in der öffentlichen Diskussion gewährleistet.[38] Aus diesem Grund werden literaturwissenschaftliche Fachzeitschriften ebenfalls aus der Untersuchung ausgeklammert, da diese zum einen Belletristik häufig unter bestimmten literaturwissenschaftlich relevanten Gesichtspunkten betrachten und damit andere Maßstäbe an das Rezensieren eines Buches anlegen als der Kritiker einer Tageszeitung. Zum anderen erscheinen diese Zeitschriften nur in geringen Auflagen und binden lediglich ein sehr eng gefasstes, fachspezifisch interessiertes Publikum an sich. In dieser Konstellation führen beide Aspekte dazu,

---

[38] Vgl. zur Auflagenhöhe französischer Tageszeitungen: Schmidt, Bernhard u. a.: *Frankreich-Lexikon*, 2., überarbeitete Auflage, Schmidt, Berlin 2005, S. 634 sowie zur Auflagenhöhe deutscher Tageszeitungen: Informationsgesellschaft zur Verbreitung von Werbeträgern e.V. (Hrsg.): < http://daten.ivw.eu/index.php?menuid =5&u=&p= > am 18.11.2007.

dass die literaturwissenschaftliche Zeitschrift in ihrem Urteil über ein Werk zwar als fachkundig und kompetent, jedoch weniger als repräsentativ gelten kann, wenn ein möglichst charakteristisches Bild gezeichnet werden soll, das Auskunft über die Rezeption Houellebecqs und Grass' gibt.

Zudem wird darauf geachtet, dass die Zeitungen unterschiedlichen politisch-kulturellen und weltanschaulichen Richtungen folgen, da diese auf die Beurteilung eines Werkes Einfluss nehmen kann. Für die Analyse deutscher Kritiken werden unter Beachtung dieser Kriterien die *Frankfurter Allgemeine Zeitung*, die *Frankfurter Rundschau* sowie die *Süddeutsche Zeitung* herangezogen. Diese Auswahl wird durch die Tatsache bekräftigt, dass die drei Zeitungen in der genannten Reihenfolge von Kritikern als die idealen Medien für Literaturkritik genannt werden.[39]

Die Linie der *Süddeutschen Zeitung* als auflagenstärkstes der vier Blätter zeichnet sich in den 1950er Jahren unter dem damaligen Chefredakteur Werner Friedmann ab: Trotz des Willens, ein politisch unabhängiges Profil zu wahren, „bewegt sie sich im Allgemeinen etwas links von der Mitte: aufgeschlossen und tolerant, jedoch nie indifferent".[40] Besonders tritt dabei das Merkmal der Liberalität hervor, das in dem Bemühen, verschiedene Positionen und Perspektiven aufzuzeigen, offenkundig wird. Die *Frankfurter Allgemeine Zeitung* lässt sich in ihrer politischen Ausrichtung rechts von der *Süddeutschen Zeitung* einordnen. Sie gilt als traditionsgebunden und konservativen Werten verpflichtet, jedoch parteipolitisch weitgehend unabhängig. Sie wird als eine Zeitung für Bürgertum und Business gesehen, zählt demzufolge nach eigenen Angaben vor allem leitende Angestellte aus Verwaltung und Behörden, Führungspersonal und Selbständige zu ihren Lesern.[41] Die Grundhaltung der *Frankfurter Rundschau* prägt gleichfalls in den 1950er Jahren der sozialdemokratische Chefredakteur Karl Gerold entscheidend mit: Das Blatt lässt sich als moderne, linksliberale, auf soziale Gerechtigkeit bedachte Tageszeitung beschreiben, die für eine stetige Demokratisierung des Gemeinwesens eintritt. Sie will dazu beitragen, einflussreiche öffentliche und private Personen oder Institutio-

---

[39] Vgl. Getschmann: *Zwischen Mauerbau und Wiedervereinigung*, S. 56.

[40] Pürer, Heinz/Raabe, Johannes (Hrsg.): *Medien in Deutschland. Presse*, Bd. 1, zweite, korrigierte Auflage, UVK-Verlagsgesellschaft, Konstanz 1996, S. 167.

[41] Vgl. ebd, S. 167f.

nen durch seriösen Journalismus zu kontrollieren. Sie spricht damit in erster Linie ein jüngeres, bildungsbürgerliches Publikum an.[42]

Im französischen Pressewesen ist das Spektrum links der Mitte im Gegensatz zu Deutschland wesentlich ausdifferenzierter als das rechte. Dennoch oder gerade deswegen rangiert die auflagenstärkste Zeitung rechts von der Mitte: *Le Figaro*, der seine Leser vor allem im Bürgertum findet, gilt als die etablierteste rechts-konservative Tageszeitung Frankreichs. Sie wird bereits 1821 gegründet, erscheint anfangs als Wochenzeitung, ab 1866 täglich. Das Profil des *Figaro* durchlebt zahlreiche Veränderungen: Von einer klerikalen, monarchietreuen Linie über eine faschistische bis hin zu einer gemäßigt antinationalsozialistischen Ausrichtung in den 1930er Jahren, entwickelt er sich in den 1970er Jahren zum polemischen Kampfblatt der Konservativen, bis er schließlich 1988 unter dem Chefredakteur Franz-Olivier Giesbert zu seinen traditionell liberal-konservativen Wurzeln zurückkehrt. Heute ist *Le Figaro* im Besitz des Flugzeugindustriellen Serge Dassault.[43]

Etwa in der politischen Mitte ordnet sich *Le Monde* ein, eine Zeitung, die ursprünglich auf Anregung Charles de Gaulles' 1944 von dem katholischen Résistance-Kämpfer Hubert Beuve-Méry als Nachfolgezeitung von *Le Temps* gegründet wird und anfangs eine betont antikommunistische, gaullistische Linie vertritt, später aber die 68er-Bewegung und die Mitterrand-Regierung unterstützt. Heute gilt sie als ein gemäßigtes, linksliberales, proeuropäisches Blatt, das über nahezu alle Altersgrenzen hinweg gelesen wird.[44]

Libération, 1973 von Jean-Paul Sartre gegründet, ist ursprünglich ein Sprachrohr der 68er-Generation und bemüht sich um alternative Berichterstattung zu bürgerlichen Blättern, rückt soziale Brennpunkte, die Probleme Jugendlicher oder gesellschaftlicher Randgruppen in den Mittelpunkt. Heute gilt sie ebenfalls als linksliberal, der Sozialistischen Partei Frankreichs (PS) in kritischer Sympathie verbunden und widmet sich dem Kampf gegen die extreme Rechte. Sie verortet sich im politischen Spektrum links von *Le Monde* und spricht ein mittelständisches Publikum

---

[42] Pürer, Heinz/Raabe, Johannes (Hrsg.): *Medien in Deutschland. Presse*, Bd. 1, zweite, korrigierte Auflage, UVK-Verlagsgesellschaft, Konstanz 1996, S. 167–169.

[43] Vgl. Schmidt u. a.: *Frankreich-Lexikon*, S. 395f.

[44] Vgl. ebd., S. 565f.

an. Bei allen ideologischen Veränderungen, die auch *Libération* durchlebt, gilt diese Zeitung als die innovationsfreudigste und originellste unter den drei vorgestellten französischen Tageszeitungen.[45]

1.3.2 Die Festlegung auf epische Werke

Für die Auswahl der Rezensionstexte aus den entsprechenden Zeitungen müssen vielfältige Aspekte in Hinblick auf die Zielstellung der Arbeit berücksichtigt werden. Zum einen besteht das Ziel darin, einen möglichst repräsentativen Einblick in die Rezeption Houellebecqs und Grass' zu geben, was nicht nur anhand der Auswahl der Zeitungen geschehen soll. Ebenso bedeutsam ist es, Rezensionen für eine detaillierte Analyse auszuwählen, die repräsentative, d. h. häufig gelesene literarische Genres und Gattungen betrachten. Christian Schulz belegt, dass der französische Belletristik-Markt ausnehmend stark vom Genre der Epik beherrscht ist: Etwa 90 Prozent der jährlichen Neuerscheinungen im belletristischen Bereich sind epische Werke. Das Genre der Lyrik kann auf dem Büchermarkt mit einem Anteil von nur ca. 3,5 Prozent kaum vor der epischen Konkurrenz bestehen, ebenso die Dramatik, die mit nur 2,5 Prozent einen gleichermaßen geringen Stellenwert einnimmt.[46] Im deutschen Sprachraum belaufen sich die Anteile von Lyrik und Dramatik auf dem Feld der Belletristik gemeinsam gar auf unter drei Prozent; die restlichen 97 Prozent beansprucht die Epik für sich.[47] Der Roman gilt dabei als jene Kunstform, welche in Deutschland wie auch in Frankreich am weitesten verbreitet ist und somit die dominierende literarische Gattung darstellt, auch im Bereich importierter Literatur.[48] Somit erscheint die Festlegung auf Rezensionen epischer Werke mit besonderem Schwerpunkt auf den Roman als sinnvoll.

Die literaturwissenschaftliche Typologisierung der Werke der Autoren wirft allerdings neue Schwierigkeiten auf, denn einige unter ihnen gehören zwar zur erzählenden Prosa, lassen sich jedoch nicht eindeutig einer be-

---

[45] Vgl. Schmidt u. a.: *Frankreich-Lexikon*, S. 493f.

[46] Vgl. Schulz, Christian: *Die Vermittlung französischer Literatur in Deutschland. Eine Analyse ausgewählter Literaturkritik in der Presse zwischen 1990 und 1995*, unveröffentlichte Magisterarbeit, Duisburg 1995, S. 34.

[47] Vgl. Börsenverein des deutschen Buchhandels (Hrsg.): *Buch und Buchhandel in Zahlen*, Marketing- und Verlagsservice des Buchhandels, Frankfurt a.M. 2007.

[48] Vgl. Art. „Roman", in: Burdorf/Fasbender/Moennighoff (Hrsg.): *Metzler Literatur Lexikon*, S. 661.

stimmten Gattung zuordnen. Bereits seit den 1950er Jahren entstehen vielfältige Erzählformen, die im Zeitalter postmoderner Literatur bzw. um die Jahrtausendwende quantitativ weiter kulminieren und miteinander verschmelzen. So gilt nicht mehr allein das Kriterium der Fiktionalität als ausschlaggebend für die Zuordnung zu erzählender Prosa, auch Schreibtechniken und Erzählstrategien wie metafiction, autobiografisch grundiertes Erzählen, Montagetechnik, Essays und sogar Romanessays oder historisches Erzählen gehören mithin in diese Kategorie.[49] Da die Übergänge dabei oft fließend sind und im Falle Houellebecqs zum Beispiel nur schwer festzustellen ist, wo zweifellos vorhandene autobiografische Elemente in Fiktion übergehen,[50] dient hier erneut das Kriterium der Repräsentativität in der öffentlichen Diskussion sowie verstärkt die Vergleichbarkeit als zweiter wichtiger Aspekt für die Auswahl. So wird neben den Romanen auch Houellebecqs *Lanzarote* in die Untersuchung einbezogen – ein Werk, das zweifelsohne zur erzählenden Prosa gehört, jedoch nicht bedenkenlos in die Gattung der Erzählung, des Berichts oder des (autobiografischen) Romans eingeordnet werden kann. Allerdings wird es von nahezu allen berücksichtigten Zeitungen rezipiert und erfüllt somit die Kriterien für die Einbeziehung in die Untersuchung. Gleiches gilt für Grass' *Mein Jahrhundert*, eine Sammlung von Erzählungen, sowie die Novelle *Im Krebsgang*, welche beide außerordentlich hohe Aufmerksamkeit durch die Kritiker erfuhren und in den Feuilletons für Diskussionsstoff sorgten.

Anders die Lyrikbände, die Houellebecq und Grass im Untersuchungszeitraum veröffentlichen: Diese werden von den einheimischen Kritikern wie auch im Nachbarland kaum wahrgenommen. Houellebecq bringt von 1995 bis 2005 die Gedichtbände *La Peau*, *La Ville*, *Le Sens du combat*, *Renaissance* und *Poésies* auf den Markt, von denen lediglich die drei letztgenannten überhaupt rezensiert werden. Grass publiziert im genannten Zeitraum *Letzte Tänze* (2003) und *Lyrische Beute* (2004), doch auch diese finden weder die Aufmerksamkeit der deutschen Kritiker, noch gelangen sie in die französischen Feuilletons von *Le Monde*, *Le Figaro* oder *Libération*. Die lyrischen Werke der Schriftsteller müssen somit aus der Untersuchung ausgeklammert werden, da die Auswahlkriterien Repräsentativität und Vergleichbarkeit nicht gewährleistet sind.

---

[49] Vgl. Meynier-Heydenreich: *Die Literatur der Anderen*, S. 38.

[50] Vgl. dazu Kapitel fünf dieser Arbeit.

Zudem erschienen im genannten Zeitraum ein Briefwechsel zwischen Günter Grass und Helen Wolff sowie politische Reden und Stellungnahmen, deren Rezeption jedoch ebenfalls äußerst dürftig ausfällt, so dass auch hier eine vergleichbare Analyse nicht stattfinden kann.

1.3.3 Art und Länge der Rezensionstexte

Neben dem eben besprochenen Kriterium der Epik sind darüber hinaus erneut in Hinblick auf die Vergleichbarkeit zwei weitere, nun formale Aspekte für die Auswahl der Texte relevant: die Textsorte sowie die Länge der Texte.

Literaturkritische Betrachtungen nehmen eine Vielzahl von Formen an, die, in Abhängigkeit eines weiter oder enger gefassten Verständnisses des Begriffes Rezension, diesen als einen kategorisierenden Überbegriff begreifen können, welcher Formen wie das Autorenportrait, die Glosse, das Interview oder den Essay in sich vereint, oder aber im engeren Sinne nach einer Definition von Wolfgang Albrecht unter einer Rezension die „traditionsreichste Form (journalistischer) Literaturkritik" verstehen, welche die „erste kritische Stellungnahme zu einer Neuerscheinung in Form eines Erst- oder Neudrucks"[51] liefert. Mag diese Definition für den deutschen Sprachraum zutreffen, so konstatiert Jean-Thomas Nordmann jedoch für Frankreich ein traditionell weiter gefasstes Verständnis des Rezensionsbegriffes, das sowohl Interviews, Autorenportraits, Werkübersichten und Essays einschließt.[52]

Vor dem Hintergrund der Zielsetzung, über die Aufnahme der Romane der am meisten gelesenen Autoren der Jahrtausendwende zu informieren, steht bei der Auswahl der Rezensionen das Werk im Mittelpunkt, da es die Werke der Schriftsteller sind, die eine außergewöhnliche Verbreitung erfahren und erst in zweiter Instanz die Autoren selbst. In den meisten Fällen besteht natürlich ein Zusammenhang zwischen dem Interesse, das das lesende Publikum einem Buch entgegenbringt und dem Interesse für den dahinter stehenden Autor, jedoch tritt dieses erst aufgrund des Werkes zutage. Der Schriftsteller könnte ohne sein Œuvre in der Öffentlichkeit nicht bestehen, da er per definitionem erst durch ein geschriebenes Werk als solcher wahrgenommen wird, ein Buch aber

---

[51] Albrecht, Wolfgang: *Literaturkritik*, Metzler, Weimar 2001, S. 51.

[52] Vgl. Nordmann, Jean-Thomas: *La critique littéraire française au XIXe siècle* (1800–1914), Le livre de poche, Paris 2001, S. 12f.

kann auch ohne ein ausgeprägtes Interesse für den Autor Verbreitung und Erfolg erfahren. Im Rückschluss werden dem entsprechend jene Rezensionstexte berücksichtigt, in denen die Kritiker den Fokus auf die Besprechung der Werke legen, so dass die Vielfalt der Rezensionsarten durchaus Einzug in die Untersuchung hält; allerdings werden reine Schriftstellerportraits, die beispielsweise aus Anlass von Auszeichnungen oder runden Geburtstagen der Autoren verfasst werden, sowie Interviews, die primär werkungebundene Themen behandeln, aus der Untersuchung ausgeschlossen.

Zudem gilt nicht zuletzt die Länge der Rezensionstexte als ein ausschlaggebendes Auswahlkriterium. Kurz gehaltene Texte von nur wenigen Zeilen verfolgen zumeist den Zweck, in knapper Form interessante Fakten zu einem Schriftsteller zu liefern oder auf literarische Neuerscheinungen lediglich hinzuweisen, wie zum Beispiel der Titel der Rubrik *Dernières livraisons* in *Le Monde* bereits vermuten lässt.[53] Textsorten dieser Art können jedoch ein Werk in seiner sprachlichen, literarischen und gesellschaftlich-kulturellen Bedeutung keinesfalls differenziert erfassen und ein begründetes Urteil aussprechen, so dass eine detaillierte Analyse für die Fragestellung der Arbeit wenig ertragreich wäre.

Somit ergibt sich anhand des zentralen Kriteriums der Repräsentativität in der Auswahl der Zeitungen sowie der durch die Kritiker besprochenen Genres und literarischen Gattungen ein für die angestrebte Untersuchung angemessenes Primärkorpus, das die Vielfalt literaturkritischer Texte vom Grundsatz her berücksichtigt und in der Lage ist, nicht nur über die Wahrnehmung der Autoren zu informieren, sondern Vergleichbarkeit ermöglicht, da zum einen Kurzvorstellungen von Werken und Autoren ausgeschlossen werden und zum anderen lediglich Rezensionen zu jenen Werken Grass' und Houellebecqs einer genauen Analyse unterzogen werden, die die überwiegende Mehrheit der Zeitungen besprochen hat.

---

[53] Vgl. Meynier-Heydenreich: *Die Literatur der Anderen*, S. 42.

2 Deutsch-französischer Literaturtransfer

Johann Wolfgang von Goethe verfasst im Jahr 1827 in dem von ihm monatlich herausgegebenen Magazin Über *Kunst und Altertum* ein Vorwort für einen Artikel über den italienischen Dichter Torquato Tasso, den er aus dem französischen Magazin *Le Globe* ins Deutsche übersetzt hatte und veröffentlichen wollte. Er entwickelt in diesem Vorwort das Konzept der Weltliteratur, der littérature mondiale, das eng mit der Idee des Literaturtransfers verknüpft ist. Goethes Konzept begreift Weltliteratur nicht etwa im Sinne einer Gesamtheit der weltweit existierenden Literatur oder eines globalen Literaturkanons, sondern versteht Weltliteratur als eine Art intellektuellen Handel über nationale Grenzen hinweg, der auf transnationaler, wenn nicht gar auf internationaler Ebene den Eingang von nationaler Literatur in andere Kulturkreise ermöglicht. Diesen Prozess sieht er um das Jahr 1827, in einer Zeit, in der die humanistische Bildung an Bedeutung wächst, schon im Entstehen begriffen. Ende des 18. Jahrhunderts finden bereits zahlreiche Kooperationen von deutschen Buchhändlern mit Pariser Kollegen statt, wobei die größte Zahl dieses Austausches zwischen Leipzig und der französischen Hauptstadt zu verzeichnen ist, gefolgt von der Zusammenarbeit mit Berliner Buchhändlern. Zudem stammt der größte Teil importierter fremdsprachiger Belletristik in Frankreich aus Deutschland.[1] Goethe betont die enormen Chancen, die sich im Sinne der Völkerverständigung damit ergäben: Der Transfer von Literatur bleibe somit nicht nur auf einen engen Kreis von Wissenschaftlern beschränkt, denn dank der Entwicklung einer transnationalen Industrie sowie eines transnationalen Handels seien nicht nur interstaatliche Märkte entstanden, auf denen sich auch der Buchmarkt weiter ausbreiten würde, sondern darüber hinaus biete die Infrastruktur, die dafür notwendig ist, die Möglichkeit für ein System des Literaturaustausches in bislang nicht gekanntem Ausmaß. Literaturtransfer ermögliche auf diese Weise das Kennenlernen unterschiedlicher literarischer Konzepte und das Erschließen fremder Kulturen auf vollkommen neuem Wege, was, so hofft Goethe, in der Empfangskultur zu einem besse-

---

[1] Vgl. Middell, Katharina/Middell, Matthias: „Forschungen zum Kulturtransfer. Frankreich und Deutschland", in: *Grenzgänge* (10, 1) 2001, S. 115f.

ren Verständnis der Ausgangskultur des Werkes führen würde und damit letztlich zu einer Annäherung der Völker beitrüge.[2]

Goethe folgt damit zweifelsohne sehr idealistischen Vorstellungen darüber, was Literaturtransfer leisten kann. Indem er aber selbst aufsatzähnliche oder journalistische Texte vom Französischen ins Deutsche überträgt und sogar Klassiker der französischen Literatur übersetzt, darunter Diderot und Voltaire, dient auch er schon als Mittler zwischen zwei Kulturen.[3] Dies verdeutlicht, dass der Übersetzung eine große Bedeutung für die Entstehung von Literaturtransfer zukommt, da die Erschließung von Werken fremder Kulturen weiten Teilen der mittleren und unteren Bevölkerungsschichten zu Lebzeiten Goethes nur so möglich war.

Obwohl seither etwa 200 Jahre vergangen sind, ist es auch heute, in einer Zeit, in der das Beherrschen von Fremdsprachen weiter verbreitet ist, noch üblich, dass sich die Literaturkritik mehrheitlich mit einem ursprünglich fremdsprachigen Werk erst dann auseinandersetzt, wenn eine Übersetzung in die eigene Sprache stattgefunden hat.[4] Demnach besteht ein kausaler Zusammenhang zwischen Übersetzungen, Literaturtransfer und Literaturkritik, so dass eine nähere Betrachtung des heutigen Standes deutsch-französischen Literaturtransfers – im Sinne einer Art Bedingungsanalyse für die Wahrnehmung von Werken des Nachbarlandes durch die Literaturkritik – unbedingt notwendig erscheint.

2.1 Das Konzept des Transfers

2.1.1 Kultur- und Literaturtransfer in der Wissenschaftstheorie

In der theoretischen Auseinandersetzung um Begriff, Verständnis und Funktionsweise von Transfer dominiert in der Transferforschung die Betrachtung und Analyse von Kulturtransfer als übergreifende Bezeichnung für den Export von Gütern verschiedener kultureller Teilbereiche. Der Literaturtransfer als eine der Domänen des Kulturtransfers, aber auch als unabhängiges Einzelphänomen spielt in theoretischen Ausführungen der fachwissenschaftlichen Literatur der Kultur- und Sprachwissenschaften bisher eine überraschend geringe Rolle. Auch in einer Vielzahl literatur-

---

[2] Vgl. Jurt: „Traduction et transfert culturel“, S. 93–95.

[3] Vgl. ebd., S. 93.

[4] Vgl. Poier-Bernhard, Astrid: „Comptes rendus“, in: *Œuvres et critiques* (XXIII, 1) 1998, S. 142.

wissenschaftlicher Fachlexika[5] taucht der Terminus nicht auf. Aus diesem Grund wird sich im Folgenden zur Erklärung des Begriffs ‚Literaturtransfer' vor allem auf Literatur gestützt, die sich mit dem Phänomen des Kulturtransfers beschäftigt. Dennoch soll nicht davon Abstand genommen werden, den Terminus *Literaturtransfer* davon abzugrenzen und als eigenständigen Begriff zu erläutern.

In einigen Fällen ist festzustellen, dass die Unterscheidung zwischen Kultur- und Literaturtransfer vollkommen aufgehoben oder ignoriert wird.[6] Joseph Jurt oder Frank Leinen sprechen beispielsweise von der Bedeutung von Übersetzungen im Rahmen kultureller Transferprozesse, lassen dabei aber völlig außer Acht, dass jene in einigen Fällen vollkommen ohne Übersetzung auskommen, wie z. B. im Bereich der Malerei oder der Musik.

Der Differenzierung von Kultur- und Literaturtransfer im Rahmen dieser Arbeit liegt somit ein Verständnis von Kultur zugrunde, dass sowohl in der Fachwissenschaft als auch im allgemeinen Sprachgebrauch weit mehr umfasst als nur die Literatur: Ursprünglich aus der Landwirtschaft stammend (lat. colere: bebauen, pflegen), steht Kultur[7] in der Neuzeit eng in

---

[5] Etwa: Aron, Paul/Saint-Jacques, Denis/Viala, Alain (Hrsg.): *Le dictionnaire du littéraire*, Presse universitaire de France, Paris 2002; De Beaumarchais, Jean-Pierre/Couty, Daniel/Rey, Alain (Hrsg.): *Dictionnaire des littératures de langue française*, Bordas, Paris 1987; Demougin, Jacques (Hrsg.): *Dictionnaire des littératures françaises et étrangères*, Larousse, Paris 1992 sowie Rey, Alain (Hrsg.): *Dictionnaire culturel en langue française*, Le Robert, Paris 2005.

[6] So Joseph Jurt in dem bereits zitierten Aufsatz „Traduction et transfert culturel" oder Frank Leinen in „Limites et possibilités du transfert culturel. L'exemple de la traduction allemande de *L'Amour, la fantasia*, d'Assia Djebar", beide erschienen in: Lombez/Von Kulessa (Hrsg.): *De la traduction et des transferts culturels.*
Anm.: Titelangaben innerhalb von Werktiteln werden hinsichtlich ihrer Kennzeichnung sowohl in den Fußnoten als auch im Literaturverzeichnis so beibehalten, wie sie im Original angegeben wurden, auch wenn diese Angabe von der im Rahmen dieser Arbeit üblichen Hervorhebung abweicht. Ähnliches gilt für die An- und Ausführungsstriche: die französische Art wird – abweichend zur deutschen – wie in den französischsprachigen Originalquellen beibehalten.

[7] In dieser Arbeit soll keine differenzierte Darstellung verschiedener Erklärungsmuster des Begriffes *Kultur* erfolgen. Vgl. daher zu „Kultur", „Kultursemiotik", „Kulturanthropologie", „Kulturgeschichte" oder „Kulturökologie" etwa: Nünning, Ansgar (Hrsg.): *Metzler Lexikon Literatur- und Kulturtheorie. Ansätze – Personen – Grundbegriffe*, 4., aktualisierte und erweiterte Auflage, J. B. Metzler, Stuttgart/Weimar 2008.

Zusammenhang mit dem Begriff der Zivilisation und versteht sich in diesem Sinne als Zustand und Ergebnis eines Prozesses der Höherentwicklung menschlicher Orientierungen und Leistungen über die bloße Natur des Menschen hinaus. ‚Kultur' und ‚Zivilisation' waren dabei wie kaum ein anderes Begriffspaar im deutsch-französischen Kontext Gegenstand von Auseinandersetzungen um die Ausbildung nationaler Identität, aber auch um die politische und intellektuelle Führung Europas in der napoleonischen Epoche, als Napoleon Bonaparte seine außenpolitischen Expansionszüge mit der Idee eines zivilisatorischen Auftrages zur Verbreitung eines universellen Fortschrittskonzeptes verband, welcher seine Wurzeln in der Aufklärung und der Französischen Revolution hat.[8] Die Verwendung des Begriffs der Zivilisation im Zusammenhang mit Kultur evoziert bereits auf Ganzheitlichkeit angelegte Begriffsvorstellungen des Terminus Kultur, die den Zustand einer Gesellschaft beschreiben, welche durch die Entwicklung von Schrift, Sitte, komplexem politischen Handeln, der Schönen Künste u. v. m. ein bestimmtes Maß an Fortschritt erreicht hat und sich somit nicht mehr im Naturzustand befindet. Nach dem Ersten Weltkrieg hat jedoch eine begriffliche Neuorientierung stattgefunden, die – unter angloamerikanischem Einfluss – die Unterscheidung von Kultur und Zivilisation vernachlässigt. Kultur wird demnach heutzutage im wissenschaftlichen Gebrauch auf Kunst, Literatur und Musik, aber auch auf höher entwickelte Formen menschlichen Zusammenlebens, z. B. die Esskultur, bezogen.[9] Dies bestätigt im Rückschluss, dass der Transfer von Kultur verschiedene Dimensionen umfasst, wovon Literaturtransfer nur eine neben einer Vielzahl anderer darstellt.

2.1.2 Zum Begriff des Transfers

Der Begriff des Transfers wiederum umfasst in der Transferforschung zwei Ebenen: Diese begreift Transfer einerseits als die Übertragung von wissenschaftlichen, literarischen oder Konsumgütern wie auch Institutionen oder Praktiken von der Ausgangskultur in die Zielkultur, welche dabei

---

[8] Vgl. Art. „Kultur", in: Mittelstraß, Jürgen (Hrsg.): *Enzyklopädie Philosophie und Wissenschaftstheorie*, Bd. 2, J. B. Metzler, Stuttgart/Weimar 1995, S. 508 sowie Art. „Kulturbegriff", in: Nünning (Hrsg.): *Metzler Lexikon Literatur- und Kulturtheorie*, S. 395f.

[9] Vgl. Art. „Kultur", in: Nünning (Hrsg.): *Metzler Lexikon Literatur- und Kulturtheorie*, S. 392.

Veränderungen und Adaptionen erfahren können und in den meisten Fällen einen Vergleich des Eigenen mit dem Fremden mit sich bringen. Andererseits geht es diesem Wissenschaftsbereich um die Erforschung von Transfer als einen kreativen, dynamischen und produktiven Prozess, um die Untersuchung von Mechanismen also, die im ‚Übertragungsprozess' wirksam werden, um Transferwege, Träger von Rezeptionsmechanismen wie Medien, Individuen und Institutionen, aber auch um Formen der Rezeption sowie die durch Import hervorgerufenen Veränderungen, wobei stets Zusammenhänge zwischen Ausgangs- und Empfangskultur untersucht werden. Transfer verläuft dabei immer in zwei Richtungen: Zum einen führt der Vorgang zur Öffnung gegenüber anderen Kulturen, kann aber zum anderen auch Instrument zur Bewusstwerdung der eigenen Identität und somit zur Stabilisierung derselben sein.[10]

„Transfer betont damit den interaktionistischen und Entwicklungscharakter (kulturellen Wandel) von Kulturen. Transfer steht damit einem anderen Begriff und Konzept sehr nahe: dem der Akkulturation"[11]. Der Begriff Akkulturation wiederum ist der amerikanischen Anthropologie des 19. Jahrhunderts entnommen und bezeichnet, ganz im Sinne Goethes, eine Bewegung der Annäherung infolge eines Erkennens von Alterität, indem eine partielle Integration des Fremden in das Vertraute und damit ein „Vertrautwerden in der Distanz"[12] stattfindet. Wichtig ist in diesem Zusammenhang die Abgrenzung zum Prozess der Assimilation, der das völlige Verschwinden der Ursprungskultur beinhaltet, was allerdings im Bereich des Literaturtransfers ebenso selten vorkommt wie Dekulturation, verstanden als das Verlernen und teilweise Vergessen der eigenen, der Ursprungskultur.

Hans-Jürgen Lüsebrink unterscheidet fünf Formen kultureller Rezeption oder Aneignung: Die dem Original der Ursprungskultur am nächsten stehende Form ist die Übertragung, welche auf literarischem Feld der Übersetzung entspricht. Zudem findet Rezeption in Form von Nachah-

---

[10] Vgl. Lüsebrink, Hans-Jürgen: *Interkulturelle Kommunikation. Interaktion, Fremdwahrnehmung, Kulturtransfer*, 2. Auflage, J. B. Metzler, Stuttgart/Weimar 2008, S. 129f. sowie Röseberg, Dorothée: *Kulturwissenschaft Frankreich*, Klett, Stuttgart/Düsseldorf/Leipzig 2001, S. 108–110.

[11] Röseberg: *Kulturwissenschaft Frankreich*, S. 108.

[12] Wierlacher, Alois (Hrsg.): *Kulturthema Fremdheit. Leitbegriffe und Problemfelder kulturwissenschaftlicher Fremdheitsforschung*, Iudiucm, München 1993, S. 110.

mungen statt, bei der das Muster der fremdkulturellen oder fremdsprachlichen Produktion deutlich erkennbar bleibt. Die Nachahmung eines Erzählstils, der nicht in der eigenen Kultur entstanden ist, wäre hier als Beispiel zu nennen. In Abgrenzung zur Nachahmung unterscheidet Lüsebrink ferner die Form der produktiven Rezeption, welche einen Prozess der kreativen Aneignung oder des negativen Transfers bezeichnet, wobei Schlagworte, Praktiken oder Diskurse übernommen, jedoch mit neuen Inhalten gefüllt werden. Adaptionen hingegen bezeichnen kulturelle Veränderungen, die in Hinblick auf Spezifika der Zielkultur aufgrund von differierenden Wertvorstellungen, Identifikationsmustern oder ästhetischen Registern unternommen werden. Auf literarischem Gebiet betrifft dies häufig die Wahl anderer Titel für übersetzte Werke. Die für den Rahmen der vorliegenden Arbeit wichtigste Form kultureller Aneignung sind Kommentare, die Kultur- bzw. Literaturtransfer häufig begleiten: Lüsebrink zählt dazu die Literaturkritik, wobei diese nicht losgelöst von der Übertragung zu sehen sei.[13]

Transfer ist zudem, wie Michel Espagne betont, immer ein Produkt des historischen Kontextes. Nicht allein die umfassende Entwicklung einer Infrastruktur ist Voraussetzung für dessen Entstehung. Vor allem der Wille, sich aufgrund eines universellen, humanistischen Bildungsanspruches fremden Kulturen zu öffnen, führt zu einem verstärkten Transfer kultureller, vornehmlich literarischer Güter. Häufig, so behaupten poststrukturalistische Theoretiker, steht dieser Prozess in der Vergangenheit entweder im Zusammenhang mit dem Empfinden der Unvollständigkeit der eigenen Kultur, so dass der Kontakt mit anderen Kulturen dringlich erscheint, oder mit einer Krise der eigenen Kultur, in der sich bereits durch das Aufkommen neuer Denkrichtungen der Übergang zu anderen, meist fortschrittlicheren kulturellen und philosophischen Strömungen oder Epochen andeutet, ohne aber schon vollzogen zu sein. Meist nimmt der Kultur- oder Literaturtransfer dann zuerst die Funktion einer Rückversicherung ein. In Frankreich äußert sich dies in der Mitte des 18. Jahrhunderts im Zeitalter aufklärerischer Ideen durch eine starke Orientierung auf das deutschsprachige Ausland.

---

[13] Vgl. Lüsebrink: *Interkulturelle Kommunikation*, S. 130, 134 und S. 136 sowie Wierlacher (Hrsg.): *Kulturthema Fremdheit*, S. 111.

> Le rousseauisme français trouvait ainsi sa confirmation dans les Idylles de Gessner alors que l'esthétique néoclassique de Winckelmann, esquissant l'image d'un «homme en soi», se réclamait des conceptions des Encyclopédistes.[14]

Ist diese erste Phase der Suche nach Bestätigung vollzogen, führt die gegenseitige Beeinflussung mit neuen Ideen einerseits zu einer umfassenderen Ausformulierung und Erweiterung derselben, andererseits entsteht dann zumeist der Wunsch nach einer aktiven Verbreitung, um die eigenen Ideen zu legitimieren, aber auch um zur Überwindung ‚alter' Vorstellungen beizutragen.[15] Kultur- und Literaturtransfer entsteht also nicht primär aus expansionistischen Beweggründen heraus, sondern geht mit dem Bedürfnis der Empfangskultur einher, Elemente fremder Kulturen in eigene Wirkungsfelder zu integrieren.[16]

2.1.3 Probleme und Grenzen literarischen Transfers

Aus diesem Verständnis von Literaturtransfer heraus ergibt sich die Frage, ob es Aufgabe des Übersetzers ist, das Fremde in der Übersetzung hervorzuheben oder aber Adaptionen vorzunehmen, um das Gefühl der Fremdheit zu überwinden und Integrations- oder gar Akkulturationsprozesse zu erleichtern? Anders ausgedrückt: Dient eine Übersetzung dazu, Sprach- und Kulturbarrieren zu überwinden oder sie sich bewusst zu machen? Walter Benjamin sieht den Sinn des Übersetzens darin, die fremde Sprache in der eigenen zu repräsentieren, denn die Übersetzung sollte lediglich als eine Form verstanden werden, die erfordert, auf das Original zurückzugehen: Er sieht die Übersetzung als zweckmäßig an, um das Verhältnis der Sprachen zueinander darzustellen.[17] Octavio Paz betont, dass der Übersetzer sich stets seiner janusköpfigen Situation gewahr sein solle: „por una parte, la traducción suprime las diferencias entre una lengua y otra; por la otra, las revela más plenamente: gracias a la traducción nos enteramos de que nuestros vecinos hablan y piensan de un mundo distinto al nuestro".[18]

---

[14] Jurt: „Traduction et transfert culturel", S. 102.

[15] Vgl. ebd., S. 102f.

[16] Vgl. Middell/Middell: „Forschungen zum Kulturtransfer", S. 110.

[17] Vgl. Kambas, Chryssoula: „Walter Benjamins *Die Aufgabe des Übersetzers*", in: Brüggemann, Heinz/Oesterle, Günter (Hrsg.): *Walter Benjamin und die romantische Moderne*, Königshausen & Neumann, Würzburg 2009, S. 212, 217 und S. 227.

[18] Leinen: „Limites et possibilités du transfert culturel", S. 141.

Frank Schleiermacher hingegen antwortet auf die oben gestellte Frage, dass der Übersetzer seinen Lesern mit Kunst und Maß den Eindruck vermitteln müsse, dass der Text, den sie vor Augen haben, „nicht ganz frei gewachsen, vielmehr zu einer fremden Ähnlichkeit hinübergebogen sei".[19]

Unabhängig davon, ob Fremdheit primär sichtbar gemacht oder überwunden werden soll, muss der Übersetzer über ein hohes Maß an interkultureller Kompetenz sowie über exzellente Fertigkeiten und Kenntnisse seiner eigenen Sprache sowie der Fremdsprache verfügen,[20] um ein Werk adäquat übersetzen zu können. Hierbei befindet er sich erneut in einer widersprüchlichen Situation: Er benötigt außergewöhnliches kulturelles Wissen, aber auch ein gutes Gespür nicht nur für die eigene, sondern vor allem für die fremde Kultur, damit er in der Lage ist, das Nicht-Sichtbare sichtbar zu machen, Sprachregister zu übertragen, einen entsprechenden Rhythmus zu finden, Situationen, Aussprüche und Reaktionen, aber auch Ironie, Spannungen oder Konflikte ohne das Vorhandensein von Mimik und Gestik in vielfältigen Nuancen zu erfassen und entsprechend wiederzugeben. Allerdings kann ein solches Maß an Kulturkompetenz nicht mehr in universitären Veranstaltungen der Kultur- und Landeswissenschaft gelehrt und gelernt werden, sondern entsteht und entwickelt sich zum Teil erst mit dem Übersetzungsprozess, da damit eine intensive Beschäftigung mit der fremden Sprache und Kultur einhergeht. Ein gesundes Maß an Erfahrung in der Übersetzungstätigkeit ist demnach für eine gelungene Übersetzung von Vorteil, da so bereits eine gewisse kulturelle Kompetenz entwickelt werden konnte. Allerdings muss der Übersetzer, der dieses Stadium erreicht hat und bereits eine gute Reputation genießt, aufmerksam für neue Entwicklungen in Kultur und Sprache bleiben, da beides dynamischen Veränderungen unterliegt. Die Aufgabe des Übersetzers besteht aus diesem Grund stets auch darin, bei der Übertragung des Fremden in die Empfangskultur den Entstehungskontext in der Ausgangskultur zu berücksichtigen, um Missverständnisse oder gar Unverständnis zu vermeiden oder zumindest potenziell zu reduzieren. Pierre Bourdieu stellt jedoch fest, dass importierte Texte meist nur im Rahmen der Logik der Rezeptionskultur interpretiert

[19] Leinen: „Limites et possibilités du transfert culturel", S. 141.

[20] Vgl. ebd., S. 142.

werden, ohne aber die Produktionszusammenhänge eines übersetzten Werkes in der Ursprungskultur zu beachten.[21]

Eine besonders anspruchsvolle Herausforderung stellt die Berücksichtigung des Kontextes der Ausgangskultur dann dar, wenn das zu übersetzende Werk im Original von einem Autor stammt, der in einer Sprache geschrieben hat, die nicht seine Muttersprache ist.[22] Dies kommt meist dann vor, wenn ein Schriftsteller im Zuge einer Immigration schon geraume Zeit, häufig von Kindesbeinen an, in einem für ihn eigentlich fremden Land lebt, mit dessen Kultur aber vertraut ist. Ähnlich komplex gestaltet sich die Situation für den Übersetzer, wenn ein fremdstämmiger Autor die Kulisse seines Werkes in seine Ursprungskultur verlagert, die wiederum einem vollkommen anderen Kulturkreis angehört. In Frankreich ist eines der prominentesten Beispiele dafür sicherlich Albert Camus, dessen algerische Wurzeln in seinen Werken eine bedeutende Rolle spielen. In Deutschland tritt diese Konstellation womöglich häufiger bei türkischstämmigen Autoren wie Emine Sevgi Özdamar auf. Der Übersetzer befindet sich in diesen Fällen in der äußerst schwierigen Lage, auf zwei fremde Kulturen zu stoßen, von denen er ausreichende Kenntnis haben sollte, um eine gute Übersetzung liefern zu können. Die Gefahr, der er in allen Fällen anheim läuft, ist die Reduktion der Fremdkultur durch eigens entwickelte klischeehafte und stereotype Vorstellungen von der Ausgangskultur. Niemand kann sich von diesen Vorstellungen vollends befreien, da Stereotype nicht nur in der Beschäftigung mit der fremden, sondern auch mit der eigenen Kultur eine Rolle spielen, das Zusammentreffen mit unseren Mitmenschen beeinflussen und unsere sozialen Kontakte prägen. Wir entwickeln mitunter Distinktionsschranken, wenn uns ein stereotypes Bild unsympathisch erscheint, und neigen möglicherweise sogar zum Öffnen der bekannten mentalen Schubladen oder aber wir forcieren im umgedrehten Fall aufgrund von individuellen Präferenzen Kontakte zu bestimmten Personengruppen, sei es aus der eigenen oder der fremden Kultur. Auch ein Übersetzer ist selbstverständlich nicht völlig befreit von Stereotypen und Klischees anderer Kulturen, jedoch ist es seine Aufgabe, sich seiner Verantwortung als Fremdkulturvermittler im Übertragungsprozess bewusst zu werden und dahingehend immer wieder selbst zu hinterfragen und zu überprüfen, die

[21] Vgl. Jurt: „Traduction et transfert culturel", S. 109.

[22] Vgl. Leinen: „Limites et possibilités du transfert culturel", S. 150.

eigene Sichtweise zu relativieren, um der fremden Kultur in gebührendem Maße gerecht werden zu können.

Gleiches gilt für die Prägung durch die Geschichte des eigenen Landes. Historische Gegebenheiten sozialisieren uns, prägen unser Gesellschaftsbild und nicht nur in ideologisch besonders aufgeladenen Epochen auch unser Vokabular. Die Veränderung des Wortschatzes ist ein Phänomen, was uns über Epochenumbrüche hinweg formt und nicht mit dem Ende einer geschichtlichen Periode ohne weiteres abgelegt werden kann. Der Übersetzer muss aber in der Lage sein, sich möglichst rasch aus dieser Situation zu befreien, um in seiner Wortwahl der veränderten Umgebung entsprechen zu können, da er sonst riskiert, nicht verstanden zu werden oder sich womöglich lächerlich zu machen. So bezeichnete man in der ehemaligen DDR ein T-Shirt beispielsweise als Nicki, was sich heute vor allem in der älteren Generation, die also eine besonders starke Prägung durch die DDR erfahren hat, z. T. noch erhält. Wenn ein Übersetzer aber, aus der DDR stammend, den Begriff T-Shirt aus anderen Sprachen in der Postwendeepoche immer noch mit Nicki übersetzt, würde er nicht ernst genommen. Andererseits ist dieses Phänomen auch in der umgedrehten Richtung für den Übersetzer problematisch, wenn es darum geht, in der Übersetzung vom Deutschen in die Fremdsprache, zum Beispiel ins Französische, den Unterschied zwischen den Begriffen Nicki und T-Shirt deutlich zu machen. Im Französischen existieren diese begrifflichen Unterschiede nicht, da eine Prägung des Vokabulars auf diese Weise in Frankreich nicht stattgefunden hat.

Sprachliche Erscheinungen dieser Art sind für den Übersetzungsprozess in zweierlei Hinsicht besonders interessant: Zum einen kann es vorkommen, dass bestimmte Begriffe nach einem Epochenumbruch zwar noch existieren, um Vergangenes zu beschreiben, aber für die Gegenwart insofern an Bedeutung verloren haben, als sie durch andere Begriffe ersetzt wurden, wie im Falle des Nickis. Dies gilt es in der Übersetzung zu berücksichtigen. Jedoch ist es ebenso möglich, dass die bezeichnete Situation, das Amt, die Institution oder eine bestimmte Idee nicht mehr existieren. Diese Begriffe sind meist durch eindeutig festgelegte Inhalte determiniert und werden meistens nicht übersetzt, wie im Falle der Begriffe ‚Führer' oder ‚Reich' im Zusammenhang mit dem Nationalsozialismus. Letztgenannter wurde in Frankreich in deutscher Sprache beibehalten, obwohl ‚Reich' durchaus mit ‚Empire' übersetzt werden könnte. Dieser Terminus ist jedoch im Hexagon mit ganz eigenen, historisch geprägten

Vorstellungen verknüpft, so dass eine Übersetzung hier Verwirrung gestiftet und womöglich Verbindungslinien zugelassen hätte, die nicht gewollt und falsch gewesen wären.

Darüber hinaus existieren kulturspezifisch determinierte Begriffe, die in anderen Kulturen nicht vorkommen, weil das bezeichnete Phänomen nicht existiert. Ein Beispiel hierfür ist der Ausdruck ‚Biergarten',[23] der ebenfalls unverändert ins Französische übernommen wurde. Die Frage, die sich bei Nicht-Übersetzungen historischer Begriffe oder kultureller Spezifika geradezu aufdrängt, ist, ob die Leser der Empfangskultur diese Begriffe verstehen und damit das assoziieren, was gemeint ist? Dies setzt mitunter eine genaue Kenntnis der Ausgangskultur beim Leser voraus, die womöglich nicht in jedem Fall gegeben ist. Hier stößt der Literaturtransfer an Grenzen, die aber nicht zu vollkommenem Unverständnis führen müssen. Frank Leinen schlägt vor, dass der Übersetzer in solchen Fällen die Möglichkeit eines Glossars in Betracht ziehen kann, um diese scheinbar unübersetzbaren Begriffe zu erklären.[24] Eine andere Möglichkeit wäre, wieder stärker zum Rezensieren unübersetzter Literatur überzugehen: Dies allerdings stellt die Literaturkritik in den Tageszeitungen vor erhebliche Schwierigkeiten.[25]

2.2 Der Stand des deutsch-französischen Literaturtransfers (1995–2005)

Vor diesem Hintergrund erstaunt es nicht, dass der Literaturtransfer zwischen Frankreich und Deutschland in der Literaturwissenschaft als nicht ganz unproblematisch gilt. Seitdem die Rezeption fremdländischer Literatur auf beiden Seiten des Rheins eine beachtliche Stellung im Literaturbetrieb einnimmt, steigt auch das Problembewusstsein für die Vermittlung derselben. Anfang der 1980er Jahre spricht Jean-Pierre Hammer von holprigen Wegen, die der Transfer deutscher Literatur nach Frankreich immer noch gehe. Die Verbreitung deutscher Autoren sei schwierig, da historisch begründete, stark verwurzelte Vorurteile auf französi-

[23] Vgl. Goeudevert, Daniel: *Wie Gott in Deutschland. Eine Liebeserklärung*, Ullstein, München 2004, S. 23.

[24] Vgl. Leinen: „Limites et possibilités du transfert culturel", S. 155.

[25] Vgl. Matthes: „Literaturkritik als Mittler fremder Kultur", S. 232.

scher Seite gegenüber Deutschland bestünden.[26] Ähnlich stereotypverhaftet muten 15 Jahre später auch die Feststellungen Lothar Baiers für den umgekehrten Transferweg an: Er betont, dass ebenso in Deutschland französische Werke vor allem dann zu Erfolg gelangen, wenn sie stereotype Vorstellungen von dem französischen Nachbarn in deutschen Köpfen bestätigen. Seit der Wiedervereinigung habe sich dieses Wahrnehmungsmuster verfestigt, so dass von einer Erstarrung der Fremdwahrnehmung auf der Ebene der Stereotypen gesprochen werden könne. Der deutsche Leser erwarte von einem französischen Roman eine gelungene Symbiose aus Frivolität, Humor, Gauloiserie, Exotik und Liebe.[27] Die folgende Betrachtung der wechselseitigen Wahrnehmung der Literatur sowie des aktuellen Standes deutsch-französischen Literaturtransfers soll zunächst über gegenseitige Vorstellungen der Literatur des Nachbarlandes Aufschluss geben, um danach mithilfe der Darstellung literarischer Charakteristika Houellebecqs und Grass' sowie der Analyse der Rezensionen eine Antwort auf die eingangs gestellte Frage finden zu können, inwiefern beide Autoren die Bilder der Literatur des jeweils anderen Landes kolorieren und darin möglicherweise der Grund für deren intensive Rezeption zu sehen ist.

2.2.1 Die Wahrnehmung der Literatur des Nachbarlandes

Frankreich kann sich häufig von dem Vorurteil nicht ganz befreien, vergleichsweise wenig offen für fremdländische Literatur zu sein. Die Begründung, dass dies auf das historisch entwickelte Selbstverständnis Frankreichs als ein kultureller Vorreiter Europas zurückzuführen ist, kann jedoch allein nicht standhalten. Zwar hat der westliche Nachbar bis ins 18. Jahrhundert hinein tatsächlich eine unbestrittene Vorbildfunktion in Europa hinsichtlich der höfischen Kultur und der Literatur inne, die auch in Deutschland lange Zeit als modellhaft gelten und hohes Ansehen genießen. Daraus lässt sich allerdings keineswegs schlussfolgern, dass Frankreich über Jahrhunderte hinweg nur ‚Geberland' war, das selbst kaum auf literarische Importe Wert legt. Denn zum einen floriert der Importbetrieb gerade im 18. Jahrhundert, in jener Epoche also, in der

[26] Vgl. Meynier-Heydenreich: *Die Literatur der Anderen*, S. 27.

[27] Vgl. Baier, Lothar: „Traduit du français", in: *Magazine littéraire* (359) 1997, S. 67 sowie Meynier-Heydenreich: *Die Literatur der Anderen*, S. 27f.

sich die französische Kultur in anderen Teilen Europas ausbreitet.[28] Dabei erstaunt vor allem die Schnelllebigkeit der Importe: Am Beispiel deutschsprachiger Werke zeigt sich, dass häufig innerhalb von zwei bis drei Jahren die französische Version vorliegt. „Eine erste Massierung von östlich des Rheins stammenden Sofortübertragungen hatte sich in der Reformationszeit abgezeichnet“[29] und findet in eben solch prompter Übertragung erneuten Niederschlag in der Zeit des Dreißigjährigen Krieges. Zum anderen räumt Fritz Nies mit dem weit verbreiteten Vorurteil auf, dass bis zur Reformationsbewegung im 16. Jahrhundert keine vulgärsprachlichen Bibelfassungen existiert hätten. Der erste französische Prosatext sei die Übersetzung des Psalters, verfasst Anfang des 12. Jahrhunderts, an die sich weitere biblische Texte des Alten und Neuen Testaments anschließen. Ferner setzt die Übertragung nichtchristlicher Texte der Antike aus dem Lateinischen bereits um 1140 ein.[30]

Frankreich kann also rückblickend keineswegs als übersetzungsresistent gelten. Die heute zu beobachtende zurückhaltende Distanz gegenüber der Literatur anderer Nationen, auch gegenüber der deutschen, lässt sich aber dennoch nachweisen und muss ihre Begründung an anderer Stelle finden. Die Selbstwahrnehmung, die Entwicklung eines Nationalstolzes in Bezug auf die eigene Kultur und das Bedürfnis nach der Pflege derselben, meist eine dem Stolz inhärente Konsequenz, spielen gewiss eine Rolle, allerdings ist auch die Wahrnehmung anderer Länder ausschlaggebend für das Interesse oder Desinteresse an einer fremden Nation. Dabei können Bilder und Fremdbilder, Klischees, Vorurteile und Stereotype durch die Beschäftigung mit fremdländischer Literatur entstehen und wiederum auf die Wahrnehmung der literarischen Kultur zurückwirken, wobei die Literatur neben Presse, Fernsehen, Schulbüchern u. a. natürlich nur ein medialer Träger von Stereotypen unter vielen ist. Bilder werden dabei oft für die Transposition der Wirklichkeit gehalten,

---

[28] Fritz Nies führt als Begründung für die Blütezeit des Transfers im 18. Jahrhundert zum einen die Konzentration zentraler Persönlichkeiten auf Neuerscheinungen im Nachbarland an, zum anderen die enge Vernetzung zwischen Einzelpersonen, Gruppen und Institutionen. Vgl. Nies: *Schnittpunkt Frankreich*, S. 165–170.

[29] Vgl. ebd., S. 164.

[30] Vgl. ders.: „Importbetrieb französische Literatur. Ein Jahrtausend Übersetzungen“, in: *Dokumente* (60, 2) 2004, S. 30–32 und S. 38f. sowie Nies: *Schnittpunkt Frankreich*, S. 164.

obwohl der Begriff des Bildes darauf hinweist, dass es sich lediglich um Vorstellungen über ein Individuum, eine Gruppe, ein Volk oder eine Nation handelt, die immer als Projektion auf Selbstbilder zu sehen sind. Als spezifische Formen des Bildes bezeichnet die Imagologie Fremdbilder, welche Klischees und Stereotype umfassen. Beide Termini stammen aus dem Bereich der Typografie:

> Die Stereotype meint das Verfahren, mit festen Schriftplatten und nicht mehr mit mobilen Charakteren zu drucken. Klischee bezeichnet den Gußabdruck,[31] der in der erstarrenden Masse entsteht. [...] Im übertragenen Sinn bezeichnen sie so starre, formelhafte Vorstellungen.[32]

Auf sozialwissenschaftlichem Gebiet definiert zuerst Walter Lippmann 1922 Stereotype als generalisierende und vereinfachende Urteile, denen konventionelle Vorstellungen in Bezug auf den beurteilten Gegenstand zugrunde liegen.[33] An dieser Stelle muss also der Frage nachgegangen werden, welche Bilder und Stereotype Frankreich von der Literatur seines rechtsrheinischen Nachbarn entwickelt hat, die möglicherweise die Begründung für die zurückhaltende Aufnahme liefern.[34]

---

[31] Anm: Orthografische Fehler in direkten Zitaten werden nur dann gekennzeichnet, wenn es sich um Fehler im Original handelt, die nicht der teilweise noch nicht zur Anwendung gekommenen „Neuen Rechtschreibung" zu schulden sind. Orthografische und grammatikalische Fehler in den Quelltexten im Anhang werden nicht gekennzeichnet.

[32] Jurt, Joseph: „Deutsch-französische Fremd- und Selbstbilder in der Literatur und Publizistik der Gegenwart", in: Deutsch-Französisches Institut (Hrsg.): *Frankreich-Jahrbuch 1995*, S. 58.

[33] Vgl. ebd., S. 58 sowie Röseberg: *Kulturwissenschaft Frankreich*, S. 138f.

[34] Ziel dieses Kapitels ist es weder, in vollem Umfang auf Begriffsbestimmungen und Nuancen der Termini *Stereotyp*, *Klischee* und *Bild* einzugehen, die die Imagologie oder die Perzeptionsforschung aufgestellt haben, noch sollen unabhängig von der Literatur existierende Stereotype und Klischees, die *die Franzosen* von *den Deutschen* und vice versa als Nation und Volk entwickelt haben, aus kulturwissenschaftlicher bzw. imagologischer Sicht nachvollzogen werden, um anschließend zu beurteilen, wie diese sich auf das Interesse für und die Betrachtung von deutscher Literatur auswirken. Das Kapitel setzt sich primär zum Ziel, die relevanten Begrifflichkeiten zu umreißen und lediglich Konturen der Bilder zu zeichnen, die die wechselseitige Wahrnehmung der Literatur, nicht der Nationen treffend beschreiben.

Fritz Nies konstatiert im Jahr 2009, dass die deutsche Literatur in Frankreich als schwermütig, tiefsinnig und selbstquälerisch gelte und damit an Vorstellungen anknüpfe, die bereits im Zeitalter der Aufklärung bis in die zweite Hälfte des 19. Jahrhunderts von deutscher Literatur existieren.[35] Bereits Ende der 1980er Jahre scheinen die spezifisch deutsche Einsamkeit und das Gefühl absoluter Isolation nicht nur als ein unbestrittenes Charakteristikum deutschstämmiger Werke zu gelten, sondern zugleich auch gewünscht zu sein: *Le Monde* äußert sich 1987 begeistert darüber, dass die zeitgenössischen Schriftsteller endlich dahin zurückgefunden hätten.[36] Zwar hat inzwischen in Deutschland ein Generationswechsel verbunden mit einer literarischen Wende stattgefunden,[37] jedoch reüssieren nur wenige zeitgenössische Autoren in Frankreich: Das „neue ‚metropolitane Lebensgefühl' der Berliner Republik"[38] sei noch nicht über den Rhein gelangt. Mit Ausnahme von Günter Grass, Bernhard Schlink und Patrick Süskind gelingt es nur wenigen deutschen Schriftstellern, sich von der alles überlagernden Vorstellung der unverkäuflichen Inhalte freizumachen. Denn, so *Le Monde*, französische Leser interessieren sich vor allem dann für deutsche Literatur, wenn diese sich mit der deutschen Geschichte des 20. Jahrhunderts auseinandersetzt.[39] Béatrice Durand spricht gar von einem „voyeurisme français pour l'histoire allemande".[40]

Auf dem Pariser *Salon du Livre*, der französischen Buchmesse, ist Deutschland 2001 als Gastland geladen und hat die Möglichkeit, französischen Kritikern die neuen deutschen Literaten zu präsentieren. Das Fazit der Kritiker lautet: Die junge Literatur „hat sich von der Vergangen-

---

[35] Vgl. Nies: *Schnittpunkt Frankreich*, S. 171f.

[36] Vgl. De Rambures, J.-L.: „Le Deuil toujours impossible", in: *Le Monde*, vom 20.03.1987.

[37] Vgl. Moritz, Rainer: „Sur la nouvelle séduction de la littérature allemande contemporaine", in: *Documents* (57, 1) 2001, S. 81.

[38] Halter, Martin: „Wunderfräulein zum ersten, zweiten und dritten. Literatenversteigerung mit Ladehemmung: Im deutsch-französischen Literaturaustausch gibt es ein großes Angebot, aber wenig Bieter", in: *Frankfurter Allgemeine Zeitung*, vom 06.12.2000.

[39] Vgl. Deshusses, Pierre: „La découverte de la légèreté. Un roman pétillant sur le jeu des contraires et [sic!] significatif d'un tournant de la littérature allemande déculpabilisée", in: *Le Monde*, vom 23.06.2000.

[40] Durand, Béatrice: *Cousins par alliance. Les Allemands en notre miroir*, Autrement, Paris 2002, S. 10.

heit verabschiedet. Vorbei das Schreiben mit dem Schuldkomplex. ‚Sie hat in keinster Weise mehr den Ehrgeiz, das Gewissen der Nation zu sein' [...]. Statt wieder an die abgeschnittenen kulturellen Wurzeln anzuschließen, fände die deutsche Literatur ihre Themen in der sozialen und ökologischen Krise".[41] Dieses Deutschland, das moderne Deutschland, so bestätigt auch Dorothée Röseberg, wird allerdings in Frankreich bislang kaum wahrgenommen. Nach 1945 habe es trotz des bedeutenden Einschnittes durch den Zweiten Weltkrieg keine nennenswerten Erneuerungen im französischen Wahrnehmungsverhalten Deutschlands gegeben. Die Bipolarität in der Perzeption des Nachbarn habe bereits vor 1939 existiert: Die Grundstruktur des einerseits kriegerischen, barbarischen und andererseits romantischen Deutschlands mit einer ausgeprägten Dichterkultur und schönen Landschaften existiere spätestens seit 1871 und habe sich bis heute erhalten.[42]

Wie lässt sich hingegen die Perzeption französischer Literatur auf deutscher Seite beschreiben? Jochen Müller zufolge ist die deutsche Wahrnehmung des westlichen Nachbarn seit 1945 deutlich weniger vergangenheitsorientiert als in umgekehrter Richtung. Deutschland sei seit dem Ende des Zweiten Weltkrieges aufgrund der Problematik der Schuld vielmehr gegenwarts- und zukunftsgewandt und stelle in der Beschäftigung mit Frankreich den Prozess der Aussöhnung und der europäischen Integration in den Mittelpunkt. Dennoch sei das deutsche Frankreichbild anachronistisch geprägt: Typische französische Stereotype, die heute noch bestehen, stammen aus der Zeit der Französischen Revolution und werden dem aktuellen Frankreich kaum gerecht. Zwar gelte der westliche Nachbar als das Land der Intellektuellen und der Künstler[43], allerdings beklagt *Le Monde*:

> En Allemagne, la dernière grande vague d'intérêt pour la France remonte aux années 1960/70, lorsque l'existentialisme a non seulement influencé la littérature mais est devenu un véritable phénomène culturel et social. [...] La

[41] Meister, Martina: „Sprechen Sie Freutsch? Frankreichsucht das Geheimnis deutscher Literatur", in: *Frankfurter Rundschau*, vom 21.03.2001.

[42] Vgl. Nies: *Schnittpunkt Frankreich*, S. 176 sowie Röseberg: *Kulturwissenschaft Frankreich*, S. 140.

[43] Vgl. Müller, Jochen: *Von Kampfmaschinen und Ballkünstlern. Fremdwahrnehmung und Sportberichterstattung im deutsch-französischen Kontext*, Röhrig Universitätsverlag, St. Ingbert 2004, S. 94–97.

> France était vue comme le pays d'une nouvelle littérature, d'un nouveau cinéma, d'une nouvelle culture et d'un nouvel art de vivre.[44]

Auch Brigitte Sauzay, langjährige Beraterin der Schröder-Regierung, zeigt sich zwar erstaunt darüber, dass Deutschland ausländische Literatur den Eigenproduktionen vorzieht, verweist jedoch 1998 darauf, dass auf den ersten Plätzen der Beliebtheitsskala keineswegs französische Autoren rangieren, wie noch Ende der 1980er Jahre, sondern südeuropäische und südamerikanische: Umberto Eco, Isabel Allende und Gabriel Garcia Márquez nennt Sauzay als Beispiele.[45] Marcel Reich-Ranicki führt in der *Frankfurter Allgemeinen* weiterhin aus, dass in Deutschland vor allem die klassischen epischen Schriftsteller wie Flaubert, Balzac und Zola gelesen würden, französische Lyrik jedoch ebenso wie französische Gegenwartsliteratur so gut wie keine Beachtung finde.[46] Bezeichnenderweise nimmt die Literaturkritik der untersuchten Zeitungen in Besprechungen aktueller französischer Werke auf jene Schriftsteller Bezug. So setzen die Kritiker z. B. Jean Rouaud in Beziehung zu Flauberts *Éducation sentimentale*, um deutlich zu machen, dass beide in der Gattung des Desillusionsromans verwurzelt sind.[47] Dies lässt jedoch den durchaus voreiligen Rückschluss zu, dass zeitgenössische französische Autoren sich, anders als deutsche, wieder vermehrt an vergangenen Größen der Literaturgeschichte orientieren. Meynier-Heydenreich stellt nämlich fest, dass jenseits des Rheins ebenfalls ein literarischer Paradigmenwechsel stattgefunden habe, den die Kritiker in hiesigen Gefilden durchaus wahrnehmen; allerdings verbreiten diese häufig ein Bild von nunmehr schwerer Literatur, die im Hexagon entstehe. Die typisch französische Leichtigkeit, die nicht nur der deutsche Kritiker, sondern auch der deutsche Leser zwischen französischen Buchdeckeln erwarte, sei in der neuen Generation der Schriftsteller und Dichter verlo-

---

44 Matz, Wolfgang: „France-Allemagne: des relations négligées?", in: *Le Monde*, vom 16.03.2001.

45 Vgl. Hanimann, Joseph: „Stabilität des Lebkuchens. Brigitte Sauzays kluge Beobachtungen deutscher Zustände", in: *Frankfurter Allgemeine Zeitung*, vom 14.04.1998 sowie Nies: *Schnittpunkt Frankreich*, S. 140.

46 Vgl. Altwegg: „Die munteren Kinder von Günter Grass und der Wiedervereinigung".

47 Vgl. Apel, Friedmar: „Lebensform Moped. Jean Rouaud kennt die Nöte der Kurzsichtigen", in: *Frankfurter Allgemeine Zeitung*, vom 27.09.1997.

ren gegangen. Allerdings folge aus dieser Vorstellung keine generell negative Wahrnehmung. Denn sobald aus den zeitgenössischen Werken ein moralischer Anspruch herauszulesen ist, erfahren diese in den Augen der Kritiker eine enorme Aufwertung und Legitimation.[48] Deutsche Rezensenten nehmen so allem Anschein nach die Literatur Frankreichs dann positiv wahr, wenn sie an tradierte Moralvorstellungen, die in deutschen Köpfen bestehen, anknüpft.

Auf beiden Seiten des Rheins hat somit eine literarische Wende stattgefunden, die von einer neuen Generation (junger) Schriftsteller getragen wird und zeitlich mit dem Untersuchungszeitraum zusammen fällt. Allerdings stehen die zeitgenössischen Werke in der Wahrnehmung der Leser hinter den ‚klassischen', etablierten Autoren noch zurück, da wechselseitig das Bild von schwerer oder schwermütiger Literatur entstanden ist. Die für diese Arbeit relevanten Autoren Günter Grass und Michel Houellebecq bilden dabei aber durchaus eine Ausnahme, da beide eine hohe Aufmerksamkeit bei Kritikern und Lesern erfahren.

2.2.2 Tendenzen des deutsch-französischen Literaturtransfers

Wie lässt sich der Stand des deutsch-französischen Literaturtransfers in diesem Kontext in Zahlen erfassen? Welchen Anteil nehmen deutsche und französische Werke auf dem Belletristikmarkt ihres Nachbarn ein und wer sind die Autoren, denen es um die Jahrtausendwende gelingt, die Grenze zu überschreiten?

Zunächst einmal muss festgehalten werden, dass die Zahl der Übersetzungen fremdsprachiger Literatur auf dem deutschen Buchmarkt besonders in der Nachkriegszeit als ein wichtiger Indikator für die Offenheit Deutschlands gilt und somit als statistische Aussage auch auf politischer Ebene sowohl innerhalb wie auch außerhalb Deutschlands ernst genommen wird.[49] In der zweiten Hälfte des 20. Jahrhunderts wird in keine andere Sprache eine solche Menge fremdländischer Literatur übersetzt, wie ins Deutsche: Nahezu jedes zweite Buch aus dem Belletristikbereich stammt aus dem Ausland.[50]

---

[48] Vgl. Meynier-Heydenreich: *Die Literatur der Anderen*, S. 133 und S. 136f.

[49] Vgl. Jurt, Joseph: „‚L'intraduction' de la littérature française en Allemagne", in: *Actes de la recherche en sciences sociales* (130) 1999, S. 86.

[50] Vgl. Nies: *Schnittpunkt Frankreich*, S. 137.

Heutzutage bezeichnen sowohl die Literatur- und Kulturwissenschaften als auch die Feuilletons der überregionalen Printmedien die deutsch-französischen politischen Beziehungen um die Jahrtausendwende bzw. im Untersuchungszeitraum als ungetrübt oder gar privilegiert. Damit gehe jedoch, so wird einhellig festgestellt, kein verstärkter Literaturaustausch einher. Vor allem in Deutschland orientiert sich die Kulturszene nicht mehr, wie noch zu Zeiten Heines, primär nach Paris, sondern vor allem in den angelsächsischen Raum.[51] „L'influence américaine est indéniablement plus forte en Allemagne qu'en France, notamment dans le domaine culturel".[52] In den 1980er Jahren ist sogar zu bemerken, dass sich der deutsche Blick derart auf die USA richtet, dass einige französische Werke erst auf dem Umweg über Nordamerika Deutschland erreichen konnten, so z. B. die Memoiren Marguerite Yourcenars.[53] Hemjeoltmanns, Verleger des Bremer Manholt Verlages, der ausschließlich französische und frankophone Autoren publiziert, bestätigt auch Mitte der 1990er Jahre noch die Dominanz des Amerikanischen in der Importliteratur: Der Anteil ausländischer Literatur, die aus dem Französischen stammt, füge sich nur mit enormem Abstand gegenüber dem Anteil der angloamerikanischen Belletristik auf dem deutschen Buchmarkt ein. Dirk Hemjeoltmanns begründet dies damit, dass die Faszination des Außergewöhnlichen, die das Interesse für Literatur stimuliere, der zeitgenössischen französischen Literatur nur noch in seltenen Fällen nachgesagt würde.[54] Entscheidender sei aber neben der immer stärkeren Vormachtstellung des Englischen als Weltsprache die realistische Erzählstrategie englischsprachiger Literaten, die einher gehe mit der Vorstellung einer

---

[51] Vgl. Halter: „Wunderfräulein zum ersten, zweiten und zum dritten" sowie Metzger, Chantal: „Introduction: France – Allemagne – Amérique du Nord. Transferts – Images – Relations", in: dies./Kaelble, Hartmut (Hrsg.): *Deutschland – Frankreich – Nordamerika: Transfer, Imaginationen, Beziehungen* (= Schriftenreihe des deutsch-französischen Historikerkomitees, Bd. 3), Steiner, Stuttgart 2006, S. 10.

[52] Metzger: „Introduction: France – Allemagne – Amérique du Nord", S. 10.

[53] Vgl. Nies: *Schnittpunkt Frankreich*, S. 142.

[54] Vgl. Hemjeoltmanns, Dirk: „Andere Flußwege, oder warum die Seine nicht mehr in den Rhein mündet", in: Nies, Fritz (Hrsg.): *Literaturimport und Literaturkritik. Das Beispiel Frankreich*, Narr, Tübingen 1996, S. 62.

besseren Verkäuflichkeit der Werke.[55] Diesen Trend bestätigend, schlussfolgert Winfried Wehle 1996, dass Deutschland mit dem sinkenden Interesse für das Hexagon seine ältesten, bis zur Aufklärung zurückreichenden Nachbarschaftshermeneutiken aufgibt.[56]

Während zu Beginn der 1990er Jahre vor allem Comics und Krimis nach Deutschland exportiert werden,[57] formuliert die *Neue Zürcher Zeitung* Mitte der 1990er Jahre, dass nun philosophische und historische Werke aus Frankreich hierzulande eifrig zur Kenntnis genommen würden, aktuelle Romanproduktionen aber kaum über den Rhein nach Deutschland gelangten.[58] 1993 sind 14,7 Prozent der belletristischen Werke Übersetzungen fremdländischer Literatur, aber lediglich 11 Prozent davon stammen aus dem Französischen.[59] Elf Jahre später, im Jahr 2004, verringert sich der Anteil der Übersetzungen auf dem deutschen Buchmarkt noch einmal deutlich: Mit 7,3 Prozent nimmt importierte Literatur nur noch einen halb so großen Anteil ein wie noch 1993, allerdings bleibt der Anteil französischer Übersetzungen ins Deutsche mit fast 10 Prozent etwa konstant, wobei die effektive Zahl zwischen 1995 und 2002 von 303 aus dem Französischen übersetzten Titeln auf 195 sinkt.[60] Dies widerspricht auf den ersten Blick der Aussage Tilmann Krauses in der *Welt*, der behauptet, dass der deutsch-französische Literaturaustausch Mitte der 1990er Jahre auf einem Tiefstand angekommen sei, sich aber um die Jahrtausendwende intensiviert habe. Betrachtet man allerdings den Zeit-

---

[55] Vgl. Metz, Petra: „Houellebecq, Franzen & Co. Die Suche nach dem Bestseller oder Nischenprogramm? Tendenzen des Literaturimports in deutschen Verlagen", in: *Internationales Archiv für Sozialgeschichte der deutschen Literatur*, Bd. 29, (2) 2004, S. 31.

[56] Vgl. Wehle, Winfried: „Der langsame Abschied vom nahen Fremden", in: Nies (Hrsg.): *Literaturimport und Literaturkritik*, S. 163.

[57] Vgl. Nies: *Schnittpunkt Frankreich*, S. 141.

[58] Vgl. Helbling, Hanno: „Klagen und Wünsche. Literaturtransfer Deutschland – Frankreich", in: *Neue Zürcher Zeitung*, vom 23.02.1995.

[59] Vgl. Siepe, Hans T.: „‚Au pays des critiques heureux'? Französische Belletristik in deutscher Literaturkritik", in: Nies (Hrsg.): *Literaturimport und Literaturkritik*, S. 93f.

[60] Vgl. Emmerling, Eugen: „Der deutsche Buchmarkt. Gutenbergs Erben bestehen in der Medienkonkurrenz", in: Goethe-Institut (Hrsg.): <http://www.goethe.de/INS/ge/tif/wis/ver/de122050.htm>, am 19.07.2009 sowie Niemann, Tanja: *Der Transfer französischer Gegenwartsliteratur auf den deutschen Buchmarkt*, unveröffentlichte Magisterarbeit, Leipzig 2004, S. 22.

raum zwischen 1993 und 2004, wird deutlich, dass Krause nicht unrecht hat: 1995 stammen schon nur noch 7 Prozent der Neuübersetzungen aus dem Französischen, während es im Jahr 2000 wieder 22 Prozent sind;[61] 2003 liegt der Anteil der Übersetzungen aus dem Französischen im Belletristikbereich mit nur 6,5 Prozent sogar unter dem Wert von 2004.[62] Der Transfer französischer Literatur nach Deutschland unterliegt demnach innerhalb des Untersuchungszeitraumes starken Schwankungen, kann um bis zu 16 Prozent voneinander abweichen und sinkt augenscheinlich zum Ende der Untersuchungsperiode von elf Jahren wieder ab. Große Verlagshäuser wie Rowohlt scheinen dabei primär auf bereits in Frankreich erfolgreiche Literatur zu setzen und entscheiden sich im Zeitraum 2003/2004 vor allem für den Import einer neuen Generation von Schriftstellern, „die sich dem Klischee der schwierigen, intellektuellen französischen Literatur widersetzen“[63] – unter ihnen Frédéric Beigbeder, Virginie Despentes und Michel Houellebecq.[64]

Für die umgekehrte Transferrichtung diagnostiziert Fritz Nies zwar eine steigende Tendenz, trotzdem generell aber ein relativ geringes Interesse des zeitgenössischen Frankreichs an fremdländischer Literatur und führt als Begründung das Selbstbild des Hexagons an, das über drei Jahrhunderte hinweg als literarische Exportnation galt. Als symptomatisch gilt in diesem Zusammenhang das Selbstverständnis des *Salon du Livre*: Im Gegensatz zu Frankfurt und Leipzig bleibt dieser lange Zeit

> eine im Kern nationale Messe […]. Die Informations- und Werbewirkung französischer Literaturkritik war bescheiden. Nicht allein, dass selbst spezialisierte Blätter wie Quinzaine littéraire nur selten auf die Übersetzungs-Qualität eingingen. Auch die Auswahl präsentierter Autoren wirkte nicht eben entdeckerfreudig und aktualitätsnah. Besprochen wurden meist nur konsekrierte Berühmtheiten wie Grass und Handke, Christa Wolf […] oder Volker Braun.[65]

Die *Frankfurter Rundschau* stellt allerdings fest, dass das französische Interesse für deutsche Literatur mit dem Mauerfall enorm angestiegen sei: Frankreich galt als dankbarer Abnehmer und rangierte auf Platz zwei

61 Vgl. Krause: „Frankreich kommt wieder“.

62 Vgl. Metz: „Houellebecq, Franzen & Co.“, S. 30.

63 Ebd., S. 35.

64 Vgl. ebd., S. 34f.

65 Nies: *Schnittpunkt Frankreich*, S. 139.

der Käufer deutscher Übersetzungslizenzen. Ebenso schnell ließ das Interesse der französischen Leser allerdings wenige Jahre nach der deutschen Einheit wieder nach: Inzwischen findet sich Frankreich auf dem sechsten Platz der Abnehmer u. a. hinter Polen, Tschechien und Südkorea.[66] In einer Untersuchung des deutsch-französischen Literaturtransfers aus dem Jahr 2004 kommt Cornelia Frenkel zu dem Ergebnis, dass 2003 vor allem Autoren der ersten Hälfte des vergangenen Jahrhunderts von Deutschland nach Frankreich gelangen. Dabei unterscheidet sie jedoch nicht zwischen rein belletristischen Werken und philosophischen oder soziokulturellen Abhandlungen, sondern listet Romane Klabunds, einem Schriftsteller der Weimarer Republik, in einer Reihe mit dem Soziologen Max Weber, dessen *Protestantische Ethik* ins Französische übertragen wurde, und dem Philosophen Karl Jaspers auf. Auffällig ist dabei, dass ihre Liste der Übersetzungen ins Französische quantitativ von Fach- bzw. Sachbüchern dominiert wird.[67]

Muss demnach von einer Krise der deutsch-französischen Literaturbeziehungen gesprochen werden? Die vom französischen Verband *France Edition* herausgegebene Publikation *La lettre* geht 1997 dieser Frage nach und gelangt dabei in Bezug auf Deutschland u. a. zu dem Schluss, dass der Rückgang der Übersetzungen aus dem Französischen weder mit fehlenden Initiativen staatlicher Kultur- und Übersetzungsförderung, noch mit sinkender Aufmerksamkeit für Frankreich zu erklären ist. In einem Grundsatztext des deutsch-französischen Kulturgipfels 1997 in Weimar reklamieren die Bundesregierung Deutschlands und die französischen Regierungsvertreter Literatur und Buchwesen zu einem zentralen Element des europäischen Kulturerbes, dessen Förderung ein wichtiges Anliegen der Kulturpolitik beider Nationen darstelle. In der praktischen Umsetzung äußert sich dieser Anspruch in vermehrten Schriftsteller-, Übersetzer- und Verlegertreffen, in der Förderung zweisprachiger Werkausgaben, der jährlichen Vergabe eines Übersetzerpreises sowie der Durchführung deutsch-französischer Literaturtagungen. Zudem existieren zahlreiche Förderprogramme, die das Übersetzen französischer Literatur ins Deutsche erleichtern sollen: An dieser Stelle seien der *Programme d'aide à la publication* (P.A.P. Rilke) des französischen Außenministeriums

[66] Vgl. Meister: „Sprechen Sie Freutsch?"

[67] Vgl. Frenkel, Cornelia: „‚Was aber bleibt, schaffen die Übersetzer.' Aktuelle deutsche Übersetzungen ins Französische", in: *Dokumente* (60, 2) 2004, S. 42 und S. 45.

sowie der Deutsche Übersetzerfonds genannt, die durch einen Zuschuss zu Übersetzerlizenzen bzw. die Vergabe von Reise- und Arbeitsstipendien den deutsch-französischen Literaturtransfer unterstützen.[68]

Auch die Zusammenarbeit zwischen französischen und deutschen Verlegern kann nach wie vor als sehr intensiv angesehen werden. Allerdings gesteht Petra Christina Hardt, Verantwortliche für Rechte und Lizenzen beim Suhrkamp Verlag, ein, dass zu bestimmten Zeitpunkten ökonomische Beweggründe den Ausschlag für die Konzentration auf Buchmärkte geben, die sich z. B. in Ostasien befinden. Dort seien noch Absatzchancen zu erwarten, wie sie zwischen Deutschland und Frankreich aufgrund des bereits bestehenden intensiven Austauschs nicht mehr möglich sind.[69] Erfreulich erscheint in diesem Zusammenhang der Abstand zwischen dem Erscheinen des Originals und der Übersetzung: Mit ca. 55 Prozent gelangt die Mehrheit der Erstausgaben innerhalb von zwei Jahren auf den deutschen Buchmarkt, immerhin 22 Prozent noch innerhalb von drei bis fünf Jahren. Lediglich drei Prozent der Werke werden noch im Jahr der Publikation des Originals übersetzt und überschreiten die französische Grenze nach Deutschland: darunter Michel Houellebecqs *Lanzarote*.[70]

2.3 Zusammenfassung

Zunächst kann nach näherer Beschäftigung mit dem Thema Literaturtransfer im Allgemeinen und mit dem Teilgebiet des deutsch-französischen Literaturtransfers im Besonderen festgehalten werden, dass in der Wissenschaftstheorie keine ausreichende Trennung zwischen Kultur- und Literaturtransfer stattfindet und daher der zugrunde liegende Transferbegriff so allgemein gehalten sein muss, dass dieser auf weitere kulturelle Teilbereiche außerhalb der Literatur anwendbar ist. Transfer bezeichnet somit die Übertragung von wissenschaftlichen, literarischen und von Konsumgütern, aber auch von Institutionen oder Praktiken von einer Ausgangs- in die Empfangskultur. Auf dem Wege unterschiedlicher Rezeptionsmechanismen unterliegen diese dabei im Übertragungsprozess Veränderungen und erfahren Adaptionen verschiedener Art. Im Bereich der Literatur können im Zu-

---

68 Vgl. Niemann: *Der Transfer französischer Gegenwartsliteratur auf den deutschen Buchmarkt*, S. 8f.

69 Vgl. ebd., S. 24.

70 Vgl. ebd., S. 49.

sammenhang damit Probleme in der Übersetzung auftreten: Der Übersetzer muss stets eine hohes Maß an kultureller Kompetenz in Bezug auf die eigene Kultur, aber auch in Bezug auf die Empfangskultur besitzen, um auf dem mitunter schmalen Grat zwischen der Entscheidung, fremdkulturelle Unterschiede in der Übersetzung deutlich zu machen oder sie zu überwinden, dem zu übersetzenden Werk gerecht werden zu können. Stereotype und Klischees spielen in Übersetzungsprozessen immer eine Rolle; im Falle der deutsch-französischen Literaturbeziehungen kann sogar behauptet werden, dass französische Werke in Deutschland vor allem dann erfolgreich sind, wenn sie stereotype Vorstellungen von Frankreich bestätigen. Für die umgekehrte Transferrichtung gilt, dass das Hexagon heute als zurückhaltend in der Aufnahme ausländischer Literatur gilt. Der Import fremdländischer Werke florierte zu jener Zeit, als auch die französische Kultur im Ausland enorme Verbreitung erfuhr.

Heutzutage bestehen in Deutschland und Frankreich wechselseitige Wahrnehmungsmuster über die Literatur des Nachbarn, die auf den Grad der Rezeption zurückwirken bzw. die Intensität der gegenseitigen Perzeption beeinflussen. In Frankreich kann sich die Literatur aus Deutschland nicht von dem Klischee befreien, schwermütig und tiefsinnig zu sein. Seit dem Zweiten Weltkrieg haben sich diese Vorstellungen nur noch wenig gewandelt, so dass in Frankreich von einem regelrechten Voyeurismus für die Verarbeitung der deutschen Geschichte gesprochen werden kann und somit der Erfolg von Autoren wie Günter Grass oder Bernhard Schlink nicht überraschen mag. Seit dem Mauerfall ist das französische Interesse für die deutsche Literatur erneut angestiegen. In Deutschland hingegen erwarten die Leser von französischen Büchern humorvolle Liebesgeschichten, ergänzt um ein Quantum Frivolität: Sie sind also weit weniger als die französischen Leser auf geschichtsträchtige Themen orientiert. Besonders gern werden immer noch Autoren wie Flaubert oder Balzac gelesen. Insgesamt muss aber festgestellt werden, dass der literarische Austausch mit dem angelsächsischen Raum auf dem deutschen Buchmarkt einen weitaus größeren Platz einnimmt, als der Import französischer Werke.

3 Literaturkritik

Der Prozess des Transfers und die Kritik von Literatur stehen in direkter Verbindung zueinander. Der Zusammenhang zwischen Übersetzungen und Transfer wurde bereits im vorangegangenen Kapitel aufgezeigt. Die Literaturkritik nimmt diesbezüglich, aus der Perspektive des Lesers betrachtet, zwei Positionen auf zwei unterschiedlichen Ebenen ein: Beim Rezensieren eines fremdländischen Werkes findet durch die Lektüre der Rezension bereits der Transfer eines kulturellen Gutes auf einer Metaebene statt, da eine Kritik z. B. über eine Neuerscheinung Auskunft gibt, diese aber zum Zeitpunkt des Lesens der Rezension dem Adressaten in der Regel noch nicht vorliegt. Im Anschluss an diesen Vorgang kann die zweite Stufe des Transfers erreicht werden, welcher dann auf der Objektebene stattfinden und das Lesen des rezensierten Buches bedeuten würde. Die Literaturkritik kann den Transfer auf dieser Ebene insofern beeinflussen, als sie womöglich durch Leseempfehlungen oder negative Beurteilungen literarischer Werke das Kaufverhalten ihrer Adressaten in eine bestimmte Richtung zu lenken imstande ist. In jedem Fall nimmt die Literaturkritik sowohl auf der Meta- als auch auf der Objektebene die Rolle eines Vermittlers im Transferprozess ein, wobei ihre Funktion auf der Metaebene primär eine aktiv gestaltende ist, während sie auf der Objektebene vielmehr eine handlungsorientierte Funktion übernimmt.

Neben der Beurteilung eines Werkes spielen weitere Faktoren eine Rolle, die auf das Interesse eines Lesers sowohl an der Kritik als auch an der besprochenen Literatur einwirken: Der Unterhaltungswert einer Buchbesprechung kann dabei ebenso ausschlaggebend sein wie das Aufzeigen der Bedeutung des Werkes für das zeitgenössische Publikum oder die Literaturgeschichte eines Landes. Inwiefern sich der Kritiker beim Verfassen der Rezension an diesen Gesichtspunkten orientiert, hängt stark davon ab, welches Verständnis von Literaturkritik seiner Arbeit zugrunde liegt. Zweck dieses Kapitels ist es aus diesem Grund aufzuzeigen, was diesseits und jenseits des Rheins unter dem Begriff Literaturkritik gefasst wird, um Unterschiede im Begriffsumfang und der sich daraus ergebenden Inhalte einer Kritik deutlich zu machen. Dabei werden einzelne Schlüsselmomente der Entwicklung des Rezensionswesens nachvollzogen, die für das heutige Verständnis von Literaturkritik bedeutsam erscheinen, ohne jedoch die historische Entwicklung von der Antike an verfolgen zu wollen. Im Anschluss daran soll die theoretische Basis für die Entwicklung eines Ansatzes zur Rezensionsanalyse und -interpretation gelegt werden, der sich neben dem Theoriegebäude gleichermaßen aus der Untersuchung der Buchbesprechungen generieren wird und somit trotz der Unterschiede im Verständnis des Gegenstandes kulturübergreifend, nicht nur für den deutschsprachigen oder frankophonen Raum Anwendung finden kann.

3.1 Begriffsklärung

3.1.1 Das Verständnis von Literaturkritik in Deutschland

Dem Wortsinn nach besteht nicht nur eine Verwandtschaft zwischen *Kritik* und *Krise*. Die etymologische Betrachtung des Begriffes *Kritik* gibt darüber Aufschluss, dass ihm, abgeleitet von dem griechischen Verbum *krino* und dem lateinischen *criticus*, die Bedeutung des kritischen Beurteilers zukommt, der sich verstärkt den Buchproduktionen der Gegenwart widmet und sich zuerst Ende des 18., Anfang des 19. Jahrhunderts in Frankreich als Folge des expandierenden Buchmarktes etabliert.[1] Die Vielzahl der Begriffe jedoch, die im deutschen Sprachraum z. T. synonym für die Benennung öffentlich zugänglicher Texte über Literatur verwendet werden – Literaturkritik, journalistische Literaturkritik, Buchkritik, Buchbesprechung und Rezensionswesen – deuten bereits an, dass ein einheitliches Verständnis nicht existiert.[2] René Wellek versucht Anfang der 1960er Jahre, die verschiedenen Vorstellungen zu erschließen, die sich hinter den genannten Termini als Äquivalente zu *Literaturkritik* verbergen. Allerdings übt er im deutschen Sprachraum relativ wenig Einfluss aus: Die deutsche Debatte bleibt weiter in einer Grauzone haften, in der mit begrifflichen Überlagerungen gekämpft wird.

Dirk Getschmann wirft aus diesem Grund einen Blick über die deutschen Grenzen hinaus und zeigt die Interpretationen von *literary criticism*, *critica letteraria* und *critique littéraire* auf. Er stellt fest, dass sich sowohl die italienische als auch die angloamerikanische Literaturkritik einerseits auf akademischem Feld bewegten und sich als Literaturwissenschaft mit Wertungsfragen beschäftigten, während auf der anderen Seite die journalistische

---

[1] Vgl. Fuchs/Clement: „‚Qu'est-ce que la critique?'", S. 39.

[2] Alle Erläuterungen zum Terminus ‚Literaturkritik' beziehen sich im weiteren Verlauf primär auf die Kritik in den Printmedien, weniger auf Rundfunk und Fernsehen, da diese in der vorliegenden Arbeit nicht berücksichtigt werden.

Literaturkritik stehe, die sich in erster Linie mit der Gegenwartsliteratur auseinandersetze. Die französische *critique littéraire* schließt zwar unter diesem Terminus ebenfalls literaturwissenschaftliche Betrachtungen und journalistisches Rezensieren ein, setzt sich aber insofern von der italienischen und angloamerikanischen Literaturwissenschaft ab, als sie das Evaluieren von Literatur durch den Einfluss der Schule der *critique universitaire* um Gustave Lanson lange Zeit gänzlich aus der Beschäftigung mit Literatur eliminieren will. Allerdings setzt sich diese Forderung Lansons nicht durch.[3]

Im deutschen Sprachraum indes gehen die Literaturwissenschaft und die Literaturkritik frühzeitig getrennte Wege. Getschmann vermutet die Ursache dafür in der deutschen Ästhetikdebatte der ersten Hälfte des 19. Jahrhunderts. Entscheidend durch den deutschen Idealismus um Hegel vorangetrieben, wird der Ästhetik, als eigenständiger Wissenschaftsbereich bereits um 1750 etabliert, in diesem Zusammenhang eine Sonderstellung zugebilligt, die zu einem Rückzug von ihrem vermeintlich unwissenschaftlichen Aufgabenfeld, der Beschreibung und kritischen Würdigung von Literatur, führt: Dieses Gebiet überlässt sie von nun an dem Journalismus. Damit geht durchaus eine Herabwürdigung dieses Tätigkeitsbereiches einher, die den Umgang mit Literaturkritik lange prägt.[4] Auch heute differenziert Getschmann noch zwischen journalistischer und akademischer Literaturkritik, fügt aber in Anlehnung an Cees van Rees als dritte Form die essayistische Literaturkritik an und nimmt damit eine Klassifizierung nach Publikationsorganen vor. Letztgenannte Variante sei typischerweise in Kulturzeitschriften zu finden, wende überwiegend den Essay als klassische Publikationsform ihrer Artikel an und wolle vornehmlich Erkenntnisse vermitteln, die auch auf den journalistischen oder wissenschaftlichen Bereich ausstrahlen können. Die journalistische Literaturkritik hingegen verorte sich in den Feuilletons oder Kulturteilen der Tages- und Wochenpresse und sei primär deskriptiver, nur sekundär bewertender Natur, während die akademische Variante der Kritik in Fachzeitschriften zu finden sei und vorwiegend dem Aufrechterhalten eines wissenschaftlichen Diskurses diene: Unter Einbeziehung einer einschlägigen Spezialterminologie wolle sie dabei in erster

[3] Vgl. Getschmann: *Zwischen Mauerbau und Wiedervereinigung*, S. 30–33.

[4] Vgl. ebd., S. 34f.

Linie Forschungsfortschritte dokumentieren und diskutieren[5] Zusammenfassend lassen sich folgende Unterscheidungsmerkmale festhalten:

> journalist[s] […] address themselves to a general audience that is unfamiliar with the technical terms of literary analysis and usually uninterested in the professional disputes and disagreements that are important aspects of academic criticism.[6]

Gestützt auf die Trennung und unter erneuter Vergegenwärtigung der bereits vorgestellten Primärquellen wird deutlich, dass diese Arbeit ausschließlich die journalistische Literaturkritik zu ihrem Gegenstand macht. Petra Altmann bietet 1983 für diese Art der Kritik folgende Definition an: Sie versteht darunter „die Betrachtung von Literatur unter literarisch-ästhetischen Gesichtspunkten, eine Analyse der Literatur und die Einordnung ihrer Bedeutung und Funktion für den Gesamtkomplex von Literatur".[7] Allerdings greift sie mit dieser Erläuterung insofern zu kurz, als sie sowohl den wertenden wie auch den interpretatorischen Aspekt nicht berücksichtigt. Eine knappere Erklärung liefert Anz: Hierzulande sei unter Literaturkritik „meist die informierende, interpretierende und wertende Auseinandersetzung mit vorrangig neu erschienener Literatur und zeitgenössischen Autoren in den Massenmedien"[8] zu verstehen.

Eine Verbindung beider Definitionsversuche und eine Erweiterung um den ökonomischen Aspekt trifft die Praxis journalistischer Kritiker im deutschen Sprachraum nach Ansicht der Autorin dieser Arbeit am ehesten. Empirischer Beobachtung nach zu urteilen, könnte eine einträgliche Definition wie folgt lauten: Literaturkritik bezeichnet die Auseinandersetzung mit Autoren und literarischen Neuerscheinungen in Print- und digitalen Medien, welche unter literarisch-ästhetischen und vermittelnden Gesichtspunkten analysiert und interpretiert werden, um eine begründete Wertung von Literatur vornehmen und die Bedeutung der-

---

[5] Vgl. Getschmann: *Zwischen Mauerbau und Wiedervereinigung*, S. 40f.

[6] Zitiert in: ebd., S. 42.

[7] Altmann, Petra: *Der Buchkritiker in deutschen Massenmedien. Selbstverständnis und Selektionskriterien bei Buchbesprechungen*, Dissertation ohne Verlagsangabe, München 1982, S. 23f.

[8] Anz, Thomas: „Theorien und Analysen zur Literaturkritik und zur Wertung", S. 194.

selben aus pädagogischen und merkantilen Beweggründen heraus aufzeigen zu können.

Das Bemühen um die Herausstellung der Unterschiede zwischen Literatur- und Buchkritik manifestiert sich in einer literaturwissenschaftlichen Debatte, die auf das Jahr 1969 zurückgeht, in dem erstmals Anni Carlsson beide Begriffe voneinander abzugrenzen versucht. Im Verständnis Carlssons geht es der Literaturkritik ausschließlich um literaturtheoretische, poetische und ästhetische Gesichtspunkte, während der Buchkritiker vor allem den kommunikativen und vermittelnden Aspekt in den Vordergrund rückt. Hohendahl erkennt zwar durchaus die Berechtigung der Trennung von Buch- und Literaturkritik an, findet aber eine Beurteilung von Literatur nach rein ästhetischen Kriterien ebenso ungenügend wie die ausschließliche Konzentration auf kommunikationstheoretische Aspekte[9] Altmanns Erklärungsversuch stellt eine Art Minimalkonsens in der Debatte dar, der *Buchkritik* nicht als Konkurrenzbegriff zu *Literaturkritik* begreift, sondern als Oberbegriff: Der Buchkritiker setze sich nicht nur mit der so genannten *schönen Literatur* auseinander, sondern bespreche darüber hinaus auch Sachbücher aus jedwedem Ressort – sei es Politik, Medizin oder Wirtschaft.[10] Altmanns Deutung überzeugt, weil sie sich logisch und ausschließlich aus dem Begriff selbst erschließen lässt, ohne normative Ansprüche von Kritikern, ihren Zeitungen und Zeitschriften, Fragen des Prestiges oder der Distinktion in die Überlegung einzubeziehen.

3.1.2 Critique littéraire in Frankreich

Einer der wichtigsten Unterschiede im deutschen und französischen Verständnis von Literaturkritik ist im vorangegangenen Kapitel bereits benannt: Im Hexagon wurde im Gegensatz zu Deutschland bis in die 90er Jahre des 20. Jahrhunderts hinein auf theoretischer Ebene keine begriffliche Trennung zwischen Literaturkritik und Literaturwissenschaft vorgenommen. Tilla Fuchs und Elise Clement konstatieren jedoch zu Beginn des 21. Jahrhunderts ähnlich wie in Deutschland eine Tendenz zur Differenzierung von journalistischer und universitärer oder didaktischer Literaturkritik. Die journalistische Kritik wolle dabei primär die zeitgenössische Literatur beurteilen, Leseempfehlungen aussprechen

---

[9] Vgl. Getschmann: *Zwischen Mauerbau und Wiedervereinigung*, S. 37f.

[10] Vgl. Altmann: *Der Buchkritiker in deutschen Massenmedien*, S. 23.

oder auf schlechte Literatur hinweisen, die universitäre Kritik hingegen frage vielmehr nach entsprechenden Beurteilungskriterien, betreibe demnach also Metakritik. Zu ihrer Aufgabe gehöre es ferner, zum besseren Verständnis der rezensierten Literatur beizutragen, sei es mittels interpretatorischer Vorschläge, Neuauflagen oder Erklärungen der Eigenheiten eines Werkes.[11] Michel Jarrety grenzt daneben die Kritik der Schriftsteller (*critique d'écrivain*) von journalistischer und universitärer Kritik ab. Diese setze sich zum Ziel „de formuler [...] des propositions théoriques, enfin de proposer [...] une réflexion qui en orientera parfois la lecture".[12] Diese Form der Kritik bleibe jedoch häufig hinter der universitären Kritik zurück und erreiche nicht denselben Stellenwert in der öffentlichen Wahrnehmung wie die universitäre Kritik, deren Zielsetzungen sich z. T. mit denen der *critique d'écrivain* überschneiden.[13]

Als autonomer Begriff taucht der Terminus Literaturkritik unabhängig von Rhetorik und Philosophie zwar schon im 16. Jahrhundert auf, allerdings lohnt ein Vergleich der so genannten Kritiker der Renaissance mit den heutigen Literaturkritikern für die Zwecke dieser Arbeit kaum, da sie vielmehr dem Bild eines Literaturtheoretikers im heutigen Sinne entsprechen und aus diesem Grund als Vorläufer statt als Begründer der Kritik gehandelt werden. Ihnen geht es in erster Linie um die Fixierung der Ideale und Prinzipien der antiken Poetik, denen sich auch Nicolas Boileau, der als einer der ersten Literaturtheoretiker gilt, im 17. Jahrhundert noch widmet. Obwohl sich seinerzeit bereits kritische Stimmen gegen die Rückwärtsgewandtheit erheben, die sich in der *Querelle des anciens contre les modernes* manifestiert, besteht sein Verdienst darin, die ästhetischen Konzeptionen seiner Epoche zusammengefasst zu haben.[14]

Obwohl Georges Poulet behauptet, dass sich der wahre Vater der Kritik in der Gestalt Montaignes offenbare,[15] datieren Fuchs und Clement den Beginn der Kritik nicht in das 16., sondern in das 19. Jahrhundert. Die Gegner der antiken Ästhetikvorstellungen finden in der romantischen Literaturepoche immer mehr Gehör. Den Vertretern der so genannten

---

11 Vgl. Fuchs/Clement: „*„Qu'est-ce que la critique?"', S. 39 sowie Jarrety: La critique littéraire française au XXe siècle*, S. 3.

12 Jarrety: *La critique littéraire française au XXe siècle*, S. 3.

13 Vgl. ebd., S. 4.

14 Vgl. Fuchs/Clement: „„Qu'est-ce que la critique?"', S. 40.

15 Vgl. Poulet, Georges: *La conscience critique*, 4. Ausgabe, Corti, Paris 1998, S. 301.

romantischen Kritik um Hugo, Vigny und Gautier gelingt ansatzweise der Ausbruch aus dem Korsett antiker Ästhetik. Sie sprechen sich für die Relativierung des Schönen aus, für das Messen der Kunst an sich selbst, statt an klassischen Vorbildern. Im Zusammenhang mit der Entdeckung des Geschichtsbegriffes und des Geschichtsbewusstseins fordert die historische Kritik, die zeitgenössische Literatur in Beziehung zur jüngeren Geschichte, zu Politik und Gesellschaft zu setzen und auch das kulturelle Erbe der Antike in seinem historischen Kontext neu zu beurteilen. Einer der bedeutendsten Vertreter dieser Strömung ist Abel Villemain, welcher maßgeblichen Einfluss auf die späteren Theorien Sainte-Beuves ausübt. Dieser kann im Kontext beider Strömungen als Schlüsselfigur begriffen werden, die die unterschiedlichen Konzeptionen in einer Art Synthese vereint. Sainte-Beuve steht sowohl für die Ablehnung absoluter, vorgeschriebener Ästhetiktheorien und die Einführung einer subjektiven Dimension in die Bewertung von Literatur als auch für die Regelsetzung der historischen Methode. In seinen *Causeries du lundi* portraitiert er über circa eine Dekade hinweg eine Reihe von Autoren und bindet die Beurteilung ihrer Literatur an den Verfasser und seine Epoche.[16]

Anhand dieser Entwicklungen lassen sich zwei wesentliche Neuerungen erkennen, die für das heutige Begriffsverständnis von Literaturkritik noch immer prägend sind: Einerseits wird die Kontextualisierung der Literatur immer wichtiger, andererseits geht es bei der kritischen Beurteilung literarischer Werke nicht mehr allein darum, sie anhand vorgefertigter Ästhetikkonzeptionen zu bewerten, sondern es wächst die Idee, das Urteil eines Werkes jeweils von den ihm inhärenten Aspekten und Merkmalen abhängig zu machen und zu fragen, ob es die normativen Ansprüche erfüllt, die es aus einer subjektiven Motivation des Autors heraus an sich selbst stellt. Ferner wird anhand der aufgeführten Namen jener, die als die ersten Literaturkritiker gelten, deutlich, dass in Frankreich die Schriftsteller selbst lange Zeit die Aufgabe des Kritikers übernehmen: Auch im 20. Jahrhundert setzt sich keine vollständige Arbeitsteilung zwischen dem Verfassen und dem journalistischen Kritisieren eines Werkes durch. Jedoch entstehen zwei wesentliche Bewegungen, die für die Weiterentwicklung des Verständnisses von Literaturkritik prägend sind. Gustave Lanson, einflussreicher Theoretiker der *critique universitaire* der 1930er Jahre, vereint die biografisch-historische Herangehensweise

---

[16] Vgl. Fuchs/Clement: „Qu'est-ce que la critique?'", S. 40–42.

Sainte-Beuves mit positivistischen Vorstellungen und begründet so die historisch-komparative Kritik. Die Wurzeln des vergleichenden Aspekts von Literaturkritik gehen jedoch ebenfalls auf die romantische Epoche zurück: Madame de Staëls *De l'Allemagne*, eine Beurteilung der deutschen Romantik, kann hier als eines der bedeutendsten Beispiele angeführt werden. Lanson tritt darüber hinaus für eine möglichst objektive Auseinandersetzung mit Literatur ein und will den Aspekt der Wertung gänzlich aus dem Aufgabenfeld der Literaturkritik verbannen.[17]

In den 1960er Jahren werden Lansons Ideen jedoch von denen Roland Barthes in den Hintergrund gedrängt, der als ein zwar sehr umstrittener, aber zweifellos enorm einflussreicher und anerkannter Literaturkritiker Frankreichs betrachtet werden kann. Mit ihm steht die Bewegung der *nouvelle critique* untrennbar in Verbindung, die sich wiederum in zahlreiche Strömungen teilt, denen vor allem die Abkehr von Lanson gemein ist. Barthes richtet sich gegen das von den Lansonisten vertretene Credo der absoluten Objektivität und plädiert für eine Herauslösung des Werkes aus seiner Zeit bzw. dem historischen Hintergrund: „Für ihn ist Literatur zeitlos, der Text ist offen und kann, unabhängig von seinem Entstehungskontext, immer wieder neu interpretiert werden"[18]. Demnach sei die Interpretation eines Werkes durch den Kritiker ebenso hinfällig wie das Herstellen extra-literarischer Zusammenhänge. In seinem Essay *Qu'est-ce que la critique?* definiert er die Aufgabe des Kritikers folgendermaßen:

> On peut dire que la tâche critique [...] est purement formelle: ce n'est pas de «découvrir», dans l'œuvre ou l'auteur observés, quelque chose de «caché», de «profond» de «secret», qui aurait passé inaperçu jusque-là [...], mais seulement d'ajuster, comme un bon menuisier qui rapproche en tâtonnant «intelligemment» deux pièces d'un meuble compliqué, le langage que lui fournit son époque [...] au langage, c'est-à-dire au système formel de contraintes logiques élaboré par l'auteur selon sa propre époque.[19]

Aus dieser Erklärung Barthes geht einmal mehr hervor, dass seinerzeit eine begriffliche Trennung von Literaturwissenschaft und Literaturkritik

[17] Vgl. Fuchs/Clement: „,Qu'est-ce que la critique?'", S. 41 und S. 55.

[18] Fuchs/Clement: „,Qu'est-ce que la critique?'", S. 55.

[19] Barthes, Roland: „Qu'est-ce que la critique?", in: Marty, Éric (Hrsg.): *Roland Barthes. Œuvres complètes*, Bd. I: 1942–1965, Édition du Seuil, Paris 1993, S. 1360.

noch nicht stattgefunden hat. Denn zum einen haben die Feuilletonisten der Tages- und Wochenpresse zu keiner Zeit vorwiegend versucht, die eigene Sprache der zeitgenössischen Sprache des Werkes im Entstehungskontext anzupassen, zum anderen steht die Definition von *critique littéraire*, die *Le dictionnaire du littéraire* 2002 liefert, nachdem also die Abspaltung der Literaturkritik von der Literaturwissenschaft vollzogen ist, den Ideen Barthes vollkommen entgegen. Zur abschließenden Klärung des französischen Verständnisses von Literaturkritik soll folgende Definition beitragen:

> La critique désigne l'art d'appliquer des critères, donc de porter un jugement. L'activité critique se fonde sur des goûts et des valeurs, mais elle prétend procéder en fonction de règles et de méthodes [...]. [Elle] porte sur les auteurs comme sur les œuvres, sur la lettre du texte comme sur les idées explicites et implicites. [...] Dans un sens moderne, [...] la critique littéraire énonce un jugement esthétique personnel sur tout objet soumis [...].[20]

3.2 Aufgaben und Funktionen von Literaturkritik

In Zielsetzung und Funktion journalistischer Literaturkritik unterscheiden sich Frankreich und Deutschland trotz abweichender Sinndeutungen kaum. Im Kommunikationsfeld zwischen Autor, Verlag, Buchhandel und Leserschaft steht stets der Vermittlungsgedanke der Literaturkritik im Mittelpunkt. In Bezug auf den Leser kommt dem Kritiker dabei die Aufgabe zu, Wissen und Anleitungen zu vermitteln, die die Lektüre und das Verstehen eines literarischen Textes erleichtern, der möglicherweise von eingespielten Leseerwartungen abweicht und Verständnisschwierigkeiten bereitet oder Hintergrundwissen abverlangt, das nicht vorausgesetzt werden kann. Darüber hinaus fungiert der Kritiker in der Regel als kompetenter Leser, der dem Publikum durch die Selektion rezensionswürdiger Bücher, aber auch durch sein Werturteil Entscheidungshilfen für oder gegen den Kauf eines Werkes anbietet. In der Regel schließt die Wertung dabei auch die Darstellung von Stärken und Schwächen des rezensierten Buches ein, so dass der Kritiker in seiner didaktisch-sanktionierenden Funktion das Ziel verfolgt, im Idealfall die Qualität künftiger Buchproduktionen und

---

[20] Dion, Robert: Art. „Critique littéraire", in: Aron, Paul/Saint-Jacques, Denis/Viala, Alain (Hrsg.): *Le dictionnaire du littéraire*, Presse universitaire de France, Paris 2002, S. 127.

damit, den merkantilen Aspekt seiner Arbeit im Hinterkopf, auch den Kauf von Büchern zu steigern. Bei der Auswahl der Werke, die er rezensieren will, hat der französische Kritiker dabei wesentlich größere Freiräume als hierzulande: Während in Deutschland die Vergabe zufällig erfolgt, um möglichst eine objektive Stellungnahme zu erreichen, kann er sich in Frankreich durch Neuerscheinungen, aber auch persönliche Vorlieben oder Abneigungen leiten lassen.[21] Dies hat zwar den Vorteil, dass sich ein Kritiker zum Experten für bestimmte Autoren entwickeln und hohe Kompetenz im Umgang mit deren Literatur ausbilden kann, was ein äußerst fachkundiges Urteil gestattet, allerdings besteht die Gefahr, dass sein Werturteil durch vorgeprägte Vorstellungen über den Autor und sein literarisches Können immer wieder in eine bestimmte Richtung gelenkt wird. Im analytischen Teil dieser Arbeit wird aufgrund dessen bei der Untersuchung insbesondere der französischen Kritiken darauf geachtet, ob sich beim mehrmaligen Rezensieren Houellebecqs oder Grass' durch denselben Kritiker ähnliche oder gleich bleibende Argumentations- und Beurteilungsmuster feststellen lassen.

Die Selektionsfunktion des Kritikers hängt außerdem eng mit der von Thomas Anz als Orientierungsfunktion betitelten Aufgabe der Literaturkritik zusammen. Dem Leser soll damit ein grober Überblick über die immer unüberschaubarer werdende Menge an jährlichen Neuerscheinungen auf dem Buchmarkt ermöglicht werden, indem über einzelne Autoren und ihre Werke, literarische Trends und aktuelle Entwicklungen im Literaturbetrieb berichtet oder auf Verlage und Buchreihen aufmerksam gemacht wird. Aus dem Berichten über Literatur heraus ergibt sich die reflexions- und kommunikationsstimulierende Funktion der Literaturkritik, die den öffentlichen Austausch über Literatur fördern und Reflexionsprozesse innerhalb des Literatursystems vorantreiben sollen. Zu guter Letzt besteht aber die Aufgabe eines Literaturkritikers auch darin, seine Leser mit dem Text, den diese vor Augen haben, zu unterhalten: eine Aufgabe, die beinahe allen Bereichen journalistischer Arbeit zufällt.[22]

---

[21] Vgl. Fuchs/Clement: „Qu'est-ce que la critique"", S. 69.

[22] Vgl. Anz, Thomas: „Literaturkritik", S. 60; Anz: „Theorien und Analysen zur Literaturkritik und zur Wertung", S. 195f. sowie Blatnik, Meike/Fuchs, Tilla: „Literaturkritik heute. Eine Bestandsaufnahme", in: Miller/Stolz (Hrsg.): *Positionen der Literaturkritik*, S. 26f.

Inwiefern sich der Kritiker beim Verfassen der Kritik an Vorbildern und Ideengebern wie Theodor W. Adorno in Deutschland oder Roland Barthes in Frankreich orientiert, bleibt dabei natürlich ihm überlassen, allerdings beeinflusst die Traditionslinie Inhalt und Form seiner Kritik.[23] Auf formaler Ebene hat der Literaturkritiker bezüglich der Textarten in beiden Ländern einen ähnlich weit gefächerten Spielraum: Angefangen bei Rezensionen sind ebenso Interviews, Autorenportraits, Buchtipps, Sammelrezensionen, Glossen u. a. möglich, wobei die Abgrenzung voneinander mitunter schwierig ist, da die Übergänge fließend sein können.[24] Bedingt durch unterschiedliche Herangehensweisen bzw. inhaltliche Zielvorstellungen beim Verfassen einer Rezension, kann diese Gattung sowohl problemorientiert als auch klassisch angelegt sein: Erstere nimmt dabei ein literarisches Werk meist nur zum Anlass, um eine Debatte über ein gesellschaftspolitisches oder soziokulturelles Problem zu entfachen, während die klassische Variante tatsächlich die Literatur in den Mittelpunkt rückt und besprechen will.[25]

Auf die inhaltliche Ebene nimmt zudem das Selbstbild des Kritikers entscheidenden Einfluss. Je nach persönlicher Gewichtung der Funktionen einer Kritik bildet er ein Rollenverständnis aus, dessen unterschiedliche Ausprägungen bereits im 18. Jahrhundert beschrieben werden. Metaphorische Übertragungen aus dem Bereich der Jurisprudenz in die Sphäre der Kritik sind dabei nicht selten: Während in der Frühaufklärung der Vernunftgedanke auch dem Beurteilen von Literatur zugrunde gelegt wird und mit dem Namen Gottscheds beispielsweise eine richterliche oder erzieherische Kritikerrolle verknüpft ist, die entweder auf der Grundlage der – objektiv nicht messbaren – menschlichen Vernunft deutliche Urteile ausspricht oder versucht, vernunft- oder regelwidrigen Geschmack des Lesepublikums zu berichtigen, versuchen sich die Kritiker des 20. Jahrhunderts, sofern in ihrer Pluralität überhaupt auf wenige Rollenbilder reduzierbar, häufig als Vermittler oder als Anwälte der Leser, die zwar mittels argumentationskräftiger, z. T. aber auch polemischer Überlegungen Analyse-, Interpretations- oder Wertungsvorschläge aufbereiten, das letzt-

---

[23] Vgl. Blatnik/Fuchs: „Literaturkritik heute“, S. 26–28 sowie Schwibs, Bernd: „Einige lose Bemerkungen zur Literaturkritik“, in: Nies (Hrsg.): *Literaturimport und Literaturkritik*, S. 48–50.

[24] Vgl. Neuhaus, Stefan: *Literaturkritik. Eine Einführung*, Vandenhoeck & Ruprecht, Göttingen 2004, S. 133.

[25] Vgl. Anz: „Literaturkritik“, S. 62f.

endliche Urteil allerdings dem Publikum überlassen. Vorstellbar wäre ebenso die Rolle eines Anwaltes des Autors im Sinne eines Verteidigers, die ein Rezensent dann einnehmen kann, wenn jener beispielsweise gegen Angriffe anderer Kritiker für den Autor eintritt. Das Ziel der Rezensenten besteht in beiden Fällen darin, zur Auflösung verfestigter Vorurteile beizutragen, auf diese Weise neue Perspektiven auf die Betrachtung von Literatur im Allgemeinen oder eines Autor im Speziellen zu eröffnen und so die Debatte um dessen Werk zu dynamisieren. Anz unterscheidet zusätzlich einen weiteren Typus, den er als Diener und Freund des Autors bezeichnet. Seine Erklärungsversuche bleiben in dieser Hinsicht jedoch relativ abstrakt und lassen wenig Rückschlüsse auf inhaltliche Elemente eines kritischen Textes zu: Er gibt lediglich an, dass diese Art Kritiker dem Autor als kongenialer Interpret und Prophet des individuellen, schöpferischen Genies diene.[26] Da diese Erläuterung jedoch für die Einbeziehung in die Untersuchung der Rezensionen ungenügend erscheint, wird sich in der vorliegenden Arbeit auf die Rollen des Vermittlers, den Anwaltes sowie des Richters und des Erziehers beschränkt.

Schlussendlich kann festgehalten werden, dass die Hauptaufgaben der Literaturkritik darin bestehen, das Publikum zu informieren, ihm das Verständnis eines Werkes durch Analyse und Interpretation zu ermöglichen, dabei im Idealfall für Diskussionsstoff zu sorgen und durch die Wertung der besprochenen Literatur als Entscheidungshilfe für oder gegen den Kauf zu fungieren: Diese Aspekte schließen direkt an die oben gefundene Definition des Begriffes Literaturkritik an. Die Schule oder Tradition, in die sich der Kritiker stellt, kann dabei gewiss als vordergründig für die formale, vor allem aber die inhaltliche Gestaltung der Kritik, die gedankliche Bandbreite der Interpretation sowie das Maß an dargebotener Wertung bezeichnet werden: Erst in einem zweiten Schritt wird dies durch das Selbstverständnis des Kritikers beeinflusst. Die Problematik der Wertung präsentiert sich dabei in der theoretischen Auseinandersetzung mit Literaturkritik meist als eine sehr dringliche Frage, in deren Zusammenhang häufig Schlagworte wie Willkür und Subjektivität auftauchen. Da die Wertung eine zentrale Stellung in dem zu entwickelnden Analyse- und Interpretationsansatz einnimmt, soll diese Problematik hier noch einmal in einem gesonderten Kapitel erörtert werden.

[26] Vgl. Altmann: *Der Buchkritiker in deutschen Massenmedien*, S. 78–80 sowie Anz: „Theorien und Analysen zur Literaturkritik und zur Wertung“, S. 196 und S. 208.

3.3 Das Problem der Wertung

In der theoriegebundenen Reflexion über literaturkritische Wertung darf zunächst nicht vergessen werden, dass jene weit vor dem eigentlichen Urteilsspruch des Rezensenten beginnt. Neben der Annahme oder der Ablehnung von Manuskripten durch Verlage, neben Bestenlisten und Literaturpreisen kann bereits die Selektion eines Werkes aus einer Vielzahl von Neuerscheinungen und einer noch größeren Zahl klassischer Werke als eine Art Wertung betrachtet werden, denn an dieser Stelle findet bereits eine Klassifizierung in rezensionswürdige und rezensionsunwürdige Werke statt. In diese Entscheidung, ob sie – wie in Frankreich – der Kritiker trifft, oder – wie in Deutschland – der Chefredakteur des Literaturressorts, spielen Aspekte wie Aktualitätsbezogenheit, der Bekanntheitsgrad der Autoren, der Raum der Zeitung für Buchbesprechungen, persönliche Präferenzen oder Abneigungen, die Erwartungen der Zeitungsleser, aber auch der Blick auf die Konkurrenz hinein.[27] Die Selektion der Werke kann zudem durch die politisch-kulturelle Ausrichtung der Zeitung sowie ihres Publikums beeinflusst werden und das Werturteil des Rezensenten prägen, da dieser für ein bestimmtes Klientel schreibt, dem er gerecht werden muss. Dies bedeutet nicht, dass er sich aus einer demagogischen Intention heraus am vermuteten Geschmack des Publikums orientiert, sondern vielmehr, dass eine homologe Beziehung zwischen dem Feld der Kritiker und dem des Publikums existiert.[28]

Die Weiterverfolgung der Idee, dass möglicherweise Interferenzen zwischen der politischen Ausrichtung der Presseorgane und der kritischen Beurteilung der Literatur existieren, birgt die Gefahr nicht zu haltender Pauschalisierungen in sich, denn gewiss kann nicht von einer statischen Determination des Kritikers aus der politischen Grundhaltung der Zeitung heraus ausgegangen werden. Dies würde den Rezensenten innerhalb seines literarischen bzw. literaturkritischen Aufgabengebietes

---

[27] Vgl. Hage, Volker: „Literatur am Montag. Kriterien der Kritik und redaktionelle Praxis – Rede vor Literaturstudenten", in: Miller/Stolz (Hrsg.): *Positionen der Literaturkritik*, S. 149.

[28] Vgl. Jurt, Joseph: „Literaturkritik als Vermittlungsinstanz zwischen Autor und Leser", in: Nies (Hrsg.): *Literaturimport und Literaturkritik*, S. 86.

kompromittieren und sein Urteil auf ein einseitig politisches, ästhetische Kriterien vernachlässigendes Werten reduzieren.[29]

Das Feld der ästhetischen Beurteilungskriterien ist jedoch keinesfalls weniger problematisch und kann in direkter Verbindung mit der politischen Grundhaltung der Zeitung bzw. des Kritikers stehen. Die Wertmaßstäbe, die ein Kritiker an ein Werk anlegen kann, sind heute nur noch unzureichend definiert. Statt den Wertekatalog der normativen Poetik des Altertums heranzuziehen und zu fragen, was ein Werk sein soll, kann heutzutage oftmals nur noch gefragt werden, was ein Werk sein will und anhand dessen beurteilt werden. An dieser Stelle setzt die politisch-kulturelle Ausrichtung des Rezensenten ein: Ein Kritiker des rechts-konservativen *Figaro* beispielsweise verortet seine literarischen Vorlieben womöglich eher in der klassischen Domäne der Literatur als in der Postmoderne und ist möglicherweise gewillt, sich in seinem Urteil auf die ursprüngliche Bedeutung des Wortes Kriterium zu beziehen und zu versuchen, mit der Besprechung eines Werkes herauszufinden, inwiefern sich dieses von anderen, meist als *klassisch* geltenden Werken unterscheidet: Es wird zu untersuchen sein, inwiefern sich diese Behauptung verifizieren lässt.[30] Der klassisch orientierte Kritiker gewinnt somit seine Wertmaßstäbe vor allem aus einer intensiven Beschäftigung mit der allgemein und überzeitlich als Kunst anerkannten Belletristik und sucht tendenziell in Neuerscheinungen eher eine Bestätigung des traditionellen Literatursystems.[31]

Andererseits ist es wahrscheinlich, dass ein Kritiker der linksliberalen *Libération* oder der *Frankfurter Rundschau* die traditionelle Ästhetik in Frage stellt und viel stärker den Schriftsteller und sein Werk in seiner Zeit bewertet. Sein Urteil wird dann nicht nur von künstlerisch-ästhetischen Gesichtspunkten bestimmt, sondern auch von der gesellschaftlichen Bedeutung eines Werkes. Er bespricht es im Zusammenhang mit dem gesellschaftlichen Kontext und macht dem Autor keine literaturimmanenten Vorschriften, will weniger beurteilen als dessen Methoden und Intentionen erläutern. Tendenziell begrüßt er das Ungewohnte, das Lebendige in seiner Sprache, seinem Vokabular und seinem Stil.[32]

---

[29] Vgl. Jurt: „Literaturkritik als Vermittlungsinstanz zwischen Autor und Leser", S. 86f.

[30] Vgl. Fischer: *Die literarische Tageskritik in deutschsprachigen Zeitungen seit 1955*, S. 168.

[31] Vgl. ebd., S. 168–170.

[32] Vgl. ebd., S. 169.

Diese Offenheit in der Wertung zieht jedoch eine weitere Problematik nach sich, die mit dem Vorwurf der willkürlichen, subjektiven Beurteilung aufgrund des oft beklagten Mangels eindeutiger Wertmaßstäbe gefasst werden kann. Schon Immanuel Kant distanziert sich in der *Kritik der Urteilskraft* von dem Gedanken, ästhetischen Urteilen mögliche Objektivität zuzusprechen, da ästhetische Wertungen immer Geschmacksurteile seien: „Ein Prinzip des Geschmacks, welches das allgemeine Kriterium des Schönen durch bestimmte Begriffe angäbe, zu suchen, ist eine fruchtlose Bemühung“.[33] Anspruch auf Allgemeingültigkeit in einem Urteil zu erheben, sei aus diesem Grund nur dann möglich, wenn sich der Kritiker auf der Grundlage seines menschlichen Verstandes an die Stelle anderer versetze und fremde Perspektiven prüfe. Norbert Mecklenburg hingegen, Vertreter ideologiekritischer Arbeiten der Wertungsforschung, widerspricht der Subjektivität als Bestimmungsmerkmal von Kritik vehement. Er vertritt die Annahme, dass Wertungsvorgänge auf der Erkenntnis beruhen, die sich ein Kritiker mit der Lektüre eines Werkes erarbeitet und damit empirisch nachprüfbar seien. Dies würde voraussetzen, dass jener Merkmale oder Kriterien benennt, die er als Basis der Bewertung an ein Werk anlegt, um ihm Eigenschaften zuschreiben zu können.[34] Auch in diesem Fall ist jedoch die Problematik der Subjektivität noch nicht gänzlich aufgelöst. Der Leser der Rezension kann zwar nachvollziehen, anhand welcher Kriterien der Rezensent ein Werk beurteilt, muss sich zwangsläufig aber die Frage stellen, wie sich diese Kriterien generieren. An dieser Stelle schließt sich wiederum der Kreis zur vorgenommenen Differenzierung in klassisch und zeitgenössisch orientierte Kritiker: Der Rezensent kann die Kriterien der klassischen Ästhetik als Grundlage seiner Beurteilung anführen oder aber aus dem Werk heraus entstehende Kriterien benennen. In ersten Fall muss er sich womöglich beim Rezensieren postmoderner Literatur den Vorwurf gefallen lassen, unangemessen und unzeitgemäß zu werten, da das entsprechende Werk nicht das Ziel verfolgt, beispielsweise die sprachliche Perfektion eines *Faust* zu erreichen und somit an Kriterien gemessen würde, die es zu erfüllen nicht willens war. Im zweiten Fall generieren sich die Kriterien aus den vermuteten Ansprüchen, die sich dem Kritiker aus der

---

[33] Kant: *Kritik der Urteilskraft*, S. 87.

[34] Vgl. Anz: „Theorien und Analysen zur Literaturkritik und zur Wertung“, S. 209 sowie Blatnik/Fuchs: „Literaturkritik heute“, S. 29f.

Lektüre des Werkes ergeben, damit aber wiederum auf dessen subjektiver Interpretation beruhen.

Zudem sind die Vorgänge des Findens von Werturteilskriterien und des Wertens selbst mitunter kaum voneinander zu trennen. Die Begründung von Kritik bzw. eines Urteils müsste im Idealfall auf allgemein bzw. intersubjektiv als positiv oder negativ betrachteten Eigenschaften, axiologischen Werten, beruhen.[35] Dies sei an einem Beispiel illustriert: Die Protagonisten Houellebecqs zeichnen sich mehrheitlich durch ein Scheitern an postmodernen Lebensformen aus, besonders in sexueller Hinsicht. Dieses Merkmal, in erster Linie eine reine Informationsgabe durch den Kritiker, wird dann zu einem attributiven Wert, wenn die sexuellen Lebensformen der Postmoderne als axiologischer Wert betrachtet werden. Der attributive Wert ist allerdings nur dann positiv, wenn Skepsis oder Distanz gegenüber liberalen Formen der Sexualität als (hoher) gesellschaftlicher Wert angesehen werden. Werturteile ergeben sich also nicht nur aus der Subjektivität des Rezensenten, sondern hängen, und dies vor allem bei impliziten Wertungen,[36] ebenso von subjektiven Wertvorstellungen des Lesers ab. Relative Objektivität in der Wertung lässt sich demnach nur unter der Bedingung erzielen, dass sich der Kritiker auf vermutete, intersubjektiv gültige, axiologische Werte beruft. Diese müssen jedoch immer wieder neu auf ihre historische und theoretische Gültigkeit überprüft werden, will die Literaturkritik nicht unter den Verdacht der Normierung geraten.[37] Mecklenburg formuliert die Problematik, in der sich der Kritiker dabei befindet, wie folgt:

> Die Schwierigkeit des Verfahrens kritischer Interpretation liegt darin, dass sie zugleich mit der praktischen Durchführung der Kritik deren axiologische Basis plausibel machen muß. Die beste Kritik wäre diejenige, welche sich selbst begründete. Dieses Kunststück, sich gleichsam am eigenen Schopf herauszuziehen, kann als der ‚axiologische Zirkel' bezeichnet werden.[38]

---

[35] Vgl. Blatnik/Fuchs: „Literaturkritik heute", S. 30.

[36] Heydebrand und Winko unterscheiden zwischen impliziten und expliziten Formen literarischer Wertung. Vgl. dazu Näheres in: Von Heydebrand, Renate/Winko, Simone: *Einführung in die Wertung von Literatur. Systematik – Geschichte – Legitimation*, Schöningh, Paderborn 1996, S. 67–73.

[37] Vgl. Blatnik/Fuchs: „Literaturkritik heute", S. 30f. und S. 33.

[38] Zitiert in: Blatnik/Fuchs: „Literaturkritik heute", S. 31.

Der „axiologische Zirkel“ im Verständnis Mecklenburgs lehnt sich an das Modell des *hermeneutischen Zirkels* an, der den Vorgang des Interpretierens zu beschreiben versucht. Mecklenburg legt in seinem Zirkelmodell ebenso das Augenmerk darauf, die Beurteilung von Teilaspekten nicht von der Beurteilung des Ganzen zu trennen. Dies bedeutet für die Praxis des Kritikers, dass er schon vor der kritischen Interpretation eines Werkes seine Haltung zu ihm entwickelt hat, die mit der Lektüre objektiviert werden kann. Mecklenburg plädiert also für eine werkimmanente Beurteilungsmethode, fordert aber, dass sich aus der Analyse bestimmter Werkteile Regeln für das gesamte Werk ableiten lassen, die es zu überprüfen gilt.[39]

So sehr ein Kritiker um konsensfähige Urteile bemüht ist: Die Wertungen verschiedener Kritiker in unterschiedlichen Tageszeitungen werden dennoch voneinander abweichen. Die Auseinandersetzung mit den Werturteilen seiner Kollegen spielt für den Literaturkritiker neben einer Vielzahl literarischer oder sprachlicher Beurteilungskriterien in die eigene Urteilsfindung ebenfalls mit hinein. Mit dem Blick, den er auf die Bewertung belletristischer Literatur durch andere Kritiker wirft, steht er vor der Herausforderung, auch ihm logisch erscheinende Argumentationsmuster hinterfragen zu müssen. Will er seine eigene Glaubwürdigkeit nicht verlieren, ist es ihm unmöglich, sich der Meinung eines Kollegen ohne weiteres anzuschließen: Er muss sein Urteil anders formulieren und begründen, sich eines anderen Vokabulars im Zuschreiben attributiver Eigenschaften bedienen – selbst wenn seine Aussageintention Ähnliches einschließt – da er sich und seine Arbeit sonst überflüssig erscheinen lässt.[40] Welchem Urteil sich der Leser von Literaturkritiken in Tageszeitungen anschließt, wirft die Frage der Legitimität des Wertungsaktes durch einen Kritiker auf. Mehrheitlich wird sich die Leserschaft einer Zeitung vermutlich von einem Urteil überzeugen lassen, wenn es aus dem Munde eines Kritikers stammt, der ein gewisses Ansehen im Literaturbetrieb genießt. Voraussetzungen dafür sind meist logisch nachvollziehbare, argumentationskräftige Kritiken, sowie u. U. bereits vorangegangene Leseempfehlungen des Rezensenten, die die Erwartungen an das Werk bei der Lektüre nicht enttäuscht haben. Eine starke Präsenz des Kritikers in der Öffentlichkeit, die wiederum oftmals erst nach langjähriger Erfahrung möglich wird, verleiht ihm daneben

[39] Vgl. Blatnik/Fuchs: „Literaturkritik heute“, S. 32.

[40] Vgl. Fuchs/Clement: „„Qu’est-ce que la critique?“‘, S. 146 und S. 151.

eine Art natürliche Autorität, die das Werten eines Werkes in den Augen des Publikums rechtfertigen kann.[41] Andererseits sind auch Tendenzen zu beobachten, die belegen, dass das negative Urteil eines Kritikers zu erhöhtem Absatz eines Werkes führen kann.

3.4 Zusammenfassung

Zunächst wurde in diesem Kapitel die Unterscheidung des Verständnisses von Literaturkritik zwischen Frankreich und Deutschland herausgearbeitet. Bei näherer Betrachtung der Begriffsgeschichte wird deutlich, dass Divergenzen vor allem in der Trennung von Literaturwissenschaft und Literaturkritik auftreten, welche in Deutschland bereits recht frühzeitig im 19. Jahrhundert stattfindet. In Frankreich werden beide Begriffe jedoch bis in die 90er Jahre des 20. Jahrhunderts hinein nicht isoliert voneinander betrachtet. Trotz dieser Unterschiede existieren Parallelen hinsichtlich der Arten von Literaturkritik: Beide Länder differenzieren zwischen journalistischer und akademischer Kritik – in Frankreich als universitäre Literaturkritik bezeichnet – und fügen jeweils eine dritte Richtung hinzu: Jenseits des Rheins existiert über die zwei genannten Arten hinaus die *critique d'écrivain*, hierzulande wird als dritter Pfad die essayistische Kritik genannt. In Deutschland geht diese Dreiteilung mit der Verschiedenheit der Publikationsorgane einher: Während sich die journalistische Kritik in der Tagespresse verortet und primär beschreiben, statt werten will, stößt der geneigte Leser in Kulturzeitschriften auf die essayistische Form der Kritik und in literaturwissenschaftlichen Zeitschriften auf die akademische, die vor allem daran interessiert ist, wissenschaftliche Diskurse über Autoren, ihre Werke oder literaturwissenschaftliche Phänomene aufrecht zu erhalten. In Frankreich hingegen setzt sich die journalistische Kritik zum Ziel, zeitgenössische Werke zu bewerten, während

---

[41] Vgl. Fuchs/Clement: „Qu'est-ce que la critique?", S. 151.
Die Frage, inwiefern der Wertungsakt im Prozess des Besprechens von Literatur per se legitim ist, soll an dieser Stelle nicht erörtert werden. Die Beantwortung dieser Frage scheint insofern für die Zielstellung der Arbeit irrelevant, als die Untersuchung zeitgenössischer literaturkritischer Texte erkennen lässt, dass literarische Wertung mehrheitlich ein Bestandteil von Literaturkritik ist. Zudem spielt dabei das Verständnis von Literaturkritik eine große Rolle, was wiederum in der Zugehörigkeit zu unterschiedlichen literaturwissenschaftlichen bzw. literaturkritischen Traditionen wurzelt. Beides wurde jedoch bereits ausführlich besprochen.

die universitäre Kritik vielmehr nach Beurteilungskriterien fragt. Die *critique d'écrivains* dient diesen dazu, zu ihren Werken Interpretations- und Erklärungvorschläge liefern zu können. Die heutige Literaturkritik wurde auf französischer Seite stark von Lanson und Barthes beeinflusst und zielt darauf ab, unter Abkehr von antiken Ästhetikvorstellungen ein Werk oder einen Autor nach werkimmanenten Maßstäben sowie im Kontext seiner Entstehung zu beurteilen. In Deutschland wird unter Literaturkritik heute die Analyse, Interpretation, Wertung, Werturteilsbegründung sowie das Aufzeigen der Bedeutung des Werkes über die Literatur hinaus verstanden. Davon muss allerdings in der Vielzahl von quasi-synonymen Begriffsbezeichnungen für Literaturkritik die Bezeichnung *Buchkritik* separiert werden, da diese eine Art Oberbegriff darstellt und auch für das Besprechen von Fachbüchern angewendet wird.

Trotz der zum Teil abweichenden Begriffsverständnisse unterscheiden sich die Aufgaben von Literaturkritik und die Varianten literaturkritischer Texte in beiden Ländern nicht voneinander. Der Literaturkritiker kann die selektierende, vermittelnde, didaktisch-sanktionierende, orientierende, unterhaltende sowie die reflexions- und kommunikationsstimulierende Funktion in einem ähnlich weit gefächerten Spielraum von Rezensionen und Interviews über Autorenportraits und Buchtipps bis hin zu Glossen und Sammelrezensionen erfüllen und dabei sowohl problemorientiert als auch klassisch vorgehen, d. h., das Werk anstelle eines soziokulturellen Problems in den Mittelpunkt stellen. In Abhängigkeit von der Aufgabe, die ein Kritiker für sich selbst als Schwerpunkt erkennt, nimmt er eine bestimmte Rolle ein und kann Vermittler, Erzieher, Anwalt oder Richter sein. Besonders in letztgenannter Funktion kann das Problem der Subjektivität auftreten, wenn der Kritiker das Werk nach nicht genau definierten oder für den Leser nicht ersichtlichen Wertmaßstäben beurteilt. Da heutzutage Wertungskriterien nicht mehr eindeutig bestimmt sind und Werke nicht mehr in jedem Fall normativ nach klassischen Maßstäben beurteilt werden, sondern nach dem Anspruch, den sie an sich selbst stellen, ist es von Bedeutung, dass der Kritiker zumindest relative Objektivität gewährleistet, indem er Maßstäbe benennt und Argumente für ein Werturteil anführt.

4 Ansatz zur Analyse und Interpretation von Rezensionen I. Theoretische Grundlagen

Anhand der angeführten Aufgaben von Literaturkritik sowie der Probleme, die im Zusammenhang mit literaturkritischer Wertung entstehen können, lassen sich wiederum inhaltliche Anforderungen an eine Kritik erschließen. In einem zweiten Schritt ermöglicht dies das Aufstellen von Kriterien, anhand derer eine Rezension untersucht werden kann. Im Folgenden soll versucht werden, über die inhaltliche Dimension hinaus vorerst in theoretischer Perspektive Aspekte zu entwickeln, die für eine umfassende Rezensionsanalyse notwendig sind und diese zu kategorisieren. Im Anschluss an die Analyse- und Interpretationsarbeit soll eine systematisierte Übersicht erstellt werden, die eine kohärente, in sich geschlossene Vorgehensweise erlaubt und unter Einbeziehung praktischer Arbeiten tatsächlich relevante Kriterien zusammenfasst. Im Zentrum soll dabei die Erarbeitung von Kriterien für jene Rezensionen stehen, die epische Werke bzw. Romane besprechen, da die Epik und besonders das Genre des Romans um die Jahrtausendwende, die in dieser Arbeit den Untersuchungszeitraum stellt, die am weitesten verbreitete und am häufigsten gelesene Gattung und damit auch jene ist, welche in den Medien am stärksten Präsenz zeigt. Dennoch kann die überwiegende Zahl der Untersuchungskriterien auch für die Analyse und Interpretation von Rezensionen angewendet werden, bei denen lyrische Werke als Bezugstexte im Mittelpunkt stehen.[1] Mit dem Aufstellen eines solchen Kriterienkataloges für die Untersuchung von Literaturkritik sollen mit der Analyse der Rezensionen zugleich jene Elemente einer kritischen Überprüfung hinsichtlich ihrer praktischen Anwendbarkeit unterzogen werden, welche von Seiten der Literaturwissenschaft[2] als notwendige Bestandteile einer Rezension aufgeführt werden.

---

[1] Abstriche müssen dabei hauptsächlich hinsichtlich der unten näher erläuterten textbeschreibenden Untersuchungsaspekte gemacht werden.

[2] Zu nennen sind u. a. Thomas Anz und Stefan Neuhaus.

4.1 Werkexterne Kriterien

4.1.1 Der Rezensionstext in kommunikationstheoretischer Hinsicht

4.1.1.1 Medialer Kontext, formale Aspekte, Adressierung

Da die Interpretation von Literatur immer auch auf einer Formanalyse beruht und nicht allein auf inhaltlicher Ebene stattfinden kann, muss gleichermaßen bei der Analyse und Interpretation von Rezensionen auf Faktoren eingegangen werden, die nur bedingt einen Bezug zu dem rezensierten Werk haben oder gar als vollkommen werkungebunden bzw. werkextern bezeichnet werden können. Dies betrifft zum einen die Länge, zum anderen den Aufbau der zu untersuchenden Rezension, d. h. den Ausgangspunkt des Kritikers, die Untersuchung des Argumentationsverlaufs auf Logik und Widersprüchlichkeit bzw. konsequente Beweisführung versus bloße Aneinanderreihung von Behauptungen.[3]

Zur besseren Vergleichbarkeit erscheint es sinnvoll, eine Grenze für lange, mittellange und kurze Texte festzusetzen. Bei dieser Einteilung sollen die Angaben, welche die Zeitungen z. T. selbst machen, nicht unberücksichtigt bleiben. Die *Frankfurter Allgemeine Zeitung* beispielsweise bespricht Houellebecqs *La possibilité d'une île* in einer Rezension von über 3000 Wörtern[4] und liefert damit zweifelsohne einen langen Text, *Le Monde* bezeichnet jedoch in ihrer CD-ROM-Ausgabe eine Kritik mit weniger als 1500 Wörtern schon als *long*.[5] Dies verdeutlicht, dass die Vorstellungen der Zeitungen von langen oder kurzen Texten voneinander abweichen können und womöglich die Länge einer Rezension davon abhängig ist, wie viel Raum der Kultur- oder Feuilletonteil einer Zeitung im Vergleich zu anderen Zeitungsteilen einnimmt. Dabei darf nicht vergessen werden, dass z. B. *Libération* und die *Frankfurter Rundschau* insgesamt einen geringeren Umfang aufweisen als die *F.A.Z.*, so dass auch die einzelnen Rubriken dieser Zeitungen jeweils kleiner ausfallen müssen und ein Artikel von 1300 Wörtern hier schon eine

---

[3] Vgl. Fischer: *Die literarische Tageskritik in deutschsprachigen Zeitungen seit 1955*, S. 20.

[4] Vgl. Weidermann, Volker: „Das letzte Tabu. Michel Houellebecqs neuer Roman erzählt von Sex, Autos und Klonen – vor allem aber vom Unglück des Älterwerdens", in: *Feuilleton der Frankfurter Allgemeinen Zeitung*, vom 21.08.2005.
Anm.: Bei den in dieser Arbeit näher zu untersuchenden Rezensionen werden die Zeitungssparten, in denen sie erscheinen, mit angegeben.

[5] Vgl. Lepape, Pierre: „Un monde pétrifié", in: *Le Monde des Livres*, vom 03.10.1997.

beträchtliche Länge darstellen kann. Um dieses Problem zu lösen und auch die Angaben von *Le Monde* in Bezug auf die Länge der Texte nicht zu missachten, trifft die Autorin daher die Festlegung, dass Texte mit mehr als 1300 Wörtern bereits als lange Texte gelten, Texte zwischen 600 und 1300 Wörter werden als mittellang eingestuft und alle unter 600 Wörter liegenden Texte fügen sich lediglich zu kurzen Rezensionen zusammen. Da Texte, die erheblich mehr als 1300 Wörter umfassen, nur in geringer Anzahl auftreten, wird dafür keine weitere Unterscheidung getroffen: Sie werden ausnahmslos der Kategorie *lang* zugeordnet.

Des Weiteren gilt es, den Adressaten der Kritik, aber auch den medialen Kontext zu berücksichtigen, in dem diese erscheint, also beispielsweise über eine Online-Ausgabe oder ein Printmedium, in einer Tages- oder Wochenzeitung etc., sowie die Textart: Dabei wird darauf geachtet, ob es sich laut der von Thomas Anz vorgenommenen Unterscheidung um eine Rezension klassischen Typus oder um eine problemorientierte Kritik handelt.[6] Länge, Aufbau, Art und Adressat des Textes sowie der mediale Kontext sind Faktoren, die sowohl der Literaturwissenschaftler als auch der Literaturkritiker auch bei der Besprechung eines Werkes berücksichtigen kann. Um an dieser Stelle die Verwendung des Begriffes *werkextern* bzw. im weiteren Verlauf auch des Antonyms *werkintern* eindeutig festzulegen und Auslegungen zu vermeiden, die im Rahmen dieser Arbeit nicht zutreffend sind, muss an dieser Stelle deutlich gemacht werden, dass es sich dabei nicht um externe Analyse- oder Interpretationskriterien handelt, die der Kritiker an das von ihm rezensierte Werk anlegt bzw. um Aspekte des Entstehungskontextes der besprochenen Literatur, sondern um Gesichtspunkte, anhand derer die Rezensionen untersucht werden sollen.

4.1.1.2 Der Autor der Rezension

Neben rein formalen Aspekten muss eine Rezensionsanalyse nach werkexternen Kriterien ferner die Arbeit des Autors der Kritik selbst untersuchen und dabei Sprache und Methodik desselben näher betrachten. In Hinblick auf die oben bereits erwähnte Unterhaltungsfunktion von Literaturkritik gilt es zu untersuchen, welche sprachlichen und stilistischen Mittel er verwendet, um seiner Argumentation einerseits einen gewissen Unterhaltungswert, andererseits Glaubwürdigkeit und Aussagekraft zu verleihen. Das Erkennen möglicher Zusammenhänge zwischen der Aus-

[6] Vgl. Anz: „Literaturkritik“, S. 62f.

drucksweise des besprochenen Werkes und der Sprache des Rezensenten gehört dabei ebenso in die Untersuchung einer Kritik hinein.[7] Dies ist nur dann möglich, wenn der Stil des Kritikers betrachtet wird, welcher wiederum in Abhängigkeit von dem Medium und damit auch der Leserschaft der entsprechenden Zeitung oder Zeitschrift steht, für die er publiziert. Eine Rezension, die auf das fachwissenschaftlich gebildete Publikum einer Literaturzeitschrift abzielt, wird seltener mit Sarkasmus oder Ironie arbeiten als z. B. eine in polemischem Stil verfasste Kritik einer Tages- oder Wochenzeitung.

Zur Untersuchung von Charakteristika des Stils erscheint allerdings die Dreiteilung der antiken Rhetorik, wie sie schon bei Cicero auftaucht, wenig gewinnbringend, da die Unterteilung zum einen primär für mündliche Reden aufgestellt wurde und zum anderen keine Hierarchisierung, sondern vielmehr eine dem Anlass entsprechende Variation im Stilgebrauch darstellt, die keine Aussage über einen guten oder schlechten, sondern nur über einen angemessenen Stil zulässt.[8]

Eine adjektivische Beschreibung des Stils einer Rezension als wissenschaftlich, sachlich, pathetisch, unterhaltend, polemisch o. a. sagt jedoch noch nicht zwangsläufig etwas über das Niveau derselben aus. Ein Kritiker wie Marcel Reich-Ranicki, der einen so genannten Verriss über den Grassschen Roman *Ein weites Feld* schreibt und daraufhin auf der Titelseite des *Spiegels*, das Buch in Stücke reißend, abgebildet wird,[9] polarisiert damit zwar auf unsachliche, polemische Art und Weise, dennoch kann ihm aber nicht abgesprochen werden, dass seine Kritik grundsätzlich ein gewisses Niveau nicht unterschreitet. Die Absicht der Medien und womöglich auch Reich-Ranickis ist in diesem Fall eindeutig auszumachen: Das Auseinanderreißen des Gegenstandes demonstriert, dass *Der Spiegel* das Augenmerk auf das negative Urteil des Kritikers legt und diesem

---

[7] Vgl. Anz: „Literaturkritik", S. 21.

[8] Cicero unterscheidet den *genus grande* oder *sublime*, der der dichterischen Sprache sehr nahe kommt und auf das Ansprechen von Affekten abzielt, den *genus medium*, der typischerweise einem wissenschaftlichen Vortrag entspricht sowie als dritte Form den *genus humile* oder *subtile*, einen schmuckarmen, sachlichen Stil mit einfachen Argmentationsstrukturen. Vgl. dazu die Kapitel 10 bis 55 im dritten Buch von: Cicero: *De Oratore. Über den Redner*, hrsg. von: Merklin, Harald, 2., durchgesehene und bibliographisch ergänzte Auflage, Reclam, Stuttgart 1991.

[9] Vgl. dazu die Ausgabe des *Spiegels* vom 21.08.1995.

damit eine Rolle zuschreibt, die der des Richters am ähnlichsten ist. An diesem Beispiel lässt sich zeigen, dass sich das Rollenverständnis des Kritikers nicht nur aus dem Inhalt der Kritik ergeben muss, sondern ebenso eine Verbindung zu dessen Sprache und Stil bestehen kann. Eine saubere Trennung der Kategoriezugehörigkeiten der Rezensenten lässt sich bei empirischen Untersuchungen jedoch nur selten vornehmen. Die Kategorien Erzieher, Richter, Anwalt und Vermittler geben daher nur Näherungswerte an und zeigen Tendenzen auf, die sich im praktischen Vollzug literaturkritischer Arbeit vermischen können.[10]

Zudem sind interdependente Verbindungen auszumachen, die zwischen der Rolle des Kritikers, den damit verbundenen inhaltlichen Schwerpunkten seiner Kritik und der Zugehörigkeit zu einer literaturkritischen, oder, vor allem seit den 1960er Jahren, zu einer literaturtheoretischen Tradition oder Schule bestehen können. Diese kann in der Interpretation des Lesers zudem über das Literaturverständnis des Kritikers Aufschluss geben. Die in Kapitel 3.3 vorgenommene Abgrenzung von klassisch und zeitgenössisch orientierten Kritikern gibt für den als *Strategie des Kritikers* betitelten Teilaspekt erste Anhaltspunkte. Die Unterscheidung basiert auf der von Isolde Fischer vorgenommenen Trennung in werkimmanent-traditionsgebundene und außerliterarisch-avantgardistische Kritik,[11] welche zwar mit Blick auf die gegenwärtige Praxis zu undifferenziert erscheinen mag, allerdings wirken beide Richtungen bis heute auf die Arbeit der Kritiker ein. Wolfgang Albrecht weist jedoch darauf hin, dass eine systematisierte Gesamtdarstellung von Strömungen und Hauptrichtungen der Literaturkritik (der Jahrtausendwende) bislang nicht erstellt worden ist,[12] so dass die Problematik für die Erarbeitung dieses Analyse- bzw. Interpretationsaspekts darin besteht, sich lediglich auf überblicksartige, nicht in jedem Fall inhaltliche Rückschlüsse zulassende Darstellungen stützen zu müssen.

Albrechts Ausführungen belegen, dass die Literaturkritik des geeinten Deutschlands im Wesentlichen auf sechs Hauptströmungen aufbaut, die sich in der ersten Hälfte des 20. Jahrhunderts bzw. in den alten Bundesländern nach dem Zweiten Weltkrieg bis in die 1970er Jahre hinein ent-

[10] Vgl. Getschmann: *Zwischen Mauerbau und Wiedervereinigung*, S. 20.

[11] Vgl. Fischer: *Die literarische Tageskritik in deutschsprachigen Zeitungen seit 1955*, S. 169.

[12] Vgl. Albrecht: *Literaturkritik*, S. 41 und S. 74.

wickeln. Er unterscheidet eine geistesgeschichtlich-ästhetische Strömung, die sich in eine neokonservative und in eine liberale Richtung spaltet und sich vor allem auf literarische Klassiker oder moderne, als klassisch im Sinne von allgemein und überzeitlich als Kunst anerkannte Belletristik beruft, um zeitgenössische Literatur nach werkimmanent-ästhetischen Kriterien zu beurteilen. Dabei kommt es dieser Richtung auf affektiv-ästhetische Wirkungen eines Werkes ebenso an wie auf die stilistische Geschlossenheit in Bezug auf Lexik, Syntax und Ausdruck.[13] Während Kritiker dieser Strömung vor allem in der *F.A.Z.* oder der *Welt* publizieren, verorten sich die Rezensenten einer liberalen Richtung weniger in Tageszeitungen als in Zeitschriften wie *Monat* oder *Deutsche Rundschau*, welche an Traditionen der Aufklärung und der 20er Jahre des vergangenen Jahrhunderts anknüpfen. Ihnen ist die unpolitische, Subjektivität gestattende und formbewusste Beurteilung von Literatur ein Anliegen: Auch diese Strömung vernachlässigt dementsprechend außerliterarische Beurteilungsaspekte und tendiert zu einer werkimmanenten Besprechung und Bewertung. Wichtige Anregungen erhalten diese geistesgeschichtlich-ästhetischen Strömungen dank des nordamerikanischen Konzepts des *new criticism*, welches einem ähnlichen Programm folgt wie die werkimmanente Interpretation: Auch diese betrachtet ein Werk als kohärente Einheit, legt größten Wert auf dessen Interpretation, sieht aber vollkommen davon ab, auf Intentionen des Autors oder mögliche Erkenntnisse einzugehen, die das Werk u. U. vermittelt. Die *nouvelle critique* um Roland Barthes in Frankreich verfolgt hingegen trotz der terminologischen Verwandtschaft zur amerikanischen Strömung vielmehr den Zweck, Literatur hauptsächlich unter sprachlichen, poetisch-formalen Gesichtspunkten zu analysieren.[14]

---

[13] Vgl. Albrecht: *Literaturkritik*, S. 42 sowie Köppe/Winko, *Neuere Literaturtheorien*, S. 40–42.

[14] Vgl. ebd., S. 42 und S. 67 sowie Köppe/Winko: *Neuere Literaturtheorien*, S. 44. Albrecht führt zudem die Gruppe 47 sowie die Dortmunder Gruppe 61 als literaturkritische Kreise an, die jedoch vor allem auf Spontankritik im Rahmen von internen Lesungen, wie im Falle der Gruppe 47, oder von Autorenlesungen vor Publikum setzen. Beide bilden allerdings keine eigene literaturkritische Strömung, wohl aber zwei Richtungen, die im Literaturbetrieb durchaus Einfluss gewinnen. Eine relativ kurzlebige, lose Kritikergruppierung stellte hingegen die so genannte Neue Linke dar, deren Ziel es ist, die Literaturkritik abzuschaffen und sich der ge-

Das Jahr 1968 stellt nicht nur unter gesellschaftlich-kulturellem Blickwinkel einen Wendepunkt dar, sondern auch in literaturkritischer bzw. literaturtheoretischer Hinsicht, entsteht doch hier das, was auch heute noch unter dem Schlagwort der so genannten Methodenpluralität diskutiert wird. Aus reformorientierten Bestrebungen heraus entwickelt sich eine literaturkritische Bewegung, die Albrecht unter dem Begriff sozialhistorisch-ideologiekritisch fasst.[15] Kritikern dieser Strömung ist gemein, dass sie sich durch die Abkehr sowohl von neokonservativen als auch von liberalen Positionen auszeichnen und Produktions-, Distributions- und Rezeptionsprobleme bei Werkbesprechungen berücksichtigen. Großteile der bundesdeutschen Presse, darunter die *Süddeutsche Zeitung* und *Die Zeit*, öffnen sich zunehmend dieser Strömung, zu der auch Marcel Reich-Ranicki hinzuzuzählen ist. Zuwachs erhält die sozialhistorisch-ideologiekritische Bewegung ferner mit der sich in den 1970er Jahren entwickelnden feministischen Literaturkritik, welche sich allerdings auf das Besprechen von Autorinnen bzw. Werken beschränkt, die feminine Themen behandeln und dafür eigens gegründete Publikationsorgane wie *EMMA* oder *Virginia* nutzen.[16] Ihnen geht es darum herauszustellen, inwiefern sich die Lektüre und das Schreiben durch eine Frau von Texten unterscheidet, die aus der Feder eines Mannes stammen. Ähnlichen Debatten um eine spezifisch weibliche Ästhetik werden besonders in den 1970er Jahren auch durch die *Gender Studies* angeregt.[17]

In Frankreich formieren sich hingegen in den 1960er Jahren verschiedene, den literaturtheoretischen Diskurs entscheidend prägende Gruppen, die semiotisch ausgerichtete Konzepte entwickeln, deren Gemeinsamkeit im Bezug, zugleich aber in der Abgrenzung zu strukturalistischen und hermeneutischen Theorien besteht. Mit der Ent-

---

sellschaftlichen Kritik in Form von politischem Aktionismus zuzuwenden. Vgl. dazu Albrecht: *Literaturkritik*, S. 43f.

[15] Vgl. ebd., S. 44.

[16] Vgl. ebd., S. 44f. und S. 67.

[17] Vgl. Dahlke, Birgit: „Literatur und Geschlecht. Von Frauenliteratur und weiblichem Schreiben zu Kanonkorrektur und Wissenschaftskritik“, in: Becker, Ruth/Kortendiek, Beate (Hrsg.): *Handbuch Frauen- und Geschlechterforschung. Theorie, Methoden, Empirie*, 2., erweiterte und aktualisierte Auflage, VS Verlag für Sozialwissenschaften, Opladen 2008, S. 759 sowie Klawitter, Arne/Ostheimer, Michael: *Literaturtheorie. Ansätze und Anwendungen*, Vandenhoeck & Ruprecht, Göttingen 2008, S. 241.

stehung dieser vielfältigen literaturtheoretischen Ansätze kommt ebenfalls ein Anwachsen literaturkritischer Ansätze zustande, die die bis dahin bestehende Alleinherrschaft hermeneutischer Spielarten aufbricht. Diese als poststrukturalistisch bezeichneten Ideen gehen im Wesentlichen auf Jacques Derridas Dekonstruktion, auf Michel Foucaults Diskursanalyse und Julia Kristevas Intertextualitätstheorie zurück. Eine konsistente Theorie, die alle Poststrukturalisten verbindet, existiert zwar nicht, allerdings vollziehen nahezu alle Vertreter eine Abkehr von abendländischen Denkmodellen, wenden sich gegen einen rationalistischen Erkenntnisbegriff und setzen hinsichtlich der Wertung von Literatur völlig neue Maßstäbe, die selbst innerhalb der poststrukturalistischen Konzepte variieren.[18]

Foucaults Diskursanalyse wurde in Frankreich seit Ende der 1970er Jahre betrieben, in Deutschland jedoch erst in den 1980er Jahren rezipiert. Foucault kritisiert hermeneutische Grundannahmen, die die Intention eines Textes mit der Aussageabsicht des Autors verknüpfen, auf Objektivität abzielen und Kriterien wie Rationalität und Wahrheit als Basis für Methoden der Textinterpretation heranziehen. Stattdessen plädiert er für die Rekonstruktion eines Textes, legt jedoch bewusst keine systematisch entfaltete Theorie vor, die das Verfahren im Detail erläutert. Tilmann Köppe und Simone Winko weisen darauf hin, dass es sich dabei ursprünglich nicht um ein Verfahren zur Analyse einzelner Texte handelt, sondern vielmehr um Diskurse, an denen der Einzeltext partizipiert. Nichtsdestoweniger ist aber eine diskursanalytische Annäherung an Einzeltexte unter folgenden Gesichtspunkten möglich. Zum einen wird danach gefragt, welche Diskurse[19] in einem Text auf welche Art und Weise

---

[18] Vgl. Köppe/Winko: *Neuere Literaturtheorien*, S. 97f.
Die einzelnen Theorien können hier lediglich in äußerst verkürzter Form und nur insofern dargestellt werden, als sie für literaturkritische Ansätze relevant erscheinen. Vgl. daher nähere Ausführungen, begriffliche Erläuterungen etc. u. a. in Fohrmann, Jürgen/Müller, Harro (Hrsg.): *Diskurstheorien und Literaturwissenschaft*, 3. Auflage, Suhrkamp, Frankfurt a.M. 1992 sowie Klawitter/Ostheimer: *Literaturtheorie.*

[19] Foucault fasst unter dem Begriff des Diskurses im engeren, wissenssoziologischen Sinne eine Menge von Aussagen, die gleichen, historisch allerdings variablen Regeln bzw. Formationssystemen gehorchen. Dabei geht es im Zusammenhang mit Aussagen weniger um deren inhaltliche Bedeutung, als um das zu einem bestimm-

zur Sprache kommen: Ob reproduzierend, modifizierend oder unterlaufend. Darüber hinaus sucht der Diskursanalytiker nach sprachlichen Mustern, Bildern oder Themen sowie nach Texten, die ähnliche sprachliche oder thematische Bezugsrahmen aufweisen und deswegen miteinander in Beziehung gesetzt werden können.[20]

Die literaturwissenschaftliche Dekonstruktion Jacques Derridas ist ebenso wenig wie die Diskursanalyse als eine kohärente Theorie oder Methode zu verstehen. Die Ideen Derridas beruhen auf dem Verständnis sprachlicher Zeichen Ferdinand de Saussures, allerdings behauptet Derrida, dass jene keine feste Bedeutung hätten, sondern in Abhängigkeit vom Kontext Unterschiedliches bedeuten könnten. Für die dekonstruktivistische Lesart bedeutet dies, dass das Ziel einer Lektüre nicht etwa darin besteht, die Bedeutung desselben aufzuspüren, die sich aus der Textoberfläche bzw. dem Inhalt erschließen ließe, sondern herauszufinden, welche Bedeutung der Text aufgrund der Verwendung von Phonemen, Graphemen, Begriffen, sprachlichen Bildern o. ä. verbirgt: Die Sprache soll also durch die Dekonstruktion ihrer selbst Aufschluss über unterschwellige Bedeutungen geben. Dabei werden Anspielungen, Konnotationen oder intertextuelle Bezüge herausgearbeitet, die dazu dienen können, eine sich aus inhaltlichen Textelementen ergebende Interpretationshypothese zu untergraben. Dekonstruktivistische Kriterien einer Textanalyse seien mit der Frage nach der Originalität, d. h. dem Aufdecken bisher unbeachteter Aspekte, der Subversivität, also dem Entlarven traditioneller Bedeutungszuweisungen sowie der Subtilität, nämlich dem Durchschauen von Marginalisierungsstrategien eines Textes zu benennen: Eine abschließbare Interpretation sei jedoch nicht möglich.[21]

Die Intertextualitätstheorie als dritte wichtige poststrukturalistische Lesart literarischer Texte stellt, wie sich aus dem Begriff bereits erschließen lässt, Bezüge zwischen Texten her, erläutert dabei verschiedene Arten der Bezugnahme und untersucht in einem zweiten Schritt Konsequenzen derselben für literarische Grundbegriffe und Interpretationsverfahren. Das Modell der französischen Theoretikerin Julia Kristeva ist eine Spielart eines Textanalyseverfahrens, die sich noch einmal von strukturalistisch-

---

ten Zeitpunkt an einem bestimmten Ort tatsächlich Gesagte. Vgl. dazu Köppe/Winko: *Neuere Literaturtheorien*, S. 99.

[20] Vgl. Köppe/Winko: *Neuere Literaturtheorien*, S. 104f.

[21] Vgl. ebd., S. 114f., 117 und S. 120–123.

hermeneutischen Intertextualitätstheorien unterscheiden lässt. Kristeva arbeitet mit einem Zwei-Ebenen-Modell: Sie siedelt auf einer horizontalen Ebene das gesprochene oder geschriebene Wort zwischen dem Subjekt der Aussage und dessen Adressaten an und auf einer vertikalen Ebene die Beziehung zu anderen geschriebenen oder gesprochenen Worten an. Sie stellt jedoch in der Untersuchung von Texten die vertikale Ebene in den Mittelpunkt und betont, dass jeder Text die Absorption und Transformation eines anderen Textes sei, die es herauszustellen gelte, so dass die horizontale Ebene, nämlich die Aussageabsicht des Werkes, in den Hintergrund tritt. Kristevas Theorie stellt also keine Interpretationsmethode dar, sondern vielmehr ein Modell zur Konstitution von Texten.[22]

Den Gegenpol dazu bilden strukturalistisch-hermeneutische Ansätze, die Intertextualität als ein Verfahren der meist bewussten und im Text markierten Bezugnahme eines Textes auf einen anderen begreifen, den so genannten Prätext. Gérard Genettes Typologie verschiedener Intertextualitätsrelationen verwendet *Transtextualität* als Oberbegriff und unterscheidet verschiedene Arten des Textbezuges: Als Intertextualität bezeichnet er die gleichzeitige, manifeste Präsenz zweier Texte, z. B. in Form von Zitaten. Zudem macht er paratextuelle Relationen aus, die zwischen einem Text und ihm beigefügten Texten wie einem Vorwort oder einem Klappentext bestehen. Metatextuelle Bezüge finden sich meist in der (kritischen) Kommentierung wieder. Hypertextuelle Relationen liegen vor, wenn ein Text mittels Parodie oder Persiflage transformiert oder nachgeahmt wird. Als architextuelle Relationen bezeichnet Genette Verbindungen von Texten zu Gattungen oder Textsorten, denen sie angehören. Die strukturalistisch-hermeneutische Spielart kann mit verschiedenen Interpretationsmethoden kombiniert werden, die, wie beispielsweise der hermeneutische Intentionalismus, danach fragen, welche Funktion der Verweis auf einen Prätext einnimmt. Die Frage, ob intertextuelle Bezüge die Bedeutung von Texten festlegen oder sie zerstreuen, kann allerdings nicht hinreichend geklärt werden.[23]

Diese hier aufgezeigte Pluralität literaturtheoretischer Richtungen, an denen sich zeitgenössische Literaturkritiker potenziell orientieren können, lässt die Vermutung zu, dass eine Kategorisierung methodischer Vorge-

---

22 Vgl. Köppe/Winko: *Neuere Literaturtheorien*, S. 127–129.

23 Vgl. Klawitter/Ostheimer: *Literaturtheorie*, S. 105f. sowie Köppe/Winko: *Neuere Literaturtheorien*, S. 129–131.

hensweisen der Rezensenten nur schwer möglich ist. Wolfgang Albrecht bestätigt dies und bescheinigt der Literaturkritik Uneinheitlichkeit nicht nur hinsichtlich der Methoden und Verfahrensweisen, sondern ebenso in Bezug auf Urteilskriterien bzw. Wertmaßstäbe. Obwohl empirische Untersuchungen auch auf diesem Gebiet fehlen, ließe sich seiner Ansicht nach zwar eine Art Minimalkonsens ausmachen, der der heutigen Praxis literaturkritischer Arbeit zugrunde gelegt werden kann, allerdings habe der Kritiker heute mehr denn je die Möglichkeit, eine ihm gemäße Verfahrensweise auszuwählen oder aber Herkömmliches und Normatives vollkommen zu durchbrechen und individuelle, innovative Methoden anzuwenden.[24]

Mit Blick auf die Praxis der Literaturkritiker kann zusammenfassend festgehalten werden, dass poststrukturalistische Verfahren der Diskursanalyse, der Dekonstruktion und der Intertextualität um die Jahrtausendwende in Reinform keine Anwendung finden. Einzelne Teilaspekte der Verfahren, wie intertextuelle Referenzen oder die Betrachtung sprachlicher Bilder, können allerdings ergänzend zu anderen Verfahren hinzugezogen werden, so dass sich folgende Strategien klassifizieren lassen, die jedoch ebenso verknüpft und zu Mischformen transformiert werden können:

1. Werkimmanente Strategien

   - *werkimmanent-intertextuelle* Strategie: Die Untersuchung eines literarischen Textes findet anhand von künstlerisch-ästhetischen Kriterien unter Bezugnahme auf klassische Literatur statt.

   - *werkimmanent-ästhetische* Strategie: Die Untersuchung eines literarischen Textes erfolgt anhand von subjektiv-ästhetischen Kriterien, wobei der Schwerpunkt auf die Interpretation oder Stil und Form gelegt werden kann.

2. Ästhetisch-soziologische Strategien

   - *außerliterarisch-ästhetische* Strategie: Die Untersuchung eines literarischen Textes wird anhand von subjektiv-ästhetischen Krite-

[24] Vgl. Albrecht: *Literaturkritik*, S. 64–66.

rien unter starker Einbeziehung der gesellschaftlichen Bedeutung des Werkes unternommen.

- *feministisch* geprägte Strategie: Untersucht werden vor allem literarische Texte weiblicher Schriftsteller oder feminine Themen berührende Texte mit dem Ziel, Unterschiede zwischen weiblichem und männlichem Schreiben sowie Beispiele für die Benachteiligung oder Unterdrückung der Frau aufzuzeigen.

3. Poststrukturalistische Strategien

- *diskursanalytische* Strategie: Die Untersuchung eines literarischen Textes erfolgt in Hinblick auf die Verarbeitung von Diskursen sowie sprachlichen Bildern, Themen oder Mustern mit dem Ziel, Bezüge zu Texten mit ähnlichen sprachlichen Bildern oder Themen herzustellen.

- *dekonstruktivistische* Strategie: Die Untersuchung der grammatikalischen, phonetischen und semantischen Bestandteile eines Textes findet mit dem Ziel statt, offenkundige Interpretationshypothesen zu hinterfragen und verborgene Bedeutungen aufzuspüren, die sich aus der Sprache des Textes ergeben.

Kausale Zusammenhänge können darüber hinaus zwischen der Untersuchungsstrategie des Kritikers, dessen Literaturverständnis und damit der Wertung eines Werkes bestehen. Wie weiter unten in Kapitel 4.2.3 gezeigt werden wird, kann die Verwendung einer bestimmten Untersuchungsstrategie Aussagen über das Literaturverständnis des Kritikers zulassen und damit eine bestimmte Wertung nach sich ziehen, die in Abhängigkeit von subjektiven Vorlieben oder tradierten Anforderungen und Erwartungen an Literatur positiv oder negativ ausfallen kann.

4.1.2 Der Rezensionstext und sein Untersuchungsobjekt im weiteren Kontext

Bislang wurden für die Analyse einer Rezension lediglich Untersuchungsaspekte zusammengetragen, die weniger inhaltlicher als formaler Natur sind. Anz weist in Bezug auf den Informationsgehalt einer Rezension jedoch inhaltliche Merkmale aus, die nicht oder nur indirekt mit dem zu besprechenden Werk in Verbindung stehen, demzufolge ebenfalls unter der Rubrik der werkexternen Analysekriterien gefasst werden müssen. Mit dem Hinweis darauf, dass die Textgattung der Rezension in Hinblick auf die inhaltliche Ausgestaltung vielfältige Möglichkeiten offen lässt, führt er die folgenden Aspekte an, die er für den Leser der Rezension als zum Verständnis des Werkes relevant erachtet. Er bezieht sich dabei vor allem auf den klassischen Typus der Rezension, in der es dem Kritiker also nicht darum geht, einen Roman lediglich als Ausgangspunkt für die Erörterung eines gesellschaftlichen Problems zu nutzen, sondern in der tatsächlich die Besprechung des Werkes im Vordergrund steht.[25] Bei der Aufführung der verschiedenen Aspekte wird sowohl auf die konkrete Situation der Kritiker rekurriert als auch der Versuch angestellt, Kriterien für eine ideale, d. h. nicht ideologischen oder merkantilen Beweggründen gehorchende Kritik zusammenzutragen.

An erster Stelle nennt Anz den Autor des Werkes. Biografische Informationen sollten vor allem dann in einer Rezension auftauchen, wenn der Verfasser seinem Publikum noch relativ unbekannt ist oder „wenn sie dazu beitragen, bestimmte Aspekte des rezensierten Werkes zu erhellen".[26] Einen dominanten Stellenwert kann die Biografie eines Autors dann einnehmen, wenn beispielsweise aus Anlass eines Jubiläums, eines runden Geburtstages o. ä. ein Autorenportrait der eigentliche Beweggrund für die Besprechung eines Werkes ist. Überflüssig erscheinen detaillierte biografische Angaben jedoch bei Schriftstellern, die der kulturinteressierten Öffentlichkeit bereits durch zahlreiche Werke oder ihre öffentliche Präsenz bekannt sind, wie im Falle von Günter Grass.[27]

Informationen zum Verfasser des Werkes können jedoch über biografische Aspekte hinaus ebenso in einem intertextuellen Referenzrahmen eine Rolle spielen, dies wiederum auch in Abhängigkeit vom Bekanntheitsgrad des Schriftstellers. In der praktischen Arbeit der Rezensenten tauchen, was zweifelsohne sinnvoll erscheint, häufig Bezüge zu bereits erschienenen Werken des Autors auf, wenn es darum geht, auf Kontinuitäten, Brüche oder Qualitätsschwankungen aufmerksam zu machen, die nicht nur zum Verständnis des besprochenen Werkes beitragen, sondern dem Leser ebenso erlauben, sich einen Gesamteindruck von der Arbeit des Schriftstellers zu verschaffen. Ferner liegt der Vergleich mit den

---

[25] Vgl. Anz: „Literaturkritik", S. 62.

[26] Ebd., S. 63.

[27] Vgl. ebd., S. 61–63.

Werken anderer Autoren nahe, da dem Leser auf diesem Wege ermöglicht wird, einerseits literarische Vorbilder oder Gegner des Schriftstellers kennen zu lernen, andererseits aber auch inhaltliche Anspielungen auf andere Werke in Beziehung setzen zu können oder die Anknüpfung an bzw. das Abweichen von literarischen Traditionen zu erkennen.[28]

Damit im Zusammenhang steht die Einordnung des Werkes in einen historischen, politischen, soziologischen oder kulturellen Kontext und unter Umständen auch das Herstellen oder Aufzeigen interkultureller Verbindungslinien zwischen der Literatur des eigenen Landes und der anderer Länder. Dabei gilt es zu berücksichtigen, dass der Kritiker, bespricht er keine landeseigenen Werke, den historischen oder kulturell-gesellschaftlichen (Entstehungs-)Kontext des Werkes im Ursprungsland in den meisten Fällen genauer erläutert als beim Rezensieren muttersprachlicher Werke. Zudem kann die Einordnung in einen gesellschaftlichen oder kulturellen Kontext auch bedeuten, Kontroversen und Debatten vorzustellen, die bereits im Zusammenhang mit dem zu besprechenden oder vorangegangenen Werken des Schriftstellers im eigenen Land und in anderen Ländern geführt wurden.[29] Der Kritiker kann darauf antworten, sie durch neue Ideen und Ausführungen voranbringen oder sich davon distanzieren: Dem Leser dient das Herstellen solcher Relationen dazu, sich auf interpretatorischem Wege ein umfassenderes Bild vom Autor bzw. von der Wahrnehmung desselben machen zu können, welches über die Meinung des Kritikers hinausgeht.

Getschmann will zudem die gesellschaftliche Bedeutung als Untersuchungskriterium eines Werkes noch in anderer Hinsicht in einer Rezension berücksichtigt wissen. Davon ausgehend, dass jedes Buch in einem Funktionszusammenhang zwischen Autor, Verlag und Buchhandel steht, scheint es ihm unerlässlich, dass der Literaturkritiker das Werk aus seiner rein geistigen Existenz herauslöst und es auch unter ökonomischen Aspekten betrachtet. Praktisch könnte dies bedeuten, beispielsweise Auflagenhöhen, Verkaufszahlen oder aber den Preis des Werkes im Buchhandel anzugeben, was dem Leser gestattet, das dem Werk zuerkannte Potenzial hinsichtlich der möglichen gesellschaftlichen bzw. der Bedeu-

---

[28] Vgl. Anz: „Literaturkritik“, S. 63f.

[29] Vgl. ebd., S. 63 sowie Schnyder, Peter: „Wertevermittlung über (Sprach-)grenzen hinaus. Plädoyer für Rezensionen zu noch nicht übersetzten Büchern in Tageszeitungen“, in: Nies (Hrsg.): *Literaturimport und Literaturkritik*, S. 32–34.

tung für das Lesepublikum zu erfassen, da beispielsweise hohe Auflagenzahlen auf eine potenzielle quantitative Breite der Adressaten eines literarischen Werkes und damit auf den Grad der möglichen Relevanz desselben für andere sowie eigene Lektürepräferenzen rückschließen lassen und somit zum Kauf bewegen können. Damit trägt die Literaturkritik u. U. selbst zur Erfüllung ihrer Prophezeiung bei, indem sie z. B. durch die explizite Nennung hoher Auflagenzahlen implizit den Erfolg des Werkes ankündigt, der womöglich zum Kauf anregt, so dass die Voraussage desselben infolgedessen tatsächlich stattfinden kann.[30]

4.2 Werkinterne Kriterien

Die im vorangegangenen Kapitel erarbeiteten Kriterien, denen bei der Analyse und Interpretation von Rezensionen nachgegangen werden kann, stehen nur in indirektem Zusammenhang mit dem in einer Kritik tatsächlich besprochenen Werk. Die folgenden Abschnitte setzen sich zum Ziel, diese werkexternen Kriterien durch werkinterne Aspekte sowohl auf formaler und sprachlicher als auch auf inhaltlicher Ebene zu ergänzen.[31] An dieser Stelle soll noch einmal herausgestellt werden, dass

---

[30] Vgl. Getschmann: *Zwischen Mauerbau und Wiedervereinigung*, S. 64f.

[31] Dabei soll jedoch davon abgesehen werden, erzähltheoretische Ansätze von Formalismus und Pragmatismus über strukturalistische und narratologische Ideen bis hin zu phänomenologischen und semiologischen Überlegungen en détail darzustellen, da diese historisch-deskriptive Herangehensweise an die Problematik dem Zweck des Kapitels, Aspekte zu benennen, die ein Literaturkritiker um die Jahrtausendwende anführt, um ein literarisches Werk inhaltlich vorzustellen, wenig förderlich erscheint. Diese Methode würde erneut voraussetzen, dass die Zugehörigkeit eines zeitgenössischen Kritikers zu einer bestimmten literaturtheoretischen Strömung oder literaturkritischen Richtung eindeutig auszumachen wäre, was jedoch, wie oben bereits dargelegt, nicht möglich ist, da die erwähnten Ansätze und Ideen heutzutage nicht mehr in dieser Form fortbestehen und darüber hinaus die Grenzen zwischen noch existierenden Richtungen fließend sind. Zudem darf in diesem Zusammenhang nicht vergessen werden, dass die Arbeit eines Kritikers nicht die eines Literaturwissenschaftlers ist: dies würde der grundlegenden Ausrichtung feuilletonistischer Tageskritik entgegen stehen. Aus diesem Grund erscheint es vielmehr sinnvoll, sich auf eine Art richtungsübergreifenden Konsens inhaltlicher Wiedergabeaspekte zu beschränken, die im Allgemeinen bei einer Romananalyse und -interpretation Anwendung finden und für den Untersuchungszeitraum der Rezensionen Bedeutung erlangen. Vgl. zur Thematik der Er-

der Begriff inhaltlich eine doppelte Verwendung erfährt, die es zu trennen gilt, um ungewollte Begriffskorrelationen zu vermeiden: Einerseits wird er an dieser Stelle in einem weiteren Sinne verwendet, um die inhaltliche Ebene der Rezension zu benennen, die all jene Aspekte einschließt, welche nicht unter der Überschrift *Formale Aspekte*, *Der Autor der Rezension* und *Die Rezension im weiteren Kontext* zu fassen sind. Zum anderen bezieht sich der Begriff in einem engeren Sinne auf den Inhalt des besprochenen Werkes, den der Kritiker offen legt: Wenn im Folgenden also von inhaltlichen, werkinternen Kriterien die Rede ist, bezieht sich dies primär auf den Inhalt des literarischen Werkes, der, sobald er in die Kritik aufgenommen wird, natürlich auch Teil des Inhaltes der Rezension ist. Allerdings muss stets im Hinterkopf behalten werden, dass nicht jeder Kritiker ein literarisches Werk nach inhaltlichen Gesichtspunkten untersucht, wie in Kapitel 4.1.1.2 herausgearbeitet wurde.

4.2.1 Der Rezensionstext als Textbeschreibung

Die Analyse von Romanen bzw. Literatur im Allgemeinen verlangt von einem Literaturkritiker vielschichtige Betrachtungsweisen und interdisziplinäres Herangehen, das weder allein aus literaturtheoretischer noch ausschließlich aus literaturhistorischer Sicht stattfinden kann. Zum einen sollte die formale Ebene, also der Aufbau des Werkes, Berücksichtigung finden, bei dem es im Falle von Romanen um den Verweis auf die Untergliederung von inhaltlich zusammengehörenden Sinneinheiten in Kapitel oder über den Kapiteln stehende, oftmals als *Buch* bezeichnete, größere Einheiten geht.

Die sprachliche Ebene eines Werkes wird bei der Analyse desselben jedoch ebenso eingeschlossen wie die inhaltliche.[32] Die Inhaltsanalyse eines Textes

> dient der Verständigung über Lese-Erfahrungen, entwickelt sich aus einer genauen Lektüre und ist eine ausgearbeitete Äußerung über den Mitteilungsgehalt eines Textes. Inhaltswiedergaben literarischer Texte haben [...] zwei verschiedene Funktionen: Sie machen einerseits den Charakter verschiedener

---

zähltheorien die überblicksartige Darstellung von Bauer, Matthias: *Romantheorie und Erzählforschung. Eine Einführung*, 2., aktualisierte und erweiterte Auflage, J. B. Metzler, Stuttgart/Weimar 2005.

32 Vgl. Schneider, Jost: *Einführung in die Romananalyse* (= Einführungen Germanistik, ohne Angabe des Bandes), Wissenschaftliche Buchgesellschaft, Darmstadt 2003, S. 7.

> Lesarten und ihrer Abweichungen voneinander sichtbar; und sie lenken andererseits die Aufmerksamkeit auf diejenigen Eigenschaften des Textes, von denen seine aktuelle Wirkung bestimmt ist.[33]

Aus dieser Aussage Jürgen Schuttes geht hervor, dass bereits im Stadium der Inhaltsanalyse eines Werkes das Problem der Subjektivität des Rezensenten erneut hineinspielt: Die Auswahl der inhaltsbezogenen Fakten, die dieser dem Leser seiner Kritik präsentiert, erschließen sich ihm aus der Wirkung, die das Werk durch bestimmte Figuren, Handlungsstränge, Ereignisse, Schilderungen, Beschreibungen usw. entfaltet, welche jedoch in jedem Fall eine rein subjektive sein kann. Aussagen über Textinhalte verbinden demnach individuelle Leseerfahrungen mit einer mehr oder weniger expliziten Hypothesenbildung für die Analyse eines Romans.[34] Das Faktengerüst, anhand dessen ein Rezensent den Inhalt erzählender Prosa prüfen kann, lässt sich aber durchaus konkret und intersubjektiv benennen: Schutte führt hierfür die Kategorien Handlung, Figur und Raum als wichtigste Erschließungsmomente eines literarischen Werkes an.[35] Auch bei Schneider, Fludernik und Wenzel tauchen diese auf, werden allerdings ergänzt durch die Aspekte der Fokalisierung und der Zeit(-konzeption) eines Werkes. Schneider will darüber hinaus zuvorderst Stoff und Thema eines Werkes und schließlich literarische Motive berücksichtigt wissen, während Wenzel Wert auf die Erschließung von Spannungsbögen legt.[36] Zunächst sollen hier jedoch die bei allen benannten Autoren unabhängig voneinander auftretenden inhaltlichen Analysekategorien näher beleuchtet werden, um anschließend Kriterien

---

[33] Schutte, Jürgen: *Einführung in die Literaturinterpretation* (= Sammlung Metzler, Bd. 217), 5., aktualisierte und erweiterte Auflage, J. B. Metzler, Stuttgart/Weimar 2005, S. 126.

[34] Vgl. ebd., S. 126.

[35] Vgl. ebd., S. 127.

[36] Vgl. Fludernik, Monika: *Einführung in die Erzähltheorie* (= Einführungen Literaturwissenschaft, ohne Angabe des Bandes), Wissenschaftliche Buchgesellschaft, Darmstadt 2006, S. 44, 47, 52f., 55 und S. 57; Schneider: *Einführung in die Romananalyse*, S. 17, 30, 34f., 36f. und S. 54 sowie Wenzel, Peter (Hrsg.): *Einführung in die Erzähltextanalyse. Kategorien, Modelle, Probleme* (= WVT-Handbücher zum literaturwissenschaftlichen Studium, Bd. 6), Wissenschaftlicher Verlag, Trier 2004, S. 23, 51, 69, 90, 111 und S. 141.

sprachlicher und stilistischer Natur zu erarbeiten, nach denen ein literarisches Werk untersucht werden kann.

4.2.1.1 Die Analyse der Handlung

Die Ebene der Handlung erscheint Schutte als die wohl bedeutendste, da sich mit der Erschließung der Handlung zugleich der Konflikt einer Geschichte erkennen lässt. Dieser besteht in der Regel „in der Darstellung, Entwicklung und Lösung von individuell oder gesellschaftlich begründeten Gegensätzen und Widersprüchen zwischen den Figuren bzw. zwischen deren Subjektivität und der objektiven Wirklichkeit".[37] Dabei verläuft der Konflikt in den meisten Fällen nicht einheitlich: Von Nebenhandlungen unterbrochen, kann der Leser zumeist mehrere simultan ablaufende Geschehnisse oder unterschiedliche, zeitgleich stattfindende Konfliktkonstellationen verfolgen, die von Schneider als die Kompositionsstruktur eines Werkes bezeichnet werden. Nebenhandlungen können dabei als Spiegelbild der Haupthandlung auftreten oder diese kontrapunktisch ergänzen und dabei eigene thematische Schwerpunkte aufweisen. Ein Verlagerung des Fokus von der Haupt- auf die Nebenhandlung dient häufig der Aufrechterhaltung, Prolongierung oder Intensivierung von Erwartungshaltungen des Lesers und damit letztlich der Erzeugung oder der Wahrung der Spannung bzw. der Auflockerung und Entspannung konfliktreicher Situationen. Verschiedene Handlungsstränge können sich dabei durch unterschiedliche Figurenkonstellationen auszeichnen, örtlich voneinander getrennt verlaufen und mitunter eigene Erzählcharakteristika erkennen lassen. Die Lösung eines Konfliktes, so Schutte, gebe jedoch nur bedingt Aufschluss über die Aussageabsicht eines Schriftstellers, da sie zwar durch den Handlungsverlauf angestoßen, jedoch lediglich Vorschlag, utopische Antizipation, ironische Verkehrung o. ä. sein kann.[38]

In Anlehnung an Martinez und Scheffel und damit an Genette führt Jan-Philipp Busse die Begrifflichkeiten des *Ereignisses*, des *Geschehens*, der *Geschichte* und des *Plots* zur Beschreibung der Handlung eines literarischen Werkes ein, wobei er darauf hinweist, dass diese Termini unter Narratolo-

---

[37] Schutte: *Einführung in die Literaturinterpretation*, S. 128.

[38] Vgl. Busse, Jan-Philipp: „Analyse der Handlung", in: Wenzel (Hrsg.), *Einführung in die Erzähltextanalyse*, S. 43; Schneider: *Einführung in die Romananalyse*, S. 36f. sowie Schutte: *Einführung in die Literaturinterpretation*, S. 127f.

gen durchaus umstritten sind und sich z. T. gar in ihrer Definition widersprechen. Unter einem *Ereignis* versteht er die „elementare Einheit eines narrativen Textes im Bereich der Handlung“',[39] die auch als Motiv bezeichnet wird. Das *Geschehen* reiht diese Ereignisse oder Motive in einer chronologischen Abfolge aneinander, welche sich schließlich in eine *Geschichte* integrieren, wenn diese Chronologie zusätzlich kausale Zusammenhänge aufweist. Der *Plot* stellt schlussendlich ein daraus abstrahierbares, transtextuell gültiges Handlungsschema dar, das in ähnlichen Textgattungen häufig wiederkehrt und als die Struktur eines Textes begriffen werden kann.[40]

4.2.1.2 Die Analyse der Figuren

Die Handlung eines Werkes kann ohne die Figuren, die sie tragen, nicht durchdrungen werden: Figuren und Handlung stehen in interdependenter Verbindung zueinander. Für das Erschließen der Figuren eines Werkes stehen sich zwei unterschiedliche Ansätze gegenüber: Das mimetische Figurenverständnis versteht einen Text als Nachahmung – Mimesis – der Realität, so dass in diesem Fall von *Charakteren* gesprochen wird, die nach den Regeln der realen Welt als individuelle Personen begriffen werden. Strukturalistische und semiotische Ideen verwahren sich dem jedoch und legen besonderen Wert auf die Trennung von fiktiven *Figuren* und realen *Personen*.[41] Problematisch ist diese Trennung freilich insofern, als zwischen *Figuren* und *Personen* ein Wechselverhältnis besteht: Das Personenhafte einer Figur erschließt sich nur durch Charakterisierungsmittel im Text.[42]

Das am weitesten verbreitete Modell der Figurenanalyse geht auf Algirdas J. Greimas zurück. Greimas unterscheidet sechs Typen von Figuren, die in einer Geschichte auftreten können: Das *Subjekt* nimmt meist

---

[39] Martinez, Matias/Scheffel, Michael: *Einführung in die Erzähltheorie*, C. H. Beck, München 1999, S. 25.

[40] Vgl. Busse: „Analyse der Handlung“, S. 24 sowie Genette, Gérard: *Die Erzählung*, 2. Auflage, Wilhelm Fink, München 1998, S. 81f.

[41] Im weiteren Verlauf der Arbeit, besonders im zweiten, analytischen Teil, wird nicht die Bezeichnung *Charakter*, sondern *Figur* für die Protagonisten angewendet, da nicht in jedem Fall davon ausgegangen werden kann, dass es sich dabei um Nachahmungen der Realität handelt, so dass der Terminus *Figur* letztlich als der neutralere, weniger konnotierte Begriff erscheint.

[42] Vgl. Bachorz, Stephanie: „Analyse der Figuren“, in: Wenzel (Hrsg.): *Einführung in die Erzähltextanalyse*, S. 51–53.

die Rolle des Helden ein, welches ein *Objekt* begehrt, das in Form einer anderen Figur in Erscheinung treten kann oder aber stellvertretend abstrakte Güter – Objekte – wie Ruhm, Freiheit o. ä. verkörpert. Hinzu tritt der Adressat des Objektes, also jene Figur, für die das Objekt bestimmt ist, häufig in Personalunion mit dem Subjekt. Zwischen Subjekt und Objekt stellt sich der Opponent oder Gegenspieler, der verhindert, dass das Objekt seinen Adressaten erreicht. Opponenten können jedoch auch abstrakte Verlangen des Subjektes sein, die mit dem Objekt in Widerspruch stehen. Um den Konflikt, der somit entsteht, zu lösen, spielt zumeist eine Figur eine Rolle, die Stephanie Bachorz als Schiedsrichter bezeichnet, wobei dieser ebenfalls abstrakte Formen wie Macht, unverhofften Reichtum, aber auch gesellschaftliche Konventionen u. a. annehmen kann. Nicht zuletzt kann aber auch der so genannte Helfer eingreifen, um den Konflikt willentlich oder unwillentlich einer Lösung entgegen zu bringen.[43]

Sind diese Figuren identifiziert, werden sie zumeist von dem Literaturkritiker charakterisiert und zueinander in eine soziale und räumliche Verbindung gesetzt: Demzufolge wird die Figurenkonstellation sichtbar gemacht und eventuell Haupt- und Nebenfiguren unterschieden, wobei letztgenannte für den Leser einer Rezension meist wenig relevant erscheinen mögen. Die Charakterisierung einer Figur kann dabei bereits innerhalb des Werkes auf direkte Weise durch den Erzähler oder die direkte Rede einer anderen Figur erfolgen, allerdings darf nicht vergessen werden, dass jede „explizite Fremdcharakterisierung […] auch eine implizite Selbstcharakterisierung [ist], denn […] auch für literarische Figuren gilt, dass wenig so charakteristisch ist, wie ihre Haltung zu den Menschen ihrer Umgebung“.[44] Indirekte Charakterisierungen können auf vielseitige Weise erfolgen: Häufig werden Eigenschaften erschlossen durch beiläufig eingestreute Hinweise, durch vollführte, in Betracht gezogene und unterlassene Handlungen, durch das äußere Erscheinungsbild oder auch die Umwelt einer Figur.[45]

Die Analyse der Konzeption einer Figur zielt darauf ab herauszustellen, ob es sich, nach einer Unterscheidung von E. M. Forster, um *flat* oder *round characters* handelt. Bei so genannten flachen Charakteren sei in der Regel die

[43] Vgl. Bachorz, Stephanie: „Analyse der Figuren“, in: Wenzel (Hrsg.): *Einführung in die Erzähltextanalys*, S. 54f.

[44] Ebd., S. 60.

[45] Vgl. ebd., S. 60f. sowie Schneider: *Einführung in die Romananalyse*, S. 17 und S. 19.

Idee, auf deren Grundlage sie konzipiert sind, für den Leser sofort zu identifizieren, während runde Charaktere sich durch Vielseitigkeit und eine Weiterentwicklung innerhalb einer Geschichte auszeichnen. Diese Unterscheidung muss jedoch weiter differenziert werden, da beispielsweise Figuren auftreten können, die sich durch mehrere Eigenschaften charakterisieren, dennoch aber keine Veränderung durchleben. So können die Bezeichnungen *eindimensional* für Figuren mit nur einer tragenden Eigenschaft und *mehrdimensional* für Figuren, die sich durch multiple Charakterzüge beschreiben lassen, in Verbindung mit dem Begriffspaar flach-rund helfen, die Konzeption einer Figur umfassend zu benennen.[46]

4.2.1.3 Die Analyse des Raumes

Ob Subjekt oder Objekt, ob flacher oder runder Charakter, alle Figuren befinden sich innerhalb einer Geschichte in bestimmten Raum- und Zeitkonstellationen. Die Bezeichnung *Raum* meint dabei jedoch nicht primär die physikalisch-technisch messbare Größe, sondern als literarisches Thema vielmehr den erlebten Raum im Sinne von erlebtem Bedeutungszusammenhang. Martin Heidegger formuliert den Unterschied zwischen erlebtem und messbarem Raum wie folgt: „Ein ‚objektiv‘ langer Weg kann kürzer sein als ein ‚objektiv‘ sehr kurzer, der vielleicht ein ‚schwerer Gang‘ ist und einem unendlich lang vorkommt".[47] Dennoch kann es zu einer Verschmelzung beider Raumebenen kommen, wenn beispielsweise mit Hilfe einer Landkarte eine Orientierung im erlebten Raum gesucht wird.[48] Bei der Darstellung der Raumkonzeption eines Textes geht es nicht nur um die Wiedergabe eines Schauplatzes, sondern darüber hinaus um die Struktur und Präsentation von Landschaften, Naturerscheinungen und Gegenständen.[49]

Schauplätze können entweder realistische oder fantastische Züge annehmen, wobei die Unterscheidung nicht mit den Begriffen fiktiv und real verwechselt werden darf, da sowohl realistische als auch fantastische

---

[46] Vgl. Bachorz: „Analyse der Figuren", S. 57f. sowie Schneider: *Einführung in die Romananalyse*, S. 20.

[47] Heidegger, Martin: *Sein und Zeit*, 18. Ausgabe, Max Niemeyer, Tübingen 2001, S. 106.

[48] Vgl. Gerigk: *Lesen und Interpretieren*, S. 91f.

[49] Vgl. Haupt, Birgit: „Analyse des Raums", in: Wenzel (Hrsg.): *Einführung in die Erzähltextanalyse*, S. 69.

Schauplätze aus philologischer Sicht fiktiv sind. Auch das Oppositionspaar *konkret-abstrakt* kann bei der Analyse des Raums dienlich sein. Unter der Annahme, dass der Raum einer Geschichte in den meisten Fällen Widerspiegelung der Wesenszüge seiner in ihm agierenden Figuren ist, lassen nicht nur konkret und in aller Ausführlichkeit beschriebene Schauplätze in der Manier Balzacs Rückschlüsse auf Eigenschaften oder Lebenswelten, Milieuzugehörigkeiten und Bildungsstandards der Figuren zu, sondern gleichwohl können entkonkretisierte, auf den ersten Blick defizitär beschriebene Schauplätze Aussagen über eine Figur treffen und z. B. Geworfenheit oder Heimatlosigkeit derselben veranschaulichen. Zudem sollte die Frequenz von Schauplatzwechseln nicht unberücksichtigt bleiben, da auch diese Aufschluss über die Figuren geben: Häufige Wechsel können Zerrissenheit ausdrücken, während die Beibehaltung eines Schauplatzes die Isolation einer Figur anzeigen kann. Als sympathetischer Hintergrund wird ein Schauplatz dann bezeichnet, wenn er nicht nur Eigenschaften versinnbildlicht, sondern darüber hinaus Stimmungen der Figuren symbolisiert: Dies geschieht in der Regel durch besonders freundliche oder bedrohliche Beschreibungen derselben.[50]

Neben *Beschreibungen* sind es Deiktika und räumliche Präpositionalphrasen, die der *Charakterisierung* eines Raumes dienen. Diese können den fiktionalen Raum in der Sprache des Erzählers oder auch im Dialog der Figuren anhand von Phrasen wie „hier in Lübeck“ oder „am anderen Ende der Welt“ evozieren, wobei *hier* bereits den Sprecherstandort Lübeck signalisiert, während im zweiten Fall ohne den Kontext des Werkes keine eindeutige Aussage darüber getroffen werden kann, da der örtliche Referenzrahmen des Lesers, des Autors oder mögliche konkretere Aussagen über die Bestimmung des Schauplatzes für die Beurteilung dessen Ausschlag gebend sind.[51] Birgit Haupt weist in Anlehnung an phänomenologische Studien Elisabeth Strökers darauf hin, dass drei Bewusstseinsebenen die Darstellung eines Raumes durch eine Figur beeinflussen können: Neben dem tatsächlich Sichtbaren spielt die Wahrnehmung der Stimmung des Raumes, die durch das Sichtbare, aber auch durch Erinnerungen oder Assoziationen getragen wird, sowie die Handlung in einem

[50] Vgl. Schneider: *Einführung in die Romananalyse*, S. 33f.

[51] Vgl. Fludernik: *Einführung in die Erzähltheorie*, S. 52f.

Raum in die Beschreibung desselben hinein. Haupt spricht dabei von einem Anschauungs-, einem gestimmten und einem Aktionsraum.[52]

4.2.1.4 Die Analyse der Zeit

Auch die Untersuchung des Zeitgerüsts eines Textes umfasst mehrere Ebenen mit jeweils vollkommen unterschiedlichen Aspekten. Im Sinne einer rein informierenden Inhaltsanalyse kann ein Literaturkritiker dem Leser seiner Kritik insofern eine zeitliche Orientierung ermöglichen, als er zunächst die Epoche benennt, in der sich das Geschehen des Werkes ansiedelt. Handelt es sich dabei um Perioden, die im Zusammenhang mit dem Schauplatz dem Lesepublikum u. U. nur wenig bekannt sind, ist es dem Verständnis der Geschichte förderlich, diese über die bloße Nennung hinaus näher zu erläutern.[53]

Fernerhin berührt der Aspekt der Zeit die Zeitkonzeption eines Textes, die sowohl die Zeitstrukturanalyse als auch die Untersuchung des von Jürgen Schutte als Erzähltempo bezeichneten Betrachtungsgegenstandes umfasst.[54] Die Zeitstruktur oder -ordnung eines Werkes kann in drei unterschiedlichen Formen verarbeitet sein: Neben einer chronologischen Aneinanderreihung von Ereignissen besteht ebenso die Möglichkeit, sie anachronisch oder achronisch in die Geschichte einzuweben. Die chronologische Darstellungsweise beschränkt sich darauf, eine Ereigniskette in ihrer natürlichen Abfolge wiederzugeben, wobei Zeitangaben explizit benannt oder nur implizit erschlossen werden können, z. B. durch wechselnde Jahreszeiten. Ein anachronisch angelegtes Werk präsentiert die Ereignisse hingegen in chronologisch vertauschter Reihenfolge, arbeitet mit punktuellen Vorausdeutungen, Vorwegnahmen – so genannten Prolepsen – oder Rückwendungen – auch als Analepsen bezeichnet – um Spannung zu erzeugen und Leseerwartungen zu stimulieren. Die achronische Darstellungsmethode macht indes eine Rekonstruktion der pseudo-natürlichen zeitlichen Abfolge von Ereignissen nahezu unmöglich und löst Zeitstrukturen mitunter radikal auf. Diese häufig in Montageromanen vorkommende Variante findet erst im 20. Jahrhundert

---

52 Vgl. Haupt: „Analyse des Raums", S. 70f.

53 Vgl. Schutte: *Einführung in die Literaturinterpretation*, S. 147.

54 Vgl. Schneider: *Einführung in die Romananalyse*, S. 34 sowie Schutte: *Einführung in die Literaturinterpretation*, S. 141.

größere Verbreitung und geht auf philosophische und psychologische Einsichten in die Relativität der Zeit zurück.[55]

Unter den Aspekt des Erzähltempos oder, in der Terminologie Genettes, der Erzähldauer, fällt die Untersuchung des Verhältnisses von Erzählzeit und erzählter Zeit sowie mögliches Wechseln im Erzähltempo. Der Erzählrhythmus „bestimmt in hohem Maße die Kontur des Gesamtvorgangs im erzählenden Text. […] sein Darbietungstempo lässt sich jedoch analog als das Verhältnis von Handlungsfortschritt und Rede-Dauer (Textlänge) analysieren".[56] Auf diesen Zusammenhang der Zeitausdehnung zwischen Geschichte und narrativem Diskurs macht erstmals Günther Müller in den 1940er Jahren aufmerksam: Sein Konzept ist bis heute unumstritten und wurde von Erzähltheoretikern wie oder Chatman aufgegriffen. Unter der erzählten Zeit wird dabei die Dauer der in einer Geschichte geschilderten Ereignisse verstanden, während die Erzählzeit jene Zeitspanne umfasst, die der Leser für die Lektüre des Werkes oder, im Falle eines Dramas, für die Dauer der Aufführung, benötigt.[57] Beide können auf fünf verschiedene Weisen miteinander verknüpft sein: Eine Zeitraffung liegt vor, wenn die erzählte Zeit länger ist als die Erzählzeit, von zeitdehnendem Erzählen spricht man im umgekehrten Fall, beim zeitdeckenden Erzählen entspricht die erzählte Zeit der Erzählzeit. Zudem treten zwei Sonderfälle hinzu: die Pause und die Ellipse. Erstgenannte ist auszumachen, wenn das Geschehen einer Geschichte stagniert, z. B. durch Landschaftsbeschreibungen, die Erläuterung soziohistorischer Hintergründe etc., so dass das Verhältnis beider Zeitebenen in der Formel erzählte Zeit = 0 – Erzählzeit = n gebracht werden kann. Im Fall der Ellipse verhalten sich beide zueinander umgedreht: Die Formel erzählte Zeit = n – Erzählzeit = 0 gibt darüber Aufschluss, dass ein Ereignis innerhalb der Geschichte auf der narrativen Ebene nicht dargestellt wird. Diese Zeitsprünge oder Aussparungen dienen meist der Steigerung der Spannung.[58]

---

[55] Vgl. Martinez/Scheffel: *Einführung in die Erzähltheorie*, S. 32f. sowie Schneider: *Einführung in die Romananalyse*, S. 34f.

[56] Schutte: *Einführung in die Literaturinterpretation*, S. 141.

[57] Vgl. Gerigk: *Lesen und Interpretieren*, S. 76.

[58] Vgl. Fludernik: *Einführung in die Erzähltheorie*, S. 44f.; Marsden, Peter H.: „Analyse der Zeit", in: Wenzel (Hrsg.), *Einführung in die Erzähltextanalyse*, S. 92f. und S. 97 sowie Schutte: *Einführung in die Literaturinterpretation*, S. 148.

4.2.1.5 Die Analyse von Stoff, Thema und Motiv

Neben der zeit- und raumkonzeptionellen sowie der figuren- und handlungsfokussierten Untersuchung literarischer Texte lässt sich ein Roman zudem unter stoff- und motivgeschichtlichen sowie thematologischen Gesichtspunkten betrachten. Das Thema eines Werkes bildet dessen gedankliche Grundlage, ist meist problembezogen und aktuell. Während der Stoff eines Werkes durchaus historisch sein kann, sich in Form von Überlieferungen oder Geschichten erhalten hat, wie der Faust- oder der Medea-Stoff, und unabhängig von seiner literarischen Verarbeitung existiert, lässt sich das Thema eines Werkes erst mit Blick auf die Stoffwahl, dessen Bearbeitung und die Akzentuierung spezifischer Motive erkennen.[59] Das Thema ist somit Verbindungsglied zwischen einem Text und der historischen Situation und kann auf zwei Abstraktionsstufen erschlossen werden. Die konkrete Benennung von Ort, Zeit und Hauptfiguren kann ein Thema ebenso treffend beschreiben wie die Erfassung desselben auf einer abstrakteren Ebene:[60] So kann beispielsweise das Thema von Houellebecqs *Extension du domaine de la lutte* konkret in die Worte *Das Leben eines mittelständischen Angestellten im Paris vor der Jahrtausendwende* gekleidet oder abstrakt mit der *Vereinsamung des Menschen in den Verhältnissen von wirtschaftlichem und sexuellem Liberalismus* benannt werden. Der Stoff hingegen

> ist ein in der Geschichte oder der Überlieferung vorhandener, sprachlich gefasster Lebenszusammenhang, den der Autor aufgreift, um ihn von seinem Standpunkt aus im Sinne seiner Wirkungsabsicht mittels spezifischer Kunstmittel zu gestalten. Der Stoff ist im Unterschied zu Motiven an bestimmte Figuren gebunden und vorgangsmäßig, zeitlich und räumlich mehr oder weniger fixiert.[61]

Motive und Stoffe stehen, wie die Verbindung der beiden Begrifflichkeiten in der hier zitierten Erklärung Schuttes bereits andeutet, in enger Verwandtschaftsbeziehung zueinander. Auch Motive müssen als komplexe Handlungsgefüge begriffen werden, die meist eine lange Tradition aufweisen, allerdings selten an konkrete Namen oder historische Personen gebunden sind. So ist im 19. Jahrhundert die unstandesgemäße Ehe oder der Ehebetrug ein häufig wiederkehrendes Motiv literarischen

---

[59] Vgl. Schutte: *Einführung in die Literaturinterpretation*, S. 134.

[60] Vgl. Schneider: *Einführung in die Romananalyse*, S. 26f.

[61] Schutte: *Einführung in die Literaturinterpretation*, S. 133.

Schreibens, z. B. bei Flaubert oder Fontane. Während das Verknüpfen mehrerer Motive in einer Geschichte durchaus die Regel ist, werden nur in seltensten Fällen mehrere Stoffe in einem Werk vorkommen. Die Motive eines Werkes geben zudem Aufschluss über die gesellschaftliche Verfasstheit einer Epoche bzw. die mentalitätsgeschichtlichen Entwicklungen ihrer Zeitgenossen. In diesem Zusammenhang muss deutlich gemacht werden, dass der Begriff des Leitmotivs mit den hier erläuterten intertextuellen Motiven in keinem Zusammenhang steht. Ursprünglich aus der Musikwissenschaft stammend, wird der Terminus in der Literaturwissenschaft für intratextuelle Wiederholungen von Aussagen, Sachverhalten oder wiederauftauchenden Gegenständen verwendet. Ein Leitmotiv fungiert demzufolge als ein Erkennungszeichen, das eine textgliedernde Funktion annehmen kann.[62]

4.2.1.6 Die Analyse von Fokalisierung und Erzählsituation

Für die Erzählung eines Geschehens in fiktionalen Texten kann der Autor unterschiedliche Darbietungsformen und Perspektiven wählen. Ihm sind dabei grundsätzlich keine natürlichen Grenzen gesetzt, so dass die Analyse der Erzählerperspektive, der so genannten Fokalisierung, meist integraler Bestandteil jeder Besprechung eines epischen Werkes ist.[63]

Die auf Genette zurückgehende Unterscheidung dreier Typen der Fokalisierung soll hier schlagwortartig vorgestellt werden:

- *Nullfokalisierung*: Der Erzähler weiß und sagt weit mehr als die im Werk vorkommenden Figuren und kann somit als auktorialer Erzähler bezeichnet werden.

- *interne Fokalisierung*: Der Erzähler entspricht einer Figur und kann demzufolge lediglich mitteilen, was er als eine zwar fiktive, aber realistische oder fantastische Figur wahrnehmen kann: Genette führte dafür den Begriff des aktorialen Erzählers ein.

- *externe Fokalisierung*: Der Erzähler vermittelt die Außenansicht einer Geschichte und weiß weniger als die Figuren. Er stellt

---

[62] Vgl. Schneider: *Einführung in die Romananalyse*, S. 30f.

[63] Vgl. Martinez/Scheffel: *Einführung in die Erzähltheorie*, S. 63.

somit als nicht in die Handlung involviert eine neutrale Perspektive dar.[64]

Martinez und Scheffel weisen darauf hin, dass der Fokalisierungstyp im Verlauf einer Erzählung durchaus wechseln kann, so dass von einer variablen Fokalisierung gesprochen werden muss: Dabei gilt es, jenen Erzähltypus zu identifizieren, der als dominant ausgemacht werden kann. Variabilität kann jedoch nicht nur zwischen, sondern auch innerhalb der Erzähltypen auftreten, dann meist im Falle interner Fokalisierung, so dass ein- und dasselbe Geschehen aus der Perspektive verschiedener Figuren dargestellt und die Fokalisierung dann als multipel bezeichnet wird.[65]

Genette hebt außerdem hervor, dass der Erzähler und die Figur, die den Blickwinkel für die narrative Perspektive liefert, nicht identisch sein müssen: Er differenziert zwischen zwei Standpunkten und isoliert *Modus* von *Stimme*, wobei erstgenannter diejenige Figur betrachten will, die sieht bzw. wahrnimmt, während die Stimme dem Erzähler nachgeht, also der Figur, die spricht. Fragen des Modus und der Stimme werden unter dem Begriff der Erzählsituation gefasst: Auch dieser Aspekt kann Überlegungen bezüglich der Fokalisierung vorangestellt werden, da sich daraus deren Art erschließen lässt. Genette und Stanzel stehen sich in Zusammenhang als wichtigste Theoretiker gegenüber, deren unterschiedliche Ansätze zur Analyse von Ich- und Er-Erzählformen hier nur insofern dargelegt werden, als dies für die Zwecke eines Literaturkritikers relevant erscheint.[66]

Stanzel unterscheidet bereits 1955 drei Typen von Erzählsituationen: Die auktoriale Erzählsituation, der ein allwissender Autor zugrunde liegt, die Ich-Erzählsituation, in der eine Figur aus der Geschichte mit dem Erzähler identisch ist, dieser somit eine Personalität besitzt und sich aufgrund dieser Konstellation im Spannungsfeld zwischen Erzählergegenwart und Handlungsgegenwart befindet. Für die Union von Erzähler und Figur führt Genette den Begriff der Homodiegese ein. Den dritten Typ bezeichnet Stanzel als personale Erzählsituation, wobei in diesem Fall in

---

[64] Vgl. Martinez/Scheffel: *Einführung in die Erzähltheorie*, S. 64.

[65] Vgl. Genette: *Die Erzählung*, S. 134f. sowie Martinez/Scheffel: *Einführung in die Erzähltheorie*, S. 66f.

[66] Vgl. Genette: *Die Erzählung*, S. 132f. Die schematischen Darstellungen der Erzähltheorien Stanzels und Genettes können nachvollzogen werden in: Schneider: *Einführung in die Erzähltheorie*, S. 64 und S. 66.

der dritten Person erzählt wird. Der Er-Erzähler muss dabei jedoch, so Genette, anders als der Ich-Erzähler nicht zwangsläufig als Figur Teil des Geschehens sein. Stimmen Erzähler und Figur nicht überein, stehen sie in der Terminologie Genettes in einem heterodiegetischen Verhältnis zueinander. Der Er-Erzähler wird dabei häufig als Erzähler-Medium begriffen, da er dem Leser die Figuren eines Textes und dessen Geschehen vielfach aus souveräner Distanz in Form von erlebter Rede erschließbar macht. Stanzel weist zudem darauf hin, dass der Er-Erzähler zum einen als offenbar allwissend – auktorial – in Erscheinung tritt, zum anderen aber auch im Rahmen einer so genannten personalen Erzählsituation als Erzählinstanz vollkommen in den Hintergrund treten kann, wenn er zum Beispiel die Empfindungen und Gedanken einer Figur in Form eines inneren Monologs darlegt. Daneben kann er jedoch auch – wenn er selbst Teil der Geschichte ist – seine eigene Figur präsentieren, wobei in diesem Fall zwei Handlungsebenen aufeinander treffen, deren übergeordnete eine Ich-Erzählung ist.[67]

4.2.1.7 Die Analyse von Sprache und Stil

Obwohl Sprache zugleich Medium des erzählten Inhaltes wie auch Teil der fiktionalen Welt ist, unabhängig davon, ob diese von einem Ich- oder Er-Erzähler präsentiert wird, und somit einen zentralen Stellenwert innerhalb der literarischen Kommunikation einnimmt, lassen rezeptions- und lesepsychologische Befunde die Aussage zu, dass die sprachliche Form von Texten nach der Lektüre in Vergessenheit gerät, während Themen, inhaltliche Aussagen und sogar einprägsame Figuren in Erinnerung bleiben. Dennoch ist die sprachliche und stilistische Betrachtung häufig Teil der literaturkritischen Untersuchung, da die Wirkung desselben neueren rezeptionsstilistischen Ansätzen zufolge erst durch die Gesamtkonzeption von Inhalt und Form erzielt werden kann. Zudem ermöglicht die Untersuchung des Individualstils eines Autors das In-Beziehung-Setzen zu stilistischen überindividuell konstruierbaren Tendenzen seiner Epoche, was das Aufdecken von Parallelen und Abweichungen ermöglicht und damit entweder Zuordnungsmöglichkeiten er-

---

[67] Vgl. Fludernik: *Einführung in die Erzähltheorie*, S. 42; Schneider: *Einführung in die Romananalyse*, S. 55f. sowie Schutte: *Einführung in die Literaturinterpretation*, S. 155f.

öffnet, Vorbilder erkennen oder auf den Willen zur Abkehr vom schon Vorhandenen schließen lässt.[68]

Angefangen bei der Wort- und Satzstilistik kann die philologische Betrachtung von Literatur in Hinblick auf Sozio- und Dialekte, Tropen und rhetorische Stilfiguren bis hin zu sprachlicher Verständlichkeit stattfinden, wobei stets die Anforderungen und Regeln sprachlicher Gestaltung der jeweiligen Entstehungszeit eines Werkes berücksichtigt werden müssen, die in ihrer Folge unterschiedliche Kriterien der Sprachbetrachtung erfordern.[69]

Die Betrachtung der Wortstilistik setzt sich zum Ziel, das Vokabular der Figuren auf dessen Geläufigkeit hin zu untersuchen, die Verwendung tropischer Figuren wie Metaphern sowie den Gebrauch von Neologismen, Fremdwörtern oder Fachtermini zu erfassen, was erneut Rückschlüsse auf die Milieu- oder Schichtenzugehörigkeit, Bildungsstand, Beruf oder auch das Alter der Figur erlaubt und damit eine direkte Verbindungslinie zum Untersuchungsaspekt der Soziolekte herstellt. Die Komplexität eines Romans gestattet dem Autor, die Figuren der Geschichte in unterschiedlichen Stilen sprechen zu lassen, d. h. einerseits unterschiedliche sprachliche Register von Hoch- über Standardsprache bis hin zur Vulgärsprache aufeinander prallen zu lassen und andererseits die Jugendsprache mit der Sprache des Alters oder die Fachsprache eines Mediziners mit der Sprache eines Kleinkindes zu konfrontieren. Ein zweiter, damit im Zusammenhang stehender Aspekt muss der Kategorie der textstilistischen Untersuchungen zugeordnet werden und fragt nach dem Unterschied zwischen gesprochener und geschriebener Sprache, also der Unterscheidung zwischen Kolloquialität und Skripturalität. Kolloquiale sprachliche Äußerungen zeichnen sich in der Regel durch kurze, einfache Sätze, Ellipsen, die Verwendung von Deiktika und Abtönungspartikeln wie *wohl* oder *doch*, fehlerhafte Satzkonstruktionen und soziolektale Einfärbungen aus. Dadurch kann zwar eine natürlichere, authentische Wirkung zum Beispiel in direkter Figurenrede erzeugt werden, allerdings kann dieses sprachliche Mittel die künstlerische Qualität der skripturalen Figurenrede kaum erreichen.[70]

---

68 Vgl. Lahn, Silke/Meister, Jan Christoph: *Einführung in die Erzähltextanalyse*, J. B. Metzler, Stuttgart/Weimar 2008, S. 189 sowie Schneider: *Einführung in die Romananalyse*, S. 38, 40 und S. 47.

69 Vgl. Schneider: *Einführung in die Romananalyse*, S. 38 und S. 40.

70 Vgl. ebd., S. 40f. und S. 45f.

„An der Grenze zwischen Wort- und Satzstilistik bewegen sich die verschiedenen Spielarten bildlichen Sprechens“[71], deren Untersuchung unverzichtbar für die sprachliche Charakterisierung von Epik, Lyrik und Dramatik ist. Dabei kann es aufschlussreich sein, einerseits die Art der verwendeten Vergleiche, Metaphern oder Metonymien hinsichtlich ihres innovativen oder konventionellen Gehalts zu untersuchen, darüber hinaus aber auch darauf zu achten, ob der Autor bestimmten Figuren in direkter Rede Metaphern in den Mund legt, was wiederum Aufschluss über den Bildungsstand des Protagonisten geben kann, oder ob der Autor beispielsweise die Beschreibung (sozialer) Räume metaphorisch für das Innenleben einer Figur benutzt. Da Dialekte als besonders bildhaft gelten, kann auch das dialektale Sprechen als Mittel der Figurencharakteristik fungieren. In den meisten Fällen dienen Dialekte jedoch entweder der Erweiterung künstlerischer Ausdrucksmittel oder der möglichst realistischen Darstellung einer bestimmten Sprechsituation hinsichtlich des Standortes, des sozialen Milieus etc. Seltener hingegen führen, vor allem in zeitgenössischen Werken, sprachpolitische Erwägungen zur Verwendung von Dialekten.[72]

Das Gebiet der Satzstilistik interessiert sich nicht nur für die Länge der Sätze, sondern auch für ihre Struktur bzw. Komplexität. Auch dabei gilt es, die Entstehungszeit des zu untersuchenden Werkes zu beachten, da der Wandel von der Gesellschaftsdichtung des feudalistischen Zeitalters hin zur Individualliteratur des Bürgertums eine Abkehr von antiken Vorbildern mit sich bringt. Während im barocken Zeitalter eine kunstvolle, komplizierte Syntaxstruktur angestrebt wird, vermeiden nachfolgende Epochen mehrheitlich einen komplexen Aufbau von Sätzen und verzichten häufiger auf Appositionen, Parenthesen, unvermittelte Satzabbrüche u. ä. Interessant ist in diesem Zusammenhang wiederum die lesepsychologische Beobachtung, dass den Lesern der Werke einzelne Sätze besonders dann in Erinnerung bleiben, wenn die Satzstruktur so komplizierte Züge annimmt, dass der Sinnzusammenhang und damit die Textverständlichkeit getrübt ist und der Satz womöglich sogar noch einmal gelesen werden muss, um ihn auch semantisch zu erfassen. Die Technik des Unterbrechens von Sinnzusammenhängen kann allerdings auch als bewusst angewendetes Stilmittel der so genannten Kohärenzstö-

---

[71] Schneider: *Einführung in die Romananalyse.*, S. 41.

[72] Vgl. ebd.

rung eingesetzt werden: Das traditionelle sinnorientierte Lesen eröffnet dann auch nach mehrmaligem Wiederholen keinen Zugang zur Lektüre. Aufschlussreich ist in solchen Fällen wiederum das Urteil des Literaturkritikers, der von persönlichen Geschmacksdispositionen nicht frei ist: Das Spektrum der sprachlichen Bewertung eines Schriftstellers bietet ihm in Fällen langer, komplexer Satzstrukturen und Formulierungen eine große Bandbreite an Möglichkeiten der Beurteilung, die von anspruchsvoller sprachlicher Qualität bis hin zu Umständlichkeit oder Schwerverständlichkeit reichen kann, was den Leser der Rezension womöglich in seinem Lektürewillen beeinflusst.[73]

4.2.2 Der Rezensionstext als Textinterpretation

Nicht nur die Bewertung der sprachlichen Qualität, auch oder sogar in noch stärkerem Maße die Interpretation des Zusammenspiels von Zeit und Raum, von Figuren und Handlung, Symbolik und Metaphorik in einem Text beeinflusst die Entscheidung des potenziellen Lesers für oder gegen die Lektüre des Werkes, da sie u. U. an die Aussageabsicht des Autors gekoppelt ist, und sich das Publikum der Rezensenten somit einen Eindruck davon verschaffen kann, welche Intention der Verfasser des Werkes mit selbigem verfolgt. Weckt er damit einerseits das Interesse des Lesers und trifft andererseits Ansichten und Meinungen, die sich ähneln oder aber vollkommen unterscheiden, kann die potenzielle Identifikation mit dem Autor bzw. die Möglichkeit der Erschließung von etwas Neuem, Unbekanntem oder gar die Betrachtung eines Themas aus einer neuen Perspektive zum Kauf des Werkes anregen – allerdings sei an dieser Stelle noch einmal darauf hingewiesen, dass die Aussageabsicht eines Autors nicht in jedem literaturtheoretischen Ansatz Berücksichtigung findet. Um die Funktion des Entscheidungshelfers zu erfüllen, erscheint sowohl ein Angebot an Interpretationsmöglichkeiten sinnvoll, verstanden als die „Auslegung bzw. Deutung mündlicher, schriftlicher und allg[emein] zeichenhafter Äußerungen auf der Basis von Verstehen bzw. hermeneutischer Bemühung“[74], als auch ein Aufzeigen aus dem Text erschließbarer Aussagen, ohne aber so viel preiszugeben, dass der Leser entweder den Eindruck gewinnt, die Lektüre des Werkes bringe ihm

---

[73] Vgl. Schneider: *Einführung in die Romananalyse*, S. 42–45.

[74] Art. „Interpretation“, in: Nünning (Hrsg.): *Metzler Lexikon Literatur- und Kulturtheorie*, S. 297.

nach dem Lesen der Rezension keinen neuen Erkenntnisgewinn oder die bereits vorgegebene Interpretation hindere ihn daran, das Werk auf eigenem Wege zu durchdringen. Interpretationsvorschläge tauchen vor allem dann in einer Buchbesprechung auf, wenn das rezensierte Werk aufgrund von ungewöhnlicher Metaphorik, formaler Innovativität oder kulturellen Differenzen, die ein deutendes Verstehen erschweren oder unmöglich machen, vermutlich nur unter großen Schwierigkeiten erfasst werden könnte.[75] Dies bedeutet im Umkehrschluss, dass der Literaturkritiker auch gänzlich auf eine explizite Interpretation, die er als solche ausweist, verzichten kann, so dass es Aufgabe des Analytikers bzw. des Lesers ist, diese selbständig durch die Interpretation der Rezension herauszufiltern, indem er auf die Wiedergabe von Themen, Handlung und Figuren, von Werturteilen und möglichen Wertmaßstäben u. ä. achtet.

Bestandteil einer Kritik sind im Zusammenhang mit der Interpretation des besprochenen Werkes fernerhin häufig intertextuelle Verweise, die in Form von Zitaten, der Übernahme von Leitmotiven oder besonders markanten Redewendungen auftreten können. Dabei geht es weniger darum, literarische Vorbilder zu erkennen, sondern auf Parallelen und Anknüpfungspunkte aufmerksam zu machen, die auf die Interpretation des Werkes zurückwirken. Auch das Herstellen intratextueller Referenzen zu vorangegangenen Werken des Autors kann von Interesse sein, um auf inhaltliche Brüche, abweichende Darstellungen desselben Themas oder auf inhaltliche und sprachliche Kontinuitäten im literarischen Werdegang des Schriftstellers hinzuweisen.[76]

Interpretation dient demnach dem Verständnis des Werkes, so dass der Kritiker damit schlussendlich der vermittelnden Funktion von Literaturkritik gerecht werden kann, auch wenn in diesem Fall wiederum die Zugehörigkeit zu einer bestimmten literaturkritischen Richtung darüber entscheidet, ob das Verständlichmachen eines Werkes auf interpretatorisch-deutendem Wege überhaupt angestrebt wird.[77]

Sowohl unabhängig von als auch nach eingehender Analyse und Interpretation eines Werkes sollte eine Rezension laut Thomas Anz nicht versäumen, Aussagen über dessen Wirkung zu treffen.[78] Wirkungsbezogene

---

[75] Vgl. Anz: „Literaturkritik“, S. 65.

[76] Vgl. ebd., S. 63f.

[77] Vgl. ebd., S. 88.

[78] Vgl. ebd., S. 66.

Beschreibungen können entweder nach einer ersten, wenig fundierten Lektüre entstehen und mit Adjektiven wie interessant oder langweilig, bedrückend oder beschwingt besetzt sein, die sich aufgrund des Stoffes oder des Themas, verschiedener Charaktere, der Darstellung der zeitlichen Abfolge der Ereignisse oder auch sprachlicher Besonderheiten ergeben. Nach einer fundierten Analyse besteht die Möglichkeit, dass sich diese ersten Eindrücke erhärten oder aber grundlegend wandeln, da sich Figuren des Werkes innerhalb der Geschichte entwickeln und andere Eigenschaften herausbilden können, als ein erstes Hineinlesen erwarten ließ. Auch überraschende Wendungen im Handlungsverlauf oder zunächst bizarr erscheinende sprachliche und stilistische Mittel, die im Fortgang des Geschehens mit den Figuren oder dem Verlauf der Geschichte in kausalen Zusammenhang gebracht werden können, beeinflussen die wirkungsbezogene Wahrnehmung des Werkes, wenn der Autor sie nicht als Selbstzweck einsetzt, sondern beispielsweise zur Charakterisierung von Figuren. Mit der Benennung von diesbezüglichen Attributen befindet sich der Kritiker bereits an der Grenze zum Feld der Wertung,[79] da das Zuschreiben von Adjektiven einerseits bereits ein Urteil bedeuten kann, denn er wird, wenn ihm ein Buch langweilig erscheint, keine Leseempfehlung dafür aussprechen. Andererseits kann bei weniger eindeutig negativ oder positiv konnotierten Adjektiven sein letztendliches Werturteil, je nach persönlichen Vorlieben, davon beeinflusst werden, dass z. B. ein bedrückend wirkendes Werk die positive Konsequenz mit sich bringen kann, zum Reflektieren des darin behandelten Themas anzuregen und somit die Lektüre lohnenswert zu gestalten. Der Akt der Wertung durch den Literaturkritiker, mögliche Wertmaßstäbe und Werturteilsbegründungen sollen im folgenden Abschnitt näher beleuchtet werden.

4.2.3 Der Rezensionstext als Textwertung

Werte bezeichnen in der Regel Güter, Ideale oder Maßstäbe wie Schönheit, Stimmigkeit und Harmonie: In der Terminologie Heydebrands können diese, wie in Kapitel 3.3 bereits erläutertet, unter den so genannten axiologischen Werten resümiert werden. Auf dem Feld der Literaturkritik wird der Begriff des Wertes jedoch im Sinne einer Zuschreibung von Qualitätsmerkmalen an ein Objekt, konkret an einen literarischen Text, einen Autor o. ä., verwendet, wobei Begriffe wie *Schönheit*

[79] Vgl. Anz: „Literaturkritik", S. 66f.

zugleich den Maßstab eines Kritikers und das tatsächlich zugeschriebene Qualitätsmerkmal eines Textes benennen können:

> Mit sprachlichen Werturteilen schreiben menschliche Subjekte auf der Basis der für sie geltenden Wertmaßstäbe Objekten oder Sachverhalten bestimmte Merkmale [...] mit mehr oder weniger positiven bzw. negativen Wirkungsmerkmalen (z.B. Wohlgefallen, Lust, emotionale Erregung, schockartige Irritation oder Erkenntnisgewinn, Gleichgültigkeit, Langeweile oder Ekel) zu.[80]

Dabei haben Ausdrücke der Wertung nicht nur eine rein evaluative, sondern zugleich eine deskriptive Bedeutungskomponente, wobei die Beurteilungspraxis darauf schließen lässt, dass Werturteile mitunter mit der positiven oder negativen Wirkung eines Werkes begründet werden. Einem solchen wirkungsbezogenen Urteil stehen primär objektbezogene Urteile gegenüber, die Wertungen mit beschreibenden oder interpretierenden Hinweisen zu begründen versuchen. Mit der Kombination beider Varianten setzt sich der Kritiker zum Ziel, Merkmale zu erläutern, aufgrund derer der Schriftsteller bestimmte Wirkungen erzielt.[81] Auch die Bezugnahme auf die Urteile anderer Kritiker gehöre laut Schnyder zur gängigen Praxis der Rezensenten und ist für die Analyse von Buchbesprechungen insofern relevant, als sie darüber Aufschluss gäbe, ob der Kritiker sich im Groben dem Urteil seiner Kollegen anpasst und die Bewertung lediglich geringfügig umformuliert oder ob er darum bemüht ist, sich davon abzugrenzen, indem er abweichende Bewertungsmaßstäbe ansetzt oder aber abstrakte Kriterien wie Ästhetik und Stimmigkeit anders konkretisiert und damit zu einem divergierenden Urteil gelangt: Dabei darf nicht vergessen werden, dass Werte in den meisten Fällen einen diskursiven Charakter tragen.[82]

Unabhängig davon, ob der Rezensent objekt- oder wirkungsbezogene Urteile fällt, liegen diesen Wertmaßstäbe zugrunde, die es bei der Analyse und Interpretation einer Kritik herauszufiltern gilt, damit deutlich wird, auf welcher Grundlage das Urteil gefällt wurde. Da der Kritiker sich heutzutage jedoch kaum noch nach uneingeschränkt gültigen Wertmaßstäben richten kann, die auf jedwedes Werk anwendbar sind und *gute* von *schlechter*

---

[80] Anz: „Theorien und Analysen zur Literaturkritik und zur Wertung", S. 209f.

[81] Vgl. ebd., S. 209–211.

[82] Vgl. Schnyder: „Wertevermittlung über (Sprach-)Grenzen hinaus", S. 32f.

Literatur trennen, gibt womöglich das Erkennen der strategischen Verfahrensweise des Kritikers erste Hinweise auf zugrunde liegende Kriterien, die ein breites Spektrum von ästhetischen bis hin zu soziologischen Aspekten abdecken können. Bereits ab 1750 wurde die klassizistische Regelpoetik als verbindliche literarische Norm in Frage gestellt. Die Konsequenzen dieser schrittweisen Abkehr wirken bis in das 20. Jahrhundert fort und führen zu einer Etablierung neuer, nicht konkret nachprüfbarer Wertmaßstäbe wie Innovation, Originalität, Ganzheit u. ä., die wiederum die Kategorisierung von Elite- und Massenliteratur, Kunst und Kitsch vollkommen veränderten Ansprüchen unterwerfen. Hans Robert Jauß erhebt zu Beginn der 1970er Jahre gar die bewusste Distanzierung von Leseerwartungen zu einem entscheidenden Kriterium für den ästhetischen Wert eines Werkes. Im Umkehrschluss verharrt die Trivialliteratur demzufolge nach Ansicht Jauß' „in der bruchlosen Reproduktion sprachlicher Formelhaftigkeiten, schablonenhafter Gattungsmuster, unauthentischer Gefühlsklischees, verbrauchter Sentimentalitäten".[83]

Die Unmöglichkeit einer einheitlichen Konkretisierung dieser abstrakten Werte sowie die (vermeintliche) Notwendigkeit einer Hierarchisierung derselben sind Probleme, mit denen sich die Wertungstheorie auseinander setzen muss. Um der literaturkritischen Wertung jedoch nicht vollends den Stempel unwissenschaftlicher Subjektivität und Willkür aufzudrücken, bemühen sich Literaturwissenschaftler wie Walter Müller-Seidel in den 1960er und 70er Jahren darum, dennoch zeitüberdauernde, geschichtsresistente Wertmaßstäbe aufzustellen. Die ideologiekritischen Ideen, die dieses Bestreben hervorbringt, fordern wiederum die Distanz zu unnötigen gesellschaftlichen Zwängen als Voraussetzung kritischen Lesens ein und formulieren neue Wertmaßstäbe, die sich häufig in Form von „Verboten" äußern: Literatur sollte nicht affirmativ, d. h. keine Ersatzbefriedigung für das Erfahren sozialen Mangels sein, sie sollte keine Fluchtfantasien aus der Gegenwart in die Vergangenheit darstellen, sondern zukunftsgerichtet sein, gesellschaftliche Konflikte ausfechten oder harmonisieren und das Leiden des Menschen an der Gesellschaft greifbar machen. Neuere sprach- und argumentationsanalytische Ansätze haben jedoch in dem Bemühen um ein gewisses Maß an Wissenschaftlichkeit im Rahmen des zunächst unwissenschaftlichen Vorganges des

[83] Zitiert in: Anz: „Theorien und Analysen zur Literaturkritik und zur Wertung", S. 213.

Wertens gezeigt, dass Grundbedingungen rationalen Argumentierens, also Reflexion, Explikation und Präzision, genügen, um Wissenschaftlichkeit beanspruchen zu können, auch wenn dies noch keinen Konsens in Hinblick auf Wertung und Werturteilsbegründungen erwarten lässt.[84]

Nicht zuletzt aufgrund des geringen Grades an Greifbarkeit literaturkritischer Wertmaßstäbe werden diese nur in seltenen Fällen noch explizit formuliert, obwohl gerade deren Mannigfaltigkeit eine präzise Artikulation wünschenswert erscheinen ließe. Implizite Wertmaßstäbe, von denen der Kritiker zumeist annimmt, dass sie für die Mehrheit des Lesepublikums Gültigkeit erlangen, werden damit zur Regel. So kann beispielsweise die Einstufung eines Romans als realitätsfern ein negatives Urteil bedeuten, wenn Realitätsnähe ein für den Rezensenten und womöglich auch für die Mehrheit der Leser relevantes Kriterium darstellt. Wertmaßstäbe nehmen somit den Status von Schlusspräsuppositionen ein, denn – um bei dem Beispiel der Realitätsferne zu bleiben – somit kann daraus abgeleitet werden, dass eine Identifikation mit den Figuren der Geschichte erschwert wird, was letztendlich u. U. ein negatives Gesamturteil nach sich zieht. Neben primär inhaltlich gestützten Eindrücken und Wirkungen wird in der Regel auch die sprachliche Gestaltung eines Werkes einem Urteil unterzogen und legt zumeist implizit Wertmaßstäbe offen, die sich, wie oben bereits erörtert, im Spannungsfeld zwischen einem qualitativen sprachlichen Anspruch mit einem möglichen Bezug auf klassische Literatur sowie einem von anderen Werken losgelösten, rein werkimmanenten Urteil über Sprache und Stil befinden.[85] Aus der Nichtnennung von Wertmaßstäben ergibt sich wiederum für den Leser bzw. den Analytiker die Konsequenz, durch Interpretation der Kritik selbständig mögliche Wertmaßstäbe ausfindig zu machen. Diese sind insofern relevant, als sie in Verbindung mit dem Identifizieren der Untersuchungsstrategie Aufschluss über das Verständnis des Rezensenten davon geben, was Literatur sein soll.

Das Problem der Wertung bzw. der nur impliziten oder Nicht-Nennung der Wertmaßstäbe deutet bereits an, dass die hier theoretisch

---

[84] Vgl. Anz: „Theorien und Analysen zur Literaturkritik und zur Wertung“, S. 212–216 sowie Schulte-Sasse, Jochen: *Literarische Wertung*, 2., völlig neu bearbeitete Auflage, Metzler, Stuttgart 1976, S. 72f.

[85] Vgl. Anz: „Theorien und Analysen zur Literaturkritik und zur Wertung“, S. 211f.

erarbeitete Grundlage für die Analyse und Interpretation von Rezensionen von der tatsächlichen Arbeit der Kritiker abweichen kann. Dieser Aspekt soll nicht nur in Bezug auf die Beurteilung von Literatur bei der schlussendlichen Entwicklung eines Untersuchungsrasters im Anschluss an das Studium der Rezensionen Berücksichtigung finden, um einen praxisrelevanten Ansatz aufzustellen, sondern auch, um dem Verdacht des normativen Anspruches dieser Arbeit in Hinblick auf die Arbeit eines Kritikers entgegen zu wirken: Als eine Kritik der Kritiker will sie sich nicht verstanden wissen.

4.3 Zusammenfassung

Nach eingehender Studien der theoriegebundenen Grundlagen für die Erstellung eines Ansatzes sollen an dieser Stelle noch einmal in aller Kürze die wichtigsten Kriterien zusammengefasst werden, die zur Analyse und Interpretation von Rezensionen aufgestellt werden konnten. Eine grobe Unterscheidung wurde zunächst in werkinterne und werkexterne Kriterien vorgenommen, um jene Aspekte abzudecken, die direkt mit dem Werk in Verbindung stehen, welches der Kritiker untersucht, sowie jene Aspekte, die nicht in unmittelbarer Verbindung mit dem rezensierten Werk stehen, jedoch meist Teil einer Analyse sind.

Unter die Rubrik der werkexternen Kriterien wurden kommunikationstheoretische bzw. mediale Aspekte aufgenommen, darunter die Publikationsform der Rezension, Aufbau und Formalia sowie die mögliche Adressierung des Textes. Des Weiteren gehört dem Autor der Rezension in stilistischer und methodischer Hinsicht ein Teilaspekt dieser Rubrik, bevor diesbezüglich der Rezensionstext auf kultursoziologische Kriterien wie den gesellschaftlichen Entstehungskontext des Werkes, Debatten und Kontroversen um das Werk oder ökonomische Aspekte untersucht werden.

Zur Rubrik der werkinternen Kriterien gehören zunächst textbeschreibende Elemente, die der Rezensent womöglich aufführen könnte: so z. B. Themen und Motive des besprochenen Werkes, dessen Handlung, räumliche und zeitliche Aspekte, Figuren, Sprache und Stil des Werkes, etc. Als einen zweiten Unterpunkt werden interpretierende Aspekte berücksichtigt, worunter beispielsweise die Intention des Autors und die Wirkung des Werkes fallen, aber natürlich auch die Interpretation, die der Kritiker womöglich in Bezug auf das rezensierte Werk als Deutungsvariante anführt. Als letzter Punkt decken die werkinternen Untersuchungskriterien wertende Aspekte ab, zu denen die Wertung von Inhalt und Sprache ebenso gehört wie Wertmaßstäbe des Kritikers und ein Begründung des Werturteils, welches ein Rezensent anstellt.

5 Michel Houellebecq und Günter Grass

Bevor die hier theoretisch erarbeiteten Grundlagen angewendet und die Rezeption von Michel Houellebecq und Günter Grass untersucht werden kann, ist es notwendig, vorerst noch einmal vom eigentlichen Untersuchungsgegenstand der Arbeit – der Literaturkritik – abzurücken und die Autoren selbst in den Mittelpunkt zu stellen. Ziel dieses Kapitels ist es, sie in ihrem (literarischen) Werdegang portraitartig vorzustellen und Kennzeichen und Merkmale ihrer Literatur aufzuzeigen, um anschließend eine bessere Nachvollziehbarkeit bzw. ein Verständnis dessen zu gewährleisten, wovon in den Kritiken die Rede ist, wenn *Le Monde* im Zusammenhang mit Houellebecq beispielsweise von einem zugleich Distanz und Nähe hervorrufenden Stil[1] spricht oder Grass als in der Nachfolge Albert Camus' stehend bezeichnet wird. Allerdings wird die Darstellung von Charakteristika der Literatur beider Autoren lediglich für das epische Werk, nicht für die Lyrik unternommen, da diese anderen Gesetzen folgt als Prosa und somit gesondert behandelt werden müsste. Darauf soll jedoch im Rahmen dieser Arbeit verzichtet werden, da die poetische Dichtung beider Autoren in den literaturkritischen Untersuchungen nicht Gegenstand der Betrachtung sein wird.

Um bedeutsame Fixpunkte der Biografie Houellebecqs wiederzugeben, wird sich insbesondere auf die biografische Abhandlung Denis Demonpions gestützt, die Houellebecq allerdings mit der Begründung, nicht zur Rekonstruktion seines Lebens beitragen zu wollen, nicht autorisiert hat, sowie auf den Bericht seiner Mutter, Lucie Ceccaldi, gestützt. Leben und Werk Günter Grass' wird vor allem mittels der Biografien von Harro Zimmermann, Olivier Mannoni und Volker Neuhaus näher beleuchtet werden.

5.1 Leben und Werk Michel Houellebecqs

5.1.1 Michel Houellebecq – vom Agronom zum Schriftsteller

Selten ist sich die Rezeption in Bezug auf die kulturpolitische Verortung eines Schriftstellers so uneinig wie im Zusammenhang mit Michel Houellebecq: Für die einen ist er ein konservativer Rassist, gar ein Faschist, der mit seinen provokativen Äußerungen und teils prophetischen Romaninhalten

[1] Vgl. Savigneau, Josyane: „Littérature française: Hors cadre“, in: *Le Monde des Livres*, vom 14.10.1994.

einen Skandal hervorrufen will. Andere sehen in ihm einen reaktionären Katholiken, mitunter auch einen Buddhisten: Thomas Steinfeld spricht von dem *Phänomen* Houellebecq.[2] Der Autor selbst trägt in seinen Interviews immer wieder dazu bei, durch widersprüchliche Aussagen ein uneinheitliches Bild entstehen zu lassen: Bezeichnet er sich heute noch als Sozialdemokrat, bekennt er sich morgen schon zum Stalinismus, lehne jedoch generell eine politische Klassifikation seiner Person ab.[3] Ihn interviewende Journalisten scheinen stets überrascht zu sein, dass ihnen weniger ein kulturpessimistischer Fundamentalist, sondern vielmehr ein suchender, Mitleid erregender Lethargiker begegnet, der sich aus Abscheu vor dem Leben in Alkohol und Zigaretten flüchtet und nicht in der Lage ist, ohne minutenlange Pausen auf eine der gestellten Fragen zu antworten.[4]

Das bisherige Leben Michel Houellebecqs erscheint als der stete und erfolgreiche Versuch, von Menschen, die ihm auf seinem Lebensweg begegnen, unabhängig zu bleiben und freundschaftliche Bindungen kaum zuzulassen. Ein roter Faden, der sich von seiner Kindheit über seine Jugend, die Studienzeit oder Freunde und Bekannte auf direktem Wege hin zu seiner Tätigkeit als Schriftsteller zieht, ist bei Houellebecq nicht zu erkennen: Bevor er mit dem Schreiben beginnt, spielt die Literatur keine ausschlaggebende Rolle für ihn. Er verfolgt konsequent seine Ziele, immer bereit, alle Kompromisse einzugehen, die nötig sind und sich all derer zu bedienen, die ihm von Nutzen sein können, ohne Rücksicht auf die Menschen in seiner Umgebung zu nehmen. Aussagen von Klassenkameraden, Kommilitonen, Arbeitskollegen und wenigen Freunden über seinen Charakter ähneln sich: Er wird als zwar freundlicher, aber zurückgezogener, schweigsamer Mensch beschrieben, der Konflikte meidet, äußerst egozentrisch, mitunter erhaben wirkt, schwierig zu handhaben

---

[2] Titel des Sammelbandes, den Thomas Steinfeld 2001 herausgegeben hat.

[3] Vgl. Mihm: *Studien zum französischen Roman der Jahrtausendwende*, S. 239f.

[4] Vgl. Eakin, Emily: „Le provocateur", in: *New York Times*, vom 10.09.2000; Krause, Tilmann: „Schafft den Menschen ab. Michel Houellebecqs Roman über das liberale Zeitalter", in: *Die Welt*, vom 04.09.1999; ders., „Der Dreckspatz von Paris. Eine Begegnung mit Michel Houellebecq, dem Dark Star der französischen Gegenwartsliteratur", in: Steinfeld, Thomas (Hrsg.): *Das Phänomen Houellebecq*, DuMont, Köln 2001, S. 29f.

ist, doch als verlässlicher, effizienter Mitarbeiter von überdurchschnittlicher Intelligenz in Erscheinung tritt.[5]

Die Biografie Demonpions zeichnet ein Bild voller Gegensätzlichkeiten. Gewiss haben nur die wenigsten Schriftsteller ein Studium der Agronomie absolviert. Leichtfertig verzichtet Houellebecq trotz sehr erfolgreich bestandener schriftlicher Eingangsprüfung auf ein Studium an der *École Normale Supériere*, weil ihm das mündliche Prüfungsfach Geologie nicht zusagt. Dass er als Landwirtschaftsingenieur ungeeignet ist, erkennt er schon frühzeitig und wendet wenig Energie für sein Studium auf. Auch das von Trotzkisten und Leninisten beherrschte Klima am *Institut National d'Agronomie* (*INA*) in Grignon missfällt ihm, so dass er sich meist abseits von der Masse hält. Stattdessen beginnt er, sich der Literatur zu widmen: Vor allem Schopenhauer, Thomas Mann und Auguste Comte beeindrucken ihn. In Schopenhauer erkennt er einen Gleichgesinnten. Da es ihm nach Beendigung seines Studiums 1978 nicht gelingt, eine Anstellung zu finden, wendet er sich einem völlig anderen Bereich zu: Er wird 1979 an der Filmakademie *Louis-Lumière* aufgenommen und kann dort solide Erfahrungen in der Regiearbeit und der Filmtechnik sammeln, drehte bislang allerdings nur wenige Kurzfilme.[6]

Um sich seinen Lebensunterhalt zu verdienen, nimmt er Mitte der 1980er Jahre eine Stelle im Landwirtschaftsministerium in Paris an. Das Leben, welches er als Büroangestellter in der Softwareabteilung führt, zu dessen Aufgaben es u. a. gehört, regionale Landwirtschaftsabteilungen in neuen Computerprogrammen zu schulen, lässt sich später in seinem ersten Roman *Extension du domaine de la lutte* nachlesen. Obwohl er schon einzelne Gedichte veröffentlichen kann – zuerst bei Michel Bulteau in der Zeitschrift *La Nouvelle Revue de Paris* 1988, drei Jahre später erscheinen *Rester vivant* und der Gedichtband *La poursuite du bonheur* bei dem Verlag *La Différence* – reicht sein Einkommen nicht aus, da er aufgrund der seiner Arbeit im Ministerium anhaftenden Monotonie depressiv wird und seine Anstellung wieder aufgibt. Nach eigener Aussage glaubt er jedoch nicht daran, in der Privatwirtschaft angenommen zu werden, was ihn dazu veranlasst, 1991 die Zugangsprüfung für den Staatsdienst zu

[5] Vgl. Ceccaldi: *L'innocente*, S. 409 und S. 412 sowie Demonpion: *Houellebecq non autorisé*, S. 53f., 63f., 69 und S. 154.

[6] Vgl. ebd., S. 402 und S. 411; Demonpion: *Houellebecq non autorisé*, S. 67–86 und S. 99–110 sowie Noguez, Dominique: *Houellebecq, en fait*, Fayard, Paris 2003, S. 28.

absolvieren und als Beamter mittlerer Führungsebene in der EDV-Abteilung der Nationalversammlung tätig zu werden.[7]

Im Verlag *La Différence* lernt Houellebecq 1991 seine zweite Ehefrau Marie-Pierre Gauthier kennen, die für ihn zu einer unerschütterlichen Stütze wird. Parallel zur Annäherung an sie verläuft der Bruch mit seinen ehemaligen Kommilitonen vom *INA* und der Filmakademie, seinem Verleger Joaquim Vital und seiner Mutter, vor allem aber auch die Entfremdung von seinem Sohn aus erster Ehe.[8] Über seine Familie und seine Jugend zu sprechen, meidet Houellebecq möglichst. 1956 auf La Réunion geboren, wächst er seit seinem fünften Lebensjahr bei seiner Großmutter Henriette Houellebecq in der Umgebung von Paris auf, da seine Eltern – Janine, eine aktive Kommunistin aus bürgerlicher Familie, und René George Thomas, proletarischer Herkunft – aufgrund ihres chaotischen Lebenswandels nach ihrer frühen Scheidung nicht in der Lage sind, für ihren Sohn Sorge zu tragen. Den Künstlernamen Houellebecq übernimmt er von seiner Großmutter. Während seiner Gymnasialzeit in Meaux, wo er im Internat lebt, bestätigen seine Mitschüler, mit denen er nur selten engeren Kontakt pflegt, nicht, dass dort Gewalttätigkeit aufgetreten ist, wie Houellebecq sie in seinem zweiten Roman *Les particules élémentaires* schildert. Dennoch lassen sich in den Figuren des Bruno und dessen Halbbruder Michel mühelos Parallelen zu Houellebecqs Kindheit und Jugend wiederfinden.9 Seine Halbschwester Cathérine trifft Houellebecq mit 18 Jahren zum ersten Mal: Da es ihm aber nicht gelingt, bei der ersten Begegnung eine Bindung zu ihr herzustellen, tritt er nie wieder mit ihr in Kontakt. Als 1978 seine Großmutter stirbt, ist das ein schwerer Schock für ihn: Er scheint traumatisiert und orientierungslos und findet in der Literatur einen Weg zur Kompensation seines Leidens.[10]

---

[7] Vgl. Demonpion: *Houellebecq non autorisé*, S. 119–127 und S. 152–155.

[8] Vgl. ebd., S. 148–150.

[9] Vgl. Houellebecq, Michel: *Les particules élémentaires*, 2. Auflage, Flammarion, Paris 1998, S. 39–41 und S. 56–59.

[10] Vgl. Ceccaldi: *L'innocente*, S. 180, 189 und S. 405f.; Demonpion: *Houellebecq non autorisé*, S. 39–63 sowie Pröll, Julia: *Das Menschenbild im Werk Michel Houellebecqs. Die Möglichkeit existenzorientierten Schreibens nach Sartre und Camus*, M-Press, München 2007, S. 60–63.

Trotz seines schwierigen und zum Teil rücksichtslosen Wesens hat er stets Menschen an seiner Seite, die ihn vorbehaltlos unterstützen. Neben seiner Ehefrau ist hierbei vor allem Dominique Noguez zu nennen, den Houellebecq 1990 in Paris kennen lernt. Noguez entwickelt sich zu einem der eifrigsten Bewunderer Houellebecqs, versorgt ihn mit nützlichen Kontakten in der Literaturszene, schreibt 2003 das Buch Houellebecq, *en fait* zu seinen Ehren und tritt öffentlich für ihn ein, wenn er in Verruf gerät.[11] Beispielhaft sind die Gerichtsprozesse 1998 und 2002, bei denen Houellebecq sich verantworten muss. Im ersten Fall wird er von dem Betreiber eines Campingplatzes angeklagt, der seine Ferienanlage *Espace du possible* in *Les particules élémentaires* verleumdet sieht. Im zweiten Fall bringen muslimische Verbände Frankreichs Houellebecq vor Gericht, weil er in seinem Roman *Plateforme*, 2001 erschienen, sowie in einem Interview den Islam beleidigt. Beide Male wird Houellebecq freigesprochen. Die Verteidigungsreden von Noguez können in Houellebecq, *en fait* nachvollzogen werden.[12] Andere Weggefährten des Autors gehen jedoch weniger mit dessen Aussagen, ob nun im Privaten oder in seinen Romanen, überein. Die links ausgerichtete Literaturzeitschrift *Perpendiculaire*, bei der er vier Jahre lang als Chefredakteur mitwirkt, trennt sich 1998 von ihm, weil sie seine Äußerungen zur Eugenik und zum Rassismus nicht mittragen kann.[13]

Das Vorgehen des Autors, kurz vor der Jahrtausendwende in einem Pariser Rathaus sein Pseudonym Houellebecq offiziell anerkennen zu lassen, erscheint wie der letzte Schritt auf dem Weg, Michel Thomas, als der er geboren wurde, vollständig hinter sich zu lassen und sein Leben lediglich als Michel Houellebecq – der Schriftsteller – weiterzuführen.[14]

---

[11] Vgl. Patricola, Jean-François: *Michel Houellebecq ou la provocation permanente*, Archipel, Paris 2005, S. 102.

[12] Vgl. Arrabal, Fernando: *¡Houellebecq!*, Hijos de Mulery-Rubio, Madrid 2005, S. 81–84 sowie Noguez: *Houellebecq, en fait*, S. 62–68 und S. 213–223.

[13] Vgl. Demonpion: *Houellebecq non autorisé*, S. 237 sowie Patricola: *Michel Houellebecq ou la provocation permanente*, S. 129f.

[14] Vgl. Demonpion: *Houellebecq non autorisé*, S. 359.

5.1.2 Houellebecq literarisch

5.1.2.1 Houellebecq im Spannungsfeld zwischen Realismus, Naturalismus und Existenzialismus

Als Schriftsteller weist Houellebecq bzw. seine Literatur Unterschiede zu anderen zeitgenössischen Autoren auf, die ihn aufgrund des Rückbezuges auf diverse Literaturepochen, welche ihn in einer Art symbiotischen Renaissance zusammenführt, von allgemeinen Tendenzen der postmodernen Literatur in thematischer und stilistischer Hinsicht abgrenzen.

Zunächst einmal muss dabei das Aufgreifen von durch die Literaturtheorie als typisch realistisch bezeichneten Strategien zur Erzeugung einer Wirklichkeitsillusion angeführt werden. Houellebecq verwischt die Grenzen zwischen Realität und Fiktion, indem er die im 19. Jahrhundert geborene Allianz zwischen Literatur und Sozialwissenschaften reaktiviert. Durch exakte Beobachtung, Analyse und Interpretation von Mitmenschen und Lebenswelt durch die Protagonisten erhalten die Werke Houellebecqs einen theoretischen Überbau, der mithilfe von Exkursen zur Ontologie der Geschlechter, die Logik des Kapitalismus oder schlichtweg das Verhalten deutscher Touristen in Thailand die Funktion erfüllt, „die Geschichte der Figuren und die Welt, in der sie leben, durch historische, soziologische, philosophische und gentechnische Diskurse zu erklären".[15] Zudem siedelt er selbst beim Aufbau von Utopien die Handlungskulisse seiner Romane in realen Räumen wie Paris, Dublin oder Thailand an, in der die Protagonisten in tatsächlich existierenden Instituten arbeiten, mit Produktnamen operieren, die ebenso wenig durch kategoriale, verallgemeinernde Bezeichnungen oder abgewandelte Markennamen ersetzt werden wie die Titel von Literaturzeitschriften und Fernsehserien. Hinzu kommt, dass er Ereignisse seiner eigenen Biografie auf Romanfiguren überträgt, ihnen wie in *Plateforme* und *Les particules élémentaires* seinen Vornamen gibt und Auffassungen der Figuren zu verschiedensten Themen in Interviews als seine eigenen wiedergibt und so den Anspruch auf Authentizität unterstreicht.[16]

---

[15] Mecke, Jochen: „Der Fall Houellebecq. Zu Formen und Funktionen eines Literaturskandals", in: Eggeling/Segler-Meßner: *Europäische Verlage und romanische Gegenwartsliteraturen*, S. 208.

[16] Vgl. Mecke, Jochen: „Der Fall Houellebecq. Zu Formen und Funktionen eines Literaturskandals", in: Eggeling/Segler-Meßner: *Europäische Verlage und romanische*

Die literaturkritische Rezeption geht bezüglich der literarischen Tradition Houellebecqs noch etwas weiter und interpretiert seine Darstellung der Wirklichkeit nicht mehr nur als realistisch, sondern bereits als naturalistisch. So fragt *Le Monde*, ob Houellebecq in der Tradition von François Nourisier stehe, also eine Form von Literatur verkörpere, der etwas Zerstörerisches anhafte, eine *fin de siècle*-Stimmung bzw. ein depressiver Naturalismus.[17] Die *Frankfurter Allgemeine Zeitung* führt 2006 unter der Überschrift Zolas *Erben* neben einigen anderen französischen Autoren Michel Houellebecq an und stellt ihn damit ebenfalls in die Tradition des Naturalismus.[18] Die *Frankfurter Rundschau* veröffentlicht im Jahr 2000 einen ausführlichen Artikel, der die Gemeinsamkeiten Houellebecqs mit Emile Zola herausstellt. Daraus geht hervor, dass der Autor laut Voswinkel an die Theorie Zolas zum *roman expérimental* anknüpfe, indem er einerseits mit *Les particules élémentaires* der Maxime folge, Literatur müsse im Zeitalter der Wissenschaft ebenfalls wissenschaftlich sein, andererseits Houellebecq größten Wert auf die Beschreibung der Abstammung seiner Hauptfiguren lege, um deren Determiniertheit aufzuzeigen: Auch Zola geht von der Determiniertheit des Menschen durch seine Erbanlagen sowie das ihn umgebende soziale Milieu aus. Mit dem Rekurrieren auf den Naturalismus habe Houellebecq einen Paradigmenwechsel hin zur Objektivität in Bezug auf literarische Verarbeitungsmuster verschiedenster Thematiken vollführt.[19]

Weniger einheitlich sind hingegen die Mutmaßungen der Literaturwissenschaft und einiger Literaturkritiker über die Nähe Houellebecqs zum Existenzialismus Camus' und Sartres. Während Norbert Niemann versucht, über das Aufzeigen konkreter Parallelen inhaltlicher Art Verwandtschaftsbeziehungen zum Existenzialismus herzustellen, indem er beispielsweise auf motivische Ähnlichkeiten zwischen dem missglückten

---

Gegenwartsliteraturen, S. 209 sowie Schober: „Weltsicht und Realismus im Roman Houellebecqs", S. 202.

[17] Vgl. Savigneau, Josyane: „Littérature et bien-pensance", in: *Le Monde*, vom 11.11.1998.

[18] Vgl. Hanimann, Joseph: „Nachahmung des Glücks. Zolas Erben: Der neue Realismus im französischen Roman", in: *Frankfurter Allgemeine Zeitung*, vom 07.03.2006.

[19] Vgl. Voswinkel, Gerd: „Der Abstammungsromancier. Was Michel Houellebecqs Determinismus mit dem Naturalismus Zolas zu tun hat", in: *Frankfurter Rundschau*, vom 01.04.2000.

Mordversuch in *Extension du domaine de la lutte* und dem Mord in *L'étranger* als Höhepunkte beider Werke verweist oder *Les particules élémentaires* als Reflex auf Camus' *Le premier homme* liest,[20] behauptet Voswinkel, dass im Falle Houellebecqs insofern nicht von existenzialistischem Schreiben gesprochen werden könne, als dieser sich von dem Subjektivismus, der für die Existenzialisten als zentral gelte, entferne, da er die von ihnen gepriesene Freiheit des Individuums ad absurdum führe.[21]

Harald Nehr geht damit zwar überein und versucht nachzuweisen, dass der Autor sich der existenzialistischen Freiheitskonzeption Sartres in der Figur des Michel entgegen stellt, wenn dieser die philosophischen Theoreme Sartres in Bezug auf die individuelle Freiheit aufgreift, die in *L'être et le néant* entwickelt werden, sich aber davon distanziert und vielmehr die Zolasche These von der Determiniertheit des Menschen unterstützt.[22] Allerdings betrachtet Nehr die Auseinandersetzung um die Legitimation und die Existenzbedingungen der Individuen als zentralen Bestandteil der Houellebecqschen Romane. Durch die Aktualisierung von Schlüsselmomenten aus Camus' *L'étranger* und Sartres *La naussée* erhelle Houellebecq existenzialistische Subjektbegriffe wie Glück und Sexualität neu. Während Camus die Idee des Absurden lediglich auf subtile Weise einführt, zieht diese sich als Kernthema durch den gesamten Roman *Extension du domaine de la lutte*: Sie deutet sich bereits im Titel an, dessen Stoßrichtung sich schnell und problemlos zum Thema Sexualität in Beziehung bringen lässt. Erinnert sei hier an die erste Szene der Geschichte, in der Houellebecq eine junge Frau beschreibt, die sich auf einer Party durch obszöne Handlungen selbst demütigt und denunziert. Was auf den ersten Blick wie eine Banalisierung existenzialistischer Themen erscheinen mag, erhebt der Autor zu einer metaphysischen Frage nach dem Sinn des Lebens, indem er signalisiert, dass die Antwort auf diese Frage in der Postmoderne auf eine Reduktion des Menschen zu einem hedonistischen Individuum hinauslaufe. Darüber hinaus zeigt Nehr auf, dass Houellebecq typisch existenzialistisches Vokabular wie *essence*, *être* und *univers* verwendet und stellt zudem heraus, dass den Hauptfigu-

---

[20] Vgl. Niemann, Norbert: „Korrekturen an der Schönen Neuen Welt", in: Steinfeld (Hrsg.): *Das Phänomen Houellebecq*, S. 88f.

[21] Vgl. Voswinkel: „Der Abstammungsromancier".

[22] Vgl. Nehr, Harald: „Du *rag-time* au *be-bop*. Houellebecq et le roman existentialiste", in: *Lendemains* (126/127) 2007, S. 124.

ren in *La naussée* und *Extension du domaine de la lutte* ähnliche Primäreigenschaften zugewiesen werden: Getrieben durch eine deutliche Abscheu gegenüber der Außenwelt, ist ihnen eine stark ausgeprägte melancholische Indifferenz eigen.[23]

5.1.2.2 Merkmale und Charakteristika der Literatur Houellebecqs

Die für die Postmoderne so charakteristische Tendenz zur Individualisierung und Intimisierung der Sujets[24] kann im Falle Houellebecqs nicht als primäres Merkmal nachgewiesen werden. Obwohl auch in seinen Romanen autobiografische Elemente eine Rolle spielen, geht er darüber hinaus und setzt diese in den Kontext gesamtgesellschaftlich relevanter Themen wie Hedonismus, Terrorismus, das Klonen der Menschheit etc. und entwirft, ebenfalls abweichend von der Mehrheit der zeitgenössischen Schriftsteller, zum Beispiel in *La possibilité d'une île* utopische Zukunftsvisionen – ebenfalls ein Wagnis, das postmoderne Autoren nur selten als Herausforderung für sich reklamieren.[25] Ferner nimmt aber andererseits das Thema Sexualität in den Romanen Houellebecqs einen bedeutenden Stellenwert ein. Typisch ist in diesem Zusammenhang, dass er die Problematik sexueller Beziehungen als Kampf zwischen Jung und Alt auf einem liberalen sexuellen Markt mit ungleichen Chancen auf Erfüllung der Bedürfnisse des Einzelnen aufgreift, mit Sehnsüchten und enttäuschten Erwartungen spielt und das Thema damit aus seiner individuellen Form herauslöst und auf eine Metaebene transponiert. Zum anderen kennzeichnet seine Literatur in dieser Hinsicht eine emotionslose, detailgetreue Genauigkeit in der Beschreibung sexueller Handlungen, die anstößig wirken und Ekel hervorrufen könnte und damit zu einer hyperrealistischen Erzählweise gesteigert wird. Mit den Verbindungslinien, die Houellebecq zwischen der sexuellen Befreiung als „Errungenschaft" der 68er Generation und dem sexuellen Liberalismus der Gegenwart sowie der Auflösung tradi-

---

[23] Vgl. Nehr, Harald: „Du *rag-time* au *be-bop*. Houellebecq et le roman existentialiste", in: *Lendemains* (126/127), S. 118f.

[24] Vgl. Tonnet-Lacroix, Eliane: *La littérature française et francophone de 1945 à l'an 2000*, L'Harmattan, Paris 2003, S. 255.

[25] Vgl. Voswinkel: „Der Abstammungsromancier" sowie Zima, Peter V.: *Das literarische Subjekt. Zwischen Spätmoderne und Postmoderne*, Francke, Tübingen/Basel 2001, S. 192.

tioneller Familienstrukturen herstellt, wird sein Werk, insbesondere *Les particules élémentaires*, zu einem Thesenroman, der pamphletartig gegen die Moderne zu Felde zieht.[26]

Fern von jeglicher Humanität lässt Houellebecq seine (Anti-)Helden einen von ungewohnt kalter Sachlichkeit geprägten Blick auf die postmoderne Gesellschaft werfen und unterwandert auf nahezu nihilistische, kompromisslose Weise nicht nur jegliche Bestandteile eines erträglichen Zusammenlebens – Freiheit, Brüderlichkeit, Glück und Liebe – sondern auch alle Errungenschaften des Westens: Individualismus, Liberalismus und sexuelle Befreiung.[27] Dem Leser entsteht somit der Eindruck, das Leitmotiv in Houellebecqs Literatur sei die Abwesenheit des Guten. Der Autor selbst äußerte sich dahingehend, dass seine Romane Ausdruck eines monströs verspürten Mangels seien, aus dem Leere und Hoffnungslosigkeit erwachsen, die sich in ausgeprägt rücksichtslosem Sarkasmus abbilden, von dem nichts Angenehmes zu erwarten sei.[28] Einzigartig dabei ist der schrille Ton der Dringlichkeit, der „die milde Stimme der Verzweiflung“[29] markerschütternd nachklingen lässt und einen Vergleich mit anderen Autoren nur schwer möglich macht.[30] Der angewiderte Blick, den Houellebecq dem Leser seiner Werke offen legt, liefert die Begründung dafür, dass für seine Literatur bereits seit *Extension du domaine de la lutte* die Bezeichnung des *déprimisme* gefunden wurde, die terminologisch geradezu wie die Benennung einer neuen literarischen Strömung anmutet.[31] Stefan Zweifel tendiert zu einer ähnlichen Klassifizierung Houellebecqs, wenn er ihn in die Tradition der trübsinnigen und depressiven

---

[26] Vgl. Steinfeld, Thomas: „Einleitung“, in: ders. (Hrsg.): *Das Phänomen Houellebecq*, S. 21 sowie Tonnet-Lacroix: *La littérature française et francophone de 1945 à l'an 2000*, S. 312.

[27] Vgl. Hanimann, Joseph: „Zähflüssiger Verkehr. À la mode: Der Herbst des Schriftstellers Michel Houellebecq“, in: *Frankfurter Allgemeine Zeitung*, vom 22.12.1998.

[28] Vgl. Steinfeld: „Einleitung“, S. 23–26 sowie Voswinkel: „Der Abstammungsromancier“.

[29] Steinfeld: „Einleitung“, S. 15.

[30] Vgl. Mihm: *Studien zum französischen Roman der Jahrtausendwende*, S. 267.

[31] Vgl. Isenschmid, Andreas: „Roman und antiliberales Manifest“, in: Steinfeld (Hrsg.): *Das Phänomen Houellebecq*, S. 55.

Dekadenz eines Sokrates stellt, der das Leben generell aus Gründen der Überdrüssigkeit im Namen höherer Werte entwertet.[32]

Mihm stellt heraus, dass Michel Houellebecqs Romane gegen bisherige Regeln der Romankunst insofern verstoßen, als diese nicht nur Fiktion seien, wie die Brüder Goncourt 1862 die Unterscheidung von Geschichten und Romanen verstanden wissen wollten, sondern gleichzeitig Erzählung, Reportage und dokumentarischer Bericht, der den Eindruck von Authentizität erweckt, durchzogen von lyrischen Passagen und wissenschaftlichen Abhandlungen, was für die postmoderne Literatur wiederum nicht untypisch sei und als Hybridisierung bezeichnet wird.[33] Mit Houellebecq betrete wieder ein Schriftsteller mit stark philosophischem Engagement die literarische Bühne, der sich von dem entideologisierten *nouveau roman*-Konzept absetze und die Literatur erneut als moralische Instanz betrachte. Indem Houellebecq Werte und Gefühle wie Liebe, Glückseligkeit und Mitgefühl unter Bezugnahme auf Aldous Huxley für nicht mehr existent erklärt, seinen Protagonisten aber aufgrund dessen existenzielle Ängste erwachsen, die in Depressionen und gar Selbstmord münden, lässt sich somit schlussfolgern, dass der Autor durchaus moralische Ansprüche erhebt und an die Wiederbelebung dieser Werte appelliert.[34] Nach Ansicht Steinfelds bringe Houellebecq damit den neuen Gesellschaftsroman des 20. Jahrhunderts hervor und berufe sich zurecht auf Balzac, da er dem Anspruch, die gegenwärtige Gesellschaft in ihrer Totalität abzubilden, durchaus gerecht werde.[35] Allerdings ist Houellebecq damit zugleich ein Indikator dafür, dass die Literatur um die Jahrtausendwende ihre innovativen Ressourcen nicht mehr aus dem literarischen Feld selbst schöpft und literarische Wagnisse eingeht, sondern sich ihre Quelle der stetigen Erneuerung mithilfe außerliterarischer Werte aus dem gesellschaftlichen Feld zieht.[36]

---

[32] Vgl. Zweifel, Stefan: „Depressive Dekadenz“, in: Steinfeld (Hrsg.): *Das Phänomen Houellebecq*, S. 75.

[33] Vgl. Dion, Robert/Haghebaert, Élisabeth: „Le cas de Michel Houellebecq et la dynamique des genres littéraires“, in: *French studies* (55, 4) 2001, S. 521.

[34] Vgl. Berger, Sandra: „«Comment les choses en étaient arrivées là?» Michel Houellebecq et la morale“, in: *Lendemains* (126/127) 2007, S. 137–139.

[35] Vgl. Steinfeld: „Einleitung“. S. 17.

[36] Vgl. Mecke: „Der Fall Houellebecq: Zu Formen und Funktionen eines Literaturskandals“, S. 212.

5.1.2.3 Sprache und Stil

> Cet effacement progressif des relations humaines n'est pas sans poser certains problèmes au roman. Comment en effet entreprendrait-on la narration de ces passions fougueuses, s'étalant sur plusieurs années, faisant parfois sentir leurs effets sur plusieurs générations? [...] La forme romanesque n'est pas conçue pour peindre l'indifférence, ni le néant; il faudrait inventer une articulation plus plate, plus concise et plus morne.[37]

Dem hier von Houellebecq selbst formulierten Ziel, einen platten Stil hervorzubringen, um den Zeitgeist der gegenwärtigen Epoche in Worte zu fassen, kommt er nach Ansicht der Literaturkritik sehr nahe. Frédéric Saenen erhebt die betont antilyrische Schreibweise gar zum stilistischen Credo des Schriftstellers,[38] der aufgrund dessen die Debatte um die Verwischung der Grenzen zwischen Trivial- bzw. Konsumliteratur und Belletristik, die die Literaturwissenschaft bei postmodernen Schriftstellern häufig anprangert, weiter forciert.[39] Obwohl Houellebecq selbst behauptet, dass es ihm nicht darum ginge, „un feu d'artifice des effets stylistiques“[40] zu erzeugen, ist eine Betrachtung des Stils insofern interessant, als es ihm trotz des stilistischen Minimalismus, den ihm mancher Kritiker unterstellt, gelingt, bei den Lesern seiner Werke Emotionen hervorzurufen, ohne in den Werken selbst die von den Erzählern stets in Distanz zu den Geschehnissen stehenden Gefühle zu transportieren.[41] In Anbetracht des verachtenden Blickes, den Houellebecq auf seine Umwelt wirft, kann die von Kühle und Distanz gekennzeichnete Schreibweise als inhärent zu seiner Vision der Gesellschaft angesehen werden.[42]

Mihm hingegen identifiziert in den Houellebecqschen Werken eine über bloß platte Ausdrucksweisen weit hinausgehende elaborierte Stilmischung: Parataxen lockert Houellebecq mit Variationen im Tempusgebrauch, ad-

---

[37] Houellebecq, Michel: *Extension du domaine de la lutte*, J'ai lu, Paris 2006, S. 42.

[38] Vgl. Saenen, Frédéric: „Sur l'écriture de Michel Houellebecq“, in: *Anales de filología francesa* (10) 2001, S. 159.

[39] Vgl. Tonnet-Lacroix: *La littérature française et francophone de 1945 à l'an 2000*, S. 255.

[40] Zitiert in: Beránková, Eva: „Les fureurs d'un physicien quantique. Quelques remarques sur le style de Michel Houellebecq“, in: *Verbum Analecta Neolatina* (8, 1) 2006, S. 103.

[41] Vgl. dazu u. a.: Naulleau, Éric: „Silence, on vend“, in: *Le Figaro*, vom 18.08.2005.

[42] Vgl. Saenen: „Sur l'écriture de Michel Houellebecq“, S. 159f.

verbialen Ergänzungen sowie unterschiedlichen Modalitäten auf, jedoch lasse sich eine Armut an Metaphorik, Euphemismen, Oxymora etc. nicht leugnen. Houellebecq selbst behauptet, bewusst darauf zu verzichten, um der affektiven und mentalen Armut der im Zentrum der Werke stehenden, frustrierten mittleren Angestellten Ausdruck zu verleihen. Den Gebrauch des Vokabulars betreffend, sei ein Vergleich mit dem Naturalismus allerdings verfehlt. Houellebecq steigere, ähnlich wie Marie Darrieussecq in *Truismes*, einschlägiges Vokabular zu erbarmungslosen Abscheulichkeiten und gehe damit weit über die Sprache Zolas oder Hauptmanns hinaus.[43]

Dominique Noguez stellt in der Analyse des Stils Houellebecqs fest, dass dieser sich nicht scheue, mehrere sprachliche Register miteinander zu vereinen: Passagen von gehobenem, literarischem Niveau nicht nur in wissenschaftlich angelegten Abschnitten können zweifelsohne Ausdrücke folgen, die ursprünglich nur in der gesprochenen Sprache Anwendung finden. Zudem sind Wendungen und Begrifflichkeiten des *Argot* ebenso präsent wie Termini, die in den Wörterbüchern als *vulgär* gekennzeichnet werden. Er schlussfolgert: „Le style houellebecquien est le plus souvent autonome (au sens étymologique: qui ne tient sa loi que de lui-même) et peut s'apprécier tout au plus à des registres généraux d'expression […].[44] Mit der Omnipräsenz wissenschaftlicher Abhandlungen unterwandere Houellebecq zwar jegliche poetische Standards,[45] vermische Ideologie und Ästhetik, jedoch lasse sich dies als ein Angriff auf den von ihm als Feindbild deklarierten „scientisme occidental"[46] verstehen. Robert Dion und Élisabeth Haghebaert sehen in der Vermengung von Wissenschaft und Literatur das Konzept der Transposition umgesetzt:

---

[43] Vgl. Beránková: „Les fureurs d'un physicien quantique", S. 106 sowie Mihm: *Studien zum französischen Roman der Jahrtausendwende*, S. 448–455.

[44] Noguez, Dominique: „Le style de Michel Houellebecq", in: *L'Atelier du roman* (18) 1999, S. 21f.
In dem Bewusstsein, dass sich Noguez in seiner Stilanalyse lediglich auf zwei der bisher sechs epischen Werke Houellebecqs beziehen kann, da *Plateforme*, *Lanzarote*, *La possibilité d'une île* und *La carte et le territoire* zum Zeitpunkt der Studie noch nicht erschienen waren, wird er dennoch in die Untersuchung einbezogen, da seine Erkenntnisse nach Ansicht der Autorin ebenso auf die genannten Romane sowie die Erzählung übertragen werden können.

[45] Vgl. Steinfeld: „Einleitung", S. 12.

[46] Vgl. Beránková: „Les fureurs d'un physicien quantique", S. 105.

> [Il] correspond à la reprise de traits génériques caractéristiques d'un genre donné dans des œuvres où on ne l'attendait pas: plus précisément, elle désigne soit un changement de registre (du savant au ludique, du comique au tragique, par exemple) soit un changement du domaine de validité (des concepts de la science passant à la fiction), soit encore une permutation d'éléments prototypiques qui produit un effet d'étrangeté à l'intérieur d'un genre.[47]

Noguez beobachtet ebenso wie Patricola eine ausdruckslose Darstellung eigentlich emotional einschneidender Ereignisse, z. B. die Schilderung eines Autounfalls in *Extension du domaine de la lutte*[48], deren Beschreibungen stets von einem auf das unbedeutende Detail fixierten Blick des Erzählers begleitet werden. Dennoch lege Houellebecq aber auf die Identifikation mit dem Erzähler größten Wert, da er sich häufig von einer Unterscheidung zwischen Autor und Ich-Erzähler distanziert.[49]

Darüber hinaus sticht das stete Auftreten sowohl einfacher, wenn nicht gar banaler, vor allem aber stark negativ besetzter Adjektive ins Auge, deren Wirkung nicht selten durch Adverbien zusätzlich unterstrichen wird. Adjektive wie *atroce* oder *effroyable,* oft in Verbindung mit Superlativen oder Verallgemeinerungen, kommen insbesondere dann vor, wenn die Charaktere der Romane auf eine sehr ausschließende, keinen Widerspruch duldende Art und Weise Menschen einer bestimmten Bevölkerungsgruppe, eine Religion, eine Weltanschauung, aber auch Einzelpersonen o. ä. be-, in den meisten Fällen jedoch verurteilen: Das Urteilen ohne Beachtung politischer Korrektheit ist ein bestimmendes Wesensmerkmal Houellebecqscher Literatur.[50] Ein Beispiel aus *Les particules élémentaires* unterstreicht diese Behauptung: „En Norvège, au Japon, enfin dans un des pays sinistres où les quadragénaires se suicident en masse […]".[51]

---

[47] Dion/Haghebaert: „Le cas de Michel Houellebecq et la dynamique des genres littéraires", S. 512.

[48] Vgl. Houellebecq: *Extension du domaine de la lutte*, S. 22.

[49] Vgl. Schaub, Mirjam: „Die Feigheit des Affekts. Bei Houellebecq kommt das Ressentiment wieder zu seinem Recht", in: Steinfeld (Hrsg.): *Das Phänomen Houellebecq*, S. 36.

[50] Vgl. Noguez, Dominique: „Le style de Michel Houellebecq (2)", S. 123–130 sowie Patricola: *Michel Houellebecq ou la provocation permanente*, S. 218.

[51] Houellebecq: *Les particules élémentaires*, S. 25.

Schließlich soll an dieser Stelle Denis Wetterwald Erwähnung finden, der Michel Houellebecq außergewöhnliche literarische Qualitäten attestiert. Er betont dabei besonders dessen Fähigkeit, die Dinge ohne Umschweife, ohne Erklärungen auf den Punkt zu bringen und dabei mit einem ganz eigenen, meist zynischen oder sarkastischen Humor zu arbeiten, der oft schon nur durch knappe Andeutungen eine breite Wirkung entfalte.[52] Houellebecq gehe dabei so geschickt vor, dass er tagebuchartige Passagen immer dann von essayistischen Einschüben ablöst, wenn diese an Effekt zu verlieren drohen und den Leser gleichzeitig mit ästhetischen Reflexionen überrascht, ohne aber die postmoderne Maxime des *anything goes* von Paul Feyerabend zu überreizen. Durch die Verbindung von fiktionalen, autobiografischen und essayistischen Elementen stellt er einen in der Postmoderne selten vorkommenden Wirklichkeitsbezug her, der sein Werk mit einem autoritär erscheinenden Wahrheitsanspruch belegt, welcher „das strahlende Elend der spätliberalen Welt"[53] jenseits von postmoderner Verspieltheit nicht nur inhaltlich, sondern vor allem auch stilistisch offen legt.[54] Houellebecq unterscheidet sich damit von seinem im Folgenden biografisch und literarisch vorzustellenden Zeitgenossen Günter Grass, der zwar gewiss auch einen Wahrheitsanspruch für sich reklamiert, jedoch thematisch und stilistisch auf vollkommen andere Mittel und Inhalte zurückgreift als sein französischer Kollege.

5.2 Leben und Werk Günter Grass'

5.2.1 Günter Grass als Repräsentant der 27er-Generation

> Wer Grass' Reden und öffentliche Auseinandersetzungen […] verfolgt hat, weiß, daß etwas für die deutsche Literatur Ungewöhnliches eingetreten ist. Der Schriftsteller greift ein in den demokratischen Meinungsprozeß, steigt herab in die politische Arena – und versteht diese Haltung als selbstverständlich.[55]

---

[52] Vgl. Wetterwald, Denis: „Michel Houellebecq, un écrivain avant tout!", in: *L'Atelier du roman* (18) 1999, S. 51–53.

[53] Isenschmid: „Roman und antiliberales Manifest", S. 59.

[54] Vgl. ebd., S. 58f.

[55] Jurgensen, Manfred: *Über Günter Grass. Untersuchungen zur sprachbildlichen Rollenfunktion*, Francke, Bern/München 1974, S. 5.

Anders als Michel Houellebecq lässt Günter Grass nie Zweifel an seiner politischen Verortung aufkommen: Für Spekulationen bleibt bei dem in Danzig geborenen Sohn eines protestantischen Lebensmittelhändlers und einer Katholikin kaschubischer Herkunft zwischen Reden für die SPD und dem Wahlkampf an der Seite Willy Brandts wenig Raum, bevor er sich zu Beginn der 1990er Jahre stärker zu den Grünen hingezogen fühlt, ohne aber seine Sympathie für die SPD ganz aufzugeben.[56] Grass gehört zu denjenigen Schriftstellern, die dem Nachkriegsdeutschland Adenauers mit unvergleichbarer Irritationskraft entgegen treten. Obgleich sich Grass als aufmerksamer, vehementer Kritiker der Bundesrepublik erweist, besitzt der „schnauzbärtige, finster und wild einherblickende Kerl mit Schlägermütze“[57] den Status des Wappentieres der Deutschen.[58] Das Innehalten vor der Wirklichkeit empfindet Grass von Beginn an als die Grundlage seiner Arbeit: Zunächst auf der Suche nach Stoffen und Motiven, gedeihen ihm widerständige Inhalte, die sich sozial- und ideologiekritisch in seinem Welterfolg, der *Blechtrommel*, niederschlagen. Grass begibt sich damit in die Rolle des Abseitigen, der es als seine Pflicht betrachtet, in Distanz zu der auf wohlfahrtsstaatlichen Konsens ausgerichteten Nachkriegsgesellschaft zu treten, an die Schuld Deutschlands zu erinnern und auf diese Grundhaltung Leben und literarisches Schaffen aufzubauen.[59]

Biografisch lässt sich dies leicht erklären. Grass ist Teil jener Generation, die um das Jahr 1927 geboren wird und am Ende des Zweiten Weltkrieges etwa 18 Jahre alt ist. Die Angehörigen dieser so genannten *27er-Generation* befinden sich bei Kriegsende als junge Erwachsene in der Lage, aufgrund ihres Alters in den meisten Fällen noch weitgehend unschuldig an den Verbrechen des Nationalsozialismus geblieben zu sein. Sie haben die NS-Herrschaft als Kinder und Jugendliche erlebt und suchen an der Schwelle zum Erwachsenenalter nach neuen Identifikationsmöglichkeiten. Die deutsche Nachkriegsliteratur der Bundesrepublik, also auch von Günter Grass, ist zu einem wesentlichen Teil von der Erfahrung dieser Generation geprägt: Sie stellt die Frage nach der Schuld

---

56 Vgl. Leparmentier, Arnaud: „Günter Grass bat le tambour pour les Verts allemands“, in: *Le Monde*, vom 08.09.1998.

57 Zimmermann: *Günter Grass unter den Deutschen*, S. 635.

58 Vgl. ebd.

59 Vgl. ebd., S. 635f.

derjenigen, die das Hitler-Regime durch jedwede Art von Partizipation in der NSDAP oder NS-Massenorganisationen unterstützt haben.[60]

Als Panzerschütze bei der Waffen-SS nach einer Verwundung aus dem Krieg entlassen, findet sich Grass nach amerikanischer Kriegsgefangenschaft 1946 in eine perspektivlose Lebenslage in ein ihm befremdliches Deutschland versetzt. Der wissbegierige Autodidakt sieht daher zunächst keine andere Möglichkeit, als abseits aller kulturellen Konventionen und Erwartungen sein Künstlertum zu verwirklichen. In Düsseldorf absolviert er ein Praktikum bei einem Steinmetz und beginnt 1948 das Studium der Grafik und Bildhauerei, was er 1953 in Berlin als Schüler des Bildhauers Karl Hartung fortsetzt. Erst nach Abschluss des Studiums beginnt Grass, sich schriftstellerisch zu betätigen und debütiert mit den *Vorzügen der Windhühner* und den *Bösen Köchen* als Lyriker und Dramatiker. Allerdings findet er zwischen den vermeintlichen Heilsversprechen von links und der Aufbruchstimmung in der Bundesrepublik keine geistige Heimat. Immer die Scham über die eigene Mittäterschaft im Hinterkopf, ist es ihm weder möglich, sich bedenkenlos der Inneren Emigration zugehörig zu fühlen, noch an die klassisch-romantische Tradition der deutschen Literatur anzuknüpfen, da auch diese nicht unbescholten geblieben war. Dem intellektuellen Klima des durch Camus geprägten Paris der 1950er Jahre kann sich Grass schon eher anschließen und verlegt 1956 für drei Jahre gemeinsam mit seiner Ehefrau, der Balletttänzerin Anna Schwarz, seinen Wohnsitz nach Paris. Obwohl ihm der Zugang zu den Intellektuellenmilieus der französischen Hauptstadt versperrt bleibt, da er noch kein bedeutendes Werk veröffentlicht hat, fühlt er sich trotz finanzieller Engpässe mit der französischen Lebensart wohl, wird Vater der Zwillinge Raoul und Franz und verfasst, in genügendem Abstand zu seiner deutschen Heimat, die *Blechtrommel*. Aus seinen formerprobten lyrischen und dramatischen Erstlingen lässt sich zwar eine allgemeine Zivilisations- und Ideologiekritik herauslesen, die alles Totalitäre denunziert, in der *Blechtrommel* tritt er hingegen als reflektierter Schrift-

---

[60] Vgl. Kim, Nury: *Allegorie und Authentizität. Zwei ästhetische Modelle der Aufarbeitung der Vergangenheit: Günter Grass'* Die Blechtrommel *und Christa Wolfs* Kindheitsmuster (= Europäische Hochschulschriften, Reihe 1: Deutsche Sprache und Literatur, Bd. 1534), Peter Lang, Frankfurt a.M. 1995, S. 214 und S. 217 sowie Mittenzwei, Werner: *Die Intellektuellen. Literatur und Politik in Ostdeutschland 1945–2000*, Faber & Faber, Leipzig 2001, S. 71.

steller auf, der den Schulddiskurs auf einer anderen Ebene austragen will, als er unter Adenauer geführt wird.[61]

Während eines Aufenthaltes in Polen, wo er für die *Blechtrommel* recherchiert, lernt er seinen späteren *besten Feind* Marcel Reich-Ranicki kennen, damals noch ein unbekannter polnischer Kritiker. Es kommt zu einem ersten Gespräch zwischen beiden, das Reich-Ranicki jedoch mit der Gewissheit beendet, nie wieder etwas mit Grass zu tun haben zu werden. Dieser macht in Paris die Bekanntschaft mit dem damals schon bekannten Dichter Paul Celan, dessen Freundschaft ihm nicht nur eine wichtige Inspirationsquelle für *Die Blechtrommel* ist, sondern ihm darüber hinaus grundlegende Lebenshaltungsmuster und den Kontakt zu seinem späteren französischen Verlag Seuil einbringt. Grass selbst sagt über Celan: „Je dois beaucoup à Paul Celan: l'incitation, la contradiction, le concept de solitude, mais aussi la connaissance du fait qu'Auschwitz n'a pas de fin".[62] Grass versteht dank Celan, dass es unmöglich ist, über die Zukunft Deutschlands nachzudenken, ohne den Schatten von Auschwitz einzubeziehen: Eine persönliche Erkenntnis, die ihm stets als Motor seiner Arbeit, vor allem aber seines politischen Engagements dient. Grass erarbeitet sich seine literarische Reputation somit als eine Art staatsbürgerlicher Dissident, der sich als moralische Instanz in kritischer Wortkunst bewähren kann. Spätestens mit seinem Protest gegen den Bau der Berliner Mauer nach der Rückkehr nach Deutschland ist sein Künstlerdasein zwar politisch aufgeladen, doch zugleich erwirbt er sich Anerkennung als national repräsentativer Schriftsteller und bedeutendster Vertreter der Gruppe 47. Die Verbindung zwischen Politik und Literatur bringt ihm jedoch immer wieder Kritik ein. Nach dem Einsatz für die SPD im Wahlkampf 1965 muss er sich den Vorwurf gefallen lassen, die Literatengruppe zu einem kulturellen Sprachrohr für die Sozialdemokratie umzufunktionieren und die notwendige Distanz zwischen Staat und Kultur aufzuheben. Dennoch beeinflusst die Politik weiterhin seinen Schreibprozess und vice versa.[63]

---

[61] Vgl. Zimmermann: *Günter Grass unter den Deutschen*, S. 636f.

[62] Zitiert in: Mannoni: *Günter Grass*, S. 101.

[63] Vgl. Grass, Günter: *Beim Häuten der Zwiebel*, Steidl, Göttingen 2006, S. 126f.; Mannoni: *Günter Grass*, S. 99–104 sowie Zimmermann: *Günter Grass unter den Deutschen*, S. 636–640.

Die späten 1960er und frühen 70er Jahre stellen für Grass zunächst eine Zeit der Besinnung und des vorübergehenden Rückzugs aus der politischen Öffentlichkeit sowie auch von der Literatur dar. Er lässt sich in Berlin-Friedenau in einer Umgebung nieder, in der er Tür an Tür mit Max Frisch und Uwe Johnson wohnt, zu denen er regelmäßigen Kontakt pflegt und Freundschaften entwickelt. In einer Zeit, in der die Kulturszene Berlins floriert, in der Theater und Film mit Namen wie Rainer Werner Fassbinder, Volker Schlöndorff und Werner Herzog die Kinos erobern, zugleich auch die Literatur eine neue Generation junger Schriftsteller hervorbringt, zu denen Peter Schneider oder Friedrich Christian Delius gehören, widmet sich Grass maßgeblich seiner Leidenschaft für Malerei und Skulptur. Dennoch sind Prosa und Lyrik ständige Begleiter seines künstlerischen Weges und spiegeln wieder, was er in Bildern, Grafiken und Skulpturen plastisch ausdrückt: Das Interesse für Fische, die er zeichnet und von denen er eine Plastik herstellt, welche heute im Hafen von Sonderburg in Dänemark zu sehen ist, kündigt bereits den *Butt* an, den er 1977 veröffentlicht. Die Figur der Sophie, mit der der Hauptdarsteller auf die Suche nach Champignons geht, kann als Analogie zu Veronika Schröter verstanden werden, einer jungen Architektin und Malerin, mit der Grass in Berlin eine mehrjährige Verbindung eingeht, aus der seine Tochter Helene hervorgeht, bevor er 1979 die Organistin Ute Grunert heiratet.[64]

Als Grass sich infolge des Misstrauensvotums gegen Helmut Schmidt entschließt, in die SPD einzutreten, engagiert er sich in den 1980er Jahren zunehmend über Deutschland hinaus in der „Zweiten" und „Dritten Welt", verlegt eine Zeit lang seinen Schaffensort nach Kalkutta und rückt die existenziellen Probleme der Menschheit wie Fortschrittsgläubigkeit, Hunger, Umweltzerstörung und Raubbau in den Blickpunkt Europas, um auf die Irrationalität der Lebensverhältnisse zwischen der „Ersten" und der „Dritten Welt" aufmerksam zu machen. Doch die deutsche Öffentlichkeit dankt ihm das nicht. Den Kritikerstreit, der auf die Veröffentlichung der *Rättin* folgt, deutet Grass als ein Zeichen für die Verweigerung der Auseinandersetzung mit globalen Problemen.[65]

Auch Grass' Positionierung zur deutschen Wiedervereinigung bringt ihm nicht minder Skepsis und Ablehnung ein. Erneut nimmt er einen Außenseiterposten ein und muss sich zum „vaterlandslosen Gesellen" erklä-

---

[64] Vgl. Mannoni: *Günter Grass*, S. 338–344.

[65] Vgl. Zimmermann: *Günter Grass unter den Deutschen*, S. 643.

ren lassen, als er die deutsche Einheit als einen übereilten Kolonialfeldzug des Westens bezeichnet und behauptet, die Einheitsstaatlichkeit Deutschlands sei ein Verhängnis, das im „Dritten Reich“ zu Auschwitz geführt habe. Erst die Verleihung des Nobelpreises im Jahr 1999 kann die deutsche Dichterrepublik vorübergehend wieder mit Grass versöhnen.[66]

Nachdem der so genannte „Wenderoman“ *Ein weites Feld* Mitte der 1990er Jahre von der Literaturkritik äußerst ambivalent aufgenommen wurde und man Grass bereits prophezeit, er sei am Ende angekommen und habe nichts mehr zu sagen, beweist dieser mit *Mein Jahrhundert*, das er im September 1999 veröffentlicht, das Gegenteil: Das Werk nimmt den ersten Platz auf der Bestseller-Liste des *Spiegel* ein, nur wenige Wochen bevor ihm das Nobelpreiskomitee in Schweden die Nachricht überbringt, dass der Preis an ihn verliehen werde. Die Presse wertet diesen Akt als symbolischen Sieg des Geistes über den deutschen Terror; Freunde, Kollegen und politische Gesinnungsgenossen beglückwünschen ihn und unterstreichen die Bedeutung dessen, dass der letzte Preis des Jahrhunderts voller Kriege und gewalttätiger Auseinandersetzungen an einen Schriftsteller übergeben wird, der die historische Aufarbeitung der deutschen Vergangenheit wie kein anderer begleitet und vorangetrieben hat. Grass wird an der Schwelle zum 21. Jahrhundert zu einer wichtigen Instanz der Nation, doch aufgrund des Bekenntnisses zur Mitgliedschaft in der Waffen-SS gerät er erneut in das Fadenkreuz der öffentlichen Kritik, die seine Moralität in Bezug auf Fragen der nationalsozialistischen Epoche angreifbar erscheinen lässt. Trotz der Forderung besonders kritischer Stimmen wie der Joachim Fests und des CDU-Politikers Wolfgang Börnsen, die ihm den Nobelpreis und die Ehrenbürgerschaft der Stadt Danzig aberkennen wollen, beruhigt sich die Gemütslage all derer wieder, die in Grass einen unglaubwürdigen Polemiker sehen, als dieser ein öffentliches Reueschreiben verfasst und sogar der Danziger Bürgermeister Pawel Adamowicz die Verdienste Grass’ als Künstler und insbesondere als Schriftsteller herausstellt, die trotz seiner Beteiligung in der Waffen-SS-Division Frundsberg unumstritten bleiben sollten.[67]

---

[66] Vgl. Zimmermann: *Günter Grass unter den Deutschen*, S. 642–644 und S. 646.

[67] Vgl. Auffray, Alain: „Etat de Grass“, in: *Libération*, vom 06.09.2006 sowie Mannoni: *Günter Grass*, S. 521–524.

5.2.2 Charakteristika der Grassschen Literatur

Schon ein flüchtiger Blick auf die sich stetig verlängernde Grass-Bibliografie verrät dem geneigten Leser die Vorliebe der Literaturwissenschaft für das Prosawerk des Schriftstellers, obwohl dieser durchaus auch auf lyrischen und dramatischen Pfaden reüssiert. Die Lyrik stellt für Grass im schriftstellerischen Schaffensprozess stets eine Art Experimentierfeld dar, das nicht nur die Möglichkeit einer Bestandsaufnahme bietet, sondern zugleich erlaubt, noch amorphe Stoffe und Themen zu ordnen und neue Orientierungen für mögliche erzählende Werke vorerst auf poetischem Wege auszutesten, ohne dabei aber die Poesie als Zwischen- oder Endprodukt gering zu schätzen.[68] Trotz der Bedeutung der Lyrik für Grass besteht das zentrale Anliegen des folgenden Kapitels in der Charakterisierung der Prosa des Schriftstellers, da Grass weit über die deutschen Grenzen hinaus für seine epischen Werke berühmt ist und die Gedichtbände zudem in der Rezensionsuntersuchung im zweiten Teil der vorliegenden Arbeit keine Rolle spielen werden.

5.2.2.1 Literarische Vorbilder

„Da Schriftsteller nie selbstherrlich sind, sondern ihr Herkommen haben, sei gesagt: Ich komme von jenem Döblin her“[69] – so Günter Grass in einer Rede, die er anlässlich des zehnten Todestages Alfred Döblins im Jahr 1967 hält. Eine Passage der Rede verdeutlicht, inwiefern sich Grass Döblin für das eigene Literaturverständnis fruchtbar macht: Er schätze die kühle, scheinbar unbeteiligte Beobachtung von Mensch und Realität in all ihren Widersprüchlichkeiten, die Utopie in dessen Werken sowie einen in seinen Augen charakteristischen Zug der Döblinschen Literatur, den er als Fantasterei mit der Vernunft bezeichnet, ohne jedoch näher auszuführen, was darunter zu verstehen sei.[70]

Rolf Kellermann arbeitet bereits in den 1970er Jahren heraus, dass Günter Grass zunächst die Rolle des Autors anhand von Döblin festlegt, da diesem der Spagat gelinge, einerseits als engagierter Bürger politisch und gesellschaftlich Stellung zu beziehen, andererseits aber als Autor in

---

[68] Vgl. Stolz, Dieter: *Günter Grass zur Einführung*, Junius, Hamburg 1999, S. 12f.

[69] Zitiert in: Moser, Sabine: *Günter Grass. Romane und Erzählungen* (= Klassiker-Lektüren, Bd. 4), Schmidt, Berlin 2000, S. 19.

[70] Vgl. Moser, Sabine: *Günter Grass. Romane und Erzählungen* (= Klassiker-Lektüren, Bd. 4), Schmidt, Berlin 2000, S. 20.

den Werken hinter die geschilderte Geschichte zurückzutreten. Per Øhrgaard beobachtet hingegen, dass Erzähler, Autor und Figuren bei Grass ineinander übergehen und er teilweise selbst als biografischer Erzähler in seinen Werken auftritt.[71]

Über die Rolle des Autors hinaus kann Döblin für Grass jedoch noch in anderer Hinsicht als literarisches Vorbild bezeichnet werden. Die futuristische Komponente, die Grass in der Gleichzeitigkeit von sprachlicher Nähe und inhaltlich-ideologischer Distanz zum Erzählten bei Döblin feststellt, nimmt der Autor auf, verarbeitet sie jedoch in ironischer Brechung, die an die Theatralik Döblins erinnert, bei diesem jedoch unvorstellbar gewesen wäre. Des Weiteren übernimmt Grass Teile aus dem *Berliner Programm*, in dem Döblin Grundsätze seiner Romanpoetik entwirft, als theoretische Basis für sich selbst: Er hebt die entseelte Realität als Gegenstand des Romans hervor, weist auf Exaktheit in suggestiven Wendungen und das rapide wechselnde Durcheinander von z. T. bloßen Stichworten hin, die er bei Döblin als vorbildhaft empfindet. Damit überträgt Grass dem Roman die Aufgabe, unabhängig von ideengeschichtlichen Ordnungsvorstellungen unter Missachtung aller formaler Konventionen direktes sprachliches Korrelat der Wirklichkeit zu werden und prägt für seine Werke die Formel des epischen Aufrisses. Die Technik des inneren Monologs, dem, aus der Chronologie der Handlung herausgelöst, für die parallelen Abläufe mehrerer Wirklichkeitsebenen, wie sie häufig bei Grass zu finden sind, eine große Bedeutung zukommt, gehe jedoch auf James Joyce zurück.[72]

Sowohl Øhrgaard als auch Moser erkennen zudem den Einfluss Albert Camus' auf Grass' Schaffen, den jener während seines mehrjährigen Aufenthaltes in Paris studiert hat. In der Existenzialismus-Debatte, die in den 1950er Jahren zwischen Sartre und Camus entfacht, ergreift Grass Partei für Camus, da er dessen betont antiidealistische Position aus seiner eigenen Ideologie-Skepsis und seiner Distanz gegenüber dem deutschen Idealismus Hegels heraus schätzt. *Le mythe de Sysiphe* stehe für Grass ex-

---

[71] Vgl. Moser: *Günter Grass*, S. 20f. sowie Øhrgaard, Per: *Ein deutscher Schriftsteller wird besichtigt*, Zsolnay, Wien 2005, S. 58.

[72] Vgl. Durzak, Manfred: *Der deutsche Roman der Gegenwart. Entwicklungsvoraussetzungen und Tendenzen: Heinrich Böll, Günter Grass, Uwe Johnson, Christa Wolf, Hermann Kant*, Dritte, erweiterte und veränderte Auflage, Kohlhammer, Stuttgart 1979, S. 251 sowie Moser: *Günter Grass*, S. 21.

emplarisch für die Absage an jegliche Ideologie. Grass interpretiert den Stein des Sysiphos, den man auch in dem Bewusstsein bewegen müsse, dass er, am angestrebten Punkt angekommen, nicht liegen bleibt, allegorisch als Verneinung jedes Endziels und damit als eine Absage an Utopien und geschlossene ideologische Systeme, die den Menschen glauben machen wollen, dass er eine ersehnte Position erreichen kann. Darüber hinaus habe sich Grass Camus auch in erzählerischer und sprachlicher Hinsicht zu Nutze gemacht: Das Bemühen um eine gegenständliche Erzähltechnik verleiht dem bei Camus entdeckten Gegensatz zwischen Einheit und Zersplitterung der Welt, dem Widerspruch, der sich aus der Einsicht in die Absurdität der menschlichen Existenz ergibt, sprachlich insofern Ausdruck, als Grass die beobachtete Welt über das äußerlich Sichtbare zu erklären versucht.[73] Er geht dabei geradezu von einer Prävalenz der Dinge aus, kreiert eine Wechselbeziehung zwischen Mensch und Dingwelt, personifiziert Gegenstände, versachlicht und neutralisiert Menschen, charakterisiert die Figuren über die sie umgebenden Gegenstände wenn er, wie in der *Blechtrommel*, Oskar Matzerath ein Fotoalbum in die Hand gibt, damit dieser mit dem Erzählen über die Danziger Kleinbürger beginnen kann oder die Trommel als notwendige Voraussetzung benutzt, damit Oskar imstande ist, z. B. den Aufmarsch der Nationalsozialisten ad absurdum zu führen. Die Pars-pro-toto-Methode, die eigentlich aus dem Bereich des Films stammt, versucht Grass auf die Literatur zu übertragen: Er betrachtet die Welt von den Dingen ausgehend, schließt vom Detail auf das große Ganze, vom Individuum auf die Gesellschaft.[74]

5.2.2.2 Merkmale und thematische Schwerpunkte der Literatur Grass'

> Das vorliegende Romanschaffen von Günter Grass erweist sich als in sich stark zusammenhängend; […], ‚Die Rättin' […] schließt einen Bogen von Motiven, Charakteren und Bildern, die im ersten Werk, der ‚Blechtrommel', angelegt werden. Nicht nur die ‚Danziger Trilogie' kann im Zusammenhang

---

[73] Vgl. Kim: *Allegorie und Authentizität*, S. 227; Moser: *Günter Grass*, S. 19f. sowie Øhrgaard: *Ein deutscher Schriftsteller wird besichtigt*, S. 71.

[74] Vgl. Gerstenberg, Renate: *Zur Erzähltechnik von Günter Grass* (= Beiträge zur neueren Literaturgeschichte, Bd. 47), Winter, Heidelberg 1980, S. 30, S. 160f. und S. 172.

> gesehen werden – […] vielmehr erweist diese Geschlossenheit einen Zusammenhang aller Romane untereinander.[75]

Die Verbindungen, die über Motive und Figuren zwischen den Romanen von Günter Grass auszumachen sind, mögen dem interessierten Leser zwar nicht neu sein, erstaunen aber bei genauerer Betrachtung der thematischen Orientierung dennoch. Bereits im Jahr 1969, nur zehn Jahre nach Veröffentlichung der *Blechtrommel*, muss sich Grass aufgrund seines Werkes *Örtlich betäubt* den Vorwurf gefallen lassen, Literatur nurmehr dazu zu nutzen, politische Ansichten zu verbreiten und aufgrund dessen sein schriftstellerisches Talent nicht mehr vollständig zu entfalten. Spätestens mit der *Rättin* sei eine Konzentration auf gegenwärtige Probleme festzustellen, während er den Fokus zuvor auf die Aufarbeitung des Nationalsozialismus gelegt hatte. Von Anfang an sei Grass aber, anders als Gerhart Hauptmann oder Thomas Mann, mit dem Anspruch aufgetreten, die Barriere zwischen Literatur und Politik zu überwinden und seine eigene Kunstausübung auch als politische Aufgabe zu begreifen.[76] Die womöglich fehlende Distanz zum politischen Geschehen tritt jedoch nicht als außerästhetischer Störfaktor in Grass' Werken zutage, da sich dieser zum Ziel setzt, die vielfältige Wirklichkeit in seinen Werken künstlerisch zu verbinden: Schreiben und Erzählen erfüllen die Funktion der Vergegenwärtigung von Erinnerungen, der Bewusstmachung der Gegenwart und der Problematisierung der Zukunft.[77] In den Jahren 1959 bis 1969, der ersten Schaffensperiode, in der u. a. die *Blechtrommel*, die *Hundejahre* und *Katz und Maus* entstehen, begibt sich Grass auf die Spuren der deutschen Geschichte und tritt mit sarkastischem, parodistischem, mitunter auch blasphemischem Humor eine Reise auch in seine Danziger Kindheit an. Er entwirft ein Bild von Hitlers Deutschland, stellt die Gleichgültigkeit der kleinbürgerlichen Gesellschaft gegenüber den zeitgeschichtlichen Ereignissen sowie die Verbrechen des Zweiten Weltkrieges

---

[75] Rempe-Thiemann, Norbert: *Günter Grass und seine Erzählweisen. Zum Verhältnis von Mythos und literarischer Struktur* (= Bochumer germanistische Studien, Bd. 2), Brockmeyer, Bochum 1992, S. 167.

[76] Vgl. Durzak: *Der deutsche Roman der Gegenwart*, S. 250 sowie Richard: „Esthétique et politique", S. 45.

[77] Vgl. Auffenberg, Christian: *Vom Erzählen des Erzählens bei Günter Grass. Studien zur immanenten Poetik der Romane* ‚Die Blechtrommel' *und* ‚Die Rättin', LIT, Hamburg/Münster 1993, S. 170f.

an den Pranger, fragt nach der Schuld des Einzelnen, erweckt jedoch nie romantisierende oder nostalgische Eindrücke eines im Exil lebenden Flüchtlings. Im Gegenteil: „Grass accuse, ridiculise, caricature, démystifie".[78] Er lasse sich einerseits in seinem Schreiben durch seine Vernunft leiten und bringe das kühl-pragmatische Misstrauen gegenüber jeglicher Ideologie und Religion in seinen Werken zum Ausdruck, andererseits tragen diese aber auch die visionären Züge eines sich vor allem auf die sinnliche Wahrnehmung verlassenden Sprachgenies, der das Fühlbare, Riechbare, Tastbare plastisch machen will, ohne dabei aber Empfindungen ansprechen zu wollen, sondern vielmehr auf die Verlebendigung dieser sinnlichen Eindrücke Wert zu legen: Gerade diese Dualität von Ideologieskepsis und Sinnlichkeit zeichne die genannten Werke in einzigartiger Weise aus.[79]

Lionel Richard unterstützt die These, dass mit der *Rättin* ein thematischer Einschnitt stattfindet: Grass beginnt, sich zeitgeschichtlichen Problemen zu widmen, macht auf die Gefahr einer nuklearen Katastrophe aufmerksam und stimmt damit in gewisser Weise in die Slogans der Anti-Atomkraftbewegung jener Zeit mit ein, im *Butt* spricht er sich für die Notwendigkeit der Emanzipation der Frau aus und kritisiert schließlich in den *Unkenrufen* das kapitalistische Wirtschaften nach dem Zusammenbruch des Sozialismus. Richard kann jedoch dem Vorwurf einer sprachlichen Verarmung der Romane aufgrund einer Fokussierung auf politisch relevante Themen nicht zustimmen: „L'orientation vers des sujets actuels marche de pair avec un enrichissement des moyens littéraires, jusqu'à une virtuosité dans l'expression".[80] Grass vermische, wie im vorangegangenen Kapitel in Bezug auf die Literatur Michel Houellebecqs in ähnlicher Form gezeigt werden konnte, tagebuchartige Einträge, Gedichte und realistische Berichte in einem epischen Werk, bringe aber auch mythische Passagen und sogar Märchen mit starker Symbolkraft oder eine märchenhafte Verfremdung des Erzählstoffes darin unter, wobei, wie im *Butt*, Lyrik und Dramatik scheinbar genau kalkuliert den Fluss einer

[78] Wintzen, René: „Un bouffon qui recrée le monde. Du *Tambour* jusqu'à *Anesthésie locale*, la première période romanesque de Günter Grass, hantée par le souvenir du passé", in: *Magazine littéraire* (381) 1999, S. 44.

[79] Vgl. Durzak: *Der deutsche Roman der Gegenwart*, S. 248; Gerstenberg: *Zur Erzähltechnik von Günter Grass*, S. 30; Kim: *Allegorie und Authentizität*, S. 221, 224 und S. 230 sowie Wintzen: „Un bouffon qui recrée le monde", S. 43f.

[80] Richard: „Esthétique et politique", S. 45.

Geschichte unterbrechen und als Leitmotive fungieren. Diese stilistische Diversifikation zeugt für Marcel Reich-Ranicki davon, dass Grass seine Werke überlade, die Handlung immer wieder durch persönliche Kommentare über die Friedensbewegung oder die Rolle der Frau in der Gesellschaft störe und das Romangeschehen durch die Parallelschaltung historischer Ereignisse ausweite, was er nicht als stilistisches Mittel anerkennt, sondern daraus die Unfähigkeit des Autors ableitet, sich auf den Verlauf einer Handlung zu konzentrieren.[81]

Besonderer Berücksichtigung bedarf an dieser Stelle der Roman *Ein weites Feld*, da das umfangreiche Werk sich von allen bisherigen noch einmal unterscheidet. Grass gehe damit laut Renate Gerstenberg von der pikaresken, den Schelmenroman parodierenden Form weg, konzentriere sich zwar wie auch schon in den *Unkenrufen* weiter auf Probleme der Gegenwart, erarbeite diese aber in einem didaktischen Roman. „C'est un type de roman qui invite le public à réfléchir sur son temps en fonction de l'histoire de l'Allemagne",[82] allerdings greife Grass die darin verarbeiteten Probleme auf viel subtilere Weise auf, als er es in den *Unkenrufen* getan hat und berühre damit ein weitaus größeres thematisches Spektrum als die deutsche Wiedervereinigung von 1990: Tradition und Nation spielen ebenso eine Rolle wie Opportunismus und Unterwürfigkeit unter staatliche Machtstrukturen, Spionage und die Situation jüdischer Intellektueller in Deutschland. Auch die immer wiederkehrenden Themen Schuld und Verrat gelangen in scheinbarer Leichtigkeit zur Darstellung.[83] Zudem treten in den Werken in besonderer Fülle die intertextuellen Bezüge zu anderen Autoren und Werken zutage, die für Grass' Prosa charakteristisch sind. Wenn es im *Weiten Feld* Fontane ist, den Grass heranzieht, begleiten *Die Blechtrommel* beispielsweise Goethes *Wahlverwandtschaften*, wohingegen in *Katz und Maus* die Schuljugend mit Eichendorff traktiert wird. Die Romantiker Brentano und Arnim tauchen im *Butt* auf, während Grass in *Örtlich betäubt*

---

[81] Vgl. Gerstenberg: *Zur Erzähltechnik von Günter Grass*, S. 39–41 sowie Richard: „Esthétique et politique", S. 45f. und S. 49.

[82] Vgl. Richard: „Esthétique et politique", S. 46.

[83] Vgl. Gerstenberg: *Zur Erzähltechnik von Günter Grass*, S. 22; Jurgensen: *Über Günter Grass*, S. 6 sowie Richard: „Esthétique et politique", S. 46f.

auf das Fortbestehen des antiken Erbes mithilfe einer kompetenten Spielerei mit Seneca-Zitaten aufmerksam machen will.[84]

Die Spiegelung der Wirklichkeit nicht als reproduzierende Kopie, sondern als verzerrende, verfremdende und radikalisierte Abbildung, eines der Grundanliegen Grass', kann ebenfalls im *Weiten Feld* wiedergefunden werden. Diese Brechung der Realität ermöglicht erst ein kritisches Auseinandersetzen damit: Wirklichkeit wird für ihn zum Ausgangspunkt, nicht zum Resultat poetischer Imagination, was es ihm ermöglicht, eine fantastische Welt zu kreieren und eine Vielzahl von Deutungsmöglichkeiten von Wirklichkeit und damit auch von Wahrheit anzubieten. Gleichzeitig fordert der Autor seine Leser damit auf, diese Deutungsvarianten in kritischer Distanz zu betrachten, sie zu hinterfragen und somit zu relativieren, weil er den Anspruch verfolgt, der objektiven Wirklichkeit eine eigene, ergänzte Realität entgegen zu stellen, deren Erklärungs- und Deutungsmuster über eine eindimensionale, rationale Wirklichkeit hinausweisen.[85] Die Ambivalenz von Wahrheit, die er somit impliziert, kann als dialektisierende Auseinandersetzung mit Werten, Fakten und Zuständen verstanden werden, die sich zum Ziel setzt, die Zwiespältigkeit verschiedenster Situationen aufzuzeigen und der Realität in kritischem Relativismus entgegen zu treten. Diesen Relativismus wiederum bezeichnet Christian Auffenberg als konstitutiven Bestandteil der Grassschen Literatur, die der Autor mithilfe von antagonistisch konzipierten Figurenkonstellationen, einer Vielzahl von Erzählsträngen, der Potenzierung der Erzählerperspektive sowie des gleichzeitigen Ineinandergreifens von Ungleichzeitigem, von Vergangenheit, Gegenwart und Zukunft, darzustellen versucht und sich jeglicher Chronologie verwehrt. Grass geht es bei der Anwendung dieser pluralistischen erzähltechnischen Möglichkeiten um die Demonstration der Unterwanderung ideologisch-dogmatischer Ansprüche, d. h., um die Verunsicherung vereinheitlichenden Denkens: Er erhebt damit Skepsis und Zweifel zum Credo kritischen Schreibens und nimmt somit eine geradezu aufklärerische Perspektive ein.[86]

---

[84] Vgl. Lorou, Blé Richard: *Erinnerung entsteht auf neue Weise. Wende und Vereinigung der deutschen Romanliteratur*, Ludwig, Kiel 2003, S. 180.

[85] Vgl. Rempe-Thiemann: *Günter Grass und seine Erzählweisen*, S. 168f.

[86] Vgl. Auffenberg: *Vom Erzählen des Erzählens bei Günter Grass*, S. 161f., 165–168 und S. 174f. sowie Jordheim, Helge: „Versuche zu einer Zeithermeneutik der Mo-

5.2.2.3 Form, Sprache und Stil

An den Ausgangspunkt des Versuches, Sprache und literarischen Stil von Günter Grass zu beschreiben, soll Timm Boßmann gestellt werden, der mit Bezug auf eine Studie von Franz Josef Görtz Folgendes feststellt: anhand der Untersuchung der Rezeption von *Örtlich betäubt*, der *Blechtrommel*, der *Hundejahre* und von der Novelle *Katz und Maus* mit mathematisch-statistischen Methoden könnten einige scheinbar grundlegende Merkmale erhellt werden, die die Literaturkritiker Grass immer wieder bescheinigen: Angefangen bei einer wortgewaltigen Sprache wird stets von Neuem seine gelungene Metaphorik hervorgehoben, die er aufgrund seines Hangs zur Satire in diabolischen Humor kleide. Charakteristisch sei zudem, dass sich Grass der Umgangssprache bediene, um Milieuzugehörigkeiten aufzuzeigen, statt sie zu beschreiben. Damit sei ein Markenbild entstanden, das die Betrachtung späterer Werke durch die Kritiker, aber auch durch das lesende Publikum stets beeinflusst habe.[87]

Grass selbst hebt in poetologischen Überlegungen, die er schon vor der Publikation der *Blechtrommel* anstellt, hervor, dass Inhalt und Form stets eine Einheit bilden und sich aufeinander beziehen müssten: Variierende Inhalte erfordern somit eine jeweils spezifische sprachliche bzw. formale Gestaltung.[88] Obwohl dies im Rückschluss bedeuten würde, dass kaum wiederkehrende Muster und sprachliche Charakteristika in unterschiedlichen Werken auftauchen, können doch romanübergreifende stilistische Tendenzen ausgemacht werden:

> Die sprachliche Gestaltung von Grass' gesamter Prosa ist bewußt darauf angelegt, den Leser zur permanenten Konzentration anzuhalten. Die stilistischen Merkmale der Verdichtung und die erzählfunktionale Bedeutung der Sprache zwingen den Rezipienten zum genauen Lesen des Textes. Die Absicht der De-Automatisierung des Lesens und das Anschreiben gegen Lesegewohnheiten zeigen sich bei der Verwendung von Paradoxa, bei ungewöhn-

derne und der Postmoderne: die Gleichzeitigkeit des Ungleichzeitigen in Grass' *Im Krebsgang* und Wolfs *Leibhaftig*", in: Sagmo, Ivar (Hrsg.): *Moderne, Postmoderne und was noch? Akten der Tagung in Oslo*, 25.–26.11.2004 (= Osloer Beiträge zur Germanistik, Bd. 39), Peter Lang, Frankfurt a.M. 2007, S. 117–119.

[87] Vgl. Boßmann, Timm: *Der Dichter im Schussfeld. Geschichte und Versagen der Literaturkritik am Beispiel Günter Grass*, Tectum, Marburg 1997, S. 44 sowie Gerstenberg: *Zur Erzähltechnik von Günter Grass*, S. 27f.

[88] Vgl. Gerstenberg: *Zur Erzähltechnik von Günter Grass*, S. 27.

> lichen Wortstellungen, Mißachtung semantischer Merkmalsbeschränkungen und vor allem bei der Abwandlung vorgeprägter Sprachmuster.[89]

Neben der sprachlichen Verdichtung, die auf eine inhaltliche Komprimierung von Informationen in eine kompakte, aber strukturell minimal gehaltene Satzform mithilfe von Ellipsen, Analogien und attributiven Erweiterungen abzielt, kennzeichnet die Grass-schen Werke vor allem die Präsenz sprachspielerischer Formulierungen, die das Bemühen zum Ausdruck bringen, jedem Inhalt eine eigene sprachliche Ausdrucksform zuzuweisen: Angenendt empfindet dieses Vorhaben, dem sprachlichen Stil Funktionalität zuzuweisen, indem Schreibweisen mit Themen und Motiven korrelieren, durchaus als geglückt. Zur Veranschaulichung sei ein Beispiel aus den *Hundejahren* aufgeführt, das der Figur Walter Marterns in den Mund gelegt wird: „Während er seine gesenkte Schlagfaust mit den Schlagflächen für den Vorarmschlag und Vorhandschlag demonstriert, steht die Sonntagvormittagssonne auf seinem haarlosen Schädel kopf [...]". Diese bildliche und präzise Sprache zeugt von Erklärungskraft und Beobachtungsschärfe, welche Grass darüber hinaus versucht, mithilfe der entsprechenden Erzählperspektive umzusetzen. Das Erzählprinzip des Schriftstellers erwächst häufig aus dem Ziel, das Geschehen einer Geschichte von zeitlich und räumlich verschiedenen Distanzebenen her darzulegen, was er mit dem Wechsel zwischen Ich- und Er-Erzähler z. B. in der *Blechtrommel* sowie dem Ineinandergreifen von Vergangenheit und Gegenwart deutlich machen will. Bemerkenswert ist auch die Variabilität, mit der Grass bestimmte Motive sprachlich umsetzt.[90] Er verfremdet semantische Bedeutungen, indem er Unvereinbares nebeneinander rückt, arbeitet entweder mit der wörtlichen Bedeutung von Sprache und bringt zahlreiche Assoziationen ein, die ihm bei der Benutzung eines Wortes oder einer Wendung in den Sinn kommen oder aber er vermeidet es, das Wesentliche zu sagen.[91]

---

[89] Angenendt, Thomas: *„Wenn Wörter Schatten werfen". Untersuchungen zum Prosastil von Günter Grass* (= Kölner Studien zur Literaturwissenschaft, Bd. 6), Peter Lang, Frankfurt a.M. 1995, S. 227.

[90] Vgl. Angenendt: „Wenn Wörter Schatten werfen", S. 225f. sowie Gerstenberg: *Zur Erzähltechnik von Günter Grass*, S. 20.

[91] Vgl. Gerstenberg: *Zur Erzähltechnik von Günter Grass*, S. 31.

Eryck de Rubercy behauptet hingegen, Grass beachte die formale Gestaltung eines Romans kaum, bringe keine neuen Formen hervor und sorge sich nicht um deren elegante Aufmachung, sondern schreibe vielmehr, wie er empfinde. Dabei sei seine Sprache zwar mit detailgetreuen Beschreibungen bestückt, zeuge von Humor und decke ein weites Feld von Dialekten und Hochsprache, philosophischem und expressionistischem Vokabular ab, doch hinter seiner primär realistischen Erzählweise stehe keine geschlossene Theorie oder Ästhetikvorstellung. Der Leser erhalte den Eindruck, die durchaus nicht leicht zu lesenden Werke seien auf sprachlicher Ebene „un constat, la synthèse de l'expérience de la vie“[92], welche ihn inhaltlich dazu anhalte, immer wieder die Konfrontation mit der Geschichte und der Gegenwart zu suchen und diese mittels Montagetechniken, chronologischen Zeitsprüngen und Rückbezügen literarisch zu bearbeiten und zu versuchen, sie auf eine Ebene zu bringen. Der spezifische Detailrealismus bei Grass beruhe wiederum auf dem Bedürfnis, Abstand von allem Ganzheitlichen und Totalitären zu nehmen, das Gefahr läuft, das Individuum, das Einzelne und Detaillierte zu weit in den Hintergrund zu drängen und damit die Bedeutung dessen zu verfälschen.[93]

Die Position Norbert Rempe-Thiemanns in Bezug auf das Primat von Form oder Inhalt lässt sich als eine Synthese von Angenendt und De Rubercy auffassen. Rempe-Thiemann erkennt durch das gesamte Romanwerk Grass' hindurch zwar die Relativität des Inhaltlichen, ohne dass er aber von einer ausdrücklichen Vorrangstellung des Formalen sprechen würde. Seine Literatur kennzeichne eine Permeabilität, die in der Verwendung wissenschaftlicher und nichtwissenschaftlicher Strukturbeschreibungen sowie in der Darlegung politischer, philosophischer, erkenntnistheoretischer, allgemeinästhetischer und nicht zuletzt literarischer Ansichten zum Ausdruck kommt. Er attestiert Grass Merkmale strukturalistischen Schreibens, was er an der Kontextualität sowie an der Polysemie festmacht: Einerseits erlangt die überwiegende Mehrheit der Grassschen Textelemente erst in ihrem Kontext an Bedeutung, kann dann aber auf verschiedene Weise ausgelegt werden.[94]

---

[92] De Rubercy: „Günter Grass: Les proses d'une épopée“, S. 149.

[93] Vgl. ebd., S. 144–149; Gerstenberg: *Zur Erzähltechnik von Günter Grass*, S. 37 sowie Kim: *Allegorie und Authentizität*, S. 231.

[94] Vgl. Rempe-Thiemann: *Günter Grass und seine Erzählweisen*, S. 169.

5.3 Zusammenfassung

Abschließend lässt sich aus der näheren Betrachtung der Literatur der hier zu behandelnden Schriftsteller schlussfolgern, dass beide in ihren Werken ein breites Themenspektrum abdecken und sich durchaus mit zeitgenössischen Problemen beschäftigen. Während Grass jedoch stärker die Aufarbeitung der deutschen Geschichte in den Fokus rückt, mit seiner Literatur immer auch politischen Anspruch erheben will und damit als engagierter Schriftsteller eingestuft werden kann, stellt sich Houellebecq nicht in den Dienst der Politik und kann gar als apolitischer Autor bezeichnet werden. Konkrete historische Ereignisse spielen bei ihm keine Rolle, er thematisiert vielmehr historische Entwicklungsprozesse, erhebt sie jedoch nicht, wie Grass, zu Primärthemen seiner Werke, sondern greift sie nur insofern auf, als sie ihm dazu dienen, die Begründung für eigene Thesen historisch herzuleiten. Houellebecq bespricht zwar zweifelsohne gesamtgesellschaftlich relevante Themen und zeigt auf geradezu nihilistische Weise den in seinen Augen verkommenen Zustand der Postmoderne auf, ohne jedoch ein Plädoyer für Veränderung zu sprechen. Neuartig an der Houellebecqschen Literatur ist, dass dieser erstmals das Leiden einer Schicht in das Zentrum seiner Werke rückt, das des Mittelstandes, welches nicht aus finanzieller Not erwächst, sondern psychischer und seelischer Natur ist: Er zeichnet damit auch ein Krankheitsbild der Gesellschaft. Grass hingegen kritisiert weniger gesamtgesellschaftliche Zustände, sondern legt den Akzent seiner Kritik viel stärker auf einzelne Aspekte einer zu beobachtenden Entwicklung, wie beispielsweise Rechtsradikalismus, den deutschen Einigungsprozess, die Nutzung von Atomkraft, etc. Er fordert darüber hinaus weit mehr zu einem (moralischen) Fortschritt in einzelnen Bereichen auf, klagt ein Geschichtsbewusstsein ein und mischt sich zudem in politische und gesellschaftliche Debatten ein, während Houellebecq nur selten in bestehenden Diskursen Position bezieht oder unabhängig von seinen Werken neue Debatten hervorruft. Vielmehr fühlen sich die Medien durch seine Thesen oder Behauptungen in der Literatur provoziert, diese aufzugreifen und ihn zu öffentlichen Stellungnahmen zu bewegen. So stehen beide Autoren im Blickwinkel der Öffentlichkeit, jedoch mit vollkommen unterschiedlichen thematischen und literarischen Schwerpunkten: Demnach können die beiden Schriftsteller als Repräsentanten der literarischen Pluralität um die Jahrtausendwende gelten.

6 Die Rezeption Michel Houellebecqs in Frankreich und Deutschland

„On m'oubliera. On m'oubliera vite“[1]. Von diesem schwermütig anmutenden Resümee, mit dem die Hauptperson des Romans *Plateforme*, Michel Renault, seine Geschichte schließt, kann derzeit beim Erschaffer der Figur keine Rede sein, obwohl der Leser geneigt ist zu glauben, dass Michel Houellebecq aufgrund der häufig unscharfen Trennung zwischen eigener Persönlichkeit und Figuren mit dieser Aussage auch sich selbst meinen könnte. Da mit der Auswertung der Rezensionen nur ein Minimum der tatsächlichen Houellebecq-Rezeption abgedeckt ist, soll vorab zumindest ein Eindruck davon vermittelt werden, welch erstaunliches Ausmaß diese sowohl quantitativ als auch hinsichtlich der thematischen Vielfalt bis zum jetzigen Zeitpunkt bereits angenommen hat.

6.1 Überblick über die Houellebecq-Rezeption

Die gewaltige Aufmerksamkeit, die Michel Houellebecq im Untersuchungszeitraum von den Printmedien gewidmet wird, lässt den geneigten Leser nicht wenig staunen. Zuvorderst fällt dabei die überwältigende Dichte der Berichterstattung in *Le Monde*, der *Frankfurter Allgemeinen Zeitung* und der *Süddeutschen Zeitung* auf. Neben den Rezensionen, die die Blätter zu den vier Romanen des Autors verfassen, erweckt die Fülle von Artikeln, die zu ihm erscheinen, den Eindruck, als lassen sie keinen Schritt, keine Äußerung Houellebecqs unkommentiert. Neben der Besprechung der Gedichtbände *La poursuite du bonheur, Renaissance* und *Le sens du combat*, des Essays *H. P.* Lovecraft. *Contre le monde, contre la vie* und *Intervention* sowie der Erzählung *Lanzarote* fehlt weder eine Notiz zur Verfilmung noch zur Inszenierung der *Particules élémentaires* in München, Berlin oder Zürich. Doch auch über die Vertonung seiner Gedichte und die CD *Présence humaine*, die im Jahr 2000 daraus hervorgeht, wird der Leser informiert, ebenso wie über Strandauftritte in Frankreich oder Musiktourneen in Deutschland, bei denen Houellebecq die musikalische Interpretation seiner Gedichte vorträgt.[2] Darüber hinaus verfasst die *Süddeutsche Zeitung* ei-

---

[1] Houellebecq, Michel: *Plateforme*, Flammarion, Paris 2001, S. 370.

[2] Vgl. dazu u. a.: Davet, Stéphane: „Michel Houellebecq, garçon de plage“, in: *Le Monde*, vom 12.07.1999; Montaigne, Véronique: „Transparence de Houellebecq“,

nen Artikel anlässlich des Erscheinens von *Extension du domaine de la lutte* als deutsche Hörspielfassung und die *F.A.Z.* berichtet über die Rezeption Houellebecqs in Frankreich. Als besonders interessiert erweist sich allerdings *Le Monde* beispielsweise mit einem Artikel zur Stimmabgabe des Schriftstellers für Chevènement bei den Präsidentschaftswahlen 2002 oder zur Auseinandersetzung mit der Zeitschrift *Perpendiculaire* 1998.[3]

Ein Thema, das von allen in die nähere Betrachtung einbezogenen Zeitungen mit großem Interesse verfolgt wird, sind zudem die Prozesse Houellebecqs, die er mit den Romanen *Les particules élémentaires* und *Plateforme* provoziert.[4] Festzustellen ist dabei, dass die Publikationen über Houellebecq nach Erscheinen von *Les particules élémentaires* deutlich zunehmen, deren Zahl jedoch die nahezu unüberschaubare Menge der Berichte rund um *Plateforme* noch weit unterschreitet: Die Zeitungen veröffentlichen Interviews mit dem Schriftsteller, verfassen Portraits und kommentieren außerdem dessen Äußerungen über den Islam u. v. a. m. Vor allem aber fällt die Debatte über den Sextourismus in Thailand ins Auge, begleitet von persönlichen, häufig provokativ wirkenden Aussagen des Schriftstellers. Durch die außergewöhnlichen Erfolge, die er mit beiden Romanen feiert, gelangen jedoch mitunter auch Werke in das Blickfeld der Journalisten, die weit vor dem Erscheinen von *Extension du domaine de la lutte* publiziert werden, beispielsweise der Essay über Lovecraft oder der Lyrikband *La poursuite du bonheur*. Auffäl-

---

in: *Le Monde*, vom 22.04.2000; Rathgeb, Eberhard: „Kein Himmel auf Erden. Trübe Aussichten: Michel Houellebecqs Erzählung ‚Lanzarote'", in: *Frankfurter Allgemeine Zeitung*, vom 21.10.2000; Rühle, Axel: „Tanz mir den Husserl. Der Schriftsteller Michel Houellebecq gibt in Mainz ein Konzert", in: *Süddeutsche Zeitung*, vom 20.10.1999; Salles, Alain: „Michel Houellebecq change d'éditeur pour faire du cinéma", in: *Le Monde*, vom 29.04.2004 sowie Stäblein, Ruthard: „Ausweitung der Badezone. Schalenkoffertiere: Gedichte des Gnostikers Michel Houellebecq", in: *Frankfurter Allgemeine Zeitung*, vom 20.06.2001.

[3] Vgl. Altwegg, Jürg: „Im Schatten der Elementarteilchen. Aus französischen Zeitungen: Houellebecq und der Beginn des Nachkriegs in der Literatur", in: *Frankfurter Allgemeine Zeitung*, vom 02.10.1999; Bourriaud, Nicolas u. a.: „Houellebecq et l'ère du flou", in: *Le Monde*, vom 10.10.1998; Fischer, Stefan: „Ausgeklinkt. „Ausweitung der Kampfzone" – Hörspiel zum Buch von Michel Houellebecq", in: *Süddeutsche Zeitung*, vom 05.07.2000 sowie Stolz, Joëlle: „Houellebecq votera pour Chevènement", in: *Le Monde*, vom 15.02.2002.

[4] Vgl. dazu u. a.: Cusin, Philippe: „Victoire pour Houellebecq", in: *Le Figaro*, vom 01.09.1998 sowie O.N.: „Michel Houellebecq darf gegen den Islam wettern", in: *Frankfurter Rundschau*, vom 23.10. 2002.

lig ist außerdem, dass der Zeitpunkt der Veröffentlichung und der Zeitpunkt der Rezeption eines Buches seit dem Erscheinen von *Les particules élémentaires* in Frankreich bzw. *Plateforme* in Deutschland nahezu aufeinander fallen, während *Extension du domaine de la lutte* und *Les particules élémentaires* zwar im Hexagon zeitnah zum Erscheinen rezipiert werden, in Deutschland jedoch erst Aufmerksamkeit finden, als die Übersetzungen fünf Jahre bzw. zwölf Monate nach der Originalausgabe auf den Büchermarkt gelangen. Obwohl *Plateforme* in Deutschland ein Jahr später erscheint als in Frankreich, wird es dennoch auch hierzulande schon parallel zur Veröffentlichung im Ursprungsland von der Presse wahrgenommen, bei Erscheinen in Deutschland von der *Süddeutschen Zeitung* sowie der *Frankfurter Allgemeinen Zeitung* ein zweites Mal. Da der Roman *La possibilité d'une île* zeitgleich in Frankreich, Großbritannien, Italien, den Niederlanden und Deutschland erscheint, erfolgt die Rezeption dieses Werkes ebenfalls ohne Verzögerung.

Bevor nun mit der Untersuchung der Rezeption des Autors in Frankreich begonnen wird, sei noch angemerkt, dass auch Zeitungen und Zeitschriften wie *Der Spiegel*, *Focus* und *Die Zeit* in Deutschland oder *Le point*, *Le nouvel observateur* und *Les inrockuptibles* in Frankreich Michel Houellebecq zahlreiche Berichte und Rezensionen widmen.[5]

6.2 Die Analyse der französischsprachigen Rezensionen

6.2.1 Les particules élémentaires

6.2.1.1 Le Monde

Lepape, Pierre: „Dernière station avant le désert“, in: *Feuilleton du Monde*, vom 28.08.1998.[6]

Bevor Lepape sich der Besprechung von *Les particules élémentaires* zuwendet, bietet er seinem Publikum vereinzelte biografische Informatio-

---

[5] Vgl. dazu u. a. *Der Spiegel* (35) 2001/(13) 2007; *Die Zeit* (16) 1999/(10) 2001; *Focus* (34) 2005; *Le nouvel observateur*, vom 27.10.2005; *Le point* (1510) 2001; *Les inrockuptibles:* Hors Série – Michel Houellebecq, vom 27.05.2005.

[6] Anm.: Innerhalb der Kapitel sechs und sieben werden die Quellen jeweils unterhalb der Überschriften vollständig kursiv angegeben. Wenn nicht anders gekennzeichnet, stammen direkte Zitate innerhalb der Rezensionsanalysen aus diesen jeweils angeführten Quelltexten und werden daher nicht gesondert in einer Fußnote zitiert.

nen zum Autor des Werkes, erwähnt dessen bisherige Publikationen, liefert aber darüber hinaus auch knappe Eindrücke der französischen Literaturszene des ausgehenden 20. Jahrhunderts. Er beklagt, dass unter der unübersehbaren Menge veröffentlichter Romane nur wenige tatsächlich auch qualitativ so wertvoll seien, dass sie Frankreich über seine eigenen Grenzen hinaus zu Ansehen in diesem Bereich verhelfen könnten.

Diese pessimistische Einschätzung vorab, teilt er seinen Lesern in einer Rezension von klassischem Typus[7] und mittlerer Länge mit, dass Michel Houellebecq in *Extension du domaine de la lutte* jedoch bereits seine Fähigkeiten als Schriftsteller und aufmerksamer Beobachter der Postmoderne unter Beweis gestellt habe und aus diesem Grund Anlass zur Hoffnung bestehe, der französischen Literatur erneut zu internationaler Geltung verhelfen zu können. In diesem Zusammenhang betont der Kritiker, dass der zweite Roman Houellebecqs ungeduldig erwartet worden sei, doch: „il ne s'agit sans doute pas du miracle annoncé". Nichtsdestoweniger sei es dem Autor gelungen, einen ehrgeizigen Generationenroman zu schreiben, der dem Leser die Degeneration sowie die Auflösung zwischenmenschlicher Bindungen vor Augen führe, indem er die gesellschaftlichen Entwicklungen seit 1968 betrachte. Damit erkennt Lepape durchaus die Bedeutung des Werkes über die Literaturszene hinaus an und schreibt ihm gesamtgesellschaftliche Relevanz zu, so dass seine Untersuchungsstrategie als außerliterarisch-ästhetisch bezeichnet werden könnte; jedoch beruht die Wertung des Werkes, wie noch gezeigt werden wird, auf werkimmanent-ästhetischen Prozessen der Urteilsfindung.

Während der potenzielle Leser, an den sich die in sachlichem Stil verfasste Rezension richtet, bei der Vorstellung des Werkes sowohl über den Handlungsverlauf als auch über das Ende der Geschichte im Unwissen gelassen wird, ist eine Fokussierung auf die Romanhelden zu bemerken. Die Halbbrüder Michel und Bruno seien hier, so Lepape, ausgewählt worden, um eine Generation darzustellen, die unter den Folgen der sexuellen Befreiung der 68er-Bewegung leide und schließlich emotional daran scheitere. Während Michel sich somit in vollkommener Abwesenheit von Gefühlen hinter wissenschaftlichen Arbeiten im Fachgebiet der Biologie verstecke, durch seinen

[7] Da die in dieser Arbeit untersuchten Rezensionen nahezu durchweg dem klassischen Rezensionstyp angehören, wird diese Eigenschaft im Folgenden keine weitere Erwähnung finden, es sei denn, die Analyse ergibt von diesem Typus abweichende Rezensionsarten.

Erfolg dabei aber zumindest in beruflicher Hinsicht eine Art rettenden Anker besitze, personifiziere Bruno die Gruppe der „paumés, des rejetés [...]. Ceux qui sont exclus du grand marché de la consommation amoureuse parce qu'ils sont trop moches, trop maladroits, trop timides ou trop impuissants". Laut des Rezensenten habe Michel Houellebecq in dem Entwurf des Bruno eine Art postmarxistisches Traktat über die amouröse Verarmung des Menschen verfasst und sich dabei als brillanter, aber grausamer Analytiker gezeigt. In Verbindung mit den missglückten Versuchen beider Protagonisten, ihre deprimierenden Lebensumstände – jeder auf seine Weise – zu überwinden, zieht Lepape die Ideale der Französischen Revolution heran und führt sie, auf die Hauptpersonen angewendet, ad absurdum: Der Kritiker erklärt, am Beispiel der beiden Romanhelden würde deutlich, dass „sans la fraternité, l'égalité est une farce et la liberté un suicide".

Trotzdem beide Charaktere nach der Einschätzung Lepapes amüsant und ihre Schicksale bewegend seien, kritisiert er, dass bei der Lektüre der Eindruck von Distanz bestehen bleibe: Die Figuren seien zwar präsent, jedoch wie durch eine Glasscheibe vom Adressaten getrennt. Hinzu komme, dass Houellebecq durch die theoretischen Überlegungen, die er in die Kapitel einfließen lasse, den Fluss der Geschichte unterbreche: Er versuche, eine zum Teil sehr poetische Sprache mit wissenschaftlicher Logik, Theorien und Hypothesen zu vereinen. Doch Lepape mutmaßt, dass Houellebecq ebenso wenig wie er selbst das Genre des Romans für geeignet halte, um dieses Wagnis zu vollziehen. Indem er damit implizit empfiehlt, Houellebecq solle sich anderen Genres zuwenden, wenn er sich zum Ziel setzt, uns „la réalité que nous ne savons déjà plus voir" vor Augen zu führen, sieht er sich in der Funktion eines Erziehers für den Autor, obwohl er sonst hauptsächlich seiner Rolle als Vermittler nachkommt.

Die Ambivalenz, durch die die gesamte Argumentationslogik der Kritik geprägt ist, zeigt sich auch im abschließenden objektbezogenen Fazit, das Lepape in seiner richtenden Funktion zieht. Er schreibt *Les particules élémentaires* zwar einerseits zahlreiche positive Eigenschaften und Merkmale zu, andererseits bezweifelt er, ob die Intention, die Houellebecq verfolgt, in Romanform überhaupt eine Existenzberechtigung habe. Er prophezeit, dass der Autor Romane schreiben werde, die besser seien als das besprochene Buch und erkennt damit das Potenzial Houellebecqs an, was dieser aber offenbar in *Les particules élémentaires* Werk noch nicht entfalten konnte, andererseits beurteilt er es dennoch als „un bon livre", jedoch mit der Einschränkung, es sei „un peu forcé". Aus dieser Auflistung von Positivem und Negativem wird zudem deutlich, welche Erwartungen Lepape an die Literatur stellt: Ein Stilmix aus theoretisierendem Vokabular zur Erzeugung von Wissenschaftlichkeit und poetischen Passagen gehört ebenso wenig dazu wie die nicht geschlagene Brücke zwischen Leser und Protagonisten. Statt dessen schätzt er die Thematik, der sich Houellebecq annimmt, gleichzeitig aber auch die Art und Weise, wie er sich dieser nähert: Scharfe Beobachtung und exakte Analyse der Umwelt sowie des menschlichen Zusammenlebens scheinen für Lepape keine unbedeutenden Elemente eines gelungenen zeitgenössischen Romans darzustellen.

6.2.1.2 Le Figaro

Ollivier, Eric: „Michel Houellebecq: porno-misère", in: *Le Figaro littéraire*, vom 10.09.1998.

Obwohl *Le Figaro Les particules élémentaires* als „le livre de la semaine" ankündigt und mit den ersten Zeilen der ca. 860 Wörter fassenden Rezension („il s'agit d'un livre grandiose") noch eine positive Beurteilung des Romans erwarten lässt, wird im Laufe der Kritik deutlich, dass Ollivier, der werkimmanent-ästhetischen Strategie folgend, von dem Roman weder stilistisch noch inhaltlich überzeugt ist, so dass sich die positive Bewertung zu Beginn in keiner Weise erklärt, sondern als zynische Ironie erweist.

Die Geschichte um die beiden Halbbrüder Michel und Bruno, die nicht als Romanfiguren im ursprünglichen Sinne angelegt seien, empfinde er als zu banal. Über sie erfährt der Leser der Rezension, dass sie beide durch die Vernachlässigung in ihrer Kindheit traumatisiert und unfähig seien, sich in der gegenwärtigen Gesellschaft zurechtzufinden. Nachdem der Leser des Romans über dreihundert Seiten hinweg die sexuelle Misere der Hauptfiguren verfolgt habe, über die sich Ollivier zum Teil in einer Sprache niederen Registers äußert, ließe sich eine gewisse Erschöpfung nicht vermeiden und für das Ende der Geschichte könne er lediglich ein müdes Lächeln aufbringen. Das Wesentliche bestehe nicht etwa in der Darlegung der Fantasmen des Autors, wie über weite Strecken vermutet werden könne, sondern darin, dass die Figur des Michel als Biologe im Jahr 2029 entdecke, wie das ewige Fortbestehen der Menschheit durch genetische Modifikation in Form einer neuen Rasse gesichert werden könne.

In Anbetracht der Reduzierung des Romans auf diese wenigen Aspekte scheint es nicht gänzlich unverständlich, ihn als banal und „un griffonnage cahoté" zu bezeichnen. Es erstaunt, dass der Kritiker mit keinem Wort die Ereignisse und Folgen des Jahres 1968 erwähnt, die für Houellebecq die Basis der Geschichte darstellen. Ollivier verstehe zwar, dass die sexuelle Unzulänglichkeit für die Figuren „l'enfer sur Terre" sei, empfehle jedoch allen, die eine Vorliebe für erotische Literatur entwickelt haben, welche mit metaphysischen Einschüben unterlegt ist, statt Houellebecq vielmehr Sade, Genet oder Pauline Réage zu lesen. Michel Houellebecq, über den der Kritiker lediglich verrät, dass er den *Prix national des lettres* erhalten habe, fehle es an Inspiration, so dass er die Seelenzustände der Protagonisten in linearer und sinuskurvenähnlicher Art und Weise beschreibe, was den Leser nicht für den Roman einnehmen könne. „Je suis sidéré par l'insuffisance de cette interminable porno-misère", urteilt Ollivier und unterstützt die Härte seiner objektbezogenen Wertung, indem er zum Ausdruck bringt, dass er *Les particules élémentaires* beim ersten Lesen möglicherweise zwar nicht verstanden habe, es aber gewiss nicht noch einmal lesen werde: Damit schließt er sich einem Zitat Montaignes an, das er gleichsam als eine Art Rechtfertigung für seine negative Wertung heranzieht. Da er kaum etwas Gutes an dem Werk lässt und somit eine Negativargumentation entwickelt, in der er Schritt für Schritt die Wertmaßstäbe Inhalt, Stilistik sowie Ästhetik als misslungen darzulegen versucht und obendrein kaum Handlungsabläufe oder Informationen zum Autor vermittelt, nimmt er die Rolle des Richters ein und wendet sich an sein Publikum, dem er die Botschaft vermittelt, dass die Lektüre des Romans nicht lohne. Die Kluft, die zwischen dem Literaturverständnis Olliviers und *Les particules élémentaires* besteht, kann daher kaum übersehen werden und betrifft sowohl die Themenwahl Houellebecqs als auch die inhaltliche und stilistische Verarbeitung, so dass anhand der Kritikpunkte zumindest davon ausgegangen werden kann, dass der Rezensent eine weniger zentrale Stellung der Sexualität sowie eine komplexere Anlage der Figuren bzw. Charaktere zu schätzen gewusst hätte.

6.2.1.3 Libération

De Gaudemar, Antoine: „Houellebecq, mutant moderne", in: *Libération Livres*, vom 27.08.1998.

Beim Lesen der Kritik in *Libération* sticht ins Auge, dass De Gaudemar zu Beginn den inhaltlichen Leitfaden des Buches, das er besprechen wird, auf den Punkt bringt und damit zugleich die Prämissen seiner Kritik setzt:

„Catastrophe du libéralisme, misère sexuelle et désenchantement du monde: dans le second roman de Michel Houellebecq, l'humanité ne trouve son salut que dans sa disparition au profit d'un clonage génétiquement parfait". Mit diesem die vielfältigen Facetten des Buches aufzeigenden Einstieg wird der Leser sofort darüber aufgeklärt, womit sich der folgende Artikel beschäftigen wird und kann sich einen ersten Eindruck von dem Roman *Les particules élémentaires* verschaffen.

Obwohl die relativ kurz gehaltene Rezension vor allem werkbezogen arbeitet, fällt die Vorstellung des Autors im ersten Absatz umfangreicher aus als in den bisher untersuchten Kritiken und wird geschickt mit einer Einordnung in den gesellschaftlichen Kontext verbunden. De Gaudemar zeichnet in einer sehr unterhaltend wirkenden, von Witz und Humor gekennzeichneten Sprache ein Miniaturportrait von Michel Houellebecq, statt lediglich einzelne biografische Daten anzugeben: Er bezeichnet ihn als einen depressiven, politisch inkorrekten Schriftsteller, der sich mehr und mehr zu einer geistigen Institution für die Kinder der 68er-Generation entwickle, die ohne greifbare Vorbilder und ohne jeglichen Glauben aufgewachsen seien. Houellebecq verkörpere dabei eine Epoche des extremen Pessimismus sowie der Verwirrung und ziehe als Ausdruck seiner seelischen Niedergeschlagenheit gegen den weltweiten Liberalismus zu Felde. Auch die bisherigen Veröffentlichungen des Autors werden erwähnt: angefangen bei *Rester vivant* über *Extension du domaine de la lutte*, dessen Hauptaussage noch einmal zusammengefasst wird, bis hin zu dem 1996 erschienenen Lyrikband *Le sens du combat*. Aus diesen Angaben lässt sich einerseits schließen, dass der Rezensent sich in erster Linie als Vermittler wahrnimmt, andererseits kann seine Vorgehensweise in der Analyse des Werkes als außerliterarisch-ästhetisch eingestuft werden, da er mit den erwähnten Informationen durchaus die gesellschaftliche Bedeutung des Werkes für eine Generation aufzeigt, die zur Entstehungszeit desselben, wie Houellebecq selbst, etwa 40 Jahre alt ist. Allerdings würde eine Einstufung als rein außerliterarisch-ästhetisch zu kurz greifen und muss um die werkimmanent-ästhetische Strategie erweitert werden, so dass es sich hier um eine Mischform handelt, denn der Kritiker legt das Hauptaugenmerk der Rezension ansonsten auf den Inhalt und die Deutung des Werkes. Angaben zu Sprache und Stil des Autors fallen hingegen äußerst knapp aus: De Gaudemar macht darauf aufmerksam, dass der potenzielle Leser des Romans, an den er sich richtet, sich weder von inhaltlichen noch von stilistischen Ansätzen der Moralität bei Houellebecq täuschen lassen solle: Der Autor arbeite mit brillantem schwarzem Humor, Hohn und Spott, um die Botschaft des Romans, eine von Depressionen gepeinigte Menschheit könne nur durch die genetische Utopie des perfekten Menschen weiter existieren, ausführlich zu erläutern. Houellebecq bediene sich der Halbbrüder Bruno und Michel, führe geschickt in alternierender Berichtform deren Werdegänge aus, um, nach Ansicht De Gaudemars, nicht nur den westlichen Liberalismus, sondern auch feministisches Gedankengut und die ausschweifenden Lebensformen der 68er-Generation zu kritisieren. Beide Charaktere seien Figuren menschlichen Unglücks: Bruno, als Schriftsteller gescheitert, verzweifelt und zynisch, „cherche son karma dans l'expérience érotique tous azimuts", Michel lebe keusch, zeitige aber zumindest auf beruflichem Sektor Erfolg: Als Wissenschaftler beweise er, dass der Mensch mithilfe des genetischen Codes in eine ihm ähnelnde Spezies verwandelt werden könne, die klonfähig und damit unsterblich ist. Gemeinsam sei den beiden Brüdern lediglich ihre Mutter, die sie im Kindesalter zurücklässt, um in einer der ersten Hippie-Kommunen in Kalifornien ihr Glück zu suchen. Biografische Ähnlichkeiten mit Michel Houellebecq gibt es dabei reichlich, De Gaudemar zeigt allerdings keine Parallelen mit der Kindheit des Autors auf.

Nicht ohne auf die Zwiespältigkeit und ein gewisses Unbehagen hinzuweisen, das der Leser bei der Lektüre des Romans empfinden könnte, fällt das sowohl objekt- als auch wirkungsbezogene Urteil des Kritikers doch positiv aus. In erster Linie auf den Inhalt als Wertmaßstab gestützt, zieht er anerkannte Autoritäten der französischen Literatur zur Urteilsfindung vergleichend heran: „[Il] s'agit d'un vaste roman, ‚balzacien', ‚sartrien'". Das Werk stelle eine *Science-fiction*-Fabel des 21. Jahrhunderts dar, die nur insofern an einigen Stellen ein wenig zweifelhaft sei, als Houellebecq mitunter zu monokausalen Verkürzungen der Art neige, dass er behaupte, die Serienkiller von heute erwüchsen selbstverständlich aus der Befreiung von moralischen Zwängen, die die Hippiekultur mit sich gebracht hätte. Aus dem positiven Urteil ist zu schließen, dass Houellebecq mit seiner Auseinandersetzung um den gegenwärtigen Liberalismus und dessen Ursachen thematisch durchaus den literarischen Geschmack des Rezensenten, im Gegensatz zu dem Éric Olliviers im *Figaro*, getroffen hat und das Thema obendrein in einem angemessenen Stil auf humorvolle und spöttische Weise umsetzt.

6.2.2 *Lanzarote*[8]

6.2.2.1 *Le Figaro*

De Saint-Vincent, Bertrand: „L'île noire", in: *Le Figaro magazine, LIRE*, vom 10.11.2000.

Beim bloßen Betrachten der Rezension wird deutlich, dass sich der *Figaro magazine* nicht zum Ziel setzt, seinen Lesern eine ausführliche Besprechung des Werkes zu liefern, da die Rezension äußerst kurz gehalten ist und lediglich 280 Wörter umfasst. Entsprechende Unzulänglichkeiten weist sie in Bezug auf die inhaltlichen Anforderungen auf: Einige Punkte, die der Literaturkritiker als Untersuchungsgegenstand eines Werkes in eine Werkbesprechung in der Regel einbezieht, fehlen gänzlich – in diesem Fall betrifft das z. B. Angaben zu Sprache und Stil des Autors. Auch gelingt es aufgrund der Kürze des Textes nicht, tatsächlich eine Argumentationsstruktur zu entwickeln, oder das Urteil über die Erzählung in angemessener Form zu begründen. Zwar sind ein einleitender Teilabschnitt, ein Hauptteil und ein Schluss zu identifizieren, jedoch hat De Saint-Vincent die Relationen, die die Abschnitte zueinander einnehmen sollten, nicht beachtet: Die einleitenden Worte zum Autor nehmen fast ebenso viel Raum ein wie der Hauptteil, in dem der Leser der Rezension einige wenige Informationen zum Werk erhält.

Mit ironischem Witz deutet De Saint-Vincent zunächst die Debatten an, die sich um die Person Houellebecqs entsponnen haben, driftet dabei jedoch mitunter in eine unpassend wirkende Umgangssprache ab. Er

---

[8] Für die Analyse der Rezensionen zu *Lanzarote* folgt die Autorin einem von den Kriterien in Kapitel 1.3 abweichenden Vorgehen, um die Vergleichbarkeit der Rezeption mit den Urteilen aus den deutschen Zeitungen zu gewährleisten. Da *Le Monde* keine Besprechung zu dem Werk liefert, *Le Figaro* lediglich in seiner Wochenzeitung *Le Figaro magazine* eine Kritik veröffentlicht und *Libération* eine Besprechung verfasst, die lediglich 200 Wörter aufweist, muss hier eine Ausnahme gemacht werden, die sich jedoch zum einen dadurch legitimiert, dass *Le Figaro magazine* sich an eine ähnliche Leserschaft wendet wie *Le Figaro* und ebenfalls überregional erscheint, zum anderen lassen sich auch in den kurzen Kritiken des *Figaro magazine* und *Libération* trotz einiger Mängel gewinnbringende Informationen für die Beurteilung und damit für die Frage dieser Arbeit nach Unterschieden in der deutschen und französischen Rezeption herausstellen.

greift Mutmaßungen über die politische Gesinnung Houellebecqs auf, die in den Medien in relativer Ausführlichkeit diskutiert werden, lässt jedoch auch hier seine Aussagen unkommentiert im Raum stehen: „Au début, on était un peu inquiet: était-il fasciste? Finalement, il ne semble pas qu'il le soit". Zudem fasst er zusammen, dass „il ne croit pas au progrès et vomit les soixante-huitards. Mais il en pince pour Staline; ouf". Ein Leser, der die Debatten um Houellebecq nicht verfolgt hat, erhält so einen sehr negativen und zudem äußerst verkürzten Eindruck über zweifelhafte politische Einstellungen und soziokulturelle Ansichten des Autors, die er sich kaum erklären kann, da er nicht über Hintergründe aufgeklärt wird und Zusammenhänge dieser Ansichten Houellebecqs bzw. Begründungen für dieselben nicht näher erläutert werden. Auch die Verbindung zwischen der ablehnenden Haltung den 68ern gegenüber und die Verarbeitung dieses Themas in *Les particules élémentaires* stellt De Saint-Vincent nicht her; lediglich der Erfolg des Buches findet Erwähnung, ist jedoch erneut mit einer Negativeinschätzung Houellebecqs verbunden: Der Kritiker urteilt, der Autor „occupe avec talent" seit dem Erscheinen des Werkes 1998 den Posten des „artiste maudit". Erst nach dieser Vielzahl einseitig negativer Informationen findet der sich deutlich in der Rolle des Richters sehende Kritiker zu einer gewissen Neutralität zurück und ergänzt, dass Houellebecq sich ebenso als Sänger und Fotograf betätigt, ohne aber in diesem Zusammenhang explizit die Resultate aufzuführen, die diese Erweiterung seines Betätigungsfeldes hervorbringt.

Aus dem darauffolgenden Absatz geht hervor, dass *Lanzarote* sowohl einen Reisebericht als auch einen Fotoband umfasse. Weitere Informationen, die De Saint-Vincent zum Werk gibt, mögen den Leser insofern erstaunen, als diese nur von geringer Relevanz zu sein scheinen und kaum Auskunft über Thema, Handlung oder Figuren geben. Das Publikum erfährt in diesem textbeschreibenden Untersuchungskomplex lediglich, dass die Hauptpersonen, von denen der Erzähler depressiv und dessen Reisegefährte ein aus Luxemburg[9] stammender Polizist und Schnurbartträger sei, in Begleitung zweier deutscher Lesbierinnen, die jedoch für männliche Sexualkontakte offen seien, eine Reise über die Insel unternehmen.

[9] *Le Figaro* unterliegt hier einem Irrtum: der Reisegefährte der Hauptperson stammt nicht aus Luxemburg, sondern aus Belgien. Vgl. dazu Houellebecq, Michel: *Lanzarote*, Librio, Paris 2003, S. 18.

Im darauf folgenden, letzten Absatz fällt der Kritiker bereits sein Urteil, welches er offensichtlich auf den Inhalt des Werkes stützt, wenn er *Lanzarote* als einen „récit" bezeichnet, „[qui] se lit sans peine, comme une brochure touristique qui vanterait le mal de vivre". Aus dieser Aussage lässt sich zum einen schließen, dass De Saint-Vincent das Werk nicht für qualitativ hochwertig hält, da er es als Broschüre für Touristen einstuft. Damit trifft er nicht nur in abstrahierter Form eine Aussage über den Inhalt des Werkes, sondern löst zugleich beim Leser die Vermutung aus, dass ein Werk mit diesen Eigenschaften keine positive Wirkung entfalten werde, ohne aber die Wirkung auf ihn selbst konkreter zu beschreiben. Auch aussagekräftige inhaltliche oder stilistische Gründe für diese Einschätzung werden nicht aufgeführt, so dass der Kritiker damit sowohl ein objektbezogenes als auch ein wirkungsbezogenes Urteil fällt.

Insofern in Anbetracht der Kürze des Rezensionstextes überhaupt nachvollzogen werden kann, welcher Untersuchungsstrategie De Saint-Vincent folgt, lässt sich eine werkimmanent-ästhetische Verfahrensweise erkennen, ausgehend von der Analyse hin zum Urteilsspruch, da er das Werk weder in Beziehung zu anderen Werken setzt, noch dessen außerliterarische Bedeutung aufzeigt, sondern lediglich werkbezogene Kriterien – unvollständig – abarbeitet. Da ihn die Erzählung nicht überzeugt hat, er aber kaum Wertmaßstäbe erkennen lässt, kann lediglich aus den gemachten Angaben die ein wenig profane Schlussfolgerung gezogen werden, dass er sich von der Literatur hochwertigere Qualität in Hinblick auf den Stil sowie möglicherweise die Art der Verarbeitung des Themas erhofft, als er in *Lanzarote* vorfindet.

6.2.2.2 Libération

Rose, Sean James: „Lanzarote et autres textes", in: *Libération Guide*, vom 01.11.2002.

In ihrem Umfang ähneln sich die Rezensionen aus dem *Figaro magazine* und *Libération*: Auch die linksliberale Tageszeitung widmet der Erzählung *Lanzarote* mit einer knapp 200 Wörter fassenden Kurzbesprechung nicht mehr Aufmerksamkeit als der Rezensent des *Figaro* und weist demzufolge ähnliche Defizite in der inhaltlichen Aufarbeitung der Geschichte und der formalen Ausgestaltung der Rezension auf. Während De Saint-Vincent in *Le Figaro magazine* zumindest einzelne Teilabschnitte erkennen lässt, denen jeweils die ihnen entsprechenden Inhalte zugeordnet sind, unterteilt Rose die Rezension nicht in einzelne Absätze und formuliert weder eine Einleitung noch ein abschließendes Fazit. Auch eine kohärente Argumentation lässt er vermissen, ebenso wie einen eindeutigen Urteilsspruch. Auffällig ist jedoch, dass die Zeitung, anders als der *Figaro*, *Lanzarote* mit einer Verzögerung von über zwei Jahren seit Erscheinen des Werkes bespricht, nachdem *Plateforme*, auf das der Rezensent als einziges der bis zu diesem Zeitpunkt verfassten Werke Houellebecqs mit einem knappen Nebensatz verweist, bereits publiziert und kritisiert worden war.

Zudem muss sich der Leser der Rezension die Frage stellen, warum der Kritiker in Anbetracht der Kürze des Textes einen beträchtlichen Teil dafür aufwendet, von Natur- und Landschaftsbeschreibungen zu berichten, die zwar im Werk selbst ausgeführt werden, ihm jedoch weder die Figuren der Geschichte noch die Handlung oder die Aussageabsicht des Werkes näher bringen, so dass davon ausgegangen werden kann, dass in Anbetracht der Naturbeschreibungen und nicht zuletzt unter Berücksichtigung der Zeitungssparte *Guide*, in der der Artikel erscheint, womöglich eine Verbindung zu Lanzarote als Urlaubsziel hergestellt werden soll. In z. T. elliptischer Satzform, die eine gehetzte Wirkung entfaltet, verrät Rose lediglich, dass der Leser in der Geschichte einem depressiven Erzähler begegnet, der im Winter nach Lanzarote flüchtet, „pour éviter de rater le réveillon ‚comme d'habitude'". Doch auch dort könne er seiner tristen Existenz nicht entkommen und werde sowohl hinsichtlich der Erwartungen an die Landschaft und das kulturelle Erbe als auch in Hinblick auf die Bekanntschaften mit anderen Touristen weitgehend enttäuscht. Schließlich treffe er aber auf einen deprimierten belgischen Polizisten und schließe sich mit ihm zwei deutschen Lesbierinnen an.

Da der Kritiker jedoch keine weiteren werkbezogenen Informationen liefert, sich aber auch nicht ausführlicher um die Wertung des Werkes kümmert, kann kaum eine Einschätzung über die Rolle des Rezensenten getroffen werden. Seine Interpretation, *Lanzarote* sei „un bon moment d'anthropologie humoristique", kann zugleich als die Beurteilung des Werkes verstanden werden. Da diese sich auf den Inhalt und die Schreibweise Houellebecqs bezieht, die als klinisch und spöttisch charakterisiert wird und damit objektbezogen ausfällt, lässt sich eine in Ansätzen werkimmanent-ästhetische Vorgehensweise nachweisen, denn einerseits dienen andere Werke weder als normative noch als komparatistische Bezugspunkte, andererseits wird auch die gesellschaftliche Komponente des Buches vollkommen ausgespart. Über das Literaturverständnis lässt sich anhand der knappen Informationen und Werturteile lediglich aussagen, dass Spott und Humor in der Literatur für den Kritiker nicht unbedeutend sind.

6.2.3 Plateforme

6.2.3.1 Le Monde

Savigneau, Josyane: „Houellebecq et l'Occident", in: *Le Monde des Livres*, vom 31.08.2001.

Noch vor der inhaltlichen Analyse der recht umfangreichen Kritik muss beim bloßen Betrachten des Erscheinungsdatums in der Ausgabe vom 31. August 2001 auffallen, dass *Plateforme* wesentlich zeitnaher zur Veröffentlichung des Romans am 24. August 2001 rezipiert wird, als *Le Monde* dies beispielsweise 1994 mit dem Rezensieren von *Extension du domaine de la lutte,* dem Erstlingsroman des Autors, hält.[10] Der Rückschluss, der daraus gezogen werden kann, ist, dass Michel Houellebecq 2001 bereits zu großer Popularität gelangt ist und seitdem eine bedeutende Person des öffentlichen Lebens darstellt, so dass der Leser der Zeitung daran interessiert ist, Informationen zu Neuerscheinungen des Autors möglichst in kurzem Abstand zu erhalten.

Umso mehr überrascht es, dass Savigneau sich trotz der Bekanntheit des Schriftstellers dafür entscheidet, nicht nur dessen dritten Roman, sondern auch den Autor selbst relativ ausführlich vorzustellen. Die Rezensentin nimmt demgemäß eine Zweiteilung ihrer Besprechung vor: Den ersten Teil widmet sie vor allem Michel Houellebecq und legt gleichzeitig großen Wert auf die klare Herausstellung der Thematik des Romans: stets darauf bedacht, sich bei deren Benennung von anderen Kritikern abzugrenzen. Den zweiten Teil der Rezension verwendet sie hingegen für die Vorstellung des Werkes sowie der Hauptfiguren.

Im ersten Absatz wird bereits zweimal erwähnt, dass es sich bei der Thematik von *Plateforme*, dessen Titel Houellebecq in Anlehnung an William Faulkners *Pylon* gewählt habe, nicht um Sextourismus in Thailand

---

[10] Der Roman *Extension du domaine de la lutte* kommt im Frühjahr 1994 auf den Markt, wird jedoch erst im Oktober rezipiert. Vgl. Savigneau: „Littérature française: Hors cadre".

handele. Daher gewinnt der Leser des Artikels den Eindruck, der Kritikerin ist es ein großes Anliegen herauszustellen, dass dies ihrer Ansicht nach dem Werk nicht gerecht werde. Sie sieht darin vielmehr ein Beispiel für die Darstellung der komplexen Beziehung zwischen Mann und Frau, im Werk eingebettet in die Veranschaulichung des sittlichen Zustandes der westlichen Gesellschaft zu Beginn des 21. Jahrhunderts, nicht zuletzt jedoch auch eine unerwartete, mysteriöse Liebesgeschichte. Das Buch sei hingegen weder ein Aufsatz über den Sextourismus noch Propaganda für oder gegen jene Praktiken. Das Fehlen einer eindeutigen Positionierung Houellebecqs gegen den Sextourismus ist es jedoch, das in Frankreich eine breite, mitunter polemische Debatte über diese Problematik ausgelöst hat. Dennoch betont Savigneau vehement, dass die Figur des Michel, Erzähler und Hauptperson des Romans, nicht mit dem Autor identisch sei, wie einige Gegner Houellebecqs behaupten, und weist gleichzeitig darauf hin, dass die westliche Zivilisation nun ebenso auf Houellebecq reagiere, wie islamische Gesellschaften 1989 auf *The satanic verses* von Salman Rushdie, die nicht verstehen konnten, dass diese nur Fiktion gewesen seien. Das explizite Bemühen, die Kritik, die an *Plateforme* und am Autor selbst in den Medien geübt wird, zu widerlegen, lässt erkennen, dass sich die Rezensentin, die zwar auch richtet, jedoch in keiner Weise negativ, in erster Linie in der Rolle der Anwältin des Autors sieht und Houellebecq gegen in ihren Augen ungerechtfertigte Angriffe verteidigen will. Da sie dafür werkbezogene Argumente anführt, lässt dies den Rückschluss zu, dass die kritische, aber humorvolle Auseinandersetzung mit der gegenwärtigen Gesellschaft ein Aspekt ist, dass sie von guter Literatur erwartet.

Die Vorstellung des Autors fällt anders aus, als es in einer Buchrezension zu erwarten ist. Die Kritikerin hält sich fern von biografischen Daten, erwähnt lediglich den zuvor von Houellebecq veröffentlichten Roman *Les particules élémentaires*, lässt ihn aber meist selbst zu Wort kommen, um ihn zu präsentieren. Der Leser erfährt, dass sie den Schriftsteller in seinem Haus in Irland besuchte und als einen verschwiegenen, sanftmütigen Menschen erlebte, der dort mit seiner Frau und seinem Hund abgeschieden in einer ehemaligen *Bed and breakfast*-Pension wohne. Aussagen anderer Kritiker, er sei ein Provokateur, Faschist oder maskierter Stalinist, weist sie als vereinfachende Klischees scharf zurück.

Nicht nur ihr Urteil über den Autor, sondern auch die Einschätzung des Romans wird durchweg von positiven Aussagen getragen: Negative Kritik ist nicht zu finden. Es sei Houellebecq gelungen, ein zwar unbarmherziges, aber exzellentes Buch zu schreiben, das sich in einem Fluss lesen lasse und weniger beurteilen als beschreiben wolle, es dabei aber an Enthüllungen nicht fehlen lasse, so dass der Autor ein Bild zeichne, was nicht für jene geeignet sei, die es vorzögen, die Augen vor der Realität zu verschließen. Damit fällt sie ein objektbezogenes Urteil, das sich folgerichtig aus der positiven Darstellung des Romans ergibt und sich der Rezensentin primär anhand der Thematik und der inhaltlichen Ausgestaltung derselben gebildet hat. Interessant ist zudem, dass sie das Werk als „un nouveau ‚voyage au bout de la nuit'" bezeichnet und damit auf Louis-Ferdinand Céline anspielt, dessen Geschichte mit eben diesem Titel 1932 die erste ist, die in Frankreich im *français familier* und mitunter gar im *argot* verfasst wurde und von einem Helden handelt, der infolge des Ersten Weltkrieges den Wahnsinn der Welt erkennt.[11] Die Strategie der Kritikerin legt zwar, schlussfolgernd aus diesen Angaben zu Werk und Urteil, primär ein werkimmanent-ästhetisches Vorgehen nahe, weist aber Tendenzen zur werkimmanent-intertextuellen Strategie auf, da die Kritikerin Houellebecq unter Bezugnahme auf anerkannte literarische Autoritäten bewertet.

Einen sehr detaillierten Eindruck verschafft Savigneau mit ihrer durchaus unterhaltend wirkenden und in angenehmem Lesefluss geschriebenen Rezension dem potenziellen Leser, an den eine so durchweg positive Kritik gerichtet sein muss, vom Geschehen und den Hauptpersonen: Houellebecq erzähle „avec un humour terriblement noir" die Geschichte von Michel und Valérie, die sich auf einer Reise nach Thailand, das für die Möglichkeit des Sextourismus bekannt ist, kennen lernen und unvorhergesehen das Glück der wahren Liebe entdecken. Dieser Umstand reiße den unzufriedenen, lethargischen Michel, Anfang 40, aus seinem tristen Arbeitsalltag im Kulturministerium heraus und fördere gleichzeitig die Karriere Valéries in einem großen Reiseunternehmen. Das private Glück halte jedoch nicht lang vor: Als Valérie und Michel die Entscheidung treffen, sich gemeinsam in Thailand niederzulassen, kommt sie bei einem islamistischen Attentat auf ein thailändisches Vergnügungsviertel, das vor allem von westlichen Touristen besucht wird, ums Leben. Der Ich-Erzähler lässt sich folglich allein dort nieder und droht letztlich in der Anonymität zu verschwinden.

---

11 Vgl. Art. „Céline, Louis-Ferdinand", in: *Études littéraires* (Hrsg.): < http://www.etudes-litteraires.com/celine-voyage.php > am 29.06.2011.

6.2.3.2 Le Figaro

Besson, Patrick: „Michel Houellebecq, le tiers-mondiste sexuel“, in: *Le Figaro littéraire*, vom 06.09.2001.

Die Rezeption des Romans *Plateforme* im *Figaro* unterscheidet sich enorm von der Kritik Savigneaus in *Le Monde.* Nicht nur in Bezug auf das Urteil beider Rezensenten, das gegensätzlicher kaum sein könnte, auch in Bezug auf die Festlegung der Thematik des Werkes stimmen sie nicht überein. Patrick Besson will in *Plateforme* nichts weiter als ein Loblied auf den Sextourismus sowie „un encouragement clair à la pédophilie“ erkennen, das zudem noch ohne jeglichen Humor, lediglich mit einigen wenigen Spuren plumper Ironie geschrieben sei. Doch die mit nicht einmal 800 Wörtern relativ kurze Kritik, die sowohl eine Einleitung als auch ein Fazit vermissen lässt, geht noch weiter und wirft dem Autor vor, seine Werke erinnerten an den internen Bericht eines kleinen oder mittleren Unternehmens, was wohl ein Grund dafür sei, dass Houellebecq gelesen würde, denn es gäbe zahllose Unternehmen dieser Art, für die interne Berichte bedeutsam seien. Besson geht zwar nicht so weit zu behaupten, dass dies der einzige Grund sei, warum Houellebecq ein großes Publikum um sich gruppiert, doch zwischen den Zeilen lässt sich dies durchaus herauslesen, da er ihm keinerlei schriftstellerische Fähigkeiten attestiert und das Buch mit keiner Silbe lobt. Er urteilt damit objektbezogen, setzt Inhalt und Stil als Wertmaßstäbe für sein Urteil an, geht jedoch nicht auf die Wirkung des Werkes ein. Da der Vergleich zu Unternehmensberichten darauf hindeuten könnte, dass der Rezensent versucht ist, Mutmaßungen über die Bedeutung des Werkes für seine Zeitgenossen anzustellen, findet sich hier eine Mischform von Untersuchungsstrategien: Die Kritik arbeitet primär werkimmanent-ästhetisch, weist jedoch auch Elemente einer außerliterarisch-ästhetischen Verfahrensweise auf. Zwar vergleicht Besson es mit Alain Paucards *Guide* Paucard *des filles de Paris* sowie dem französischen Schriftsteller Gabriel Matzneff, wobei weder daraus hervorgeht, dass ersterer sich in seinem *alternativen Reiseführer* auf die Vorstellung erotischer Etablissements in Paris spezialisierte noch, dass Letzterem der Hang zur Pädophilie nachgesagt wurde[12] – da es

[12] Vgl. Crime & Cie (Hrsg.): < http://www.arnaqueur.fr/HTML/CatalogueLivreMois.htm >, am 21.11.2007 sowie Wetzel, Johannes: „Vom Terrorismus des Vergnügens.

sich bei beiden Autoren jedoch nicht um Klassiker der Literaturgeschichte handelt, kann nicht von einer werkimmanent-intertextuellen Strategie im Sinne des entwickelten Interpretationskriteriums gesprochen werden kann.

Sowohl die Vorstellung der Protagonisten als auch die Präsentation der Geschichte des Romans fallen in der Kritik Bessons sehr kurz aus. Er präsentiert die Hauptfiguren, wobei er dazu nicht nur Valérie und Michel rechnet, sondern auch Jean-Yves: Keine von ihnen wird jedoch in ihren Lebensumständen, der beruflichen Situation oder mithilfe der Erläuterung einiger Charakterzüge näher vorgestellt. Der Leser der Kritik erfährt lediglich, dass sich eine Liebesgeschichte zwischen Valérie und Michel entspinne, die mit dem Attentat fundamentalistischer Muslime und dem Tod Valéries ihr Ende finde: Der Kritiker befürwortet dies insofern, als er es skandalös gefunden hätte, lebten die beiden Romanhelden bis an ihr Lebensende glücklich zusammen, nachdem sie die Initiatoren und Organisatoren eines internationalen Bordells gewesen seien. Zudem unterstreicht Besson besonders die ablehnende Haltung Michels gegenüber Muslimen nach dem Anschlag und führt ein Zitat an – das einzige der Rezension – in dem zum Ausdruck kommt, dass sich die Hauptfigur stets darüber freuen werde, vom Tod eines Moslems aufgrund von terroristischen Anschlägen zu erfahren. Der Kritiker will somit womöglich die abschätzige, provokante und rückständige Einstellung des Autors gegenüber anderen Religionsgemeinschaften hervorheben, um mögliche Leser vom Kauf des Buches abzuhalten. Auch an anderer Stelle fällt bei der Lektüre der Rezension auf, dass der Kritiker mitunter in zweideutiger Art und Weise über Inhalte des Romans spricht, so dass der Leser, immer vor dem Hintergrund, dass er das Buch noch nicht kennt, dessen Aussagen nicht eindeutig auf das Werk oder den Autor beziehen kann. Relativ unvermittelt stellt Besson einen Michel vor, der glaube, „la terre est un paradis, à condition que les riches puissent baiser et les pauvres manger", ohne aber zuvor den Namen der Hauptperson genannt zu haben. Ferner sticht dabei die vulgäre Wortwahl negativ ins Auge, die die Rezension in polemischem Stil erscheinen lässt: Begriffe wie *cul, putes* oder *queue* finden sich an mehreren Stellen im Text. Besson verfolgt damit womöglich das Ziel, einen Eindruck von dem vulgären Vokabular des Schriftstellers in dessen Werk zu geben, jedoch scheint

---

Wie im Frankreich der Siebziger Pädophilie verteidigt wurde", in: *Berliner Zeitung*, vom 19.04.2001.

diese Taktik für ein renommiertes Journal wie den *Figaro* nicht geeignet, sondern wirkt vielmehr anstößig und unpassend.

Eine persönliche Note Houellebecqs, den Besson ebenfalls heftig kritisiert, sieht der Kritiker darüber hinaus in der Belustigung der Figur des Michel über die zeitgenössische Kunst, die nach seiner Ansicht eine Abrechnung mit der Zeitschrift *Perpendiculaire* darstelle. Er setzt dabei jedoch voraus, dass der Leser über die Auseinandersetzung Houellebecqs mit der Kulturzeitschrift bis hin zu seinem Rauswurf unterrichtet ist, denn er liefert keine genaueren Informationen darüber. Überdies beurteilt er den Autor als einen „petit bourgeois" und einen Kleinkriminellen, der die Menschen in seinen Werken wichtigtuerisch dazu auffordere, moralische Grenzen zu überschreiten, um ihnen anschließend zu erklären, dass dies unmöglich sei. Michel Houellebecq weise typische Züge eines Informatikers auf, der erst sehr spät zur Literatur gekommen sei und *Plateforme* lediglich geschrieben habe, um sich über die Gegner des Sextourismus und der Pädophilie lustig zu machen. Der Umgang des Autors mit diesem Thema in Verbindung mit muslimischem Fundamentalismus scheint somit nicht das zu sein, was der Rezensent in einem Roman lesen will. Auch der Humor des Autors und dessen Form der Ironie gehen für Besson offenbar nicht mit guter Literatur überein. Da er jedoch auch nicht erkennen lässt, wie er ein solches Thema stattdessen inhaltlich und stilistisch bearbeitet gesehen hätte, lässt sich möglicherweise in Anbetracht der bislang durchweg negativen Beurteilungen der Werke Houellebecqs durch den *Figaro* eine gewisse Voreingenommenheit gegenüber dem Autor nicht leugnen.

6.2.3.3 Libération

Harang, Jean-Baptiste: „Le guide du biroutard. Pléthore de formes rebondies dans «Plateforme» où Michel Houellebecq invite ses lecteurs au tourisme sexuel", in: *Libération Livres*, vom 23.08.2001.

Schon im Untertitel der Überschrift lässt der Rezensent erkennen, was er in *Plateforme* vermutet: eine Einladung zum Sextourismus. Glaubt der Leser des Artikels nun jedoch, die Kritik des Werkes falle aus diesem Grund negativ aus, muss er sich eines Besseren belehren lassen, obwohl auch der erste Absatz der knapp 1200 Wörter langen Rezension noch Ähnliches erwarten lässt. So heißt es darin, dass niemand genau verstehe, warum Houellebecq eigentlich so erfolgreich ist, jedoch wird dies mit der

Aussage relativiert, man habe eine vage Ahnung, dass er es verdiene. Allerdings lässt dies ebenso den Rückschluss zu, dass die schriftstellerischen Qualitäten Houellebecqs wiederum nicht so eindeutig auszumachen seien, um mehr als nur ein Gefühl als Begründung für seinen Erfolg anzuführen.

Der erste Absatz der Kritik beschäftigt sich in Form einer kurzen Einleitung mit dem Autor des Romans. Harang beleuchtet dessen vielfältiges künstlerisches Engagement im musikalischen, poetischen und belletristischen Bereich und beschreibt ihn darüber hinaus in seiner Wirkung bei öffentlichen Auftritten: Er habe eine seiner Person entsprechende Rolle gefunden, „celui du hamster narquois et désabusé [...], [il] répond à toutes les questions, souvent par des silences, travaille une voix monocorde et monotone". Ein negativer Ton in dieser Beurteilung ist nicht zu verleugnen, denn darin wird behauptet, Houellebecq spiele seinem Publikum womöglich des Erfolges willen lediglich etwas vor und sei nicht er selbst. Dennoch täte er gut daran, Bücher zu schreiben, denn diese seien „plutôt meilleurs que ceux que l'on achète habituellement" und spalteten die literarische Öffentlichkeit in Gegner und Befürworter des Modernen. Auch versäumt Harang es nicht, auf die bisher erschienenen Romane Houellebecqs hinzuweisen: Er fasst in aller Kürze *Extension du domaine de la lutte* und *Les particules élémentaires* zusammen, führt aber trotz der Andeutung, Houellebecq versuche sich auch als Dichter, die Titel der Lyrikbände nicht noch einmal auf.

Zum Teil von vulgären Ausdrücken des Kritikers durchzogen und unter mehrmaliger Verwendung des Stilmittels der Annominatio, d. h., einem auf Ähnlichkeit im Klang beruhenden Wortspiel, fällt die Darstellung der Romanhandlung von *Plateforme* erstaunlich ausführlich und detailliert aus – ihr sind etwa zwei Drittel der Kritik gewidmet – so dass der Leser der Rezension glauben könnte, nach einer so vollständigen Darlegung kaum noch etwas Neues beim Lesen des Buches zu erfahren. Nicht zuletzt aus diesem Grund wird womöglich bei der Vorstellung der Helden Valérie und Michel darauf verwiesen, die Leserschaft solle sich über den dritten Protagonisten, Jean-Yves, im Roman selbst ein Bild machen: Dies wiederum fördert das Interesse an der Lektüre. Einen ebensolchen Zweck verfolgen wahrscheinlich einige vom Rezensenten aufgeworfene, aber unbeantwortet bleibende Fragen, die allerdings überwiegend nebensächlich erscheinen. Sogar die Kapitelanzahl der Thailandreise im ersten Teil des Romans sowie die der beruflichen Herausforderungen und Veränderungen Valéries werden erwähnt, wobei Letzteres nach Ansicht Harangs hätte kürzer gefasst werden können, bis hin zum tragischen Ausgang der Geschichte. Aus dieser ausführlichen Beschreibung des Inhaltes lässt sich schließen, dass der Kritiker sich primär in der Rolle des Vermittlers sieht.

Überraschend ist jedoch die Interpretation Harangs: Das Werk stelle trotz der Einladung zum Sextourismus, die er darin erblickt, kein Plädoyer für Aktivitäten dieser Art dar, da der Roman tragisch ende. Als Begründung für diese Auslegung wird ein wenig lapidar angeführt: „ [...] on sait que tout est mal qui finit mal". Mit der Anmerkung, rassistische oder sexistische Äußerungen könne Harang in dem besprochenen Roman nicht erkennen, nimmt er wahrscheinlich Bezug auf Aussagen von Houellebecq-Gegnern, ohne diese aber näher zu benennen. Dennoch gesteht er ein, dass Houellebecq bzw. der Erzähler des Buches eine Tendenz zu unüberlegten Aussprüchen über Gemeinsamkeiten und Unterschiede zwischen Menschen verschiedenen Alters, Geschlechts oder Rassen aufweise.

Gründlicher als alle Beiträge bisher untersuchter Zeitungen geht Harang zudem auf den Stil Houellebecqs ein: Er schreibe humorvoll, verwende gängiges Vokabular, erzähle die Geschichte in einer chronologischen Ordnung, vermeide zu lange Dialoge und drücke sich vornehmlich in einer einfachen Hauptsatzstruktur aus – Houellebecq „est au meilleur de la sienne". Auch die Feststellung, dass sich dem Rezensenten der Titel des Buches nicht erkläre, ist mit einem Lob verbunden: Kaum etwas in diesem Roman sei „plate". Es lohne sich also, ihn bis zum Ende zu lesen, denn er habe nahezu alles, was einen guten Roman ausmache: Das Literaturverständnis des Kritikers erklärt sich somit aus den angeführten positiven Eigenschaften des Werkes. Das sich aus dem Roman selbst speisende, objektbezogene Urteil des Kritikers, der demnach nicht nur die Rolle des Vermittlers für potenziell interessierte Houellebecq-Leser, sondern ebenso die des Richters wahrnimmt, fällt ganz im Gegensatz zur vernichtenden Einschätzung des *Figaro* positiv aus, obwohl Harang letztlich davon spricht, es handele sich um Bahnhofsliteratur, was darauf schließen lässt, dass er in der Lektüre eine Nebenbeschäftigung sieht, die womöglich die Wartezeit auf einen Zug verkürzen soll. Da sein Urteil vor allem auf den Kriterien Inhalt und Stil des Romans beruht, und er weder andere, als klassisch geltende Autoren zurate zieht, um Houellebecq zu werten, noch die außerliterarische Bedeutung des Werkes aufzuzeigen versucht, lässt sich seine Untersuchungsstrategie als werkimmanent-ästhetisch bezeichnen.

6.2.4 *La possibilité d'une île*

6.2.4.1 *Le Monde*

Nouchi, Franck: „Michel Houellebecq, un voyage au bout de l'humanité", in: *Le Monde des Livres*, vom 02.09.2005.

Le Monde folgt auch mit der Beurteilung des Houellebecq-Romans *La possibilité d'une île* der bisher weitestgehend verfolgten Linie einer positiven Einschätzung. Aus der etwa 1400 Wörter umfassenden Kritik geht gleich zu Beginn hervor, dass das Werk eine breite Debatte ausgelöst hat, diesmal nicht so sehr wegen des Inhalts, sondern vielmehr aufgrund der Inszenierung der Veröffentlichung: Houellebecq gab den Roman zur Besprechung nur an sehr wenige ausgewählte, ihm zumeist wohl gesonnene Journalisten und Zeitungen heraus und veröffentlicht ihn zeitgleich in fünf westeuropäischen Ländern,[13] was äußerst selten vorkommt, da ein Buch in diesem Fall bei Erscheinen des Originals bereits in die jeweiligen Sprachen übersetzt sein muss. Nouchi sieht sich aus diesem Grund genötigt, daran zu appellieren, sich auf das Wesentliche, nämlich das Buch selbst, zu konzentrieren und eine gewisse Distanz zu eben dieser Debatte zu wahren. Am Schluss der Kritik kommt er jedoch noch einmal in einem abschließenden Fazit auf subtilere Weise darauf zurück, wenn er anmerkt, dass das Werk keines sei, das der Leser, an den Nouchi sich wendet, gern bei sich trägt, denn es biete erneut, wie alle Romane Houellebecqs, „la possibilité d'une confrontation".

Obwohl der Fokus dieser Kritik erneut auf der inhaltlichen Präsentation des Werkes liegt, lässt Nouchi in seiner Funktion als Richter eine verhältnismäßig ausführliche, objektbezogene Beurteilung nicht vermissen. Hingegen fallen Angaben zum Autor sowie zu dessen Stil äußerst knapp aus: „Le style de Houellebecq est comme il a toujours été, simple, assez plat, sans fioritures, efficace". Den Romancier stellt er als einen ehemaligen Agronomie-Informatiker vor, nennt dessen bisher erschienene Romane ohne einen Verweis auf die Gedichtbände und Essays Houellebecqs und schlussfolgert aus dessen Büchern, er gehöre zu denjenigen, die glauben, dass alles, was die Wissenschaft ermöglicht, eines Tages auch realisiert werden würde, unabhängig davon, wie schädlich es

---

[13] Vgl. Naulleau: „Silence, on vend".

für die Menschheit sei. Dass keine weiteren Informationen zu dem Autor des Werkes gegeben werden, scheint insofern nicht unverständlich, als er zum Zeitpunkt der Veröffentlichung ohnehin schon einen hohen Bekanntheitsgrad erreicht hat und häufig im Blickpunkt der Medien steht.

Wie schon in den vorausgehenden Romanen kümmere sich Houellebecq, ähnlich wie Balzac, in seinem Buch um den gegenwärtigen Zustand der Gesellschaft: Nouchi bezeichnet ihn als einen „conteur d'histoires doublé d'un éclaireur hyperréaliste de la société d'aujourd'hui et du monde de demain". Der Kritiker formuliert vorsichtig, dass er sich durchaus Ähnlichkeiten zwischen dem Romanhelden, Daniel 1, und Michel Houellebecq vorstellen könne: Mit diesem Wissen erklärt sich recht eindeutig, warum er sowohl die Hauptfigur als auch dessen Erschaffer mit düsteren Adjektiven wie „désespéré" oder „noir" besetzt. Auch die Nummerierung der Helden, wie sie im Buch vorgenommen wird, erläutert Nouchi: Der Roman sei vornehmlich ein Lebensbericht von Daniel 1, den dieser kurz vor seinem Tod verfasse, damit seine mehrere tausend Jahre später lebenden Nachfahren, Daniel 24 und 25, geklonte Neomenschen, die auf der Grundlage weit reichender wissenschaftlicher Erkenntnisse einer elohimitischen Sekte in die Körper von 18-Jährigen „geboren" werden, ihn lesen und somit etwas über die ehemalige Gattung *Mensch* erfahren. Für die Unsterblichkeit, die die Neomenschen erlangen, müssten sie allerdings den Preis der Emotions- und Gefühllosigkeit zahlen, so der Kritiker weiter, was Daniel 25 schließlich dazu veranlasst, sich einer der letzten Kolonien von Wilden, den Menschen, anzuschließen, die im Naturzustand miteinander leben. Weder Daniel 1 noch Daniel 25 erweckten allerdings einen mit ihrem Dasein zufriedenen Eindruck. Eine der letzten Aussagen der geklonten Figur, die bei der Kolonie der Wilden angekommen ist, jedoch erfahren musste, dass ein Leben mit ihnen nicht mehr möglich ist, zitiert Nouchi: „„A présent, j'étais seul. La nuit tombait sur le lac, et ma solitude était définitive. [...] Je savais maintenant avec certitude que j'avais connu l'amour, puisque je connaissais la souffrance"". Der Kritiker stellt im Zusammenhang damit einen Bezug zu Schopenhauer her, der sagte, dass die menschliche Existenz einer Theatervorstellung gleichkäme, die mit lebendigen Schauspielern beginne und mit Automaten in denselben Kostümen ende. Zudem erklärt Nouchi, dass die Beschreibung der Sekte ihn an die Aussage Papst Benedikts XVI. auf dem Weltjugendtag 2005 erinnere, der behauptete, die Religion verkomme zu einem Konsumprodukt, das sich jeder nach Belieben auswähle und einigen Wenigen zu großem Profit verhelfe.

Obwohl der Rezensent in der Zukunftsvision des Romans das Hauptanliegen Houellebecqs verwirklicht sieht und darin gleichsam eine Warnung vermutet, vermittle die Geschichte ebenso Ideen zur Macht der Liebe, wobei Nouchi nicht begründet, worauf sich seine Annahme stützt. Er beurteilt *La possibilité d'une île* unter Bezugnahme auf klassische Autoren und Dichter wie Baudelaire, Céline und Balzac als „un bon roman, sans doute le plus maîtrisé qu'ait écrit Houellebecq à ce jour", der bisweilen auf provokative und anstößige Weise bewege und zum Lachen bringe, so dass über einige wissenschaftliche Ungereimtheiten hinweg gesehen werden könne. Nouchi fällt damit ein objektbezogenes Urteil, das er in eine unterhaltende Rezension kleidet und folgt dabei einer primär werkimmanent-intertextuellen Strategie, die jedoch durch das Aufzeigen der Motivation Houellebecqs, gesamtgesellschaftliche Probleme in den Mittelpunkt zu stellen und Zukunftsvorstellungen anzubieten, auch Elemente einer außerliterarisch-ästhetischen Vorgehensweise aufweist. Die Erwartungen, die Nouchi an Literatur setzt, scheint Houellebecq jedoch mit einer nach Ansicht des Kritikers gelungenen Synthese aus einem interessanten Thema, einer kreativen inhaltlichen Umsetzung und einem dem Thema entsprechenden Stil erfüllt zu haben.

6.2.4.2 Le Figaro

Rinaldi, Angelo: „Un Houellebecq tombé du camion", in: *Le Figaro littéraire*, vom 18.08.2005.

Le Figaro gehört zu den Zeitungen, die vor Erscheinen von *La possibilité d'une île* kein Exemplar des Buches zum Rezipieren erhalten haben. Um die Besprechung des Werkes, die eine ähnliche Länge umfasst wie in *Le Monde*, dennoch vor der eigentlichen Publikation am 31.08.2005 zu erklären, legt etwa ein Drittel des Artikels mit einer eingangs sehr poetisch wirkenden Beschreibung der Umgebung des Sprecherstandortes dar, wie die Zeitung an den Roman gelangte: Er habe auf einer Parkbank gelegen, wo ein Journalist des *Figaro* ihn durch Zufall mit dem Kommentar eines anonymen Lesers „C'est quoi ce machin? J'ai rien compris" entdeckt haben soll. Ob sich dies nun tatsächlich so ereignet hat, sei dahin gestellt; die

Schlussfolgerung Rinaldis lautet letztlich, dass der neue Houellebecq von einem LKW gefallen sein müsse, wie die Überschrift bereits verrät.

Dessen ungeachtet betrachtet der Rezensent den Fund keineswegs als einen Segen, da er in dem Roman Houellebecqs die Aussage des Unbekannten bestätigt sieht. Verallgemeinernd behauptet er, der Rückgriff auf *Science-fiction*, den der Autor in *La possibilité d'une île* vollziehe, bedeute das Scheitern eines Schriftstellers, da dies vermuten lasse, dass die Realität und insbesondere die Beobachtung der Menschen ihm nicht mehr ausreichend Stoff für fantasiereiche Fiktionen lieferten. Rinaldi urteilt damit zwar, wie alle bislang untersuchten Kritiker, objektbezogen, legt seinem Urteil jedoch einen im Rahmen der hier vorgenommenen Studie noch nicht identifizierten Wertmaßstab zugrunde: den Realismusgehalt eines Werkes. Er legt diesen als Indiz für dessen Qualität zugrunde und stellt ihn neben den Inhalt, welchen er als „ridicule" einstuft.

Nichtsdestoweniger präsentiert der Rezensent die Geschichte des Romans relativ ausführlich, setzt dabei jedoch die Prämissen ein wenig anders als *Le Monde*. Natürlich gibt auch Rinaldi darüber Auskunft, dass der Protagonist Daniel 1 geklont werden konnte und sich in Form von Daniel 25 nach mehreren tausend Jahren als Neomensch auf der Erde bewege, geht aber ausführlicher als Nouchi auf die Elohimiten-Sekte, der sich der Protagonist anschließt, sowie auf die Lebensgefährtin Daniels Nummer 1 ein. Über eine gewisse Marie erfährt der potenzielle Leser, dass sie aus Angst vor dem unabdingbaren Alterungsprozess Selbstmord begehe: Allerdings unterliegt Rinaldi dahingehend einem Irrtum, denn tatsächlich handelt es sich dabei um Isabelle, während Marie zu jenen Neomenschen gehört, die versuchen wollen, ihre Existenz in einer Kolonie mit Wilden weiterzuführen.[14] Darüber hinaus teilt Rinaldi mit, dass auch der Guru der Sekte stirbt: Er wird ermordet, da er eine Frau vergewaltigt hat. Die Einführung weiterer Charaktere bringe laut Rinaldi ein wenig Dynamik in die Geschichte, „qui coule avec lenteur".

Auf den Autor selbst geht der Rezensent kaum ein: Sein bürgerlicher Name Michel Thomas, bleibt in dieser Hinsicht die einzige Information. Auch berücksichtigt er nur am Rande Sprache und Stil Houellebecqs. Er weist auf die englischen Passagen im Roman hin, die nicht übersetzt wurden, womöglich „pour faire chic", und aus diesem Grund an die

---

[14] Vgl. Houellebecq, Michel: *La possibilité d'une île*, Fayard, Paris 2005, S. 377 und S. 384.

Werke von Abel Hermant aus den 1930er Jahren erinnerten. Zur Darstellung der Sexualität arbeite Houellebecq mit Vokabular aus dem *argot*: Die Vermutung liegt nahe, dass Rinaldi den Roman keinesfalls als ein künstlerisch wertvolles Buch einschätzen wird. So urteilt er in der Rolle des Richters: „Il n'y a rien qui soit plus aride, plus pauvret et plus obscur en même temps". Einer werkimmanent-ästhetischen Strategie folgend, welche inhaltliche Bestandteile einbezieht, die der werkimmanent-intertextuellen Verfahrensweise zuzurechnen sind, wendet sich der Kritiker mit seiner von einer Vielzahl negativer Wertungen durchzogenen Besprechung gewiss nicht an begeisterte Leser Houellebecqscher Literatur, da er deutlich unterstreicht, dass der Roman weder sprachlich noch inhaltlich seinen Erwartungen an gute Literatur gerecht wird: *Science-fiction* scheint Rinaldi grundsätzlich abzulehnen und auch ein in umgangssprachlich verfasstem Stil geschriebenes Werk widerspricht offensichtlich seinen Vorstellungen von guter Literatur.

6.2.4.3 Libération

Harang, Jean-Baptiste: „Une île flottante. Michel Houellebecq revient avec un gros livre, lourd de promesses tenues et de déceptions annoncées", in: *Libération Livres*, vom 01.09.2005.

Die Zeitung *Libération* liefert eine noch umfangreichere Rezension zum vierten Roman Houellebecqs, so dass der Kritiker etwa ein Viertel der Buchbesprechung dazu verwenden kann, über den Autor und seine bisherigen Romane zu informieren. Er wird somit in erster Linie seiner Funktion als Vermittler für die literaturinteressierte Öffentlichkeit im Allgemeinen wie auch speziell für Houellebecq-Leser gerecht, ohne aber deutliche Urteilssprüche vermissen zu lassen. Zudem kann nicht übersehen werden, dass seit den Erfolgen von *Les particules élémentaires* und *Plateforme* auch an dieser Stelle die weniger bekannten Gedichtzyklen und Aufsätze des Schriftstellers keine Erwähnung mehr finden. Auf detaillierte biografische Angaben verzichtend, weist Harang lediglich auf das Geburtsjahr des Autors sowie auf die Tatsache hin, dass dieser unter einem Pseudonym schreibt, ohne aber seinen eigentlichen Nachnamen zu nennen. Hingegen setzt er Michel Houellebecq in Beziehung zu seinem Helden Daniel aus *La possibilité d'une île*: Dieser sei nicht nur im gleichen Alter wie der Autor, auch dessen ablehnende Haltung gegenüber Frauen, demonstriert anhand eines eindringlichen Zitates, welches Frauen mit Haustieren vergleicht, könne nur aus tatsächlichen Ansichten des Autors erwachsen. Hinsichtlich der bislang veröffentlichten Romane geht Harang jeweils in einem bündigen Resümee mit z. T. vulgärem Vokabular darauf ein, in welcher Intensität es sich dabei um Sexualität handele, wie viele Übersetzungen jeweils vorgenommen wurden und welches Ausmaß an Polemik das entsprechende Buch auslöste. In Bezug auf *Plateforme* wird ergänzt, das Houellebecq aufgrund der Terroranschläge auf das *World Trade Center* im September 2001, wenige Tage nach Erscheinen seines Romans, welcher mit einem islamistischen Attentat ende, in der öffentlichen Debatte prophetische Fähigkeiten angetragen worden seien. Der Kritiker leitet damit zu *La possibilité d'une île* über, das schon vor seiner Veröffentlichung für Kontroversen gesorgt habe und das Thema Sexualität ebenfalls nicht ganzausspare.

Die vordringliche Thematik des Romans bestehe nach Ansicht des Rezensenten jedoch in der Darstellung der Langeweile sowie der Trostlosigkeit des menschlichen Daseins, wobei die literarische Umsetzung derselben keineswegs langweilig sei, lediglich nehme der Autor bewusst in Kauf, eine niederschlagende Wirkung auf den Leser seines Buches auszuüben. Seine Vermutung untermalt Harang auf humorvolle Weise mit Informationen über die Hauptperson Daniel 1, stellt allerdings weder die geklonten Nachfahren desselben noch Isabelle näher vor. Über die Figur des Vincent, den Nachfolger des toten Gurus der Elohimiten, urteilt er, dieser sei die einzig originelle Figur der Geschichte. Daniel 1 wird überwiegend und sehr nachdrücklich durch direkte Zitate aus dem Roman präsentiert, so dass er auf den Leser sarkastisch, bösartig und auch ein wenig verzweifelt wirken muss. Dabei sticht ins Auge, dass *Libération* in der Besprechung des Buches eben jenen Ausspruch zitiert, dessen sich auch *Le Monde* bedient, um ein Bild des Protagonisten zu zeichnen: „Le jour du suicide de mon fils, je me suis fait des oeufs [sic!] à la tomate". Über seinen Beruf als Komiker äußere dieser weiterhin: „„Le plus grand bénéfice du métier d'humoriste (...), c'est de pouvoir se comporter comme un salaud en toute impunité"". Harang erinnert im Zusammenhang damit an die Worte eines ungenannt bleibenden Journalisten, der wenige Tage zuvor davon sprach, dass es einem Menschen trotz der Boshaftigkeit, die ihm anhafte, möglich sei, gute Bücher zu schreiben. Dies führe laut Harang dazu, dass Houellebecq mit dem französischen Schriftsteller Louis-Ferdinand Céline auf eine Stufe gestellt werden könnte, was der Kritiker jedoch für unangemessen hält, wobei nicht deutlich daraus hervorgeht, ob er Céline aufgrund seiner literarischen Qualitäten über Houellebecq stellt oder ob er es in Hinblick auf die erwähnte Boshaftigkeit für verfehlt hält, Houellebecq eine ähnlich schwerwiegende, verächtliche Grundhaltung gegenüber bestimmten Menschengruppen zu unterstellen, wie es im Falle Célines und seines ausgeprägten Antisemitismus anzunehmen ist.[15]

Nicht ohne die sexuellen Beziehungen der Hauptfigur zu erwähnen und darauf hinzuweisen, dass die Elohimiten-Sekte sich an die tatsächlich existierende Raëlianer-Sekte[16] anlehne, mit der Houellebecq in Kontakt gestanden habe, verrät der Kritiker ferner in überraschender Kürze, dass sich Daniel letztlich dazu entschließe, seine DNA replizieren zu lassen, um sowohl der Endlichkeit seiner Existenz als auch dem Alterungsprozess seines Körpers Abbruch zu verschaffen. Zudem gibt Harang Auskunft über den formalen Aufbau des Werkes und informiert darüber, dass den alternierenden Berichten von Daniel 1 und Daniel 24 bzw. 25 „quelques pages et phrases éparses“ vorangestellt seien, „dont rien ne dit qu'elles font partie du livre, qu'elles sont de la plume d'un des narrateurs“. Das Talent des Autors zeige sich schließlich darin, gelungene Beschreibungen mit Begriffen zu liefern, die eher Bilder als Ideen erzeugten, gleichzeitig aber auch amüsant und unerträglich zu sein. Der Rezensent setzt damit sowohl stilistische als auch inhaltliche Maßstäbe an die ebenfalls objektbezogene Wertung des Werkes an und untersucht es dementsprechend nach werkimmanent-ästhetischen Kriterien. „La possibilité d'une île aura du succès“, prophezeit er und erwähnt, dass bereits Übersetzungen des Werkes in 36 Sprachen geplant seien. Die positive Bewertung lässt die Annahme zu, dass Houellebecqs Roman dem Literaturverständnis des Autors gerecht wird, der augenscheinlich eine Symbiose aus Originalität, Humor und Beschreibungen als bedeutsam erachtet.

---

[15] Vgl. Ritte, Jürgen: „Célines Korrespondenz in der Pléiade“, in: *Dokumente* (65, 2) 2010, S. 69f.

[16] Die Raëlianer oder Raëlisten („Raël“ = Licht Gottes) sind eine hierarchisch strukturierte, neureligiöse Gemeinschaft, die 1998 von dem Sportredakteur Claude Vorilhon in Frankreich gegründet wurde. Grundlegend für ihr Selbstverständnis ist die Unsterblichkeit: Der Schöpfer der Menschheit („Elohim“) habe diese durch Programmierung der Erbanlagen als potenziell unsterblich erschaffen und ihr über das Klonen den Weg zu einer unbefristeten Existenz eröffnet. Vgl. Art. „Raëlianer“, in: *Meyers Lexikon online* (Hrsg.): < http://lexikon.meyers.de/meyers/Raelianer > am 01.04.2008.

6.3 Die Analyse der deutschsprachigen Rezensionen

6.3.1 Les particules élémentaires

6.3.1.1 Frankfurter Allgemeine Zeitung

Steinfeld, Thomas: „Man muss auf allen Fronten angreifen“, in: *Frankfurter Allgemeine Zeitung, Literatur*, vom 12.10.1999.

Die bisher umfangreichste aller untersuchten Rezensionen liefert die *Frankfurter Allgemeine* mit einer etwa 3000 Wörter fassenden Buchbesprechung zu Houellebecqs *Les particules élémentaires.* Der Rezensent konzentriert sich in einem feuilletonistisch-unterhaltend wirkenden Stil hinsichtlich der inhaltlichen Schilderung des Romans auf die Ausführung der in dem Werk formulierten Thesen.[17] So vielfältig wie bei Steinfeld die Benennung desselben ausfällt – er schwenkt zwischen den Bezeichnungen des Thesen-, Ideen-, Bildungs- und Gesellschaftsromans sowie der Sittengeschichte hin und her – gestalten sich auch die Bezüge zu anderen Autoren, Filmen und Wissenschaftlern, ergänzt von einer ebenso komplexen, jedoch uneinheitlichen objekt- und wirkungsbezogenen Beurteilung des Werkes anhand von inhaltlichen und stilistischen Beurteilungskriterien, so dass der Leser nach dem letzten Absatz wohl nicht genau einzuschätzen weiß, ob der Rezensent ihm den Roman zur Lektüre empfehlen will oder nicht. Zudem verlangt Steinfeld seiner Leserschaft eine sorgfältige und intensive Kenntnis der französischen und deutschen Literatur und Kultur ab:[18] Er zieht nicht nur über die französischen Sprachgrenzen hinaus bekannte Klassiker wie Maupassant, Balzac und Voltaire heran, sondern stellt gleichermaßen Bezüge zu Johann Carl Wezels *Belphegor*, Charles Péguy und Botho Strauß her, in dessen Nachfolge er Houellebecq hinsichtlich der Abkehr von einer dialektischen Denkweise sieht. Ferner zeigt Steinfeld seinen Lesern den Zusammenhang zwischen dem Soziologen

---

[17] Steinfeld erläutert folgende Thesen: 1. „Die sexuelle Befreiung […] entpuppt sich […] als letzte und entscheidende Strategie des freien Marktes zur Zerstörung ‚des Paares und der Familie, das heißt, der letzten beiden Gemeinschaften.‘“ 2. Der Vertrag von Maastricht ist der zweite große Sündenfall nach der Pille. 3. Humanismus ist nur mit künstlichen Menschen zu erreichen.

[18] Vgl. Meynier-Heydenreich: *Die Literatur der Anderen*, S. 104.

Helmuth Plessner und den Ideen Houellebecqs auf: Plessner habe die grundlegende Feststellung Houellebecqs, der Mensch müsse einen immer höheren Preis für sein Dasein zahlen, bereits einige Jahrzehnte vor ihm formuliert. Auch die Bezugnahme zu dem erstmals in den 1970er Jahren ausgestrahlten Film *Emmanuelle* dürfte nicht für das gesamte Lesepublikum verständlich sein: Sie dient dem Kritiker dazu nachzuweisen, dass das Genre der Sittengeschichte mit diesem Film seinen Ausgang nimmt.

Dennoch bemüht sich auch Steinfeld um eine kontextuelle Einordnung des Houellebecq-Romans in die französische Literaturszene. Nicht ohne mittels einer knappen Zusammenfassung ebenfalls auf *Extension du domaine de la lutte* einzugehen und inhaltliche Parallelen zu dem Erstlingswerk des Autors herzustellen, erklärt der Kritiker, dass der zweite Roman Houellebecqs in Frankreich erstmals wieder seit den 1960er Jahren eine Diskussion in Gang setzt, die es in dem Maße seit Philippe Sollers, Roland Barthes und dem „Abschied der Intellektuellen von der Linken, nicht mehr gegeben hat". Die Houellebecq-Debatte bewege sich um dessen politische und individuelle Kategorisierung, die von reaktionär und faschistisch bis hin zu Frauen verachtend und buddhistisch alles einschließe und in dem Rauswurf aus der Zeitschrift und Literaturgruppe *Perpendiculaire* gipfelt. Nichtsdestoweniger sieht Steinfeld das Credo dieser Literaten, dokumentarische, statt empfindsame Werke zu verfassen, bei Houellebecq umgesetzt: Unter teilweiser Zuhilfenahme von Vokabular aus dem Themenfeld des Krieges urteilt der Kritiker, der die werkimmanent-intertextuelle, die werkimmanent-ästhetische und die außerliterarisch-ästhetische Untersuchungsstrategie in einer gelungenen Mischform kombiniert, dass einige Passagen aus *Les particules élémentaires* Traktaten aus wissenschaftlichen Handbüchern gleichkämen, da Houellebecq aus dem Bestreben heraus, an „allen Fronten angreifen" zu wollen, nicht zögere, auch Theoretiker zu sein. Überdies seien der Sexualität gewidmete Absätze vielmehr klinischer als pornografischer Natur und die ähnlich einer soziologischen Fallstudie geordneten Helden Michel und Bruno ließen „sozialpädagogische Lehrbücher wie Werke von epischer Lebensfülle erscheinen". Dies lässt darauf schließen, dass Steinfeld in stilistischer Hinsicht wenig Gefallen an dem Roman findet, doch auch inhaltlich fällt sein Urteil teilweise negativ aus: Er kritisiert die Idee des Klonens als reichlich platt und plump, so dass diese sich problemlos und „ohne Wechsel der Tonlage an die Beschreibung einer Pizza aus dem Tiefkühlfach" anschließen könne. Außerdem weist er darauf hin, dass

Houellebecq bereits geführte Debatten um die 68er-Generation mit *Les particules élémentaires* erneut anstoße und in einer „schäbigen, grotesken, zuweilen hemmungslos übertreibenden Form“ beenden wolle. Anstößig sei der Roman jedoch vor allem wegen seiner rücksichtslosen, manifestartigen Abrechnung mit dem modernen Menschen, was das Publikum aber nicht daran hindere, ihn in breitem Umfang zu lesen: Es sei in Frankreich bereits in fast 400000 Exemplaren verkauft worden.

Ferner wird der Leser über den Autor selbst informiert. Er erfährt nicht nur, dass sich Houellebecq auch als Dichter und musikalischer Interpret seiner Verse betätigt, sondern wird auch über die biografischen Ähnlichkeiten zwischen dem Schriftsteller und seinen Figuren aufgeklärt. Steinfeld teilt mit, dass Houellebecq, ähnlich wie sein Held Bruno, von seiner Mutter zurückgelassen wird, im Internat sowie bei seinen Großeltern aufwächst und eine lange, qualvolle Jugend erdulden muss, was gepaart mit seiner körperlichen Unattraktivität den seelischen Niedergang, Depressionen und schließlich den Aufenthalt in psychiatrischen Anstalten eingeleitet habe. Auch in der Figur des Michel portraitiere Houellebecq sich z. T. selbst. Ein wenig vereinfachend sieht er in diesem die Umkehrfigur Brunos, der den Mechanismus von Sexualität ohne Fortpflanzung personifiziere, während Michel für Fortpflanzung ohne Sexualität stehe.

Steinfeld gelangt schließlich zu dem Urteil, der potenzielle Leser, dem in Anbetracht der Länge der Rezension in erster Linie der Autor als 1999 in Deutschland noch junge Erscheinung der Literaturszene sowie sein Werk näher gebracht werden soll, habe von Houellebecq „nichts Angenehmes zu erwarten“ und werde „dieses Buch nicht mit einem Gefühl der Befriedigung [...] aus der Hand legen“. *Les particules élémentaires* sei „eine ins Barbarische gewendete Fortsetzung des romantischen Reflexionsromans“. Jedoch sieht er in ihm die Rückkehr zu einer vormodernen Aufgabe von Literatur verwirklicht, welche durch das Eintauchen in die absolute Niedertracht nicht nur reinigend, sondern gleichsam als moralische Instanz wirken sollte. Die ambivalente Beurteilung des Werkes deutet darauf hin, dass es dem Rezensenten in erster Linie darauf ankommt, dem deutschen Leser Houellebecq selbst sowie dessen Werke vorzustellen, dabei aber sowohl auf Stärken als auch auf Schwächen einzugehen, womöglich um die in Frankreich vorherrschende Houellebecq-Begeisterung ein wenig zu relativieren. Von guter Literatur scheint Steinfeld jedoch mehr zu erwarten, als er bei Houellebecq vorfindet: An wissenschaftlichen Passagen und übertriebenem

Verurteilen, in dem Fall der 68er- Ideen, findet er ebenso wenig Gefallen wie an einem klinischen, zugleich aber theoretisierenden Stil.

6.3.1.2 Süddeutsche Zeitung

Maak, Niklas: „Hass und Hässlichkeit. Michel Houellebecq, sein böser Roman und die Ethik der Genetik", in: *Feuilleton der Süddeutschen Zeitung*, vom 26.08.1999.

Im Gegensatz zur *Frankfurter Allgemeinen* bespricht Niklas Maak *Les particules élémentaires* in einer Rezension von etwa 1500 Wörtern unabhängig von Houellebecqs erstem Roman *Extension du domaine de la lutte* sowie von weiteren bereits veröffentlichten Büchern. Er fordert außerdem, anders als die *F.A.Z.*, von seinen Lesern keinerlei fremdkulturelle Kenntnisse in französischer Literatur, da er keine Verbindungen zu anderen Autoren aufzeigt und sich strikt an die werkimmanent-ästhetische Untersuchungsstrategie hält, objektbezogen urteilt und primär inhaltliche Aspekte als Maßstäbe seiner Wertung setzt.

In einer Periode außergewöhnlicher Medienpräsenz Michel Houellebecqs verzichtet er darüber hinaus auf die Vorstellung des Autors und sieht ebenfalls davon ab, Ähnlichkeiten im Lebensverlauf des Protagonisten Bruno und Houellebecq hervorzuheben. Da-ran wird bereits ersichtlich, dass Maak wesentlich näher am Werk selbst bleibt als Thomas Steinfeld. Er erläutert die Thematik des Buches, stützt sich aber in der inhaltlichen Präsentation vornehmlich auf eine anschauliche Vorstellung Brunos, während dessen Halbbruder Michel kaum Erwähnung findet. *Les particules élémentaires* sei ein Thesenroman, vom Aufbau her jedoch ein klassischer Entwicklungsroman, der in erster Linie, wie der Autor selbst bereits im Vorwort des Buches erkläre, die Geschichte eines Mannes erzähle, für den die Werte der Aufklärung – Freiheit, Individualität und das Streben nach Glück – in einem emotionalen Zusammenbruch endeten. Den Figuren des Romans hafte ebenfalls etwas Thesenhaftes an, denn ihnen sei gemeinsam, dass sie alle gegen die Natur und das Schicksal anzukämpfen versuchten. Während Bruno wegen eines Mangels an Liebe und Zärtlichkeit zugrunde gehe, erschaffe Michel, „ein weltverachtender *mad scientist*", zur Lösung des Problems der Unmenschlichkeit eine geschlechtslose neue Spezies. Maak sieht in ihm die moderne Reinkarnation des faustischen Menschen, einem Wesen also, das nach Erkenntnis strebt und erfahren will, „was die Welt im Innersten zusammen hält".[19]

In dem Bemühen, zu Beginn die Debatte um Houellebecq, die vermeintlichen Konsequenzen von 1968 und das Erscheinen von *Les particules élémentaires* in Frankreich zu schildern, wird deutlich, dass Maak die Ansichten vieler Kritiker nicht teilen kann. Es seien vor allem „empörte selbsternannte Achtundsechziger", die den Schriftsteller mit verschiedensten negativen Adjektiven besetzen und in das rechte politische Spektrum einordnen wollen, weil er in seinem Roman Feministinnen beschimpfe und die Entartung des Westens kritisiere.[20] In ihrer Wut verlieren sie laut Maak jedoch den Blick für das Wesentliche: das literarische Werk des Autors. Der Kritiker legt besonderen Wert darauf, in der öffentlichen Auseinandersetzung zur Literatur Houellebecqs zurückzufinden, woraus geschlossen werden kann, dass er diese dem potenziellen Leser, an den er sich richtet, näher bringen will und somit vor allem als Vermittler fungiert.

In einem sehr facettenreichen Vokabular distanziert er sich in einer humoristischen Sprache davon, *Les particules élémentaires* vornehmlich als Abrechnung mit der 68er-Generation zu lesen. Der Autor habe vielmehr in ungeahnter Brutalität und zum Teil sezierender Sprache auszudrücken versucht, dass die Menschheit seiner Ansicht nach dem Ende entgegen gehe und Verständigung unmöglich sei: „Der Andere ist und bleibt der Andere", resümiert er. Houellebecq könne als einer der finstersten Existenzialisten bezeichnet werden, der in seinem Werk alle „Konfirmandenweisheiten" der Art, dass nur die inneren Werte zählten, dass alles gut werde, wenn man sich nur fest an den Händen halte etc., ad absurdum führe. „[…] ‚Elementarteilchen' ist der große utopische Roman der Jahrtausendwende", lautet das abschließende Urteil des Rezensenten, das in Hinblick auf das Literaturverständnis des Kritikers darüber Aufschluss gibt, dass die Utopie seiner Ansicht nach einen berechtigten Platz in der Literatur habe und ihre Legitimation noch erhöht, wenn sie, wie in den

---

19 Goethe, Johann Wolfgang: *Faust. Der Tragödie erster Teil*, 30. Auflage, Reclam, Leipzig 1976, S. 17f.

20 Die *Süddeutsche Zeitung* publiziert bereits bei Erscheinen von *Les particules élémentaires* in Frankreich im Herbst 1998 einen Beitrag zum Literaturstreit um den Roman. Vgl. dazu: Chervel, Thierry: „Du sollst die Freiheit hassen! Paris hat einen neuen Starautor, der die Intellektuellenszene spaltet – und den ersten Literaturskandal seit Jahren", in: *Süddeutsche Zeitung*, vom 09.10.1998.

Romanen Houellebecqs, kritische Auseinandersetzungen über den Zustand der gegenwärtigen Gesellschaft sowie zugrunde liegenden Ursachen führt, wobei nicht geklärt werden kann, ob Maak diesen Standpunkt generell vertritt oder ob Houellebecq möglicherweise in der thematischen Stoßrichtung seine persönliche Meinung getroffen hat und der Kritiker sonst anderer Ansicht wäre.

6.3.1.3 Frankfurter Rundschau

Mayer, Astrid: „Schöne neue Klon-Welt. Michel Houellebecq eckt mit seinem preisgekrönten Roman „Die Elementarteilchen" gewaltig an", in: *Feuilleton der Frankfurter Rundschau*, vom 19.11.1998.

Meister, Martina: „Der tendenzielle Fall der Lust-Rate. Michel Houellebecq und die neue französische Revolution im Literaturgetriebe", in: *Frankfurter Rundschau, Zeit und Bild*, vom 13.10.1999.

Die Tatsache, dass die *Frankfurter Rundschau* als einzige der in die Untersuchung einbezogenen deutschen Zeitungen sowohl das Erscheinen von Houellebecqs *Les particules élémentaires* in Frankreich 1998 als auch die Publikation der deutschen Übersetzung ein Jahr später zum Anlass einer Besprechung des Romans nimmt, lässt darauf schließen, dass sie dem Autor und seinen Werken große Bedeutung für die zeitgenössische Literatur beimisst und ihn daher gebührend würdigen will. Martina Meister bestätigt diese Vermutung gleich zu Beginn ihrer Kritik, indem sie den Inhalt des Werkes als Maßstab für ihre objektbezogene Einschätzung heranzieht und feststellt: „Das Buch ist eine Revolution". Den Stillstand, der im französischen Literaturgetriebe zu beklagen sei, habe Houellebecq durchbrochen. Sie schildert, wie auch Astrid Mayer, die divergierenden Meinungen zum Autor, die von der positiven Beurteilung als Erneuerer und künftigem Klassiker bis hin zu einem Schriftsteller, der die bestehende Ordnung der Dinge in Gefahr bringe, alles einschlössen. Beide Rezensentinnen gehen zudem im Sinne einer Kontextualisierung auf den Streit mit *Perpendiculaire* ein; Mayer erwähnt darüber hinaus, dass Houellebecq für seinen Roman der *Prix novembre* verliehen wurde, während Meister lediglich darauf hinweist, dass *Les particules élémentaires* zwar für den *Prix* Goncourt nominiert, jedoch von der Liste der Nominierungen wieder entfernt wurde.

Beide Kritikerinnen besprechen das Werk in einer Rezension von etwa 1000 Wörtern. In ihrer inhaltlichen Darlegung weisen diese meist

Übereinstimmungen, zum Teil aber auch gegensätzliche Einschätzungen auf. Meister wendet sich an potenzielle Leser des Werkes, betätigt sich geradezu als Anwältin Houellebecqs und will deutlich machen, dass der Roman als Thesenroman missverstanden sei, der für die Schaffung künstlicher Menschen plädiere und mit der 68er-Generation abrechne. Mayer hingegen erkennt in dem Werk durchaus eine Abrechnung mit den nach Ansicht des Autors verhängnisvollen Folgen von 1968: Sie erblickt im Klonen der Menschheit als Ansatz zur Lösung „aller gesellschaftlichen Probleme“ die Botschaft des Romans. Anders als Niklas Maak in der *Süddeutschen Zeitung* nehmen beide Kritikerinnen den Protagonisten Michel als Hauptperson des Buches wahr, dessen Wesensmerkmale eine Figur erkennen lassen, die, von Einsamkeit geplagt, eine karge, freudlose Existenz führe. Sein Leben gliedere sich „dank ausgesuchter ‚kommerzieller Zeremonien‘ in absehbare Abschnitte: nach dem Tennisturnier von Roland Garros irgendwann Weihnachten, dann Silvester, und, nicht zu vergessen, dreimal im Jahr der 3-Suisses-Katalog“.[21] Während Michel sich in die Forschungen der Molekularbiologie flüchte, könne der Leser Brunos sexuelle Obsessionen verfolgen, die in psychischem Elend enden. Meister vermutet in Michel Ähnlichkeiten mit dem Autor, doch sie betont zugleich, dass Houellebecq ein Spiegelbild von uns allen entwerfe, welches so abstoßend erscheine, dass „wir uns darin nicht wieder erkennen wollen“, sondern es vorzögen, „die Leere noch immer nicht für wahr zu nehmen“.

Interessant sind in beiden Kritiken die Bezüge, die die Rezensentinnen zu anderen Autoren herstellen. Mayer spielt bereits in der Überschrift auf Aldous Huxley an, der in seinem Roman *Schöne neue Welt* u. a. die Vision von künstlich in Reagenzgläsern produzierten Menschen entwickelt.[22] Meister beurteilt Houellebecqs Opus als ein Werk, das eigentlich als ein Liebesroman aufzufassen sei und warnt in einer äußerst knapp formulierten Andeutung, dass Gabriel García Márquez’ *Liebe in Zeiten der Cholera* im Vergleich zu *Les particules élémentaires* harmlos wirke. Da sie die Thematik des Romans in der „Liebe im Zeitalter technischer

---

[21] Meister, Martina: „Der tendenzielle Fall der Lust-Rate. Michel Houellebecq und die neue französische Revolution im Literaturgetriebe“, in: *Frankfurter Rundschau*, vom 13.10.1999.

[22] Vgl. Huxley, Aldous: *Schöne neue Welt. Ein Roman der Zukunft*, ungekürzte Ausgabe, Fischer Bücherei, Hamburg 1962.

Reproduzierbarkeit“ erkennt, führt sie eine Aussage Marx’ an, der den „‚tendenziellen Fall der Lustrate innerhalb des libertinären Systems‘“ schon im 19. Jahrhundert erfasst zu haben scheint. Darüber hinaus lenkt sie die Aufmerksamkeit des Lesers auf weitere Publikationen Houellebecqs, zieht *Extension du domaine de la lutte* heran, um inhaltliche Vergleiche anzustellen, und behauptet von den Essays in der *Welt als Supermarkt*, dass diese „nicht sehr viel zu bieten“ hätten.

Mayers objektbezogene Beurteilung des Werkes als „keine leichte Kost“ begründet sich mit der Feststellung, dass Houellebecq sich darin mit beängstigenden gesellschaftlichen Entwicklungen auseinander setze und eine von Vereinzelung des Individuums und gnadenlosem Wettbewerb gekennzeichnete Zukunftsvision aufbaue. Damit einher geht Mayers Vorstellung des Autors in Interviewform, die einige Informationen über verschiedenste Ansichten desselben bietet: Dieser schätze die Folgen des Verschwindens von Religion und Glaube im Zusammenhang mit kapitalistischem Wirtschaften als äußert schwerwiegend ein, jedoch sei sein Roman nicht als politische Utopie zu verstehen, sondern das Ziel sei es gewesen, die Wahrheit zu schreiben. Ferner verliert Mayer im Gegensatz zu Meister zumindest wenige Bemerkungen zum Aufbau des Werkes und zum Stil Houellebecqs, der Beschreibungen in „technischer Nüchternheit“, ohne prosaische Ausschmückungen liefere, den Erzählfluss aber durch Monologe der Hauptpersonen unterbreche.

Da Astrid Mayer keinerlei Kritik an dem Werk übt, kann ihre Buchbesprechung als Leseempfehlung gewertet werden, obwohl sie eine klare Positionierung vermissen lässt. Wertmaßstäbe ihrer Einschätzung können deswegen kaum festgestellt werden; gewiss dient ihr aber der Inhalt als Grundlage für die Beurteilung des Werkes als „schwere Kost“, da sie auf Schreibweise und Stil nicht eingeht. Sie betätigt sich demnach anders als Meister vielmehr als Vermittlerin von Autor und Werk und intendiert, die literaturinteressierte Öffentlichkeit über neue Entwicklungen auf dem französischen Buchmarkt zu informieren und Houellebecq als integralen Bestandteil desselben vorzustellen. Stärker als Meister hebt sie jedoch die Bedeutung hervor, die das Werk aufgrund seiner Thematik außerhalb der Literaturszene einnimmt und folgt damit einer außerliterarisch-ästhetischen Strategie, während Meister hauptsächlich werkimmanent-ästhetisch verfährt und nur vereinzelt Tendenzen zu einem außerliterarisch-ästhetischen Vorgehen aufweist, wenn sie mutmaßt, dass der Roman aufgrund des hässlichen Bildes, dass er von der Gesellschaft des ausgehenden 20. Jahrhunderts zeichne, geradezu aus Selbstschutz Reaktionen der Verdrängung und der falschen Genugtuung auslösen könnte. Mayer scheint somit Wert darauf zu legen, in der Literatur kulturell-gesellschaftliche Themen kritisch verarbeitet zu sehen und nimmt dafür auch eine niederschmetternde Wirkung in Kauf, wenn der Autor eines Werkes den Anspruch verfolgt, auf analytischem Wege Wahrheiten zu Papier zu bringen, so dass das Werk einen Stellenwert über die Literatur hinaus erreicht. Auch Martina Meister weiß offensichtlich die Auseinandersetzung mit gegenwärtigen gesellschaftlichen Entwicklungstendenzen in der Literatur zu schätzen, da sie das Werk als eine Revolution betrachtet, mit der Houellebecq den französischen Literaturbetrieb wachrüttle. Sie erreicht jedoch nicht nur, dass das Publikum an dieser Revolution teilhaben kann, indem sie den Autor samt seines Werkes präsentiert, sondern eröffnet zugleich eine neue Perspektive auf die Deutung des Werkes, um ihn so gegen Angriffe anderer Kritiker zu verteidigen.

6.3.2 Lanzarote

6.3.2.1 Frankfurter Allgemeine Zeitung

Rathgeb, Eberhard: „Kein Himmel auf Erden. Trübe Aussichten: Michel Houellebecqs Erzählung ‚Lanzarote'", in: *Feuilleton der Frankfurter Allgemeinen Zeitung*, vom 21.10.2000.

Michel Houellebecqs kürzestes Prosawerk *Lanzarote* erfährt von den deutschen Literaturkritikern weit mehr Aufmerksamkeit als von den französischen Kollegen, die es jeweils nur mit wenigen Sätzen abhandeln. Die *Frankfurter Allgemeine* veröffentlicht eine mittellange Rezension, in der sie zwar keine Wertung vornimmt, aber zumindest bezüglich der Hauptfiguren und des Inhaltes über den dürftigen Informationsgehalt der Rezensionen im *Figaro* und *Libération* weit hinaus geht. Rathgeb beabsichtigt demzufolge mit seiner Besprechung nicht, explizit eine Leseempfehlung auszusprechen oder das Publikum der *Frankfurter Allgemeinen* vom Kauf des Werkes abzuhalten, sondern will die Leserschaft vermutlich vielmehr über Neuerscheinungen Houellebecqs auf dem Laufenden halten, da er mit seinem Vorgängerroman auch in Deutschland auf großes Interesse gestoßen ist. Der Rezensent nimmt demzufolge die Position des Vermittlers ein, doch auch seine Kritik bleibt unvollständig in Hinblick auf die Sprache des Autors und die Wirkung der Erzählung.

Ohne sprachliche Auffälligkeiten verfährt Rathgeb nach der werkimmanent-ästhetischen Untersuchungsstrategie und interpretiert *Lanzarote* als einen „Rachezug gegen den Sumpf der Gegenwart, der nicht mit Furor geführt, sondern mit den traurigen Augen eines geschlagenen und verlassenen Kindes betrachtet wird". Zu dieser Deutung gelangt er am Schluss der Kritik, nachdem er in einer nachvollziehbaren Argumentation darauf hinführt, dabei allerdings die Ideen sowie die Lebensumstände und deren Wahrnehmung durch den Autor mit denen des französischen Protagonisten im Werk gleichsetzt. Dessen Name bleibt ungenannt, ebenso wie der des belgischen Polizisten, mit dem er seine Ferien auf der Insel verbringt, um dem Bewusstsein seiner Einsamkeit zu entfliehen. Statt sich vor dem nicht geschmückten Weihnachtsbaum in der französischen Großstadt dem Alkohol zu ergeben und in Trauer zu verfallen, zöge es der Held der Erzählung vor, vorübergehend in die Rolle des Touristen zu schlüpfen und dabei auf der Insel gemeinsam mit seinem Reisegefährten und den beiden deutschen Mitreisenden Pam und Barbara seinen sexuellen Bedürfnissen nachzugehen und nationalistische Vorurteile gegenüber anderen Ländern zu „kultivieren".

Darüber hinaus schildert Rathgeb einen weiteren inhaltlichen Aspekt des Werkes, der in den bislang untersuchten Rezensionen nicht erwähnt wird, jedoch insofern interessant erscheint, als Houellebecq die Idee in *La possibilité d'un île* wieder aufgreift: Der Kritiker erklärt, dass der belgische Polizist, von Frau und Kind verlassen, einer Sekte beitritt, die mit neuesten Erkenntnissen der Biotechnologie wirbt und ihren Mitgliedern mithilfe von Hautproben das ewige Leben verspricht, jedoch letztlich wegen Kindesmissbrauchs angeklagt wird. Ob der Gedanke des ewigen Lebens bereits zu diesem Zeitpunkt von der Raëlianer-Sekte inspiriert war, mit der Houellebecq erst später in Kontakt tritt, wird in der Rezension nicht weiter erörtert: Die Angaben zum Autor fallen ohnehin wenig umfangreich aus. Der Rezensent vermutet, dass Houellebecq von einem ähnlichen Unglück getrieben sei wie sein Protagonist und „lieber allen romantischen blauen Blumen dieser Welt ein Loblied singen" wolle, als eine „chronique scandaleuse" zu verfassen, in der er alle Stichworte unterbringe, die das Interesse der Öffentlichkeit weckten: Kindesmissbrauch, eine Samenspende, die die deutschen Touristinnen von dem Helden der Erzählung erbäten sowie die Fortschritte der Biotechnologie, die die Erzeugung menschlicher Klone ermögliche. Für diese Erfolg versprechenden Inhalte benötige Houellebecq nicht einmal mehr die Länge eines Romans, sondern halte der potenziellen Leserschaft mittlerweile „diese vermurkste Welt" in der „Größe eines Taschenspiegels" vor Augen. Da Rathgeb jedoch keine Wertung vornimmt und auch die Voraussage des Erfolges nicht als seine eigene Meinung ausgibt, kann an dieser Stelle kaum ein Rückschluss auf sein Literaturverständnis gezogen werden. Wiederum kann nur aus der Abwesenheit negativer Kritik geschlossen werden, dass er die thematische Auswahl und womöglich auch die literarische Umsetzung als ansprechend empfindet: Diese Annahmen können jedoch über den Bereich der Spekulation nicht hinausgehen.

6.3.2.2. Süddeutsche Zeitung

Maak, Niklas: „Expedition Robinsonclub. Michel Houellebecq ist auf die kanarischen Inseln geflogen, hat ein paar Fotos und ein paar Notizen gemacht – heraus kam die bösartige Fotonovelle ‚Lanzarote'", in: *Feuilleton der Süddeutschen Zeitung*, vom 08.01.2001.

Im Unterschied zur *F.A.Z.* berichtet die *Süddeutsche Zeitung* explizit, jedoch mit einiger Zeitverzögerung zum Erscheinen des Originals, dass es sich bei dem neuesten Werk Houellebecqs sowohl um eine Erzählung als auch um einen Fotoband handelt. In interessanter Interpretation bringt der Rezensent beide Werke in Verbindung, indem er versucht, einen Punkt ausfindig zu machen, an dem beide zusammenlaufen: Maak interpretiert *Lanzarote* als eine Erzählung, die die Sehnsucht nach unberührter Schönheit entzaubert, als der Reisende erkennt, dass die Realität zu einem faden Abzug der Hoffnung auf Naturschönheit wird, da vor dem Hintergrund dieser Kulisse nur traurige Vergnügungen und momentane Genüsse stattfinden können.

Dieser Interpretation geht die Benennung der Thematik des Werkes mit Bezug auf *Extension du domaine de la lutte* und *Les particules élémentaires* voraus: Es behandle, wie auch schon beide vorangegangene Romane, „die existenzielle Einsamkeit, die Zumutungen des Fremden, die Verwüstungen der modernen Amüsiergesellschaft und die kurzen Freuden des Sex". Auf der Suche nach einem Abenteuer bleibe das Fremde bei Houellebecq jedoch trotzdem das Böse: Seine Protagonisten projizierten ihre Sehnsucht nach Exotik nicht auf das multikulturelle Leben, sondern entwickelten Hass und

Abneigung gegen jegliche Erfahrung mit fremden Kulturen und entlarvten die demokratisierte Massenglobetrotterei als „sexsüchtigen Freizeitkolonialismus". Parallelen erkennt Maak jedoch nicht nur in thematischer Hinsicht zu anderen Werken des Autors, sondern auch in der Anlage der Figuren: In jedem bisher verfassten Prosawerk finde sich ein Protagonist, der die Rolle der verlorenen Kreatur einnehme: In *Lanzarote* verkörpere der Belgier Rudi die Rolle des Bruno in *Les particules élémentaires.* Trotzdem geht Maak in seiner recht ausführlichen Kritik nicht ohne Weiteres mit anderen Rezensenten überein, die die Erzählung lediglich als einen überflüssigen Nachdruck zu Houellebecqs Romanen bewerten: Er sieht in dem Werk vielmehr eine Textbeigabe zu einem Fotoband, die mit Unterstützung durch die Aufnahmen eine ganz eigene Wirkung entfalte, so dass sie durchaus ihre Daseinsberechtigung habe, auch wenn sie sich, so das objektbezogene Urteil des Rezensenten, über weite Strecken „wie das Drehbuch zu einem entnervenden Softporno" lese. Der Widerspruch zwischen diesem negativen, auf inhaltlichen und sprachlichen Wertmaßstäben gleichermaßen beruhenden Urteil und der interessanten Interpretation des Werkes lässt den Leser im Unklaren darüber, ob die Rezension eine Leseempfehlung darstellt oder nicht. Schlussfolgerungen können dahingehend jedoch auf das Literaturverständnis des Kritikers gezogen werden: Er zieht höchstwahrscheinlich eine weniger ausführliche Behandlung des Themas Sexualität und, wie weiter unten noch gezeigt werden wird, einen niveauvolleren sprachlichen Stil vor.

Die ausführlichen Angaben zu Inhalt und Handlung lassen einerseits erkennen, dass der Kritiker sich vielmehr als Vermittler des Werkes, als als Richter sieht und sich an potenzielle Leser wendet. Andererseits wird deutlich, dass er nach einer werkimmanent-ästhetischen Strategie zur Untersuchung der Erzählung verfährt. Der feuilletonistische Stil der Kritik tritt vor allem in der Einleitung zutage, welche den Leser mit der Interviewsituation zwischen einigen Journalisten und Houellebecq konfrontiert.

Über die Protagonisten erhält das Lesepublikum ähnliche Informationen wie sie auch in der *Frankfurter Allgemeinen* zu lesen sind. Maak schildert allerdings mit Liebe zum Detail deren Unzufriedenheit und die Frustration, der sie entfliehen wollen, jedoch realisieren müssen, dass sie auch als zivilisationsmüde Pauschaltouristen den gleichen Zumutungen ausgesetzt sind wie in ihrem eigenen Land. Houellebecq steigere sich dabei so in seine Figuren hinein, dass mitunter nicht mehr unterschieden werden kann, ob „die schlechte Sprache und der trübe Wahnsinn" Ausdruck der Figur oder des Autors seien: Houellebecqs Reaktionen auf einige Fragen von Journalisten unterstützten diese Vermutung. Maak zeichnet von Houellebecq das Bild des rauchenden und trinkenden Einsamen, der sich sexuellen Gelüsten hingibt, nur wenig umgänglich ist, seine Arbeit jedoch mittlerweile auch auf das filmerische und im weitesten Sinne musikalische Gewerbe ausdehnt.

6.3.3 Plateforme

6.3.3.1 Frankfurter Allgemeine Zeitung

Hanimann, Joseph: „Mit dem Gabelstapler ins Paradies. Schrille Idylle: „Plateforme“, Michel Houellebecqs neuer Roman in alten Elementarteilchen“, in: *Feuilleton der Frankfurter Allgemeinen Zeitung*, vom 04.09.2001.

Kämmerlings, Richard: „Im Schrebergarten der Lüste. Ein Camus für unsere Zeit? Michel Houellebecqs neuer Roman ‚Plattform‘“, in: *Frankfurter Allgemeine Zeitung, Literatur*, vom 16.02.2002.

Beide Rezensenten der *Frankfurter Allgemeinen* positionieren sich eindeutig gegenüber Houellebecqs drittem Roman *Plateforme* und folgen dabei einem ähnlichen Schema: Sie arbeiten erstaunlich werkbezogen, schildern en détail den Handlungsverlauf des Romans, angefangen bei der Thailandreise bis hin zum Tod Valéries, so dass der potenzielle Leser nur noch wenig Neues bei der Lektüre des Buches erfahren würde und verfahren damit nach werkimmanenten Untersuchungsstrategien, wobei Kämmerlings die intertextuelle Dimension stärker berücksichtigt als Hanimann, der nach rein werkimmanent-ästhetischen Kriterien zu einem Urteil gelangt. In der Beurteilung des kläglichen Lebens der Hauptfigur Michel unterscheiden sich die Einschätzungen beider Kritiker kaum von den Eindrücken ihrer französischen Kollegen. Michel erscheint als ein zynischer, frustrierter und lethargischer Durchschnittsbeamter, der, immer auf der Suche nach der Befriedigung seiner sexuellen Bedürfnisse, den Sextourismus zu schätzen wisse, durch Valérie aber überraschend das zwar zeitlich begrenzte, jedoch vollkommene Glück erlebe. Unerwartet erkennt Kämmerlings jedoch in einer Nebenfigur des Romans – einem Konsumverhaltenssoziologen, der das Reiseunternehmen Valéries darüber aufklären soll, warum im Besuch ihrer Reiseclubs ein Rückgang zu verzeichnen ist – als eine zentrale Figur des Werkes. In ihm, der „vom käuflichen Glück und vom Glück des Kaufens“ erzähle, laufe die Geschichte des Romans zusammen. Hanimann formuliert die Aussage des Werkes ähnlich, wenn er zusammenfasst, dass Sexualität Glücksmomente verspreche, deren käuflicher Erwerb legitim sei, denn „der Westen hat das Geld, und die Entwicklungsländer […] die intakten Körper – also […] auf zum totalen Tausch, der allen nützt". Wie Hanimann nimmt auch Kämmerlings Bezug auf *Les particules élémentaires*. Letztgenannter sieht in dem Roman, den er, wie alle vorangegangenen epischen Werke Houellebecqs, ebenfalls als Thesenroman identifiziert, das Konzept des *Ortes der Wandlung* aus dem zweiten Roman des Autors fortgeführt. Hanimann urteilt in seiner mittellangen Rezension, dass *Plateforme* ähnlich wie *Les particules élémentaires* einen „antizipatorischen Schnappschuss unserer Gesellschaft" liefere, wobei jedoch die Problematik dieses Buches sei, dass Houellebecq die prägnante Beschreibung des durchschnittlichen Unglücks besser liege als die Schilderung einer glücklichen Liebesbeziehung. Der Roman sei deswegen nur mäßig gelungen und verdränge zu Unrecht die eigentlich bedeutende Literatur der *rentrée littéraire* 2001: Mangelhafte Beschreibungen stellen somit für Hanimann offenbar ein Ausschlusskriterium für gelungene Literatur dar. Für Kämmerlings könnte dieselbe Schlussfolgerung gezogen werden, da er ebenso in den Kanon der unauthentischen Deskriptionen bei Houellebecq einstimmt und sogar mutmaßt, dass dieser seine Heldin Valérie am Ende der Geschichte sterben lassen muss, um seine Leser nicht zu langweilen. Auch Hanimann zweifelt die Fähigkeiten des Autors an, Glück beschreiben zu können. Die Stärken des Romans liegen nach Ansicht Kämmerlings' in der satirischen Beschreibung der Thailandrundreise; insgesamt böten die früheren Romane dem Leser jedoch weit mehr als *Plateforme*. Da die Rezensenten eindeutige – objektbezogene – Urteile fällen, die primär auf dem Inhalt des Werkes als Maßstab beruhen, und beide zudem ausführlich die Handlung des Romans wiedergeben, kann geschlussfolgert werden, dass sie ihre Rolle sowohl in der des Vermittlers als auch in der des Richters erkennen und sich somit an die Houellebecq-interessierte Leserschaft wenden, der der Roman – mit einem Urteil versehen – vorgestellt werden soll. Kämmerlings deutet in seiner sehr langen, ausführlichen Rezension lediglich an, dass das Werk „als Rechtfertigung des schmutzigen Geschäftes des Sextourismus und gar der Kinderprostitution gelesen" werden kann. Beide Kritiker behaupten zudem, ähnlich wie *Le Figaro*, dass Houellebecq dem sexuellen Tauschgeschäft nicht abgeneigt sei und die Problematik der Pädophilie, die damit im Zusammenhang stehe, verharmlose. Überdies liest Kämmerlings, anders als *Libération*, zahlreiche rassistische Äußerungen aus dem Werk heraus, die man Houellebecq nur deswegen nicht vorwerfen könne, „weil die weißen Männer – und Frauen – hier am allerschlechtesten wegkommen".

Interessant ist außerdem der Vergleich Kämmerlings' mit einer Autorität der französischen Literatur. In Albert Camus' *Der Fremde* entdeckt der Kritiker über den ähnlichen Beginn beider Werke hinaus eine Aussage, die, in eine Passivform gesetzt, die Quintessenz von Houellebecqs Roman zusammenfasse: „Ich begriff, dass ich das Gleichgewicht des Tages, das ungewöhnliche Schweigen eines Strandes zerstört hatte, an dem ich glücklich gewesen war". Doch während die Hauptperson bei Camus zum Mörder avanciere und damit ihre Existenz zerstöre, verhalte sich das Schicksal Michels spiegelbildlich: Sein Leben erhalte durch die Beziehung zu Valérie einen Sinn.

6.3.3.2 Süddeutsche Zeitung

Steinfeld, Thomas: „Kneif mich!", in: *Feuilleton der Süddeutschen Zeitung*, vom 27.08.2001.

Encke, Julia: „Der Jargon der Missvergnügten", in: *Süddeutsche Zeitung, Literatur*, vom 21.02.2002.

Auch die *Süddeutsche Zeitung* widmet *Plateforme* zwei Rezensionen: sowohl bei Erscheinen in Frankreich als auch bei Veröffentlichung des Romans in Deutschland etwa ein halbes Jahr darauf. Während Encke auf einleitende Worte verzichtet, geht Steinfeld zu Beginn auf die Rahmenbedingungen ein, innerhalb derer das Werk erschienen ist: Zu einem Zeitpunkt, als niemand mehr mit einem neuen Houellebecq gerechnet habe, da die Medien ihn trinkend und rauchend an verschiedenen Stränden der Welt erblickten, kehre dieser mit *Plateforme* zurück auf die literarische Bühne. Beide Rezensenten geben dem möglichen Leser bzw. der literaturinteressierten Öffentlichkeit, an die sie sich wenden, weitaus weniger ausführlich als die *Frankfurter Allgemeine* in einer jeweils mittellangen Besprechung Einblick in die Handlung des Werkes und die Wesenszüge der Hauptfiguren Valérie und Michel; Jean-Yves findet in beiden Fällen keine Erwähnung. Encke betont, dass der Leser fast schon aus einer Zwangsläufigkeit heraus den Autor, der zudem auf der Vorder-

und Rückseite des Buchumschlages abgebildet sei, mit dem Protagonisten Michel Renault identifizieren müsse. Eine treffende Beschreibung des Schriftstellers liefert Encke zufolge Emily Eakins mit einem Artikel, in dem sie Houellebecq als ein „„müdes Elementarteilchen"" bezeichnet, als einen Mann „„im stummen Protest gegen die Welt"". Steinfeld vermutet, dass dieser Protest und das ihm vorangegangene unsägliche Unglück sowie die literarische Verarbeitung der Verzweiflung Houellebecqs großen Erfolg ausmachen: Er prophezeit diesen auch für *Plateforme*.

Seine Formulierung der Thematik des Buches muss die Leserschaft zunächst durch ihre Banalität verblüffen: Der Roman handele vom Urlaub. Falls der Leser sich daraufhin entschließt, die Lektüre der Rezension fortzusetzen, erhält er ein differenzierteres Bild und erfährt, dass Houellebecq darin die große und wahre Liebe beschwöre, jedoch ein Dokument ihrer Unmöglichkeit liefere. Überdies klärt der Kritiker auf, dass Houellebecq den Sextourismus in seinem Werk verteidige: *Le Monde* könne dahingehend trotz zahlreicher Bemühungen, der Öffentlichkeit das Gegenteil zu beweisen, nicht überzeugen. Aufschlussreich ist die damit verbundene Bezugnahme Enckes auf Literaturkritiker anderer Zeitungen, die bereits Besprechungen zu *Plateforme* oder Artikel über den Autor selbst lieferten. Zum einen kritisiert sie, dass diese Houellebecq mit unzähligen Größen der Literaturgeschichte vergleichen, um in einer Situation, in der der Autor der Werke aufgrund eigener Aussagen als Provokateur wahrgenommen wird, sicher zu gehen, tatsächlich noch über Literatur zu berichten: Encke drückt damit aus, dass sie diese Vergleiche nicht für gerechtfertigt hält. Zum anderen verwundere sie die Diskussion um die politische Korrektheit von Literatur, da dies ihrer Meinung nach „noch nie ein Kriterium für Literatur oder für das Literarische gewesen" sei. Worum es dem Autor des Werkes tatsächlich gehe, sei hingegen „die Missachtung der etablierten Norm". Auch Steinfeld geht auf die Aussagen anderer Kritiker ein und stimmt einem ungenannt bleibenden Rezensenten zu, der Houellebecqs Roman als „von einem Unglücklichen für Unglückliche geschrieben" bezeichnet.

Obwohl beide Rezensenten in Anbetracht der immensen Debatte über den Sextourismus und den Islam, die Houellebecq in Frankreich auslöste, erstaunlich wenige Informationen dazu preisgeben, kommen sie nicht umhin, auf Äußerungen des Autors über die islamische Religion einzugehen. Encke stellt dabei fest, dass jener die Grenzen zwischen Kommunikation mittels Literatur und Kommunikation mittels öffentlicher Rede negiere, wenn er sich in ähnlich beleidigender Ausdrucksweise wie seine Hauptfigur Michel äußere, der nach dem Tod seiner Partnerin Valérie durch ein Attentat fundamentalistischer Muslime dazu übergegangen sei, den Islam zu hassen. Darin liege die eigentliche Provokation Houellebecqs, denn die Geschichte an sich sei „ziemlich harmlos" und die im gesamten Werk immer wieder auftauchenden sexistischen Parolen „ebenso schal, wie den *Guide Michelin* oder den *Guide du routard* durch seitenlange Zitate zum Gegenstand des Spotts zu machen".

Steinfeld beschreibt den Helden Michel, der den Hauptfiguren vorangegangener Romane Houellebecqs gleiche, als einen einsamen, von der Erlösung des bewussten Unglücks träumenden „Quasimodo auf der Tanzfläche der Künste" und bezeichnet ihn mit Bezugnahme auf Voltaire als den traurigsten „Candide, den die Welt je gesehen hat". In Hinblick auf Stil und Form des Romans kritisiert er, dass der Autor plumpe Formulierungen und schlichte Allegorien verwende und darüber hinaus die Perspektive des Ich-Erzählers nicht durchhalte. Sein Verständnis von Literatur scheint Steinfeld in *Plateforme* demnach nur teilweise umgesetzt zu sehen: Eine anspruchsvollere, von Plattitüden und Schlichtheiten entledigte Schreibweise fehlt ihm offensichtlich, jedoch wendet er nichts gegen die Themenbereiche Liebe und Verzweiflung ein. Im Falle Enckes kann aus ihren Aussagen mit Bezug auf die Geschichte geschlussfolgert werden, dass sie auf mehr Originalität in den Handlungssträngen Wert legt.

So lässt sich aus der Analyse und Interpretation der Rezensionen schlussfolgern, dass beide Kritiker den Roman nur verhalten empfehlen, da sie Schwächen nicht aussparen, wobei Enckes inhalts- und objektbezogene Beurteilung des Werkes nach dem werkimmanent-ästhetischen Verfahren als „eine gute Bettlektüre" im abschließenden Fazit der Kritik keine Aussage darüber zulässt, ob dies einen positiven oder abwertenden Urteilsspruch bedeutet. Da die Wertung des Werkes somit im Hintergrund steht, sieht Encke ihre Aufgabe in erster Linie in der Vermittlung, während Steinfeld daneben auch die Rolle des Richters einnimmt und eine objektbezogene, auf Inhalt und Stil des Werkes beruhende Beurteilung vornimmt. Zwar geht er in seiner Rezension ebenso auf den Realismusgehalt des Werkes ein und behauptet, dass Houellebecq die Realität beschreibe, für seine Beurteilung des Werkes spielt das aber keine Rolle. Aufgrund der Betonung des Wahrheitsgehaltes des Buches kann in Hinblick auf die Untersuchungsstrategie gefolgert werden, dass er einerseits außerliterarisch-ästhetisch verfährt, andererseits aber auch werkimmanent-intertextuelle Elemente einbringt, da er beispielsweise Voltaire vergleichend hinzuzieht.

6.3.3.3 Frankfurter Rundschau

Meister, Martina: „Komm, lass uns einen Club aufmachen. Wieder eine thematische Bombe: Michel Houellebecqs jüngster Roman „Plattform" hält wirklich alles, was der Titel verspricht", in: *Feuilleton der Frankfurter Rundschau,* vom 20.03.2002.

Meister, Martina: „Postpubertäre „Plattform". Der französische Skandalautor Michel Houellebecq propagiert Sextourismus – und hält der Gesellschaft damit den Spiegel vor", in: *Feuilleton der Frankfurter Rundschau*, vom 08.12.2004.

Die *Frankfurter Rundschau* weicht in der Besprechung von *Plateforme* von der positiven Beurteilung der bisher erschienenen Werke Michel Houellebecqs ab. Dabei fällt neben der unterschiedlichen Länge der hier zu untersuchenden Rezensionen – die Kritik von 2004 ist mit ca. 670 Wörtern wesentlich kürzer als die etwa 1260 Wörter umfassende Besprechung des Romans von 2002 – auf, dass die Autorin beider Rezensionen, Martina Meister, das Werk im Abstand von etwa 33 Monaten nicht auf die gleiche Weise beurteilt, sondern den Roman 2004 mit einer wesentlich positiveren Wertung versieht als noch 2002 und sich geradezu in die Rolle des Anwaltes Houellebecqs begibt, während sie sich 2002 noch primär als Richterin und Vermittlerin sieht: Sie erfüllt diese Funktionen zwar auch 2004 noch, allerdings treten diese hinter augenscheinliche Versuche zurück, Houellebecq gegen Angriffe der Öffentlichkeit zu verteidigen, die ihn als bloßen Provokateur hinstellen. Die außerliterarisch-ästhetische Untersuchungsstrategie liegt jedoch beiden Besprechungen zugrunde, woraus sich schließen lässt, dass die Rezensentin dem Werk eine große gesellschaftliche Bedeutung beimisst: Ein Urteil, das jeweils objektbezogen ausfällt, da es sich ihr aus dem Inhalt und dem Thema des Werkes ergibt, welches sie 2002 mit der Suche nach dem Glück zusammenfasst, 2004 hingegen mit den zerrütteten Verhältnissen der westlichen Welt benennt. Beide Kritiken richtet sie an potenzielle Leser.

Zudem sticht ins Auge, dass Meister, wie auch schon in der Kritik von *Les particules élémentaires*, Parallelen zwischen dem Autor und der

Hauptfigur des dritten Romans, Michel Renault, ausmachen will. Sie beschreibt diesen als einen in seiner Mediokrität nicht zu übertreffenden Mittelstandsfranzosen, der die Prostitution der thailändischen Frauen als „einen wahren Segen"' empfinde und darin mit dem Verfasser des Werkes übereinstimme. Außerdem sieht Meister ebenso wie Encke in der *Süddeutschen Zeitung* insbesondere in der in einem Interview geäußerten Aussage Houellebecqs, der Islam sei die dümmste Religion der Welt, eine Fortsetzung der Ansichten seines Protagonisten. Houellebecq führe damit eine der wenigen Sicherheiten der Literaturkritik ad absurdum, die trotz Nabokovs literarischer Verarbeitung der Pädophilie[23] und Gustave Flauberts Behauptung, er sei *Madame Bovary*, dazu übergegangen war, die Figur eines Romans nicht mit ihrem Erschaffer gleichzusetzen.

Während Meister 2002 den Handlungsverlauf der Geschichte ausführlich wiedergibt, resümiert sie 2004 lediglich in aller Kürze, dass der Protagonist sich auf eine Reise nach Thailand begäbe, dort in Vergnügungen jeglicher Art eintauche und schließlich Valérie kennen lerne, mit der er „Sex zum ‚all inclusive'-Angebot" in Ferienclubs der so genannten Dritten Welt anpreist und obendrein das Glück der Liebe findet, was jedoch durch ein Attentat von Islamisten schnell zu seinem Ende gelange. Dies veranlasst die Rezensentin 2002 noch zu der Annahme, dass der Autor auf kaltherzige Weise mit seinen Protagonisten und deren Suche nach dem Glück abrechne, während sie 2004 darin Samuel Huntingtons *Clash of Civilisations* wiederfindet, der zu einem Kampf ohne Gewinner werde.

Überdies stellt Meister den Bezug zur gesellschaftspolitischen Realität her, wenn sie darauf hinweist, dass sich Houellebecq insofern als eine Art Prophet erwiesen habe und „ein Gespür für Themen, einen literarischen siebenten Sinn"24 besitze, als nur wenige Tage nach Erscheinen seines Romans die Zwillingstürme des *World Trade Centers* einem Terroranschlag fundamentalistischer Muslime zum Opfer fielen. Zudem erinnere das Ende des Romans, ein Bombenanschlag auf das vor allem von westlichen Touristen besuchte thailändische Vergnügungsviertel *Crazy*

---

23 Mit hoher Wahrscheinlichkeit spielt Meister damit auf Wladimir Nabokovs Roman *Lolita* an, der die Geschichte der Liebe eines älteren Mannes zu einem minderjährigen Mädchen erzählt.

24 Meister, Martina: „Komm, lass uns einen Club aufmachen. Wieder eine thematische Bombe: Michel Houellebecqs jüngster Roman „Plattform" hält wirklich alles, was der Titel verspricht", in: *Feuilleton der Frankfurter Rundschau*, vom 20.03.2002.

Lips, an das Attentat auf Bali circa ein Jahr nach Erscheinen der französischen Originalausgabe 2001.[25] Den Erfolg des Werkes sieht sie deswegen vielmehr in der thematischen Aktualität und der damit verbundenen Brisanz begründet als in den literarischen Qualitäten. Der Roman halte der Gesellschaft einen Spiegel vor, in dessen Zerrbild diese sich nicht erkennen will, so dass er das Lesepublikum in zwei unversöhnliche Teile spalte, da der Autor literarisch Ritualmorde am gesellschaftlichen Konsens begehe, wie sie 2004 feststellt. Dennoch könne nicht verkannt werden, dass sich *Plateforme* wie ein Fortsetzungsroman von *Extension du domaine de la lutte*, *Les particules élémentaires* und Houellebecqs Erzählung *Lanzarote* lese, der in den Passagen der Beschreibung von Sexualität stilistisch wenig ausgereift wirke und in der Schilderung der Beziehung von Michel und Valérie „einen Grad von Banalität [erreiche], die mit Arztromanen und Softpornos über weite Strecken fraglos konkurrieren kann“[26]: Die platte Form dieser Darstellungen sei es, die das Vergnügen an der Lektüre des Romans beträchtlich schmälere und gleichzeitig die Erklärung für den Titel liefere. Trotz dieser Mängel verkaufe sich das Buch jedoch „wie Aspirin und habe [...] in etwa auch dieselbe Wirkung. Der Schmerz lässt kurz nach der Lektüre nach“.[27] Zu einem endgültigen Urteil, ob *Plateforme* nun als eine Apologie des Sextourismus oder eine schonungslose Kritik an der Spaß- und Konsumgesellschaft gelesen werden sollte, kann Meister sich hingegen nicht durchringen.[28] Für beide Kritiken kann hinsichtlich eines vermutbaren Literaturverständnisses festgehalten werden, dass die Erwartungen der Rezensentin sowohl an die Komplexität einer Handlung als auch die stilistischen Anforderungen an ein Werk höher und Houellebecq sie mit *Plateforme* nicht erfüllen kann. Das Aufgreifen aktueller, gesellschaftspolitischer Probleme und Debatten scheint die Rezensentin an dem Werk zu schätzen.

---

[25] Vgl. Meister, Martina: „Geheul. Bali und Houellebecqs Insel“, in: *Frankfurter Rundschau*, vom 15.10.2002.

[26] Meister: „Komm, lass uns einen Club aufmachen“.

[27] Ebd.

[28] Vgl. Meister, Martina: „Postpubertäre „Plattform“. Der französische Skandalautor Michel Houellebecq propagiert Sextourismus – und hält der Gesellschaft damit den Spiegel vor“, in: *Feuilleton der Frankfurter Rundschau*, vom 08.12.2004.

6.3.4 La possibilité d'une île

6.3.4.1 Frankfurter Allgemeine Zeitung

Encke, Julia: „Im Lolita-Universum. Sehnsucht als Provokation: Michel Houellebecqs neuer Roman", in: *Frankfurter Allgemeine Zeitung, Literatur*, vom 27.08.2005.

Weidermann, Volker: „Das letzte Tabu. Michel Houellebecqs neuer Roman erzählt von Sex, Autos und Klonen – vor allem aber vom Unglück des Älterwerdens", in: *Feuilleton der Frankfurter Allgemeinen Sonntagszeitung*, vom 21.08.2005.

Den Ausgangspunkt für die mittellange Besprechung von Houellebecqs Roman *La possibilité d'une île* formuliert Julia Encke sogleich zu Beginn des ersten Absatzes und zeigt damit an, worauf ihre Rezension aufbaut: Der vierte Roman des Autors löse bei der Lektüre ebenso wie die vorausgegangenen Werke zwiespältige Gefühle aus. Einerseits stehe man ihnen in einer gewissen Abwehrhaltung gegenüber, andererseits könne man sich ihnen nicht entziehen und würde „keinen seiner Romane aus der Hand legen, ohne diesen bis zum bitteren Ende gelesen zu haben". Auf der Grundlage dieser wirkungsbezogenen Einschätzung knüpft Encke bereits eine Verbindung zum Inhalt des Werkes und verrät, dass das Ende der Geschichte, die Houellebecq in die Zukunft verlagert habe, diesmal noch bitterer sei als in *Les particules élémentaires* oder *Plateforme*. Es entfalte eine erschütternde, düstere Wirkung, die schwer auf der Seele laste, da der Leser des Werkes nicht umhin könne, in dem Roman die Verkündung von Wahrheiten zu entdecken. Der Wahrheitsgehalt dient der Rezensentin neben Inhalt und Stil, wie weiter unten gezeigt werden wird, als Grundlage für ihr sowohl objekt- als auch wirkungsbezogenes Urteil, zu dem sie auf dem Wege der außerliterarisch-ästhetischen Untersuchungsstrategie gelangt. Weidermann hingegen verfährt in seiner wesentlich umfangreicheren Kritik nach der werkimmanent-ästhetischen Strategie, erkennt aber ähnlich wie Encke die „Wahrheit in Michel Houellebecqs Bewußtseinserweiterungsbüchern", so dass ihm hier der Wahrheitsgehalt des Werkes, wiederum basierend auf dem Inhalt, als Anhaltspunkt seiner objektbezogenen Wertung dient. Anders als Encke gewährt er den Lesern in einer kurzen Einleitung Einblick in die Lebenssituation Houellebecqs und verrät, dass dieser sich für einige Zeit in Kalifornien aufgehalten hat.

Sich an potenzielle Houellebecq-Leser wendend, nehmen beide Kritiker die Rolle des Vermittlers ein, wobei Encke zusätzlich den Part der Anwältin des Autors übernimmt, indem sie hervorhebt, dass das Publikum ihn verkennt, wenn es nur einen Provokateur in ihm sieht, so dass davon ausgegangen werden kann, dass sie, ähnlich wie Meister in der *Frankfurter Rundschau*, den einseitigen Blick auf Houellebecq erweitern will. Sowohl Encke als auch Weidermann betonen die Stärken des Schriftstellers, die nach Ansicht Enckes in der Gesellschaftsanalyse bestehe und auch in *La possibilité d'une île* deutlich hervortrete, während Weidermann vor allem eine stilistische Reifung entdeckt haben will, die sich in den rücksichtslosen, von Präzision und Kühle geprägten Beschreibungen von Körperlichkeit und Intimität offenbare. Diese „Ehrlichkeit [...], die Schonungslosigkeit, die Wahrheit seines Schreibens" sei die große Kunst des Autors. So kann zudem geschlussfolgert werden, dass einerseits Julia Encke die analytische Behandlung gesellschaftlicher Problemfelder in der Literatur wertschätzt und dafür auch eine niederschmetternde Wirkung in Kauf nimmt, und andererseits Houellebecq den stilistischen Geschmack Weidermanns trifft. Da jener sich aber auch nicht negativ über Inhalte oder Figuren äußert, kann rückgeschlossen werden, dass der Schriftsteller auch in dieser Hinsicht seine Erwartungen erfüllt.

In der Benennung des Themas stimmen beide Rezensenten überein. Houellebecq habe, anders als *Le Monde* und *Libération* vorschlagen, ein Buch „über die panische Angst vor dem Altwerden" geschrieben, so Encke, die sich insbesondere in der Heldin Isabelle zeige. Weidermann vermutet darin ebenfalls das Thema des Werkes, gibt jedoch an, dass Houellebecq weitere Bereiche wie das ewige Leben, Liebe und Sexualität in das Blickfeld seines Lesepublikums rückt. Beide Rezensionen verraten in Hinblick auf die Angst vor dem Alter, dass Isabelle ihre Arbeit für die Frauenzeitschrift *Lolita* immer schlechter ertrage, weil sie sich täglich mit jungen Models konfrontiert sehe, die ihr ihren eigenen Alterungsprozess erbarmungslos vor Augen führen. Sie reagiere darauf mit der Kündigung ihrer Anstellung, verwehre ihrem Mann Daniel 1 jeglichen sexuellen Kontakt, trenne sich schließlich von ihm und könne eine tiefe Depression nicht mehr abwenden. Die Vorstellung von Daniel entspricht etwa der Präsentation des Helden in den französischen Zeitungen. Encke und Weidermann stimmen mit *Le Monde* und *Libération* überein, wenn sie hinter „der Maske des Clowns den kichernden Autor“[29] vermuten, der durch Äußerungen, die er Daniel als Komiker in den Mund lege, für Aufregung sorge. Weidermann zeigt zudem darüber hinausgehende Parallelen zwischen Houellebecq und seinem zynischen und lustigen, aber auch traurigen und leidenden Protagonisten auf: Beide führen einen Mercedes, lebten in Spanien und hätten eine Vorliebe für Sexualität sowie das weibliche Geschlecht.

Ferner betont Encke, dass es im Roman selbst wiederum nicht um Provokation gehe, sondern die Geschichte vielmehr Ausdruck einer Sehnsucht sei, die Houellebecq verspüre, der „sich bereits in der Welt von heute wie ein Mensch von gestern fühlt“. Man dürfe trotz seiner herausfordernden Aussagen über den Islam nicht übersehen, dass Houellebecq sich in seinem vierten Roman als Romantiker zu erkennen gebe, wenn er die Beziehung des Helden zu Isabelle und später zu Esther an der Problematik des Alterns scheitern lässt. Nach der Schilderung elementarer Handlungsstränge des Werkes, die beide Rezensenten ausführlichst vornehmen, wobei Weidermann über das Faktum des Klonens und die nachfolgenden Generationen so gut wie keine Informationen gibt, führt Encke eine weitere Figur ein, Marie 23. Allerdings geht aus den spärlichen Andeutungen der Kritikerin nicht genau hervor, wer sie ist und dass sie sich, ebenso wie Daniel 24, auf den Weg zu Überbleibseln der menschlichen Zivilisation macht. In gewohnter Radikalität, die gleichzeitig von einer gewissen Teilnahmslosigkeit des Erzählers Daniel geprägt sei, entwerfe Houellebecq ähnlich wie der englische Autor Herbert George Wells „‚The Shape of Things to Come‘ […], die Gestalt der zukünftigen Dinge“ und komme zu dem Schluss, dass es *Die Möglichkeit einer Insel*, also das potenzielle Glück und eine Lösung für die zerstörerischen Probleme der Menschen, nicht gäbe: Auch Weidermann erkennt darin die Aussageabsicht des Romans. Encke untermalt dies mit einem eindringlichen Zitat: „‚In den Jahren, die dem Verschwinden der Menschheit vorausgingen, war das Altern so unerträglich geworden, daß die Rate derer, die sich das Leben nahmen, fast 100 Prozent erreichte‘“. Während die Menschen in *Les particules élémentaires* jedoch von ihrem Leiden erlöst worden seien, indem ihre Körper mit „lustempfindenden

[29] Encke, Julia: „Im Lolita-Universum. Sehnsucht als Provokation: Michel Houellebecqs neuer Roman“, in: *Frankfurter Allgemeine Zeitung, Literatur*, vom 27.08.2005.

Krause-Endkolben übersät“[30] wurden, um so zumindest körperliches Glück zu erfahren, vegetieren die Neomenschen, die geklonten Nachfolger des jetzigen Menschengeschlechts, ohne menschliche Regungen wie Lachen, Weinen, Mitleid oder Liebe lediglich vor sich hin und lesen aufmerksam die Berichte ihrer Vorfahren. Das Werk, in dem sich die Erzählungen Daniels 1 mit den Berichten der Klone abwechseln,[31] lasse den Leser demnach keineswegs teilnahmslos, sondern liege bedrohlich auf der Seele.

6.3.4.2 Süddeutsche Zeitung

Steinfeld, Thomas: „Der Narr verlässt die Kampfzone. Am Ende: Michel Houellebecq und sein Roman ‚Die Möglichkeit einer Insel'“, in: *Süddeutsche Zeitung, Literatur*, vom 24.08.2005.

„Hart und böse ist dieses Buch, von großer Genauigkeit und verblüffendem Scharfblick“ – mit diesen Worten eröffnet Thomas Steinfeld seine Kritik mittlerer Länge zu Houellebecqs Roman *La possibilité d'une île* und lässt damit zunächst keine negative Einschätzung des Werkes vermuten. Er erklärt, dass Houellebecq erneut eine ausgezeichnete Beobachtungsgabe unter Beweis stelle, wenn er den Protagonisten Daniel 1 als Komödianten das alltägliche Verhalten von Urlaubsgästen am Frühstücksbuffet ihres Hotels vor Augen führen lasse und jener für diese Sketche von denselben schallendes Gelächter ernte. In seiner moralischen Indifferenz ähnele der Erzähler „den Hofnarren der demokratischen Selbstkontrolle – Harald Schmidt und […] Stefan Raab“, gleiche jedoch in erster Linie dem Autor selbst: Erneut erkennt ein Kritiker hinter der Hauptfigur deren Erschaffer. Steinfeld behauptet, dass beide einer Narrenfigur gleichkämen: Sowohl der Autor als auch der Held nähmen sich die Freiheit hemmungsloser Rede, womöglich in der Annahme absoluter Folgenlosigkeit. Während der Kritiker weder etwas über die Figur der Isabelle noch über Esther verrät,

---

30 Weidermann, Volker: „Das letzte Tabu. Michel Houellebecqs neuer Roman erzählt von Sex, Autos und Klonen – vor allem aber vom Unglück des Älterwerdens“, in: *Feuilleton der Frankfurter Allgemeinen Sonntagszeitung*, vom 21.08.2005.

31 Vgl. Weidermann, Volker: „Das letzte Tabu. Michel Houellebecqs neuer Roman erzählt von Sex, Autos und Klonen – vor allem aber vom Unglück des Älterwerdens“, in: *Feuilleton der Frankfurter Allgemeinen Sonntagszeitung*, vom 21.08.2005.

widmet er Daniel relativ viel Aufmerksamkeit. So erfährt der geneigte Leser, dass diesem dasselbe widerfährt wie bereits allen vorangegangenen Helden Houellebecqscher Couleur: Er verzweifle über seinem Alterungsprozess, da dieser ihm die Möglichkeit jeglicher sexueller Beziehungen raube und stelle seine DNS deshalb einer Sekte zur Verfügung, die nicht nur das ewige Leben, sondern auch die ewige Jugend beschwöre und an die Raëlinaer-Sekte angelehnt sei. Das Ziel des Autors vermutet er darin, der Leserschaft vor Augen zu führen, dass der Mensch, sollte er eines Tages auf die gegenwärtige Welt zurückblicken, in ihr lediglich eine riesige Katastrophe erkennen könne.

Überraschend ist jedoch, dass Steinfeld die Zukunftsaussicht des Menschen, welche Houellebecq in seinem Roman prognostiziert, sowie die Spezies der geklonten Neomenschen und deren Charakteristika keiner Erwähnung wert zu sein scheint. Überdies versäumt er es, auf die formelle Besonderheit von Aufbau und Struktur des Buches aufmerksam zu machen. Nach der werkimmanent-ästhetischen Strategie verfahrend, kritisiert er hingegen an diesem vierten Roman des Schriftstellers, dass dieser aufgrund der Konzentration auf die Wehleidigkeit, auf die Katastrophe, die der Romanheld im Altern erblicke, an Dringlichkeit eingebüßt habe. Primär in der Rolle des Richters agierend, vermisst der Kritiker in seinem objektbezogenen und auf dem Inhalt des Werkes beruhenden Urteil das Aufbegehren und den Zorn des Autors gegen die unerträgliche Normalität des Alltags, den radikalen Individualismus, der die vorangegangenen Romane Houellebecqs noch auszeichnet, jedoch über *Les particules élémentaires* und *Plateforme* Stück für Stück abgenommen habe und in *La possibilité d'une île* schließlich gänzlich verschwunden sei. An die Stelle des Widerstandes sei das Insistieren des Autors auf die Verzweiflung getreten, welche er in einer *Science-fiction*-Geschichte verarbeite. Steinfeld klärt jedoch die an Houellebecq interessierten Leser, an die er sich richtet, darüber auf, dass jener grundsätzlich nichts anbiete, was nicht auch in *Les particules élémentaires* und *Lanzarote* schon da gewesen sei. Er prognostiziert sogar, dass Houellebecq ein Stadium erreicht habe, in dem er an dem allgemeinen Einverständnis mit seinen Werken schriftstellerisch zugrunde gehe und ihm damit nichts anderes widerfahre, als das, was er einige Jahre zuvor an dem Dichter Jacques Prévert noch vehement kritisiert habe. Für das Literaturverständnis des Kritikers kann aus seiner Argumentation geschlossen werden, dass er sich von einem neuen Werk neue Ideen erhofft und es ihm nicht ausreicht, lediglich alte Themen noch einmal in einer anderen Geschichte aufgegriffen zu sehen. Gegen *Science-fiction* hat er offenbar nichts einzuwenden, legt aber vermutlich Wert auf Emotionalität, selbst wenn es sich dabei um negative Emotionen handelt.

6.3.4.3 Frankfurter Rundschau

Meister, Martina: „Der dreiundzwanzigste Klon. Vom Olymp direkt auf die Abendnachrichten: Michel Houellebecqs neuer Roman ‚Die Möglichkeit einer Insel'", in: *Feuilleton der Frankfurter Rundschau*, vom 25.08.2005.

Zuvorderst fällt bei der Untersuchung der Rezension der *Frankfurter Rundschau* zum vierten Roman Houellebecqs auf, dass Martina Meister, neigte sie doch in der Rezeption bisheriger Werke des Autors stets dazu, die Hauptfiguren mit ihrem Erschaffer zu vergleichen, im Falle von *La possibilité d'une île* davon abweicht und demnach mit der *Frankfurter Allgemeinen* und der *Süddeutschen Zeitung* diesbezüglich nicht überein geht. Des Weiteren ist zu bemerken, dass die Formulierung der Thematik des Romans erneut von allen bisherigen Vorschlägen in den französischen und deutschen Zeitungen abweicht. Meister erkennt darin weder eine gnadenlose Abhandlung über die Trostlosigkeit des Daseins, wie es *Libération* ausdrückt, noch ein Buch über die Angst des Alterns, wie es die deutschen Kollegen formulierten, sondern sie bleibt nahe am Text selbst und erblickt die Thematik schlichtweg in der Abschaffung des Menschen. Es handele sich um eine Geschichte, die sich an der Grenze zwischen *Science-fiction* und philosophischer Erzählung ansiedle und dabei mittels der Lebensberichte Daniels und seines Klons, die über die Unmöglichkeit der Liebe, Sexualität und Sektenkult Aufschluss gäben, „eine moderne Version der biblischen Apokalypse des Buches Daniel" darstelle.[32] Der Bezug zur Bibel taucht noch einmal in einem der letzten Abschnitte der Rezension auf: Meister sieht nicht nur in den Kapitelüberschriften Paral-

---

[32] Auch die französische Tageszeitung *L'Humanité* erkennt Parallelen zur Bibel: Einerseits führt sie die fragmentarische Struktur des Buches und dessen Kapitelüberschriften an, andererseits verweist sie darauf, dass der Roman reich an Flüchen, Verwünschungen und Prophezeiungen sei, die der Leser in dem Propheten Daniel verkörpert sehen könne. Vgl. Lebrun, Jean-François: „Le roman d'un antiutopiste? Par-delà le spectacle, Michel Houellebecq provoque néanmoins la réflexion", in: *L'Humanité, Cultures,* vom 01.09.2005.

lelen zur Benennung biblischer Texte, sondern vermutet auch in der Namensgebung des Helden Daniel einen Bezug zu dem alttestamentarischen Propheten. Weniger verständlich erscheint hingegen die Aussage, Daniel sei ein „Zarathustra der Mittelschicht": Es wird nicht ersichtlich, inwiefern zwischen Daniel und Nietzsches jenseits jeglicher Moral stehender Figur des Übermenschen, auf die die Kritikerin damit wahrscheinlich Bezug nimmt, eine Verbindung besteht.[33]

Nachdem Meister in ihrer etwa 1330 Wörter fassenden Rezension ausgiebig auf den Handlungsverlauf des Werkes, Ort und Zeit des Geschehens sowie die Hauptfigur Daniel eingeht, während sie Isabelle, Esther und Marie kaum vorstellt, erklärt sie in teils recht populärsprachlicher Form, dass sich der Leser der Hoffnung auf die *Möglichkeit einer Insel*, also einem Entkommen aus gegenwärtigen Problemen, nicht hingeben solle. Einerseits die Rolle der Vermittlerin, andererseits die der Richterin erfüllend, lässt sie es darüber hinaus nicht an einer eindeutigen Wertung des Romans fehlen, zu der sie auf dem Wege der werkimmanent-ästhetischen Strategie gelangt. In ihrer objektbezogenen, auf Inhalt und Sprache des Werkes fußenden Urteilsbekundung kommt schließlich Friedrich Nietzsche noch einmal zu Wort: Obwohl der Roman „mit großem romantischen Gestus" schließe, was durchaus untypisch für den Autor sei, behauptet sie, man habe von ihm nichts als „die ewige Wiederkehr des Gleichen" zu erwarten. Trotz des seinen Höhepunkt erreichenden Zynismus sei das Werk aus diesem Grund eine äußerst schwache Plattitüde. Houellebecq habe provokanter und inhaltsleerer als in *Les particules élémentaires* und *Extension du domaine de la lutte* schreiben wollen, halte dem aber sprachlich nicht stand und breche deswegen lediglich die letzten noch bestehenden Tabus. Darüber hinaus erfährt man über den Autor, dass er laut der Angaben eines Biografen, der ungenannt bleibt, ursprünglich Michel Thomas heiße, entgegen bisheriger Aussagen 1956 statt 1958 zur Welt kam und die fremdenfeindlichen Ansichten seiner Protagonisten durchaus teile.

In Hinblick auf die Vermittlung der Fremdkultur hat Meister, die sich an die literatur- und Houellebecq-interessierte Öffentlichkeit wendet, im Vergleich mit der *F.A.Z.* und der *Süddeutschen Zeitung* einen großen Vorsprung, indem sie ihrer Leserschaft in einer kurzen Einleitung Einblick in den französischen Literaturbetrieb gewährt. Zunächst berichtet sie von Houellebecqs inszenierter Veröffentlichung des Ro-

---

[33] Vgl. Nietzsche, Friedrich: *Also sprach Zarathustra*, Reclam, Stuttgart 1993.

mans zeitgleich in fünf Ländern Westeuropas, den hohen Auflagenzahlen in Frankreich und Deutschland sowie der Vorab-Ausgabe des Buches an wenige ausgewählte Kritiker vor dem eigentlichen Erscheinungsdatum. Außerdem erfährt der Leser von einer Sperrfrist, die es den Zeitungen verbot, vor der offiziellen Publikation am 31.08.2005 auch nur eine einzige Zeile des Buches abzudrucken. Zudem entgeht Meister nicht, dass Houellebecq von dem Verlag Flammarion zu Fayard gewechselt ist und dieser ihm bereits vor Veröffentlichung des Romans ein großzügiges Honorar gezahlt habe: Ihr Unverständnis darüber tritt deutlich aus ihren Worten hervor. Aus den inhaltlichen und stilbezogenen Teilaspekten ihrer Besprechung kann somit entnommen werden, dass sie die Neuerscheinung Houellebecqs ausführlich vorstellen und sowohl Stärken als auch Schwächen deutlich machen wollte. Ausgehend von den Schwächen des Buches, die sie anführt, lässt sich schließen, dass sie ebenso wie Thomas Steinfeld von einem Werk mehr als nur einen erneuten Aufguss bisher schon verarbeiteter Ideen erwartet und sich mit einem bloßen Tabubruch nicht zufrieden geben kann. Den Zynismus des Schriftstellers scheint sie hingegen als eine der Stärken des Romans wertzuschätzen.

7 Die Rezeption Günter Grass' in Frankreich und Deutschland

Der zweite praktisch angelegte Teil der Arbeit wird sich nun, nachdem die Rezeption von Michel Houellebecq hierzulande und in Frankreich erschöpfend dargestellt werden und ein eindrückliches Bild davon entstehen konnte, mit der Wahrnehmung von Günter Grass in den französischen und deutschen Printmedien beschäftigen. Auch im Falle Grass' gilt, dass hier nur eine ausgewählte Analyse und Interpretation von Rezensionen erfolgt, die sich mit drei im Untersuchungszeitraum von 1995-2005 erschienenen Werken beschäftigt, so dass an den Anfang der Bearbeitung ebenfalls ein Überblick über die Aufnahme des Schriftstellers in Frankreich und Deutschland gestellt wird, da die Feuilletons Grass als Person und Schriftsteller weit mehr Aufmerksamkeit widmen als nur durch die Besprechung seiner Werke. So entsteht ein Eindruck von den Themen, die im Zusammenhang mit Grass in der öffentlichen Wahrnehmung eine Rolle spielen: Diese können wiederum Einfluss auf die Kritiker in Bezug auf das Rezipieren und Beurteilen seiner Werke, aber auch auf die potenziellen Leser und deren Kaufentscheidungen nehmen.

7.1 Überblick über die Grass-Rezeption

Die rezeptionelle Wahrnehmung von Günter Grass in den deutschen und französischen Zeitungen nimmt ebenso wie die Houellebecqs ein beträchtliches Ausmaß an und steht jener in ihrer Dichte und Intensität kaum nach. Jedoch fällt im Vergleich zur Houellebecq-Rezeption auf, dass auf französischer Seite nicht nur *Le Monde* und auf deutscher Seite vor allem die *Frankfurter Allgemeine* diejenigen Zeitungen sind, die dem offensichtlichen Bedürfnis der Leserschaft nach Informationen über den Autor und seine Werke nachkommen, sondern dass durchaus auch die *Frankfurter Rundschau* und *Libération* mit einer nicht geringen Anzahl von Artikeln an der öffentlichen Meinungsbildung zu Grass beteiligt sind: Dabei erweist sich insbesondere die *Frankfurter Rundschau* als thematisch vielfältiger als andere Blätter.

Zunächst kann als ein wichtiges Resultat der Zusammenführung verschiedenster Artikel, die in den bereits in Bezug auf Houellebecq verwendeten Zeitungen innerhalb des Untersuchungszeitraumes erscheinen, festgehalten werden, dass sich diese nur selten weiteren zwischen 1995 und 2005 veröffentlichten Werken des Schriftstellers widmen. In Deutschland verfasst lediglich die *F.A.Z.* 1999 eine Rezension zu den *Für- und Widerworten*[1] und die *Frankfurter Rundschau* bespricht 1997 die *Fundsachen für Nichtleser*,[2] während die französischen Kollegen keine weitere Prosa oder Lyrik in rezipierender Form in die Literaturbeilagen ihrer Zeitungen aufnehmen. Dies ändert sich 2006, als Grass' Autobiografie *Beim Häuten der Zwiebel* erscheint und damit dessen Mitgliedschaft in der Waffen-SS bekannt wird. Wenn auch die Besprechung des Werkes nicht von allen Zeitungen vorgenommen wird, versäumt hingegen keine Zeitung die Beteiligung an der Debatte über die Rolle des Schriftstellers im Zweiten Weltkrieg: Sie thematisieren insbesondere den Zwiespalt zwischen dessen Partizipation an der Waffen-SS und dem öffentlichen Bild als moralisches Gewissen, das er stets von sich präsentierte, welches jedoch nicht mit seinem langen Schweigen zu vereinbaren sei. Um eine besonders differenzierte Sichtweise auf die öffentliche Reaktion und Stellungnahmen nach Grass' Geständnis bemüht sich *Libération* in zahlreichen Artikeln, die *Frankfurter Rundschau* berichtet von einem Brief, den der Schriftsteller an Israel schreibt, um sich für seine Beteiligung zu entschuldigen, während *Le Monde* beispielsweise die Debatte vielmehr zum Anlass nimmt, um über Grass als Schriftsteller und Person öffentlichen Lebens sowie den Wert seiner Literatur trotz seiner Mitgliedschaft in der Waffen-SS zu reflektieren.[3]

---

[1] Vgl. Maetzke, Heinrich: „Standortflüchtig. Günter Grass macht sich Sorgen um die Verfassung Deutschlands", in: *Frankfurter Allgemeine Zeitung*, vom 28.07.1999.

[2] Vgl. Zimmermann, Harro: „Im Garten der Wörter. Die „Fundsachen für Nichtleser" von Günter Grass", in: *Frankfurter Rundschau, Zeit und Bild*, vom 30.08.1997.

[3] Vgl. dazu u. a. Adler, Alexandre: „Les troubles nostalgiques de Günter Grass", in: *Le Figaro*, vom 25.08.2006; Amette, Jacques-Pierre: „L'affaire Günther [sic!] Grass. Une bien facile vengeance", in: *Le Monde*, vom 26.08.2006; Denis, Stéphane: „Le meilleur pour la fin", in: *Le Figaro*, vom 04.09.2006; Kister, Kurt: „Warum schwieg der Redner? Mit dem späten Bekenntnis zum Dienst in der Waffen-SS hat Grass seine eigenen Ansprüche verletzt", in: *Süddeutsche Zeitung*, vom 14.08.2006; Klein, Georg: „Les réflexions d'un écrivain allemand après la révélation, par le Prix Nobel de littérature 1999, de son engagement dans la Waffen-SS. Günter Grass, le monument mis à bas", in: *Le Monde*, vom 25.08.2006; Levisalles, Natalie: „Delai de Grass", in: *Libération Livres*, vom 11.10.2007; Mangold, Ijoma: „Seht, wie meine Augen tränen. Günter Grass häutet seine Zwiebel, findet darin aber nur Metaphern: Eine Rezension seines Erinnerungsbuches", in: *Feuille-*

Die Problematik der Vergangenheitsbewältigung, die somit im weitesten Sinne im Zusammenhang mit dem *Häuten der Zwiebel* eine Rolle spielt, wird jedoch bereits 1995 in Verbindung mit dem Erscheinen des Werkes *Ein weites Feld* immer wieder von den Zeitungen aufgegriffen und entfacht einmal mehr bei der Veröffentlichung von *Im Krebsgang* eine heftige Debatte. Während es 1995 einerseits um die vernichtende Kritik in der Ausgabe des *Spiegels* vom 21.08.1995 geht, andererseits aber um das Thema der DDR und der deutschen Einheit, veranlasst *Im Krebsgang* die Feuilletons 2002, das Problem der Vertreibung im Zweiten Weltkrieg zu diskutieren.[4]

Darüber hinaus nehmen die Zeitungen zahlreiche Gelegenheiten wahr, die Grass ihnen immer wieder mit öffentlichen Stellungnahmen bietet, um ihn als politischen bzw. politisch engagierten Bürger zu präsentieren. So wird beispielsweise seine Beteiligung am Bundestagswahlkampf 1998 für Gerhard Schröder thematisiert, *Le Monde* berichtet von Grass' zwiespältigem Verhältnis zur SPD in den 1990er Jahren und erwähnt, dass Grass seine Mitgliedschaft in der Partei 1993 aufgibt, da er

---

ton der Süddeutschen Zeitung, vom 19.08.2006; Mommsen, Hans: „Grass' Spießrutenlauf. Die Empörung ist so typisch wie verlogen", in: *Frankfurter Rundschau*, vom 16.08.2006; O.N.: „‚So muss ich das Kainsmal wohl hinnehmen'. Günter Grass schreibt an Israel um seine Mitgliedschaft in der Waffen-SS zu erklären und sein langes Schweigen", in: *Frankfurter Rundschau*, vom 10.11.2006 sowie Reents, Edo: „Ich war dabei. Das Treffen in Behlendorf: Günter Grass verarbeitet sein SS-Geständnis", in: *Frankfurter Allgemeine Zeitung*, vom 21.03.2007.

[4] Vgl. dazu u. a. Blasius, Rainer: „Keine Wanderer auf der Ostsee. Die Erinnerung an das Schicksal von 15 Millionen Vertriebenen wandelt sich", in: *Frankfurter Allgemeine Zeitung*, vom 09.02.2002; Delattre, Lucas: „Günter Grass, le prophète anachronique", in: *Le Monde*, vom 07.09.1995; Diner, Dan: „Eigentum und Erinnerung. Europa hat heute einen verbindlichen Wertekanon. So ist es möglich, der Verbrechen wie der Leiden der Vergangenheit zu gedenken", in: *Frankfurter Allgemeine Sonntagszeitung*, vom 07.04.2002; Löffler, Sigrid: „Heißgeredet, totgeschrieben. Der Fall Fonty – ein Fall Grassomanie", in: *Süddeutsche Zeitung*, vom 26.08.1995; Millot, Lorraine: „Un thème tabou fait le succès de Günter Grass. En octobre, le Seuil publiera la traduction française", in: *Libération*, vom 18.02.2002; Norfolk, Lawrence: „Die Sehnsucht nach einer ungeschehenen Geschichte. Warum Bernhard Schlinks Roman „Der Vorleser" ein so schlechtes Buch ist und allein sein Erfolg einen tieferen Sinn hat", in: *Süddeutsche Zeitung*, vom 27.04.2002; Rosenzweig, Luc: „Günter Grass dépecé par la critique", in: *Le Monde*, vom 23.08.1995 sowie Schlögel, Karl: „Die Sprache des Krebses. Der neue Grass und die Erinnerung an die Vertreibung", in: *Frankfurter Rundschau*, vom 12.03.2002.

mit deren Zustimmung zur Asylpolitik Kohls nicht einverstanden ist: Diese ist ein Thema, das auch *Libération* und die *Süddeutsche Zeitung* beschäftigt. Daneben betont die Berichterstattung vor allem die Ablehnung des Autors gegenüber dem Irak-Krieg 2003 und damit die Befürwortung der Politik Schröders und Chiracs. Weitere Artikel dokumentieren beispielsweise die Gründung einer Stiftung zum Gedenken an die von den Nationalsozialisten verfolgten Zigeuner, welche u. a. *Libération* mit einem kurzem Beitrag bedenkt. Ferner versäumen es die Zeitungen natürlich nicht, ausführlich über die Verleihung des Nobelpreises an Günter Grass im Jahr 1999 zu berichten und 2007 seinen 80. Geburtstag sowie den Sieg im Wettbewerb über den schönsten ersten Satz eines Romans zu würdigen. Weiterhin erscheinen zahlreiche Rezensionen zu dem autobiografischen Werk *Die Box*, das Grass 2008 veröffentlicht.[5]

---

[5] Vgl. dazu u. a. Devarrieux, Claire/Lindon, Mathieu: „Le dernier Nobel du siècle couronne le plus radical des écrivains allemands", in: *Libération*, vom 01.10.1999; Illies, Florian: „Ein Dichter ist hier. Deutsche Szene: Günter Grass als Wahlhelfer in Halle", in: *Frankfurter Allgemeine Zeitung*, vom 23.03.1998; Kessler, Florian: „Wie sich der Mond im Wasser spiegelt. Eine turbulente Gala in Frankfurt kürte den schönsten ersten Satz", in: *Süddeutsche Zeitung*, vom 08.11.2007; Kijowska, Marta: „Kaschubische Geburtstagsgrüße: Mitten im Wahlkampf feiert Danzig den Achtzigsten von Grass", in: *Frankfurter Allgemeine Zeitung*, vom 08.10.2007; Leparmentier, Arnaud: „Günter Grass, écrivain des dissonances de l'histoire allemande. Un prix tardif qui achève de réconcilier l'Allemagne avec elle-même", in: *Le Monde*, vom 02.10.1999; ders.: „Günter Grass bat le tambour pour les Verts allemands"; Lüdke, Martin: „Dampfende Rollenprosa. „Die Box", ein Trick: Günter Grass lässt seine Autobiographie von seinen Kindern fortsetzen", in: *Frankfurter Rundschau*, vom 26.08.2008; Magenau, Jörg: „Heilig-hanseatische Dreifaltigkeit. Der Lübecker Festakt zum 80. Geburtstag von Günter Grass", in: *Süddeutsche Zeitung*, vom 29.10.2007; Millot, Lorraine: „Günter Grass veut reléguer Kohl au musée de l'Histoire. L'écrivain souhaite un gouvernement de coalition rouge-vert", in: *Libération*, vom 08.09.1998; Müller, Lothar: „Die Zustimmungsmaschine. Günter Grass, „die Box" und das unheimliche Prinzip des Kuddelmuddels", in: *Süddeutsche Zeitung*, vom 26.08.2008; O.N.: „Irak-Politik. Deutsche Intellektuelle verteidigen Schröder", in: *Frankfurter Rundschau*, vom 27.02.2003; Prantl, Heribert: „Irritationen im Bonner Chorgesang. Wie Grass und Hintze es geschafft haben, ein verdrängtes Thema wieder zum Thema zu machen", in: *Süddeutsche Zeitung*, vom 22.10.1997; Rossignol, Lorraine: „L'interminable chute du mythe Günter Grass", in: *Le Monde*, vom 05.09.2008; Steinfeld, Thomas: „Mit beiden Händen nach der Welt gegriffen", in: *Frankfurter Allgemeine Zeitung*, vom 06.10.1999; Vernet, Daniel: „Günter Grass, écrivain des dissonances de l'histoire allemande. Un citoyen écri-

7.2 Die Analyse der französischsprachigen Rezensionen

7.2.1 Ein weites Feld

7.2.1.1 Le Monde

Deshusses, Pierre: „L'unité mis à plat. Envoûtant, agaçant, le roman sans doute le plus difficile et le plus allemand de Günter Grass, mais aussi le plus universel et le plus généreux", in: *Le Monde des Livres*, vom 03.10.1997.

Le Monde bespricht *Ein weites Feld* in einer mittellangen Rezension im Jahr 1997, als die französische Übersetzung im Hexagon auf dem Buchmarkt vorliegt. Deshusses legt den Akzent seiner Werkbesprechung auf einen inhaltlichen Aspekt des Werkes und betont im Verlauf der Rezension immer wieder die Konstruktion der Protagonisten des Romans, Theo Wuttke alias Fonty und der sich an eine Figur des Autors Hans Joachim Schädlich anlehnende Held Hoftaller. Ersteren beschreibt er als einen Fontane-Kenner und -Liebhaber, der „est capable de citer des passages entiers de ses lettres, de ses poèmes" und der zudem für das Fontane-Archiv arbeite. Weitere äußerliche und biografische Parallelen zu Fontane ließen in der Figur des Wuttke sowie in der Anlehnung Hoftallers an Schädlichs Tallhover die Gefahr der „biographie déguisée" Fontanes und Tallhovers erkennen, jedoch gelinge es Grass, dieses Risiko geschickt zu umgehen, indem er die geliehenen Figuren neu zum Leben erwecke und durch das Spiel mit Ähnlichkeiten und Andeutungen vier Figuren gleichzeitig kreiere. Fonty und Hoftaller haben beide ihr Leben im östlichen Teil Berlins verbracht, fungieren aber als Repräsentanten unterschiedlicher politischer Einstellungen: Während der Fontane-Kenner stets eine gesunde Distanz zur Überwachung und Bespitzelung in der DDR einhielt, erscheine Hoftaller vielmehr als professioneller Denunziant.

---

vain", in: *Le Monde*, vom 02.10.1999; Widmann, Arno: „Die Unfähigkeit zu feiern. In Göttingen gibt es zum 80. Geburtstag von Günter Grass eine Dichterehrung wie noch nie", in: *Frankfurter Rundschau*, vom 22.10.2007.
Anm.: Auch die Zeitschrift *Der Spiegel* widmet Grass zahlreiche Artikel und Rezensionen. Vgl. dazu u. a.: Becker, Rolf: „Gezwiebelte Erinnerung", in: *Der Spiegel* (7) 2006; Hage, Volker: „Das ganze Säkulum: ein Quiz", in: *Der Spiegel* (27) 1999; sowie O.N.: „Dichter und Kritiker: ein Paar", in: *Der Spiegel* (34) 1995.

Die objektbezogene Beurteilung des Romans als „envoûtant“, aber auch als „le roman sans doute le plus difficile“, die bereits im Untertitel des Textes auftaucht, bezieht sich somit einerseits auf den Inhalt als Maßstab der Wertung, zu der Deshusses primär auf werkimmanent-ästhetischem Wege gelangt, ergänzt um außerliterarisch-ästhetische Elemente, jedoch auch auf die schwierige Konstruktion der Geschichte selbst, die aufgrund unvorhersehbarer Schleifen, weitläufiger Ausschweifungen, Perspektivwechsel und Zeitsprüngen zwischen Vergangenheit und Gegenwart beträchtliche Aufmerksamkeit des Lesers fordere, für die dieser jedoch nicht einmal einen allwissenden Erzähler zur Seite gestellt bekomme, so dass jede schnelle Lektüre nur frustrierend wirken könne.

Besonders interessant scheint jedoch die Wertung des Romans als den deutschesten, aber zugleich universellsten, den Grass je verfasst habe. Zu diesem Urteil gelangt der Kritiker, verfolgt man die Inhalte seiner Besprechung, womöglich einerseits aufgrund der Thematik des Werkes, die er zwar nicht explizit benennt, welche jedoch mit dem Aufzeigen der Problematik des Überwachungsstaates in der DDR und mit der Wiedervereinigung Deutschlands 1990 resümiert werden kann: Beides sind für die deutsche Zeitgeschichte und gegenwärtige Debatten prägende Themen, trotzdem aber von weltweiter Bedeutung. Die so genannte Wende-Thematik veranlasst Deshusses zudem, einleitend ein Bild von der Wiedervereinigung zu zeichnen, das mit feierlicher Stimmung, knallenden Sektkorken und vielen Menschen, die die bunt bemalte Mauer besteigen, beschrieben wird. Darüber hinaus liegt der Beurteilung möglicherweise auch eine bestimmte Vorstellung von deutscher Literatur zugrunde, die, aus französischem Blickwinkel betrachtet, in Kapitel 2.2.1 dieser Arbeit bereits als sehr schwer und geschichts- trächtig angesehen wird: Beide Merkmale erfüllt Grass mit dem Werk.

Dennoch fällt das Urteil des Kritikers, der sich in seiner Rolle als Vermittler und Richter an potenzielle Leser wendet, positiv aus, nicht zuletzt aufgrund der Tatsache, dass Grass sich nie eindeutig auf eine Seite stellt und entweder die DDR vollständig verurteilt oder aber ausschließlich den „victoire de l'Ouest, victoire de la liberté“ bejubelt. Im Gegenteil: In der Figur des Fonty lasse er durchaus kritische Worte in Bezug auf die Wiedervereinigung verlautbaren, die deutlich machen, dass Grass mit dem Verlauf des Vereinigungsprozesses nicht zufrieden war. Jedoch kritisiert Deshusses, dass der Schriftsteller sein Werk nicht zum Anlass nimmt, um den von ihm beklagten Mangel an gleichberechtigtem Dialog, der letztlich vielmehr zu einer Annexion statt zu einer Vereinigung geführt habe, zu beseitigen und einen erneuten, ebenbürtigen Dialog anzustoßen. Die kritischen Äußerungen und die daraus hervortretende ambivalente Haltung Grass' seien es gewesen, so vermutet der Rezensent, die eine so heftige Reaktion auf das Werk in Deutschland ausgelöst haben, welche sogar dazu führte, dass Grass als Verräter verdammt wurde. Schließlich lässt sich daraus ebenfalls erkennen, dass Deshusses in dem Werk dennoch einen wichtigen Schritt zur Aufarbeitung der Vergangenheit erkennt und ihm damit eine hohe Bedeutung über das Feld der Literatur hinaus beimisst, welche jedoch noch „une longue histoire" sei: Den Hinweis, dass sich diese Wendung und damit auch der Titel des Werkes im Deutschen auf die häufig benutzte Aussage des Vaters Briest in Fontanes *Effi Briest* bezieht, lässt der Rezensent allerdings vermissen. Die Erwartungen, die Deshusses somit womöglich an Literatur stellt, können aus dieser Äußerung und unter Hinzuziehung der Werturteile dennoch abgeleitet werden: Er scheint den Prozess der Vergangenheitsbewältigung auf literarischem Wege für sinnvoll und bedeutsam zu halten und bereit zu sein, auch schwierige Lektüre in Kauf zu nehmen, wenn der Autor diese Absicht in gebührende literarische Formen kleidet und z. B. eine anspruchsvolle Figurenkonstruktion bietet.

7.2.1.2 Le Figaro

Schneider, Marcel: „Günter Grass: le malaise teuton", in: *Le Figaro littéraire*, vom 02.10.1997.

Marcel Schneider folgt im *Figaro* einer anderen Taktik: Dieser legt in seiner ebenfalls mittellangen Rezension vom Oktober 1997 das Hauptaugenmerk auf die Anspielungen Grass' auf Fontane und erklärt, dass der Titel des Werkes sich aus dem Ausspruch des alten Briest herleite und immer dann gebraucht werde, wenn dieser der Erklärung schwieriger Sachverhalte nicht standhalten könne. Doch auch in Hinblick auf das Urteil über das Werk, auf den Aufbau der Kritik und die von dem Rezensenten ausgewählten Schwerpunkte zur Vorstellung des Romans unterscheiden sich beide Kritiken enorm. Während *Le Monde* kaum etwas über Grass verrät, ist etwa ein Drittel des Textes aus dem *Figaro* dem Autor des Buches gewidmet. „M. Grass", so die respektvolle Anrede

Schneiders, wird als ein Schriftsteller vorgestellt, der immer wieder mit unbequemen Themen auf „un malaise d'ordre moral, voir métaphysique“ aufmerksam machen will, die die Menschen von sorgloser Zufriedenheit abhalte. Dies ist für Schneider ein nicht untypisches Phänomen deutscher Geistesgeschichte: Er spannt damit den Bogen vom *Weiten Feld* zu Nietzsche, Hegel und Kant, die das gute Gewissen der Deutschen verkörperten. Grass versuche die moralischen Ansprüche, die er verfolge, häufig mit animalischen Figuren und Metaphern umzusetzen und nehme sich dafür Katzen, Mäuse, Ratten, Hunde und nicht zuletzt den Butt zuhilfe. Zuletzt fasst Schneider die *Blechtrommel* zusammen, bevor er sich dem zu besprechenden Werk zuwendet. Dabei bleibt jedoch unverständlich, was Schneider mit seiner Behauptung meint, Grass „côtoie sans cesse le gouffre“, so dass der Konsens, der derzeit über ihn bestehe, zerbrechlich sei. Möglicherweise bezieht sich der Rezensent damit auf andere Kritiker, jedoch entspräche diese Einschätzung nicht der Realität, da *Ein weites Feld* in den Feuilletons sehr kontrovers diskutiert wurde.

Die Thematik des Werkes benennt Schneider, womöglich ein wenig vereinfachend, mit der Erzählung über zwei ehemalige Kommunisten aus der DDR, die „regrettent le bon vieux temps à la soviétique“. Der Autor übe sich als neuer Moses und wolle der deutschen Linken mit seinem „interminable roman“ helfen, die Wüste Brandenburgs und Mecklenburgs zu durchqueren, allerdings sei die politische und soziale Chronik Deutschlands seit 1945, die er mithilfe von Fonty kreiere, der als einzige Hauptperson ähnlich wie in *Le Monde* mithilfe der Parallelen zu Fontane genauer präsentiert wird, zu schwer, um für das französische Publikum noch verständlich zu sein. Er begründet dies mit den häufigen Fontane-Bezügen, die den Roman durchziehen, die aber ohne das entsprechende Hintergrundwissen nicht zu durchdringen seien. Zudem betätigt er sich neben seiner vermittelnden und richtenden Funktion als Erzieher und merkt an, dass aus Gründen der Unverständlichkeit und des Unwissens auf Seiten des französischen Publikums, an das er sich richtet, Erklärungen zu einzelnen Begriffen wie Stasi oder Trabant wünschenswert gewesen wären. Er unterstreicht sein objektbezogenes Negativurteil, das er am Inhalt des Romans festmacht, mit der Erklärung, dass Grass zwar auf ironische, komische und freimütige Weise ein extravagantes Buch geschrieben habe, darin aber Sartre, Zola und Martin du Gard zugleich vereine und somit sein Publikum schlichtweg überfordere. Fonty, „ce nouveau Don Quichotte", sei zudem ein zu wenig ausgereifter Charakter, der ungenutztes Potenzial in sich berge, jedoch in der Lächerlichkeit verharre. Die größte Schwäche des Buches sieht der Kritiker darin, dass Grass sich nicht eindeutig auf die Seite seines Helden stelle, was Deshusses in *Le Monde* positiv herausgestellt hat, so dass der französische Leser lediglich ein unverständliches Werk vor sich liegen habe, dass ihm noch nicht einmal Lösungsvorschläge für aktuelle Probleme wie den Euro oder die Europäische Union anbiete. Schneider verfährt damit in seiner Urteilsfindung vordergründig nach der werkimmanent-ästhetischen Strategie, bezieht aber Aspekte eines werkimmanent-intertextuellen Vorgehens mit ein. Indem der Rezensent allerdings zu zeigen versucht, dass Grass' Roman keinerlei Bedeutung für zeitgenössische Probleme habe, lässt sich daraus ableiten, dass dieses Kriterium für ihn hinsichtlich der Wertung von Literatur bedeutsam ist, so dass ergänzend auch Elemente der außerliterarisch-ästhetischen Untersuchungsstrategie in die Rezension einfließen. Zudem kann daraus geschlossen werden, dass er generell einen Aktualitätsbezug bzw. die Beschäftigung mit gegenwärtigen gesellschaftspolitischen Problemen von der Literatur erwartet statt ein Verharren in Problemen der Vergangenheit. Diese sollten jedoch nicht in zu komplexen, nationenspezifisches Hintergrundwissen erfordernden Figurenkonstruktionen münden, sondern übernational nachvollziehbar sein. Da Grass nach Ansicht des Kritikers dieses Kriterium nicht erfüllt, sieht Schneider keine Veranlassung, das Werk zu loben, sondern zielt vielmehr darauf ab, die Unverständlichkeit desselben aufzuzeigen, so dass der französische Leser kaum zur Lektüre des Romans motiviert werden kann.

7.2.1.3 Libération

Millot, Lorraine: „L'État de Grass", in: *Libération Livres*, vom 02.10.1997.

Libération verfährt in der Besprechung des Grass-Romans *Ein weites Feld* im Oktober 1997 ähnlich wie *Le Monde* und *Le Figaro* nach der werkimmanent-ästhetischen Untersuchungsstrategie, lässt sich allerdings nicht zu einem eindeutig positiven oder negativen Urteil hinreißen. Demzufolge sieht die Rezensentin sich weniger in der Rolle der Richterin, sondern vielmehr in der Funktion der Vermittlerin, die dem an deutscher Literatur interessierten Publikum, an das sie sich mit ihrer

Rezension wendet, eine grobe Inhaltsangabe des Romans sowie die Debatte um Grass und *Ein weites Feld* skizziert, wie sie in Deutschland nach dem Erscheinen des Werkes stattgefunden hat. In einem ersten einleitenden Abschnitt der mittellangen Rezension klärt sie die Leser darüber auf, dass es sich um „le plus grand scandale littéraire de ces dernières décennies" handele. Unter Bezugnahme auf andere Kritikerstimmen legt sie dar, dass der Roman als unlesbar und desaströs bezeichnet wurde. Sie erkennt jedoch, dass dies weniger aufgrund des Werkes selbst geschah, sondern vielmehr aufgrund der politischen Brisanz seiner Botschaft, die Grass über seinen Helden Fonty vermitteln lasse. Die Fontane-Reinkarnation, wie Millot jenen bezeichnet, „porte un regard particulièrement sombre sur l'unification de 1990", indem er die wenig erfreulichen Parallelen mit der Reichseinigung von 1871 aufzeige: Diese sei bekanntlich eine lediglich von der Armee herbeigeführte Einheit gewesen, so dass das Herstellen einer Analogie beider Ereignisse in der Medienöffentlichkeit zum Teil gar als Verrat wahrgenommen wurde. Unabhängig davon, ob die Deutschen unter einem Regime von Nationalsozialisten, Kommunisten oder aber wiedervereinigt in einem demokratischen Staat lebten: „Tout se transforme, le mal allemand demeure", so die Aussage Günter Grass'. Diese verdeutliche der Romancier dadurch, dass er seinen Protagonisten Fonty und dessen „ombre diurne-et-nocturne" Hoftaller – die Anlehnung an die Schädlich-Figur Tallhover wird erklärt – stets in demselben Gebäude arbeiten lässt: dem Luftfahrtministerium des „Dritten Reiches". Fonty arbeitet zunächst während des Krieges für das Ministerium, anschließend sei er in der DDR „appariteur de la Maison des ministères" gewesen, um nach der Wiedervereinigung seine Arbeit für die Treuhand in demselben Gebäude aufzunehmen. Auch *Le Monde* hat die Bedeutung desselben mit seinen verschiedenen Funktionen in den unterschiedlichen Staatsformen schon angedeutet, jedoch eine Erklärung des Zusammenhanges vermissen lassen.

Die Kritikerin schließt aus dem negativen Urteil über die deutsche Einheit, die lediglich eine Einheit „des requins et des malfrats" gewesen sei, dass der Autor selbst seine Position mithilfe von Fonty präsentieren und wohl seiner Frustration darüber Ausdruck verleihen wolle, dass Deutschland heute gegenüber Ausländern und ausländischen Einflüssen intoleranter und verschlossener sei, als noch im 17. Jahrhundert. Den hier möglicherweise vorhandenen biografischen

Bezug zu Grass' Ablehnung der deutschen Asylpolitik Helmut Kohls stellt die Rezensentin nicht her: Auch an anderer Stelle sind keine Informationen zu Grass zu finden, allerdings verweist sie auf die Autorin Christa Wolf, die zu einem ähnlichen Zeitpunkt wie Grass ihren Roman *Medea. Stimmen* vorgelegt hat, welcher dasselbe Thema behandle wie Grass.[6] Als Wertmaßstab zieht die Kritikerin aber weder dieses noch andere Werke heran, wenn sie inhalts- und objektbezogen urteilt, dass es sich bei Grass' Roman um ein sehr dichtes Werk handle, das weit mehr sei als „une ‚longue histoire' romancée de l'unification allemande, de 1848 à nos jours": Es biete zahlreiche Anregungen zum Weiterlesen z. B. über Fontane, den Golfkrieg oder Spionage in der DDR. Möglicherweise kann daraus abgeleitet werden, dass die Rezensentin Anregungen zur Reflexion bzw. zur Vertiefung der in einem Werk angesprochenen Themen als wertvoll erachtet, da ihre Aussage diesbezüglich wohl unumstritten als ein Qualitätsmerkmal gelten kann. Da sie darüber hinaus aber kaum positive oder negative Wertungen vornimmt, fehlen der Rezension weitere Anhaltspunkte, um fundierte Aussagen über ihr Verständnis von Literatur treffen zu können. Lediglich deutet die Abwesenheit von negativer Kritik in Verbindung mit dem Fokus der Besprechung darauf hin, dass Millot die Verarbeitung historischer Themen und Problemfelder in der Literatur zu schätzen weiß.

---

[6] Diese knappe Andeutung scheint etwas zu kurz zu greifen und ein einseitiges, wenn nicht sogar verfälschtes Bild über den Wolf-Roman zu vermitteln. Ausgehend von der Tatsache, dass Millot das Thema der Wiedervereinigung sowie weitere Sekundärthemen wie den Golfkrieg oder Spionage im *Weiten Feld* verarbeitet sieht, erscheint ihre Auslegung weitgehend unverständlich. Zwar existieren Deutungen, die in Wolfs *Medea* die Auseinandersetzung mit der Problematik der Fremdenfeindlichkeit entdecken, ein breiterer Konsens besteht jedoch zunächst über eine Umdeutung des Medea-Stoffes weg von einer bloßen Mörderin hin zu einer selbständigen, unabhängigen Frau, die Christa Wolf zu einer Auseinandersetzung um Demokratie und Diktatur erweitert. Vgl. dazu: Huber, Herbert: „Christa Wolf: Medea. Stimmen", in: ders. (Hrsg.): < http://www.lesekost.de/-HHL44.htm > am 05.07.2010 sowie Simanowski, Roberto: „Wem gefallen gefallene Mythen? Christa Wolfs „Medea" – eine Stimme", in: *Tabula Rasa. Jenenser Zeitschrift für kritisches Denken* (11) 1996, online aufgerufen unter: < http://www.tabvlarasa.de/11/rezsim2.php > am 05.07.2010.

7.2.2 Mein Jahrhundert[7]

7.2.2.1 Le Monde

Deshusses, Pierre: „Un siècle d'écrivain. Le nouveau Prix Nobel Günter Grass nous livre un album de miniatures qui laissent peu de place à son talent de conteur", in: *Le Monde des Livres*, vom 05.11.1999.

Pierre Deshusses deutet im Untertitel seiner Überschrift bereits in kurzer Form das Gesamturteil seiner Rezension an: Er behauptet, dass *Mein Jahrhundert* dem Autor nur wenig Raum gewährt, um sein erzählerisches Können zu entfalten. Damit deutet er an, dass er Grass zwar für einen fähigen Schriftsteller, das besprochene Werk aber nicht für sein bestes hält und lässt den Lesern, die sich für Grass oder die deutsche Literatur interessieren und die Besprechungen deutschsprachiger Werke verfolgen, an dieser Stelle die Wahl, entweder die Lektüre der Rezension abzubrechen, weil sie womöglich keine Lese- bzw. Kaufempfehlung zu erwarten haben, oder aber die Begründung zu erfahren, die zu diesem Urteil führt. Deshusses begibt sich damit primär in die Rolle des Richters, übernimmt jedoch im Verlauf der Rezension auch eine vermittelnde Funktion, indem er Inhalte des Werkes, dessen Aussageabsicht sowie einzelne Informationen über den Autor wiedergibt.

Ausgehend von seinem Anfangsurteil baut Deshusses die Rezension insofern logisch auf, als er zunächst einige Argumente anführt, die seine Wertung stützen, diese aber gleichzeitig mit inhaltlichen Informationen, mit Angaben zum Stil des Autors oder zur Wirkung des Werkes ergänzt. So

[7] *Le Figaro* veröffentlicht 1999 einen Artikel, der in Hinblick auf die Entscheidung, ob es sich dabei um eine Rezension im engeren Sinne handelt, als grenzwertig eingestuft werden muss. Äußere Merkmale deuten zwar auf eine kritische Besprechung des Werkes *Mein Jahrhundert* hin (vgl. die Nennung des vollständigen Werktitels, der Übersetzung, des Verlags sowie des Verkaufspreises am unteren Ende des Artikels), allerdings erweist er sich bei näherer Betrachtung vielmehr als ein Autorenportrait, in dem nur mit wenigen Sätzen auf das Werk eingegangen wird. In Anbetracht der Tatsache, dass dies zu Beginn dieser Arbeit als Ausschlusskriterium für eine ausführliche Analyse genannt wurde, da auf dieser Grundlage eine differenzierte Werkkritik nicht möglich ist, wird der Artikel nicht in die Untersuchung der Rezensionen einbezogen. Vgl. De Cortanze, Gérard: „Günter Grass: Un allemand étranger en Allemagne", in: *Le Figaro*, vom 18.11.1999.

gibt er dem Leser in seiner Rezension mittlerer Länge darüber Auskunft, dass Grass kurz nach Erscheinen des Buches den Literaturnobelpreis für sein Romanwerk erhalten habe. Am Schluss der Kritik greift der Rezensent diesen Aspekt wieder auf und schließt damit den Kreis zum Beginn seiner Besprechung. Er fügt dem aber die Aussage an, dass er die Auszeichnung zwar für berechtigt halte, *Mein Jahrhundert*, welches er als „une mosaïque de brefs récits“ bezeichnet, jedoch nicht mit in die Reihe seiner großen Werke eingeordnet werden könne, die einen solchen Preis verdienen.

Der werkimmanent-ästhetischen Strategie nachgehend, urteilt Deshusses auf Basis des Inhaltes und der Konstruktion des Werkes weiter, dass Grass sich durch die Beschränkung auf kurze Berichte oder Erzählungen über jeweils ein Ereignis eines Jahres selbst in zweifacher Hinsicht beschränke: Zum einen erhalte der Leser den Eindruck, der Schriftsteller möchte seine Gedanken selbst gern weiterführen, was sich in dem mehrmals vorkommenden Abschlusssatz einer Erzählung, „Aber das ist eine andere Geschichte“, widerspiegle, zum anderen scheine Grass sich mit dem Werk in einer Zeit zu verwurzeln, von der er, der 1927 geboren sei, selbst die Grenzen deutlich macht, indem er das Werk als einen Rückblick bzw. eine Aufarbeitung eines bereits abgeschlossenen Jahrhunderts anlegt. Vor dem Hintergrund dieses Anspruches und den sonst so voluminösen Romanen überrasche jedoch die Kürze des Werkes, das im Juli 1999 in Deutschland erschienen sei und dennoch kein wichtiges Thema ausspare: Grass entwerfe das Bild von einem „Empire torturé“ hin zu einer wiedervereinigten Republik und problematisiere dabei sowohl den Versailler Vertrag als auch den Aufstieg der Nationalsozialisten, den Zweiten Weltkrieg, aber auch den Terrorismus in der BRD. Die Liste an Themen könne beliebig fortgesetzt werden, doch die Aussage der einzelnen Geschichten lasse sich zu einer Gesamtintention des Autors formieren: „Ne pas oublier l'Histoire“. Um diese Behauptung zu untermalen, führt Deshusses zwei Beispiele an, die er für besonders gelungen hält: Zum einen den Bericht aus dem Jahr 1938, den er kurz zusammenfasst, zum anderen ein Gespräch zwischen Ernst Jünger, Erich Maria Remarque und einer Journalistin, in dem sie über den Ersten Weltkrieg sinnieren. Obwohl Grass seine Geschichten von multiplen Erzählern ausführen lasse, die verschiedenen Geschlechtern und sozialen Schichten angehören, sei es dennoch immer der Autor selbst, der erzähle: Dies deutet der Rezensent aus dem ersten Satz der Anthologie, in der

Grass erläutere, dass der Ich-Erzähler zwar Jahr für Jahr mit sich selbst ausgetauscht werden könne, jedoch immer anwesend bleibe.

Seinem Urteil fügt der Rezensent weitere in seinen Augen kritikwürdige Faktoren an, die den Humor des Schriftstellers als „assez lourd“ zusammenfassen und ihn dafür tadeln, sich nicht aus der Rolle des „donneur du leçon“ befreien zu können und Vergangenes aus dem Blickwinkel der Gegenwart zu beurteilen, bevor er diesem objektbezogenen Urteil eine wirkungsbezogene Wertung anfügt, die jedoch kaum positiver ausfällt: „certains récits sont émouvants d'intimité, d'autres laissent perplexes, tant ils sont enigmatiques“. Die Kritikpunkte des Rezensenten lassen die Interpretation zu, dass dieser für schulmeisterliches Belehren, gepaart mit schwer verdaulichem Humor, in einem rückwärtsgewandten Werk wenig Achtung übrig hat. Statt dessen gibt seine Kritik Anlass zu der Annahme, dass er Wert auf eine authentische Sprache und eine vollständigere, tiefgründigere literarische Verarbeitung solcher wichtiger Themen legt, als sie von Grass angeschnitten werden. Da Deshusses aber den Verfasser desselben für einen nobelpreiswürdigen Schriftsteller hält, besteht sein Ziel möglicherweise darin, an Grass in Verbindung mit der Verleihung des Nobelpreises zu erinnern und seine Qualitäten herauszustellen, jedoch gleichzeitig darauf hinzuweisen, dass *Mein Jahrhundert* die Lektüre nicht lohne.

7.2.2.2 Libération

Millot, Lorraine: „Grass, un siècle. Tambour battant Verdun, Hitler, le Mur, les Volkswagen et la Philharmonie de Berlin: cent ans d'histoires allemandes en 99 scènes intimes et officielles par l'auteur du «Tambour», Nobel 1999“, in: *Libération Livres*, vom 04.11.1999.

Im Gegensatz zu Deshusses in *Le Monde* stellt Millot in *Libération* vielmehr den vermittelnden Aspekt in den Vordergrund und wendet sich somit an potenzielle Leser; die Beurteilung fällt in der mittellangen Rezension hingegen sehr kurz aus. Ähnlich wie Deshusses fasst aber auch Millot bereits im Untertitel ihrer Überschrift ihre Besprechung in Kurzform zusammen: Die Themen des Werkes, die sie erwähnt, sowie die kommentierende Synthese und wenige Informationen zum Autor selbst spiegeln in groben Zügen Aufbau und Inhalt ihrer Kritik wider. Millot entscheidet sich somit nicht dafür, einzelne Geschichten detalliert darzustellen, sondern gibt dem Leser ihrer Rezension vielmehr einen Eindruck der Themenfülle, die das Werk zu einem „livre dingue“ machen, was sich jedoch aus der Materie selbst begründe:

> Comment résumer autrement cent ans qui ont vu défiler colonisation et décolonisation, la Première et la Seconde guerre mondiale, l'holocauste de 6 millions de juifs, la coupure puis la réunification de l'Allemagne, le triomphe économique et footballistique du vaincu de 1945, Dolly la brébis clonée?

Einige dieser Aspekte führt Millot näher aus und verrät beispielsweise, dass sich im Jahr 1909 ein Pfleger auf dem 6-Tage-Radrennen in Berlin um gedopte Radfahrer kümmert oder dass der Erste Weltkrieg mit erfundenen Geschichten dargestellt wird, in denen Grass ein Treffen zwischen Jünger und Remarque schildert, also auf Fiktion zurückgreift, da „les faits sont trop durs à exprimer“. Auch wenn der Autor zwar 99 verschiedene Szenen „intimes et officielles“ darbietet, die konventionelle Themen der entsprechenden Jahre behandeln, so die Inflation 1923 oder die Arbeitslosigkeit 1932, kreiere Grass doch eine arbiträre Sammlung „seines“ Jahrhunderts, die auf diese Weise in den Geschichtsbüchern nicht zu finden sei. Dies mag nicht zuletzt daran liegen, dass verschiedenste Erzähler berichten, welche die Nebenrollen der Weltgeschichte einnehmen: „les seconds rôles, les victimes ou les suivistes, tous les ballotés du flot, qui parfois croisent un grand personnage“. Nach der werkimmanent-ästhetischen Verfahrensweise beurteilt Millot somit das Werk objektbezogen als „grotesque et acide“ und bezieht sich damit auf dessen Inhalt als Bewertungsgrundlage. Darüber hinaus merkt die Rezensentin in ihrem abschließenden Fazit an, dass Grass „a beau jouer, gronder, ironiser sur ces cents années de catastrophes“.

Im Zusammenhang mit der Intention, einige Verschmelzungen zwischen Autor und Werk aufzuzeigen, gibt die Kritikerin an, dass im Kapitel zum Jahr 1927, seinem Geburtsjahr, Grass selbst die Rolle des Erzählers übernehme, fernerhin den Erfolg der *Blechtrommel* 1959 thematisiere sowie Andeutungen über sein Verhältnis zur SPD, seinen Aufenthalt in Kalkutta und seine Italienreise 1996 mache, so dass der Leser der Rezension daraus schließen wird, aus dem Werk auch Eckpfeiler der Biografie des Autors mitnehmen zu können. Je mehr das Werk in den Jahren fortschreite, desto mehr könne Grass sich selbst befreien, so Millot weiter, bis er schließlich im Jahr 1995 zum Kommentator der Love Parade avanciere. Daneben bleibt aber der Erhalt des Literaturnobelpreises die einzige Information, die die Rezensentin zum Autor des besprochenen

Werkes liefert. Auch im Falle dieser Rezension gilt jedoch, dass eine Aussage über das Literaturverständnis der Kritikerin aus Mangel an wertenden Elementen in der Buchbesprechung kaum möglich ist. Lediglich kann aus der Tatsache, dass sie kaum Kritik an Grass übt, geschlossen werden, dass sie sowohl die Verarbeitung historischer Themen als auch die Gattung der Kurzgeschichte bzw. der Kurzerzählung wertschätzt.

7.2.3 Im Krebsgang

7.2.3.1 Le Monde

Deshusses, Pierre: „Surf et naufrage. Le plus grand naufrage de tout les temps, celui du «Gustloff», en 1945, a toujours été tabou. Günter Grass renfloue cette épave pour désamorcer sa charge de dynamite", in: *Le Monde des Livres*, vom 25.10.2002.

Vernet, Daniel: „Günter Grass brise le tabou du naufrage du «Wilhelm-Gustloff». Encensé par la critique, le livre de l'auteur du «Tambour» remporte un succès considérable", in: *Le Monde Culture*, vom 19.02.2002.

Auch die Informationen, die *Le Monde* seinen Lesern in beiden Rezensionen zu Günter Grass gibt, fallen nicht ausführlicher aus, als diejenigen in *Libération*. Da somit davon ausgegangen werden kann, dass dem französischen Publikum der Name Günter Grass ein Begriff ist, erstaunt es doch, dass sowohl *Libération* in ihrer Besprechung von *Mein Jahrhundert* als auch Daniel Vernet im *Monde* ihn als den Autor der *Blechtrommel* vorstellen, obwohl gerade diese Information den meisten Lesern bekannt sein dürfte. Ferner gibt Vernet in seiner kurzen Kritik lediglich darüber Auskunft, dass Grass in Danzig geboren ist und 1999 den Literaturnobelpreis erhalten habe.

Darüber hinaus sind weitere Gemeinsamkeiten zwischen beiden Kritiken auszumachen, die zum einen das Fehlen eines eindeutigen Urteils über das Werk betreffen, zum anderen das Referieren der historischen Ereignisse, die in Verbindung mit dem Untergang der Gustloff 1945 stehen, um damit die Brisanz des Themas und die bislang nicht geführte Debatte darum aufzuzeigen. Beide Kritiker bezeichnen die Novelle „de près de trois cents pages“[8] aus diesem Grund als einen Tabubruch; Deshusses nimmt das Thema des Werkes, den Untergang tausender vertriebener Deutscher, die nicht in das Naziregime involviert waren, gar zum Anlass, um in einer teils problemorientierten Rezension die Thematik der deutschen Opfer des Zweiten Weltkrieges zu diskutieren. Er stellt in seiner mittellangen Kritik heraus, dass Grass sich, ähnlich wie schon Winfried Georg Sebald, Martin Walser und Alexander Kluge, auf gefährliches Terrain wage, indem er die Deutschen als Opfer eines Gegenangriffs der Sowjets präsentiert. Da aber bei ihm nicht davon auszugehen sei, dass er die Verbrechen der Nationalsozialisten vergessen will, bescheinigt Vernet Grass jedoch einen enormen Erfolg und nennt als Stütze seiner Behauptung die Verkaufszahlen von 50000 Exemplaren täglich, die von den Buchhandlungen abgenommen werden. Während Vernet darüber spekuliert, ob dies an der Qualität des Werkes oder am Thema desselben liege, bescheinigt Deshusses ihm eine große Bedeutung in Hinblick auf die Aufarbeitung eines wichtigen historischen Ereignisses, das mit dem Anstoß durch Grass nun nicht mehr allein dem rechten politischen Lager überlassen werde. „Or longtemps, le poids de la culpabilité et de l'innommable commis par les nazis a empêché les Allemands de faire leur propre deuil. Le temps est venu […] de dire aussi qu'il ne faut pas oublier les victimes allemandes“, denn die Toten zu beerdigen und ihnen damit Frieden zu verschaffen heiße letztlich, dass ihre Schatten nicht in pervertierter Form wiederkehren und womöglich neue Gefahren in sich bergen, die sich beispielsweise in neonazistischen Denkmustern offenbaren, welche in der Figur des Konrad im Werk verarbeitet seien: Konrad verkörpere einen „jeune nihiliste xénophobe laissé à lui-même après le divorce de ses parents“.[9] Ihm habe Grass die Figur des David gegenüber gestellt, so Deshusses, bei dem es sich um einen stereotyp karikierten jungen Juden handle, der sich mit Konrad in einem zwiespältigen Internetforum über die Gustloff unterhalte und am Schluss des Werkes von ihm getötet werde. Die dritte Hauptperson, Paul, Konrads Vater, übernehme die Rolle des Erzählers und gehöre zu den wenigen Personen, die in der Nacht des Schiffsunglückes geboren wurden: Tulla Pokriefke, welche sich auf dem Schiff befand

---

[8] Deshusses, Pierre: „Surf et naufrage. Le plus grand naufrage de tout les temps, celui du ‚Gustloff', en 1945, a toujours été tabou. Günter Grass renfloue cette épave pour désamorcer sa charge de dynamite“, in: *Le Monde des Livres*, vom 25.10.2002.

[9] Vgl. Deshusses: „Surf et naufrage“.

und bereits aus *Katz und Maus* bekannt sei, so dass das Werk wie eine Art Fortsetzung des 1961 erschienenen Romans angesehen werden könne, bringt Paul in der Nacht vom 30. zum 31. Januar 1945 zur Welt. Deshusses zitiert zudem eine längere Passage aus der Novelle, aus der deutlich hervorgeht, dass er Grass mit dem Entfachen des Feuers um diese Debatte Recht gibt, da die Katastrophe das größte Schiffsunglück der Geschichte gewesen sei, größer gar als der Untergang der Titanic – ein Vergleich, den auch Vernet zieht – bei dem 9000 Todesopfer zu verzeichnen gewesen seien. Auch Vernet schließt seine Rezension mit dem Zitat: „„[…] on n'aurait dû se taire sur tant de souffrance, simplement parce que notre propre faute et la confession du repentir l'emportaient sur tout le reste"". Da er dieser Formulierung, die Deshusses ähnlich in Worte fasst, nicht widerspricht, deutet dies einerseits auf seine Zustimmung hin, andererseits könnte dies ferner als die Intention des Werkes verstanden werden, in dem Grass sich ausnahmsweise nicht als Moralist erweise, sondern Ansätze von Desillusionierung erkennen lasse.

Da beide Rezensenten kein explizites Positiv- oder Negativurteil über die Novelle aussprechen, kann davon ausgegangen werden, dass sie sich in der Rolle des Vermittlers sehen und sich nicht nur an interessierte Grass-Leser, sondern auch an ein historisch wissbegieriges Publikum wenden, dem sie, um die Brisanz des Themas zu erhellen, vor allem die tatsächlichen historischen Ereignisse näher bringen: Ein Vorgang, der in beiden Fällen mit den inhaltlichen Informationen über das Werk verschmilzt. Die Kritiker informieren ihre Leser darüber, dass der Namensgeber der Gustloff ein nationalsozialistischer Würdenträger aus der Schweiz gewesen sei, der von einem Juden getötet wurde und aus diesem Grund von Hitler post mortem besondere Ehrung erfuhr. Am 30. Januar 1945 sei dieses Schiff nach einem Torpedo-Angriff der Sowjets mit 12000 Passagieren, unter ihnen viele Frauen und Kinder, untergegangen.[10] Auch wenn die Rezensenten kein Urteil fällen, kann festgestellt werden, dass sie in Hinblick auf die Art ihrer Besprechung nach der außerliterarisch-ästhetischen Strategie verfahren, da sie die Bedeutung des Werkes für die Aufarbeitung der Vergangenheit herausstellen. Da die Novelle von keinem der beiden Rezensenten kritisiert wird, kann vermutet werden, dass sie die Beschäfti-

---

[10] Vgl. Vernet, Daniel: „Günter Grass brise le tabou du naufrage du ‚Wilhelm-Gustloff'. Encensé par la critique, le livre de l'auteur du "Tambour" remporte un succès considérable", in: *Le Monde Culture*, vom 19.02.2002.

gung der Literatur mit geschichtsträchtigen Themen und das Führen von Debatten, die in der öffentlichen Diskussion fehlen, für erstrebenswert halten. Möglicherweise um den Kontrast zu seiner eigenen Ansicht zu verdeutlichen, nimmt Vernet andere Kritiker zuhilfe und zeigt auf, wie das Werk in Deutschland besprochen wird: Er zitiert dabei die *Süddeutsche Zeitung* und den *Spiegel*, die sich in ihren Wertungen widersprechen und verweist im selben Atemzug noch einmal auf die vernichtende Kritik des *Spiegels* zu dem Roman *Ein weites Feld*.

7.2.3.2 Le Figaro[11]

Michel Cluny, Claude: „Günter Grass: la mémoire allemande à l'épreuve", in: *Le Figaro littéraire*, vom 03.10.2002.

Im Gegensatz zu *Le Monde* legt *Le Figaro* den Schwerpunkt seiner mittellangen Besprechung nicht auf die Darstellung eines historischen Faktengerüstes zur kontextuellen Einbettung der Novelle, sondern auf die Vermittlung des Inhaltes und die Herausstellung der Bedeutung desselben für die Aufarbeitung der deutschen NS-Vergangenheit, so dass der Rezensent primär als Vermittler nach der werkimmanent-ästhetischen Strategie verfährt, jedoch auch Aspekte der außerliterarisch-ästhetischen Verfahrensweise einbezieht, wenn er aufzeigt, dass Grass in seinem „récit linéaire" den allgemeinen Konsens über die Täter- und Schuldigenrolle der Deutschen im Zweiten Weltkrieg aufsprenge und neue Aspekte in die Debatte einbringe, die bislang gänzlich vernachlässigt worden seien. Indem Grass „biographies à peine imaginaires" zu einer Geschichte über den Untergang der *Wilhelm* Gustloff verbinde, die von Konrad Pokrief-

---

[11] Auch *Le Figaro magazine* veröffentlicht zusätzlich zum *Figaro littéraire* eine Rezension zu Grass' *Im Krebsgang*. Diese wird jedoch nicht in die Analyse einbezogen, da es sich im Falle der Rezension zu Houellebecqs *Lanzarote*, die ausschließlich im *Figaro magazine* erschienen war, lediglich um eine Ausnahme aus Gründen der Vergleichbarkeit handelte, die jedoch in diesem Falle auch ohne Einbeziehung des Wochenblattes gewahrt bleibt. Zudem bringt der *Figaro magazine* keine Erkenntnisse, die nicht auch im *Figaro littéraire* herausgearbeitet werden können und lässt außerdem ein Urteil über das Werk vermissen. Vgl. Sevillia, Jean: „*Le nouvel état de Grass*", in: *Le Figaro magazine*, vom 12.10.2002.

ke[12] erzählt werde, und indem er dessen rechtsradikalen Sohn, welcher sich in zwiespältigen Internetforen mit dem Juden David über das Schiffsunglück unterhalte, eine Hauptrolle in dem Werk zugesteht, stelle er gleichzeitig einen Bezug zur Gegenwart her: „Le présent, à l'image du passé, n'en finit pas de conjurer les fantasmes d'une multiple et mortelle série de fractures", so die abschließenden Worte des Kritikers. In diesem Zusammenhang erklärt der Rezensent auch die Bedeutung des Titels: Indem Konrad, der, anders als *Le Figaro* behauptet, derjenige ist, welcher im Kreise von Neonazis verkehrt und nicht sein Vater Paul, den jüdischen Jugendlichen David tötet, beginne das Drama um die Person Wilhelm Gustloff erneut, jedoch rückwärtsgewandt, im Krebsgang also, da Gustloff von einem Juden getötet wurde.

Darüber hinaus verrät der Rezensent über die Protagonisten des Werkes, dass Konrad „un binoclard monté en graine" sei und sich nicht aus dem nationalsozialistischen Gedankengut seiner Großmutter Tulla Pokriefke befreien könne. Paul hingegen, der in der Nacht des Unglücks quasi auf dem Schiff geboren wurde, sei dies gelungen, so dass sich die Familie immer weiter spalte und Paul lediglich zum ohnmächtigen Beobachter der familiären Entwicklung degradiert werde. Die Figur der Tulla, welche aus einem früheren Werk Grass' bekannt sei, welches allerdings ungenannt bleibt, interpretiert der Kritiker als die Verkörperung eines unglückseligen deutschen Schicksals: „Le destin d'un peuple qui a cru faire l'Histoire, et l'a subie". Die traumatischen Bilder von sterbenden Kindern, die in ihren Schwimmwesten mit dem Kopf im Wasser und den Beinen nach oben erfrieren, seien ihr auch heute noch gegenwärtig und hätten auch, so der Rezensent, Signorelli als Inspiration für seine Bilder des Höllenkreises dienen können. Zudem trage die Nacht des Untergangs am 30. Januar 1945 symbolische Kraft, da Hitler zwölf Jahre zuvor die Macht übernommen habe und das so genannte Tausendjährige Reich zu diesem Zeitpunkt ebenfalls schon im Untergang begriffen war.

In den Augen des Rezensenten handelt es sich bei der Novelle Grass', über den lediglich verraten wird, dass er den Nobelpreis erhalten hat, um ein „très beau travail, […] passionnant", da der Autor sein Fach sehr gut

---

[12] Der Rezensent unterliegt hier einem Irrtum: Paul Pokriefke ist der Erzähler der Geschichte, Konrad hingegen dessen Sohn. Vgl. Grass, Günter: *Im Krebsgang, Eine Novelle*, 3. Auflage, DT-Verlag, München 2007.

beherrsche, schriftstellerisches Können beweise und in einer gelungenen Mischung Theatralität, Überraschungen und Gegensätze in Einklang bringt. Die Beurteilung Michel Clunys fällt demzufolge objektbezogen aus und basiert auf der literarischen Qualität, aber, in Anbetracht der Schwerpunkte der Rezension, auch auf dem Inhalt als Fundament der Wertung. Ferner gibt das Urteil des Rezensenten Auskunft über dessen Literaturverständnis: Die Aufarbeitung historischer Themen schätzt er offenbar ebenso an einem gelungenen Werk wie eine abwechslungsreiche, schriftstellerisch hochwertige Gestaltung derselben.

7.2.3.3 Libération

Benyahia-Kouider Odile: „Grass, tambour et trompettes. Pour ses 75 ans, le Nobel allemand Günter Grass, au sommet de sa renommée, a inauguré à Lübeck la maison-musée qui porte son nom“, in: *Libération Livres*, vom 14.11.2002.

Liegt der Akzent der Rezension in *Le Monde* auf der Schilderung der historischen Hintergründe des Geschehens, welches in der Novelle thematisiert wird und im *Figaro* auf dem Inhalt des Werkes, stellt *Libération* einen anderen Aspekt heraus, der in die Zeit des Erscheinens von *Im Krebsgang* in Frankreich fällt: die Eröffnung des Günter Grass-Hauses in Lübeck, welche mit Grass' 75. Geburtstag zusammenfällt, wie schon aus dem Untertitel der Überschrift deutlich wird. Neben seinem Geburtsdatum und dem Erhalt des Nobelpreises vollzieht die Kritikerin in ihrer mittellangen Besprechung einige wenige Stationen seines Werdegangs nach und verrät im Zusammenhang mit den Ausstellungsgegenständen im Grass-Haus, dass anhand derer die vielfältige künstlerische Beschäftigung des aus Danzig stammenden Schriftstellers hervortrete: So könne der an Grass interessierte Leser, an den ihre Kritik gerichtet ist, in dem Lübecker Haus entdecken, dass dieser sich ebenso auf dem Feld der Malerei und der Bildhauerei betätigt, so dass noch immer eine Verbindung zu seinem vor der Schriftstellertätigkeit absolvierten Studium der Künste in Düsseldorf bestehe. Das Museum wolle zudem mithilfe von Skulpturen einer Ratte, eines Butts u. a. zeigen, „à quel point Grass a puisé son inspiration dans des figures emblématiques“. Die Rezensentin hingegen nutzt die Gelegenheit, um das damit angesprochene Werk *Die Rättin*, aber auch *Die Blechtrommel* in aller Kürze zusammenzufassen. Nachdem sie die verschiedenen künstlerischen Facetten Grass' aufgezeigt hat, jedoch darauf hinweist, dass das Grass-Haus dessen politische Aktivitäten vollkommen vernachlässigt, versäumt sie es nicht, ihn auch als einen politischen Bürger zu präsentieren und sein Engagement für die SPD, insbesondere für Willy Brandt, hervorzuheben.

Für die Besprechung des Werkes selbst verfährt die Rezensentin nach der werkimmanent-ästhetischen Strategie und sieht ihre Aufgabe in der Vermittlung des Themas sowie des Inhaltes; eine Wertung des Werkes, das sie fälschlicherweise als Roman bezeichnet, lässt sie allerdings vermissen. Wie auch ihre Kollegen aus *Le Monde* und *Le Figaro* erkennt sie das Thema des Buches, „où s'entremêlent éléments biographiques, fiction, et réflexion sur l'histoire de l'Allemagne", in der Rückwärtserzählung des Unterganges der *Wilhelm* Gustloff. Der Erzähler, dessen Name nicht genannt wird, gehöre zu den Überlebenden dieses Unglücks und entdecke 50 Jahre später im Internet auf einer neonazistischen Seite Informationen darüber, die von seinem eigenen Sohn eingestellt werden. Die Kritikerin deutet das Werk als eine Stigmatisierung von „certains méfaits de la modernité: le non-engagement politique, l'éducation soixante-huitards, l'abus d'Internet". Da die Rezensentin das Werk zwar nicht selbst beurteilt, jedoch den Autor als ebenbürtig mit Thomas Mann bezeichnet, sein preisgekröntes Werk *Die Blechtrommel* positiv erwähnt und auch die Ehre, die dem Schriftsteller durch die Einweihung des Grass-Hauses zuteil wird, nicht negativ betrachtet, kann davon ausgegangen werden, dass sie dessen schriftstellerische Arbeit durchaus schätzt. Dieser Ansicht der Kritikerin liegt aller Wahrscheinlichkeit nach ein Literaturverständnis zugrunde, das erneut die Verarbeitung und Reflexion historischer Ereignisse – in eine fiktional-biografische Geschichte gekleidet – als wichtige Kriterien für gelungene Literatur erachtet.

7.3 Die Analyse der deutschsprachigen Rezensionen

7.3.1 Ein weites Feld

7.3.1.1 Frankfurter Allgemeine Zeitung

Seibt, Gustav: „Die Uhr schlägt, das Käuzchen ruft. Da muß doch ein Zusammenhang bestehen – Günter Grass legt seinen Roman zur Wiedervereinigung vor", in: *Frankfurter Allgemeine Zeitung, Literatur*, vom 19.08.1995

Gustav Seibt greift in seiner sehr ausführlichen Rezension zu Grass' „große[m] Geschichtsroman zur Wiedervereinigung" einleitend einen Aspekt auf, der schon in Kapitel 5.2 dieser Arbeit thematisiert wurde: Grass' Roman erfülle die Wünsche nach einem kritischen Zeitroman über die jüngste Vergangenheit, die die deutsche Literatur bzw. die deutsche Literaturkritik schon seit geraumer Zeit geäußert haben. In einer märchenähnlichen Sprache stellt Seibt *Ein weites Feld* als das lang ersehnte Desiderat dar und lässt somit noch keine negative Wertung erwarten, wie sie im letzten Fünftel seiner Kritik auftritt.

Zunächst mutmaßt Seibt über die Inspiration des „Nationalautor[s]" und die Entstehungsgeschichte des Werkes. Er vermutet, dass die Inspirationsquelle von dessen Frau Ute stammt, die eine leidenschaftliche Fontane-Leserin sei. Grass mische anschließend im unverwechselbaren Fontane-Stil Spott, Trauer und einen „Schuß Weisheit", um vergessene historische Zusammenhänge in Theo Wuttke alias Fonty und Hoftaller, der eigentlich Tallhover heiße und von Hans Joachim Schädlich kreiert worden sei, deutlich zu machen. Fonty gleiche Fontane in mehrerlei Hinsicht – von seinem Aussehen und Charakter über Geburtsdatum und Familienverhältnisse – und kenne sich zudem mit dessen Leben und Werk bestens aus: Die Rechercheleistung, die Grass mit ausführlichen Zitaten, Beschreibungen und Parallelen zu Theodor Fontane in seinem Werk unterbringt, wird von dem Kritiker gebührend gewürdigt. Dass auch der Titel des Werkes an Fontane angelehnt ist, wird ebenfalls erklärt und in Zusammenhang mit dem Thema der deutschen Geschichte gestellt, über die „man mit dem alten Briest endlos sinnieren könnte".

Um auch die düsteren Facetten einer solchen Figur nicht zu vernachlässigen, stelle Grass seiner Hauptperson einen „Tagundnachtschatten" zur Seite, der die Abgründe der deutschen Geschichte aufzeige, und vergleicht diese Vorgehensweise mit dem ungleichen Paar Don Quijote und Sancho Pansa oder mit Goethe, der seinen Faust um Mephisto bereichert. Hoftaller begleite ihn auf Schritt und Tritt und verkörpere den alle Systeme überlebenden Spitzel und Informanten, der zynisch immer wieder der jeweiligen Macht diene und „ein fast gesichtsloser Homunkulus" sei. Als Erzählinstanz wird jedoch weder Fonty noch Hoftaller angegeben, sondern das Potsdamer Fontane-Archiv, das als kollektives Gedächtnis fungiere und den Leser die deutsche Geschichte der Zeit Fontanes bis in die Gegenwart hinein nachvollziehen lasse. Allerdings beschränke sich Grass in Hinblick auf die erzählte Zeit lediglich auf den Zeitraum vom Dezember 1989 bis zum Herbst 1991: Vorherige Epochen werden kommentiert und verglichen oder resümiert. Seine Rolle als Vermittler verlassend, kritisiert Seibt vor allem die schwierige Konstruktion des Werkes, die damit einher gehe und das Lesepublikum womöglich überfordere. Gleichzeitig prangert er an, dass Grass der „enzyklopädische[n] Wissensfülle" in diesem 800 Seiten starken Roman Erklärungen nachstellt, die dem Leser die Lektüre erleichtern sollen. Dies hält der Rezensent für verfehlt, da der Schriftsteller somit die Symbolkraft verschiedenster Elemente seines Romans zerstöre und ihn unintellektuell und schlicht erscheinen lasse. Diesem wirkungsbezogenen Urteil, das auf der literarischen Umsetzung des Inhaltes als Wertmaßstab beruht, setzt Seibt ein objektbezogenes Urteil entgegen und behauptet, Grass habe eine „gigantische Symbolmaschine zur Herstellung beliebiger Bedeutung" geschaffen, deren Quintessenz, die Geschichte ändere sich nicht, jedoch nicht ausreiche, um sich durch die harte Arbeit des Autors, die zwischen den Zeilen spürbar sei, und den häufig telegrammartigen Stil hindurch zu quälen, denn das literaturinteressierte Publikum erfahre über die Wiedervereinigung, die Währungsreform und den Mauerfall nichts, was es nicht auch schon in den Medien gehört habe. Auch die Übereinstimmungen zwischen Fonty und Fontane hält der Rezensent in seiner werkimmanent-ästhetischen sowie -intertextuellen Beurteilungsweise für ungelungen, so dass er letztlich schlussfolgert, Grass habe ein Auftragswerk geschaffen, was zwar von heroischem Fleiß strotze, aber als Kunstwerk „eine Totgeburt, ein Monstrum" sei. In seiner Rolle als Erzieher empfiehlt er dem Autor, statt der Vielzahl von Allegorien eine Gegenfigur zu Oskar Mazerath aus der Blechtrommel zu schaffen, die in bescheidenem Witz eine für den Leser fassbarere Wirkung erzielt hätte als Fonty.

Aus der negativen Wertung des Werkes lässt sich erkennen, dass Seibt sich von dem in einem Roman behandelten Thema neue Gedanken und Ideen erhofft, die dem Leser anregende Impulse liefern können und ihn auf einer intellektuellen Ebene fordern, andererseits reicht diese aber nicht aus, sondern muss von dem Schriftsteller gleichzeitig in ein kunstvolles sprachliches und stilistisches Korsett gekleidet werden.

7.3.1.2 Süddeutsche Zeitung

Busche, Jürgen: „Vom Glanz und Schmutz des deutschen Bürgertums. Ein kühner Entwurf, beziehungsreich ausgeführt: der neue Roman von Günter Grass“, in: *Feuilleton der Süddeutschen Zeitung*, vom 19.08.1995.

Weniger als Erzieher denn in erster Linie als Richter betätigt sich Jürgen Busche in seiner von zahlreichen Wertungen durchzogenen, ebenfalls sehr langen Buchbesprechung vom August des Erscheinungsjahres 1995. In seinem werkimmanent-ästhetischen und -intertextuellen Urteil über *Ein weites Feld* weicht er allerdings von der Negativwertung der *F.A.Z.* ab, wenn er das Werk als einen „Berlin-Roman“ bezeichnet, der zwar eine gewagte Konstruktion in fünf Büchern darstelle, in der der berühmteste deutsche Schriftsteller der Gegenwart, so seine Betitelung für Günter Grass, aber sein ganzes Können aufbiete.

Der Titel der Rezension, ein Kleist-Zitat, deutet bereits den Fokus der Kritik an: Busche kommt es vor allem in seiner Funktion als Vermittler darauf an, die Anspielungen, die Grass in seinem Werk auf andere Schriftsteller vornimmt, zu erklären: Dabei geht er nicht nur auf Fontane ein, der für eine „exzessive Ausbeutung des Titel- und Namenvorrats“ herhalten musste, sondern erklärt auch Andeutungen, die Grass auf Kleist und Johnson macht. Dabei kritisiert er jedoch, dass sich dem nicht mit Fontane vertrauten Leser die obsessionshafte Nutzung von dessen Briefen, Figuren, Namen und Lebenslauf nicht erschließe, sondern lediglich wie „wucherndes Gestrüpp von Fußnoten ohne den dazugehörenden Text“ erscheine, welcher nicht als Fontane-Studie dienen könne. Busche erschließt sich diese in seinen Augen übertriebene Verwertung des realistischen Autors mit dem Zusammenhang zwischen dem Erzähler und einem der Themen des Werkes: Die Thematik der Überwachung stehe in direkter Verbindung zu dem Erzähler, dem Fontane-Archiv, das eine allwissende Funktion einnehme, ähnlich wie ein Überwachungsstaat ebenfalls nahezu alle Informationen über seine Bürger speichere. Der Geheimdienstmitarbeiter Hoftaller und Fonty ergänzen sich als eine Art Oppositionspaar, wobei Fonty mithilfe der zahlreichen Parallelen zu Theodor Fontane die Grundidee des Werkes verkörpere, „ein und dasselbe Leben zweimal“ leben zu können:

> Konturen überlagern sich oder verzerren gegenseitig ihre Linien [...]. Zweimal Polizeistaat mit Spitzelsystemen, zweimal ein zögernder Mitmacher in der Überwachungsbürokratie, zweimal Vereinigung zu einem Gesamt-

> deutschland, zweimal Krieg mit Frankreich und zweimal ein Protagonist, der seine Liebe zu Frankreich nicht verleugnen will. Zweimal deutsches Bürgertum in zwei Jahrhunderten – und es ist ein und dasselbe.

Grass bleibe jedoch nicht an dieser Stelle stehen und begrenze seine Aussage darauf, dass sich die Geschichte stets wiederhole, sondern nach 780 Seiten lautet das Fazit in der Deutung des Kritikers, dass diese stets fortschreite. Gleichzeitig betont er aber auch: „Es geht nicht weiter ohne das Eingedenksein der Geschichte". Denn schließlich stellt Busche, die präzise konstruierte und übersichtliche Handlung der fünf Bücher zusammenfassend, fest, dass Fonty dem alten Briest widerspreche, wenn er „[...] dem Feld ein Ende ab[sehe]". Grass verbinde die beiden Zeitebenen der Lebenswelt Fontanes und Fontys durch Kommentare und Erinnerungen sprachlich variantenreich in einem lebhaften, abwechslungsreichen Ton und entwerfe eine Topografie der deutschen Seele, die zwischen Literatur und Politik stehe. An dieser Stelle greift der Rezensent erneut auf die Thematik des Überwachungsstaates zurück. Diesem bleibe verborgen, wie die in ihm lebenden Menschen mit Literatur umgehen und sich in die durch sie erschaffenen Welten hinein träumen: Die Literatur beraube den Geheimdienst somit der Möglichkeit des Allwissens. Ähnlich wie im Falle von Thomas Manns *Doktor Faustus* handle es sich bei Grass' Roman ebenfalls um ein Schicksalsbuch, das die Geschichte gleichsam um einen Teufelspakt erweitere, indem Grass „den ganzen Glanz und den ganzen Schmutz des deutschen Bürgertums aus zweihundert Jahren hineingelegt" habe – allerdings erläutert Busche nicht näher, inwiefern er Parallelen zwischen Grass und Mann erkennt.

Zusammenfassend lässt sich festhalten, dass Busche objektbezogen urteilt, sich dabei besonders auf die Sprache und den Inhalt bzw. die Konstruktion des Werkes stützt und der an Grass interessierten Öffentlichkeit, an die seine Kritik gerichtet ist, ein hauptsächlich positives Gesamturteil anbietet: Sprachlich scheint ihn das Werk vollkommen zu überzeugen, vor allem die Spaziergänge durch Berlin empfindet er als gelungen. Inhaltlich weiß er die Thematik des Romans und Grass' Ausgestaltung mit seinen Protagonisten Fonty und Hoftaller zu schätzen, übt aber Kritik an den dominierenden Fontane-Bezügen. Dennoch kann davon ausgegangen werden, dass die Kritik eine Leseempfehlung darstellt, da der Leser „bei der Lektüre der breit ausgeführten Szenen und Genrebilder durchaus auf seine Kosten" komme. Demnach scheinen Busche Komplexität in der Anlage eines Romans, zeitgeschichtliche, gegenwartsrelevante Themenwahl, interessante Figuren, eingebettet in eine variantenreiche Sprache, Kriterien für gelungene Literatur zu sein. Da Busche Grass mit Thomas Mann vergleicht, welcher mit diesem in der Bedeutung seines Werkes durchaus standhalten könne, lässt dies zudem darauf schließen, dass der Kritiker auch die Maßstäbe der Klassiker der Literaturgeschichte in zeitgenössischen Romanen wiederfinden will.

7.3.1.3 Frankfurter Rundschau

Schütte, Wolfram: „‚Wie aus der Zeit gefallen: zwei alte Männer'. Günter Grass und sein „Weites Feld" oder Archivberichte aus der Gründerzeit der Berliner Republik", in: *Frankfurter Rundschau, Zeit und Bild*, vom 26.08.1995.

Auch Wolfram Schütte scheut in der *Frankfurter Rundschau* den Vergleich von Grass mit Thomas Mann nicht: Von dem Kritiker als einer der „merkwürdigsten Romane der deutschen Literaturgeschichte" bezeichnet, erkennt jener in seiner knapp 2500 Wörter fassenden Rezension eine lineare Verbindungslinie von Goethes *Faust* und damit dem ungleichen Paar Faust-Mephisto über Manns *Doktor Faustus* hin zu Grass' *Ein weites Feld.* Hinter jedem der drei Romane verberge sich „eine metaphysisch ausgenüchterte Deutsche Doppelbiografie der Untertanen".

Zunächst schildert Schütte jedoch in einer sehr ausführlichen Einleitung die Entstehungshintergründe zum *Weiten Feld*: Er interpretiert die Vorliebe von Grass' Ehefrau Ute für Fontane, der der Roman gewidmet ist, als eifersuchtsauslösendes Moment und behauptet, Grass habe sich ausgeschlossen gefühlt und wollte aus der „Vertrautheit der beiden zu einer menage à trois" gelangen. Die somit rein privaten Gründe, die hier für das Verfassen des Romans angeführt werden, weichen grundsätzlich von den Mutmaßungen anderer Kritikerkollegen ab, die dem Werk einen höheren Anspruch zugrunde legen und ihn als Konzeption des so genannten ‚Einheitsromans' betiteln.

Nach einer Mischform aus der werkimmanent-ästhetischen und der werkimmanent-intertextuellen Strategie verfahrend, konzentriert sich Schütte in der Rolle des Richters primär auf die Beurteilung des Werkes, stellt die Hauptpersonen vor, schildert aber nur in äußerst marginaler Form die Handlung des Romans. Auch Angaben zu Sprache und Stil lässt er fast gänzlich vermissen. Fonty alias Theo Wuttke ist in seinen Augen „ein schrullig-ironischer Widergänger" Fontanes, der dem Autor die Plattform bietet, sich hinter den Meinungen und Ansichten der Hauptperson zu verstecken. Hoftaller, der ursprünglich dem Schädlich-Roman entsprungen sei, jedoch bei Grass im Gegensatz zu Tallhover am Ende nicht in den Selbstmord getrieben werde, wird auch von Schütte als „der systemübergreifende, staatsbedienstete Geheimaufklärer" identifiziert, der seinen Freund Fonty durch die deutsche Geschichte des 19. Jahrhunderts und die sich auflösende DDR begleitet. Der als Alterswerk des Autors betrachtete Roman überwinde somit eine doppelte Schwierigkeit: Der Fontane-Mythos, der Grass als Basis dient, müsse zunächst neu zum Leben erweckt werden, da er seinem Publikum nicht in so ausgeprägter Form präsent sei, gleichzeitig muss aber neben dem historischen Modell dessen aktuelle Variante, Fonty, als ein eigenständiger Charakter erscheinen. Daraus entstünden zwar „humoristisch unterfütterte" Passagen, insgesamt hafte dem Werk jedoch nicht nur eine gewisse Sperrigkeit an, sondern Grass schaffe es aufgrund der Komplexität nicht, den ästhetischen Gehalt zu wahren, was zur Folge habe, dass Form und Inhalt sich in Redundanz, Künstlichkeit und nicht gerechtfertigter Länge verlieren. Logisch erscheint dem Rezensenten jedoch, dass Grass das Fontane-Archiv als Kollektiverzähler auftreten lässt, da es ihm nur so möglich sei, auf penible Weise sowohl Fontanes als auch Fontys Ansichten und Meinungen wie auch Ereignisse und Lebensabschnitte darzulegen und sie in die jeweils „zeitbedingten Sprach-, Gedanken- und Meinungsklischees" einzupassen. Als eine Fundgrube für spätere Zeiten bezeichnet der Kritiker daher das *Weite Feld*, das zwar von wirksamer Symbolik lebe,[13] „als Bild gewordene Montage historischer und zeitgenössischer Zitate" aus Briefen und Werken Fontanes jedoch überladen erscheine und sich zudem mit den in den *Unkenrufen* geäußerten, pessimistischen Ansichten des Autors über die deutsche Einheit decke. Schütte mutmaßt weiter, dass der Fontane-Roman *Der Stechlin* eine ähnliche Wirkung auf seine Zeitgenossen entfaltet haben muss wie das *Weite Feld*, da es durch den skeptischen Blick auf die deutsche Einheit nicht nur zu viele Tabus der Zeit verletze, sondern zugleich die moralische Trennschärfe zwischen Literatur und Überwachung nicht genügend beachte,

[13] Schütte führt den Paternoster, den Fahrstuhl des Archivs, in dem Wuttke arbeitet, als Sinnbild für die „Mechanik der Wende in Gestalt eines rastlos dienstwilligen Personenaufzugs" an. Außerdem verkörpere der von Fonty im Tiergarten beobachtete Haubentaucher das Prinzip des Untertauchens.

da Fonty als Reinkarnation des unsterblichen Dichters und Hoftaller als Repräsentant des unsterblichen Spitzels eine zu enge Kumpanei eingegangen seien. Eine zweite *Blechtrommel* dürfe der Leser daher von Grass nicht erwarten: Vielmehr vollziehe er die „absurdesten Verrenkungen", um das imitatorische Nachleben Fontys in einem „Quasi-Stasi-Roman" wiederzugeben, beleuchte jedoch individuelle Schicksalsmomente aufgrund von tatsächlichen Stasi-Tätigkeiten zu wenig, sodass der Roman unheimlich wirke und „neben abwägender Zustimmung häufiger Kopfschütteln, Ärger und Zorn" provoziert. Aus seinen objekt- und wirkungsbezogenen Einschätzungen, die sowohl die Konstruktion des Werkes als auch die inhaltliche Verarbeitung des Themas als Maßstab heranziehen, lässt sich in Bezug auf das Literaturverständnis des Kritikers ableiten, dass er Wert auf Ästhetik und eine authentische sprachliche Darstellung legt, so dass das Lektürevergnügen aufgrund eines zu hohen Komplexitätsgrades nicht geschmälert wird. Seine Kritik an Grass' Ansichten zur deutschen Einheit lassen darauf schließen, dass er eine den Zeitgeist oder die öffentliche Meinung skeptisch begutachtende Literatur ambivalent betrachtet, wenn diese der Lösung aktueller Probleme entgegen steht.

7.3.2 Mein Jahrhundert

7.3.2.1 Frankfurter Allgemeine Zeitung

Spiegel, Hubert: „Icke mit Lotte. Die Jahrhundertfibel des Günter Grass", in: *Frankfurter Allgemeine Zeitung, Literatur*, vom 17.07.1999.

In der sehr ausführlichen Besprechung Hubert Spiegels zu *Mein Jahrhundert* sind ähnliche Muster zu erkennen wie in der Kritik Gustav Seibts zum *Weiten Feld*. Spiegel setzt die Negativwertung des *Weiten Feldes* fort, die Gustav Seibt begonnen hatte und betätigt sich ebenfalls nicht nur als Richter, sondern auch als Erzieher. Die gesamte Rezension ist von Urteilen über das Werk durchzogen, welche objektbezogen ausfallen und den Inhalt betreffen: Dabei verfährt der Rezensent nach der werkimmanent-ästhetischen Untersuchungsstrategie.

Einleitend stellt er jedoch zunächst eine Verbindung zu einer Quizsendung der 1960er und 70er Jahre her, in der verschiedenste Fragen zu Literatur und Geschichte jeweils mit einem Sketch verbunden wurden. Er verfolgt damit das Ziel, Grass' *Mein Jahrhundert* als zu historisch zu entlarven. Dieser Zusammenhang mag den literaturinteressierten Leser der Zeitung, den Spiegel mit seiner Besprechung erreichen will, überraschen und womöglich etwas zu weit entfernt erscheinen, zumal dieser im weiteren Verlauf nicht weiter erklärt wird. Der Kritiker erwähnt lediglich, dass „das brave Panorama eines Säkulums" die Atmosphäre der 1970er Jahre ausstrahle.

Die in 100 Episoden, Monologe und Gespräche gegliederte „sozialdemokratische Jahrhundertfibel" thematisiere „das ganze Deutschland, [...] Verwerfungen und Grenzverschiebungen". Obwohl Grass immer wieder in der Rolle eines anderen Protagonisten als Erzähler fungiere, von Familienverhältnissen und persönlichen Erlebnissen berichte, von denen das eindrucksvollste die Erzählung aus dem Jahr 1959 sei, die über das Erscheinen der *Blechtrommel* berichte, gelten nur 13 Geschichten dem Autor selbst, welche in den Augen des Kritikers zu den interessantesten des Werkes gehören. Einerseits hält Spiegel fest, dass Grass somit keine rein subjektive Präsentation seines Jahrhunderts abliefere, wie der Titel der Geschichtensammlung es vermuten lasse, andererseits empfinde er als eine Art Programm des Werkes den Titel „Ich, überall" passend. Er merkt an, dass Grass zwar seine Erzähler mal in ostpreußischem, mal im Berliner oder schlesischen Dialekt und somit stets in gesprochener Sprache sprechen lasse. Allerdings gelinge es ihm nicht, tatsächlich eine andere Sprechweise zu entwickeln als die des Günter Grass, die hier besonders ausgeprägt Ähnlichkeiten mit den *Hundejahren* aufweise, obwohl der Autor aufgrund der verschiedensten Stile und Formen die Möglichkeit gehabt hätte, stärker zu variieren. So listet er den Expressionismus, den Futurismus, den Dadaismus und die Neue Sachlichkeit auf, die ein großes Potenzial geboten hätten, wenn Grass nicht versäumt hätte, der Literatur in seinem Werk einen größeren Raum zu gewähren. Spiegel beklagt dies als erheblichen Mangel der Chronik, da er davon ausgeht, dass die Literatur für Grass als Schriftsteller eine bedeutende Rolle gespielt haben muss und somit in einem Werk, das dem Titel nach ein persönliches Nachvollziehen des Jahrhunderts sein sollte, auftauchen müsste. Besonders enttäuscht zeigt sich Spiegel zudem darüber, dass der Schriftsteller nicht einmal das Erscheinen des Romans *Berlin, Alexanderplatz* im Jahr 1929 thematisiert, obwohl dessen Autor ihm als literarisches Vorbild gedient habe.

Statt dessen interpretiert der Kritiker, dass Grass sich zum Ziel gesetzt habe, dem so genannten kleinen Mann, dem Arbeiter und der

Hausfrau, eine Stimme zu verleihen, die große Geschichte der Massen im 20. Jahrhundert aufzulösen, auf den Einzelnen herunterzubrechen und somit dem Jahrhundert ein Gesicht zu verleihen. Als ein Motto des Werkes führt Spiegel, wiederum auf die späten 1960er Jahre rekurrierend, etwas abgewandelt den Wahlkampfslogan Brandts, *Mehr Demokratie wagen*, an: *Mehr Geschichte von unten wagen* sei die Schlussfolgerung, die der Leser aus der Darstellung der Geschichte durch die Brille der „sympathischen Hildchens, Kurtchens, Walterchens“ in Abwesenheit von tatsächlich Mächtigen ziehen könne. In seinem gespaltenen Verhältnis zur Intelligenz, dass Grass damit zum Ausdruck bringe, lasse sich die Intention des Schriftstellers erkennen: Ziel sei das Verfassen „einer paternalistischen Volksaufklärung“ gewesen. Den Geschmack des Rezensenten trifft Grass damit augenscheinlich nicht: Da er die historische Ausrichtung des Werkes anprangert und zudem den persönlichen Bezug zu Grass’ Leben stärker hätte umgesetzt sehen wollen, legt er offenbar auf zeitgenössisch relevante Themenverarbeitung wert, die er womöglich gern in personalisiertem Rahmen verarbeitet sieht, wobei letztgenannter Punkt nicht zwangsläufig auf eine allgemeine Literaturerwartung des Kritikers übertragen werden kann, da er dieses Manko an die aufgrund des Titels erwartete persönliche Aufarbeitung des Jahrhunderts durch Grass knüpft.

7.3.2.2 Süddeutsche Zeitung

Kunisch, Hans-Peter: „Nichts Deutsches ist dem Dichter fremd. In seinem „Jahrhundert“-Werk nimmt Günter Grass das Volk an die Hand“, in: *Süddeutsche Zeitung, Literatur*, vom 03.07.1999.

Obwohl die *Süddeutsche Zeitung* das Ziel Grass’ mit *Mein Jahrhundert* darin erkennt, dieses verstehen zu können, sind in der Kritik Kunischs erstaunlich viele inhaltliche Parallelen mit der zwei Wochen später erschienenen Rezension der *Frankfurter Allgemeinen* zu identifizieren. So informiert auch Kunisch die an Grass interessierten Leser seiner Zeitung darüber, dass dieser sein Werk chronologisch aufbaut und, beginnend im Jahr 1900, Jahr für Jahr verschiedene Einzelperspektiven wählt, die entweder als Ich-Erzähler oder auktorial vorkommen: Nationalsozialisten, engstirnige Polizisten oder Pfarrer – Figuren also, die „ein soziologischer Querschnitt aller nicht direkt an der Macht beteiligten Leute“ sind, so dass

Grass mit seinem „Deutschland-Werk" ein Buch der Einheit geschaffen habe, das mithilfe der Figuren aus verschiedensten gesellschaftlichen Bereichen als repräsentativ für die gesamtdeutsche Gesellschaft gelten kann.

Dennoch wirke das Werk trotz der Vielzahl der Ortswechsel und Charaktere, die häufig in unterschiedlichsten Dialekten sprechen, so dass die Sprache des Buches eine gesprochene Sprache sei, nur wenig lebendig: Dies benennt Kunisch als ein wesentliches Manko. „Statt Lebendigkeit entsteht in *Mein Jahrhundert* ein den Repräsentationspflichten gewachsener sozialdemokratischer Realismus, der es an Klassizität mit seinem Ost-Pendant aufnehmen kann". Grass überzeuge mit seinen Bemühungen nicht, die Figuren in seinem Werk unterschiedlich sprechen zu lassen, sondern beraube sich mit einer z. T. unpassend gestelzten, unauthentischen Sprache der Potenziale seines Vorhabens. Als Beispiel führt der Rezensent ein Gespräch zwischen einem Straubinger Niederbayern mit seiner Frau Resi an, zu denen Worte wie „zwecks Einschiffung" und „obgleich" nicht passen mögen: Der Autor habe es nicht geschafft, sich von seiner eigenen Sprache zu lösen, wie auch die *F.A.Z.* feststellt, und erkläre damit zugleich seine eigene Sichtweise zur allgemein gültigen, so dass der Leser sich dennoch gewahr sein müsse, getreu dem Titel ein der Subjektivität verhaftetes Werk vor sich zu haben. Vergleichend zieht Kunisch in seiner mittellangen Rezension Ödön van Horvath heran, dem das Experiment eines repräsentativen „Kauderwelsch zwischen Schriftsprache und Dialekt" in seinen *Geschichten aus dem Wiener Wald* geglückt sei.

Überzeugender und interessanter als die Kapitel, in denen Grass die großen Ereignisse der Geschichte abarbeite, seien die Geschichten, in denen er von dem geschichtlich Monumentalen abrückt und der Leser beispielsweise den Betrachtungen eines Verglasers der Prozess-Kabine Eichmanns folgen könne. Am gelungensten empfindet Kunisch die Beschreibung des Jahres 1974, in der Grass „die gespaltene Wahrnehmung des Kanzler-Spions Günter Guillaume beim legendären 74er Fußballspiel BRD:DDR" zum Gegenstand seiner Erzählung mache. Darüber hinaus biete jedoch die Kombination „von kleiner Figur mit großem Ereignis wenig Neues". Inhaltliche Mängel sieht die *Süddeutsche Zeitung* in dem Fehlen der Literatur, die Grass selbst geschrieben hat: Bezüge zu *Ein weites Feld* seien zwar vorhanden, aber über *Die Blechtrommel* und das *Tagebuch einer Schnecke* hinaus falle das Aussparen der Entstehung seines literarischen Werkes eher negativ als positiv auf.

Trotz dieser objektbezogenen Kritikpunkte, die auf werkimmanent-ästhetischem Wege, vermischt mit werkimmanent-intertextuellen Aspekten, benannt werden und Inhalt sowie Sprache betreffen, versucht der Rezensent, welcher sich primär in der Rolle des Richters sieht, zu ergründen, warum der Leser auch nach der ersten Lektüre gern weiter in Grass' „breit angelegtes ‚Volksbuch'" hineinschaut. Er findet allerdings keine literarische Begründung, sondern führt die Grass-Aquarelle an, die vom Autor selbst angefertigt wurden und dem Werk Eleganz und „einen heiteren ironischen Stoß" verliehen. Zum Abschluss seiner Besprechung merkt der Kritiker noch an, dass Grass das weltvergessene Weiterverfolgen seines literarischen Weges unabhängig von der Literaturkritik positiv anzurechnen sei. Die inhaltlichen Versäumnisse und sprachlichen Unzulänglichkeiten Grass', auf die der Rezensent hinweist, lassen darauf schließen, dass er sich primär eine authentische sprachliche Gestaltung, neue, innovative Ideen und womöglich eine klassischere Ästhetik als die des sozialistischen Realismus erhofft, mit dem er *Mein Jahrhundert* vergleicht. Da er allerdings nicht weiter ausführt, worin genau die Vergleichsaspekte mit dem literarischen Ideal der ehemaligen DDR liegen, kann dies nur Gegenstand der Spekulation bleiben.

7.3.2.3 Frankfurter Rundschau

Böttiger, Helmut: „„Laß ma, Berta!. Der Herr, der mich niederschreibt: Günter Grass und sein Jahrhundert", in: *Frankfurter Rundschau, Zeit und Bild*, vom 10.07.1999.

Auch die *Frankfurter Rundschau* stellt in ihrer knapp 1800 Wörter umfassenden Rezension ähnliche Aspekte heraus wie die *Süddeutsche Zeitung* und die *Frankfurter Allgemeine*, legt aber den Schwerpunkt bzw. den inhaltlichen Rahmen ihrer Besprechung auf eine andere Facette des Werkes: Sie will aufzeigen, dass Grass' *Mein Jahrhundert* stilistisch und formal journalistischen Textgattungen nahe steht. Böttiger stellt zunächst fest, dass Grass mit seinem Rückblick auf das 20. Jahrhundert zu dem tagesjournalistischen Gewerbe in Konkurrenz tritt und darüber hinaus einen ebensolchen Rechercheaufwand betrieben haben muss wie Zeitungen und Zeitschriften es tun, um einerseits die „oft unscheinbaren Prosastücke" durch eine „gehörige Tracht Spezialistenwissen" zu ergänzen, und um andererseits Dialekte des Ruhrgebietes, des Berliner Raums, aber auch des Sächsischen und Bayerischen zu erfassen. Dieses Vorhaben, so findet die *Frankfurter Rundschau*, sei ihm jedoch nur selten gelungen: Die Mundart der verschiedenen Erzähler, hinter denen auch Böttiger den Autor vermutet, wirke häufig gestelzt und künstlich, so das objektbezogene Urteil des Rezensenten. Auch die grundsätzliche Idee Grass', Dialekte in monologischer oder dialogischer Form zu verwenden, kann der Kritiker nicht nachvollziehen, da Grass diese nicht konsequent fortführe: „ [...] ihr Einsatz hat von daher etwas Folkloristisches und scheint im Dienste einer Art ‚typischen Darstellung' a la Lukacs zu stehen". Der Anfang des Werkes sei in Hinblick auf die Authentizität und die Unmittelbarkeit, die Grass damit erreichen wollte, am gelungensten.

Im Gegensatz dazu nähmen die zusammenhängenden Geschichten der beiden Weltkriege einen epischeren Charakter an, die sich von den ansonsten innerhalb eines Jahres abgeschlossenen Erzählungen unterscheiden. Wenn Grass ein Gespräch zwischen einer Schweizer Journalistin mit Remarque und Jünger erfindet, sei er dabei „auf seiner erzählerischen Höhe". Allerdings wird kritisiert, dass er im Zuge der Neutralität, die er nicht nur Remarque, sondern auch Jünger entgegen bringe, Geschichtsmilderung betreibe, „die vom sanften Licht der Sozialdemokratie herrührt". Die Jahre hingegen, in denen Grass vom historisch Großen wie dem Mauerbau, der Inflation oder der Machtergreifung Hitlers abrückt, erscheinen dem Rezensenten wie eine Verlegenheitslösung. Der Umstand, dass Grass in mehreren Jahresberichten über sich selbst erzählt, wird allerdings nicht gewertet, lediglich empfindet Böttiger diese Berichte tatsächlich als die typischste Darstellungsform, da der pädagogische Anspruch, den Grass mit einem erhobenen Zeigefinger mitunter verfolge, dort am deutlichsten zutage trete. Über die Verbindung zwischen Autor und den zahlreichen Ich-Erzählern in den Jahren, die Grass sich selbst widmet, mutmaßt Böttiger in seiner Vermittlerfunktion weiter, dass diese eine Zusammenführung des Individuums Grass mit der historischen Persönlichkeit Grass darstellen, die in dem Treuhandkapitel von 1994 kulminiere.

Obwohl der Rezensent auch für die Erzählung des Jahres 1998 eine positive inhaltsbezogene Wertung übrig hat und das Werk „eine Allmachtsfantasie" nennt, die „über weite Strecken etwas durchaus Sympathisches" an sich habe, reduziert er *Mein Jahrhundert* letztlich auf eine Erzählung Grass' über sich selbst und über die SPD. Der potenzielle Leser des Werkes könnte aus diesem Fazit, das Böttiger auf werkimmanent-ästhetischem Wege trifft, schließen, dass der Kritiker in seiner Rolle als Richter nicht beabsichtigt, das Werk zur Lektüre zu empfehlen, da es ihm an Aspekten mangelt, die in seinen Augen Voraussetzung für gelungene Literatur seien: so vor allem eine authentische Sprache und hohe erzählerischer Qualität, welche Grass nur teilweise erreiche, die aber einher gehen sollte mit einem erzieherischen bzw. pädagogischen Anspruch.

7.3.3 Im Krebsgang

7.3.3.1 Frankfurter Allgemeine Zeitung

Spiegel, Hubert: „Das mußte aufschraiben! Die verspätete Erinnerung: Günter Grass beschreibt in seiner Novelle „Im Krebsgang" den Untergang der „Wilhelm Gustloff" und das Leid deutscher Kriegsflüchtlinge", in: *Feuilleton der Frankfurter Allgemeinen Zeitung*, vom 09.02.2002.

In seiner Rezension, die ähnlich ausführlich verfasst ist wie die der *Frankfurter Rundschau* zu *Mein Jahrhundert*, betätigt sich Hubert Spiegel sowohl als Vermittler als auch als Richter und setzt den Schwerpunkt auf die Erörterung des Themas, das in seinen Augen auch den Stoff für einen Roman hätte liefern können: Grass stelle die Problematik der deutschen Opfer im Zweiten Weltkrieg, die bislang in einem einhelligen Konsens der BRD öffentlich verschwiegen und lediglich durch das rechte politische Spektrum besprochen worden sei, in das Zentrum des Werkes. Spiegel erkennt lobend an, dass Grass diesen Konsens zwar aufbreche und versuche, die Vergangenheit künstlerisch zu bewältigen, stellt dem aber die Frage voran, mit der auch die Novelle beginnt: „Warum erst jetzt?" Er kritisiert die verspätete Darstellung des Leids deutscher Flüchtlinge im Zweiten Weltkrieg und stellt heraus, dass Grass heute mit diesem Thema kaum mehr ein Wagnis eingehe. Auch Sebald habe schon beklagt, dass „die deutsche Nachkriegsliteratur sich dem Leid der eigenen Bevölkerung verschlossen habe" und meint die Bombardierung deutscher Städte durch die Alliierten, wenn er von dessen Werk *Luftkrieg* spricht. Die Problematik, ob es auf Seiten der Täter auch Opfer geben darf, sei allerdings dieselbe. Spiegel führt weitere Autoren an, die sich diesem Themengebiet ebenfalls schon zugewendet hatten und nennt beispielhaft Max Zimmering, Eberhard Panitz und Kurt Vonnegut, weist aber auch auf den amerikanischen Autor Thomas Pynchon und seinen Roman *Gravity's Rainbow* hin, der wie Grass' *Im Krebsgang* den Flüchtlingsstrom aus dem Osten beschreibt. Ohne diese Werke zu beurteilen, beklagt Spiegel bei Grass' akribisch recherchierter Novelle auf werkimmanent-intertextuellem Wege den Mangel des Künstlerischen und zieht dafür vor allem die *Hundejahre* vergleichend heran. Mit Zitaten aus dem 1963 erschienenen Roman des Schriftstellers und einer positiven Wertung desselben durch Ivan Nagel, der insbesondere die künstlerisch-epischen Qualitäten betont, will Spiegel aufzeigen, dass der Epiker Grass im *Krebsgang* hinter dem detailgetreuen und gewissenhaften Rechercheur Grass verloren gegangen sei: Sprache und Ästhetik dienen dem Rezensenten hier als Maßstab der negativen, objektbezogenen Wertung. Die Sprache des Nautischen verwendend, beurteilt er das Werk bezüglich des Inhalts in einem abschließenden Fazit dennoch als ein wichtiges Buch in Hinblick auf seine außerliterarische Bedeutung und teilt den potenziellen Lesern, an die er sich wendet, mit, es sei „das Beste von Günter Grass seit langem", trotzdem ihm „das Anarchische, fantastische, die lustvoll ausufernde Sprachmächtigkeit der frühen Bücher" fehle.

Darüber hinaus legt der Kritiker Wert darauf, den Aktualitätsbezug des Werkes im Zusammenhang mit der Handlung aufzuzeigen, die er in aller Kürze zusammenfasst: Das Buch stelle Tulla Pokriefke, die bereits aus *Katz und Maus*, den *Hundejahren* und der *Rättin* bekannt sei, als unbelehrbare Figur und Motor der Erinnerung in den Mittelpunkt. Als hilfloser Gegenspieler fungiere deren Sohn Paul, Erzähler der Novelle, der herausfindet, dass sich sein Sohn Konrad in einem Chatroom mit dem Juden David unterhält und diesen bei einem ersten Treffen zwischen beiden erschießt, „um das Attentat des Juden David Frankfurter an dem Nazi-Funktionär Wilhelm Gustloff zu rächen". Spiegel macht deutlich, dass auch die im Werk auftauchende *‚Kameradschaft Schwerin*, der Konrad angehört, im Internet vertreten sei, jedoch, im Gegensatz zu der Webseite *Blutzeuge.de*, nicht vom Steidl-Verlag eingerichtet wurde. Beide Internetseiten böten Besuchern ein Forum, in dem die Mitglieder sich in eindeutig nationalistischem und neonazistischem Wortschatz zu Adolf Hitler bekennen. Der Schlusssatz der Novelle, so die Deutung Spiegels, füge sich in diesen Zusammenhang ein: Die „Angst, die Saat der Nazis werde nie vertrocknen", komme in den Worten „Nie hört das auf" zum Ausdruck. Grass entfalte zwischen den zwei Polen des späten Thematisierens der deutschen Opfer im Zweiten Weltkrieg und des immer währenden Problems des Nazismus die Flüchtlingstragödie als ein „‚deutsches Requiem'", indem er mit der alibihaft wirkenden Figur des Konrad und dessen Vater Paul das über dem Werk stehende Problem der

68er Generation verarbeitet: Das Schweigen der Väter stehe dem „ohnmächtigen Zorn der Söhne“ entgegen. Den Vergleich des Wochenmagazins *Der Spiegel*, das Unglück weise Ähnlichkeiten mit dem Untergang der *Titanic* auf, weist der Kritiker jedoch zurück, da die Gustloff zum einen die historische Bedeutung der *Titanic* weit übersteige und zum anderen nicht in Friedenszeiten durch die Kollision mit einem Eisberg untergegangen sei, sondern im Krieg durch den Angriff der Sowjets. Daraus lässt sich erkennen, dass Spiegel darauf Wert legt, die Bedeutung des Werkes für die Aufarbeitung der Vergangenheit aufzuzeigen, die ihn über den Mangel an künstlerischer Qualität hinwegsehen lässt. Vergangenheitsbewältigung auf literarischem Wege, aber auch das Aufbrechen des öffentlichen Konsenses sind somit offenbar Kriterien, die er an guter Literatur zu schätzen weiß.

7.3.3.2 Süddeutsche Zeitung

Raulff, Ulrich: „Untergang mit Maus und Muse. Günter Grass will den Leidschatz der Vertreibung aus der Ostsee heben: Heute erscheint seine Novelle ‚Im Krebsgang‘“, in: *Feuilleton der Süddeutschen Zeitung*, vom 05.02.2002.

Der Untertitel der gleichfalls sehr umfangreichen Rezension der *Süddeutschen Zeitung* deutet bereits darauf hin, dass auch diese den Fokus der Besprechung darauf legt herauszustellen, dass die Thematik der Vertreibung von Deutschen eine lange totgeschwiegene war, die Grass nun, metaphorisch ausgedrückt, aus der Ostsee – jenem Unglücksort der Gustloff – bergen und neu diskutieren wolle. Auch die *Süddeutsche Zeitung*, die ihre Rezension wenige Tage vor dem Erscheinen der Kritik in der *F.A.Z.* veröffentlicht hatte, merkt aber an, dass Grass nicht die erste Person des öffentlichen Lebens sei, die sich dieser Thematik widmet: Raulff vermutet aber, dass Grass mit seinem Werk, anders als bisherige Autoren, auf wenig Widerstand stoßen werde. Die historischen Fakten noch einmal nachzeichnend, betont der Kritiker in einer mitunter zu umgangssprachlich wirkenden Ausdrucksweise, dass der Untergang des Schiffes sowohl für den Osten als auch für den Westen Deutschlands ein heikles Thema sei: In der DDR sei es ein Tabuthema gewesen, da der Kreuzfahrtdampfer „von Torpedos der „Freundes- und Friedensmacht“ Sowjetunion zum Untergang gebracht worden sei, im Westen hingegen wollte lange Zeit niemand etwas von deutschen Opfern im Zweiten Weltkrieg hören. Der

Rezensent schlussfolgert, dass dies für Grass der Grund war, das Thema bisher in den *Hundejahren* und der *Rättin* lediglich anzutippen, weist aber auch darauf hin, dass die „Muse der Erinnerung", Tulla Pokriefke, als eine der fünf Charaktere des Werkes bereits in diesen früheren Romanen des Schriftstellers wie auch in *Katz und Maus* eine Rolle spielte.

Tulla sei eine dem anderen Geschlecht sehr zugeneigte Person gewesen, die Paul auf dem Begleitschiff *Löwe* ca. eine Stunde nach dem Untergang des Schiffes zur Welt gebracht habe. Dessen unbekannte Herkunft väterlicherseits, die Vaterlosigkeit also, interpretiert Raulff als ein Leitmotiv der „etwas zwanghaft symmetrisch konstruierten Novelle", die „gelegentlich noch wie früher nach der Burleske oder nach dem Pikaresken schielt". Zwischen der Generation von Tulla und der ihres rechtsradikalen Enkels Konrad steht der erfolglose Journalist Paul als Stellvertreter einer „Generation von Versagern", die über die Leiden des deutschen Volkes kein Zeugnis abgelegt und die Problematik damit dem rechten politischen Spektrum überlassen hätten: Grass wolle dem ein Ende setzen, halte Vorträge zu diesem Thema und rechne mithilfe des Werkes letztlich mit seiner eigenen Generation ab, so die Deutung des Kritikers. Zu Recht werde die Resonanz darauf positiv ausfallen, jedoch habe die literarisch und ästhetisch wenig wertvolle Erzählung kaum noch etwas mit Literatur zu tun, urteilt Raulff objektbezogen nach den Maßstäben Inhalt und literarische Ästhetik, in erster Linie nach werkimmanent-ästhetischer Manier, bezieht allerdings außerliterarische Bedeutungszusammenhänge in seine Wertung mit ein. Grass streite schon seit längerem mit Martin Walser um „das Präsidialamt des Geistes", das seit dem Tod Thomas Manns neu zu besetzen sei, ziehe aber mit dem *Krebsgang* an Walser vorbei. Inhaltliche Kritik übt der Rezensent in seiner richterlichen Funktion jedoch daran, dass Grass in Bezug auf Namen, Orte und Zeiten kaum etwas Neues biete und auch die Warnung vor dem heute aktuellen Rechtsradikalismus „so bekannt wie langweilig" erscheine. Um zu zeigen, dass Grass damit seine eigene Meinung vertritt, führt er ein Zitat desselben an, in dem dieser Edmund Stoiber mit Neonazis vergleicht.

Da das Ereignis um die Gustloff durchaus bedeutungsschwer für Raulff zu sein scheint, er die Novelle Grass' aber aufgrund zahlreicher Kritikpunkte nicht positiv bewertet, kann davon ausgegangen werden, dass ihm eine interessante, gegenwärtig immer noch wichtige Thematik nicht genügt, um seine Erwartungen an Literatur zu erfüllen. Die Kritik an dem Werk deutet darauf hin, dass der Rezensent die Erzählleistung des Autors, aber auch ein gewisses Novum an Figuren und Botschaften, die ein Werk vermittelt, von Bedeutung sind.

Ein weiterer Aspekt, den Raulff in seiner Rolle als Vermittler hervorhebt, ist das Spiel mit Zahlen und Symmetrie, auf das sich Grass „bei nachlassendem Erzähltalent" einlässt. So lenkt er die Aufmerksamkeit der potenziellen Leser der Erzählung, an die seine Besprechung sich richtet, auf die „Zahlenmagie, wie sie auch den ‚Siegfried' von Harry Mulisch regierte": Exakt 50 Jahre nach der Geburt des Nazi-Funktionärs Wilhelm Gustloff und zwölf Jahre nach der Ernennung Hitlers zum Reichskanzler hörten die Passagiere des Schiffes die Rede Hitlers aus diesem Anlass, bevor es untergeht. Darüber hinaus stehe am Ende des Buches das Attentat Konrads auf den jüdischen Chatter David reziprok zu dem Mord des Juden David Frankfurter an Wilhelm Gustloff. Beide sind zu diesem Zeitpunkt 17 Jahre alt; mit 17 habe auch Tulla Pokriefke Paul geboren, so dass diese vier Protagonisten in einem numerischen Zusammenhang stehen. Außen vor stehe lediglich „der Alte", in dem Raulff den Autor des Werkes erkennt, der die Geschichte der Gustloff erzählen müsse, sich aber Paul als prädestinierten Stellvertreter dafür aussuche.

7.3.3.3 Frankfurter Rundschau

Meller, Marius: „‚Das musste aufschraibn, biste ons schuldig'. Über die Aktualität moralischer Literatur, Günter Grass und seine neue Novelle ‚Im Krebsgang'", in: *Feuilleton der Frankfurter Rundschau*, vom 09.02.2002.

Die Zahlenspiele in Günter Grass' *Im Krebsgang* außen vor lassend, zeigt auch die *Frankfurter Rundschau* in ihrer ca. 1600 Wörter fassenden Rezension Verbindungen zwischen den Hauptfiguren der Novelle auf, die über die Familienverhältnisse hinaus gehen: Meller interpretiert die drei Protagonisten Tulla, Paul und Konrad Pokriefke als Vertreter unterschiedlicher Erinnerungsformen an den Untergang der *Wilhelm* Gustloff, welcher als das Thema des Werkes genannt wird. Tulla, die im Danziger Dialekt auftrete, repräsentiere jene traumatisierte Generation, die sich von den Ereignissen um das Unglück und die Rettung nicht losreißen könne. Der Ich-Erzähler Paul hingegen, „ein mittelmäßiger Journalist", vertrete die Generation Grass', die sich bislang mit der Aufarbeitung des Stoffes deutscher Opfer im Zweiten Weltkrieg nicht beschäftigt und dieses Thema den „Rechtsgestrickten" überlassen habe. Nun aber erhalte

Paul in einem *Creative-Writing*-Kurs von „dem Alten", hinter dem auch Meller den Autor selbst vermutet, den Auftrag, die Geschichte um den Untergang niederzuschreiben. Die dritte Generation, repräsentiert durch den Neonazi Konny, stehe stellvertretend für die Generation der Erinnernden. „Er ist ein begabter Computerfreak und betreibt eine Nazi-Homepage […], eine Art virtuellen Andachtsschrein für alles rund um das Schiff und seinen Namenspatron". Die Geschichte um den Mord des Juden David Frankfurter an dem NSDAP-Funktionär Gustloff erzähle Grass verschränkt „in schnellen Schnitten mit den anderen Erzählschichten", bis diese sich in umgekehrter Form am Ende des Werkes wiederhole. Abgesehen von der zu häufigen Verwendung von Internet-Fachbegriffen, die seiner Ansicht nach wenig authentisch wirken, läsen sich „die geschickt angelegten Erzählstränge" bis zum Wendepunkt des Werkes spannend, so das objekt- und wirkungsbezogene Urteil des Rezensenten, allerdings stellt dieser im letzten Drittel des Buches das Abdriften in moralische Klischees fest. Neben der Rolle des Richters auch die erzieherische Funktion erfüllend, mahnt Meller an, dass Grass sowohl mit seinem künstlerischen Potenzial als auch mit dem Stoff des Werkes die Möglichkeit gehabt hätte – ähnlich wie Aleida Assmann oder Ute Frevert – differenzierte Arbeit gegen die „Geschichtsvergessenheit" zu leisten. Statt dessen kreiere er, so die Intention des Nobelpreisträgers laut Meller, die „fruchtlose und heikle Dichotomie Antisemit/Philosemit […] und erklärt uns mit erhobenem Schreibfinger, dass beides verwerflich sei". Seit den *Hundejahren* sei kaum etwas entstanden, was in der Literaturkritik Anklang gefunden habe: Auch die „schulmäßig gebaute Novelle" stelle dabei keine Ausnahme dar. Im *Krebsgang*, dessen Titel der Erinnerung gewidmet sei und die Aufarbeitung historischer Ereignisse mit einem zweifellos moralisch wertvollen Anspruch verbinde, sei dabei der ästhetische Anspruch in seinem Resultat zu sehr in den Hintergrund gerückt. Aus dieser Beurteilung heraus lässt sich in Hinblick auf die Untersuchungsstrategie schließen, dass der Rezensent das werkimmanent-ästhetische Vorgehen mit dem werkimmanent-intertextuellen Verfahren verbindet und sowohl nach Maßstäben der Sprache als auch der Konstruktion der Handlung wertet, wie weiter oben schon gezeigt wurde. Gleichzeitig zieht er aber auch die Ästhetik als Beurteilungskriterium heran, um den potenziellen Lesern, an die er sich wendet, einen Eindruck des Werkes zu verschaffen. Der ästhetische Wert eines Werkes in Verbindung mit einer gelungenen Erzählweise und moralischem Anspruch des Inhaltes stellen somit für den Rezensenten Kriterien dar, die Literatur als qualitativ hochwertig Literatur erscheinen lässt.

Das moralische Thema der Novelle nimmt der Kritiker in seiner Vermittlerfunktion zudem zum Anlass, um in den ersten Absätzen der Besprechung das Thema der moralischen Literatur in Deutschland aufzuwerfen und damit die primär klassisch angelegte Rezension mit Elementen des problemorientierten Rezensionstypus zu verbinden. Er stellt heraus, dass der Autor, dessen moralische Integrität er mit der Nähe zur SPD zu verdeutlichen versucht, in der Tradition der so genannten moralischen Schriftsteller wie Bertold Brecht und Thomas Mann stehe. Wie aus der Überschrift bereits herauszulesen ist, geht Meller aber davon aus, dass diese moralische Literatur durchaus noch aktuell sei: Er erkennt in den jüngeren postmodernen Autoren sogar eine Renaissance moralischen Schreibens, die er als neo-moralisch bezeichnet und führt als Beispiel unter anderem Maxim Biller, aber auch Michel Houellebecq an.

8 Ergebnisse der Rezensionsanalyse

Das folgende Kapitel setzt sich zum Ziel, eine Bilanz aus der Untersuchung der Rezensionen Michel Houellebecqs und Günter Grass' zu ziehen und zunächst die Erkenntnisse, die in Hinblick auf die Wahrnehmung der Schriftsteller und ihrer Werke gewonnen werden können, in einer Synthese zusammenzuführen und zu klassifizieren. Dies soll auf zusammenfassende Art und Weise geschehen, da es nicht sinnvoll erscheint, jedes der für die Analyse- und Interpretation erarbeiteten Kriterien noch einmal Schritt für Schritt auszuwerten, so dass nach drei Aspekten unterschieden wird: Die Rezeption der Autoren spielt dabei ebenso eine Rolle wie die Rezeption der Werke und die Beurteilung von Sprache und Stil der Schriftsteller durch die Rezensenten. Des Weiteren sollen Ursachen für die intensive Rezeption ebenso festgehalten werden wie unabhängig von Grass und Houellebecq bestehende Tendenzen in der deutsch-französischen Literaturkritik.

8.1 Analyseauswertung der Houellebecq-Rezensionen

So unterschiedlich die Romane Houellebecqs von den deutschen und französischen Kritikern auch aufgenommen werden, so sehr die Urteile der Rezensenten divergieren, kann unabhängig davon dennoch festgehalten werden, dass die Literaturkritik und die Literaturszene beider Länder diese neue Art literarischen Schreibens bei Michel Houellebecq erkennen, nicht gleichgültig lässt. Im Gegenteil: Houellebecq wird – auch über sein literarisches Schaffen hinaus – ein besonderes Maß an Aufmerksamkeit zuteil. Der Eindrücklichkeit seines thematischen Gegenstandes steht äquivalent eine intensive Reaktion gegenüber, die zur Folge hat, dass der Autor aus dem zeitgenössischen Roman, aus dem Spektrum der Literatur der Jahrtausendwende nicht mehr wegzudenken ist. In den folgenden Kapiteln soll nun eine Auswertung der Untersuchung vorgenommen werden, um Erkenntnisse aus derselben in Hinblick auf die eingangs gestellte Frage zu formulieren, wie Houellebecq als einer der am meisten gelesenen Autoren und als Repräsentant einer neuen Form von Literatur diesseits und jenseits des Rheins rezipiert wird.

8.1.1 Michel Houellebecq – Faschist, Rassist, Sexist?

Nach der Untersuchung der jeweils drei deutschen und französischen Tageszeitungen kann zunächst einmal festgehalten werden, dass vor allem die französischen Rezensenten biografische Angaben zu Michel Houellebecq äußerst knapp ausfallen lassen. Auffällig ist dabei ein geringfügiger Anstieg vor allem in der Besprechung der *Libération* von *La possibilité d'une île*, nachdem Demonpion eine Houellebecq-Biografie veröffentlicht hat, die überraschend einige fehlerhafte autobiografische Darstellungen des Schriftstellers aufdeckt. Die deutschen Kritiker verfahren etwas anders. Die *Süddeutsche Zeitung* informiert ihre Leser bereits in der Besprechung von *Extension du domaine de la lutte* über den beruflichen Werdegang des Autors,[1] doch auch im Rahmen der in dieser Arbeit näher untersuchten Rezensionen ab 1995 versäumt sie es nicht, im Zusammenhang mit *Les particules élémentaires* die Parallelen zwischen den Lebensläufen der Romanfiguren Bruno und Michel mit Houellebecq aufzuzeigen. Ebenso kann die Leserschaft von der *F.A.Z.* und der *Frankfurter Rundschau* erfahren, welche Ereignisse in Houellebecqs Kindheit für den Autor prägend sind. Darüber hinaus sind Verzweiflung und Depressivität Eigenschaften, die dem Romancier immer wieder nachgesagt werden und gepaart seien mit einer nicht zu übersehenden Erschöpfung gegenüber der westlichen Kultur.

Eine bedeutend größere Rolle spielt in der Rezeption allerdings die politische Verortung des Schriftstellers, die widersprüchlicher kaum ausfallen könnte. Übereinstimmend legen sich die Kritiker lediglich darauf fest, in Houellebecq einen Gegner des wirtschaftlichen und, spätestens seit *Les particules élémentaires*, auch des sexuellen Liberalismus und damit der 68er-Generation zu sehen, welcher, ungeachtet politischer Korrektheit, gegen die Postmoderne zu Felde ziehe.

Mit Verweis auf die Ideen in Bezug auf die Gentechnik und die Eugenik, die der Autor in seinem zweiten Roman ausführt, wird gegen ihn der Vorwurf des faschistischen Denkens erhoben, jedoch geben die Kritiker der untersuchten deutschen Zeitungen so weitreichende Betitelungen nur indirekt wieder und verweisen auf die Debatte in Frankreich, während diese in den untersuchten französischen Zeitungen keine Erwähnung findet. Lediglich *Le Monde* lehnt die eben genannte Bezeichnung in der Besprechung von *Plateforme* heftig ab. Die *Frankfurter Allgemeine* schlägt in ihrer Kritik zu *Les particules élémentaires* das Adjektiv *reaktionär* vor und auch *Le Figaro* sieht Houellebecq in seiner Bespre-

[1] Vgl. Maak, Niklas: „Der Wille zur Nacht. Der französische Skandalautor Michel Houellebecq und sein gefeierter Debütroman ‚Ausweitung der Kampfzone'", in: *Feuilleton der Süddeutschen Zeitung*, vom 20.02.1999.

chung von *Lanzarote* als einen Fortschrittsskeptiker und behauptet darüber hinaus, er hänge dem Stalinismus an.

Im Zusammenhang mit *Plateforme* häufen sich die Vorwürfe gegen Houellebecq. Während sich *Le Figaro* bis zur Rezension von Houellebecqs drittem Roman weitgehend mit Urteilen über den Autor zurückhält, greift er den Schriftsteller nun aufs Äußerste an und bezeichnet ihn nicht nur als einen Wichtigtuer und Kleinkriminellen, sondern auch als einen Befürworter des Sextourismus. Mit Letztgenanntem sind in ihren Besprechungen von *Plateforme* auch die *Frankfurter Allgemeine*, die *Süddeutsche Zeitung* sowie die *Frankfurter Rundschau* einverstanden, *Le Monde* hingegen geht nicht damit überein. Des Weiteren erhebt die *F.A.Z.* gegen Houellebecq den Vorwurf des Rassismus, den die *Frankfurter Rundschau* in ihrer Besprechung von *La possibilité d'une île* erneut aufgreift: *Libération* allerdings stimmt in ihrer Rezension zu *Plateforme* nicht in diesen Kanon ein. Die Kritiker bringen den Rassismusvorwurf mit dem Islamhass des Romanhelden Michel in Verbindung. Da in den Rezensionen die allgemeine Tendenz zu bemerken ist, Eigenschaften oder Aussagen der Romanfiguren auf den Autor zu übertragen, wird auch in diesem Falle so verfahren, so dass Houellebecq nicht nur des Rassismus gegenüber Muslimen, sondern darüber hinaus von der *Süddeutschen Zeitung* des Sexismus beschuldigt wird. Der Vorwurf der Frauenfeindlichkeit taucht allerdings auch schon in der *F.A.Z.* auf, als diese *Les particules élémentaires* rezipiert. *Libération* wiederum hat zwar in *Plateforme* keine sexistischen Äußerungen entdecken können, behauptet aber für *La possibilité d'une île* Gegenteiliges: Es sei im Zusammenhang damit an Houellebecqs Vergleich von Frauen mit Haustieren erinnert, der diesen Meinungsumschwung womöglich ausgelöst haben mag.

Resümierend kann demnach festgehalten werden, dass die Rezensenten nicht mit herben Vorwürfen und Kritik an der Person Houellebecqs sparen, sich jedoch in ihrer Beurteilung nicht auf eine Linie einigen können: Eben diese Gegensätzlichkeiten sind es, in denen womöglich das von Steinfeld benannte *Phänomen* Houellebecq besteht.

8.1.2 Die Beurteilung der Werke Houellebecqs

Die Feststellung, dass die Kritiker in ihrem Urteil über den Autor nicht übereinstimmen, ist ebenso auf die Wertung der Werke Houellebecqs übertragbar. Dennoch kann ein wesentlicher Aspekt in den Beschreibungen der Literatur festgehalten werden, über den unter den Rezensenten Einigkeit herrscht: Sie alle kommen darin überein, dass

Houellebecq sich mit Entwicklungen der gegenwärtigen Gesellschaft beschäftigt. Er liefere dabei entweder einen Rachefeldzug, den die *F.A.Z.* in *Lanzarote* sehen will, oder eine Zustandsbeschreibung, wie *Le Monde* für *Plateforme* und *La possibilité d'une île* erkennt, welche häufig mit einer radikalen Kritik der Postmoderne einher gehe und in seinem Roman *Les particules élémentaires* deutlich gezeigt werde. Gleichzeitig beschäftige er sich aber mit den Ursachen dieser Entwicklungstendenzen, die er laut der Rezensenten in der Befreiung von 1968 verborgen sehe und deswegen diese Generation vehement kritisiere.[2] Lediglich *Le Monde* lässt eine eindeutige Aussage diesbezüglich vermissen, während Martina Meister in ihrer Besprechung von *Les particules élémentaires* in der *Frankfurter Rundschau* Gegenteiliges behauptet. Doch auch sie stellt fest, dass Houellebecqs Romanhelden – nicht nur in diesem Werk – Figuren menschlichen Elends seien: Darin stimmt sie mit allen anderen Kritikern ausnahmslos überein. Die Rezensenten beschreiben die Protagonisten der Romane als Figuren, die an den Folgen der sexuellen Befreiung scheitern und psychisch zugrunde gehen, da jene aufgrund des Alters oder des physischen Erscheinungsbildes der Romanhelden für die Einsamkeit und die Unmöglichkeit zwischenmenschlicher Beziehungen in deren Leben verantwortlich sei: Dies lasse sich aus allen vier Romanen Houellebecqs herauslesen und wird insbesondere von den deutschen Rezensenten für *La possibilité d'une île* formuliert. Mit *Plateforme* hingegen wolle Houellebecq aufzeigen, dass der sexuelle Tauschhandel des Westens mit dem fernen Osten aus dieser Einsamkeit und der damit verbundenen sexuellen Unzufriedenheit resultiere und lade seine Leser deshalb zum Sextourismus nach Thailand ein: Dabei gehen die Meinungen der Kritiker über den Roman jedoch auseinander. Während *Le Figaro*, *Libération*, die *Frankfurter Allgemeine* und die *Süddeutsche Zeitung* der Ansicht sind, der Roman verteidige den Sextourismus, liest *Le Monde* ihn als eine Liebesgeschichte.

In *La possibilité d'une île* und *Les particules élémentaires* entdecken die Kritiker hingegen utopische Zukunftsvorstellungen. Auch wenn bereits der zweite Roman des Autors ein Konzept zur Abschaffung des Menschen entwerfe, gelangen nach Ansicht der Rezensenten die Ideen des Schrift-

---

[2] Vgl. dazu u. a. De Gaudemar, Antoine: „Houellebecq, mutant moderne", in: *Libération Livres*, vom 27.08.1998 sowie Mayer, Astrid: „Schöne neue Klon-Welt. Michel Houellebecq eckt mit seinem preisgekrönten Roman „Die Elementarteilchen" gewaltig an", in: *Feuilleton der Frankfurter Rundschau*, vom 19.11.1998.

stellers für die Gestaltung der zukünftigen Gesellschaft erst in dessen vierten Roman zu ihrer vollen Ausformung: Houellebecq biete die Schaffung einer neuen, klonfähigen Gattung des Menschen als Lösungsvorschlag für die bestehenden Probleme an; lediglich *Le Monde* erkennt darin gleichzeitig eine Warnung.

Führt man sich diese aus den Werken logisch herzuleitende Abfolge von Fakten hinsichtlich des Zustandes der Gegenwartsgesellschaft, den daraufhin erläuterten Ursachen und Konsequenzen sowie die sich daraus für Houellebecq ergebenden möglichen Maßnahmen noch einmal vor Augen, erscheint es durchaus nicht überraschend, dass die Kritik die Romane des Schriftstellers als Thesenromane begreift. Besonders *Les particules élémentaires* wird von deutschen Kritikern mit Ausnahme von Martina Meister in der *Frankfurter Rundschau* als solcher verstanden, aber auch *Plateforme* erhält von Kämmerlings in der *F.A.Z.* eine solche Bezeichnung. Thomas Steinfeld schlägt in seiner Besprechung von *Les particules élémentaires* in der *Frankfurter Allgemeinen* zusätzlich noch die Begriffe Ideen-, Bildungs- und Gesellschaftsroman vor, während Lepape sich in *Le Monde* auf den Terminus des Generationenromans festlegt.

Insgesamt ist zu konstatieren, dass sowohl die deutschen als auch die französischen Kritiker die Wirkung der Romane Houellebecqs mehrheitlich als niederschlagend und frustrierend erfassen.[3] Dennoch folgt daraus nicht in jedem Fall eine negative Beurteilung, wie besonders für *La possibilité d'une île* in den französischen Zeitungen offenbar wird, aber auch für *Les particules élémentaires*, das von der *Süddeutschen Zeitung* als der große utopische Roman der Jahrtausendwende und von der Frankfurter Rundschau gar als Revolution bezeichnet wird. Plateforme erfährt von derselben Zeitung dahingehend eine sehr vernichtende Beurteilung, denn Meister setzt das Werk mit trivialen Arztromanen oder pornografischer Literatur gleich. Doch auch das Urteil über Lanzarote fällt im Figaro mit der Einstufung der Erzählung

[3] Vgl. dazu u. a. De Saint-Vincent, Bertrand: „L'île noire“, in: *Le Figaro magazine, LIRE*, vom 10.11.2000; Encke, Julia: „Im Lolita-Universum. Sehnsucht als Provokation: Michel Houellebecqs neuer Roman“, in: *Frankfurter Allgemeine Zeitung, Literatur*, vom 27.08.2005; Harang, Jean-Baptiste: „Une île flottante. Michel Houellebecq revient avec un gros livre, lourd de promesses tenues et de déceptions annoncées“, in: *Libération Livres*, vom 01.09.2005 sowie Meister, Martina: „Der dreiundzwanzigste Klon. Vom Olymp direkt auf die Abendnachrichten: Michel Houellebecqs neuer Roman ‚Die Möglichkeit einer Insel'“, in: *Feuilleton der Frankfurter Rundschau*, vom 25.08.2005.

als Touristenbroschüre bzw. in der Süddeutschen Zeitung mit der Bezeichnung als Drehbuch zu einem Softporno kaum besser aus.

8.1.3 Die Beurteilung von Sprache und Stil

In Bezug auf die Sprache und den Stil Houellebecqs fallen die Einschätzungen der Literaturkritiker weniger uneinheitlich aus: Innerhalb der französischen und der deutschen Zeitungen lassen sich keine schwerwiegenden Unterschiede im Urteil der Rezensenten ausmachen. Allerdings ist an dieser Stelle noch einmal ausdrücklich zu betonen, dass keine der untersuchten Kritiken Houellebecqs Stil trotz seiner Neuartigkeit Beachtung schenkt, die über knappe Bemerkungen in einem Nebensatz hinausgehen, so dass explizit positive oder negative Urteile, wie eben geschildert, in den untersuchten Rezensionen mehrheitlich nicht gefällt werden.

Ausgehend von einer Aussage, die Houellebecq seinem Erzähler von *Extension du domaine de la lutte* in den Mund legt, der glaubt, ein Roman müsse in einer knappen, öden und platten Ausdrucksform geschrieben werden, lässt sich feststellen, dass nicht wenige Kritiker dies in der Sprache Houellebecqs umgesetzt sehen. *Le Monde* betont in der Rezension von *La possibilité d'une île* die lakonische Schnörkellosigkeit und das Fehlen narrativer Ausschmückungen. Zudem treten immer wieder Adjektive wie trocken oder nüchtern, aber auch platt und technokratisch[4] in den Rezensionen auf, um die Sprache des Autors zu beschreiben. Steinfeld urteilt in der *F.A.Z.*, dass Lehrbücher im Vergleich zu *Les particules élémentaires* epischer wirken müssen und *Le Figaro* begreift *Plateforme* in stilistischer Hinsicht vielmehr als einen Unternehmensbericht statt als einen Roman. Das Bestechende an Houellebecq scheint vor allem sein von unbarmherzigem Zynismus durchzogener Humor zu sein, der, gepaart mit einer brutalen, nahezu sezierenden Ausdrucksweise, den Scharfblick des Autors unter Beweis stelle.[5]

Darüber hinaus fällt auf, dass der Rezensent der *Frankfurter Allgemeinen* in Verbindung mit *Les particules élémentaires* auf die z. T. dokumentarisch wirkende Fachsprache Houellebecqs hinweist. Die Rezeption von *Plateforme* in *Le Figaro* und der *F.A.Z.* sowie die Besprechung von *Lanzarote* in

---

[4] Vgl. dazu u. a. Meister: „Der tendenzielle Fall der Lust-Rate".

[5] Vgl. dazu u. a. De Gaudemar: „Houellebecq, mutant moderne"; Encke: „Im Lolita-Universum" sowie Maak, Niklas: „Hass und Hässlichkeit. Michel Houellebecq, sein böser Roman und die Ethik der Genetik", in: *Feuilleton der Süddeutschen Zeitung*, vom 26.08.1999.

Libération machen hingegen wiederholt deutlich, dass die Beschreibungen sexueller Handlungen in diesen Werken meist in klinischer, also distanzierter, analytischer Form erfolge. Dies verdeutlicht erneut, dass die Kritiker in Houellebecq keinen Schriftsteller sehen, der seine Werke mit blumigen Metaphern schmückt.

8.2 Analyseauswertung der Grass-Rezensionen

Obwohl Günter Grass spätestens seit 1959, dem Erscheinungsjahr der *Blechtrommel*, ein bedeutender Name der deutschen Literaturszene ist, nimmt die Aufmerksamkeit, die ihm auch um die Jahrtausendwende noch zuteil wird, kaum ab. Die Intensität der Wahrnehmung Grass' als Autor, aber auch als Person des öffentlichen Lebens aus dem linksintellektuellen Milieu steht der Rezeption Michel Houellebecqs nicht nach: Er ist integraler Bestandteil, wenn nicht gar Impulsgeber vieler politischer und kulturell-gesellschaftlicher Debatten. Allerdings kann dank der Untersuchung der Rezensionen festgestellt werden, dass die Literaturkritik sich stärker als bei Houellebecq ausschließlich auf das schriftstellerische Schaffen konzentriert und in den Rezensionen selbst weniger auf politische Äußerungen, Ereignisse o. ä. eingeht: Diese werden durch die Printmedien vielmehr mit eigenständigen Artikeln bedacht. Dennoch lassen sich auch anhand der Rezensionen einige Informationen über Grass zusammentragen, die in den nun folgenden Kapiteln resümiert werden. Daneben wird ebenso die Einschätzung von Sprache und Stil des Autors in einem gesonderten Kapitel berücksichtigt und schließlich die Beurteilung der Werke als Ganzes ausgewertet.

8.2.1 Günter Grass – Moralist, Sozialdemokrat, Nobelpreisträger

Zunächst kann als ein Ergebnis der Untersuchung festgehalten werden, dass sich die Rezensenten der sechs untersuchten Zeitungen nur sehr zurückhaltend über Günter Grass äußern. Ebenso wenig wird beispielsweise eine überraschende politische Kategorisierung seiner Person vorgenommen, wie es bei Houellebecq der Fall ist, welcher, wie weiter oben bereits dargelegt, sowohl als Faschist als auch als Stalinist bezeichnet wird. Günter Grass hingegen gibt der Öffentlichkeit immer wieder auftretenden Sympathiebekundungen für die SPD weniger Raum für politische Standortspekulationen. Im Gegenteil sehen die Kritiker die Werke des Schriftstellers stärker durch eine parteipolitisch geschliffene Feder geschrieben, als diese möglicherweise dafür Anlass geben. Insbesondere im Zusammenhang mit *Mein Jahrhundert* wird von allen drei deutschen Zeitungen auf die Nähe Grass' zur SPD hingewiesen, die in dem Werk deutlich zutage trete.

Dass Grass als unbequemer Themengeber gilt, stellt *Le Figaro* in seiner Besprechung zu *Ein weites Feld* fest, während die *Süddeutsche Zeitung* in der Rezension zum *Krebsgang* darauf hinweist, dass er zu dem Thema des Werkes sogar deutschlandweit Vorträge halte. Die parteipolitische Orientierung spielt jedoch auch in der Kritik der Zeitung *Libération* zu *Mein Jahrhundert* eine Rolle. Aus diesen Angaben lässt sich zum einen der Rückschluss ziehen, dass die Rezensenten Wert darauf legen, Grass in all seinen Facetten nicht nur als Schriftsteller, sondern auch als politisch denkenden und handelnden Menschen darzustellen. Zum anderen scheinen die Kritiker in Grass einen Schriftsteller mit moralischem Anspruch zu sehen,[6] worüber die Themen, denen er sich widmet und die Standpunkte, die er selbst oder über seine Figuren äußert, Aufschluss geben. Dies ist für *Libération* und die *Frankfurter Rundschau* Anlass genug, Günter Grass literaturhistorisch in die Tradition Thomas Manns bzw. Bertold Brechts einzuordnen, die ebenfalls so genannte moralische Literatur verfassten, deren Platz in der deutschen Literaturgeschichte seit dem Tod der Autoren Mitte der 1950er Jahre jedoch neu zu besetzen sei. Zu einem Urteil darüber, ob Grass' literarische Qualität mit der Thomas Manns mithalten könne, äußert sich jedoch nur *Libération*, die ihn mit Mann auf einer Ebene sieht.[7]

Neben dem Verweis auf sein politisches Engagement informiert zudem *Libération* in ihrer Besprechung von *Im Krebsgang* darüber, dass Grass sich auch als Maler und Bildhauer betätigt, was in einer Ausstellung im Grass-Haus in Lübeck nachvollzogen werden könne. Seine künstlerische Arbeit über die Literatur hinaus wird sogar z. T. stärker gewürdigt als seine Werke, wenn beispielsweise die *Süddeutsche Zeitung* in der Kritik von *Mein Jahrhundert* das Werk erst durch die grafische Gestaltung aufgewertet sieht; dennoch bezeichnet sie ihn noch in der Besprechung von *Ein weites Feld* als den be-

---

[6] Vgl. Meller, Marius: „,Das musste aufschraibn, biste ons schuldig'. Über die Aktualität moralischer Literatur, Günter Grass und seine neue Novelle ,Im Krebsgang'", in: *Feuilleton der Frankfurter Rundschau*, vom 09.02.2002 sowie Schneider, Marcel: „Günter Grass: le malaise teuton", in: *Le Figaro littéraire*, vom 02.10.1997.

[7] Vgl. Benyahia-Kouider, Odile: „Grass, tambour et trompettes. Pour ses 75 ans, le Nobel allemand Günter Grass, au sommet de sa renommée, a inauguré à Lübeck la maison-musée qui porte son nom", in: *Libération Livres*, vom 14.11.2002.

rühmtesten deutschen Schriftsteller der Gegenwart. Dass darüber hinaus Grass' Danziger Herkunft erst im Zusammenhang mit *Im Krebsgang*,[8] sein Geburtsjahr[9] sowie die Verleihung des Nobelpreises 1999 mit Ausnahme der *F.A.Z.* in allen untersuchten Zeitungen Erwähnung finden, lässt darauf schließen, dass er den Lesern sowohl in Frankreich als auch in Deutschland nicht näher vorgestellt werden muss, sondern bereits durch vorangegangene Werke, öffentliche Auftritte und Lesungen bekannt ist.

8.2.2 Die Beurteilung der Werke Günter Grass'

Im Gegensatz zu Michel Houellebecq stünden die im Untersuchungszeitraum erschienenen Werke Günter Grass' nach Ansicht der Kritiker untereinander nicht in einem so kausalen Zusammenhang wie die des französischen Autors. Sie werden als Einzelwerke begriffen, in denen die Rezensenten einen historischen Bezug und mehrheitlich einen Beitrag zur Aufarbeitung der Geschichte entdecken. Dabei erstaunt jedoch, dass *Ein weites Feld* zwar als ein Roman zur Wiedervereinigung begriffen wird, der Terminus *Aufarbeitung* jedoch in diesem Zusammenhang lediglich in der Besprechung von *Le Monde* fällt.

In Verbindung mit *Im Krebsgang* hingegen taucht dieses Urteil in nahezu allen Zeitungen auf, lediglich *Libération* äußert sich in dieser Hinsicht zurückhaltender und bezeichnet das Werk als eine Rückwärtserzählung des sowjetischen Angriffs auf die *Wilhelm Gustloff*. In *Le Monde* und *Le Figaro*, aber auch in den deutschen Zeitungen herrscht jedoch Einigkeit darüber, dass Grass mit dem Werk einen wichtigen Beitrag zur Aufarbeitung der Vergangenheit leistet und darüber hinaus insbesondere die Debatte um die Opfer- und Täterrolle im Zweiten Weltkrieg neu in Gang

---

[8] Vgl. Benyahia-Kouider, Odile: „Grass, tambour et trompettes. Pour ses 75 ans, le Nobel allemand Günter Grass, au sommet de sa renommée, a inauguré à Lübeck la maison-musée qui porte son nom", in: *Libération Livres*, vom 14.11.2002 sowie Vernet, Daniel: „Günter Grass brise le tabou du naufrage du ‚Wilhelm-Gustloff'. Encensé par la critique, le livre de l'auteur du ‚Tambour' remporte un succès considérable", in: *Le Monde Culture*, vom 19.02.2002.

[9] Vgl. Deshusses, Pierre: „Un siècle d'écrivain. Le nouveau Prix Nobel Günter Grass nous livre un album de miniatures qui laissent peu de place à son talent de conteur", in: *Le Monde des Livres*, vom 05.11.1999 sowie Millot, Lorraine: „Grass, un siècle. Tambour battant Verdun, Hitler, le Mur, les Volkswagen et la Philharmonie de Berlin: cent ans d'histoires allemandes en 99 scènes intimes et officielles par l'auteur du „Tambour", Nobel 1999", in: *Libération Livres*, vom 04.11.1999.

setzt, so die *F.A.Z.* und *Le Figaro*. Dass der Schriftsteller damit einen Tabubruch vollzieht und den bisher bestehenden gesellschaftlichen Konsens des Schweigens diesbezüglich aufbricht, wird ihm positiv angerechnet. Obwohl die Kritik das Werk also für bedeutend in Hinblick auf die Bewältigung der Vergangenheit hält, folgt dem nicht zwangsläufig eine positive Gesamteinschätzung. Lediglich *Le Figaro* und die *Frankfurter Allgemeine* äußern kaum negative Kritik darüber: Für die französische Tageszeitung handelt es sich bei *Im Krebsgang* um eine sehr gute, theatralische und leidenschaftliche Arbeit, die *F.A.Z.* hält es für ein deutsches Requiem, das sich mit den Problemen der 68er-Generation auseinandersetzt und das Schweigen der Generation der Väter dem Zorn der Söhne gegenüber stellt. Dem stimmt auch die *Süddeutsche Zeitung* zu, kritisiert jedoch zum einen die symmetrische Konstruktion der Novelle und die Wiederaufbereitung alter Namen und Orte: Ebenso wird die Warnung vor dem Rechtsradikalismus, die sie darin erkennt, als langweilig empfunden. Die *Frankfurter Rundschau* führt ähnliche Kritikpunkte an, bezeichnet jedoch darüber hinaus das Abdriften der Figuren Grass' in moralische Klischees als fruchtlos: Auch *Le Monde* empfindet die Protagonisten des Werkes als zu stereotyp. Eine interessante Intention vermutet *Libération* in dem Werk, wenn sie darin eine Stigmatisierung des Internet-Missbrauchs, der 68er-Erziehung und der Politikverdrossenheit erblickt.

Wesentlich stärker wird Grass für *Ein weites Feld* kritisiert. Während die französischen Kritiker von *Le Monde* und *Le Figaro* es aufgrund der Konstruktion bzw. der Fontane-Bezüge als einen äußerst schwierigen Roman wahrnehmen, der in den Augen des konservativen Tageblattes von französischen Lesern nicht mehr verstanden werden könne, empfindet die *Frankfurter Allgemeine* ihn aufgrund von zu detaillierten Erklärungen als zu simpel und unintellektuell. Die *Süddeutsche Zeitung* hingegen bezeichnet ihn als ein deutsches Schicksalsbuch, in dem Grass die Topografie der deutschen Seele entwerfe. Im Gegensatz zum *Figaro* sieht sie jedoch die Konstruktion des „Berlin-Romans“[10] als präzise und die Handlung als übersichtlich an, kritisiert allerdings die Verwertung Fontanes als zu übertrieben. *Le Monde* zeigt sich enttäuscht darüber, dass Grass

[10] Busche, Jürgen: „Vom Glanz und Schmutz des deutschen Bürgertums. Ein kühner Entwurf, beziehungsreich ausgeführt: der neue Roman von Günter Grass“, in: *Feuilleton der Süddeutschen Zeitung*, vom 19.08.1995.

in seinem universellen, aber zugleich deutschesten Roman zwar den Prozess der Wiedervereinigung kritisiert, jedoch selbst keine Anregung zu einem erneuten Dialog zwischen Ost und West bietet. *Le Figaro* hingegen vermisst eine eindeutige Positionierung Grass' zu dieser Problematik und prangert an, dass der Autor sich wiederum zu stark auf die Historie beschränke, statt sich der Lösung aktueller Fragen zuzuwenden. Den düsteren Blick, den Grass auf die deutsche Einheit wirft, hält *Libération* für brisant und stuft das Werk aus diesem Grund als den größten Literaturskandal der letzten Jahre ein. Desaströs fällt das Urteil der *Frankfurter Allgemeinen* aus: In ihren Augen habe Grass zwar einen kritischen Zeitroman über die jüngste Vergangenheit geschrieben, in dem er Spott und Trauer mit Weisheit vermische, allerdings sei das Werk eine künstlerische Totgeburt, die neue Ideen zum Mauerfall und zur Wiedervereinigung vermissen lasse.

Überwiegend negativ fallen die Wertungen der Rezensenten zu *Mein Jahrhundert* aus. Wiederum wird der Geschichtsbezug in den Mittelpunkt der Urteile gestellt, wenn die Kritiker erklären, dass Grass gegen das Vergessen der Geschichte ankämpfen will, so *Le Monde*, jedoch das Ziel verfolge, die Vergangenheit von großen, monumentalen Ereignissen und Persönlichkeiten zu lösen, wie sowohl die *Süddeutsche Zeitung* als auch die *Frankfurter Allgemeine* bemerkt: Sie resümiert die Botschaft des Jahrhundertpanoramas mit dem Slogan *Mehr Geschichte von unten wagen.* Während die *Süddeutsche Zeitung* die Geschichten über die so genannten kleinen Leute als überzeugend und interessant wahrnimmt, empfindet die *Frankfurter Rundschau* sie als Verlegenheitslösungen des Autors und hält statt dessen die Erzählungen über die Weltkriege für die besten des Werkes. Auffällig ist, dass beide Zeitungen die Rolle der Literatur in der Chronik als zu gering einschätzen. Die arbiträre Sammlung von Geschichten *seines* Jahrhunderts wird von *Libération* positiv bewertet, auf *Le Monde* wirkt das Werk jedoch aufgrund der verschiedenen Themen zerklüftet und rätselhaft. *Le Monde* ist damit die einzige Zeitung, die auch auf die Wirkung des Werkes eingeht: Im Falle von Michel Houellebecq spielt diese eine wesentlich größere Rolle. Der Grund dafür mag einerseits darin zu suchen sein, dass Grass' Themen für bedeutender als die mit den Werken erzielte Wirkung gehalten werden, dass Houellebecq andererseits aber mithilfe seines literarischen Stils stärker als Grass eine mehrheitlich als niederschlagend empfundene Wirkung der Werke erzielt.

8.2.3 Die Beurteilung von Sprache und Stil

Ähnlich wie bei Michel Houellebecq gilt auch im Falle von Günter Grass, dass die Kritiker in ihren Rezensionen kaum auf die Sprache bzw. den Stil des Schriftstellers eingehen. Lediglich in der Besprechung von *Ein weites Feld* in der *Süddeutschen Zeitung* erfährt die Sprache des Autors eine etwas ausführlichere Erwähnung als in allen anderen untersuchten Rezensionen, allerdings kann auch hier nicht von einer differenzierten sprachlichen Analyse oder Beurteilung die Rede sein. Dass der Aspekt der Sprache somit sowohl bei Houellebecq als auch bei Grass für die Rezensenten im Hintergrund steht, kann als Indiz dafür gelten, dass eine eingehendere Beschäftigung damit ein zu starkes Abdriften in das Feld der sprach- bzw. literaturwissenschaftlichen Analyse bedeutet und damit nicht mehr in das Aufgabenfeld des Literaturkritikers gehört, da ein anderes Klientel als das der überregionalen Tagespresse, aus der die untersuchten Rezensionen stammen, angesprochen würde.

Auffällig ist bei der Beurteilung der Sprache die Einigkeit der deutschen Kritiker aus der *Frankfurter Allgemeinen Zeitung*, der *Süddeutschen Zeitung* und der *Frankfurter Rundschau* sowohl in ihren Besprechungen von *Mein Jahrhundert* als auch von *Im Krebsgang*. Im Falle der Jahrhundertchronik konstatieren sie durchweg eine wenig authentische Sprache: Grass sei es nicht gelungen, die verschiedenen Dialekte, die in dem Werk auftauchen, tatsächlich zu variieren. Stattdessen wirke die gesprochene Sprache, die er einsetzt, gestelzt und künstlich, so die *Frankfurter Rundschau* und die *Süddeutsche Zeitung*. *Le Monde* würde dies im Zusammenhang mit *Mein Jahrhundert* nicht unterstützen, denn die Tageszeitung bezeichnet Grass als einen fähigen Autor und attestiert ihm erzählerisches Können. Auch *Le Figaro* spricht in seiner Besprechung von *Im Krebsgang* von ausgeprägten schriftstellerischen Fähigkeiten, allerdings bezieht er dieses Urteil nicht ausschließlich auf die Sprache. Die Wertungen der deutschen Zeitungen stehen dem wiederum vollkommen entgegen: Diese sind sich einig, dass es Grass' Novelle an künstlerischer Ästhetik mangele und begründen dies u. a. mit der Sprache des Autors. Die *Frankfurter Rundschau* sieht den Grund dafür in der zwar gut recherchierten, aber wenig authentisch verwendeten Internetsprache, die Grass benutzt; die *Frankfurter Allgemeine* vermisst hingegen die „lustvoll ausufernde Sprachmächtigkeit",[11]

[11] Spiegel, Hubert: „Das mußte aufschraiben! Die verspätete Erinnerung: Günter Grass beschreibt in seiner Novelle „Im Krebsgang" den Untergang der „Wilhelm

die der Grass-Leser aus früheren Büchern von ihm kenne. Ein vernichtendes Urteil spricht hingegen die *Süddeutsche Zeitung*, die nachlassendes Erzähltalent feststellt, obwohl sie Grass' Sprache in dem Roman *Ein weites Feld* noch als lebhaft, abwechslungsreich und damit insgesamt überzeugend charakterisiert. Vor allem die „breit ausgeführten Szenen und Genrebilder",[12] die Grass darin entwickele, werden positiv hervorgehoben. Dass dieser darüber hinaus mit Spott, Ironie und Humor arbeitet, fällt den Kritikern lediglich jeweils in einer knappen Erwähnung der *F.A.Z.* und dem *Figaro* zu *Ein weites Feld* auf; *Le Monde* konstatiert zudem einen recht schweren Humor in *Mein Jahrhundert.*

Insgesamt muss festgehalten werden, dass die französischen Rezensenten Angaben zu Sprache und Stil bei Günter Grass fast gänzlich unterschlagen. Die Ursache dafür kann womöglich darin liegen, dass der Schriftsteller seit langem ein Begriff auch im französischen Literaturbetrieb ist und seine Sprache in den Augen der Rezensenten seitdem kaum Veränderungen durchlebt hat, so dass diese keine explizite Erwähnung finden muss: auch die *Frankfurter Allgemeine* gibt auf deutscher Seite beispielsweise an, dass Grass' Sprache in *Mein Jahrhundert* an die *Hundejahre* erinnere, die bereits in den 1960er Jahren erschienen sind. Natürlich gilt aber auch hier, dass die Leserschaft der verwendeten Zeitungen in einer Rezension keine sprachwissenschaftliche Betrachtung eines Werkes erwartet. Von der Tatsache ausgehend, dass insbesondere die französischsprachigen Rezensionen kaum auf die Sprache des Autors eingehen, wäre dennoch der Rückschluss verfehlt, dass die Analyse oder Wertung von Sprache und Stil in Frankreich generell kein Bestandteil literaturkritischer Texte in Tageszeitungen ist, da bei Houellebecq auch auf französischer Seite auf dessen Stil und sprachlichen Ausdruck eingegangen wird. Allerdings zeichnete sich dieser auch durch etwas Neuartiges aus, das die Rezensenten zu beschreiben versuchen. Warum also die Sprache Grass' kaum Gegenstand der Wertung der Kritiker ist, kann an dieser Stelle nicht hinreichend geklärt werden.

Gustloff" und das Leid deutscher Kriegsflüchtlinge", in: *Feuilleton der Frankfurter Allgemeinen Zeitung*, vom 09.02.2002.

[12] Spiegel, Hubert: „Icke mit Lotte. Die Jahrhundertfibel des Günter Grass", in: *Frankfurter Allgemeine Zeitung, Literatur*, vom 17.07.1999.

8.3 Abweichungen in der Beurteilung der Werke

8.3.1 Michel Houellebecq

In der Beurteilung der Romane Michel Houellebecqs tendieren die französischen Zeitungen zu einer schlechteren Bewertung und besetzen diese häufiger mit negativen Adjektiven als die deutschen Kritiker. In der Wahrnehmung von *Les particules élémentaires* zeichnen sich die französischen Kritiker durch eine größere Skepsis aus als die deutschen. In den Besprechungen der darauffolgenden Romane ist jedoch sowohl auf französischer als auch auf deutscher Seite eine stetige Varianz von positiven und negativen oder gemischten Beurteilungen zu erkennen.

Le Figaro, *Libération* und die *Frankfurter Rundschau* sollen im Folgenden noch einmal näher beleuchtet werden, um eine Ursachenforschung für identifizierte Bewertungsriten betreiben zu können. Während *Le Figaro* beispielsweise jedes der vier hier näher betrachteten Houellebecq-Bücher negativ beurteilt, können in keiner der deutschen Zeitungen immer gleich bleibende Urteile festgestellt werden. Auf die Voreingenommenheit einzelner Rezensenten auf französischer Seite kann dies jedoch nicht zurückgeführt werden, da im *Figaro* vier verschiedene Rezensenten die Romane Houellebecqs besprechen. Allerdings kann eine mögliche Erklärung dafür sein, dass *Le Figaro* als eine sehr konservativ geprägte Tageszeitung ein vielmehr klassisches Literaturverständnis vertritt und, wie Isolde Fischer schon bemerkt, versucht, sich in traditionsgebundener Art und Weise darum bemüht, im Wortsinne des Begriffs *Kriterium* herauszufinden, inwiefern sich in diesem Fall Houellebecq von klassischen Autoren unterscheidet.[13] Da diese Unterschiede gewichtig sind, fällt demzufolge sein Urteil häufig negativ aus. Die Beobachtungen Meynier-Heydenreichs unterstützen diese These: Auch er stellt fest, dass *Le Figaro* in besonders ausgeprägter Form als klassisch anerkanntes Literaturgut zur Beurteilung einzelner Werke heranzieht.[14] Obgleich die Tageszeitung stets nach der werkimmanent-ästhetischen Strategie verfährt und nur in der Besprechung von *La possibilité d'une île* zusätzlich intertextuell bzw. in der Besprechung von *Plateforme* auch außerliterarisch-ästhetisch arbeitet, besteht durch diese grundsätzliche Herangehensweise und den Vergleich mit traditionellen Litera-

---

[13] Vgl. Fischer: *Die literarische Tageskritik in deutschsprachigen Zeitungen seit 1955*, S. 168–170.

[14] Vgl. Meynier-Heydenreich: *Die Literatur der Anderen*, S. 149.

tursystemen die Gefahr der Reduktion und Verkennung der Romane Houellebecqs. Dies wird besonders in den Kritiken zu *Plateforme* und *Les particules élémentaires* deutlich, welche *Le Figaro* lediglich als ein Loblied auf den Sextourismus bzw. als eine pornografieartige Literatur betrachtet. Aspekte wie die Vereinsamung des Menschen oder die Verarbeitung der Folgen der 68er-Bewegung, die andere Kritiker sowohl auf deutscher als auch auf französischer Seite erkennen,[15] bleiben im *Figaro* unerwähnt.

Libération und die *Frankfurter Rundschau* repräsentieren im Vergleich zum *Figaro* das entgegengesetzte Extrem: Während die *Frankfurter Rundschau* lediglich in ihrer Besprechung von *La possibilité d'une île* zusätzlich zu den positiv hervorgehobenen Aspekten auch vereinzelt Kritik übt, besticht erstgenannte mit einer durchweg positiven Besprechung der Houellebecq-Romane.[16] Auch in diesem Fall kann jedoch nur bei der *Frankfurter Rundschau* von einer möglichen Prägung bzw. Voreingenommenheit der Rezensenten gesprochen werden, da mit Ausnahme von einer der beiden Rezensionen zu *Les particules élémentaires* alle Kritiken von Martina Meister verfasst worden sind. In *Libération* hingegen stammen drei der vier untersuchten Kritiken aus der Feder verschiedener Rezensenten, allerdings fallen Parallelen in den Rezeptionsmechanismen der Kritiken zu *Plateforme* und *La possibilité d'une île* auf, die beide Jean-Baptiste Harang verfasst hat: Er verfährt in beiden Fällen nach der werkimmanent-ästhetischen Strategie und gelangt jeweils zu einem positiven Urteil. Nahe liegend erscheint allerdings in beiden Fällen erneut die Betrachtung des Literaturverständnisses in Verbindung mit der linksliberalen politisch-kulturellen Ausrichtung der Zeitungen. Wie weiter oben bereits erwähnt, versuchen Kritiker dieser Tageszeitungen häufig, von traditionellen bzw. klassischen Ästhetikvorstellungen abzurücken, die gesellschaftliche Bedeutung eines Werkes stärker zu berücksichtigen und es hauptsächlich an ihm inhärenten Maßstäben zu messen, statt es mit klassischen Schriftstellern in Beziehung zu setzen, so dass das Urteil im Falle Houellebecqs mit höherer Wahrscheinlichkeit positiv ausfallen kann.[17] Dabei verfährt *Libération* durchweg nach

---

[15] Vgl. u. a. Lepape, Pierre: „Dernière station avant le désert“, in: *Feuilleton du Monde*, vom 28.08.1998 sowie Meyer: „Schöne neue Klon-Welt“.

[16] Auch Meynier-Heydenreich konstatiert eine mehrheitlich positiv ausfallende Besprechung von zeitgenössischer Literatur im Zeitraum von 1995–1999. Vgl. Meynier-Heydenreich: *Die Literatur der Anderen*, S. 140.

[17] Vgl. Fischer: *Die literarische Tageskritik in deutschsprachigen Zeitungen seit 1955*, S. 169.

der werkimmanent-ästhetischen Untersuchungsstrategie und zieht allein in der Kritik zu *Les particules élémentaires* außerliterarisch-ästhetische Elemente hinzu, während in der *Frankfurter Rundschau* die außerliterarisch-ästhetische Verfahrensweise dominiert und lediglich in der Kritik zu Houellebecqs letztem Roman von der werkimmanent-ästhetischen Strategie abgelöst wird. Diese Einzelbeobachtungen können zwar aufgrund der geringen Anzahl kaum verallgemeinert werden; festgehalten werden kann aber, dass zwischen der Ausrichtung einer Zeitung, der möglichen Voreinstellung des Kritikers sowie der Untersuchungsstrategie ein Zusammenhang besteht, der nicht ohne Einfluss auf die Wertung eines Werkes bleiben muss.

Hinzu kommt, dass im Falle der deutschen Tageszeitungen die Erwartungen an die Literatur des Nachbarlandes eine Rolle spielen und in die Bewertung einfließen. Die *Frankfurter Rundschau* beweist in dieser Hinsicht eine starke Akzentuierung der Bedeutung des Literaturtransfers. Dies lässt auf eine große Offenheit fremdländischer Literatur gegenüber schließen, auch wenn in diesem Zusammenhang Erwartungen an dieselbe geäußert werden, die eine Einschränkung der Positivbeurteilung vermuten lassen könnten: so wolle man nicht nur Humor, Liebe und Exotik, sondern auch moralische Ansprüche in französischen Büchern finden.[18] Da Houellebecq diese Aspekte aber, wie von mehreren Kritikern betont, abzudecken scheint, lässt dies eine positive Bewertung zu.[19]

8.3.2 Günter Grass

In der Bewertung der Werke Günter Grass' verhält sich die Situation in Bezug auf die Urteilsfindung aller Rezensenten insgesamt reziprok im Verhältnis zu den Beobachtungen in den Houellebecq-Rezensionen: Bei Grass sind es die französischen Kritiker, die häufiger zu einer positiven Wertung tendieren als die deutschen, wobei tatsächlich nur von Tendenzen gesprochen werden kann, da sie sowohl in den Kritiken zu *Ein weites Feld* als auch zu *Im Krebsgang* größtenteils in der Neutralität verharren und nur ab und zu ein Lob durchschimmern lassen. In der Tendenz zur Positivbewertung sind sich die französischen Kritiker jedoch mit den deutschen größtenteils einig, wobei die *Frankfurter Rundschau* und die *Süddeut-*

---

[18] Vgl. Baier: „Traduit du français", S. 67.

[19] Vgl. Meister: „Der dreiundzwanzigste Klon"; Savigneau, Josyane: „Houellebecq et l'Occident", in: *Le Monde des Livres*, vom 31.08.2001 sowie Steinfeld, Thomas: „Kneif mich!", in: *Feuilleton der Süddeutschen Zeitung*, vom 27.08.2001.

sche Zeitung auch Kritikpunkte nicht aussparen und letztgenannte das Wertungspendel gar ein wenig mehr in die negative als in die positive Richtung ausschwingen lässt. Im Fall von *Mein Jahrhundert* überwiegt in den deutschen Zeitungen die negative Kritik, während sich in Frankreich lediglich *Le Monde* diesem Trend anschließt, *Libération* jedoch wiederum relativ neutral bleibt bzw. eher zu einer Positivwertung tendiert.

Eine durch alle Werke hindurch anhaltende Rezeptionsrichtung wie im Falle des *Figaro* in den Besprechungen von Michel Houellebecq ist auf französischer Seite lediglich in der linksliberalen Zeitung *Libération* zu erkennen, die jedoch im Falle von Günter Grass nicht durchweg positiv urteilt, sondern vielmehr von einer Wertung Abstand nimmt und lediglich Andeutungen in Richtung einer positiven Beurteilung erkennen lässt.

Eine mögliche Begründung für diesen Trend in *Libération* kann einerseits wiederum in dem bereits in Kapitel 3.1.2 angedeuteten Einfluss Lansons liegen, andererseits erscheint auch hier erneut ein Blick auf die Untersuchungsstrategie der Kritiker und damit auch auf ein mögliches Literaturverständnis bzw. Vorstellungen von und Erwartungen an die Fremdliteratur hilfreich. Die Zeitung verfährt durchweg nach der werkimmanent-ästhetischen Strategie, wobei zwei der drei untersuchten Rezensionen von Lorraine Millot stammen: *Libération* versucht also nicht, die Werke Grass' an traditionellen Literatursystemen oder klassischen Schriftstellern zu messen, unterlässt aber gleichzeitig auch, die Bedeutung der Werke für zeitgenössische Debatten oder öffentliche Diskussionen aufzuspüren. Gerade die Novelle *Im Krebsgang*, aber auch *Ein weites Feld* spielen jedoch für die Aufarbeitung der nationalsozialistischen Vergangenheit bzw. des Zweiten Weltkrieges eine bedeutende Rolle, so *Le Monde*, die *F.A.Z.* und die *Süddeutsche Zeitung*. Im Zusammenhang mit *Ein weites Feld* wird immer wieder auf die Bedeutung des Werkes für den Prozess der deutschen Wiedervereinigung und die Gesellschaft Gesamtdeutschlands hingewiesen, wie erneut die drei eben genannten Zeitungen herausstellen. In *Libération* wird jedoch besonders in der Besprechung von *Im Krebsgang* deutlich, wie die Zeitung sich um einen Gegenwartsbezug bemüht, indem sie die Absicht Grass' in der Kritik an der Politikverdrossenheit und dem Missbrauch des Internets vermutet und sich in dieser Deutung von allen anderen Zeitungen unterscheidet, die auf einen anderen Umgang mit der Flüchtlingsproblematik bzw. dem Thema der deutschen Opfer im Zweiten Weltkrieg hinweisen. Der Rückschluss, der daraus gezogen werden kann, ist, dass der Prozess der Aneignung der Fremdkultur ausgeblieben ist bzw. nicht artikuliert wird, da die Bedeutung der Novelle für das östliche Nachbarland nicht zur Darstellung gelangt. Möglicherweise deutet dies auf einen erhöhten Vermittlungsbedarf der deutschen (Kultur-) Geschichte in Frankreich hin, um gegen ein generelles Defizit im Umgang mit deutschen Erscheinungen und Entwicklungen seit der Wiedervereinigung vorzugehen, das auf die deutsch-französische Antithese von *civilisation* und Kultur zurückgeführt werden kann.[20]

Auffällig ist darüber hinaus, dass *Libération* in der Rezension zu *Im Krebsgang* zwar die Novelle selbst nicht wertet, jedoch zwischen dem Werk und den Fähigkeiten des Autors differenziert und Günter Grass' schriftstellerische Arbeit im Allgemeinen, unabhängig von *Im Krebsgang*, lobend hervorhebt.[21] Diese Praxis ist auf deutscher Seite gar nicht zu beobachten, in Frankreich ist es lediglich *Le Monde* in der Besprechung von *Mein Jahrhundert*, die die negativ aufgenommene Jahrhundertchronik von den eigentlichen literarischen Fähigkeiten des Schriftstellers entkoppelt.[22] Meynier-Heydenreich gelangt aufgrund ähnlicher Beobachtungen zu der Erkenntnis, dass die französische Literaturkritik sich im Kontext der deutsch-französischen Wahrnehmung des Nachbarlandes durch die ausdrücklich positive Hervorhebung älterer Romane darum bemüht, an tradierte Perzeptionsmuster anzuknüpfen, „wohlwollende, aber veraltete Bilder des Landes sowie dessen Geist"[23] heraufzubeschwören, um zu Beginn des 21. Jahrhunderts in Bezug auf ein verändertes und mitunter ambivalent betrachtetes, wiedervereinigtes Deutschland

> Erklärungsstrategien zu entwerfen, die die [...] Verhaltensunsicherheit durch ein besänftigendes Perzeptionsmodell Deutschlands eindämmen und auf diese Weise beunruhigenden, weil nicht kontrollierbaren Entwicklungen eine alternative Deutung[24]

entgegen setzen. Meynier-Heydenreich spielt damit auf die stark historische Sicht Frankreichs auf Deutschland an, die auch heute noch das

---

[20] Vgl. Meynier-Heydenreich: *Die Literatur der Anderen*, S. 146.

[21] Vgl. Benyahia-Kouider: „Grass, tambour et trompettes".

[22] Vgl. Deshusses: „Un siècle d'écrivain".

[23] Meynier-Heydenreich: *Die Literatur der Anderen*, S. 147.

[24] Ebd.

deutsch-französische Verhältnis bestimmt.[25] Dieser Blickwinkel auf Deutschland kann zu einer Unsicherheit im Umgang mit aktuellen literarischen oder gesellschaftlichen Erscheinungen des deutschsprachigen Raumes und infolgedessen zu einer archaisierenden Wahrnehmung führen, bei der keine oder nur geringfügige Anpassungsprozesse bereits vorhandener Fremdbilder an die Gegenwart stattfinden.[26] Allerdings steht dies der Beobachtung entgegen, dass über alle Zeitungen hinweg das Aufbrechen des öffentlichen Konsenses in Bezug auf deutsche Opfer im Zweiten Weltkrieg, das Grass dank seiner Novelle vollzieht, mit keinerlei Kritik versehen, im Gegenteil sogar von *Le Monde* in seiner Besprechung der Grassschen Novelle begrüßt wird. Auch der in *Libération* hergestellte Aktualitätsbezug im Zusammenhang mit *Im Krebsgang* könnte vor diesem Hintergrund positiv interpretiert und als der Wille verstanden werden, die Sichtweise auf den Nachbarn nicht auf die Geschichte zu beschränken.

8.4 Ursachen für den Erfolg Houellebecqs und Grass'

Auch wenn einzelne Kritiker womöglich versuchen, die Grenzen französischer Vorstellungen von Deutschland zu erweitern, spielt die Geschichte in der Wahrnehmung deutscher Literatur durch französische Kritiker und Leser weiterhin eine wichtige Rolle. Somit kann die historischen Themenschwerpunkte Grass' angeknüpft werden, um eine Begründung für die intensive Wahrnehmung des Schriftstellers in Frankreich zu finden. Die vergangenheitsaufarbeitenden Problemstellungen Grass' sollen in einen Zusammenhang mit den Leseerwartungen des französischen Publikums an deutsche Literatur gestellt werden, die bereits in Kapitel zwei dieser Arbeit besprochen wurden, um zu erörtern, inwiefern Grass diesen gerecht wird: Ebendies soll anschließend für Houellebecq unternommen werden.[27]

---

[25] Vgl. dazu Kapitel 2.2.1 dieser Arbeit.

[26] Vgl. Bock, Hans Manfred: „Wechselseitige Wahrnehmung als Problem deutsch-französischer Beziehungen", in: Deutsch-Französisches Institut (Hrsg.): *Frankreich-Jahrbuch 1995*, S. 38 sowie Meynier-Heydenreich: *Die Literatur der Anderen*, S. 144.

[27] Dabei soll es jedoch lediglich um die Erforschung von Gründen gehen, die sich mittel- oder unmittelbar aus den untersuchten Rezensionen ergeben. Darüber hi-

An dieser Stelle sei noch einmal die Feststellung *Le Mondes* in Erinnerung gerufen, der konstatiert, dass sich das französische Publikum vor allem dann für die Literatur seines östlichen Nachbarn interessiert, wenn diese sich mit der deutschen Geschichte, speziell mit der deutschen Geschichte des 20. Jahrhunderts auseinandersetzt.[28] Der Vergangenheitsbezug übt jedoch nicht nur für die literaturinteressierte Öffentlichkeit einen besonderen Reiz aus. Bereits in den 1970er Jahren spielt er auch in visuellen Medien eine bestimmende Rolle: Ca. 70 Prozent der Fernsehsendungen, die sich mit Deutschland beschäftigen, setzten sich mit dem Nationalsozialismus und dem Zweiten Weltkrieg auseinander.

In der zwischen 1970 und 1990 erschienenen französischen Literatur hat sich kaum etwas an den Themen geändert, die im Zusammenhang mit Deutschland aufgegriffen werden, wenn auch ein differenzierterer Umgang damit stattfindet.[29] Bei Betrachtung der französischen Feuilletons des *Figaro* oder *Le Monde* innerhalb des Untersuchungszeitraumes – 1995 bis 2005 – ist ebenfalls ein weit verbreitetes Bedürfnis nach der Wahrnehmung der deutschen Gegenwart in einem historischen Kontext festzustellen. In nur wenigen Artikeln findet eine Auseinandersetzung mit der deutschen Gegenwartskultur oder -literatur statt, ohne diese zum Anlass zu nehmen, auf Zusammenhänge und Spezifika der deutschen Geschichte zu verweisen oder ein bestimmtes Werk in seinem historischen Kontext zu erörtern. Neben dem Nazismus und dem Zweiten Weltkrieg ist seit 1990 die deutsche Wiedervereinigung ein beliebtes Thema französischer Feuilletonisten.[30] Führt man sich vor diesem Hintergrund einerseits vor Augen, dass Grass sich in *Ein weites Feld* mit der

nausgehende Ursachen bedürften einer eingehenderen Studie, die in diesem Rahmen nicht durchgeführt werden kann.

[28] Vgl. Deshusses: „La découverte de la légèreté."

[29] Vgl. Röseberg: *Kulturwissenschaft Frankreich*, S. 140 und S. 144f.

[30] Vgl. dazu u. a.: Altwegg, Jürg: „Den Sonderweg lieben. Blick in französische Zeitschriften: Deutscher 9. November", in: *Frankfurter Allgemeine Zeitung*, vom 27.11.1999; Deshusses, Pierre: „La littérature en miroir de l'Histoire. Peut-être plus d'ailleurs, la littérature allemande est longtemps restée indissociable du passé. Mais la jeune génération lui tourne carrément le dos", in: *Le Monde*, vom 16.03.2001; Grosser, Alfred: „L'aveu tardif de l'écrivain est un doigt pointé sur le patriotisme allemand", in: *Le Figaro*, vom 21.08.2006 sowie Silber, Martine: „Attentes et préjugés. Editeurs et traducteurs tentent de transmettre leurs passions et leurs découvertes", in: *Le Monde*, vom 16.03.2001.

Einheit Deutschlands auseinander setzt und diese mit den Ereignissen der 2. Hälfte des 19. Jahrhunderts in Beziehung setzt, dass er weiterhin mit *Mein Jahrhundert* das gesamte aufgrund seiner weltpolitischen Entwicklungen auch gegenwärtig so bedeutsame 20. Säkulum abarbeitet und schließlich mit seiner Novelle *Im Krebsgang* eine neue Perspektive auf ein bislang vernachlässigtes Problem des Zweiten Weltkrieges eröffnet, liefert dies einen Anhaltspunkt für die gewaltige Aufmerksamkeit für Grass auch jenseits des Rheins.

Werfen wir nun einen Blick auf die untersuchten Rezensionen, fällt vor allem die Kritik *Le Mondes* zu *Ein weites Feld* auf, der den Roman des Schriftstellers als den deutschesten, zugleich aber universellsten betrachtet, den Grass je verfasst habe.[31] In Anbetracht der Erwartungen an die deutsche Literatur kann aus dieser bezeichnenden Aussage einerseits geschlussfolgert werden, dass Grass in Frankreich auch vor Erscheinen des *Weiten Feldes* schon mit den dort verbreiteten Vorstellungen von deutscher Literatur in Verbindung gebracht wird, wobei hier wahrscheinlich in erster Linie *Die Blechtrommel* als der bekannteste aller Grass-Romane im Hintergrund steht, wie schon mehrfach anhand von französischen Feuilletons aufgezeigt werden konnte. Andererseits lässt die Charakterisierung des *Weiten Feldes* als universell aber den Rückschluss zu, dass Grass eine Auseinandersetzung mit Themen führt, die, zumindest in den Augen *Le Mondes*, auch für ausländische Leser an Signifikanz nichts einbüßen, so dass sich der Eindruck, Frankreich habe auf nichts anderes als „den großen Roman der deutschen Einheit"[32] gewartet, als zutreffend erweisen könnte. Nehmen wir schlussendlich noch die dritte adjektivische Zuschreibung des Rezensenten auf, der das Werk darüber hinaus als den schwierigsten aller Grass-Romane wahrnimmt, erfüllt der Autor somit zugleich auch die Vorstellung eines hohen Schwierigkeitsgrades, der mit deutscher Literatur in Verbindung gebracht wird.[33]

Im Gegensatz zu Frankreich zeigen deutsche Leser gerade aufgrund ihrer Vergangenheit vielmehr an zeitgenössischen Themen Interesse oder

---

[31] Vgl. Deshusses, Pierre: „L'unité mis à plat. Envoûtant, agaçant, le roman sans doute le plus difficile et le plus allemand de Günter Grass, mais aussi le plus universel et le plus généreux", in: *Le Monde des Livre*s, vom 03.10.1997.

[32] Steinfeld, Thomas: „Helle Welle. Alle reden von Berlin: Die deutsche Literatur in Paris", in: *Frankfurter Allgemeine Zeitung*, vom 20.03.2001.

[33] Vgl. Halter: „Wunderfräulein zum ersten, zweiten und dritten".

nehmen sich die französischen Klassiker vor, lesen Balzac und Zola.[34] Die Beobachtung, dass deutsche Feuilletonisten in Verbindung mit Michel Houellebecq auf eben jene Schriftsteller Bezug nehmen, gibt einen Hinweis darauf, warum Houellebecq so große Beliebtheit unter deutschen Lesern erfährt. Die Literaturkritik der untersuchten Zeitungen bemüht sich, auf Parallelen zwischen Zola und Houellebecq aufmerksam zu machen und versucht nachzuweisen, dass letzterer das Zolasche Konzept des *roman expérimental* aufgreift.[35] Möglicherweise wirken Urteile dieser Art, die von französischen Kritikern getroffen werden, auch auf deutsche Rezensenten zurück. Anhand der in dieser Arbeit untersuchten Zeitungen wurde deutlich, dass z. B. die *Frankfurter Allgemeine Zeitung* in ihrer Besprechung von *Les particules élémentaires* den Roman mit Balzac vergleicht[36] und damit an das Urteil von *Libération* anschließt, die darin ebenfalls ein Werk erkennt, das denen Balzacs sehr nahe komme.[37] Der Bezug zu Balzac taucht erneut in Verbindung mit *La possibilité d'une île* auf, allerdings wird er nur auf französischer Seite von Frank Nouchi im *Figaro* hergestellt.[38]

Hinsichtlich des zweiten bereits angedeuteten Punktes, die Vorliebe deutscher Leser für gegenwartsbezogene Themen, soll nun mit einem Blick auf die Frankfurter Rundschau erläutert werden, wie Houellebecq diesem nach Ansicht der Zeitung offensichtlich entspricht. Martina Meister kündigt Houellebecqs Plateforme in der Besprechung von 2002 noch in der Überschrift mit den Worten „wieder eine thematische Bombe"[39] an und sagt somit voraus, dass der Autor geradezu einen *einschlagenden* Erfolg verzeichnen werde, da er mit der Thematisierung islamistischen Fundamentalismus, der sich gegen die westliche Welt richtet, nahe am Puls der Zeit liege und die Aktualität beschreibe, wie der Anschlag auf das World Trade Center kurz nach Erscheinen des Werkes bestätigt. Da Meister dieser Betitelung zusätzlich das Adverb *wieder* voranstellt,

---

[34] Vgl. Altwegg: „Die munteren Kinder von Günter Grass und der Wiedervereinigung" sowie Müller: *Von Kampfmaschinen und Ballkünstlern*, S. 94–97.

[35] Vgl. dazu u. a. Hanimann: „Nachahmung des Glücks" sowie Voswinkel: „Der Abstammungsromancier".

[36] Vgl. Steinfeld: „Man muss auf allen Fronten angreifen".

[37] Vgl. De Gaudemar: „Houellebecq, mutant moderne".

[38] Vgl. Nouchi, Frank: „Michel Houellebecq, un voyage au bout de l'humanité", in: *Le Monde des Livres*, vom 02.09.2005.

[39] Meister: „Komm, lass uns einen Club aufmachen".

scheint Houellebecq bereits mit den Themen seiner vorangegangenen Romane die Bedürfnisse des Lesepublikums zu befriedigen, wenn er beispielsweise wirtschaftlichen und sexuellen Liberalismus, das Problem des Alterns sowie des thailändischen Sextourismus, die Möglichkeit des Klonens oder die Einsamkeit des Menschen in den Mittelpunkt seiner Werke rückt und obendrein auf humorvolle Weise verarbeitet.[40] An dieser Stelle schließt sich der Kreis zu grundsätzlichen Erwartungen, die das deutsche Publikum offenbar an Literatur aus dem Hexagon stellt. Wenn auch die einstmals noch vorhandene Leichtigkeit in der Gegenwartsliteratur Frankreichs in den Hintergrund getreten ist, so kann Houellebecq zumindest mit Exotik, Frivolität, Erotik und Humor aufwarten und damit die meisten der von Lothar Baier genannten Kriterien, die französische Literatur in den Augen deutscher Leser kennzeichnen sollte, abdecken.[41] Da er dort aber nicht stehen bleibt, sondern seine Protagonisten im Umfeld postmoderner Lebensbedingungen scheitern lässt, gestattet dies zumindest die Vermutung, dass Houellebecq diese nicht als positiv anerkennt: Er wird somit obendrein jenen Lesern gerecht, die eine moralische Botschaft zu schätzen wissen und diese als aufwertendes Element der Literatur betrachten. Exemplarisch führt auch Meynier-Heydenreich diesbezüglich Houellebecq an, dessen Particules élémentaires in der Frankfurter Allgemeinen ein karthartisches Element zugesprochen wird, das infolge des Eintauchens in die absolute Niedertracht entstehe.[42] Relativierend muss an dieser Stelle jedoch hinzugefügt werden, dass die Wahrnehmung der französischen Gegenwartsliteratur in der linksliberalen Frankfurter Rundschau auch über Houellebecq hinaus tendenziell positiv ausfällt.[43]

8.5 Tendenzen der deutsch-französischen Literaturkritik

Im Anschluss an die Auswertung der Rezeption soll im Folgenden noch einmal auf die deutsch-französische Literaturkritik unabhängig von Houellebecq und Grass eingegangen werden, um Tendenzen und Kenn-

---

[40] Vgl. dazu u. a. Maak: „Hass und Hässlichkeit".

[41] Vgl. Baier: „Traduit du français", S. 67.

[42] Vgl. Meynier-Heydenreich: *Die Literatur der Anderen*, S. 137 sowie Steinfeld: „Man muss auf allen Fronten angreifen".

[43] Vgl. ebd., S. 140.

zeichen derselben in beiden Nationen hinsichtlich unterschiedlicher Wertungsmechanismen sowie der Untersuchungsstrategie der Kritiker darzustellen. Dabei wird das Augenmerk besonders auf letztgenannte gerichtet und versucht herauszustellen, inwiefern wechselseitige Einflüsse zwischen der Strategie und der politisch-kulturellen Ausrichtung der Zeitung, dem Literaturverständnis der Rezensenten sowie der Wertung der Kritiker bestehen. Zunächst sollen jedoch die Verschiedenheiten im Vorgehen der Rezensenten zur Bewertung der Werke aufgezeigt werden.

8.5.1 Divergierende Wertungsmechanismen

Anhand der eingehenden Untersuchung der Rezensionen sowie der Auswertung der Analyse können zuvorderst zwei grundlegende Feststellungen getroffen werden, die sowohl auf die Kritiken Michel Houellebecqs als auch auf die Grass-Rezeption zutreffen: Die Kritiker der französischen Zeitungen klammern wesentlich häufiger als die deutschen Rezensenten ein Urteil aus ihrer Besprechung aus oder halten es äußerst knapp. Damit im Zusammenhang steht die zweite Beobachtung: Wird in den französischen Zeitungen eine Wertung vorgenommen, fällt sie in der Regel eindeutig positiv oder negativ aus, während die Kritiker der deutschen Zeitungen wesentlich häufiger als die französischen Kollegen sowohl positive als auch negative Aspekte eines Werkes nennen und somit zwar ein differenziertes Urteil anbieten, jedoch für den Leser weniger als Entscheidungshilfe dienen. Als dritter Punkt muss auf den Aspekt des Fremdkulturtransfers näher eingegangen werden, der bei Aufnahme fremdländischer Literatur eine Rolle spielt und in den beobachteten Rezensionen durch einen Sonderfall in der Besprechung von *Ein weites Feld* im *Figaro* besticht.

Insbesondere bei der Untersuchung der Grass-Rezensionen wurde deutlich, dass die französischen Literaturkritiker in sechs von neun betrachteten Rezensionen kaum ein bzw. gar kein Urteil fällen. *Libération* hält sich bei jeder der drei Werke Grass' mit einem Urteil zurück, bleibt im Falle von *Ein weites Feld* und bei der Besprechung von *Im Krebsgang* neutral bzw. nimmt keine Wertung vor. Lediglich in der Kritik zu *Mein Jahrhundert* sind Ansätze einer Wertung zu erkennen, wobei auch hier nicht von einer differenzierten Urteilsfindung die Rede sein kann. Eine Ausnahme bildet auf französischer Seite *Le Figaro*, der sowohl beim Besprechen von Grass als auch von Houellebecq durchgehend eine Wertung erkennen lässt. *Le Monde* ist hingegen die einzige der drei französischen Tageszeitungen, die sich mitunter darum bemüht, Stärken und Schwächen in den Werken der

Autoren gleichermaßen aufzuzeigen, so z. B. in der Besprechung von *Les particules élémentaires* und *Ein weites Feld.* Auf deutscher Seite ist in allen drei Zeitungen die Tendenz zu erkennen, positive ebenso wie negative Aspekte der rezipierten Werke anzuführen: In recht konsequenter Form handhabt dies die *Frankfurter Rundschau*, die ausschließlich *Les particules élémentaires* in beiden untersuchten Rezensionen sowie *Plateforme* in der Kritik von 2004 einem eindeutigen Urteil unterzieht. Von einer Wertung verschont bleiben in den deutschen Kritiken lediglich *Lanzarote* in der *Frankfurter Allgemeinen* und *Plateforme* in der *Süddeutschen Zeitung.*

Um aus diesen Beobachtungen mögliche Gründe für die unterschiedlichen Tendenzen in der Wertungspraxis aufzudecken,[44] erscheint es lohnenswert, an dieser Stelle noch einmal auf die Ausführungen in Kapitel drei dieser Arbeit und die eingangs gestellte Frage nach dem Einfluss der abweichenden Entwicklungen bzw. des Verständnisses von Literaturkritik in Frankreich und Deutschland zurückzugreifen. Der Unterschied in der historischen Entstehung betrifft nicht nur die frühzeitige Trennung von Literaturkritik und Literaturwissenschaft in Deutschland im Gegensatz zum Hexagon, sondern auch den Einfluss der Schule Lansons, der bis in die 1960er Jahre hinein wirkt und jegliche Wertung aus der Werkkritik heraushalten will.[45] Möglicherweise stehen die französischen Kritiker noch immer stärker unter dem Einfluss dieser Ideen als die deutschen Kollegen, so dass diese sich häufiger mit einem Urteil zurückhalten und ihre Rolle vielmehr in der des Vermittlers sehen, auch wenn bereits andere Theoretiker die Nachfolge Lansons angetreten haben, denen Wertungsvorgänge in der Literaturkritik nicht fremd sind.

Hinsichtlich der für Deutschland charakteristischen Trennung von Kritik und Wissenschaft kann die Vermutung angestellt werden, dass aufgrund der Abwertung der Literaturkritik, die mit der Loslösung

---

[44] Die im Folgenden aufgeführten möglichen Gründe für die erkannten Unterschiede sind nicht als abschließende Beweisführung zu betrachten, sondern müssen im Bereich der Spekulation verbleiben, da ein empirischer Beleg dafür erbracht werden müsste, der die Untersuchung einer größeren Zahl von Rezensionen über Grass und Houellebecq hinaus erfordert. Dies kann jedoch im Rahmen dieser Arbeit nicht geleistet werden.

[45] Vgl. Fuchs/Clement: „Qu'est-ce que la critique?"', S. 41 und S. 55.

voneinander im 19. Jahrhundert einher geht,[46] womöglich bis heute verstärkt auf differenzierte Urteilsfindung geachtet wird, um nicht als einseitig, tendenziös oder voreingenommen zu gelten und so jenen Skeptikern Vorschub zu leisten, die die Literaturkritik als unwissenschaftlich beiseite legen. Denkbar wäre darüber hinaus auch, dass diese ausgewogene Wertungspraxis einen Versuch darstellt, auf den Vormarsch des Internets zu reagieren, der die Literaturkritik in den Printmedien in einen immer schwierigeren Stand versetzt: Möglicherweise beabsichtigen die Zeitungen so, ihre Leser von dem Mehrwert der Kritik in einer Zeitung hinsichtlich einer differenzierten Abwägung im Vergleich zu einem Internetforum zu überzeugen. Allerdings liefert diese Vermutung keine Begründung dafür, dass die französischen Kollegen nicht oder zumindest nicht in dieser Form auf die genannten Entwicklungen reagieren.

In Hinblick auf den Aspekt des Fremdkulturtransfers in Verbindung mit Wertungsvorgängen soll die Rezension des *Figaro* zu *Ein weites Feld* exemplarisch herangezogen werden um zu verdeutlichen, inwiefern die Grenzen der Aneignung eines fremden Kulturgutes zu einer negativen Wertung führen können. *Le Figaro* kritisiert in seiner Rezension die Überfrachtung des Romans mit Fontane-Anspielungen und kulturspezifischem Hintergrundwissen und schlussfolgert daraus, dass das Werk nicht transferierbar sei, da dem französischen Leser das Verstehen nahezu unmöglich gemacht werde. Daraus folgt eine negative Gesamtwertung des Romans, die nicht nur auf Defizite und Grenzen im deutsch-französischen Literaturtransfer hindeutet,[47] sondern zugleich aufzeigt, dass die Perspektive des Eigenen für die Wertung in diesem Fall schwerer wiegt als die Anerkennung der Bedeutung für die fremde Nation. Da zudem keine Kritik an der literarischen Qualität geübt wurde, hätte zumindest in dieser Hinsicht ein positives Urteil angefügt werden können, jedoch konnte dies offensichtlich nicht voneinander abstrahiert und die Eigenperspektive in der Wahrnehmung des Fremden nicht verlassen werden.[48]

---

[46] Vgl. Getschmann: *Zwischen Mauerbau und Wiedervereinigung*, S. 35.

[47] Vgl. Meynier-Heydenreich: *Die Literatur der Anderen*, S. 150.

[48] Da dieses Phänomen jedoch nur als Einzelerscheinung im Rahmen dieser Arbeit aufgetreten ist, sind dahingehende Erkenntnisse nicht zu pauschalisieren.

8.5.2 Der Einfluss der Untersuchungsstrategie

8.5.2.1 Das Wechselverhältnis von Strategie und Ausrichtung der Zeitung

Für das Verhältnis von Untersuchungsstrategie und politisch-kultureller Ausrichtung der Zeitung zeigt sich zunächst in der statistischen Auswertung, dass die werkimmanent-ästhetische Strategie (I) die am häufigsten angewendete Vorgehensweise in den insgesamt 44 untersuchten Rezensionen darstellt: 19 Kritiker verfahren zur Besprechung und Urteilsfindung nach dieser Strategie. Den zweiten Rang nimmt eine Mischform aus der werkimmanent-ästhetischen und der werkimmanent-intertextuellen Strategie (V) mit sieben Besprechungen ein, darauf folgen mit jeweils sechs Rezensionen die äußerliterarisch-ästhetische Strategie (III) sowie die Mischform aus der werkimmanent-ästhetischen und außerliterarisch-ästhetischen Strategie (IV).

Betrachtet man zunächst die Reinformen der Untersuchungsstrategien, beginnend mit der dominierenden werkimmanent-ästhetischen Verfahrensweise, so zeigt sich auf den ersten Blick in den beiden linksgerichteten Zeitungen *Libération* und *Frankfurter Rundschau* mit acht der 19 Rezensionen die vordergründige Tendenz zur Anwendung dieser Vorgehensweise, wobei die *Frankfurter Rundschau* mit zwei im Vergleich zu sechs Besprechungen hinter dem französischen Tageblatt weit zurücksteht. Aufgrund dieser großen Unterschiede zwischen den Zeitungen mit derselben politischen Ausrichtung können letztlich keine Schlussfolgerungen auf die grundsätzliche Herangehensweise an die Beurteilung von Literatur nach ihr inhärenten Merkmalen gezogen werden. Der konservative *Figaro* verfährt beispielsweise ebenso wie die *Frankfurter Rundschau* zweimal nach Strategie I und nimmt gemeinsam mit der konservativen *F.A.Z.* mit sechs Besprechungen Platz zwei vor den Zeitungen der Mitte, *Le Monde* und der *Süddeutschen Zeitung*, ein (siehe Abb. 1).

Die von Isolde Fischer in den 1970er Jahren aufgestellte Vermutung, dass konservative Zeitungen dazu tendieren, Literatur nach klassischen Maßstäben zu besprechen und anerkannte Autoritäten der Literaturgeschichte als Maßstab heranzuziehen, kann somit nicht gehalten und muss als veraltet angesehen werden, da auch im Bereich der konservativen Presse die werkimmanent-ästhetische Strategie das Vorgehen der Kritiker dominiert. Gleiches trifft ebenso auf die Zeitungen der politischen Mitte zu, wobei *Le Monde* sich mit nur einer Besprechung deutlich hinter der *Süddeutschen Zeitung* mit vier Besprechungen nach dieser Verfahrensweise einordnet. Führt man diese Betrachtung weiter und vergleicht die

Nationen miteinander, so fällt auf, dass das Verhältnis zwischen Frankreich und Deutschland mit 10:9 sehr ausgeglichen ist.

Abb. 1: Der Zusammenhang von Untersuchungsstrategie und Ausrichtung der Zeitung[49]

	Links		Mitte		konservativ	
	Libération	Frankfurter Rundschau	Le Monde	Süddeutsche Zeitung	Le Figaro	Frankfurter Allgemeine Zeitung
I	6	2	1	4	2	4
II						2
III		3	2			1
IV	1		2	1	2	
V		2	1	2	1	1
VI			1	1		
VII					1	1

Aufschlussreicher erscheint die Verwendung der anderen beiden Reinformen von Untersuchungsstrategien, die werkimmanent-intertextuelle (II) und die außerliterarisch-ästhetische Strategie (III), zwei- bzw. sechsmal angewendet und jeweils von jenen Zeitungen beherrscht, in denen auch Fischer die Verfahrensweisen am ehesten veror-

[49] Für alle in Kapitel 8.5 verwendeten Tabellen gelten folgende Bezeichnungen: I: werkimmanent-ästhetische Strategie; II: werkimmanent-intertextuelle Strategie; III: außerliterarisch-ästhetische Strategie; IV: werkimmanent-ästhetische + außerliterarisch-ästhetische Strategie; V: werkimmanent-ästhetische + werkimmanent-intertextuelle Strategie; VI: werkimmanent-intertextuelle + außerliterarisch-ästhetische Strategie sowie VII: werkimmanent-ästhetische + werkimmanent-intertextuelle + außerliterarisch-ästhetische Strategie.

ten würde: Strategie II findet sich ausschließlich in der *F.A.Z.*, während Strategie III mit drei von sechs untersuchten Rezensionen in der *Frankfurter Rundschau* die dominierende Strategie der Zeitung darstellt. Die drei Kritiken, die nach dieser Verfahrensweise arbeiten, werden um zwei Rezensionen von *Le Monde* und um eine Rezension aus der *F.A.Z.* ergänzt.

Trotz der Beobachtung, dass Strategie II ausschließlich in der konservativen *Frankfurter Allgemeinen* vorkommt und Strategie III in der *Frankfurter Rundschau* vorherrschend ist, sollten daraus keine voreiligen Schlüsse in Hinblick auf die Unterscheidung Fischers in eine werkimmanent-traditionsgebundene und eine außerliterarisch-avantgardistische Literaturkritik[50] in konservativen bzw. linksgerichteten Zeitungen gezogen werden. Denn zum einen kann für den französischen *Figaro* diese Feststellung nicht gelten, da er seine Untersuchungsstrategien relativ ausgeglichen zwischen vier verschiedenen Verfahren aufteilt und lediglich mit je zwei Rezensionen die Strategie I sowie die Mischform IV geringfügig häufiger vorkommen als zwei weitere Mischformen, die jeweils einmal zur Anwendung kommen. Darüber hinaus darf nicht außer Acht gelassen werden, dass auch in der *Frankfurter Allgemeinen* eine Prädominanz der werkimmanent-ästhetischen Strategie zu erkennen ist. Schließlich muss berücksichtigt werden, dass auch das französische Pendant zur *Frankfurter Rundschau* die These, linksgerichtete Zeitungen verführen hauptsächlich nach der außerliterarisch-ästhetischen Strategie, nicht bestätigen kann, da diese in *Libération* gar keine Anwendung findet. Im Gegenteil weicht die Zeitung in den sieben analysierten Rezensionen lediglich einmal von Strategie I ab und verbindet diese mit dem außerliterarisch-ästhetischen Verfahren (IV).

Eine Verknüpfung der werkimmanent-ästhetischen mit der werkimmanent-intertextuellen Vorgehensweise ist mit sechs Rezensionen vertreten: Schlussfolgerungen auf eine maßgebliche Beeinflussung der Ausrichtung der Zeitung auf eine Besprechung der Werke mithilfe ästhetischer Kriterien und intertextueller Bezüge können aufgrund der geringen Anzahl nicht gezogen werden, da eine zu breite Streuung über nahezu alle Zeitungen und damit politische Richtungen hinweg keine Verallgemeinerungen gestattet. Auffällig ist jedoch, dass die Mischform VI insgesamt lediglich zweimal von den Zeitungen der politischen Mitte angewendet wird. Würde sich nicht erneut aufgrund der geringen Menge der zugrunde gelegten Rezensionen eine Pauschalisierung verbieten, könnte zumindest vermutet werden, dass die

---

[50] Vgl. Fischer: *Die literarische Tageskritik in deutschsprachigen Zeitungen seit 1955*, S. 168.

Zeitungen der Mitte, die zwischen beiden Lagern stehen, Elemente zu verbinden suchen, die Isolde Fischer dem konservativen bzw. dem linken politischen Spektrum zuordnet, indem sie außerliterarische und werkimmanent-intertextuelle Aspekte in einer Kritik vereinen.

Das Fazit, welches aus diesen Untersuchungsergebnissen gezogen werden kann, lautet, dass die Kritiker über die Ausrichtung ihrer Zeitungen hinweg bestrebt sind, die Werke von Michel Houellebecq und Günter Grass in erster Linie nach Kriterien zu besprechen und zu bewerten, die sich ihnen aus dem Werk selbst erschließen, statt sie mit Romanciers klassischer Literatur in Beziehung zu setzen. Ferner bemühen sie sich, ihren Lesern die Bedeutung der Werke über das Spektrum der Literatur hinaus zu verdeutlichen bzw. beide Zielsetzungen miteinander zu verbinden: Die Reinformen, also die werkimmanent-ästhetische und die außerliterarisch-ästhetische Strategie, sowie eine Mischform aus beiden Vorgehensweisen machen 31 der 44 untersuchten Rezensionen aus. Ein nachweisbarer Einfluss der Ausrichtung der Zeitung auf die Strategie der Kritiker ist also nicht zu erkennen, zumal mitunter ein und derselbe Kritiker für politisch verschieden ausgerichtete Zeitungen Rezensionen verfasst, jedoch keineswegs zwangsläufig eine für die Zeitung zu erwartende Strategie anwendet.[51]

8.5.2.2 Der Zusammenhang zwischen Strategie und Literaturverständnis

Im Gegensatz zu dem Verhältnis von Strategie und politischer Ausrichtung der Zeitung kann der Zusammenhang zwischen der Untersuchungsstrategie und dem Literaturverständnis der Rezensenten nur in eng begrenztem Rahmen erschlossen werden, da das Herausfiltern des letzteren bereits ausschließlich der Interpretation des Analytikers der Werkkritik untersteht und sich aus diesem Grund auf nur wenige Aspekte beschränkt, die aus dem Lob bzw. der Ablehnung der Rezensenten zu dem untersuchten

---

[51] So verfährt z. B. Julia Encke in ihrer Besprechung von *Plateforme* in der *Süddeutschen Zeitung* nach der werkimmanent-ästhetischen Strategie, in der *Frankfurter Allgemeinen* bespricht sie *La possibilité d'une île* jedoch nach dem außerliterarisch-ästhetischen Verfahren. Thomas Steinfeld wendet in der Rezension zu Houellebecqs viertem Roman in der *Süddeutschen Zeitung* das werkimmanent-ästhetische Verfahren an, in seiner Besprechung von *Les particules élémentaires* in der *F.A.Z.* verfährt er nach einer Mischform aus der werkimmanent-ästhetischen, der werkimmanent-intertextuellen und der außerliterarisch-ästhetischen Strategie. Vgl. Encke: „Der Jargon der Missvergnügten"; dies.: „Im Lolita-Universum"; Steinfeld: „Der Narr verlässt die Kampfzone" sowie ders.: „Man muss auf allen Fronten angreifen".

Werk oder dem Autor resultieren. Dies bedeutet, dass sich kein fundiertes Bild der Erwartungen oder Anforderungen an Literatur ergibt, sondern lediglich eine Skizze dessen entstehen kann. Diese nimmt ihre Umrisse unmittelbar aus dem untersuchten Werk bzw. aus vergleichend herangezogenen Vorbildern an – wobei dieses Vorgehen auf die werkimmanent-intertextuelle Strategie (II) bzw. eine Mischform begrenzt ist, bei der Intertextualität eine Rolle spielt – da keiner der Rezensenten Kriterien oder Merkmale nennt, die Literatur in seinen Augen erfüllen muss, um anschließend den entsprechenden Roman anhand dieser Punkte Schritt für Schritt durchzusprechen. Dies würde den Blick auf die Literatur sehr verengen und ein vollkommenes Verschließen vor Neuem, Ungewöhnlichem nach sich ziehen, da der Kritiker stets dieselben inhaltlichen Aspekte in der seinen Vorlieben entsprechenden sprachlichen Form umgesetzt sehen wollte.

Die Auswertung des Zusammenhangs zwischen Strategie und Literaturverständnis muss somit immer vor dem Hintergrund betrachtet werden, dass eine Pauschalisierung der Erwartungen an Literatur, die sich aus den Rezensionen von zwei so unterschiedlichen Schriftstellern wie Michel Houellebecq und Günter Grass ableiten, kaum möglich ist. Wenn beispielsweise im Zusammenhang mit Grass sowohl auf deutscher als auch auf französischer Seite positiv erwähnt wird, dass dieser sich um die Aufarbeitung der NS-Vergangenheit kümmere, so ist das natürlich ein Kriterium, welches keine generelle Anforderung an Literatur bedeutet und bei der Besprechung eines Houellebecq-Romans gewiss nicht als Mangel genannt werden würde. Dies unterstreicht einmal mehr, dass hier weniger von einem Literaturverständnis in größerem Maßstab die Rede sein kann, als vielmehr von Erwartungen, die sich dem Kritiker aus werkimmanenten Aspekten aufgrund der Thematik, der Aussageabsicht des Romanciers oder bereits vorangegangenen Werken desselben ergeben. So wird im Folgenden versucht, häufig erschlossene oder von den Kritikern explizit genannte Aspekte aufzugreifen, die in den Rezensionen positiv oder negativ hervorgehoben werden und daher als Anforderungen gedeutet werden können, um diese mit der Untersuchungsstrategie in Beziehung zu setzen.

Somit konnten vier größere Teilbereiche gefunden werden, von denen jeweils zwei bis drei Unterpunkte näher beleuchtet werden: in das Feld ‚Inhalt' fallen historische Themen und die Behandlung aktueller Probleme, der Aspekt *Sprache* unterteilt sich in Authentizität und Humor, zur Kategorie *Außerliterarische Bedeutung* zählen die Punkte Vergangenheitsbewältigung, das Aufbrechen gesellschaftlicher Konsense sowie das Transportieren neuer

Ideen und schließlich werden Ästhetikgehalt und *Science-fiction*-Elemente dem Überbegriff *Sonstiges* zugeordnet (siehe Abb. 2).

Abb. 2: Der Zusammenhang von Untersuchungsstrategie und Literaturverständnis[52]

	I	II	III	IV	V	VI	VII
Sprache							
Humor	4			1	1		
Authentizität	3				1		
Inhalt							
Historische Themen	4		1		1	1	
Aktuelle Probleme	3		2	4		1	1
Außerliterarische Bedeutung							
Vergangenheitsbewältigung			1	1			
Neue Ideen	2				2	1	

[52] Anm.: Das Minuszeichen in Verbindung mit dem *Science-fiction*-Gehalt weist aus, dass dieser in der angegebenen Menge von Rezensionen als negativ betrachtet wird.

	I	II	III	IV	V	VI	VII
Aufbrechen eines Konsenses		1	1				
Sonstiges							
Ästhetik	1				1	1	
Science-fiction	1			1 (-)	1 (-)		

Im Bereich *Sprache* zeichnen sich deutliche Tendenzen sowohl in Bezug auf die Anforderung, dass ein Werk in authentischer Form verfasst sein soll, als auch in Bezug auf den Humor als wichtigem Bestandteil von Literatur ab. Ein Mangel an Authentizität wird ausschließlich von drei Zeitungen jeweils unterschiedlicher politischer Couleur konstatiert, die dabei allesamt nach der werkimmanent-ästhetischen Strategie (I) verfahren. Der in der politischen Mitte stehende *Monde*, die konservative *F.A.Z.* sowie auch die linksliberale *Frankfurter Rundschau* beklagen in ihren Besprechungen von Günter Grass' *Mein Jahrhundert* Defizite auf diesem Gebiet.[53] Zudem führt die *Frankfurter Rundschau* unter Anwendung der werkimmanent-ästhetischen in Verbindung mit der werkimmanent-intertextuellen Strategie (V) ebenfalls einen Mangel an Authentizität in ihrer Besprechung von *Ein weites Feld* an.[54] Der Humor Michel Houellebecqs und Günter Grass' wird hingegen lediglich von den drei französischen Zeitungen als obligatorisch für gelungene Literatur betrachtet und lässt auch in diesem Fall erkennen, dass Strategie I dabei dominiert: *Le Monde* und *Libération* nennen Humor dabei ein- bzw. dreimal als wichtiges Kriterium für Literatur, *Le Figaro* erwähnt dies einmal, wenn er nach

[53] Vgl. Böttiger: „Laß ma, Berta!"'; Deshusses: „Un siècle d'écrivain" sowie Spiegel: „Icke mit Lotte".

[54] Vgl. Schütte: „Wie aus der Zeit gefallen: zwei alte Männer".

Strategie IV verfährt und in *Le Monde* findet der Aspekt noch einmal Erwähnung unter Anwendung der Strategie V.[55]

Im Gegensatz zum sprachlichen Feld ist die Kategorie *Inhalt* weniger eindeutig zu klassifizieren. Obwohl hier eine Bipolarität zwischen der Verarbeitung aktueller gesellschaftlicher, gesellschaftspolitischer und soziokultureller Probleme auf der einen und dem Aufgreifen historischer Themen auf der anderen Seite aufgemacht wird, entsteht in beiden Bereichen ein uneinheitliches Bild, wenn die Verbindung zur Untersuchungsstrategie hergestellt wird: Zeitungen aller politischen Richtungen heben im Fall von Grass insgesamt siebenmal die Aufarbeitung von Themen, die mit dem Nationalsozialismus bzw. dem Zweiten Weltkrieg oder mit der deutschen Wiedervereinigung in Verbindung stehen, positiv hervor und wenden dabei die Strategien I, III, V und VI an.[56] Mit Ausnahme der Mischform V kommen alle anderen drei genannten Strategien auch dann vor, wenn zeitungsübergreifend insgesamt elfmal die Analyse gesellschaftlicher Probleme bzw. die Behandlung aktueller Themen bei der Besprechung der Houellebecq-Romane positiv herausgestellt und somit nicht zuletzt aufgrund der quantitativen Erwähnung in den Rezensionen als ein wichtiges Kriterium für Literatur genannt wird.[57] Ein Zusammenhang zwischen der Strategie der Kritiker und grundlegenden inhaltlichen Anforderungen an ein Werk kann also nicht festgestellt werden, vielmehr passen sich die Rezensenten an den Autor bzw. das ihnen vorliegende Werk an und beurteilen dieses danach, ob das entsprechende historische oder aktuelle Problem in gelungener Form verarbeitet und neue Ideen vermittelt werden konnten.

---

[55] Vgl. Besson: „Michel Houellebecq, le tiers-mondiste sexuel"; Deshusses: „Un siècle d'écrivain"; Harang: „Le guide du biroutard"; Harang: „Une île flottante"; Rose: „Lanzarote et autres textes" sowie Savigneau: „Houellebecq et l'Occident".

[56] Vgl. Benyahia-Kouider: „Grass, tambour et trompettes"; Busche: „Vom Glanz und Schmutz des deutschen Bürgertums"; Deshusses: „Surf et naufrage"; Meller: „‚Das musste aufschraibn, biste ons schuldig'"; Michel Cluny: „Günter Grass: la mémoire allemande à l'épreuve"; Millot: „L'État de Grass" sowie Vernet: „Günter Grass brise le tabou du naufrage du ‚Wilhelm-Gustloff'".

[57] Vgl. Encke: „Im Lolita-Universum"; Harang: „Le guide du biroutard"; ders., „Une île flottante"; Lepape: „Dernière station avant le désert"; Maak: „Hass und Hässlichkeit"; Mayer: „Schöne neue Klon-Welt"; Meister: „Der tendenzielle Fall der Lust-Rate"; dies.: „Komm, lass uns einen Club aufmachen"; dies.: „Postpubertäre „Plattform"; Rathgeb: „Kein Himmel auf Erden sowie Schneider": „Günter Grass: le malaise teuton".

Die geistige Anregung durch neue Gedanken oder Ideen, die der Autor eines Werkes dem Leser überbringen sollte, schließt an den Bereich der *außerliterarischen Bedeutung* von Literatur an: Dieser wird allerdings ausschließlich von den deutschen Zeitungen richtungsübergreifend als ein Kriterium gefordert, wobei sich die Verfahrensweisen in drei von vier Fällen unterscheiden und sich auf die Strategien I, V und VI verteilen.[58]

Auch die genannten Teilaspekte Vergangenheitsbewältigung und das erneute Diskutieren gesellschaftlicher Konsenserscheinungen wechselt bei jeweils zweimaliger Erwähnung im ersten Fall zwischen Strategie III und IV, im zweiten Fall kommen die Strategien II und III zum Einsatz.[59] Von einem Einfluss der Strategie auf die außerliterarischen Anforderungen an Literatur kann demnach ebenso wenig die Rede sein wie im Feld sonstiger, nicht präzise kategorisierbarer Aspekte, die hier die Punkte Ästhetik und *Science-fiction*- bzw. Utopiegehalt in der Literatur umfassen. Ein Mangel an Ästhetik wird lediglich in drei der 44 untersuchten Rezensionen von der *Frankfurter Rundschau* und der *Süddeutschen Zeitung* im Fall von Günter Grass' Roman *Ein weites Feld* und der Novelle *Im Krebsgang* kritisiert und damit als bedeutsam für ein literarisches Werk erachtet. Die linksliberale *Frankfurter Rundschau* verfährt dabei nach Strategie I bzw. V und die sich in der politischen Mitte verortende Münchner Zeitung nach der Mischform aus der werkimmanent-intertextuellen und der außerliterarisch-ästhetischen Strategie (VI). Die Reinform der werkimmanent-ästhetischen Vorgehensweise (I) wendet die *Süddeutsche Zeitung* an, wenn sie den *Science-fiction*-Gehalt bei Houellebecq positiv unterstreicht, hingegen sprechen sich *Le Figaro* und *Le Monde* unter Anwendung der Mischformen IV und V gegen *Science-fiction*-Elemente in der Literatur aus.[60]

Insgesamt ergibt sich dementsprechend, dass lediglich im Teilbereich Sprache von einem Zusammenhang zwischen Strategie und Erwartungen gesprochen werden kann. Kritiker, welche die dabei besonders häufig zur Anwendung gekommene werkimmanent-ästhetische Strategie ver-

---

58 Vgl. Kunisch: „Nichts Deutsches ist dem Dichter fremd"; Meister: „Der dreiundzwanzigste Klon"; Raulff: „Untergang mit Maus und Muse"; Seibt: „Die Uhr schlägt, das Käuzchen ruft" sowie Steinfeld: „Der Narr verlässt die Kampfzone".

59 Vgl. Deshusses: „L'unité mis à plat"; ders.: „Surf et naufrage" sowie Spiegel: „Das mußte aufschraiben!"

60 Vgl. Rinaldi: „Un Houellebecq tombé du camion"; Savigneau: „Houellebecq et l'Occident" sowie Steinfeld: „Der Narr verlässt die Kampfzone".

wenden, legen bei ihrer Besprechung offensichtlich häufiger als jene, die nach anderen Untersuchungsstrategien verfahren, auch sprachliche Anforderungen an Literatur zugrunde, um ein Werk tatsächlich nach umfassenden Kriterien zu beurteilen, da sich diese Strategie anders als beispielsweise bei einem außerliterarischen oder intertextuellen Vorgehen ausschließlich auf werkinhärente Merkmale stützen kann.[61]

8.5.2.3 Der Einfluss der Untersuchungsstrategie auf die Wertung

Abschließend soll nun der Zusammenhang zwischen der Untersuchungsstrategie der Kritiker und deren Wertung hergestellt werden, indem beides miteinander in Beziehung gesetzt wird: Bei der Konfrontation beider Aspekte muss im Hinterkopf behalten werden, dass damit in zweiter Instanz auch die Ausrichtung der Zeitung dem Literaturverständnis in Abhängigkeit von der Strategie gegenüber gestellt wird.

Da es sich bei Michel Houellebecq und Günter Grass um zwei Schriftsteller handelt, die sich in ihrer Themenwahl und der literarischen Umsetzung in wesentlichen Punkten unterscheiden, wird bei der Erfassung des Wertungsaspektes noch einmal zwischen beiden differenziert, da es schwer vorstellbar scheint, dass ein Kritiker, der z. B. nach der werkimmanent-intertextuellen Strategie verfährt, beide Autoren aus denselben Beweggründen positiv beurteilen kann.

Folgende Tabelle zeigt zunächst die Häufigkeit positiver (+), negativer (-), neutraler bzw. keiner (~) sowie positiver als auch negativer (+/-) Urteile zugleich. Die Ziffern in Klammern geben die Häufigkeiten an, mit denen die entsprechende Wertung einer Strategie Michel Houellebecq (M.H.) bzw. Günter Grass (G.G.) mehr als einmal zugewiesen werden konnte (siehe Abb. 3).

Auf den ersten Blick fällt bei der Betrachtung der Resultate in Bezug auf die Wertungen auf, dass sich insgesamt eine besonders große Spannweite an Wertungsmöglichkeiten unter Verwendung der werkim-

[61] In dem Bewusstsein, dass es sich bei den hier vorgestellten Angaben um absolute Zahlen handelt, die mitunter geringe Aussagekraft haben, da natürlich die werkimmanent-ästhetische Strategie mit Abstand am häufigsten zur Anwendung kam und dementsprechend auch alle anderen Werte im Zusammenhang mit dieser Strategie höher ausfallen müssen, entschied sich die Autorin gegen prozentuale Angaben, da auch dann ein verfälschtes Bild entstehen könnte, wenn beispielsweise der werkimmanent-intertextuellen Strategie in zwei von zwei Fällen, also zu 100%, die Verwendung in konservativen Tageszeitungen attestiert wird.

manent-ästhetischen Strategie (I) ergibt, wobei jedoch nicht vergessen werden darf, dass dieses Verfahren mit Abstand am häufigsten angewendet wurde und diese Tatsache daher wenig überraschen mag.

Abb. 3: Der Zusammenhang von Untersuchungsstrategie und Wertung

	Le Monde		Le Figaro		Libération		Frankfurter Allgemeine Zeitung		Süd-deutsche Zeitung		Frankfurter Rundschau	
	M.H.	G.G.	M.H.	G.G.	M.H.	G.G.	M.H.	G.G.	M.H.	G.G.	M.H.	G.G.
I		-	- (2)		+ (3)	~ (3)	+ - ~	-	+ +/- - ~		+/-	+/-
II							+/-	+				
III		~ (2)					+				+ (2) +/-	
IV	+/-	+/-	-	+	+					+/-	+	
V	+		-					+/-		+ -		+/- ~/-
VI	+								+/-			
VII				-			+/-					

Eindeutige Tendenzen, die einen Rückschluss von der Untersuchungsstrategie auf die Wertung erlauben, lassen sich allerdings nicht erkennen. Betrachtet man zunächst die konstant bleibenden Urteile innerhalb einer Zeitung, so wird deutlich, dass *Le Monde*, *Le Figaro* und die *Frankfurter Rundschau* Michel Houellebecq nach drei unterschiedlichen Verfahrensweisen besprechen, also unterschiedliche Schwerpunkte in ihren Kritiken setzen, aber dennoch, vor allem im Falle des *Figaro*, zu der gleichen bzw. einer Gesamtbewertung mit ähnlich positiver Tendenz gelangen, obwohl allen drei Zeitungen eine unterschiedliche politische Ausrichtung zugrunde liegt. Versucht der konservative *Figaro* doch, Houellebecq sowohl nach werkimmanenten Kriterien zu beurteilen, ihn aber auch mit anderen Autoren in Beziehung zu setzen und die Bedeutung des Autors über die Literatur hinaus aufzuzeigen, erfüllt jener offenbar keinen der Gesichtspunkte, da er durchweg negativ bewertet wird.

Le Monde, die Zeitung der politischen Mitte, stellt in gewisser Weise das Gegenstück zum *Figaro* dar, indem er, stets auf dem Wege von Mischformen mithilfe intertextueller, werkimmanent-ästhetischer und außerliterarischer Kriterien, Houellebecq positiv bespricht bzw. in einem der drei Fälle sowohl Lob als auch Kritik verlauten lässt. Die linksliberale *Frankfurter Rundschau* tendiert in allen fünf untersuchten Houellebecq-Rezensionen zu einem positiven Urteil, übt aber zusätzlich zu der positiven Wertung auch Kritik, wenn sie Houellebecq auf dem Wege von Strategie I und III bespricht. Von einem direkten Einfluss der Strategie auf die Herangehensweise an einen Autor in Abhängigkeit von der politischen Ausrichtung der Zeitung und von einem sich daraus möglicherweise ergebenden Einfluss auf die Wertung desselben kann demnach in keinem der drei Fälle gesprochen werden.

Dasselbe gilt auch für *Libération*, die weder in ihrer Herangehensweise an Michel Houellebecq noch an Günter Grass variiert, sondern bis auf eine Ausnahme durchweg nach der werkimmanent-ästhetischen Strategie (I) verfährt, bei Houellebecq dabei stets zu einem positiven Urteil gelangt, Günter Grass hingegen meist negativ bewertet. Betrachtet man ausschließlich die positiven Urteile über Houellebecq, könnte die voreilige Schlussfolgerung gezogen werden, dass hier tatsächlich die Strategie auf die Wertung wirkt. Nur durch das In-Beziehung-Setzen beider Autoren innerhalb der Zeitung wird deutlich, dass auch hier kein kausaler Zusammenhang zwischen Strategie und Wertung besteht, da die Grobbeurteilung beider Schriftsteller trotz gleicher Vorgehensweise nicht in die gleiche Richtung verläuft. Houellebecq und Grass nach Kriterien zu beurteilen, die sich aus den Werken selbst erschließen lassen, bedeutet letztlich, vollkommen unterschiedliche Aspekte heranzuziehen, die somit theoretisch wie auch praktisch die Möglichkeit unterschiedlicher Werturteile bei gleich bleibender Strategie eröffnen, da sich die Werke beider

Autoren in vielerlei Hinsicht unterscheiden. Die konstante Aussparung eines Urteils lässt sich damit jedoch nicht begründen.

Mindestens ebenso aufschlussreich erscheint auf deutscher Seite die *Süddeutsche Zeitung*, die in gewisser Weise als das Gegenstück zu *Libération* eingestuft werden kann. Erstgenannte wendet in der Bewertung Houellebecqs fast durchweg die werkimmanent-ästhetische Strategie (I) zur Urteilsfindung an, gelangt aber in vier Rezensionen zu vier unterschiedlichen Wertungen. Im Falle von Günter Grass geht sie bei zwei von drei Werkbesprechungen nach einer Mischform vor und versucht, sowohl werkimmanente Kriterien als Grundlage der Wertung heranzuziehen als auch intertextuelle Bezüge herzustellen: Auch hier gilt aber, dass ihre Urteile voneinander abweichen.

Für die *Frankfurter Allgemeine* können ähnliche Beobachtungen festgehalten werden: Fällt hier zunächst die große Bandbreite von Strategien auf, die zur Anwendung kommen, lässt sich aber auch im Falle der konservativen Tageszeitung erkennen, dass sie in drei der sechs untersuchten Houellebecq-Rezensionen nach Strategie I verfährt, jedoch zu unterschiedlichen Urteilen gelangt. Darüber hinaus geben ihr sowohl Strategie II als auch eine Mischform, die ästhetische ebenso wie intertextuelle und außerliterarische Gesichtspunkte heranzieht (VII), die Möglichkeit, über Houellebecq positiv und negativ zugleich urteilen zu können. In den Rezensionen zu Günter Grass scheint ein leichter Trend zu einem positiven Urteilsspruch vorhanden zu sein, wenn dieser nach Strategie II bzw. in Verbindung mit werkimmanent-ästhetischen Kriterien getroffen wird. Da aber zum einen erneut die horizontale Konfrontation beider Autoren, soweit dies innerhalb der Zeitung möglich ist, darüber Aufschluss gibt, dass die Kritiker z. B. im Fall der Strategie II bei Grass und Houellebecq zu unterschiedlichen Urteilen gelangen, und zum anderen die Menge der untersuchten Kritiken zu Günter Grass zu gering ausfällt, um allgemein gültige Schlussfolgerungen zu ziehen, unterstützen letztlich auch diese beiden Zeitungen, die sich in unterschiedlichen politischen Spektren verorten, die These, dass keine unmittelbare Rückwirkung der Untersuchungsstrategie auf die Wertung besteht.

Eine besondere Erscheinung, die zu diesen Erkenntnissen z. T. in Widerspruch steht, weisen *Le Monde* und *Le Figaro* in ihren Kritiken zu Günter Grass auf. *Le Monde* verfährt in vier Rezensionen nach drei unterschiedlichen Strategien und lässt in zwei der vier Kritiken ein Urteil vermissen, in denen er die Strategie III anwendet. Eine mögliche Begründung dafür könnte sein, dass es wichtiger erscheint, die Bedeutung über die Literatur hinaus aufzuzeigen als das Werk selbst zu beurteilen. Eine direkte Gegenüberstellung mit Michel Houellebecq ist allerdings nur im Falle der Anwendung der Mischform IV möglich, die darüber Aufschluss gibt, dass die Zeitung in beiden Fällen sowohl positiv als auch negativ urteilt und damit eine Beeinflussung der Strategie auf die Wertung nicht ausgeschlossen ist. Im *Figaro* ist ebenfalls ein Vergleich beider Autoren innerhalb der zuletzt genannten Mischform möglich, die aber wiederum unterschiedliche Urteile bei gleich bleibender Strategie aufzeigt, und damit nicht im Gegensatz zu der Vermutung steht, dass Strategie und Wertung keine Wirkung aufeinander ausüben.

Abschließend muss jedoch in Anbetracht der Beobachtungen in *Le Monde* relativierend festgehalten werden, dass zwar in überwiegender Mehrheit keine Rückwirkung der Untersuchungsstrategie auf die Urteile der Kritiker besteht, jedoch in Einzelfällen die Tendenz einer Beeinflussung existieren kann, so dass die Wertung eines Werkes in eine bestimmte Richtung gelenkt wird.

9 Ansatz zur Analyse und Interpretation von Rezensionen II. Praktische Erkenntnisse

Das folgende Kapitel dient dazu, zunächst die Erkenntnisse vorzustellen, die aus der praktischen Untersuchung in Hinblick auf die Untersuchungskriterien für Literaturkritik gewonnen werden können, um daran anschließend den in Kapitel vier dieser Arbeit theoretisch erarbeiteten Ansatz fertigzustellen. Dabei soll aufgezeigt werden, inwiefern die aufgestellten Analyseaspekte in der Praxis der Kritiker tatsächlich eine Rolle spielen, ohne aber dabei den Zweck zu verfolgen, diese bei fehlender Berücksichtigung einzelner Punkte mit erhobenem Zeigefinger zu einer strenger an die Theorie angelehnten Arbeit zu ermahnen. Das Kapitel setzt sich vielmehr zum Ziel, die theoretischen Grundlagen um praxisnahe Erkenntnisse zu erweitern und den Ansatz entsprechend zu modifizieren, um ihn schlussendlich in eine Form bringen zu können, welche für eine wissenschaftlich-analytische Arbeit mit Literaturkritik Relevanz erlangt. Die Auswertung der einzelnen Untersuchungskriterien spielt demnach an dieser Stelle ebenso wenig eine Rolle wie die Absichten, die ein Kritiker mit der Erwähnung oder Auslassung bestimmter Kriterien zur Urteilsfindung oder zur Untermalung eines Bildes, beispielsweise mit selektiven Informationen über den Autor des Werkes, möglicher-weise verfolgt. Die sich nun anschließenden Ausführungen dienen vielmehr dazu, Abweichungen von der Theorie und Probleme bei der Analyse und Interpretation der Rezensionen zu erläutern, die für das Aufstellen eines Analyse- und Interpretationsrasters von Bedeutung sind und damit gleichzeitig die Anforderungen, die die Literaturwissenschaft an die Literaturkritik stellt, hinsichtlich ihrer Praktikabilität auf den Prüfstand zu stellen.

9.1 Vom Nutzen und Nachteil der Kriterien für die Analyse

9.1.1 Werkexterne Kriterien

In Bezug auf die in Kapitel vier aufgestellten werkexternen Kriterien lässt sich nach eingehender praktischer Untersuchung der Rezensionen feststellen, dass insbesondere die Aspekte *Adressierung der Rezension* sowie der *Stil des Textes* in der Analyse Probleme bereiten, die noch einmal genauer beleuchtet werden müssen. Ergänzungen bzw. Konkretisierungen sind hinsichtlich der werkungebundenen Teilaspekte *Rezensionstypus*, *Sprache des Rezensenten* sowie der *Strategie des Kritikers* vorzunehmen.

In Verbindung mit dem Aspekt *Adressierung der Kritik* erweist sich als problematisch, dass diese nur selten eindeutig ausgemacht werden kann und häufig Gegenstand der Spekulation des Interpretierenden bleibt. Allerdings liefern die Schwerpunkte einer Besprechung Anhaltspunkte dafür, an wen sich ein Rezensent wendet. Lässt ein Kritiker beispielsweise das Urteil über ein Werk offen und setzt den Schwerpunkt seiner Werkbesprechung auf die Darstellung des Inhalts, kann davon ausgegangen werden, dass er sich an potenzielle Leser richtet, um diesen einen Eindruck von Thema, Handlung und Charakteren zu geben. Es darf allerdings nicht übersehen werden, dass diese Fälle einerseits nur selten in Reinform auftreten, andererseits auch die Möglichkeit besteht, dass sich ein Kritiker, der vor allem die Funktion des Richters erfüllt, an dieselbe Zielgruppe wendet, aber eine andere Methode auswählt, um diese zu erreichen: Er kann beispielsweise mit einem positiven oder negativen Urteilsspruch bezwecken, zum Kauf des Buches zu bewegen oder davon abhalten zu wollen und sich dementsprechend primär an potenzielle Käufer richten: Diese Gruppe lässt sich wiederum noch einmal in literaturinteressierte Leser seiner Zeitung bzw. die literaturinteressierte Öffentlichkeit im Allgemeinen sowie an Houellebecq- oder Grass-Leser aufsplitten. Besonders exakt kann womöglich die Adressierung festgelegt werden, wenn der Kritiker sich als Erzieher betätigt: Er richtet sich in diesem Fällen in erster Linie an den Autor des Werkes. Die Vielzahl von Möglichkeiten der Adressierung bei gleichbleibendem Textinhalt verdeutlicht, dass dieser Aspekt zwar nicht immer einfach festzulegen ist, aber aufgrund seiner Wichtigkeit nicht aus einer vertieften Rezensionsuntersuchung ausgespart werden sollte.

Die Beschreibung des Stils mit Eigenschaften wie polemisch, fachwissenschaftlich oder pathetisch wirft ähnliche Probleme auf, da diese Zuschreibungen primär von der subjektiven Wahrnehmung des Lesenden abhängen, eine Analyse jedoch möglichst nach objektiven Gesichtspunkten stattfinden sollte. Um in diesem Zusammenhang nicht demselben Problem zu unterliegen, das sich dem Literaturkritiker in Bezug auf die Wertung eines Werkes stellt – auch die Charakterisierung des Stils des Kritikers stellt in einem weiter gefassten Sinne eine Wertung dar – muss sich die Subjektivität dieses Aspektes stets bewusst gemacht werden. Ebenso wenig wie die Kritiker aber grundsätzlich auf eine Wertung verzichten, sollte der Aspekt des Stils gerade im Zusammenhang mit der Textgattung Rezension nicht ausgeklammert werden. Da Rezensionen unabhängig von ihrem Inhalt als Gattung selbst bereits mehr als beispielsweise Romane oder Kurzgeschichten bestimmte Zwecke verfolgen,[1] können diese durch die Verwendung eines bestimmten Stils unterstützt werden: Ein polemischer Stil kann nicht minder die Negativbewertung eines Werkes unterstreichen. Um diese möglichen Zusammenhänge zu erschließen, wird der Aspekt *Stil* trotz seiner Schwierigkeit in das Untersuchungsraster aufgenommen.

Bezüglich des Rezensionstypus und der Untersuchungsstrategie der Kritiker soll an dieser Stelle darauf hingewiesen werden, dass aufgrund der Auswahl der Rezensionen ein zu eingeschränktes Bild über die Vielfältigkeit der Rezensionstypen und Untersuchungsstrategien entstehen könnte. Dass im Rahmen der praktischen Untersuchungen dieser Arbeit den Rezensenten weder ein diskursanalytisches Vorgehen im Sinne Foucaults, noch das dekonstruktivistische Verfahren Derridas, aber auch keine feministisch geprägte Strategie attestiert werden konnte, ist vor allem auf die Selektion der Rezensionen zurückzuführen. Würden Rezensionstexte untersucht, die in der Entstehungs- oder Blütezeit der Diskursanalyse bzw. der Dekonstruktion verfasst worden sind, wäre nicht auszuschließen, dass diese versuchten, Foucaults oder Derridas Ansatz anzuwenden. Nichtsdestoweniger kann festgehalten werden, dass diese sehr literaturwissenschaftlich-theoretischen Strategien heutzutage in der Tagespresse kaum eine Rolle spielen. Da die feministische Untersuchungsstrategie primär in Verbindung mit frauenspezifischer Literatur oder Schriftstellerinnen auftritt, kann auch diese Strategie im Rahmen der Studie dieser Arbeit nicht nachgewiesen werden. Da der zu entwickelnde Ansatz jedoch möglichst breite Anwendung finden soll, werden diese strategischen Richtungen dennoch Bestandteil desselben sein.

In Bezug auf den Rezensionstypus, für den in dieser Arbeit fast ausschließlich die klassische Variante festgelegt werden konnte, muss ebenso betont werden, dass dies mit der Auswahl der Rezensionen zusammenhängt: Wie in Kapitel 4.1.2 bereits erläutert, wurden problemorientierte Rezensionen bewusst aus der Untersuchung ausgeklammert, da der Schwerpunkt der Analyse auf der Untersuchung der Rezeption der Autoren und ihrer Werke liegt.

---

[1] Vgl. Kapitel 3.2 dieser Arbeit.

9.1.2 Werkinterne Kriterien

Die auf theoretischer Grundlage erarbeiteten werkinternen Kriterien für eine Rezensionsuntersuchung können unter Einbezug der Erkenntnisse aus der praktischen Analyse im Wesentlichen beibehalten und in den Ansatz aufgenommen werden. Ergänzende Erklärungen müssen allerdings zu einigen Punkten vorgenommen werden, um Missverständnisse in der Anwendung der Untersuchungskriterien auf die Rezensionen zu vermeiden. Es handelt sich dabei einerseits um eine Verschiebung der Fachtermini in bestimmten Bereichen, andererseits um Probleme, die im Zusammenhang mit der Urteilsfindung des Rezensenten sowie dessen Wertmaßstäben und der Interpretation eines Werkes durch den Kritiker aufgetreten sind.

Eine wesentliche Erkenntnis brachte die empirische Untersuchung der Kritiken zunächst in Hinblick auf die Verwendung von Fachtermini, die die Literaturwissenschaft für den Bereich *Handlung* vorschlägt. Die Analyse verdeutlicht, dass die Kritiker die Begriffe *Geschichte* oder *Ereignis* zwar benutzen, um die Handlung eines Werkes je nach individuellem Fokus mehr oder weniger ausführlich darzustellen, jedoch dabei gewiss nicht Genettes Quadriga von *Geschichte*, *Geschehen*, *Ereignis* und *Plot* im Hinterkopf haben. In der Untersuchung einer Rezension sollte der Analytiker daher auf eine saubere Trennung der Begrifflichkeiten achten: Im Allgemeinen wird der Begriff *Geschichte* benutzt, um den Handlungsverlauf eines Werkes wiederzugeben, ohne dabei aber darauf zu achten, ob es sich tatsächlich um die *Geschichte*, also das *Geschehen*, verstanden als eine chronologische Abfolge von Ereignissen, sowie kausale Zusammenhänge zwischen diesen handelt oder aber ob der Kritiker sich auf die chronologische Wiedergabe von Ereignissen beschränkt.[2] Die literaturwissenschaftlichen Fachtermini können hier Verwirrung stiften, da sie nicht immer der Bedeutung des allgemeinen Sprachgebrauchs entsprechen. Dass sich der Kritiker jedoch in der Verwendung seiner Terminologie nicht an der Literaturwissenschaft, sondern an dem allgemein üblichen Verständnis der Begrifflichkeiten orientiert, erscheint folgerichtig aufgrund der Zielgruppe seines Mediums, die ihn verstehen soll, ohne ein literaturwissenschaftliches Lexikon zu Hilfe nehmen zu müssen.

In Bezug auf die Wertung, Wertmaßstäbe und die Interpretation der Werke durch die Rezensenten treten bei einer Analyse und Interpretation

---

[2] Vgl. Busse: „Analyse der Handlung", S. 24 sowie Genette: *Die Erzählung*, S. 81f.

von literaturkritischen Texten unter Umständen Probleme auf, die mit der Überschneidung verschiedener Parameter resümiert werden können. Wie in Kapitel 4.2.2 schon angedeutet, steht der Analytiker mitunter vor der Herausforderung, insbesondere die Wertung eines Werkes von der Charakterisierung bzw. der Wirkung desselben trennen zu müssen. Beschreibt der Rezensent ein Werk z. B. mit den Adjektiven interessant oder trist, kann er damit sowohl eine Aussage über die Wirkung treffen, gleichzeitig aber auch ein Urteil über das entsprechende Buch fällen. Da der Kritiker nicht in jedem Fall sein Urteil in Sätze kleidet, die eindeutig Position beziehen, fallen diese Eigenschaften in den Bereich der Interpretation: Der Interpretierende muss dann darauf achten, dass die Übergänge zwischen beiden Kategorien fließend sind und Überschneidungen kaum vermieden werden können. Dies führt allerdings in nächster Instanz zu dem Problem, dass mitunter die Zuschreibungen von Eigenschaften an die Werke durch den Kritiker entweder sehr ambivalent oder so neutral ausfallen, dass der Leser nicht daraus schließen kann, ob der Kritiker das Werk zur Lektüre empfehlen will oder nicht. Fällt der Rezensent hingegen ein Urteil, ist es in der Mehrheit der Fälle an dem Leser bzw. dem Analytiker, die Maßstäbe seiner Wertung selbständig zwischen den Zeilen herauszulesen, da diese nur selten explizit genannt werden.

Der Schwerpunkt der Rezension oder die Urteile über Figuren, die Konstruktion oder das Thema des Werkes ermöglichen das Erkennen der Wertmaßstäbe. Legt ein Kritiker den Fokus seiner Rezension beispielsweise auf die Darstellung der Hauptfiguren und fällt daraufhin ein positives Gesamturteil über das Werk, so kann der Analytiker rückschließen, dass der Kritiker eine gelungene Kreation der Figuren als eine Grundlage für sein Urteil betrachtet. Beurteilt z. B. *Le Figaro Ein weites Feld* aufgrund der Fontane-Bezüge als ein unverständliches Buch,[3] so kann die inhaltliche Nachvollziehbarkeit als Wertmaßstab ausgemacht werden.

Abschließend verdient der Aspekt der Interpretation der Werke eine nähere Betrachtung. Der Analytiker muss sich dabei darüber bewusst sein, dass ein Rezensent nur selten mehrere Interpretationsvorschläge macht, wie Thomas Anz es einfordert,[4] so dass der Leser mit nur einer Deutung in eine bestimmte Richtung gelenkt wird. Da zudem Korrelationen zwischen Interpretationsansätzen und durch die Kritiker vermutete Aussage-

[3] Vgl. Schneider: „Günter Grass: le malaise teuton“.

[4] Vgl. Anz: „Literaturkritik“, S. 65.

absichten der Werke auftreten können, welche in den meisten Fällen nicht vom Autor des Werkes ausdrücklich genannt werden und somit in der durch Subjektivität des Kritikers beeinflussten Auslegung des rezensierten Werkes stehen, sollte der Analytiker darauf achten, Aussage und Interpretation des Werkes so weit als möglich voneinander zu trennen. Die Analyse und Deutung einer Kritik kann zudem dabei helfen, z. B. mittels der inhaltlichen Vorstellung des Werkes durch den Rezensenten zu einer anderen als der vorgeschlagenen Aussageabsicht zu gelangen.

9.2 Zusammenfassende Übersicht

Als Synthese der theoretischen Grundlagen sowie der praktischen Erkenntnisse ergibt sich folgender Ansatz zum systematischen Vorgehen bei der Analyse und Interpretation von Rezensionen:

A Werkexterne Kriterien

I Der Rezensionstext in kommunikationstheoretischer Hinsicht

a) Medialer Kontext (online, Printmedium, Tages- oder Wochenpresse etc.)

b) Formale Aspekte

- Länge des Rezensionstextes (kurz, mittellang, lang)
- Adressierung (Liebhaber, Gegner, Interessierte usw.)
- Aufbau: erkennbare Teilabschnitte (Einleitung, Hauptteil, Fazit)
- Argumentationsverlauf (innere Logik, Widersprüchlichkeit)
- Art der Rezension (klassisch vs. problemorientiert)

c) Der Autor der Rezension

- Rollenverständnis des Kritikers (Richter, Vermittler, Anwalt, Erzieher)
- Strategie (werkimmanent, ästhetisch-soziologisch, poststrukturalistisch)
- Literaturverständnis des Kritikers

- Stil (unterhaltend, feuilletonistisch, pathetisch, sachlich, polemisch etc.)
- Sprachliche und stilistische Mittel (Metaphern, Ironie, Humor usw.)

II Der Rezensionstext und sein Untersuchungsobjekt im weiteren Kontext

- Autor des besprochenen Werkes
- Weitere Werke des Autors
- Referenzen zu anderen Autoren (Vorbilder, Gegner des Autors)
- Gesellschaftlicher Rahmen bzw. kultureller Kontext
- Debatten und Kontroversen
- Ökonomischer Aspekt des Werkes (Preis, Auflagenhöhe)

B Werkinterne Kriterien

I Der Rezensionstext als Textbeschreibung

- Strukturanalyse (Konstruktion des Werkes, Fokalisierung, Erzählsituation)
- Inhaltsanalyse (Stoff, Thema, Motiv, Handlungsanalyse, Raum und Zeit)
- Figurenanalyse (Einzelfiguren, Figurenkonstellation)
- Analyse von Sprache und Stil des Autors

II Der Rezensionstext als Textinterpretation

- Die Interpretation des Bezugstextes
- Die intertextuelle Dimension: der Bezugstext im Kontext mit anderen Werken des Autors sowie anderen Autoren
- Die Intention des Autors

- Die Wirkungsdimension des Bezugstextes (anregend, erschütternd, etc.)

III Der Rezensionstext als Textwertung

- Die Wertung von Inhalt, Sprache und Wirkung des Bezugstextes
- Wertmaßstäbe (Inhalt, Ästhetik, Realismusgehalt, Sprache, etc.)
- Werturteilsbegründung (objekt- oder wirkungsbezogen)
- Der Rezensionstext im literaturkritischen Kontext

10 Schlussbemerkungen

Eine Motivation für die in dieser Arbeit vorgenommene gegenüberstellend-vergleichende Untersuchung der deutschen und französischen Literaturkritik war die von Medard Ritzenhofen und Jochen Förster vorgenommene Beobachtung, dass Michel Houellebecq und Günter Grass zu den am meisten gelesenen, rezipierten und übersetzten Autoren der Jahrtausendwende gehören.[1] Da diese Arbeit jedoch nicht nur als ein Beitrag zur Perzeptionsforschung verstanden werden will, bestand ein weiteres Ziel darin, die bestehende Lücke in der Literaturtheorie schließen zu helfen, indem sie die Erarbeitung eines Ansatzes zur Analyse und Interpretation von Literaturkritik in den Mittelpunkt stellt. Dieser Ansatz soll ein systematisches Vorgehen beim Analysieren von Literaturkritik ermöglichen, das bislang aufgrund fehlender Untersuchungsmethoden nicht möglich war.

Die Analyse und Interpretation der Rezensionen machte deutlich, dass sich die Debatten besonders im Falle Houellebecqs nicht mehr nur auf das Medium allein, also die Romane, konzentrierten, sondern die Printmedien über literarische Fragen hinaus politische und religiöse Probleme erörterten, die der Autor in seinen Werken aufgreift. Sie öffneten damit das ursprünglich rein literarische und literaturkritische Feld verschiedensten sozialen Gruppen, z. B. Muslimen und Anwälten,[2] die mit ihren Klagen und Anklagen gegen den Autor gewiss zu einer derartigen Explosion der Auseinandersetzung beitrugen, aber auch an der teilweise zu bemerkenden Entfernung vom literarischen Gegenstand, insbesondere im Zusammenhang mit *Plateforme*, dessen Rezeption in eine Debatte über den Sextourismus mündete, nicht unbeteiligt waren.

Im Falle von Günter Grass hält sich die Literaturkritik im Untersuchungszeitraum stärker als bei Michel Houellebecq an die Werke selbst, beleuchtet jedoch ab 2006, nachdem Grass seine Mitgliedschaft in der Waffen-SS öffentlich gemacht hat, seine Jugendzeit im Nationalsozialismus, diskutiert die Moralität des Schriftstellers, die ohnehin als ein wichtiges Kennzeichen seiner Literatur identifiziert wird[3] und bespricht historische bzw. zeitgeschichtliche Ereignisse der deutschen Vergangenheit,

---

[1] Vgl. Förster: „Romantiker! Poet! Existenzialist!" sowie Ritzenhofen: „Der deutsche Houellebecq".

[2] Vgl. Mihm: *Studien zum französischen Roman der Jahrtausendwende*, S. 437f.

[3] Vgl. Schneider: „Günter Grass: le malaise teuton".

die aus Anlass des Romans *Ein weites Feld* die deutsche Wiedervereinigung betreffen oder aber in Verbindung mit *Im Krebsgang* eine Debatte um deutsche Opfer im Zweiten Weltkrieg auslösen. Darüber hinaus findet die Verleihung des Nobelpreises an Grass ein großes Echo sowohl in den deutschen als auch in den französischen Zeitungen.

Der rote Faden, der sich durch die Beurteilung von Houellebecq und Grass zieht, ist zweifelsohne die gegensätzliche Wahrnehmung der Schriftsteller, wie in der Ergebnissicherung von Kapitel acht noch einmal gezeigt werden konnte. Dies mag weder im Falle Houellebecqs noch im Falle Grass' aufgrund der Brisanz ihrer Themen überraschen. Houellebecq wird zudem mehrmals als Vertreter einer neuartigen Richtung der zeitgenössischen Literatur bezeichnet, deren Benennungen zwischen *neuem Existenzialismus*, *Antiexistenzialismus* und *Postnaturalismus* hin- und her driften: Die *Frankfurter Allgemeine* findet in der Besprechung von *Extension du domaine de la lutte* gar den originellen Terminus *No-future-* und *No-past-*Literatur.[4] Neuartige Entwicklungstendenzen nicht nur in der Literatur, sondern auch in anderen kulturellen Teilbereichen waren in der Vergangenheit in ihren Anfangsphasen häufig umstritten und gelangten gar mitunter erst dann zu großem Erfolg, wenn sie von einer Folgeströmung bereits abgelöst worden waren. Auf Michel Houellebecq trifft dies jedoch nicht zu. Sein herausragender Erfolg, der sich anhand ungewöhnlich hoher Auflagenzahlen demonstrieren lässt,[5] tritt trotz zum Teil massiver Kritik bereits mit der Veröffentlichung von *Les particules élémentaires* ein: Mitunter wird er schon als künftiger Klassiker gefeiert, wie die *Frankfurter Rundschau* in ihrer Besprechung des Romans verlauten lässt. Sollte die Zeitlosigkeit in der Überlieferung eines Werkes ein Kriterium für einen *Klassiker* sein, so werden die kommenden Jahrzehnte offen legen, ob dies im Falle Houellebecqs tatsächlich zutreffend ist. Fest steht jedoch bereits zum jetzigen Zeitpunkt, dass seine literarische Erfolgsgeschichte nicht allein mit der enormen Medienaufmerksamkeit zu begründen ist. Mihm vermutet, dass die Ursache dafür vielmehr in den Themen verborgen liege, die Houellebecq bearbeite: Er schreibe keine „Wellness-

---

[4] Vgl. Hanimann, Joseph: „Blut würde auch nichts mehr ändern. Leben ohne Verführungen: Michel Houellebecqs Erstlingsroman vermißt die Kampfzonen neu", in: *Frankfurter Allgemeine Zeitung, Literatur*, vom 03.07.1999.

[5] Vgl. die Auflagenhöhen in: Krause: „Schafft den Menschen ab".

Literatur, die das Wohlbefinden der Abnehmer fördert"[6], sondern bespreche Themen von gesellschaftlicher Bedeutung und verleihe damit dem Roman ein inhaltliches Gewicht, das die Mehrheit seiner Schriftstellerkollegen nicht erreiche.[7]

Inhaltliches Gewicht würde gewiss auch den Werken Günter Grass' kein Literaturkritiker absprechen. Bereits mit seinem ersten Roman, der *Blechtrommel*, gelingt es ihm, sich über die deutschen Grenzen hinaus als ein Autor zu etablieren, der sich mit der deutschen Geschichte, insbesondere mit den Erfahrungen unter Hitler, auseinandersetzt und diese aufzuarbeiten versucht: Den Status des Klassikers hat er mit seinem Erstlingsroman bereits erreicht. Auch wenn er sein thematisches Leitmotiv, die Beschäftigung mit der Geschichte, zwischenzeitlich immer wieder verlässt und sich mit der *Rättin* oder dem *Butt* zeitgenössischen Problemen zuwendet, kehrt er mit der in dieser Arbeit untersuchten Literatur wieder zu seinen Wurzeln zurück und liefert mit *Ein weites Feld*, *Mein Jahrhundert* und *Im Krebsgang* Werke ab, die die historisch geprägte Erwartungshaltung des Lesepublikums an Günter Grass erfüllen können. Der Erfolg lässt dementsprechend nicht auf sich warten: Auch Grass brilliert mit hohen Auflagenzahlen und wird als einer der begabtesten Schriftsteller nach 1945 bezeichnet.[8] Die Literaturkritik hingegen ist sich keineswegs einig über Grass: Der internationale Erfolg des *Weiten Feldes* steht in keinem Verhältnis zu den häufig negativen Einschätzungen der Rezensenten und deren einseitiger Konzentration auf die politischen Inhalte des Romans, so dass Timm Boßmann sich zu der Schlussfolgerung hinreißen lässt, einer positiven Buchbesprechung komme kaum eine ausschlaggebende Bedeutung für den Erfolg eines Schriftstellers zu, im Gegenteil lasse sich beobachten, dass gerade der Verriss eines Werkes selbiges in den Bestsellerlisten nach oben katapultiere.[9]

Obwohl im Rahmen dieser Arbeit allein die Rezeption der Romane der Schriftsteller in lediglich einem Medium untersucht wurde und somit

---

[6] Mihm: *Studien zum französischen Roman der Jahrtausendwende*, S. 439.

[7] Vgl. ebd., S. 444.

[8] Vgl. Busche, Jürgen: „Deutschlands weite Felder. Wie man Äpfel mit Birnen und Literatur mit Politik vergleicht: Michael Jürgs möchte in seiner gerade erschienenen Biografie lieber über den „Bürger" Günter Grass schreiben als über den Schriftsteller", in: *Die Tageszeitung*, vom 17.09.2002.

[9] Vgl. Boßmann: *Der Dichter im Schussfeld*, S. 41.

kein vollständiges Bild der Houellebecq- und Grass-Rezeption entstehen konnte, gelang es, die Wahrnehmung der Autoren in der überregionalen deutschen und französischen Tagespresse um die Jahrtausendwende aufzuzeigen und so im Sinne der eingangs gestellten Frage darzulegen, wie die Neuartigkeit Houellebecqscher Literatur sowie Günter Grass als einer der wichtigsten Vertreter der Vergangenheitsbewältigung im Bereich Literatur jeweils in Frankreich und Deutschland aufgenommen werden, welche Unterschiede in der deutschen und französischen Aufnahme der Werke zu finden sind und wo mögliche Ursachen für die intensive Rezeption liegen. Aufgrund der ausgewählten Zeitungen und des breiten politisch-kulturellen Spektrums, das damit abgedeckt wird, konnte somit ein repräsentativer Beitrag zum Themenfeld der deutsch-französischen Literaturkritik geleistet werden. Hinsichtlich der Aussagen Jochen Försters und Jürg Altweggs in Bezug auf die Status-quo-Bestimmung der interkulturellen Beziehungen wäre jedoch eine ausführliche Untersuchung erforderlich und wünschenswert, die deren Thesen auch empirisch repräsentativ zu belegen imstande ist. Denn da deren Annahmen eines lebendigen Austausches zwischen den Nachbarn lediglich auf einer exemplarischen Untersuchung der Leseintensität und der Rezeption Michel Houellebecqs und Günter Grass' fußen, lässt sich anhand dessen noch keine Aussage zum Transfer anderer Autoren oder Persönlichkeiten des kulturellen Lebens aus den Feldern Musik oder Malerei treffen.

Anlass zur Hoffnung bietet der hohe Grad an Präsenz beider Schriftsteller in der öffentlichen Debatte jedoch noch in anderer Hinsicht. Hat doch die Gruppe der Literaten und der Intellektuellen im weiteren Sinne häufig einen schweren Stand in der öffentlichen Wahrnehmung, da ihr Realitätsferne und ein Elfenbeinturmdasein vorgeworfen werden,[10] zeigt sich am Beispiel von Houellebecq und Grass, dass die gesellschaftliche Öffentlichkeit und die Intelligenz sich nicht immer in unüberwindbaren Fronten gegenüberstehen müssen. Möglicherweise könnten Grass und Houellebecq jeweils auf ganz spezifische Weise dazu beitragen, das in ein negatives Licht gerückte Bild des Intellektuellen und dessen Bedeutung für die Gegenwart aufzuwerten und den im deutschen Sprachraum pejorativen Anklang des Begriffes *intellektuell* zu überwinden: Wolf Lepenies nennt die Intellektuellen zu Beginn der 1990er Jahre noch eine chronisch

---

[10] Vgl. Von Lovenberg, Felicitas: „Der Elfenbeinturm ist des Elefanten Tod. Hundert Jahre Nobelpreis", in: *Frankfurter Allgemeine Zeitung*, vom 07.12.2001.

unzufriedene, „klagende Klasse'" von „konstitutionellen Melancholiker[n], [...] [die] sich die Flucht in die Utopie offen'"[11] hielten.

Während der Intellektuelle also in Deutschland häufig mit Legitimationsproblemen zu kämpfen hat, besitzt er jenseits des Rheins spätestens seit der Dreyfus-Affäre ein Ansehen, wie es weltweit seinesgleichen sucht. Dennoch konstatieren Intellektuelle und Wissenschaftler auch in Frankreich einen merklichen Bedeutungsverlust und eine damit einher gehende Abnahme der öffentlichen Präsenz von Literatur. Der Tod Jean-Paul Sartres als Personifikation des engagierten literarischen Intellektuellen wird dabei zumeist als Einschnitt wahrgenommen, mit dem die Legitimität der Literaten zu schwinden beginnt, da sich kaum ein anderer Schriftsteller oder Intellektueller auf so beispielhafte Art und Weise mit einem nicht intellektuellen Milieu verbunden sah.[12]

Im Gegensatz zu Frankreich hat die Verbindung von Politik und Literatur hierzulande keine ausgeprägte Tradition. „Nirgends [...] versteht sich die Kultur so sehr als Ersatz der Politik wie in Deutschland".[13] Zudem hat die Verbreitung des Internets nicht dazu beigetragen, den Intellektuellen eine breitere Plattform zu gewähren, im Gegenteil führt die Pluralität öffentlicher Meinungen, die Multiplikation von Rede und Gegenrede im öffentlichen Raum zu einem Übermaß an Anschauungen, welches der Autorität des Einzelnen abträglich ist und schließlich mit einem Resonanzverlust einher geht.[14] Dies wiederum hat zur Folge, dass die geistigen Leitfiguren ihre Rolle in der Öffentlichkeit verändern müssen. Für Günter Grass mündet diese Situation in ein wieder stärker werdendes politisches Engagement und eine Präsenz in zunächst ungewöhnlich erscheinendem Rahmen. So veranstaltet er im Jahr 2004 eine Lesung

---

[11] Fromm, Eberhard: „Intellektuelle im 20. Jahrhundert", in: ders. (Hrsg.): *Meister der deutschen Sprache. Studien zur Anatomie des deutschen Intellektuellen*, Luisenstadt, Berlin 2004, S. 19.

[12] Vgl. Bloch, Werner: „Nachhilfeunterricht in Post-Romantik. Alain Finkielkraut über die Rolle der Intellektuellen, über die Arroganz der Deutschen in Europa und ihre fatale Geschichtsvergessenheit", in: *Süddeutsche Zeitung*, vom 14.02.2001.

[13] Lepenies, Wolf: „Kultur statt Politik", in: *Süddeutsche Zeitung*, vom 28.10.2000.

[14] Vgl. Schmidt, Thomas E.: „Widerstand durch Mitarbeit. Gesellschaftskritik erreicht die Politik kaum noch. Warum der Intellektuelle sich heute die Verachtung der Gegenwart nicht leisten kann", in: *Die Zeit*, vom 17.10.2002.

in einem Fußballstadion zugunsten eines Fußballvereins[15] und unterstützt noch 2005 Gerhard Schröder im Wahlkampf für die SPD. In den USA wird er 2002 in einem von dem amerikanischen Richter und Juraprofessor Richard A. Posner aufgestellten Internet-Ranking an Position eins der 100 wichtigsten deutschen Intellektuellen gesetzt.[16]

Die Kluft, die zwischen der Gesellschaft und den geistigen Führungsspitzen dennoch in der Mehrheit der Fälle besteht, lässt sich häufig auch in dem Spannungsfeld von Wissenschaft und praktischer Relevanz der Forschung, besonders auf dem Gebiet der Geisteswissenschaften, beobachten. Nicht zuletzt aus diesem Grund sieht sich die vorliegende Arbeit nicht nur der empirischen Quellenauswertung im deutsch-französischen Kontext verpflichtet, sondern versucht, eine Verknüpfung von Empirie und Theorie herzustellen, indem als ein weiteres Ergebnis neben der Untersuchung der Rezensionen ein theorie- und praxisgestützter Ansatz steht, der zur systematischen Analyse und Interpretation von Rezensionen vornehmlich belletristischer Literatur Anwendung finden kann.

Mit der zunächst groben Zweiteilung in werkexterne und werkinterne Aspekte können bei einer Untersuchung literaturkritischer Texte die wichtigsten Punkte aufgegriffen und näher beleuchtet werden. Diese berücksichtigen das Untersuchungsobjekt sowohl in kommunikationstheoretischer Hinsicht, betrachten also Formalia ebenso wie den Autor der Rezension, als auch den weiteren Kontext eines Werkes, indem der Verfasser desselben und gesellschaftliche Debatten um ihn oder sein Œuvre als Bestandteile der Rezension analysiert werden. Gewinnbringend erscheint in Hinblick auf die Betrachtung dieser kommunikationstheoretischen Untersuchungsaspekte insbesondere die Erweiterung und Differenzierung der ursprünglich von Isolde Fischer angeregten, aber als unzureichend erscheinenden Zweiteilung bezüglich der Untersuchungsstrategie der Kritiker: Die drei gefundenen Oberkategorien mit jeweils zwei Subkategorien erlauben eine exaktere Bestimmung derselben: Dabei werden unter die werkimmanenten Strategien eine stärker ästhetisch so-

---

15 Vgl. Schreiber, Wolfgang: „Anspielstationen“, in: *Süddeutsche Zeitung*, vom 15.06.2004.

16 Vgl. O.N.: „Die wichtigsten deutschen Intellektuellen. Geistige Wirkung ist meßbar: Ein erstes Internetranking für die gebildeten Stände“, in: *Frankfurter Allgemeine Zeitung*, vom 27.01.2002. Artikel zusammengestellt von Redakteuren der *Frankfurter Allgemeinen Zeitung* und der *Frankfurter Allgemeinen Sonntagszeitung*.

wie eine stärker intertextuell ausgelegte Strategie gefasst, in die Kategorie der ästhetisch-soziologischen Strategien fallen die feministisch geprägte sowie die außerliterarisch-ästhetische Strategie und schließlich werden die diskursanalytische sowie die dekonstruktivistische Vorgehensweise der Gruppe der poststrukturalistischen Strategien zugeordnet.

Im Bereich der werkinternen Kriterien erstrecken sich die Untersuchungsaspekte auf die Textbeschreibung, -interpretation und die Wertung des zugrunde liegenden Bezugstextes. Der Mehrwert des Ansatzes liegt dabei vor allem in der interpretatorischen Erkenntnis einer Rezension. Die unsystematische Lektüre von Literaturkritik erlaubt es nur selten, über rein analytische Aspekte hinauszugehen: Wichtige und aussagekräftige Kriterien wie die Untersuchungsstrategie eines Kritikers gestatten Beobachtungen, die ohne eine vertiefende Betrachtung kaum festgestellt werden könnten. Neben der Beziehung von Strategie und Wertung, den Erwartungen an Literatur und der politischen Ausrichtung der Zeitung konnte herausgestellt werden, dass dekonstruktivistische oder diskursanalytische Verfahren bei zeitgenössischen Kritikern kaum mehr genutzt werden, sondern sich deren Strategien vielmehr auf werkimmanente oder außerliterarische Vorgehensweisen beschränken. Zur Blütezeit strukturalistischer Theorien kommen der Dekonstruktivismus und die Diskursanalyse gewiss auch in der Literaturkritik häufiger zur Anwendung, so dass eine Untersuchung von Texten aus der Hochphase dieser literaturtheoretischen Strömungen interessante Einblicke in den Umgang mit Literatur, Deutungsvarianten und Lesarten bieten würde und aus diesem Grund zweifellos ein Desiderat in der literaturwissenschaftlichen Forschung darstellt. In Verbindung mit der theoretischen Erarbeitung der Untersuchungsstrategien wurde zudem deutlich, dass eine umfassende Übersicht über zeitgenössische literaturkritische bzw. literaturtheoretische Strömungen oder Schulen wünschenswert wäre.

Obgleich die Bearbeitung dieser Problemfelder noch aussteht, gelang es, einen umfassenden Ansatz für die systematische Untersuchung von Rezensionen zu entwickeln, der dazu beitragen kann, die Literaturkritik bzw. die Textgattung Rezension, anstatt ihre Legitimität in Zeiten technologischer Massenmedien anzuzweifeln und ihr Ende zu beklagen,[17] wieder stärker in den Mittelpunkt wissenschaftlich-analytischer Forschung zu rücken.

---

[17] Vgl. Dotzauer: „Im Sturzflug himmelwärts".

11 Anhang: Rezensionsmaterial

11.1 Die französischen Beiträge zu Michel Houellebecq

Lepape, Pierre: „Dernière station avant le désert“, in: *Feuilleton du Monde*, vom 28.08.1998.

Dernière station avant le désert

Plus qu'impatiente, l'époque est pressée. Dans le domaine des lettres comme ailleurs. Voilà trop d'années qu'on se plaignait de l'atonie de notre littérature nationale. Il y avait des livres, certes, en quantité, et quelques-uns excellents. Mais une poussière de bons livres est toujours une poussière, ça ne fait pas masse, ça ne se voit pas. Pour qu'une littérature s'aperçoive de loin, depuis les rives étrangères par exemple, il lui faut des phares, des falaises escarpées, des citadelles flamboyantes. Et pour qu'elle se fasse entendre dans le grand brouhaha médiatique mondialisé, il lui faut des provocations, des affirmations péremptoires, des querelles bruyantes, des affrontements intellectuels et esthétiques sanglants. Pour un peu, on aurait passé une petite annonce: «Urgent. Littérature française de la fin du siècle recherche jeune chef de guerre pour entrer dans le troisième millénaire. Troupes à volonté.»

Il y a quatre ans qu'est né le sentiment d'avoir enfin déniché l'oiseau rare. Cette année-là, un homme jeune mais point tendre, il est né en 1958, publiait chez Maurice Nadeau, une référence, un roman intitulé *Extension du domaine de la lutte.* Pour un premier roman (on apprit plus tard que Michel Houellebecq avait aussi publié des poèmes et un essai sur Lovecraft), c'était plutôt époustouflant. Intelligent, cultivé, construit selon les lois rigoureuses d'un savant désordre, drôle, violent, révolté mais réfléchi. Et puis Extension respirait un fort parfum d'époque les ravages du libéralisme, la démoralisation des démocraties, la récupération des révolutions, le vertige de la décadence sans se laisser lui-même enivrer par ces vapeurs fétides. On y sentait une pensée critique bien décidée à résister à l'effondrement, et pas seulement par le rire et par la négation.

Par bonheur, par justice, par malentendu aussi sans doute, *Extension du domaine de la lutte* trouva un public nombreux, surtout parmi les jeunes lecteurs. Il aurait pu s'agir d'un feu de paille, d'un coup de mode comme Truismes ou d'un effet de génération comme il s'en produit de temps en temps. Mais Houellebecq se révéla être beaucoup mieux qu'un écrivain doué: une vraie bête de scène littéraire comme nous n'en avions pas eu depuis longtemps. Négligeant les lumières faciles et vulgaires de la télévision, mais intervenant dans les publications «branchées», s'assurant de solides soutiens dans des revues combatives, citant Kant et Novalis aussi aisément que le principe d'incertitude d'Heisenberg. Un jeune écrivain qui aime les idées et les théories, qui regarde avec quelque dégoût le monde qui l'entoure mais cherche néanmoins à le comprendre plutôt que de se replier sur lui-même, assez neuf sans pour autant se laisser aller aux délices absconses de l'avant-garde: il n'en fallait pas plus. A la fin du printemps, ce romancier d'un seul roman a reçu le Grand Prix national des lettres, et chacun murmurait déjà avant d'en avoir lu une seule ligne que son nouveau roman, *Les Particules élémentaires*, était l'événement de cette rentrée (1). Ce qu'on pourrait appeler du bouche à oreille par anticipation.

De quoi être méfiant, donc. De quoi craindre que l'écrivain ne ploie sous le poids trop lourd des promesses. Il suffit de se plonger quelques instants dans les *Particules élémentaires* pour être rassuré. Il ne s'agit sans doute pas du miracle annoncé, mais Houellebecq a conservé la tête bien droite et bien claire sur ses épaules. Il fera d'autres livres, encore meilleurs que celui-ci. Il a le temps pour lui; ce sont les autres qui sont pressés.

Les Particules élémentaires est un roman ambitieux. Il ne s'agit de rien moins que l'histoire du monde réel depuis trente ans, depuis le triomphe libéral-libertaire de l'après-68. Roman de génération, donc, comme il s'en écrit beaucoup ces derniers temps, avec cette nuance de taille qu'il s'agirait plutôt ici d'une dégénération, de la dissolution des liens qui tenaient ensemble, pour le pire et le meilleur, les enfants d'une même société. Michel et Bruno sont demi-frères, plantés au hasard de l'air du temps par une mère qui a appliqué avec conscience les principes de la libération sexuelle, avant de les abandonner (les enfants, pas les principes) pour courir d'autres aventures sociétales. Leurs pères, bien sûr, ne s'en sont pas davantage encombrés. Les grands-mères, les pensionnats, les familles provisoires ont fait l'affaire.

Ni Michel, ni Bruno ne se sont remis de cette dissolution. Le premier est devenu un chercheur brillant en biologie. Il s'accroche comme à une bouée à une vision positiviste du monde, des sociétés et des hommes. Tout ce qui n'est pas du strict domaine des lois matérielles n'appartient pas au réel. A commencer par l'amour dès qu'il fait semblant d'échapper aux règles des jeux sociaux, à celles des conditions biologiques du désir ou à celles, ethnologiques et historiques, de la domination. Michel s'est créé un rempart théorique qui le met à l'abri de tous les sentiments, y compris celui d'exister.

Michel traque en lui et autour de lui, comme une faiblesse, une niaiserie, un dangereux mensonge, toute trace d'humanité. Il est glacé, il paraît fort. Bruno est la faiblesse même. Offerte, humiliée, bafouée. Avec lui, autour de lui, c'est la sarabande des paumés, des rejetés et des laissés-pour-compte. La sarabande, c'est déjà une danse. Ceux qui sont exclus du grand marché de la consommation amoureuse parce qu'ils sont trop moches, trop maladroits, trop timides ou trop impuissants. Houellebecq a glissé dans son livre une sorte de petit traité post-marxiste du paupérisme amoureux, ce dernier avatar moderniste de la lutte des classes et de l'économie libidinale, qui est une petite merveille d'analyse, précise et cruelle.

En romancier consciencieux, le manipulateur des *Particules élémentaires* a pris soin de faire évoluer ses personnages et de leur offrir une porte de sortie. Michel va quitter son laboratoire et son sinistre déterminisme physico-biologique pour aller chercher, du côté du principe d'incertitude, la réalité d'une vie qui ne soit pas de pure apparence. Bruno va abandonner sa quête éperdue, aveugle et désespérée du coït pour tenter de découvrir chaleur, apaisement et peut-être bonheur dans l'exercice partagé de la tendresse. L'un et l'autre, par des chemins opposés, vont également constater que sans la fraternité, l'égalité est une farce et la liberté un suicide. Entre le réductionnisme de la vieille science et les niaises béatitudes du New Age, l'humanité doit bien pouvoir inventer quelque chose avant de se dissoudre, mais quoi?

Voilà qui nous change des romanciers modestes, lesquels considèrent qu'au-delà de deux ou trois idées on se montre impoli envers les lecteurs. Des idées, Houellebecq en a plein la tête et il n'hésite jamais à les étaler, quitte à planter là son récit pour le renouer un peu plus tard. Des théories déjà bien articulées et des bribes d'hypothèse, parfois fort poétiques, qu'il expérimente devant nous. Cela donne à son roman un rythme galopant mais discontinu avec çà et là quelques sauts d'obstacle qui n'est pas sans charme; cela lui permet aussi de jouer avec souplesse sur les différents champs du récit: de passer du microscopique au macroscopique, du particulier au général, de l'individuel au social. Mais aussi du moral au politique, du réel au fictif, de l'esthétique au spirituel. Une impression de grande liberté, sévèrement contrôlée. Comme si Houellebecq craignait que les plaisirs et les artifices de la fiction ne nous entraînent trop loin de ce qu'il veut nous mettre sous le nez: la réalité que nous ne savons déjà plus voir.

Mais faut-il alors écrire des romans? Notre époque n'est-elle pas déjà sursaturée de romanesque, goinfrée d'illusions, sans qu'il soit besoin d'en rajouter, même pour la bonne cause? Houellebecq a, sans doute aucun, une réponse à la question. Et qui doit être affirmative puisqu'il a décidé de faire un roman, puis un autre. N'empêche que, en pratique, on le sent gêné par l'exercice. Entre le langage de la poésie et la logique des concepts, il cherche un compromis qu'il nomme roman, sans y croire tout à fait.

De là, probablement, la manière de distance que nous gardons vis-à-vis de ses personnages. Ils nous intéressent, nous amusent, nous émeuvent même, mais comme derrière une vitre. Ils ne sont vraiment présents que lorsqu'ils parlent; le plus souvent, ils se contentent d'être pénibles, intelligents et pitoyables.

De là aussi l'obligation où semble se trouver Houellebecq de placer sa voix un ton trop haut, un décibel trop fort. Comme si l'emphase dans le sordide, dans le dramatique, dans l'ironique, dans l'idéologique devait compenser une certain artificialité romanesque.

Les Particules élémentaires est un bon livre un peu forcé. Ni plus ni moins. L'oiseau rare n'a pas pris son envol.

Pierre LEPAPE

Ollivier, Eric: „Michel Houellebecq: porno-misère", in: *Le Figaro littéraire*, vom 10.09.1998.

Michel Houellebecq: porno-misère

Disons d'abord qu'il s'agit d'un livre grandiose, à l'ambition démesurée... si on le prend par la fin. J'en donnerai la clé tout à l'heure. Dès le prologue, on est averti, tel Horace Vernet s'attachant au mât d'un bateau pour dessiner les tempêtes, on boucle sa ceinture en se disant: Ça va «s'inguer», on va dérouiller. Et, près de 400 pages plus tard, on est sur les genoux, non pas épuisé par des plaisirs somme toute licites, mais sous les flots d'une liqueur (mot jésuite au confessionnal) maigre et infiniment pitoyable.

On ne sait pas par quel bout (excusez-moi) prendre cet ouvrage qui se donne pour un roman et qui est une somme initiatique inspirée... sans inspiration.

Tenu par un vœu de chasteté formulé (sans mon accord) par mes parrains au baptême, je ne suis pas expert en sexualité. Mais j'ai lu beaucoup de bons auteurs, et suis sidéré par l'insuffisance de cette interminable porno-misère. Songez que, pendant trois cent pages, l'auteur nous décrit ses personnages (ils n'existent pas, au sens romanesque s'entend) aux prises avec leur appendice le moins enviable, avec des corps féminins souvent disgraciés. Là est, peut-être, l'enfer sur Terre, mais je préfère alors celui de Signorelli, peintre puissant. Ici, tout est petit. Dans l'incohérence mêlée des mots et des évocations où l'auteur se vautre, Kant, Nietzsche, Huxley, bien d'autres, viennent décorer le gâteau. Même Heisenberg, le définisseur du principe d'incertitude, est réquisitionné pour la démonstration. (J'ai rencontré Heisenberg à la fin de sa vie: il passait les jours en animant un quatuor à cordes, et il eut beau m'expliquer son principe d'indétermination, je revins bête comme devant; mais je le vois bondir de fureur en se découvrant mêlé à cet aïoli sans ail ni huile).

La trame de cette histoire est banale: deux demi-frères, peu élevés, disons, par des parents irresponsables, essaient péniblement de s'adapter à l'existence. L'un d'eux, biologiste, dont le nom est le même que celui du fondateur de la Tcheka en URSS, va inventer peu à peu un nouvel univers où l'humanité actuelle sera remplacée (il nous compare aux singes, ce qui n'est pas gentil pour ceux-ci) par des Terriens engendrés à partir de gènes: une gigantesque partouze de gènes (pardonnez-moi d'employer un vocabulaire restreint) assurera la repopulation de l'univers.

L'autre, impuissant obsédé, passera sa vie à enterrer une vie de garçon insatisfaisable, en baguenaudant d'amuse-gueules mal vus aux Etats-Unis quand il s'agit d'un président, en kermesses sans héroïsme dans des campings-caniveaux. Il ne manque à ses hauts faits que quelques histoires de rambuteaux (les chalets de nécessité sous l'Ancien Régime).

On notera pour sourire, car on a bien droit à une récréation après tant d'efforts, que l'auteur de ce livre, couronné par anticipation «grand prix national des lettres», a publié précédemment un petit ouvrage intitulé *Interventions*. Ce mot devrait rappeler, même aux immémoriaux, que la Communauté européenne a naguère vendu à bas prix du beurre d'intervention, au moment où sortait dans les salles de cinématographes le film *Portier de nuit*, où le beurre avait un rôle. Fin de l'entracte.

L'essentiel du livre, évidemment, est ailleurs; un auteur motivé ne s'est pas astreint à rédiger tant de pages pour libérer ses phantasmes. Il se sent missionné. Et les précieuses, et les bas-bleus vont suivre ce démiurge par biologiste interposé; il nous apporte une révélation qui surclassera celle d'Einstein. Que les gens tranquilles se rassurent, c'est seulement en 2029 qu'apparaîtra le premier être de la relève pour notre vielle race sur la Terre. Et cinquante ans plus tard, la repopulation ne sera pas tout à fait achevée, les doctrines religieuses traditionnelles protégeant les survivants. Cela nous laisse du temps pour réfléchir. On devrait rigoler, tout simplement. C'est le meilleur antidote. Et poser cette question: qui se chargera d'étiqueter les milliards de vivants génétiquement modifiés, comme l'impose la loi de… 1998?

Ramener à l'école primaire la métaphysique (mets ta physique où je pense, aurait dit Zazie de Queneau) en étalant un savoir désordonné comme aiment les autodidactes (avec ou sans permis de nous conduire) ne suffit pas à rendre porteur un livre. Un griffonnage cahoté, sans intrigue romanesque, description linéaire et sinusoïdale d'états d'âmes où l'âme a peu de part, peut difficilement être accepté comme prophéthique. Nous savons tous que notre société est en dévérinade. Encore faut-il, pour convaincre, autre chose que du sperme pontifiant.

Pour être à la mesure d'une ambition messagère, à moins de vaticiner, il faut s'imposer une rigueur de construction, une logique implacable dans la démonstration. Mais l'auteur a voulu pleurer plus haut que son cœur (il saura traduire dans son langage mi-cru cette image), son brouillon est une… débandade.

A ceux qui aiment la littérature érotique avivée par la métaphysique, je rappelle qu'on trouve dans les poches, en bonfrançais, Sade, Genet, Pauline Réage.

A ceux qui me trouveraient bien sévère, je rappellerai un mot de Montaigne (le bougre me dédouane souvent): «*Ce que je ne comprends pas à la première attaque, je le comprends encore moins en m'obstinant.*» Et je sais que je ne relirai pas *Les Particules élémentaires*; le… style en est trop pataud.

Éric OLLIVIER

LES PARTICULES ÉLÉMENTAIRES, DE MICHEL HOUELLEBECQ, *Flammarion, 105 F*

De Gaudemar, Antoine: „Houellebecq, mutant moderne“, in: *Libération Livres*, vom 27.08.1998.

Houellebecq, mutant moderne .

Catastrophe du libéralisme, misère sexuelle et désenchantement du monde: dans le second roman de Michel Houellebecq, l'humanité ne trouve son salut que dans sa disparition au profit d'un clonage génétiquement parfait. Entretien.

Il y a un phénomène Houellebecq, quarante ans cette année: un essai, Rester vivant, publié confidentiellement en 1991 (en même temps qu'un texte sur Lovecraft), un premier roman paru en 1994, *Extension du domaine de la lutte*, un recueil de poèmes (le Sens du combat, 1996), et depuis, au gré d'«interventions» sous forme d'articles ou d'interviews dans les journaux ou les revues (aujourd'hui regroupés en volume sous ce titre), une réputation grandissante, l'instituant peu à peu comme le chef de file, sinon l'idéologue, d'une nouvelle génération, celle des enfants des soixante-huitards, sans héros et sans croyance, dépressive et iconoclaste, remontée contre la sauvagerie du libéralisme mondialiste et utilisant surtout la dérision comme expression de son «désarroi». Chronique de la souffrance et du désastre quotidien (en l'occurrence dans l'entreprise), *Extension du domaine de la lutte* cristallisait la critique du «monde comme supermarché» (de l'argent et du sexe) et la lasse déprime ambiante, accédant peu à peu au statut fourre-tout de «livre-culte».

Autant dire que le second roman de Michel Houellebecq était attendu. D'autant qu'il n'a jamais caché une certaine ambition: «Isomorphe à l'homme, le roman devrait normalement pouvoir tout en contenir», écrit-il ainsi en ouverture d'Interventions, en expliquant que la réflexion philosophique doit pouvoir être un «matériau romanesque» comme un autre. *Les particules élémentaires* s'inscrivent dans cette prétention. Il s'agit d'un vaste roman, «balzacien», «sartrien», relatant le destin de deux demi-frères nés en France à la fin des années 50 et qu'apparemment tout oppose, à l'exception d'une mère commune les ayant abandonnés tout-petits pour la Californie des premières communautés hippies et d'un sentiment partagé de dévastation générale du monde. Bruno, l'aîné, est un écrivain raté et un obsédé sexuel, Michel, le cadet, un savant de laboratoire chaste comme un moine. Aussi désespéré que cynique, le premier cherche son karma dans l'expérience érotique tous azimuts; le second, vivant dans un «vide sidéral» mais habité par sa passion scientifique, fait avant de mourir une énorme découverte: il prouve que tout code génétique peut être réécrit et que donc «toute espèce animale (...) pouvait être transformée en une espèce apparentée, reproductible par clonage, et immortelle». Le roman s'achève au XXIe siècle tel une fable de science-fiction – un genre que l'auteur a beaucoup lu adolescent: des politiciens se sont emparés de l'idée, et l'humanité s'est mise à organiser son clonage systématique, sans grande résistance: «On est même surpris de voir avec quelle douceur, et peut-être quel secret soulagement les humains ont consenti à leur propre disparition.»

Habilement construit en récits alternés – les deux frères se perdant et se retrouvant, et s'affrontant souvent, notamment sur le plan moral ou libidinal –, les *Particules élémentaires* trouvent leur plénitude dans la métaphore finale: dans un monde en proie à une dépression vertigineuse, seule peut s'imposer l'utopie génétique aberrante d'un «homme» parfait. L'auteur a prévenu dès les premières pages: après l'apparition du christianisme et celle de la science moderne, la révolution génétique est «la troisième mutation métaphysique, à bien des égards la plus radicale, qui devait ouvrir une période nouvelle dans l'histoire du monde». Dans cette perspective, et souvent avec un humour noir jubilatoire, Michel Houellebecq ne ménage pas ses considérations sur notre fin de siècle: on retrouve la plupart de ses thèses sur la nocivité du libéralisme occidental, ayant récupéré aux pires fins le libertarisme post-soixante-huitard. A travers ses deux héros qui sont comme deux figures du malheur masculin, il y ajoute une critique en règle des effets pervers du féminisme (notamment sur les hommes), de la dérive new age et de l'hédonisme sexuel. Pourtant, le roman n'est pas sans ambiguïté et procure un malaise certain, qui n'ira pas sans polémique: pas tant à cause du refus délibéré de son auteur d'être «politiquement correct» (au contraire) que du fait de raccourcis rapides – ainsi les serial killers d'aujourd'hui seraient les «enfants naturels» des hippies, l'épuisement des jouissances sexuelles poussant des individus «libérés des contraintes morales ordinaires» vers les «jouissances de la cruauté» – ou de sa fascination pour le génie génétique (même s'il a donné à son savant le nom de Djerzinski, le grand massacreur stalinien). C'est le paradoxe Houellebecq: tandis qu'il a tous les traits – et le style – d'un moraliste, il déroute par de brusques écarts en eaux troubles qu'un seul goût de la provocation ne suffit pas à expliquer. Ce n'est pas non plus une pose, mais plutôt l'expression d'un tourment intérieur, si glauque soit-il. En ce sens, il incarne l'époque, toute de pessimisme extrême mais aussi de confusion – et pas que des sentiments.

Antoine de GAUDEMAR

Michel Houellebecq, Les Particules élémentaires, Flammarion, 394 pp., 105 F. Interventions, Flammarion, 150 pp., 70 F.

De Saint-Vincent, Betrand: „L'île noire", in: *Le Figaro magazine, LIRE,* vom 10.11.2000.

L'île noire

Au début, on était un peu inquiet: était-il fasciste? Finalement, il ne semble pas qu'il le soit. Certes, il ne croit pas au progrès et vomit les soixante-huitards. Mais il en pince pour Staline; ouf!
Michel Houellebecq, depuis le triomphe de son roman les *Particules élémentaires,* fait figure d'artiste maudit. La disparition de Serge Gainsbourg a laissé le poste vacant. Il l'occupe avec talent. Tour à tour chanteur, photographe, écrivain, il fait les délices des médias, qui l'ont consacré nouveau dandy, et l'objet de thèses de multiples étudiantes qu'émoustillent ses textes scabreux. Sa dernière œuvre, Lanzarote, regroupe deux ouvrages: un récit de voyage et un album de photos. On y fait connaissance avec cette île Canaries ou personne à part lui n'aurait l'idée de se rendre en vacances en janvier. Ses clichés nous révèlent un paysage désertique qui peut faire songer à la lune, à Mars mais y-a-il des cactus sur Mars?, enfin une géographie volcanique. A Lanzarote, le narrateur prend le car avec un inspecteur de police luxembourgeois et moustachu, Rudi, et deux Allemandes en salopettes, Pam et Barbara, lesbien nes, «non-exclusives». On devine qu'il y aura ébats. Le flic est dépressif et le narrateur morne. Ils boivent des matador surprise en attendant que ça passe.
Comme d'habitude, chez Houellebecq, ça ne passe pas. Il y a du Vialatte triste chez ce réactionnaire qui n'aime pas les voyages organisés mais rêve d'une tyrannie pour dispenser les hommes d'avoir à penser. Son récit se lit sans peine, comme une brochure touristique qui vanterait le mal de vivre.
Bertrand de SAINT VINCENT
Récit Lanzarote, de Michel Houellebecq, Flammarion, 90 p., 149 F.

Rose, Sean James: „Lanzarote et autres textes“, in: *Libération Guide*, vom 01.11.2002.

Lanzarote et autres textes

Le narrateur cherche une destination vacances pour éviter de rater le réveillon «comme d'habitude». Va pour Lanzarote, île des Canaries, au large de l'Afrique avec Gulf Stream et baignades en hiver. Mais l'herbe n'est pas plus verte ailleurs et le touriste dépressif de certifier la nullité des paysages: le soi-disant «Parc naturel» est un sinistre tas de cailloux. Quant au patrimoine culturel, il n'y en a pas, les rares monuments de valeur ayant été détruits lors d'une irruption volcanique. Seules les rencontres (parmi les autres touristes, s'entend) suscitent un intérêt: Pam et Barbara, deux lesbiennes allemandes plutôt ouvertes et un Belge moustachu et déprimé (le flic a été largué par sa femme marocaine qui est rentrée au pays avec leurs enfants). Au programme, un peu de «sea, sex and sun». La «clinicité» de la plume de Houellebecq assure le côté volontairement «triste» de la chair, son sens de la dérision assure le reste: un bon moment d'anthropologie humoristique. Dans les textes qui suivent, des thèmes chers à l'auteur de *Plateforme* (J'ai lu, 2002): libéralisme sexuel, clonage, science-fiction.

Sean-James ROSE

Michel Houellebecq. Lanzarote et autres textes, Librio 96 pp., 1,52 euros. Poches. Récits/Michel Houellebecq

Savigneau, Josyane: „Houellebecq et l'Occident", in: *Le Monde des Livres*, vom 31.08.2001.

Houellebecq et l'Occident

Même si la polémique engagée autour de «Plateforme» s'est focalisée sur le tourisme sexuel, ce n'est en rien le sujet principal de ce roman féroce qui, autour d'un amour imprévu, nous balade entre ennui, plaisirs frelatés, Occidentaux accablés et intégristes de toutes sortes.

Si vous aimez la littérature, il serait sage de ne pas écouter ceux qui disent: «Michel Houellebecq pense que...» Car *Plateforme* n'est pas un essai sur le tourisme sexuel (lire nos informations dans *Le Monde* daté 26–27 août), ni un texte de propagande en faveur de cette pratique, ni un réquisitoire contre elle. C'est un roman. On s'est beaucoup offusqué, en Occident, en 1989, de voir les intégristes musulmans refuser de comprendre que Les Versets sataniques de Salman Rushdie étaient une fiction, et voilà qu'avec des conséquences moins dramatiques heureusement, certains, aujourd'hui, en France, font la même chose. *Plateforme* (drôle de titre, mais Houellebecq avoue sa fascination pour la trouvaille de Faulkner, Pylône) est pourtant bien un roman, excellent, dont le sujet n'est pas principalement le tourisme sexuel, mais, sur fond d'«état des mœurs en Occident au début du XXIe siècle», l'éternelle affaire des relations complexes entre les hommes et les femmes, de leur perpétuel malentendu, annulé, comme cela arrive parfois dans une vie, par une vraie rencontre, une sorte de miracle ou de révolution intime, une histoire d'amour. Inattendue, mystérieuse, évidente, comme elles le sont toutes.
Le seul ennui est que Houellebecq ne fait pas dans le «troubadourisme». En très bon romancier, il regarde la société. Il ne cherche pas à la juger, mais à la décrire, avec un humour terriblement noir. Alors, l'image n'est pas forcément plaisante pour tous ceux qui préfèrent «ne pas savoir.» «Je ne hais personne, précise Michel Houellebecq. Je suis dans une forme d'éloignement, de distance. C'est la position normale de l'écrivain. Je sais qu'il y a une demande pour que je condamne ce que je décris, notamment le tourisme sexuel. Je n'ai aucun jugement négatif. Ni sur tel ou tel comportement, ni sur l'homme en général. Dans le pire des cas, je suis compassionnel.»
En outre, son narrateur, célibataire assez léthargique, vivant «dans un pays marqué par un socialisme apaisé», fonctionnaire au ministère de la culture, n'est pas vraiment fait pour avoir une existence heureuse et vivre un bel amour. Mais plutôt, en effet, pour les voyages organisés où se conjuguent des solitudes, et où, si l'on

choisit comme destination la Thaïlande, on se prépare à l'amour tarifé. Il est donc très facile de prévoir que tout se terminera très mal. Cependant, il faut d'abord s'attarder du côté de ce narrateur. Il se prénomme Michel, il a la quarantaine, mais ce n'est pas Michel Houellebecq, contrairement à ce qu'on entend dans la bouche de ses adversaires, comme si les millions de paroles prononcées pour expliquer que le narrateur de la Recherche n'est pas Marcel Proust n'avaient servi a rien. «Le choix du «je» ou du «il» était ma seule vraie hésitation en commençant ce livre, explique Michel Houellebecq.» «J'ai su que je voulais le «je» en décrivant, dès les premières lignes, le personnage.» «Je ne me suis pas marié», dit-il, et il précise qu'il svest toujours «retenu d'acheter un animal domestique». Moi, je suis marié et, justement, j'envisageais d'acheter un animal domestique, ce que j'ai fait. «Alors j'ai choisi d'écrire au «je». Le «je» est vraiment flexible, on peut avec lui exprimer aussi, au mieux, ce qu'on voudrait ne pas être.»

La polémique déclenchée par son précédent roman, *Les Particules élémentaires* (Flammarion, 1998), comme celle qui commence à propos de Plateforme, ne suscitent chez lui qu'un ennui poli: «J'aimerais que ce que je pense, moi, personnellement, n'ait aucune importance. C'est le sens de l'époque qui cherche à m'entraîner dans la polémique. Moi, je crois que j'écris bien et c'est ma vraie fierté. Cela dit, il semble que j'aie une espèce de flair de cochon pour déceler ce qui va faire mal à la société autour de moi.» Et pour le dire, avec netteté, et un sens très sûr de la composition d'un roman. «Oui, j'ai beaucoup pensé à la construction, je voulais tenter d'écrire un texte qui se lise d'une seule traite.» Ce qui a été fait.

Est-ce cette capacité à révéler ce qui dérange qui a incité Michel Houellebecq à s'installer dans une toute petite île (200 habitants), au sud-ouest d'une île qui est elle-même à l'extrême ouest de l'Europe, autrement dit en Irlande? «Non, j'ai toujours eu un rêve d'Irlande, où je suis venu souvent, répond-il, mais je n'avais pas d'argent. Grâce aux *Particules élémentaires*, j'en ai eu un peu. J'ai d'abord habité Dublin, puis depuis novembre 2000, je suis ici, à Bere Island.»

Tous ceux qui se font une idee simpliste de ce romancier – il serait un provocateur gratuit, un crypto fasciste ou un stalinien masqué (on a entendu tout et son contraire), un «petit Blanc» déguisé en écrivain à succès – devraient peut-être visiter ce magnifique coin d'Irlande, du côté de la baie de Bantry (prendre l'avion jusqu'à Cork, une voiture puis le ferry), pour comprendre que Michel Houellebecq ne peut être réduit a ces clichés. Il est déconseillé de prendre d'assaut sa maison blanche et rouge – il l'a baptisée The White House –, bien que ce soit l'ancien *bed and breakfast* de l'île et que les numéros soient restés sur les portes des chambres. Le lieu est rude, les hivers sont sans doute assez longs et les tempêtes fréquentes, pourtant il est très apaisant de rendre visite à ce drôle d'homme qui parle peu, mais joue volontiers, en compagnie de son épouse Marie-Pierre, avec leur jeune chien, un corgi affectueux.

S'il fallait un seul mot pour désigner Michel Houellebecq, ce serait sûrement «placidité», et cela le rend insupportable à certains car cette placidité est présente dans sa manière de décrire la société, de regarder «au milieu du monde» – expression figurant sur la couverture du livre, au-dessus du titre. «Au milieu du monde», c'est une sorte de série que j'ai commencé avec Lanzarote (1). J'ai d'ailleurs écrit ce texte sur Lanzarote en Thaïlande en 1999. Je pensais faire un livre par pays. Mais la Thaïlande demandait de plus amples développements. J'ai d'abord envisagé un roman très ambitieux, avec des personnages thaïs, uniquement. J'ai même tenté d'apprendre la langue, mais je crois que c'est assez difficile et je ne suis absolument pas doué. Puis j'ai lu quelque part que le tourisme devenait la première activité économique mondiale et ça a cristallisé quelque chose. Mais ensuite, au fur et à mesure qu'on avance dans le récit, les perspectives se modifient, des personnages qu'on voyait comme secondaires prennent de l'importance. C'est le cas de Valérie dans *Plateforme*, qui, au départ, n'était qu'une silhouette dans une galerie de portraits, lors du voyage du narrateur en Thaïlande, puisque celui-ci ne devait s'engager avec personne, ne jamais s'impliquer. Et finalement elle devient une héroïne aussi importante que lui.»

Avec Valérie, qui mène une belle carrière, d'abord à Nouvelles Frontières, puis dans un groupe hôtelier mondial, mais «n'aime pas ce monde dans lequel on vit», le Michel de *Plateforme* va, certes, réaliser des «Eldoradors Aphrodite» – le nom parle de lui–même –, mais surtout découvrir... la lune, à savoir qu'«il y a la sexualité des gens qui s'aiment et la sexualité des gens qui ne s'aiment pas. Quand il n'y a plus de possibilité d'identification à l'autre, la seule modalité qui demeure, c'est la souffrance – et la cruauté». Il est très paradoxal, si l'on a lu *Plateforme*, d'appeler les femmes à se mobiliser contre Michel Houellebecq, comme l'a fait Philippe Gloaguen, du Guide du routard, offusqué des propos tenus sur son guide dans le roman (*Le Monde* du 22 août). Valérie est en effet une figure entièrement positive, pour laquelle le narrateur éprouve amour et estime. En revanche, on chercherait en vain un homme à admirer. Les femmes occidentales sont décrites comme demeurant «très attachées à la séduction» et affrontées à des hommes qui «au fond s'en foutent de séduire» et «veulent surtout baiser».

Pour «baiser», payer est plus facile que séduire. Selon le narrateur de *Plateforme*, le «deuxième sexe» devrait progressivement être gagné par cette tentation: «A mesure que les femmes s'attacheront davantage à leur vie professionnelle, à leurs projets personnels, elles trouveront plus simple, elles aussi, de payer pour baiser.» Mais ce Michel–la est assez ignorant en psychologie féminine, sa stupeur en découvrant qu'il peut vivre heureux avec Valérie le prouve. Il est sidéré de constater qu'elle ne pique jamais «de ces crises nerveuses imprévisibles qui rendent parfois le commerce des femmes si étouffant, si pathétique». Sa découverte de femmes dépourvues de toute hystérie est comme une révélation...

Belle romance, qui finit tragiquement dans un attentat islamiste. Valérie est tuée et le narrateur, rapatrié en France, va revenir en Thaïlande pour y disparaître. «Rien ne survivra de moi et je ne mérite pas que rien me survive; j'aurai été un individu médiocre, sous tous ses aspects (...) On m'oubliera. On m'oubliera vite.» Evidemment, pour le happy end, il faudra repasser un autre jour. Quand on lit cette phrase, on est à la dernière page d'un excellent roman, féroce, qui, autour d'un amour imprévu et menacé, nous a baladés, entre ennui, misère sexuelle, plaisirs frelatés, voyages calibrés, Occidentaux accablés et intégristes de toutes sortes. Un concentré de début de XXIe siècle, un nouveau «voyage au bout de la nuit», plutôt sinistre, raconté avec une lucidité cruelle. Mais passionnant, sauf à souhaiter, en voulant ne rien voir, vivre de slogans et de préjugés sur le bien et le mal.

Josyane SAVIGNEAU

PLATEFORME, de Michel Houellebecq. Flammarion, 370 pp., 20 euros (131,20 F.),

(1) Flammarion, 2000.

Besson, Patrick: „Michel Houellebecq, le tiers-mondiste sexuel", in: *Le Figaro littéraire*, vom 06.09.2001.

Michel Houellebecq, le tiers-mondiste sexuel

Le sujet du nouveau roman de Michel Houellebecq aurait beaucoup plu au regretté Alphonse Boudard, dont c'était l'un des chevaux de bataille: la réhabilitation des maisons closes. Faut-il oui ou non rouvrir les bordels? A cette question un peu angoissante qui a beaucoup agité les cafés du commerce depuis une cinquantaine d'années, Houellebecq, avec cette pesanteur lente qui caractérise parfois les informaticiens venus sur le tard à la littérature, répond «Oui». Mais comme à ses yeux il n'y a plus de femmes dignes de ce nom en Europe et notamment en France, ils faut désormais installer ces heureux établissements sous d'autres cieux: Cuba, Kenya, Thaïlande… Tout le monde y trouvera son compte: les Occidentaux frustrés, les voyagistes aux abois et les autochtones désargentés. Michel pense que la terre est un paradis, à condition que les riches puissent baisser et les pauvres manger. L'aide au sous-développement devrait désormais se faire, selon lui de la main à la main, ou plutôt de la queue à la chatte (ou à l'anus, pour les bi). Il n'y a aucun second degré et même nulle trace d'humour dans la façon dont ces idées sont développées dans *Plateforme*. Houellebecq les déroule avec ce vieux sérieux poseur, quoique un peu ahuri, qu'il avait déjà le jour où, au siècle dernier, il reçut le prix de Flore dans le café de Miroslav Siljegovic. Le roman est un puissant éloge du tourisme sexuel et un encouragement clair à la pédophilie, l'unique rapport amoureux satisfaisant de l'un des personnages – Jean-Yves – se passant avec une baby-sitter noire des quinze ans. Houellebecq ne montre un peu de son ironie pataude que pour se moquer, justement, des adversaires du tourisme sexuel et de la pédophilie: écologistes emmerdants, naturopathes de gauche, profs hypocrites, beaufs véliplanchistes asexués.

Dans le roman, il choisit son camp et ne le quittera plus; c'est celui des libertins partouzards regardant de haut l'humanité non baisante. Les vraies femmes sont, pour lui, celles qui vous caressent sur commande et tripotent une autre fille devant vous pour vous exciter, les autres étant de tristes connes à baiser d'urgence. Il y a du Alain Paucard (*Le Guide Paucard des filles de Paris* et aussi un peu *Le Cauchemar des Vacances*, récemment réédité à l'Âge d'homme) et du Gabriel Matzneff *Ivre du vin perdu* dans cette apologie du plaisir tarifiés sous les cocotiers, mais un Paucard et un Matzneff qui auraient lu Auguste Comte au lieu de Gripari ou Byron. Les livres de Houellebecq sont rédigés comme les notes internes des petites et moyennes entreprises, c'est peut-être pour ça que tout le monde les lit, car c'est important une note interne, et elles sont nombreuses, les petites et moyennes entreprises. Houellebecq travaille aussi beaucoup avec *Le Nouvel Observateur* et *Le Monde diplomatique* sur les genoux. Quant aux descriptions de pays, elles, sont tirées des Guides Bleus ou Michelin, comme dans les catalogues des agences de voyages. L'histoire d'amour entre Michel et Valérie est un mélange d'Harlequin pour les sentiments et de SAS pour les scènes de cul. La touche personnelle est assurée par des moqueries contre l'art contemporains, vieux compte réglé an passant avec la revue *Perpendiculaire*, et une espèce de pessimisme ronchon – encore Paucard! – à la Desproges-Woody Allen. Si encore Michel, Valérie et Jean-Yves vivaient et mouraient heureux après être devenus les initiateurs, les organisateurs et les principaux actionnaires d'un gigantesque bordel international, Plateforme aurait alors valeur d'œuvre subversive, choquante et dérangeante. Mais Houellebecq reconnaît son monde et son marché. Ce petit bourgeois est un petit délinquant et un petit commerçant. A force d'aller aux putes, il finit par la faire. Dans la littérature, il n'a pas un boulevard, mais un trottoir. Son truc – en plume! – est de dire aux gens de transgresser les lois morales et sociales, et de leur montrer après que c'est impossible. Du coup, ils montent avec lui et la seule chose qu'ils puissent faire ensuite, c'est redescendre. Des terroristes islamiques viendront briser le rêve hédoniste de nos trois héros, par un attentat dans lequel mourra Valérie. Méchants musulmans, bougonne Michel, qui comprennent que dalle à la beauté de la prostitution en plein air. Il a, du coup, une sévère dent contre l'islam, exprimée comme suit: «Chaque fois que j'apprenais qu'un terroriste palestinien, ou un enfant palestinien, ou une femme enceinte palestinienne, avait été abattu par balles dans la bande de Gaza, j'éprouvais un tressaillement d'enthousiasme à la pensée qu' il y avait un musulman de moins.» Ça tombe pile.

Patrick BESSON

Plateforme de Michel Houellebecq Flammarion, 131,20 F (20 euros)

Harang, Jean-Baptiste: „Le guide du biroutard. Pléthore de formes rebondies dans «Plateforme» où Michel Houellebecq invite ses lecteurs au tourisme sexuel“, in: *Libération Livres*, vom 23.08.2001.

Le guide du biroutard

Pléthore de formes rebondies dans «Plateforme» où Michel Houellebecq invite ses lecteurs au tourisme sexuel.

Michel Houellebecq écrit des livres, ce sont parfois des romans, rarement des disques. Il a le sens de la carrière, laisse entendre qu'il est poète, comprend assez vite que réussir en littérature consiste à être plus connu que ses livres, trouve pour la télévision un rôle disponible à sa mesure, celui du hamster narquois et désabusé, fume de fines cigarettes qu'il tient entre le majeur et l' annulaire, répond à toutes les questions, souvent par des silences, travaille une voix parlée monocorde et monotone avec laquelle il croit qu'il chante, il regarde ailleurs, droit dans les yeux de quelqu'un d'autre. Son premier roman, *Extension du domaine de la lutte*, publié chez Maurice Nadeau en 1994, légitime son écriture, il a le sens du titre, puis Flammarion lui apprend à vendre des livres, des livres plutôt meilleurs que ceux que l'on achète habituellement: chacun d'eux s' inscrit dans une querelle d'école qui divise le monde de la littérature entre anciens et modernes, les *Particules élémentaires* en 1998 l'opposent jusque devant les tribunaux à la direction d'un camping de province et celui-ci, *Plateforme*, promet une polémique retentissante avec le Guide du Routard. Que les gérants de station-service et les éditeurs d'annuaires téléphoniques se tiennent à carreau, on sait choisir ses adversaires. On ne comprend pas bien pourquoi il a tant de succès, on a le vague sentiment qu'il le mérite, des écrivains meilleurs que lui le portent aux nues, pour se venger. Michel Houellebecq est un bon professionnel, il a bien raison d'écrire des livres, c'est ce qu' il fait de mieux, il a le sens de la rime et chaque nouveau Houellebecq vient nous clouer le bec.

Dans *Plateforme*, on a beau chercher, on ne voit pas bien ce qui justifie ce titre, c'est tout Houellebecq, ça. Surtout que peu de formes y sont plates, ni celle de l'auteur qui est au meilleur de la sienne, ni celles des héroïnes, moulées à la louche, ni celle du héros, un certain Michel de 40 ans, qui a la bandaison facile. Houellebecq raconte bien, simplement, dans l'ordre chronologique, il est très fort dans les détails où le Diable se loge plus souvent que le bon Dieu. Il n'emploie pas (ou peu, acmé, page 108) de mots rares, les phrases ne dépassent pas les trois lignes, il écrit au principal, avec peu de subordonnées. On traverse à la rame de longs dialogues qui font ventre, on enjambe joyeusement de répétitives et contagieuses scènes de cul qui font vendre, elles émaillent le récit à un rythme assez savant pour coiffer chaque fois (de justesse) l'ennui sur le poteau (si on aime ça, mais on aime ça). Rien dans le livre ne vient justifier les procès d'intention que lui font ceux qui ne le lisent pas (excepté, bien entendu, l'intention du succès). Pas le moindre propos raciste ou sexiste. Bien sûr, on y croise plusieurs races, plusieurs sexes, plusieurs âges, et plusieurs personnages émettent des idées, des réflexions souvent irréfléchies sur les différences et les ressemblances entre les gens. Pas plus qu'on puisse y lire un plaidoyer, voire une thèse, en faveur du tourisme sexuel des riches chez les pauvres: il suffit de voir comment tout cela finit mal quand on sait que tout est mal qui finit mal. Ou être assez bête pour confondre le cynisme passif du personnage d'un roman et la nonchalance de son auteur. Non, Houellebecq raconte une histoire, toute bête, l'histoire d' un type qui nous ressemble (vous, je ne sais pas, mais moi, oui, un peu), et ce type qui nous ressemble s'assemble à une femme qui vous ressemble (si, si, ne protestez pas), bref, une histoire d'amour, une de ces histoires d'amour qui, comme vous le savez, finissent mal en général, et ici en particulier.

Pour qu'un roman fonctionne, il faut bien que quelque chose ressemble, il faut des gens, des décors, du temps qui passe, des rebondissements. Ce n'est pas ce qui manque. Ici, le garçon, Michel, le narrateur, est fonctionnaire au ministère de la Culture, il est chargé des budgets consacrés aux expositions d'arts plastiques (plus tard dans le livre, il tirera gloire de ne rien connaître à la gestion), la fille, Valérie, travaille à Nouvelles Frontières, puis obtient un plus gros poste chez un concurrent plus ambitieux (le groupe Aurore). Parenthèse: dans le livre, les personnages principaux exceptés, les noms propres qui tissent le décor sont réels, Jospin, Chirac, Françoise Giroud, avec une tendresse particulière pour Julien Lepers, une volée de bois vert pour Jacques Maillot qui ne l'a pas volée, une erreur de prénom pour l'éditorialiste de Libération, mais la vérité est au fond du puits, ces évocations de figures de notre actualité, prêtées impunément à des personnages de fiction est assez habile (et drôle) surtout si l'on aime les procédures. Fin de la parenthèse. Michel vient de perdre son père, un deuil sans chagrin, un héritage bien venu, il achète un voyage en Thaïlande, le raconte en douze chapitres, on en retient des notations plutôt bien vues, des portraits de femmes qu'un misogyne serait bien en peine de brosser et des portraits d'hommes dressés par l'un d' eux qui sait de quoi il parle. Dans les

rues derrière, il y a des salons de massage où de jeunes femmes thaïes travaillent avec vaillance dans le commerce du sexe. Les seize chapitres suivants racontent une aventure industrielle, il y a des gens que ça intéresse, on pouvait faire plus court.
Entre les deux, Michel est rentré à Paris, il retrouve Valérie qui était du voyage mais qu'il n'avait pas baisée, il ne leur faut guère de jours pour rattraper le temps perdu, ils s'aiment et se le prouvent sans désemparer à couilles rabattues, chattemouilles, pipe en bois, et plus si affinités. Si tout va bien, ils ne devraient plus se quitter (mais nous avons déjà vendu la fin). Bref, Valérie est embarquée dans une histoire d'industrie du tourisme qui la conduit avec son chef Jean-Yves (à découvrir soi-même à la lecture) à transformer des Clubs de vacances poussifs en Clubs de vacances lascives. Ils se rendent à Cuba visiter un village qui s'en va en quenouille, dans les rues de derrière de jeunes femmes travaillent avec vaillance dans le sexe cuivré. Il leur faut rentabiliser tout ça. Y parviendront-ils? Réussiront-ils leur soirée échangiste avec un couple antillais? Jean-Yves sucera-t-il la baby-sitter? Les intégristes de l'Islam toléreront-ils ces maisons de plaisirs en terre d'Islam? Lirez-vous cette *Plateforme* jusqu'au bout? On parie que oui, elle en vaut la peine et se parcourt sans peine, littérature de gare, romans d'aéroport, ces livres savent vous conduire à destination. Houellebecq s'y amuse autant que nous, il acceptera sans broncher qu'on en bâcle la lecture comme il en a ficelé l'écriture, l'homme a l'oeil rieur, son sens du dérisoire est évident: il préférera sans doute nos sourires amusés aux grosses voix qui s'élèvent, pour l'encenser ou le condamner, à chaque fois qu'elles découvrent dans son texte les petits pétards mouillés que sa malice y cache et qui parfois explosent à sa propre figure.
Jean-Baptiste HARANG

Nouchi, Franck: „Michel Houellebecq, un voyage au bout de l'humanité", in: *Le Monde des Livres*, vom 02.09.2005.

Michel Houellebecq, un voyage au bout de l'humanité

Au-delà de l'effervescence médiatique et éditoriale, qui accompagne sa sortie, «La possibilité d'une île» est sans doute le plus maîtrisé des romans que l'écrivain ait publiés à ce jour

Lire Houellebecq, enfin. Se concentrer sur son dernier roman, La possibilité d'une île, faire abstraction de l'effervescence médiatique, des polémiques, de l' «affaire». Revenir aux mots, aux phrases, au livre. A l'essentiel.

Voici donc Daniel 1, le héros du roman, sort d'auteur comique à succès, dont le sommet de la carrière, médiatiquement s'entend, fut le spectacle. «On préfère les partouzeuses palestiniennes». Sa compagne, Isabelle, lui ayant dit qu'un «soupçon d'antisémitisme destine à contrer le caractère globalement antiarabe du spectacle» ne ferait pas de mal à son show, il a eu l'idée d'ajouter une parodie de film porno joliment intitulé Broute-moi la bande de Gaza (mon gros colon juif). Ce sympathique juif s'était fait des œufs à la tomate le jour du suicide de son fils. «Je n'avais jamais vraiment aimé cet enfant, confie Daniel 1: Il était aussi bête que sa mère, et aussi méchant que son père. Sa disparition était loin d'être une catastrophe; des êtres humains de ce genre, on peut s'en passer.»

A bout de cinquante pages, la cause semble entendue: Houellebecq va nous infliger une nouvelle aussi scabreuse qu'ennuyeuse. Cet ancien ingénieur d'agronome-informaticien, qu'on avait découvert à l'occasion d'*Extension du domaine de la lutte* (Maurice Nadeau, 1994), et qui avait confirmé son statut d'écrivain avec *Les particules élémentaires* (Flammarion, 1998), on craignait, depuis son dernier roman, *Plateforme* (Flammarion, 2001), qu'il ne se fourvoie dans des eaux passablement glauques.

Et puis voici que tout change, l'angle s'élargit, l'ouvrage s'épaissit, prend de l'ampleur à mesure que sa structure se complexifie. Pire: on s'attache à Daniel 1. On est ému, on rit parfois, et l'on se dit qu'il va sans doute falloir l'admettre: *La possibilité d' une île* est un bon roman, sans doute le plus maîtrisé qu'ait écrit Houellebecq à ce jour.

Reprenons. Le livre est pour l'essentiel le récit de la vie de Daniel 1, écrit par lui-même peu avant de mourir, lu et commenté quelques millénaires plus tard par ses lointains descendants néo-humains clonés,

Daniel 24, puis Daniel 25. Daniel 1, qui pourrait être une sorte de Michel Houellebecq, se regardant dans une glace déformante, a croisé au cours de sa vie les animateurs de la secte des élohimites, sorte d'adorateurs des Elohim, extraterrestres responsables de la création de l'humanité. A la tête de cette secte, qui, au début de l'histoire, ne comprend que quelques centaines d'individus, un prophète, un sombre crétin plus ou moins manipulé par mauvais génie, un savant fou spécialiste de génétique et de biologie moléculaire dénommé Miskiewicz. Son projet? Faire naître par clonage les hommes du futur directement dans un corps d'adulte de 18 ans, de manière à atteindre la véritable immortalité. Vous souriez? Sachez au moins qu'il aura tout de même aux successeurs de Miskiewicz trois siècle de travaux pour obtenir la création des premières générations néo-clonées. Quelques millénaires plus tard, la Terre est pour l'essentiel peuplée de néo-humains qui passent leur temps à lire les «récits de vie» de leurs «ancêtres» humains à souffrir d'avoir dû, à ce point, renoncer à l'amour et au désir. Seuls substituent çà et là, perdus dans d'immenses forêts, dans New York en ruine ou dans Madrid anéantie après une guerre nucléaire des «sauvages», en réalité des humains d'après la catastrophe, revenus en quelques sorte à l'état préhistorique.

Ce résumé succinct pourrait fort bien ne pas convaincre de l'intérêt du roman. En donner à lire des extraits? Le style de Houellebecq est ce qu'il a toujours été: simple, assez plat, sans fioritures, efficace. Les scènes de sexe? Elles sont nombreuses, plus sobre que dans *Plateforme.* Révéler enfin que Daniel 1 a parfaitement conscience que ses «spectacles sont globalement répugnants» et qu'il a été hanté, sa vie entière, par les vers sublimes de *La Mort des pauvres* de Baudelaire pourrait ne pas davantage emporter la conviction.

D'où vient dès lors que l'on finit par se convaincre que Houellebecq a réussi son voyage au bout de l'humanité? Simplement, justement, parce qu'il est un romancier. Un formidable romancier même, noir et désespéré. Non pas, comme Daniel 1 le dit de lui-même, «une espèce de Zarathoustra des classes moyennes», mais plutôt un conteur d'histoires doublé d'un éclaireur hyperréaliste de la société d'aujourd' hui et du monde de demain, convaincu que tout ce que la science permet, y compris le moins souhaitable pour l'homme, sera réalisé. Peu importe en définitive que, scientifiquement parlant, le roman de Houellebecq puisse souffrir de nombre d'incohérences. Le propos, la vision demeurent, et c'est là l'essentiel.

Comme son maître Balzac qui est d'ailleurs l'un des auteurs de chevet de Daniel 1, et comme dans ses autres romans, Houellebecq se préoccupe constamment de l'état de la société. Le clonage, les raéliens, les sectes, visiblement, il connaît, il s'est renseigné, il a enquêté. Pour autant, il n'y a là aucune sorte d'empathie. D'une certaine manière, sa description des élohimites et son récit de l'avènement d'une nouvelle Eglise font même écho aux propos récents de Benoît XVI. «La religion devient un produit de consommation. déclarait le pape le 20 août lors des Journées mondiales de la Jeunesse. On choisit ce qu'il plaît et certains savent en tirer profit. Mais la religion recherchée comme une sorte de bricolage ne nous aide pas.» Etrange similitude.

Noir, sinistre même, Houellebecq l'est tout autant lorsqu'il évoque sa hantise du vieillissement et les rapports entre les générations. Daniel 1: «Le corps physique des jeunes, seul bien désirable qu'ait été en mesure de produire le monde, était réservé à l'usage exclusif des jeunes, et le sort des vieux était de travailler et de pâtir. Tel était le vrai sens de la solidarité entre générations: il consistait en une pur et simple holocauste cruel, prolongé, et qui ne s'accompagnait d'aucune consolation, aucun réconfort., aucune compensation matérielle ni affective.»

Roman d'anticipation autant que de mise en garde, *La possibilité d'une île* est aussi une réflexion sur la puissance de l'amour. C'est le philosophe Arthur Schopenhauer (1788-1860), maintes fois cité, qui avait eu cette métamorphose: «L'existence humaine ressemble à une représentation théâtrale qui, commencée par des acteurs vivants, serait terminée par des automates revêtus des mêmes costumes.» Désespéré, Daniel 1 se demande «à quoi bon maintenir en état de marche un corps qui n'est pas touché par personne» avant de constater tout de même que la belle et sensuelle Esther avait réussi à lui rendre la «saveur de la vie vivante».

A la fin du livre, Daniel 25 n'en peut plus de vivre sa vie de néohumain. «Notre existence dépourvue de passion, dit-il, était celle des vieillards; nous portions sur le monde un regard empreint d'une lucidité sans bienveillance.» Il erre dans une forêt quand il s'aperçoit que son chien Fox a été cruellement assassiné par des sauvages: «A présent, j'étais seul. La nuit tombait sur le lac, et ma solitude était définitive. Jamais Fox ne revivrait, ni aucun chien doté du même capital génétique, il avait sombré dans l'anéantissement intégral vers lequel je me dirigeais à mon tour. Je savais maintenant avec certitude que j'avais connu l'amour, puisque je connaissais la souffrance.» Le futur était vide. L'humanité, définitivement, avait perdu.

Voilà, c'est fini, le livre est refermé, Houellebecq a gagné son pari. Daniel, Marie, Esther, tous les personnages sont encore là, étonnamment présents; vite vient l'envie d'en parler, de comparer sa propre lecture à celle des autres. S'il est des livres que l'on a envie degarder pour soi, avec soi, profondément, il n'en est décidément rien avec ceux de Houellebecq; comme s'ils offraient, à chaque fois, la possibilité d'une confrontation.

Frank NOUCHI

LA POSSIBILITÉ D'UNE ÎLE
De Michel Houellebecq
Fayard, 488 p., 22 euros.

Rinaldi, Angelo: „Un Houellebecq tombé du camion“, in: *Le Figaro littéraire,* vom 18.08.2005.

Un Houellebecq tombé du camion

La stupeur nous cloua sur place comme on s'en revenait, au cœur de l'été, à travers le square du Temple à Paris rempli de cris d'enfants, d'une luxueuse croisière le long du canal Saint-Martin, avec l'escale à l'hôtel du Nord et colliers de fleurs et vahinés, au pied de l'échelle de coupée, le comité d'entreprise ayant fait les choses en grand.

Ce livre qui traînait là sur un banc, et sur lequel on se penchait, n'était-ce pas un exemplaire du dernier ouvrage de Michel Houellebecq, qui alimente les rumeurs depuis une saison? Le roman qui, contre les usages, n'a été communiqué qu'à quelques favoris dont on présume l'admiration? (*Voir ci-dessous l'article d'Éric Naulleau.*) Le roman qui protège, jusqu'à sa mise en vente, à la fin d'août, une sorte de mur de l'Atlantique; et l'on croit voir, comme dans les vieilles bandes des «Actualités» de l'entracte, des canons tournant sans relâche sur leur affût, pointant dans le ciel les avions ou les critiques libérateurs.

Comment donc avait échoué, dans un jardin, ce volume que l'on ouvrait d'une main tremblante, et dont la page de garde s'ornait de la trace de doigts poisseux de graisse? Outre d'un commentaire d'accent juvénile, tracé au stylo à bille – «*C'est quoi ce machin? J'ai rien compris*» – qui interdisait la revente à un soldeur pour boucler une fin de mois. Car on ne saurait tout avoir. En fait, il n'y eut pas à pousser loin l'enquête. Une séduisante camarade du service étranger, nous jetant ce regard d'apitoiement, que les cadets réservent aux aînés dépassés par les mœurs de l'époque, nous expliqua la mode du moment. Elle est née aux Etats-Unis, où les indigènes du New Jersey l'ont baptisée «*crossbooking*», et ravage maintenant la France. Elle consiste à abandonner un bouquin dans un lieu public, et d' en suivre les aventures par les moyens d'un site sur Internet. Dès lors, une hypothèse se présentait à l'esprit: le livre de M. Houellebecq, pseudonyme de M. Michel Thomas, a dû tomber de l' un des camions qui, à cette heure, sillonnent le pays – tels des camions-citernes des sapeurs-pompiers charriant l'eau salvatrice – pour en acheminer des centaines de milliers d'exemplaires aux libraires incendiés de curiosité. Il est presque certain qu'il fût ensuite ramassé sur la chaussée par l'un de ces étudiants qui, dans les établissements de restauration rapide, si nombreux dans le IIIe arrondissement, gagnent un peu d' argent de poche en secouant au-dessus des flammes des dégouttantes d' huile, dans les arrièrecuisines où la visite de l'inspecteurs du travail ne serait pas toujours inopportune. D'où les empreintes digitales…

On a cent mille fois remarqué que le hasard sert souvent un journaliste. En la circonstance, s'il lui réserve une exclusivité, il n'a pas assuré son bonheur, car la lecture confirme le jugement de l'inconnu qui s'est hâté de replacer sa trouvaille dans le circuit, et à Dieu vat…

Il n'y a rien qui soit plus aride, plus pauvret et plus obscur en même temps. Un échantillon, quand on pourrait en fournir des dizaines? A propos de la «*mise à mort de la morale*» (p. 52): «*Si la fluidification des comportements requises par une économie développée était incompatible avec un catalogue normatif de conduites restreintes, elle s'accommodait par contre parfaitement d'une exaltation permanente de la volonté et du moi.*»

L'ensemble où se mêlent en apparence pour nous bluffer informatique, génétique, clonage, collagène, ADN, «*radicaux libres*», qui ne sont pas un nouveau parti politique, s'ajoutant aux «*protéines et phospholipides complexes impliqués dans le fonctionnement cellulaire*», relève, pour l'essentiel, de la science-fiction aux mains d'un chimiste en goguette. Or, le recours à la science-fiction, c'est déjà un signe de faillite chez un romancier. Pas du tout l'accès à une liberté d'imagination plus grande, que l'on suppose puisqu'il est plus facile d'imposer l'arbitraire que d' obtenir du fantastique à partir de l'observation de la psychologie humaine. Laquelle est pourtant inépuisable.

Ce «*récit de vie*» destiné à nous projeter dans les siècles futurs où règne la «*Sœur suprême*» par ordinateurs interposés, commence cependant, aujourd'hui, à travers un narrateur, Daniel, numéro 1, car ils se succéderont à l'infini, les Daniel. Grâce à l'ADN, «*répliquée*», mise à l'abri dans un congélateur – quelle erreur ce serait, choisir le bac à légumes – chacun aura la possibilité de ressusciter. A sa vingt-cinquième récidive, Daniel erre sur une planète à l'aspect désolé dont on a «*modifié l'axe de rotation*». Elle est peuplée de «*néo-humains*», les individus de l'ancien modèle, qui ont échappé aux expériences en laboratoire, n'étant plus que des gnomes aux borborygmes du Neandertal. On tire sur eux pour s'amuser. N'est-ce par Cocteau qui a parlé de l'«*ennui mortel de l' immortalité*»? Au début, Daniel est un comique du cabaret, qui obtient le succès et l'Olympia pour un spectacle intitulé *Les Echangistes de l'autoroute.* Sa maîtresse, Marie, directrice du magazine *Lolita*, «*où débarquent chaque mois des pétasses toujours plus jeunes et plus arrogantes*». Par peur de vieillir, elle se suicide, Esther la remplace. La sexualité, assez souvent réduite aux services de bouche qui semblent obséder l'auteur, est décrite dans un argot de potache, donnant l'occasion de vérifier à nouveau, que l'on est pas cru en raison du vocabulaire que l'on utilise, mais de l'art que l'on déploie.

Ici, il est inexistant. Arrivera-t-on jusqu'au bout du résumé? Daniel rencontre aussi un gourou qui promet la peau fraîche et orgasmes en permanence à ses disciples qu'il rassemble en congrès dans sa résidence fortifiée, au sommet d'une montagne des îles Canaries. Une splendide actrice descend de l'avion de Rome, curieuses des débats, escortée de son petit ami. Le gourou, qui n'en a pas assez, dans son harem, de sept secrétaires court vêtues, la violente. L'Italien, qui a une Porsche et le sens de l'honneur, le tue. Qui va succéder au prophète dont le corps sera précipité dans le cratère d' un volcan, comme celui d'Empédocle, qui, sinon le fils qu' il avait caché jusqu'à cet épisode? Surgissent de loin en loin – lorsque Nietzsche et Platon ne sont pas mobilisés – des personnalités de la rubrique mondaine – champions de tennis ou couturiers allemands. Elle servent sans doute autant que les funèbres gaillardises à insuffler un semblant de mouvement à une prose qui coule avec lenteur, comme fuit le robinet de la cuisine qui continue de perdre, goutte après goutte, son liquide sans saveur, lorsque, SOS plombier tarde à intervenir. (En été, n'espérez personne.) Notons que maintes phrases en anglais ne sont pas traduites. Tel procédé pour faire chic remonte aux romans de la gentry, publiés par Abel Hermant vers 1930 – pas toutes mauvaises d'ailleurs, les œuvres d'Hermant qui a disparu dans l'ombre du massif proustien. L'un de ses contemporains, Henri de Régnier, est cité pour une parole dont la profondeur émerveille: «*Vivre avilit.*»

A ce stade du ridicule, et parce que toujours on voudra de quelque façon sauver un auteur, on se demande si tout cela ne témoigne pas d'un humour à l'usage de quelques initiés. Reste qu'à l'avenir, en cas de nouvelle découverte dans un jardin ou le métro, on appellera d'abord la patrouille du plan Vigipirate. Ne s'agirait-il que d'un pétard mouillé.

Angelo RINALDI

La possibilité d'une île de Michel Houellebecq
484 p., 22 euros, Fayard.
En librairie le 31 août.

Harang, Jean-Baptiste: „Une île flottante. Michel Houellebecq revient avec un gros livre, lourd de promesses tenues et de déceptions annoncées“, in: *Libération Livres*, vom 01.09.2005.

Une île flottante

Michel Houellebecq revient avec un gros livre, lourd de promesses tenues et de déceptions annoncées.

Un des 663 romans qui nous pendent au nez en ces temps de rentrée littéraire s'intitule la *Possibilité d'une île*, son auteur, qui a choisi le pseudonyme de Michel Houellebecq, s'est fait connaître sous ce nom par la publication d'autres ouvrages dans les années précédentes et une activité médiatique importante. Michel Houellebecq est né en 1956 et s'intéresse (il s'en inquiète même) à la question bien triste du vieillissement de l'individu, ce qui intrigue de la part d'un si jeune homme, et témoigne de sa précocité. Son premier roman, *Extension du domaine de la lutte* (Nadeau, 1994), parlait de cul et de bien d' autres choses, il eut du succès. Le deuxième, les *Particules élémentaires* (Flammarion, 1998), parlait, entre autres choses, de cul, il eut du succès, de la polémique, quelques traductions et un petit procès. Le troisième, *Plateforme* (Flammarion 2001), entre peu d'autres choses parlait de cul, il eut du succès, plein de traductions, pas mal de polémique, quelques procès de mauvaises intentions, dont un devant la justice. La fin du livre racontait un attentat d'extrémistes musulmans contre la débauche de l'Occident, quelques semaines plus tard deux avions de ligne transperçaient les tours du World Trade Center et l'on retrouva parmi les dégâts collatéraux les plus dérisoires de ce spectaculaire et dramatique attentat l'idée que ce jeune écrivain français avait des dons prophétiques ou, plus fort encore, l'intelligence de la prémonition.

La Possibilité d'une île aura du succès, des traductions sont prévues, vers trente-six langues, les polémiques ont précédé sa mise en place, ourdies par ceux qui en tireront bénéfice, d'autres que ça agace, et reprises par de pures âmes qui n'avaient pas encore lu le texte. *La Possibilité d'une île* aura du succès: ça parle de cul, entre autres. Le titre est assez joli, il dit, contre le cours du livre, que, quelle que soit la mer (la mère, la mort) où l'on se noie, reste toujours la possibilité d'une île, il le dit en chantant quand les neuf dixièmes du roman sont derrière le lecteur assommé d'ennui et de désolation:

«Entré en dépendance entière,
Je sais le tremblement de l'être
L'hésitation à disparaître,
Le soleil qui frappe en lisière

Et l'amour où tout est facile,
Où tout est donné dans l'instant;
Il existe au milieu du temps
La possibilité d'une île», page 433.

On écrit «le lecteur assommé d'ennui et de désolation», entendons-nous bien: ce n'est pas pour dire que le livre est assommant, ennuyeux et désolant, non, pas seulement, au contraire, on veut dire que l'ennui et la désolation sont des thèmes principaux du roman et que l'auteur y excelle, au risque d' assommer un peu. Il faut dire qu'un bon livre sur l'ennui, pour être efficace, se doit d'être un poil trop long, ici, à deux doigts des cinq cents pages, c'est parfait. Mais commençons par le commencement. Le véritable début se trouve page 19, avec ce qui est clairement annoncé comme «première partie», mais ce début est précédé de quelques pages et phrases éparses dont rien ne dit qu'elles font partie du livre, qu'elles sont de la plume d'un des narrateurs qui ne vont pas tarder à apparaître, ou brutes d'auteur. Ces petits avant-propos semblent disposés ici afin d'énerver les lecteurs qui n'iront pas plus loin afin qu'ils puissent participer aux débats pugilistiques entre les gens de bonne compagnie qui ne lisent pas les livres: Houellebecq y évoque «la position d'écrivain qui est la mienne», à l'attention de ceux qui penseraient qu'il a viré modeste, puis «dans ma prochaine incarnation je retrouverai mon petit chien Fox», pour ceux qui craindraient qu'il en ait fini avec la misanthropie, bien appuyé par «il est possible qu' à une époque antérieure les femmes se soient retrouvées dans une situation comparable proche de celle de l'animal domestique», et, au cas où l'idée viendrait à certains de lui pardonner sa misogynie, il ajoute: «Les femmes donnent une impression d'éternité, avec leur chatte branchée sur les mystères comme s'il s'agissait d' un tunnel ouvrant sur l'essence du monde, alors qu'il ne s'agit que d'un trou à nains tombé en désuétude», et conclut par ce haïku magique: «Je suis seule comme une conne/avec mon/con.» Ces prolégomènes délicats sont clos par un ukase: «Craignez ma parole», et, tandis que les contempteurs riches de ces bribes de provocation offerte s'égayent dans Paris pour alimenter la chronique, le vrai livre peut commencer. Le texte se développe avec l'alternance des «récits de vie» de trois Daniel, Daniel1, Daniel24 et Daniel25, chacun ayant lu les Daniel qui le précèdent et le commentant. Le gros du livre est le récit de Daniel1, personnage principal qui évoque assez l'auteur pour qu'on reproche à celui-ci les extravagances inventées pour celui-là. Daniel est un comique sur le retour (il a l'âge de l'auteur en constant constat d'andropause depuis qu'il cause), sa première livraison est dans le ton de ce qui précède: «Voici, pour situer, une des plaisanteries qui émaillaient mes spectacles: « Tu sais comment on appelle le gras qu'y a autour du vagin? Non. La femme» (page 22). Page suivante, à la frontière de l'autoportrait, on peut lire: «Le plus grand bénéfice du métier d' humoriste (...), c'est de pouvoir se comporter comme un salaud en toute impunité, et même de pouvoir grassement rentabiliser son abjection», et l'on se dit qu'un homme capable d'autant de cynisme autodérisoire ne peut être foncièrement mauvais. Encore que, comme le rappelait dimanche un chroniqueur, «on peut être un méchant homme et écrire de très bons livres», notation juste qui a pour effet pervers d'autoriser Houellebecq à se comparer à Céline (ce dont il ne se prive pas) et de faire oublier les autres cas de figure, être méchant homme et écrire de mauvais livres, brave type et mauvais livres, brave type et très bons livres, sans compter ceux, bons ou mauvais, qui n'écrivent pas. Le second épisode du récit de vie de Daniel contient cette phrase: «Le jour du suicide de mon fils, je me suis fait des oeufs à la tomate» (page 29), ce genre de phrases (on peut manquer celle-ci, chaque page en contient) est pour le lecteur une proposition d'aiguillage, il peut choisir de lire la suite à la recherche de cette obscénité (les œufs à la tomate) ou emboîter le pas d'un homme perdu (son fils s'est suicidé). Daniel a fait fortune, sa célébrité lui ouvre toutes les portes et toutes les femmes, il s'ennuie et guette avec angoisse les signes de vieillissement sur les visages, celui de la femme qui l'aime, Isabelle, le sien lorsque la femme qu'il aime, Esther, devient beaucoup trop jeune pour lui. Au-delà de la misogynie convenue et affichée, ces deux portraits de femmes, celle qui aime et n'aime guère baiser, celle qui baise et n'aime guère aimer, échappent à la caricature annoncée, et font de Houellebecq ce qu'il s'acharne à maquiller: un romancier, un raconteur d'histoire, un animateur de personnages, un directeur de consciences inventées, lui qui se prend (ou plutôt voudrait qu'on le prenne) pour un penseur, cheveux courts, idées longues.

Cette angoisse de vieillir nourrit tout le livre et en fournit l'argument science-fictionnel: le clonage comme antidote à la condition de mortel. Daniel1 vit à notre époque, avec pour seule anticipation la pratique du clonage humain. Il rencontre une secte, les Elohimistes calquée sur les Raëliens (que Houellebecq a fréquentés), puis y adhère afin que son ADN déposé lui ouvre la voie de la vie éternelle. Encore une fois, ces pages de quasi-reportage chez les sectaires enjoués apporte au moulin de l'auteur une eau qu'il feint de refuser: le talent de décrire (et la naïveté qu'il faut pour bien voir) que les mots engendrent des images plutôt que des idées, des personnages, comme ce Vincent, qui succédera au prophète, et reste la seule figure originale et surprenante du livre. Tout le reste, les presque cinq cents pages, est littérature, on n'en espérait pas tant, littérature et coquetteries houellebecquiennes, il pourrait s'en passer, nous aussi, sauf qu'il est drôle, insupportable et qu'il a du bagout. A la fin, lorsque tout le monde est mort et ressuscité deux ou trois douzaines de fois, lorsque les affects et le monde respirable ont enfin disparu, lorsque le lecteur se réveille en sursaut à la sortie du long tunnel, on a pris un coup de jeune, loin de la malédiction annoncée page 25: «La vie commence à cinquante ans, c'est vrai; à ceci près qu'elle se termine à quarante.» Dans ce registre, on préfère Diderot: «La vie est courte, ce sont les journées qui sont longues», les journées et les romans de Michel Houellebecq. Un type comme ça, avec un talent pareil, il ferait mieux d'écrire des livres.

Jean-Baptiste HARANG

11.2 Die deutschen Beiträge zu Michel Houellebecq

Steinfeld, Thomas: „Man muss auf allen Fronten angreifen“, in: *Frankfurter Allgemeine Zeitung, Literatur*, vom 12.10.1999.

Man muss auf allen Fronten angreifen

Nur die schwachen Tiere meiden den Kampf, und Poesie ist ein Schlag in die Magengrube: Michel Houellebecq, Jahrgang 1958 und sein großer Roman „Elementarteilchen“

In diesem Herbst gibt es ein Buch, das auf beunruhigende, ja erschreckende Weise anders ist: der Roman „Elementarteilchen“ des französischen Schriftstellers Michel Houellebecq. Mehr denn je erscheinen historische Romane, fett, menschlich, schicksalsschwer. Daneben stehen die Exerzitien der Selbstreflexion, der Erinnerung. Und nun dieses Buch: ein Ideenroman, der wie ein Kriegstagebuch aus der Inneren Mongolei ist, eine Abrechnung mit dem modernen Menschen, dessen letzte Epoche 1968 begann.

Die Aufregung, die dem Erscheinen dieses Buches folgt, verrät eines: dass in diesem Buch von einem Verdacht die Rede ist, den die Gesellschaft sich selbst gegenüber hegt. Die „Elementarteilchen“ sind ein Manifest, eine Reportage von den Frontlinien der modernen Zeit. „Immer höher wird der Preis, den der einzelne für die Umständlichkeit seines Daseins zu zahlen hat“, erklärt der Soziologe Helmuth Plessner, „und die Rechnung geht menschlich nicht mehr auf.“ Vierzig Jahre später hat Michel Houellebecq, 1958 in Paris geboren, dafür einen literarischen Ausdruck gefunden. Er zieht den Strich.

Da soll es eine Mutter gegeben haben, schön, gebildet, in besten Verhältnissen lebend. Sie folgt erst einem und vielen anderen Männern und bringt irgendwann zwei Söhne, Bruno und Michel, zur Welt. Aber sie will frei sein, sie will, dass sich ihr eigenes Leben erfüllt, und so wachsen die Knaben bei den Großeltern auf. Ihre Seelen – oder was man dafür halten soll – nehmen dabei großen Schaden. Die beiden wachsen zu den einsamsten Figuren des Universums heran, zwei parallele, aber völlig verschiedene Figuren, eine jede eingeschlossen in ihre schlechte Haut wie in ein Gefängnis. Die „Elementarteilchen“ kommen daher wie ein Bildungsroman. Aber wer wollte bei diesem Buch von „Bildung“ reden, und wer von „Leben“? Die Gestalten dieses Buches sind geordnet, als ginge es um eine soziologische Fallstudie. Die beiden Karrieren gehorchen einer Mechanik, die sozialpädagogische Lehrbücher wie Werke von epischer Lebensfülle erscheinen lässt. Und doch wird dieses Buch als Kataster der modernen Seele behandelt. Zu Recht.

Das Phänomen Houellebecq ist nicht erst gestern entstanden. Es musste sich aufbauen. Der Schriftsteller hat schon einmal, vor fünf Jahren, einen Roman veröffentlicht, ein kleineres, aber ähnliches Werk. Darin erzählt er die traurige und banale Geschichte eines Informatikers, der durch die französische Provinz reist, um der Landwirtschaft zur elektronischen Datenverarbeitung zu verhelfen. Auch dieser Roman handelt von der Sexualität – oder genauer: davon, wie es ist, wenn von der Suche nach einem Menschen nur die Berührung von Leibern übrig bleibt. Diese wird, streng den Gesetzen des Marktes folgend, so geregelt, dass die Jungen und Schönen alles bekommen, und das gratis, während die Alten und Hässlichen nichts erhalten, selbst wenn sie zu zahlen bereit sind. Der Roman heißt „Ausweitung der Kampfzone", und so ist er gemeint: als Bildungsgeschichte von den Schlachtfeldern des Glückverlangens. Das Buch verbreitete sich wie ein Gerücht: Jahrelang waren die Manuskripte Houellebecqs von den Verlagen abgelehnt worden, und als das Buch endlich bei Maurice Nadeau erschien, dauerte es noch einmal Jahre, bis es zu einem Erfolg wurde. Der Roman setzte sich gleichsam subkutan, unter der Haut des literarischen Betriebs durch.

Die Luft ist dünn geworden für Romanhelden, meint Michel Houellebecq, nicht weniger dünn als für die Helden des romantischen Lebens. Diese Leere füllt, wer dennoch einen Roman schreiben will, mit einer Überdosis Theorie. Die „Elementarteilchen", der zweite Roman des Autors, folgt auf den ersten wie der große Krieg auf ein Scharmützel. Dieses Buch soll der Gesellschaftsroman des ausgehenden zwanzigsten Jahrhunderts sein. Michel Houellebecq beruft sich auf Honoré de Balzac – des maßlosen Anspruches wegen, aber auch um der metaphysischen Sehnsucht und des Melodrams willen. Und schließlich lieferte auch Balzac seine Weltformeln für den Alltagsverstand. Man kann sie auch für Theorien halten: „Man darf nicht zögern, Theoretiker zu sein", sagt Michel Houellebecq, „man muss auf allen Fronten angreifen."

Und so klingen manche Sätze aus dem Roman, als stammten sie aus einer Erzählung Guy de Maupassants: „Ohne Schönheit ist ein junges Mädchen unglücklich, denn es hat keine Chance, geliebt zu werden. Niemand macht sich zwar über ein solches Mädchen lustig oder schikaniert es; aber es ist gleichsam durchsichtig, kein Blick folgt ihm." Andere Sätze kommen daher, als seien sie aus wissenschaftlichen Handbüchern abgeschrieben: „Die sexuelle

Befreiung hatte die Zerstörung der letzten Gemeinschaftsformen zur Folge, der letzten Zwischenstufen, die das Individuum vom Markt trennten." Die „Elementarteilchen" gehören zu jenem Genre, mit dem wir alle nicht gerechnet hätten: Sie sind ein Thesenroman, eine ins Barbarische gewendete Fortsetzung des romantischen Reflexionsromans. In diesem Buch arbeitet eine Zentrifuge für gebrauchte Ideen. Was sie von sich schleudert, enthält nicht mehr Leben als eine alte Plastiktüte.

Das weiß der Autor. Das weiß auch das Publikum. In jedem Satz dieses Buches ist es zu lesen, und bis in das Gesicht, bis in die Kleidung des Schriftstellers hinein steht geschrieben: Leser, von mir habt ihr nichts Angenehmes zu erwarten, in diesem Buch werdet ihr niemanden finden, dem ihr eure Sympathie schenken könntet. Ihr werdet dieses Buch nicht mit einem Gefühl der Befriedigung, der milden Sehnsucht aus der Hand legen. „Seien Sie gemein, dann sind Sie wahr", prangt als Leitspruch auf der Rückseite des Romans. Und doch wurden die „Elementarteilchen" nicht nur zu einem literarischen Erfolg, sondern auch zum Gegenstand einer Debatte, wie es sie in Frankreich seit den späten sechziger Jahren, seit dem Streit mit Philippe Sollers, Roland Barthes und den Abschied der Intellektuellen von der Linken, nicht mehr gegeben hat.

Nach dreißig Jahren gibt es wieder ein Buch, das dem Leser wie ein Block im Wege steht, und sieh da: Der Leser muss sich entscheiden. Er muss den Block zertrümmern oder die Straßenseite wechseln. Dieses Gefühl scheint die Literatur lange schuldig geblieben zu sein. Seit dem vergangen Herbst beherrscht nun der kleine Mann mit dem offenen Hemd und der zerdrückten Zigarette das öffentliche Gespräch in Frankreich. Das Buch ist in fast vierhunderttausend Exemplaren verkauft worden, in den französischen Zeitungen sind erste Bestandsaufnahmen erschienen: ein Jahr mit Michel Houellebecq. Mit der Veröffentlichung der „Elementarteilchen" in Deutschland, die hier mit der Debatte um den „Menschenpark" zusammenfällt, wird dieser Autor auch bei uns dem Leser im Wege liegen wie ein Stein.

Was aber ist das Anstößige an diesem Buch? Es erzählt eine Bildungsgeschichte, die mit den Erwartungen des Lesers Schindluder treibt: Bruno Clément, der ältere Halbbruder, dessen Geburt Michel Houellebecq in das Jahr 1956 legt, wächst in der Provinz auf. Er besucht ein Internat, er wäre gern ein erfolgreicher Schüler, von allen geliebt und geachtet. Aber er sieht nicht gut aus, er fühlt sich „kalkweiß, winzig, abstoßend, dick". Seine Jugend wird zu einer langen Qual. „Das schwächste Tier", erläutert der Autor, „besitzt im Allgemeinen die Möglichkeit, den Kampf zu vermeiden, indem es eine Demutsstellung einnimmt. Bruno befand sich in einer ungünstigeren Lage.“ Brunos Geschichte zitiert die alten Leiden der Heranwachsenden, wie sie mit dem jungen Törleß zum literarischen Gemeingut geworden sind. Nur sind seit den Tagen Robert Musils die Demütigungen gemeiner, die Brutalitäten widerlicher geworden. Dafür gibt es einen Grund: der freiheitliche Geist der sechziger und siebziger Jahre hat den „Schutzwall“ einer mit handfesten Mitteln durchsetzten Moral geschleift und dadurch die Brutalität erst beflügelt. Was den Zeitgenossen noch immer als Humanisierung erscheint, ist in Wirklichkeit eine Verrohung, eine immer größer werdende Barbarei.

Bruno wird zu einem Gymnasiallehrer, zu einer verkrachten Gestalt, die mit ihren erotischen Bedürfnissen nicht zurechtkommt, weil sie glaubt, in fremden Körpern nach dem Glück forschen zu müssen. „Das Hauptziel seines Lebens war sexueller Art gewesen“, heißt es in einer ungelenk schamhaften Formulierung, „sich ein anderes Ziel zu setzen, war nicht mehr möglich, das wusste er jetzt. Darin war Bruno charakteristisch für seine Epoche.“ Dies ist der zweite terroristische Hauptsatz der „Elementarteilchen“: Die sexuelle Befreiung, ursprünglich als Triumph über die Entfremdung in der autoritären Gesellschaft gefeiert, entpuppt sich in den Augen von Michel Houellebecq als letzte und entscheidende Strategie des freien Marktes zur Zerstörung „des Paares und der Familie, das heißt, der letzten beiden Gemeinschaften“. Erst danach kann der Markt in den letzten Winkel eines Menschen vordringen – um jeden einzelnen auszusaugen und als leere Hülse zurückzulassen.

Bruno lebt allein, so wie sein Halbbruder Michel Djerzinski. Wenn er sein Appartement verlässt, trifft er auf andere Monaden. Sie locken oder weisen zurück, sie ziehen sich an oder stoßen sich ab, kaum dass sie selbst eine Vorstellung davon hätten, was ihnen widerfährt. Wenn sie sprechen, dann reden sie nicht miteinander, sondern halten Monologe. Ihre Texte klingen, als seien sie aus den Traktaten der siebziger Jahre abgeschrieben worden, aus der Soziologie, der Psychologie und aus der Philosophie der Naturwissenschaften.

Nichts von alledem ist echt, nichts ist szenisch, keine Figur verlangt nach Anteilnahme, kein Detail fügt sich zu einer großen Erzählung. Als in den Wochen nach Erscheinen der französischen Originalausgabe die „Affäre Houellebecq“ heranwuchs, wurde der Streit in der Presse um politische Kategorien geführt. Der Autor wurde zum Reaktionär, zum Faschisten, zum Frauenverachter und zum Buddhisten erklärt. Aber die Leser stießen sich nicht an Politik – und auch nur am Rande an ein paar langen, ekelhaften

Passagen, die eher klinisch, als pornographisch sind. An Obszönität haben Film und bildende Kunst die Literatur längst überflügelt. Anstößig ist der Roman vor allem wegen seiner Rücksichtslosigkeit, mit der hier die antimodernen Einwände gegen das moderne Leben mit größter Lautstärke, mit der Wucht eines Schlags in die Magengrube wiederholt werden.

Das Buch erregte das Publikum als Pamphlet, als Thesenanschlag, als Rebellion gegen die Meisterdenker, in deren Schule auch Michel Houellebecq gegangen ist. Denn die „Elementarteilchen" sind die Untoten der siebziger Jahre. Die Hippies des Romans, ihre Zeltplätze und Lebensgewohnheiten, aber auch ihre mystischen Lehren sind Wiedergänger einer älteren Zeit. Das gilt auch für Theorien: Das Buch führt die unaufgelösten, aber längst zum Konsens geronnenen Debatten der siebziger Jahre fort und will sie beenden. Aber weil die alte Zeit mitsamt ihren Diskussionen, Seminaren und Magazinen untergegangen ist, gibt es grundsätzliche Kritik nur noch in einer schäbigen, grotesken, zuweilen hemmungslos übertriebenen Form. In ihrer Mitte steht der Autor selbst. Er macht keinen Hehl daraus, dass er den größten Teil seiner Geschichten selbst erlebt hat: die Mutter, die ihren Sohn um ihrer sexuellen Freiheit willen verlässt, die Jugend bei den Großeltern, das Leben als Angestellter, die Tage vor dem Computer, die Arbeitslosigkeit, die Depressionen und der Gang ins Irrenhaus. Einzelner als dieser Schriftsteller scheint der Einzelne nie gewesen zu sein.

Michel Houellebecq hat seinen Roman als Sittengeschichte der vergangenen drei Jahrzehnte angelegt: „Die in den sechziger Jahren zu Wohlstand gekommene Generation um die dreißig konnte sich völlig mit ‚Emmanuelle' identifizieren: Der 1974 herausgekommene Film von Just Jaeckin, der einen neuartigen Zeitvertreib, exotische Schauplätze und Phantasmen vor Augen führte, war innerhalb einer Kultur, die tief in der jüdisch-christlichen Tradition verwurzelt blieb, für sich allein ein Manifest für den Übergang in die Freizeitgesellschaft." Die Sittengeschichte liefert den Stoff, durch den der Schriftsteller seine Figuren bewegt, und was ihn dabei vorantreibt, ist der Hass – ein Hass, der keine Form findet, weil er keinen vernünftigen, allgemeinen Ausdruck mehr kennt, uns sich nur noch in Gestalt eines Nervenbündels behaupten kann. In seinem gereizten Widerwillen mischt sich das sorgfältig Beobachtete mit dem falsch Kolportierten, die treffende Formulierung mit dem Gerücht. So entsteht ein Pamphlet, das dieses Buch bis in seinen letzten Satz hinein ist. Und so entsteht auch die Dreiheit der Genres, mit denen Michel Houellebecq zur Attacke ausholt: mit Essays, die den Schlag direkt führen sollen, mit Romanen, die den Umweg über das fiktive Experiment nehmen, und mit Gedichten, die so banal sind, als sei in Alexandriner gefaßte Unbedarftheit das beste Mittel, um es der Welt heimzuzahlen. An zwei Stellen der „Elementarteilchen" macht der Haß […] eine Pause. In beiden Fällen begegnen die Helden, beinahe schon alt, dem Unerwarteten: je einer Frau, mit der sie hätten leben können. Plötzlich ändert sich der Ton. Für ein paar Seiten erinnert der Roman an eine elegische Novelle. Zwei Inseln liegen im Roman, und auf ihnen wird die Rückseite des Pamphlets gezeigt: die Idylle, der Ort jenseits des Marktes. Die große Wut des Charles Péguy, des Mystikers der Affäre Dreyfus, kehrt in diesem Roman in ihrer Doppelgestalt, als Hass und Sehnsucht, wieder. Sie hat nichts von ihrem Tempo verloren, nichts von ihrem motorischen, hämmernden Rhythmus. Nur der Glaube ist in dieser großen Wut abhanden gekommen. „Ich habe noch einmal den Versuch gemacht, katholisch zu werden", erzählt Bruno seinem Bruder, „ich lag auf meiner Dunlopillo-Matratze und las ‚Das Mysterium der unschuldigen Kinder' und trank dabei Anislikör. Charles Péguy ist schon toll, wirklich wunderschön; aber das hat mich schließlich völlig deprimiert." Tatsächlich gibt es zwischen dem katholischen Widerstand gegen die moderne Welt und Michel Houellebecq eine Parallele: die Revolte wider die Universalisierung des Marktes. Der Vertrag von Maastricht ist in den „Elementarteilchen" der zweite große Sündenfall nach der Pille.

Was aber ist mit Michel, dem zwei Jahre später als Bruno zur Welt gekommenen Halbbruder, der Umkehrfigur, in der sich Michel Houellebecq auch selbst zu porträtieren scheint: mit dem reinen Geist, mit der theoretischen Neugierde, mit dem Träumer und Denker? Michel, der Molekularbiologe, ist der Wille zum Wissen. Er kennt keine sinnliche Liebe, er braucht sie nicht, er hat keinen Anteil an der Zirkulation der Geschlechter, und das trennt ihn sogar von der schönen Frau, die ihn für kurze Zeit begleitet, bis sie einem Verführer in die Arme sinkt.

Michel ist eine altmodische Figur, eine keusche und asketische Gestalt, die schwer an ihrer Berufung trägt: Es geht zu Ende mit der Welt, es muss etwas anderes her, ein neuer Mensch, ein heiliger Antonius, der von aller Versuchung erlöst ist. Michel zieht sich in ein Forschungslabor zurück und entwickelt eine Theorie, nach der ein genetischer Code sich mit mathematischen Mitteln so schreiben lässt, dass er einfach ist, stabil und unendlich reproduzierbar. Wahrer Humanismus, so endet das Buch, ist nur mit künstlichen Menschen zu erreichen. Die Theorie erweist sich als richtig und praktikabel, die Unesco bezahlt die

Entwicklung, und die Entstehung des geklonten Menschen wird im Fernsehen übertragen wie die erste Mondlandung.

Als Michel Houellebecq mit der Schriftstellerei begann, gehörte er zu einer Gruppe von Autoren, die sich um die Zeitschrift „Perpendiculaire" und eine Idee zusammengeschlossen hatte: Die neue Literatur habe dem Einfühlungsvermögen abzuschwören und wieder dokumentarisch zu sein. Als aber die „Elementarteilchen" erschienen, musste Michel Houellebecq die Gruppe verlassen, begleitet von dem Vorwurf, er habe sich nicht deutlich genug von faschistischem Gedankengut distanziert. Houellebecq murmelte etwas von der Freiheit der Erfindung und verschwand. Es half ihm auch nicht, dass der Einfall mit den geklonten Menschen so platt und plump ist, dass er sich ohne Wechsel der Tonlage an die Beschreibung einer Pizza aus dem Tiefkühlfach anschließt. Dabei wäre es so einfach gewesen, auf den Mechanismus des Romans zu verweisen: Bruno ist Sexualität ohne Fortpflanzung, Michel ist Fortpflanzung ohne Sexualität. Houellebecq läßt den Homunculus die Hoffnung auf eine bessere Zukunft beerben, wie diese Hoffnung den Glauben an ein besseres Leben im Jenseits beerbt hatte – als sollte ein Schleichweg gefunden werden, der endlich aus der Geschichte des Romans hinausführt. So wie der alte Humanismus eine Phantasie der Bibliothek war, ist der neue ein Gespenst aus dem Genlabor. Doch ein solches Geständnis hätte Michel Houellebecq um einen großen Teil seiner Wirkung gebracht.

Vor fast zwanzig Jahren hatte Botho Strauß, in seinen Skizzen mit dem Titel „Paare Passanten", einen Gassenhauer der Ideologiekritik geprägt: „Ohne Dialektik denken wir auf Anhieb dümmer; aber es muss sein: ohne sie!" Er selbst hat sich nicht an die Empfehlung zur Verrohung gehalten. Michel Houellebecq ist ein Nachfahr dieses Programms, auch wenn er seinen Paten kaum kennen wird. „Jemand hat in den neunziger Jahren des zwanzigsten Jahrhunderts die Entstehung eines monströsen und globalen Mangels verspürt", möchte Michel Houellebecq von sich selbst überliefert wissen, „außerstande, das Phänomen klar zu umreißen, hat er uns jedoch – als Zeugnis seiner Inkompetenz – einige Gedichte hinterlassen." Das Geniale und das Schreckliche an Michel Houellebecq besteht darin, daß ein großes Publikum solche Zeugnisse, solche Zumutungen, versteht und aufnimmt. In dieser Wirkung kehrt eine vormoderne Aufgabe von Dichtung mit großer Kraft zurück: die Literatur als moralische Anstalt. Das Eintauchen in den Schlamm, in das Verworfene, in die absolute Niedertracht soll reinigend wirken – so wie einst Voltaires „Candide" und Jo-

hann Carl Wezels „Belphegor". Die Mittel allerdings sind nicht mehr dieselben, sie sind gemeiner geworden, weil auch das Milieu gemeiner geworden ist.
In dem Roman „Elementarteilchen" sind Gedichte gemischt wie Ausrufezeichen. In Frankreich hat Michel Houellebecq vor kurzem seinen dritten Band mit Versen veröffentlicht. Eines der Gedichte im Roman geht so: „Wir gehen den einsamen Weg hinab/bis zu der Stelle, an der alles schwarz ist./Ohne Kinder und ohne Frauen/tauchen wir mitten in der Nacht in den See/(und das Wasser auf unseren alten Körpern ist so kalt)." Solche Gedichte sind trivial wie Supermärkte. Aber das ist nur die eine Seite. Die andere ist das Wehklagen, das sich erhebt, wenn Wahrnehmung und Absicht unter keinen Umständen zueinander passen wollen. Dieses Geschrei kann man nur zwischen den Zeilen hören.
Die Technik des verschwiegenen Schmerzes ist heute weniger in der Lyrik, als in der populären Musik zu Hause. An ihr, und an ihrer übergroßen Wirkung, will sich Michel Houellebecq ein Beispiel nehmen: Die Verse sollen sich in die Seele senken wie ein Riff, wie musikalisches Gusseisen, das sich auch nicht weiter in seineBestandteile reduzieren lässt. In diesem Sommer las Michel Houellebecq seine Gedichte bei öffentlichen Veranstaltungen auf den französischen Ferienstränden vor. Begleitet wurde er von einer fünfköpfigen Kapelle, an den Text mit einer Musik im Stil der frühen siebziger Jahre unterlegte. Die Lesungen waren ein Erfolg: Unter einem gelben Sonnenschirm stand der Dichter, vor ihm das Volk in Sonnencreme und Badehose – ein Missionar unter Heiden.
Thomas STEINFELD
Michel Houellebecq: „Elementarteilchen". Roman. Aus dem Französischen übersetzt von Uli Wittmann. DuMont Buchverlag, Köln 1999. 360 S., geb., 44,- DM.

Maak, Niklas: „Hass und Hässlichkeit. Michel Houellebecq, sein böser Roman und die Ethik der Genetik“, in: *Feuilleton der Süddeutschen Zeitung*, vom 26.08.1999.

Hass und Hässlichkeit

Michel Houellebecq, sein böser Roman und die Ethik der Genetik

Es gab einmal eine Zeit, da war es modern über Achtundsechziger zu schimpfen, über ihre langen Bärte und die verkiffte, verkorkste Dogmatik einiger Weggefährten; es war lustig, sich über die platten Brötchen, die sie aus ihrem selbsteschroteten Mehl buken, zu mokieren und über die Sandalen, die sie an ihren Füßen trugen. Aber aus der einst politischen Kritik am Jugend- und Rebellionsmonopol, das einige der ehemaligen Studentenführer für sich beanspruchten, wurde schnell ein etwas hohles Gejammer über das ungepflegte Aussehen der gealterten Protestgeneration – und weil es so bequem war, das optische Konsensfeindbild zu beschimpfen, merkte man irgendwann nicht mehr, dass es gar keine Hippies mehr gab; was ein „Achtundsechziger“ sein sollte, hatte man ohnehin nie so genau geklärt.

Als letztes Jahr in Frankreich Michel Houellebecqs Roman „Die Elementarteilchen“ erschien, sorgte das Buch für einen Skandal, wie man ihn seit langem nicht mehr erlebt hatte. Die Geschichte zweier Halbbrüder, der eine Lehrer, Kuschler, Swinger und Sozialdemokrat, der andere ein weltverachtender *mad scientist*, wurde vor allem als Abrechnung mit den Achtundsechzigern gelesen. Empörte selbsternannte Achtundsechziger beschimpften Houellebecq als autoritätsfixierten, faschistoiden Reaktionär, der die Werte der Aufklärung mit Füßen trete. Noch immer schwelt der Streit um Houellebecq; *Art Press* widmete noch ein Jahr nach Erscheinen des Buches, das jetzt auch in der deutschen Übersetzung vorliegt, der Debatte um die „Neuen Reaktionären“ in ihrer letzten Ausgabe eine Sonderlage.

Wer die Diskussion aus der Ferne mitverfolgte, der konnte den Eindruck bekommen, es handle sich bei Houellebecq um einen der geisterhaft geistlosen Zeitgeistliteraten, die mit mageren Kräften offene Türen einrennen, geschlagene Schlachten noch einmal schlagen, in sich horchen und nichts hören, wilde Rebellen sein wollen, aber nicht wissen, wogegen sie antreten sollen und vor lauter Verzweiflung darüber die ausgeleierten Feindbilder älterer Generationen – Feministinnen, Achtundsechziger – beschimpfen. Dabei geht es um etwas ganz anderes in seinem Roman, und vielleicht ist Houellebecq viel mehr als seine aufgeregten linken Kritiker ein Achtundsechziger – wenn damit die Wut auf alle Verklärer und Einluller. Das eigentlich Ärgerliche an der Debatte um Houellebecq und 1968 ist aber, dass sie den Blick auf das verstellt, worum es eigentlich geht.

„Die Elementarteilchen" ist ein Thesenroman, ein gewaltiger Essay, der all die Themen, die Houellebecq in seinen (auch bei DuMont erschienenen) Aufsätzen für das Magazin *Les Inrockuptibles* verhandelte, in eine Erzählung presst. „Dieses Buch", schreibt Houellebecq in der Einleitung, „ist in erster Linie die Geschichte eines Mannes, der während der zweiten Hälfte des 20. Jahrhunderts gelebt hat. . . Gefühle wie Liebe, Zärtlichkeit und Brüderlichkeit waren weitgehend verschwunden." Was Renaissance und Aufklärung an Werten wie Freiheit, Individualität und *Pursuit of happiness* produziert haben, führe zum vollkommenen emotionalen Kollaps der menschlichen Spezies in der enthemmten Jagd nach immer stärkeren Genüssen und dem, was die Vergnügungsindustrie des Pop als Lebensglück verkaufe: das ist die zentrale These des Romans. Die Menschheit sei am Ende, und es wäre besser, wenn sie ihrer jetzigen, von körperlicher Hässlichkeit, Gier, Krankheit und Brutalität geprägten Form komplett verschwinden würde.

„Die Elementarteilchen" ist vom Aufbau her ein klassischer Entwicklungsroman. Die Figuren haben etwas Thesenhaftes an sich, sie allen kämpften gegen die Natur und das Schicksal – Serge Clément zum Beispiel, der als Schönheitschirurg mit dem Seziermesser dort aushilft, wo die Selbstverwirklichung am Aussehen scheitert. Clément hat einen Sohn, Bruno, der klein, dick und hässlich ist. Bruno erkennt schnell, „dass seine Jugend ein genereller Misserfolg war". Der dicke Junge, der später zum nymphomanen Lehrer mutiert, ist der Prototyp des Losers, einer, der in einer lieblosen Welt verzweifelt einen Sinn und eine Frau sucht, die ihn in den viel zu kalten Nächten in den Arm nimmt – und der schnell merkt, dass seine Träume von blondem Glück und gutem Leben an seinem abstoßenden Äußeren scheitern. Dass er nur die bekommt, die er nicht lieben kann, weil sie so hässlich sind.

Houellebecqs Geschichte ist so finster, wie ein Roman nur sein kann: Die benettonbunten Konfirmandenweisheiten, dass jeder Mensch schön sein kann, dass nur inneren Werte zählen und alles gut werde, wenn man sich nur fest an den Händen fasst, der Glaube, mit der Gitarre in der Hand könne man die unsäglichen Kränkungen, Verletzungen und Schicksalsschläge schon wegklampfen – all das scheitert bei Houellebecq an der unausweichlichen Brutalität der Tatsachen. „Was sollte ich machen?", resümiert Bruno einmal: „Die Hälfte meines Gehaltes habe ich schon für Sex ausgegeben. Ich hätte der Nationalen Front beitreten können, aber was hätte es für einen Sinn, mit Halbidioten Sauerkraut zu essen. Außerdem gibt es bei den Rechten keine Frauen, und wenn, dann vögeln sie mit Fallschirmspringern."

Irgendwann landet Bruno auf einem Campingplatz für Nudisten, wo grauhaarige Selbstfinder ihre verlorene Jugend herbeimeditieren und Frauen mit Pinseln den Tiefen ihres Ichs in den Farbtropfen ihrer Aquarelle nachspüren. Das einzige, was Bruno wieder nicht findet, ist die Liebe fürs Leben. „Die Elementarteilchen" ist in den finsteren Hinterkammern des Existentialismus geschrieben worden: Nichts wird gut, die Hässlichen bleiben allein, und die Schönen bekommen alles, und zwar so leicht, dass es ihnen am Ende keinen Spaß mehr macht und nur die Perversion, die Gewaltorgie ihnen noch mehr Lust bereitet. Manchmal zieht sich Houellebecq in die Impassibilité der Mediziner zurück, in eine distanziert sezierende Sprache – als sei die einzige Möglichkeit, denn Wahnsinn der modernen Welt auszuhalten, die Sprache, mit der Ethnologen über einen primitiven Stamm schreiben.

„Ab dem dreizehnten Lebensjahr lagern sich beim Mädchen unter der Einwirkung des Progesterons und des Östradiols Fettpolster in der Brust- und Gesäßgegend ein. Ihre Betrachtung ruft beim Mann ein heftiges sinnliches Begehren hervor": So beginnt eine Liebesgeschichte in den „Elementarteilchen", und natürlich endet auch sie mit dem Tod der Frau, die Liebe suchte und nur harten Sex bekam. Houellebecqs Roman ist ein Buch gegen seifige Versöhnungsutopien jeder Art: Der Andere ist und bleibt der Andere, Verständigung ist nicht möglich. Fertig. Nur einmal begegnet Bruno die Liebe, ein unverhofftes Verständnis – aber dann, durch einen Unfall um Swinger Club, wird seine Freundin gelähmt und stürzt sich in zu Tode.

Houellebecq erzählt in einer kaum gekannten Brutalität von Kinderpornografie, Krebstod und Schicksalsschlägen, von allem, was den Menschen das Leben zur Hölle macht – um dann Brunos Bruder, den Gentechniker Michel, eine neue Spezies erfinden zu lassen; denn „im Ganzen gesehen war die Natur nichts anderes als eine ekelhafte Schweinerei; im Ganzen gesehen rechtfertigte die ungezähmte Natur eine totale Zerstörung."

In der Figur von Michel lebt der Furor der Moderne wieder auf, die Wut des Ingenieurs auf die Natur; Verschwinde Berg, aus meinem Weg, weh dir, ich habe Dynamit bei mir! Michel ist die Wiederkehr des modernen, faustischen Menschen im Zeitalter der Gentechnik. Hass und Hässlichkeit – all das verschwindet in der Vision einer Welt, in der es nur noch liebenswürdige, gleich aussehende, geschlechtslose Klon-

Wesen gibt, die die übriggebliebene Menschen betrachten wie Affen im Zoo. Erst das Ende der Menschheit macht das möglich, was Menschlichkeit genannt wird.

Nach den orientierungslosen Befindlichkeitsromanen der Neunziger Jahre kommt jetzt ein neuer Existentialismus, der die Geworfenheit des Seins mit der gentechnischen Neugestaltung des Scheins bekämpft. „Die Elementarteilchen" ist der große utopische Roman der Jahrtausendwende, und wie bei jedem utopischen Roman ist nicht auszumachen, was daran Zukunftssehnsucht und was ätzende Satire ist.

Ob Houellebecq denn all das ernst meine, wollte ein Reporter von *France Inter* neulich wissen. „Was reden die dummen Leute nur immer vom authentischen Leben", sagte Houellebecq. „Wenn das da draußen die echte Welt ist, dann ist mir eine künstliche lieber."

Niklas MAAK

Mayer, Astrid: „Schöne neue Klon-Welt. Michel Houellebecq eckt mit seinem preisgekrönten Roman „Die Elementarteilchen“ gewaltig an“, in: *Feuilleton der Frankfurter Rundschau*, vom 19.11.1998.

Schöne neue Klon-Welt

Michel Houellebecq eckt mit seinem preisgekrönten Roman „Die Elementarteilchen“ gewaltig an.

Schon lange hat kein Roman in Frankreich mehr so heftige Reaktionen ausgelöst wie *Les particules élémentaires* (*Die Elementarteilchen*). Die Literaturzeitschrift, der Michel Houellebecq, der Autor, angehörte, warf ihn kurz nach Erscheinen hinaus. Houellebecq hat in den vergangenen Wochen alles gesehen und gehört: In erbitterten Auseinandersetzungen wurde er mal verrissen, mal als künftiger Klassiker gepriesen. Dann kam, ziemlich unerwartet (s. FR v. 13.11.), der „Prix Novembre“, in dessen Jury Mario Vargas Llosa und Julian Barnes sitzen.

Dieser Roman brauchte keinen Literaturpreis mehr zu Erfolg. Rasch erklomm er die vordersten Plätze der französischen Bestsellerlisten. *Les particules élémentaires* läßt fast kein Thema aus, das skandalträchtig ist. Es gibt Sexszenen genugsam, das Szenario einer fortschreitenden Gentechnik wird als positive Utopie ausgemalt, und nebenbei rechnet Houellebecq noch mit der 68er-Generation ab.

Ein Gentechniker als Hauptperson eines Romans, eine geklonte Menschheit als Lösung aller gesellschaftlichen Probleme – das ging nicht nur der literarischen Zeitschrift *Perpendiculaire* zu weit. Es sei nicht auszuschließen, daß diese Ideen tatsächlichen Standpunkten des Autors entsprächen, lautete die Begründung für dessen Ausschluß aus dem Redaktionsteam. Die Öffentlichkeit ist gespalten in jene, die Houellebecq im Namen der künstlerischen Freiheit verteidigen und diejenigen, die den Roman politisch verdammen.

Um den literarischen und ästhetischen Wert des Romans geht es in der Diskussion selten. Symptomatisch der konservative Figaro; er bezeichnete *Les particules élémentaires* zunächst als endloses Suhlen im sexuellen Elend, um ihn wenige Wochen später als Opfer des linksintellektuellen Terrors zu rehabilitieren. Widersprüchlich ist auch die Haltung von Michel Houellebecq selbst.

Les particules élémentaires, die deutsche Übersetzung will DuMont, Köln, im August nächsten Jahres publizieren – ist keine leichte Kost. Das Leben der Hauptpersonen, zwei Brüder um die 40, ist verschattet von einer inneren Einsamkeit, die fast alle Freude ausgelöscht hat.

Jeder lebt für sich ein ziemlich karges Leben. Der Leser nimmt Teil an den gentechnischen Forschungen des einen Bruders und an den sexuellen Obsessionen und Experimenten des anderen; beides beschreibt Houellebecq mit der gleichen technischen Nüchternheit.

Tapfer überstehen die Brüder, voneinander und von den Eltern getrennt, Kindheit und Jugend. Sie müssen sich ihren ersten Begegnungen mit Frauen stellen, ohne je wirklich erfahren zu haben, was Zuneigung und Zuwendung ist. Die zaghafte Liebe, die trotz allem entsteht, erzählt Houellebecq ohne Schnörkel und Allüren. Der Erzählfluß wird durch Monologe der Hauptpersonen unterbrochen, die versuchen, die Welt zu erklären. Einer der Brüder stellt einen Zusammenhang her zwischen der sexuellen Revolution nach 68 und der Tristesse von Swingerclubs und Bordellen.

Michel Houellebecq setzt sich in seinem Roman mit gesellschaftlichen Entwicklungen auseinander; er ist einer der wenigen preisgekrönten, dieses Jahres, die im heutigen Frankreich spielen, und nicht in fernen Ländern und Zeiten. Seine Vision des ausgehenden 20. Jahrhunderts ist nicht gerade optimistisch: Vereinzelung des Individuums, psychisches Elend, gnadenloser Wettbewerb nicht nur am Arbeitsplatz, sondern auch im zwischenmenschlichen Bereich beim Kampf um Zuneigung und Anerkennung. Für den Autor eine Erklärung für die heftigen Reaktionen auf sein Buch: „Es ist immer das gleiche", sagt er. „Der Bote bekommt die Strafe für die Botschaft."

Die Botschaft des Romans lautet unter anderem, die Gentechnik werde die Probleme der Menschheit lösen, indem sie vollkommene, unsterbliche Menschen schafft. Houellebecq wurde wegen dieser Vision angegriffen. Er wiegelte aber nicht etwa ab, indem er etwa darauf hinwies, daß die technische Entwicklung wohl nie so weit kommen würde; statt dessen verkündete er, er finde die Vorstellung menschlicher Klone nicht beängstigend.

Mayer: Haben Sie damit gerechnet, daß Ihr Roman solche Kontroversen auslöst?

Houellebecq: Überhaupt nicht. Ich glaube auch, daß diese Diskussionen nur in einem engen intellektuellen Zirkel ablaufen, unter Literaturkritikern und Journalisten. Den Lesern ist das alles egal.

Ihnen muss doch klar gewesen sein, daß viele die Vision einer geklonten Menschheit beängstigend finden und Ihre geradezu paradiesische Beschreibung empörend.

Ich finde Leute absurd, die Angst vor gentechnisch manipulierten Lebensmitteln haben. Das sind Dummköpfe. Was wissen sie davon, was natürliche Lebensmittel anrichten können? Außerdem ist das, was ich beschreibe, nicht meine politische Utopie. So etwas habe ich gar nicht.

Diesen Science-fiction-Teil des Romans hätte man genauso gut weglassen können.

Wieso haben sie ihn dann geschrieben?

Weil er mir gefällt. Es gibt da sehr gelungene Passagen. Aber diese Zukunftsvision ist nicht das eigentliche Thema.

Was dann?

Die Einsamkeit vielleicht. Und die Versuche, ihr zu entkommen. Ja, denn das gelingt ja ab und zu. Und dann ist da noch die Frage, inwiefern man seinem persönlichen Schicksal entrinnen kann, der Konditionierung durch die frühe Kindheit. Im Roman gelingt es doch fast. Immerhin.

Sie geben eine vernichtende Beschreibung der 68er Generation.

Ja. Aber muß man das verallgemeinern? Ich weiß nicht. Ich beschreibe das Schicksal von zwei Männern, die im ausgehenden 20. Jahrhundert in unserer nordwestlichen Zivilisation leben. Weiter nichts. Nicht nur ihre Herkunft und ihre Kindheit sind wichtig, sondern auch die gesellschaftlichen Bedingungen, in denen sie leben. Die Menschen stehen zueinander in immer heftigerer Konkurrenz, ein Ergebnis des kapitalistischen Wirtschaftssystems, des herrschenden Liberalismus. Auch die Tatsache, daß Religion und Glaube immer weiter verschwinden, macht das Leben in unserer Zivilisation immer schwieriger.

Ihnen wurde vorgeworfen, die Menschen und das Leben zu hassen.

Das Leben ist unerträglich. Im Grunde weiß das auch jeder, und jeder hofft in manchen Momenten, das Leben sei bald vorbei. Das vermittelt zu bekommen, ist wohl eher nicht angenehm, aber ich will die Wahrheit schreiben. Mit Haß hat das nichts zu tun. Ich glaube auch nicht, daß der Mensch gut ist, denn er ist ein Stück weit Natur, und die ist grausam – fressen und gefressen werden. Trotzdem gibt es Moral und es gibt auch glückliche Momente im Leben.

Sie wehren sich also dagegen, daß Ihr Roman politisch interpretiert wird, Ihre Gesellschaftsanalyse ernst genommen?

Jedenfalls bin ich kein engagierter Schriftsteller, so wie Sartre das war. Ich gehe auch nicht wählen. Wo käme ich denn hin, wenn ich zu jedem gesellschaftlichen Problem meinen Senf dazugeben müßte? Da müßte ich ja zu allem eine Meinung haben. Ich habe mehr Talent, den Finger auf die wunden Punkte zu legen, als Heilmittel ausfindig zu machen. Was mit Literatur auch nichts zu tun hätte – Literatur ist für mich beschreiben. Das allein ist eine aufreibende Aufgabe.

Astrid MAYER

Meister, Martina: „Der tendenzielle Fall der Lust-Rate. Michel Houellebecq und die neue französische Revolution im Literaturgetriebe“, in: *Frankfurter Rundschau, Zeit und Bild*, vom 13.10.1999.

Der tendenzielle Fall der Lust-Rate

Michel Houellebecq und die neue französische Revolution im Literaturgetriebe

Das Buch ist eine Revolution, eine kleine französische Revolution. Es markiert den Einbruch der Wirklichkeit in den lahmen Laden der Literatur, in das Pariser Literaturgetriebe. Für manche, das haben Umwälzungen so an sich, ist es auch ein Ärgernis. Als Michel Houellebecqs Roman Elementarteilchen im September vergangenen Jahres in Frankreich erschien, war die Aufregung groß. Die einen begrüßten Houellebecq als Erneuerer, die anderen sahen durch den Entwurf seines literarischen Menschenparks avant la lettre bereits die Ordnung der Dinge in Gefahr. Je nach Belieben und Lesart wurde sein zweiter Roman als ein Plädoyer für Eugenik, Fremdenhaß und Frauenfeindlichkeit mißverstanden. Fest stand nur: An diesem Buch kam niemand mehr vorbei. Bereits in den ersten Wochen nach Erscheinen schossen die Verkaufszahlen in die Höhe, an die 350 000 Exemplare sind mittlerweile verkauft, die Übersetzungsrechte wurden meistbietend versteigert. Zum ersten Mal seit Jahrzehnten war ein Roman wieder Anlaß von Debatten.

Doch von der Liste der Neuerscheinungen, die für den Prix Goncourt nominiert waren, hat man die *Elementarteilchen* schnell wieder gestrichen. So viel Mut zur politischen Inkorrektheit konnten die Herren der Jury nicht aufbringen.

Und nun zum Buch. Es ist ein Liebesroman. Eigentlich. Aber die Liebe nicht zu Zeiten der Cholera. Die waren harmlos dagegen. Deswegen braucht man auch eine Weile, ehe man dahinter kommt. Solange aber wird man Houellebecqs Roman als Thesenroman mißverstehen. Als reine Abrechnung mit der 68er Generation, als Plädoyer für den künstlichen Menschen Und wird den eigentlichen Skandal dahinter gar nicht begreifen. Geschildert wird das Leben zweier Halbbrüder. Bruno und Michel. Wie Houellebecq sind beide Ende der 50er Jahre geboren, bei den Großeltern oder in Internaten aufgewachsen, weil die Eltern die Selbstverwirklichung woanders suchten.

Michel Djerzinski dürfen wir uns wie seinen Erfinder Houellebecq auf dem Cover der deutschen Ausgabe vorstellen: das Gesicht erinnert an einen schlecht abgespülten Teller, die Zigarette hängt schlapp im Mund, die Monoprix-Einkaufstüte über dem Arm, das Jackett ausgebeult. Im unbarmherzigen gesellschaftlichen Tauschgeschäft der Sexualität, mit dessen Gesetzen uns Houellebecq schon in seinem ersten Roman *Ausweitung der Kampfzone* vertraut gemacht hat, dürfte seine Gewinnerwirtschaftung etwa dem seines Protagonisten entsprechen: zwei libidinöse Looser.

Die Liebe, sogar den Sex hat Michel längst abgeschrieben. Aber sein Leben gliedert sich dank ausgesuchter „kommerzieller Zeremonien" in absehbare Abschnitte: nach dem Tennisturnier von Roland Garros irgendwann Weihnachten, dann Silvester und, nicht zu vergessen, dreimal im Jahr der 3-Suisses-Katalog. Er interessiert sich weder für die Gay Pride noch für die Erotikmesse, nicht einmal die Pyrenäen-Etappe der Tour de France verfolgt er auf dem Bildschirm. „Als Verbraucher ohne besondere Merkmale begrüßte er dennoch erfreut die Wiederkehr der italienischen Woche im Monoprix seines Viertels."

Doch der Mann ohne Eigenschaften ist ein Wegbereiter „der dritten metaphysischen Wandlung". Ein Verlierer, der unter der condition humaine des ausgehenden Jahrhunderts leidet. Aber einer, der sich für seine Resignation rächen wird. Michel, auf den ersten Blick ein Molekularbiologe ohne sonderlichen Erfolg wird vor seinem Selbstmord auf 80 Schreibmaschinenseiten den Grundstein dessen hinterlassen, von dem aus die genetische Revolution ihren Ausgang nehmen wird.

Der Roman macht an dieser Stelle einen großen, zeitlichen Sprung in die Zukunft. „Nachrede" ist der (kürzeste und schlechteste) Abschnitt überschrieben, der für den Houellebecq-Skandal gesorgt hat. Nach einem weiteren Sprung von 50 Jahren hat sich unsere Gattung durch eine „neue, vernunftbegabte Spezies", eine geschlechtslose muß man hinzufügen, bereits selbst ersetzt. Für die wenigen überlebenden Exemplare, die der „metaphysischen Wandlung" noch beiwohnen, wirkt die neue Welt wie ein Paradies: „Es ist durchaus überraschend mitanzusehen, mit welcher Ruhe, welcher Resignation und vielleicht sogar insgeheimer Erleichterung die Menschen ihrem Verschwinden zugestimmt haben."

Nun kann man natürlich das Szenario der Überwindung oder besser Entsorgung von Individualität und die Unsterblichkeit des künstlichen Geschlechts, das Houellebecq am Ende entwirft, wörtlich nehmen. Houellebecqs Mitstreiter der Zeitschrift *Perpendiculaire* haben es getan und ihm in intensiven Gesprächen antihumanitäre, Statements abgepresst – Houellebecq hat mitgespielt. Auch in der Essaysammlung Die Welt als Supermarkt, die der DuMont Buchverlag zeitgleich mit Houellebecqs zweitem Roman herausbringt, lassen sich durchaus Hinweise darauf finden, dass der Autor die künstliche Welt für die bessere hält. Dort reicht er mit einem Satz von Demokrit auch seine mit dem Wissen theoretischer Physik durchsetzte Poetologie nach: „Das Zarte und das Bittere, das Warme und das Kalte sind nur Meinungen; es gibt an Wahrem nur die Atome und die Leere.“ Elementarteilchen eben. Über diese theoretische Anleitung zum Roman hinaus haben die Essays freilich nicht viel zu bieten.

Der Skandal liegt tatsächlich woanders. Houellebecq zeichnet ein so häßliches Bild, dass wir uns darin nicht wieder erkennen wollen. Wir ziehen es deshalb vor, Bruno und Michel als Abziehbilder zu kritisieren und die Leere noch immer nicht für wahr zu nehmen, weil uns dann selbst die Anwesenheit psychologischer Tiefenschärfe noch als Affront erscheinen darf.

Pikiert, vielleicht auch mit falscher Genugtuung, stellen wir fest, dass wir es mit Sonderlingen zu tun haben. Denn während Michel sich in ein asexuelles, autistisches Dasein zurückgezogen hat und die geschlechtslosen Zeiten des künstlichen Menschen antizipiert, versucht Bruno, der Sex-maniac, die Leere des Daseins mit Kopulationen zu möblieren.

Wir müssen uns in diesen Extremen nicht unbedingt wieder erkennen. Trotzdem treffen sie zu: Schließlich geht es um die Liebe im Zeitalter technischer Reproduzierbarkeit, um den, mit Marx gesprochen, „tendenziellen Fall der Lustrate innerhalb des libertinären Systems“. In *Ausweitung der Kampfzone* hat uns Houellebecq das in verdichteter Form schon vorgeführt; in *Elementarteilchen* mutet er uns nun die Details zu. Doch genau das macht seinen Roman zu dem Buch unserer Zeit: dass es nur noch um den Körper kreist.

Ob Gymnase Club oder Swinger-Club, das alte Projekt der „pursuit of happiness“, nach welchem Houellebecq übrigens schon vor einigen Jahren die Sammlung seiner Gedichte benannt hat, erschöpft sich im quantitativen Gewinn. Im Zuwachs von Muskeln und Orgasmen. Je näher man sich dabei kommt, desto ferner rückt man sich. Daß die Gentechnik sich vordergründig zum eigentlichen Thema des Romans entwickelt, ist insofern nur konsequent: Sie ist das echte Körperprojekt des ausgehenden Jahrhunderts.

Martina MEISTER

MICHEL HOUELLEBECQ: Elementarteilchen. Aus dem Französischen von Uli Wittmann. DuMont Buchverlag, Köln 1999, 360 Seiten, 44 DM.

MICHEL HOUELLEBECQ: Die Welt als Supermarkt. Interventionen. Aus dem Französischen von Hella Faust. DuMont Buchverlag, Köln 1999, 98 Seiten, 29,80 DM.

Rathgeb, Eberhard: „Kein Himmel auf Erden. Trübe Aussichten: Michel Houellebecqs Erzählung ‚Lanzarote'", in: *Feuilleton der Frankfurter Allgemeinen Zeitung*, vom 21.10.2000.

Kein Himmel auf Erden

Trübe Aussichten: Michel Houellebecqs Erzählung „Lanzarote"

Man wird ihn einen traurigen Chronisten nennen dürfen, einen Chronisten aus Not und einen Chronisten der Not. Michel Houellebecq wäre wahrscheinlich ein ganz glücklicher Mensch geworden, wenn er irgendwo auf dieser durch Hochhäuser verstellten Welt ein romantisches Nest für seine einsame wunde Seele gefunden hätte. Das hat er aber nicht, und weil er alle romantischen Hoffnungen darauf in einer Umgebung fahrenlassen mußte, in der man sich, auch wenn man ein Nomade ist, in vier Wänden einrichten muß, um zu überleben, zahlt er es dieser grauen Welt heim.

Das ist die Rache des Enttäuschten. Der schreckliche und schöne Schein der Zivilisation flackert in den westlichen Großstädten und straft alle, die hineinsehen, mit Blindheit. Das durchschnittliche Leben verläppert sich zwischen trügerischem Genuß und fataler Lust: Michel Houellebecq aber würde lieber allen romantischen blauen Blumen dieser Welt ein Loblied singen, wenn es noch einen Platz in der Gosse der Triebe und den ausgetretenen Wegen der dumpfen Interessen für sie gäbe. Den aber gibt es ein für allemal nicht mehr.

Daß einer von diesem schwarzen Ausblick einmal Urlaub machen möchte, daß er wegwill und ihn auch noch die Angst vor einem todtraurigen Weihnachtsfest, selbstverständlich mutterseelenallein unterm nicht geschmückten Baum dahingebracht, in die Ferne hinausstachelt – das liegt auf der Hand aller Alleinlebenden, die nichts so sehr fürchten, als traditionelle Familienfeste einsam zu verheulen und zu versaufen, während die anderen im Kreis fröhlich bechern und jubeln.

„Lanzarote" heißt die neue Erzählung des französischen Erfolgsschriftstellers, der von der fernen Insel auch Fotografien machte und mitbrachte – zu einem besonderen Bändchen zusammengestellt und der Erzählung beigegeben. Wohin sollte man schon über Weihnachten fliegen, wenn man nur über ein durchschnittliches Gehalt, das einem keine großen Sprünge zwischendurch erlaubt?

Lanzarote gehört zu den beliebten touristischen Zielen. Ein Tourist ist nicht nur der Held in dieser Erzählung, sondern auch Michel Houellebecq selbst in dieser maroden und kaputten Welt. Touristischen Zielen entsprechen touristische erdballumspannende Vorstellungen. Dem Tourismus als Welthaltung kommen die Vorurteile dieser neuen Kolonialisten entgegen: Der in fremden Ländern getrübte Blick unterscheidet blitzlichtschnell zwischen „dem“ Norweger, „dem“ Franzosen und „dem“ Engländer. Der Nationalismus der Vorurteile ist die Kehrseite des Imperialismus, den der schlappentragende Tourist begründet.

Die festtägliche Weltläufigkeit geht Hand in Hand mit der gedanklichen Provinzialität der „Weihnachtsmänner“ und „Weihnachtsfrauen“, die sich auch auf Lanzarote von ihresgleichen mit ihresgleichen beschenken lassen möchten. Houellebecqs Held richtet sich auf einen einigermaßen erträglichen Aufenthalt auf einer Insel ein, die ihre Fangarme um die tumbren Touristen schlägt. Er lernt zwei deutsche Frauen kennen und einen belgischen Polizisten.

Es kommt, wie es kommen musste – das ist Houellebecqs Rache an der Welt: Der Held liegt in den Armen der beiden Deutschen, mal am Strand, mal im Bett, und die beiden Frauen, die sich im Grunde selbst genug sind, möchten den Franzosen gerne zu einer Zeugung ohne Vaterschaft überreden. Im Sex mit den beiden Lesben schimmert dem Helden ein wenig der Himmel der Erlösung von allen Übeln dieser Welt durch. Der Belgier aber steht daneben und schweigt linkisch. In Lanzarote tritt der von Frau und Kind verlassene Angehörige einer Nation, die durch Skandale mächtig ins Gerede gekommen ist, schließlich einer Sekte bei, die, auf gutem Fuß mit den neuesten Erkenntnissen der Biotechnologie, hausieren geht und ihren Mitgliedern verspricht, aus entnommenen Hautproben ihnen das ewige Leben zu schenken. Auch das Gedächtnis soll „eingefroren“ und der nichtsahnenden Nachwelt überliefert werden.

Dem belgischen Polizisten könnte auch die fernste Zukunft nicht mehr entkommen, wenn die Sekte nicht wegen Kindsmißbrauchs angeklagt würde. Die Medien umschwärmen die Nachrichten aus dem Pfuhl der Gegenwart. Der in die französische Großstadt zurückgekehrte Held nimmt`s zur Kenntnis und liebäugelt mit dem Gedanken, demnächst doch noch einmal die Wohnung zu wechseln, näher an der Nationalversammlung sein Zelt aufzuschlagen, da die Dealer im Vormarsch sind und sein Viertel schon in Besitz nehmen.

Michel Houellebecqs Erzählung weist alle Stichworte auf, an denen sich das öffentliche Interesse flackernd entzündet: Samenspende, Biotechnologie, Klonen, Skandal in Belgien, Kindsmißbrauch. Hätte seine Erzählung ein Register, man könnte auf einen Blick hier sehen, dass Houellebecqs Rachezug gegen den Sumpf der Gegenwart, der nicht mit Furor geführt, sondern mit den traurigen Augen eines geschlagenen und verlassenen Kindes betrachtet wird, eine kleine chronique scandaleuse sein möchte. Man braucht, in den trüben Dinosaurieraugen Houellebecqs, nur noch die Länge einer Erzählung, die Größe eines Taschenspiegels für diese vermurkste Welt.

Eberhard RATHGEB

Michel Houellebecq: „Lanzarote". Erzählung. Aus dem Französischen von Hinrich Schmidt-Henkel. DuMont Verlag, Köln 2000. Textband: 77 S., br., Fotoband: 80 S., Abb., br.. zusammen 49,90 DM.

Maak, Niklas: „Expedition Robinsonclub. Michel Houellebecq ist auf die kanarischen Inseln geflogen, hat ein paar Fotos und ein paar Notizen gemacht – heraus kam die bösartige Fotonovelle ‚Lanzarote'", in: *Feuilleton der Süddeutschen Zeitung*, vom 08.01.2001.

Expedition Robinsonclub

Michel Houellebecq ist auf die kanarischen Inseln geflogen, hat ein paar Fotos und ein paar Notizen gemacht – heraus kam die bösartige Fotonovelle „Lanzarote"

Es war an einem dieser Tage, als es sehr kalt war in Paris und sich ein paar schwitzende Journalisten zwischen halbtoten Zimmerpflanzen in einen eigenartigen, überheizten Konferenzraum drängelten. Dort saß ein blasser, kettenrauchender Michel Houellebecq mit frisch gefärbten Haaren und gab missmutige Antworten: Nein, er habe nicht vor, weiter in Frankreich zu leben. Nein, er werde nach den „Elementarteilchen" erst mal keinen Roman mehr schreiben. Ob die „Elementarteilchen" so etwas wie ein Abschied von der Welt seien, fragte eine Frau mit schriller Stimme. Von was für einer Welt reden sie denn nur, murrte Houellebecq und schaute die Frau so traurig an, als sei er fassungslos über die Dummheit der Frage. Ein paar Wochen später, im Frühjahr 1999, war er dann fort, verschwunden, so, wie auch die Figur Michel am Ende seines Jahrhundertromans „Die Elementarteilchen" untertaucht. Houellebecq erschien nicht zu Interviews, wurde nicht gesehen, auch bei Flammarion wusste keiner, wo er war. Houellebecq: verschwunden. Wohin? Wissen wir nicht.

Aber Houellebecq war nicht verschwunden. Saß nur in dem hässlichen kleinen Haus, das er sich in Irland gekauft hatte. Trank viel. Schrieb ein Drehbuch für einen Softpornofilm, der auf Canal Plus ausgestrahlt wird, nahm eine CD auf, flog nach Lanzarote, machte ein paar Fotos und ein paar Notizen, aus denen das seltsamste Reisebuch der letzten Jahre entstand: Das zweibändige Werk „Lanzarote".

In einem Band sind rund 80 von Houellebecq angefertigte Landschaftsaufnahmen zu besichtigen, der andere enthält eine Erzählung, die sich zunächst liest wie die Persiflage auf einen Houellebecq-Roman. Alles kommt vor, was schon in den „Elementarteilchen" und in „Ausweitung der Kampfzone" Thema war: Die existenzielle Einsamkeit, die Zumutungen des Fremden, die Verwüstungen der modernen Amüsiergesellschaft und die kurzen Freuden des Sex.

„Am 14. Dezember 1999 wurde mir mitten am Nachmittag auf einmal klar, dass mein Weihnachtsfest wahrscheinlich ein Reinfall sein würde – wie üblich. Ich bog rechts in die Avenue Félix Faure und betrat das erstbeste Reisebüro". Ob er in den Sénégal möchte, will die junge Reisekauffrau wissen: „Ja, warum nicht Sénégal? Ich hatte mir sagen lassen, dass die Weißen in Westafrika immer noch sehr gut angesehen waren. Man brauchte nur in einer Diskothek aufkreuzen und konnte sofort eine Tusse in einen Bungalow abschleppen … ich verstand nicht, warum ich an diese Dinge dachte; ich hatte sowieso keine Lust zu vögeln. , Ich habe keine Lust zu vögeln', sagte ich. Das Mädchen blickte erstaunt auf; kein Wunder, ich hatte mehrere Etappen meiner Gedankenkette übersprungen."

So beginnt die traurigste Reisegeschichte der neueren Literatur. Da lässt sich einer beraten, weil er das Gedröhne der Fernseh-Talkshows über Sex und andere Intimitäten satt hat, weil er weg will, ohne zu wissen wohin, Hauptsache weg, was ihn nach Baudelaire, dem großen Fluchtpunkt aller ambitionierten französischen Reisephantasien, ja eigentlich erst zum echten Reisenden macht. Schließlich fliegt er nach Lanzarote – aber statt dort *luxe, calme et volupté* in einem künstlichen Paradies zu finden, sieht Houellebecqs prosaischer Notreisender nur erstarrte Lava, ein paar idiotische Touristen und zwei bisexuelle deutsche Lesben, mit denen er sich am Strand vergnügt. Es gibt kein richtiges Leben im falschen Urlaubsressort.

„Lanzarote" ist die böse Satire auf eine schwüle Reise- und Fernwehliteratur, in der das Fremde stets die folkloristische Kulisse süßer Exotismen ist. Wo der zivilisationsmüde Pauschaltourist Salz auf seiner und anderer Haut schmecken will, findet er bei Houellebecq nur die gleichen Zumutungen, vor denen er daheim floh. Am Nebentisch frisst ein riesiger Hooligan kaltes Fleisch, und überall begegnet er einem „suspekten Völkchen angelsächsischer Rentner, flankiert von gespenstergleichen norwegischen Touristen (deren einziger Daeinszweck darin zu bestehen scheint, die Legende zu bestätigen, es gebe Leute, , die haben da im Januar gebadet'), Was anderen als batikbunte Girlande ihres xenophilen Selbstverständnisses dient, ist Houellebecqs Erzähler ein Greuel: Zum Kamelreiten, das viele Touristen als Höhepunkt ihrer Begegnung mit afrikanischer Kultur betrachten, bemerkt er: „Von allen Tieren der Schöpfung ist das Kamel unbestreitbar eines der aggressivsten und heimtückischsten. In Marokko werden Touristen, die diesen Tieren die Schnauze streicheln möchten, häufig mehrere Finger abgebissen. ‚Ich habe der Dame gesagt, sie soll aufpassen', klagt dann der heuchlerische Kameltreiber. ‚Kamel nicht gut. ... ' Die Finger sind trotzdem ab und tatsächlich *verschluckt*".

Auch ein Papagei, der "aus runden Augen wütend die Welt betrachtet", findet keine Gnade vor Houellebecqs Reisehypochonder: "Tatsächlich, es war der Papagei, der jetzt mit wachsender Erregung immer wieder ‚Eierkopp' kreischte. Ich hasse Vögel, die mich meist gründlich zurückhassen … Egal, er sollte besser nicht so angeben. Ich hatte schon welchen für weniger den Hals umgedreht."

Das Fremde ist immer das Böse: Wohin andere ihre Träume vom multikulturellen Leben projizieren, sieht Houellebecqs lakonischer Reisender nur Zumutungen. Dass die demokratisierte Globetrotterei des modernen Massentouristen im besten Falle sexsüchtiger Freizeitkolonialismus ist, führt Houellebecqs seltsamer Held dann an den Deutschen Lesben Pam und Barbara vor, mit denen er ausgiebigen Sex an einsamen Stränden hat.

Das Irritierende an Houellebecqs neuem Buch ist, dass er die trostlosen Urlaubsfreuden nicht nur persifliert und aus der Distanz seziert, sondern sich – wie ein guter Schauspieler – in seine Figuren so hineinsteigert, dass man nicht mehr weiß, was die schlechte Sprache und der trübe Wahnsinn der Figur ist und was jener des Autors. In großen Teilen liest sich „Lanzarote" wie das Drehbuch zu einem entnervenden Softporno – und Houellebecqs Held spricht dabei so wie Michel Houellebecq selbst bei den Vorbereitungen zu seinem erotischen Film auf Canal Plus: „Ich berührte ihre Brüste. Sie fassen sich so rund und glatt an, dass ich lange die Augen schloss. Pam stieß niedliche kleine Schreie aus, wie man sie von einer Maus erwarten würde. Plötzlich rötete sich ihre Brust, und sie machte sich mit einem ekstatischen Grunzen frei…" Und so weiter, siebzig Seiten lang.

Trotzdem beschert das Ganze dem Lanzarote-Reisenden von Michel Houellebecq keine dauerhaft gute Laune; bald stören wieder dumme Menschen und böse Tiere. Schlechter dran als er ist nur die verlorene Kreatur, das absolute Opfer, das ein fester Bestandteil jeder Erzählung von Houellebecq ist; in den „Elementarteilchen" war es der schüchterne, dicke, liebessüchtige Lehrer Bruno, der in Feriencamps und bei Minderjährigen sein zweifelhaftes Glück suchte; in „Lanzarote" ist es Rudi, ein einsamer belgischer Polizist und Kinderschänder, der sich einer Sekte anschließt, welche Außerirdische anbetet und in der Biotechnologie ihr Heil sucht.

Nie war Houellebecqs Blick auf die Verwüstungen der freien Marktwirtschaft und ihrer Reisekultur so frustriert und trübe wie in diesem kleinen Band: über große Strecken liest sich das Buch wie eine ausgeleierte Kopie früherer Werke, weswegen es von der Kritik schon als überflüssiger Nachklapp zu seinen früheren Romanen verrissen wurde. Man kann es so sehen: Natürlich ist Lanzarote nicht mit der jakobinischen Wut der „Ausweitung der Kampfzone" geschrieben, und gegen die „Elementarteilchen" verblasst ohnehin ein Großteil der Gegenwartsliteratur.

Nur: „Lanzarote" ist eben keine Erzählung, die für sich steht, sondern eine Textbeigabe zu einem Fotoband voller kunstgewerblicher, volkshochschulschöner Naturaufnahmen. Vielleicht müsste man „Lanzarote" auf der Bühne inszenieren, um seine Sprengkraft zu erleben: Die Touristenbilder, die eine erhabene Naturschönheit festhalten wollen – und parallel dazu das Protokoll der traurigen Vergnügungen, die in Wirklichkeit vor dieser Kulisse stattfanden. Es ist die demokratisierte und deswegen vollkommen entzauberte Romantik des Urlaubsfotos, die man auf diesen Bildern sieht, die kodakchromegewordene Sehnsucht nach unberührter Schönheit, nach der Weite des Meeres und dem Trost der Felsen. Diese Ästhetik des Erhabenen, Grundlage aller romantischer Empfindung, prallt nun auf die leiernde Beschreibung der faden Strandspiele dreier Touristen.

Houellebecq zeigt eine Welt, in der es nur noch die Hoffnung auf kleine, momentane Genüsse gibt, die einen über die Sinnlosigkeit des großen Ganzen hinwegtrösten – und damit laufen die dreckige kleine Geschichte und die elegischen Bilder an einem geheimen Punkt dann doch zusammen: Dort, wo der Reisende einen Moment der Schönheit sucht und doch nur einen faden Abzug der Bilder findet, die er längst in seinem Kopf hatte. Das ferne Abenteuer ist da immer nur das verzerrte Bild heimlicher Ängste und Wünsche; auch in der Ferne bleibt der Reisende, der sich nach unendlichen Genüssen sehnt, gefangen in seinem miesen kleinen Leben – und nichts ist so gesehen deprimierender als Houellebecqs Motto, das wie die Inschrift an Dantes Höllentor über der Erzählung prangt: „Die Welt ist von mittlerer Größe."

Niklas MAAK

MICHEL HOUELLEBECQ: Lanzarote. Dumont, 49,90 Mark.

Hanimann, Joseph: „Mit dem Gabelstapler ins Paradies. Schrille Idylle: „Plateforme“, Michel Houellebecqs neuer Roman in alten Elementarteilchen“, in: *Feuilleton der Frankfurter Allgemeinen Zeitung*, vom 04.09.2001.

Mit dem Gabelstapler ins Paradies

Schrille Idylle: „Plateforme“, Michel Houellebecqs neuer Roman in alten Elementarteilchen

PARIS, 3. September. Der nächste Roman Michel Houellebecqs könnte, falls nichts schiefläuft, im vollkommenen Happy End für die Hauptfigur aufgehen. Nicht im aufgeregten, illusorischen Glück der permanenten Leidenschaften, sondern im sanften Nirwana einer befreiten Mediokrität der immerwährenden Lustbefriedigung, im Überangebot der Orgasmen, völlig ideologie- und tabulos, irgendwo zwischen Kapital und Schicksal. Konnte die Erzählfigur Michel im vorhergehenden Roman „Die Elementarteilchen“ in ihrem Sexhunger nur träumen von einer biowissenschaftlich vermittelten Klonierung des Glücks ganz ohne Götterhimmel, so schwelgt der neue Michel in „Plateforme“ ab Seite hundertvierundvierzig in einem vollends glücklichen Zusammensein mit Valerie, das Orgasmus und Liebe deckungsgleich macht – zumindest bis zur Katastrophe am Romanende.

Darin liegt aber auch das Problem dieses neuen Buchs „Plateforme“ (Flammarion, 369 Seiten, 20 Euro): Houellebecq ist nun einmal besser in der prägnanten Schilderung des wunsch- und hoffnungslosen Durchschnittsunglücks. Wie der vorangegangene bietet auch dieser Roman einen einmal positiv, einmal negativ zu lesenden antizipatorischen Schnappschuß unserer Gesellschaft – nur thematisch erheblich schmaler und leicht rosa eingefärbt als utopische Geopolitik des Befriedigtseins. Deren Formel lautet: Sex ist das weitestverbreitete Glücksmoment, Geld ist das bewährteste Verteilungskriterium, der Westen hat das Geld, und die Entwicklungsländer vorab des Fernen Ostens haben die intakten Körper – also weg mit den moralischen Scheuklappen, auf zum totalen Tausch, der allen nützt. Mit Hilfe der vorausgehenden Skandalankündigung, den obligaten Protesten der von Houellebecq visierten Moralinstanzen und mit Hilfe auch einiger alberner Interviewäußerungen des Autors – der Islam sei die schwachsinnigste und gefährlichste Religion der Welt, die Juden seien einfach intelligenter als andere Menschen, Pétain sei ihm sympathischer als de Gaulle – geriet dieser eher mäßige Roman zum Ereignis und verdrängt die übrige Literatur des französischen Saisonstarts weitgehend von der Bühne (F.A.Z. vom 28. August und 1. September). Houellebecq setzt genau das fort, was er bisher schon am besten beherrschte: die mit Humor unterkühlte Realitätsschilderung, die mit der direkten Nennung von Produktnamen, Fernsehsprechern, Politikern, statistischem Material und Geschichtsdaten der Wirklichkeit kunstvoll an der Haut klebt. Diese stilistische Tuchfühlung mit den Fakten arbeitet sich diesmal narrativ am Muster des zeitgenössischen touristischen Freizeitbetriebes voran.

Der mittlere Staatsbeamte Michel aus dem Pariser Kulturministerium, eine Sexfilme und Kartoffelpüree im Fertigbeutel vertilgende Halbversagerfigur wie aus dem Houellebecqschen Bilderbuch, unternimmt nach dem Tod und der Erbschaft seines Vater – „alter Saukerl, hast dich gut durchgejubelt im Leben“, murmelt er noch am Sarg – eine Gruppenreise nach Thailand. Die nötige Information über Massagesalons und Bordelle entnimmt er dem „Guide du Routard“, jenem nonkonformistisch sich gebenden Reiseführer für Altachtundsechziger, der augenzwinkernd konformistische Tips zwischen Banalität und Moralität verteilt.

Damit ist auch die Spur gelegt, auf der dieser Roman das Porzellan unserer landläufigen Anständigkeiten zerbricht. Sexueller Kindermißbrauch? – Die meisten Prostituierten in Thailand seien volljährig, antwortet Michel den empörten Mitreisenden am Frühstückstisch. Menschenrechtswidrige Regime wie etwa in Burma? – Wenn Europäer über Menschenrechte sprächen, habe er immer den Eindruck, sie machten Witze. Umweltgerechter Tourismus? – Wenn Michel am Morgen ins mückenverstochene Gesicht der beiden Öko-Freaks in der Gruppe blickt, kommt ihm das Erbarmen und bei der „Healthy life“-Mentalität der Amerikaner der Brechreiz. Vom Stilmittel seiner früheren Romane läßt Houellebecq auch diesmal nicht ab: Für die Schilderung selbst dieser exotischen Paradieslandschaften hat er allenfalls ein paar Sätze, bevor der Blick aufs menschlich mediokre Environment der Gruppe zurückfällt.

Da passiert jedoch etwas Unerwartetes. Michel lernt in der Gruppe die Frau seines Lebens kennen. Kaum ist er nach Paris zurückgekehrt, liegt und wohnt er auch schon bei Valérie im Bett, einer beinah karikaturhaft positiven Unschuldsfigur zwischen Mutter und Luder, die sich mit mädchenhafter Sanftmut das Geld, den Mann und die Lust holt, wo sie kann, und die nie so vulgär wäre, Freundschaft höher zu schätzen als sexuelle Befriedigung. In den Armen dieser gutverdienenden Kaderangestellten aus der Reisebranche steigt der verbeamtete Müßiggänger Michel ins Tourismusgeschäft ein und bringt auf dem Bettrand sein Ferienkonzept „Eldorador Aphrodite: Sie haben Recht, sich was Gutes zu tun" mit integrierter Prostitution an die Geschäftsfrau, Geliebte und allzeit bereite Sexpartnerin. „Ich war glücklich", schreibt der Erzähler, ich weiß, daß es Glück gibt" – mag aus seiner Erzählperspektive auch schon die kommende Katastrophe ihren Schatten vorauswerfen.

Der so zwischen privater Lust- und touristischer Geschäftsstrategie sich entwickelnde Roman mündet in jene skandalträchtige Realitätsabbildung, die Houellebecq geschickt zwischen Provokation, Spekulation und literarischer Masche schillern läßt. „Neben dem Sexualakt gibt es wenige Lebensmomente, wo der Körper in seinem schlichten Dasein in der Welt aufgeht", sagt sich der Erzähler im einzigen, wahrhaft verschwimmenden Glücksmoment des Romans, in dem das Lie-bespaar beschließt, sich auf immer auf der thai-ländischen Insel niederzulassen.

Radikalstes Gegenstück zu dieser glücklichen Auflösungsphantasie in der reinen Immanenz sind Gebot, Verbot, Kalkül, Leistungsdruck und was der Monotheismus sonst noch an Härten aufzuweisen hat, Er bricht fruchtbar über die tropische Verschmelzungsphantasie herein in Form eines islamistischen Bombenanschlags, der Michel seine Valérie raubt und ihn in seine alte, wunschlos unglückliche Apathie zurückfallen läßt.

Aus dieser romanesken Arithmetik der Gegenpole ist auch all das verblasene Zeug abgeleitet, das Michel bei Houellebecq von sich gibt und gegen das Empörung oder Prozeß nicht die richtige Antwort wären, auch nicht bei Sätzen wie: Er freue sich fortan über jedes getötete Palästinenserkind. Den Grundton für seine schrille Idylle schlägt der Autor selbst an im Schlußbild des Romans mit einer Gruppe alternder deutscher Sextouristen. Im Unterschied zu den selbstzufriedenen Angelsachsen und Australiern legen sie ihre ganze Traurigkeit, ihre Scham, ja ihren verborgenen Wunsch nach Selbstauslöschung vor den jungen und zarten Körpern um sie her an den Tag. Europa: ein Abgesang, noch einmal.

Michel Houellebecq hat sich nach seinem letzten Roman als sensationell verheißungsvoller Schriftsteller platziert. Hier bewährt er sich als Routinier seines Schreibfachs, fügt aber nichts wirklich Neues hinzu. Mit dem präzis arbeitenden Gabelstapler seines Stils verschiebt er auf scheinbar wirren, oft langatmigen Wegen Bilder, Meinungen, Theorien auf den Gemeinplätzen unserer Aktualität. Das brachte den französischen Saisonstart etwas durcheinander, läßt aber noch viel Zeit für die wichtige Literatur.

Joseph HANIMANN

Kämmerlings, Richard: „Im Schrebergarten der Lüste. Ein Camus für unsere Zeit? Michel Houellebecqs neuer Roman ‚Plattform'", in: *Frankfurter Allgemeine Zeitung, Literatur*, vom 16.02.2002.

Im Schrebergarten der Lüste

Ein Camus für unsere Zeit? Michel Houellebecqs neuer Roman „Plattform"

Wenn man sich vorstellte, die Buchbranche würde ebenso in die Krise geraten, wie das Konzept der Ferienclubs vor einigen Jahren, dann würde man auch in Programmkonferenzen großer Verlagshäuser auf Typen wie Lindsay Lagarrigue treffen: um die Dreißig, Stirnglatze und im Nacken zusammengebundenes Haar. Lagarrigue trägt eine „Adidas-Jogginghose", ein Prada-T-Shirt und ausgetretene Nikes" und sieht so aus, wie man sich Konsumverhaltenssoziologen vorstellt. In Michel Houellebecqs neuem Roman ist dieser Lagarrigue eine blasse Nebenfigur, ein Blender, der für seinen großzügig honorierten Vertrag vor den leitenden Angestellten eines Touristikkonzerns aus seiner Aktentasche nur ein paar Diagramme und einen Zeitungsartikel hervorholt. Doch der Eindruck täuscht: In Wahrheit hält der phrasendreschende Konsumforscher in diesem Buch die Fäden in der Hand. Denn „Plattform" ist eine Geschichte vom käuflichen Glück und vom Glück des Kaufens, von der Schnäppchenjagd der Liebe, die gern in exotischen Ländern unternommen wird.

Da es sich dabei wie immer bei Houellebecq um einen Thesenroman handelt, muß auch der Autor ein paar Folien aus der Tasche ziehen: Er führt beiläufig verschiedene Modelle der Konsumforschung an, die etwa von der rationalen Bedürfnisbefriedigung des Käufers unter Berücksichtigung des Preises ausgehen (Marshall), den Einfluß der Gruppe auf den Kaufprozeß analysieren (Veblen) oder auf der Gefühlsreaktion basieren, die ein Produkt oder eine Serviceleistung beim Verbraucher auslöst (Holbrook und Hirschman). Und es gibt das Modell, das Konsum grundsätzlich nur unter seiner Funktion für sexuellen Erfolg betrachtet (Houellebecq). Wozu also kauft man ein Buch wie „Plattform"?

„Ich holte mir ernsthaft einen runter und versuchte, mir Mulattinnen nachts in winzigen Badeanzügen vorzustellen. Mit einem Seufzer der Befriedigung ejakulierte ich zwischen zwei Buchseiten. Sie würden wohl zusammenkleben; na ja, es war eh kein Buch, das man zweimal las." Hier ist immerhin die Rede von einem echten Grisham, mit dem sich der Erzähler Michel während seines Thailand-Urlaubs am Strand unterhält. Michel ist ein alleinlebender, frustrierter Angestellter des Kulturministeriums in der Houellebecq-üblichen, aus reduzierter sexueller Chancengleichheit erwachsenen Midlife-Crisis, der Sextourismus zu schätzen weiß. Nachdem er seine unbefriedigende Reiselektüre befriedigt im Sand vergraben hat, richtet sich sein Baggern auf die weiblichen Teilnehmer der Rundreise. Dabei lernt er die ungewöhnlich offene und selbstbewußte Valérie kennen, eine erfolgreiche Karrieristin in der Touristikbranche, die, zurück in Paris, seine Freundin wird. Nicht nur erfüllt die fleischgewordene Männerphantasie ihm fortan alle sexuellen Wünsche; der Zyniker Michel erfährt mit ihr ein spätes, unverhofftes Glück.

„Plattform" legt gleich zu Beginn einen riskanten Vergleich nahe. Der erste Satz des Romans lautet: „Mein Vater ist vor einem Jahr gestorben", es folgte eine Schilderung der Beerdigung und der Regelung der Formalitäten. Dem Vater, einem sportlichen Rentner, wurde vom Bruder seiner jungen nordafrikanischen Haushaltshilfe, mit der er ein Verhältnis hatte, im Affekt der Schädel eingeschlagen. „Heute ist Mama gestorben" – so beginnt Albert Camus' Roman „Der Fremde", auch hier folgt die Schilderung eines Begräbnisses, bei dem sich der Sohn wie bei Houellebecq weigert, den Leichnam noch einmal zu sehen.

Wenn Camus' „Fremder" aber später zum Mörder wird und in diesem Akt, der sein Leben zerstört, zugleich die Freiheit seiner Existenz erfährt, verhält sich das Schicksal Michels genau spiegelbildlich. Seine bis dahin sinn- und ziellose Beamtenexistenz zwischen Büro und Sexshop, zwischen Pornovideos und Fertiggerichten, bekommt durch die Liebe zu Valérie Sinn. Doch gerade als die beiden beschlossen haben, an den Stränden Thailands fortan gemeinsam ihr Leben zu verbringen, wird Valérie Opfer eines Attentats islamischer Fundamentalisten. Würde man folgenden Camus-Satz in die Passivform setzen, könnte er als Quintessenz von Houellebecqs Roman durchgehen: „Ich begriff, daß ich das Gleichgewicht des Tages, das ungewöhnliche Schweigen eines Strandes zerstört hatte, an dem ich glücklich gewesen war." Oder wie Valérie es einmal formuliert: „Insgesamt sieht es also eher düster aus."

Ein Camus für unsere Zeit – so mag sich Houellebecq gedacht haben. Nicht mehr der heiße Wüstensand Algeriens, sondern die Traumstrände Thailands als Kulisse für eine Schicksalsstunde im Gelände, in der sich Ennui, Selbstekel und metaphysische Obdachlosigkeit verdichten. „Plattform" löste bei Erscheinen in Frankreich den erwarteten und wohl verkaufsfördernd kalkulierten Skandal aus. Das Buch wurde – zu Recht, wie Interviews mit Houellebecq belegten – als

Rechfertigung des schmutzigen Geschäfts des Sextourismus und gar der Kinderprostitution gelesen, seine jüngst wiederholten, peinlichen Ausfälle gegen den Islam brachten den Autor gar vor Gericht. Schließlich ist in den Schilderungen der Sexualpraktiken und Lebensgewohnheiten der Völker verschiedener Kontinente eine Unmenge an rassistischem Gedankengut enthalten, das man dem Autor nur deswegen nicht vorwerfen kann, weil die weißen Männer – und Frauen – hier am allerschlechtesten wegkommen.

Im Satirischen, vor allem bei der Beschreibung der Thailand-Rundreise im ersten Teil, liegen die Stärken von „Plattform". Die Gruppendynamik der zufällig zusammengewürfelten Reisegruppe beschreibt die angebotsorientierte Ökonomie des Wünschens und Begehrens – das ist mit glänzender Boshaftigkeit beschrieben. Hier haben wir den Houellebecq-Ton in Reinform, der sämtliche Vernunftgründe als Überbau einer geschlechtlichen Basis entlarvt. Die drastische Beschreibung des desaströsen Sexuallebens der großstädtischen Mittelklasse, die in einem sogar Michel anwidernden Besuch eines S/M-Club gipfelt, wirkt dagegen völlig überzogen und dient nur als Folie für die weitere Handlung: Als Michel und Valéry sich mit deren Chef Jean-Yves einem Selbstversuch unterziehen und ein Clubangebot auf Kuba testen, um die Gründe für die sinkenden Kundenzahlen zu ermitteln, schlägt Michel im Rausch vor, die ohnehin latente Verbindung von Fernweh und Geilheit in einem Clubangebot für Sextouristen zu verkuppeln: all inclusive, selbst die Kondome: Die Idee „Eldorador Aphrodite" ist geboren und findet – vor allem bei deutschen Touristen – großen Anklang.

Der Leser hat zu diesem Zeitpunkt wohl bereits erkannt, daß er selbst längst mit dem Kauf des Buchs sein virtuelles Reiseticket ins Sexparadies gelöst hat. Noch deutlicher als in den „Elementar- teilchen" folgt die Handlungsstruktur dem Schema des Softpornos: Alle paar Seiten wird ein Geschlechtsakt in wechselnden Konstellationen geboten. Auch die daran beteiligten Frauen, wie das zufällig hereinschauende Zimmermädchen oder die Thai-Masseusen, sind reien Klischees. Für die Sprache gilt das gleiche: Wenn es richtig scharf wird, darf die „Welle der Lust" oder die „Welle der Entspannung" schon einmal „unglaublich" oder „unendlich" werden, Valérie „markerschütternde Schreie" ausstoßen und Michel den Eindruck haben, „sich im All aufzulösen", „ein völlig anderes Bewußtseinsniveau zu erreichen". Man bekommt also einiges geboten für sein Geld. Für Leser der beiden früheren Romane gilt dies nur mit Einschränkung. Die Grundthese, daß es beim Tourismus ohnehin nur darum ginge, das weltweite Wohlstandsgefälle in sexuelle Befriedigung umzumünzen, ist die Fortschreibung des Konzepts des „Orts der Wandlung“ aus den „Elementarteilchen“, in die Epoche der Globalisierung. Schon in dieser Utopie eines Ferienortes ging es „letztlich darum, ordentlich zu vögeln“. Angebot und Nachfrage sind heute leider anders als zu Zeiten der sexuellen Revolution ungleich auf den Westen und den Rest der Welt verteilt: Sie haben die jungen Körper, wir die knisternden Scheine – also her mit den Thailänderinnen. Daß man nach dieser Logik auch gleich einige Organe als Souvenir und Ersatzteillager in der Kühltasche mit nach Hause schleppen könnte, dürfte Houellebecq kaum stören. Am Ende versackt der traumatisierte Michel in seinem Paradies, schreibt seine Geschichte auf (warum eigentlich?) und ist so kaputt wie zuvor. Einziger Unterschied: Er arbeitet nicht mehr.

Der Verlag wirbt mit dem Slogan, dies sei der erste Liebesroman Houellebecqs. Das ist vielleicht richtig, nur ist das kein Vorzug, sondern macht das größte Manko des Buchs deutlich. Solange nämlich Valérie nur als männliches Phantasma der allzeit zu allem bereiten Sexualpartnerin auftritt, kann nicht viel schief gehen. Michels Maxime lautet dementsprechend einmal: „Man müht sich zumeist vergeblich ab, individuelle Charaktere und Schicksale zu unterscheiden.“ Wenn aber Valérie vom Sexual- zum Liebesobjekt mutiert, rächt sich Houellebecqs Prämisse, daß Individualität nur noch als zufällige Schnittmenge von Zielgruppendefinitionen vorkommt.

So könnte man es kompliziert erklären. Man kann allerdings auch einfach annehmen, daß der Schriftsteller hier mit seinem Soziologenlatein am Ende ist. Wozu sonst braucht Houellebecq als Deus ex Maschinengewehr den islamischen Fundamentalisten? Könnte es sein, daß Houellebecq einfach nicht mehr wußte, wie er das sportliche Treiben seines Traumpaares zum Dauerzustand machen konnte, ohne den Leser zu langweilen? Bei Adam und Eva lief vor dem Sündenfall vielleicht auch nicht sehr viel. Die Hölle mögen, wie Camus' Widerpart Sartre wußte, die anderen sein. Interessanter als ein paradiesischer Schrebergarten der Lüste sind sie allemal.

Richard KÄMMERLINGS

Michel Houellebecq: „Plattform“. Roman. Aus dem Französischen übersetzt von Uli Wittmann. DuMont Verlag, Köln 2002. 370 S., geb., 24,- Euro.

Steinfeld, Thomas: „Kneif mich!“, in: *Feuilleton der Süddeutschen Zeitung*, vom 27.08.2001.

Kneif mich!

Am Freitag vergangener Woche ist in Frankreich das jüngste Buch von Michel Houellebecq erschienen. „Plateforme“ (Flammarion, Paris 2001) ist der dritte Roman des Autors, sein neuntes Buch überhaupt. Aber noch im Frühjahr hätte auch in Paris keiner mehr mit einem neuen Werk gerechnet. Als er im vergangenen Winter seine letzten Konzerte gab, da hatte er an den späten Serge Gainsbourg erinnert, wirkte aber noch viel müder, erschöpfter, dem endgültigen Verzicht näher. Als dann die Nachricht kam, er sei in Bangkok, auf Kuba oder an den Stränden von Thailand, vermuteten nicht wenige, man werde nie wieder ein Buch von Michel Houellebecq zu Gesicht bekommen. Jetzt ist es nachzulesen, was er dort wirklich gemacht hat: In der Bar unter Palmen schien ein Mann mit Echsengesicht zu sitzen und zu trinken, aber in Wahrheit arbeitete dort ein Sträfling in den Steinbrüchen des großen abendländischen Unglücks.

Warum dieser Roman „Plateforme“ heißt, ist zunächst nicht zu ermitteln – es sei denn, der Autor kokettiere mit den plumpen Sätzen und schlichten Allegorien, die er zu seinem Stil gemacht hat. Worum es in dem Buch geht, ist um so leichter anzugeben: Es handelt vom Urlaub. „Kaum dass die Bewohner von Westeuropa ein paar freie Tage haben, stürzen sie ans andere Ende der Welt, sie fliegen um die halbe Erde, sie führen sich buchstäblich auf, als seien sie einem Gefängnis entflohen.“ Auch das ist schlicht, aber es ist wahr. Das beweisen nicht erst Rudolf Scharping und Gräfin Pilati auf Mallorca beim Turteln und Planschen auf Mallorca Der Urlaub ist die letzte Utopie der arbeitenden Menschheit, die Liebe im Urlaub ist ihr letztes Paradies. Seit dem ersten Roman, der „Ausweitung der Kampfzone“ aus dem Jahr 1994, gleichen sich die Helden dieses Autors, stets tragen sie auch seine Züge, und sie altern mit ihm: Jeder Held ist ein Quasimodo auf der Tanzfläche der Künste, und während sich neben ihm schöne Körper mit fließenden Bewegungen im Takt der Musik drehen, rudert, trampelt und hampelt da einer herum, dass man ihn aus dem Lokal weisen möchte – wäre da nicht eine innige Not, eine Intensität und Dringlichkeit, die den Leser dazu bringt, diesem schwer Beschädigten vielleicht nicht jede Geschichte, aber doch all seine Motive zu glauben. Es ist das Unglück, das Michel Houellebecq zu einem großen Schriftsteller gemacht hat, die Unzulänglichkeit, das sich bis zum Tod wiederholende Scheitern und die daraus resultierende Verzweiflung. Zu Recht hat ein Kritiker ihm attestiert, seine Bücher ließen sich lesen wie von einem Unglücklichen für Unglückliche geschrieben. Um ihres Tones willen sind diese Bücher so große Erfolge geworden – weniger um ihrer literarischen, als um ihrer menschlichen Qualitäten willen. „Plateforme" wird diesen Erfolg wiederholen.

Michel, der Ich-Erzähler dieses Romans, ist ein Mann von Anfang vierzig und der traurigste Candide, den die Welt je gesehen hat. Er versieht sein Amt als Buchhalter im Kulturministerium, ein Angestellter ohne Ehrgeiz und ohne Gefährten, ein „bescheidener Parasit", ein regelmäßiger Besucher von Peepshows, ein Experte für das gesamte Unterhaltungsprogramm des kommerziellen Fernsehens. In seiner Welt gibt es keine Gemeinschaft, keine geordneten Interessen, sondern ausschließlich Einzelwesen, denen der Egoismus zum einzigen Lebensinhalt wie zum Fluch geworden ist. Der große Urlaub beginnt, als der Vater vom Bruder seiner islamischen Geliebten ermordet wird und Michel ein Vermögen erbt. Die Reise geht in den Fernen Osten, zum Zweck des Beischlafs: Denn „es scheint eine nahezu ideale Übereinstimmung zwischen thailändischen Frauen und Männern aus dem Westen die in ihren eigenen Ländern nicht anerkannt werden und keinen Respekt empfangen".

Am gestrigen Sonntag hat *Le Monde*, die wichtigste französische Tageszeitung, ein mehrseitiges Dossier zum Sextourismus veröffentlicht – Michel Houellebecq hat das Thema der Woche, wenn nicht gar der Saison geliefert. Noch tobt der Skandal nicht über den Köpfen, aber hört ihn schon wie nahendes Donnergrollen. Michel Houellebecq habe keine Verteidigung des Sextourismus geschrieben, heißt es im Leitartikel von *Le Monde*. In provozierender Unbekümmertheit habe er vielmehr die „Feder in die Wunde" gestoßen, genau dort, wo es am heftigsten schmerze. Die Zeitung hat am Donnerstag der vergangenen Woche ein eher harmloseres Kapitel des Romans als Vorabdruck veröffentlicht. Aber es hilft nichts: Michel Houellebecq verteidigt den Sextourismus, nicht mehr und nicht weniger. Es sei so selten, jammert der Held, „dass man eine Frau trifft, die Lust geben will", und das gelte besonders, wenn man nichts zu bieten habe – keine Jugend und keinen Reichtum, keine interessanten Gespräche und keine aufregenden Erlebnisse. Für den Erzähler ist dies die größte Katastrophe: Ein gelungener Beischlaf gilt ihm als höchster denkbarer Begriff von Freude, als einzige Lösung vom unglücklichen Bewusstsein.

Die moralische Kritik am sexuellen Kolonialismus des hässlichen weißen Mannes geht trotzdem in die Irre. Wenn Michel Houellebecq sich zu den Prostituierten von Phuket bekennt, führt er sich wie ein Ertrinkender auf, der jeden anderen von der rettenden Planke stoßen würde, aber nicht einmal weiß, ob dieses Holz ihn allein tragen könnte. Die Erlösungsphantasie, die er an seinem Helden durchexerziert, kann auf moralische Bedenken keine Rücksicht nehmen. Und sie glaubt sich mit den Interessen der Prostituierten im Bunde. In einem politisch-soziologischen Exkurs erläutert der Erzähler, wie eine blühende Landschaft im Fernen Osten in die Mechanismen der Weltwirtschaft gerät und darin nur überleben kann, wenn sie ihre jungen Frauen und schönen Strände an die internationale Erlebnis-Industrie verkauft. Es mangelt sehr an Form und Stringenz in diesem Buch, der Erzähler hält seine Perspektive nicht durch, schreibt seitenlang Reiseführer ab (die er hasst, weil sie Marktwirtschaft und Lebensart verwechseln) und kann Theorie und Anschauung nur abwechselnd betreiben. Aber hätte Quasimodo seinen Buckel und sein schiefes Auge nicht – wer würde ihm die reine Leidenschaft für Claudia Cardinale glauben?

Denn eigentlich will Michel Houellebecq nur eines: die Liebe beschwören, die ganz große, ganz feste, ganz und gar unendliche Liebe. Ihr ist der zweite Teil des Romans gewidmet. Valérie ist die größte Heldin, die es bei Houellebecq je gegeben hat, eine hingebungsvolle Geliebte, die den Egoismus der gesamten Welt nicht teilt, die sich nichts aus Blusen von Prada und nichts aus Münchner Sportwagen macht – und doch eine erfolgreiche Geschäftsfrau ist, Angestellte eines großen Hotelkonzerns. Als ihr die Verantwortung für eine verlustbringende Kette von Ferienclubs übertragen wird, erfindet Michel das zunächst rettende Programm namens „Aphrodite“. Was sollen die vielen Animateure, die Exkursionen und Tanzabende, wenn es doch asiatische Frauen für unglückliche weiße Männer und schwarze Männer gibt: „Es ist leicht, wirklich leicht zu verstehen: eine Situation des idealen Tauschs.“ Selbstverständlich geht das Projekt furchtbar schief. Ein Trupp islamischer Terroristen taucht auf, gerade als Michel und Valérie beschlossen haben, für immer am thailändischen Strand zu bleiben und Urlaub bis über die Pensionsgrenze hinaus zu machen. „Elle est morte“, heißt es, nachdem Valérie in den Armen Michels verblutet ist. Auf den verbleibenden Seiten hat der arme Kerl jedes Interesse am Leben verloren und schreibt dieses Buch: als Dokument der Unmöglichkeit von Liebe.

Spätestens jetzt hat der Leser begriffen, dass dieser Roman zurecht „Plateforme“ heißt. Michel Houellebecq kokettiert mit dem Platten, mit dem Unvermögen. Er will das Alte und das Abgeschmackte, das Grobe, das Triviale und das Gemeine. Deswegen erklärt er, die Japaner seien von „natürlicher Bosheit“ und der Islam verdanke sich dem Stumpfsinn der Wüste und dem Dreck der Beduinen. Vielleicht glaubt er daran, vielleicht auch nicht. In jedem Fall aber ist er fest davon überzeugt, dass gegen die große Abstumpfung nur die vulgärsten und gröbsten Reize helfen. Michel Houellebecq – das ist einer, der sich mit aller Kraft unentwegt selbst in den Arm kneift, weil er nicht sicher ist, ob er überhaupt noch lebt.

Thomas STEINFELD

Encke, Julia: „Der Jargon der Missvergnügten“, in: *Süddeutsche Zeitung, Literatur*, vom 21.02.2002.

Der Jargon der Missvergnügten

Es ist unmöglich, den neuen Roman von Michel Houellebecq zu lesen, ohne an den Autor zu denken. Schon auf dem Buchumschlag ist nicht das Bild eines willigen Thai-Girls oder das eines Ferienclubs auf Kuba zu sehen, keine illustrierte Szene aus dem Roman, sondern, vorne wie hinten, ein Portrait des Autors. Wenn man das Buch beim Lesen also kurz zuklappt, um zum Kühlschrank oder ans Telefon zu gehen, hat man ihn immerzu vor Augen: Michel Houellebecq, sehr müde, sehr blass und sehr ernst. Dass der Held in „Plattform“ wie in „Elementarteilchen Michel heißt, macht die Sache nicht gerade leichter.

Vor allem hat man ja nicht gerade nur dieses eine Houellebecq-Bild im Kopf. Vor gut zwei Wochen ist die deutsche Ausgabe des Romans erschienen und kaum ein Tag vergangen, an dem nicht auch ein Interview oder ein Bericht zu lesen waren. Keine der Darstellungen hat allerdings einen so prägnanten Eindruck hinterlassen wie das Gespräch, das die amerikanische Journalistin Emily Eakin geführt hat, als sie den Autor vor mehr als einem Jahr in dessen Domizil in der Nähe von Dublin aufsuchte. Was Eakin antraf, war ein „müdes Elementarteilchen“, dessen Kopf beim Abendessen „in trunkener Betäubung“ auf dem Teller landete, während es draußen dunkel wurde: ein Mann „in stummem Protest gegen die Welt“. Solche Zeilen vergisst man nicht, auch wenn sie selbst Teil der Stilisierung sein mögen. Und so schlägt man „Plattform“ auf und wird den Eindruck nicht los, dass neben einem am Tisch der „Skandalautor“ im Essen liegt, die Vorhänge zugezogen sind und die Luft geschwängert ist von Silk Cuts und Jim Beam.

Dabei ist „Plattform“ eine ziemlich harmlose Geschichte: „Mit verkrampftem Bürokratengesicht“ stellt der beim Kulturministerium angestellte Michel nach dem Tod seines Vaters fest, dass er mal raus muss und bucht eine Pauschalreise nach Thailand. Die Hitze umschließt ihn dort „wie ein Mund“. Michel lässt sich in Massagesalons verwöhnen und freut sich, dass seine „Begeisterung für Mösen“ nach all den Jahren nicht nachgelassen hat, was er für einen der letzten menschlichen Züge hält. Innerhalb der Reisegruppe lernt er Valérie kennen, in die er sich, zurück in Paris, verliebt. Sie hat einen wunderschönen Körper und zusammen haben sie viel Sex. Von den Erfahrungen der Thailandreise profitierend verwandeln sie ihr Verhältnis in eine Art ‚Unternehmen Aphrodite‘.

Denn Valérie, die im Management des Touristik-Konzerns Aurore arbeitet, erhält den Auftrag, mit ihrem Chef ein erfolgversprechendes Konzept für Ferienclubs zu entwickeln. Zu dritt bereiten sie „eine Plattform für die Aufteilung der Welt" vor. Kriterium ist die Begehrlichkeit: Thai-Mädchen für die Männer des Westens und Karibik-Reisen für die frustrierten Frauen an ihrer Seite.

Dass einen die detaillierten Sex-Szenen mit Valérie unangenehm berühren, kann man wirklich nicht sagen, auch wenn, was die deutsche Übersetzung einschlägiger Sexwörter angeht, jeder seine Präferenzen haben mag. Vielleicht ist der Blick auf die dunkle Schönheit sogar das beste am ganzen Roman, und das schon dort, wo Michel ihr noch gar nicht näher gekommen ist. Wo er auf der Busfahrt zu Patong Beach nervös feststellt, dass er keinen Reiseführer, keinen Roman und auch sonst keinen „gedruckten Text" mehr zu lesen hat, den er als Schutzschirm zwischen sich und die Welt schieben könnte, wo plötzlich alles ganz nahe an ihn heranrückt, auch Valérie, die auf der anderen Seite des Mittelganges ihren Sitz zurückgelehnt hat und, das Gesicht der Scheibe zugewandt, zu schlafen scheint.

Anders als solche Szenen sind die überall im Buch verstreuten sexistischen und religionsfeindlichen Parolen der verschiedenen Reisegruppenteilnehmer langweilig: „Nörgeltypen" wie „Demokraten" oder Feministinnen in den Dreck zu ziehen ist ebenso schal, wie den *Guide Michelin* oder den *Guide du Routard* durch seitenlange Zitate zum Gegenstand des Spotts zu machen. Was in „Plattform" über den „Segen der Thai-Nutten" oder gegen den Islam gesagt wird, erscheint – in der bloßen Umkehrung des moralischen Konsenses – erwartbar. Es geht um nichts anderes, als um die Missachtung der etablierten Norm, die in der Negation dann doch nur bestätigt wird.

In den letzten Wochen ist in den Kritiken immer wieder gesagt worden, dass Houellebecqs Romane auf eine „radikale" Weise „politisch inkorrekt" seien: dass es das sei, was sie auszeichne. Die Bemerkung muss verwundern. Denn Political Correctness ist überhaupt noch nie ein Kriterium für Literatur oder für das Literarische gewesen. Was Literatur immer schon vollzogen hat, ist, Grenzen zu überschreiten, Konventionen zu verletzen, im Geflecht von Figuren- und Erzählerrede Positionen gegeneinander auszuspielen. In „Plattform" ist das nicht der Fall. Michel Houellebecq bleibt im System. Eine Provokation ist der Roman nicht.

Was provoziert ist etwas anderes. Es ist nicht das Buch, sondern die öffentliche Verlautbarung eines Autors, der in Interviews und Diskussionen den Jargon seiner Figuren einfach weiterspricht: „Der fach weiterspricht: „Der Islam konnte nur im Stumpfsinn einer Wüste entstehen, inmitten dreckiger Beduinen, die nichts anderes zu tun hatten, als ihre Kamele zu ficken“, pöbelt ein ägyptischer Gentechniker in „Plattform“. Nach dem Tod von Valérie – die Welt „sieht eher düster aus“, und so muss die Geliebte bei einem islamistischen Attentat sterben – beschließt auch Michel, Muslime zu hassen. Jedes Mal, wenn er erfährt, dass ein palästinensischer Terrorist oder eine schwangere Palästinenserin im Gazastreifen erschossen wurden, „durchzuckt“ ihn „ein Schauder der Begeisterung“. Und als wäre Houellebecq seinem eigenen Roman entsprungen, erklärt er den Islam in einem Interview selbst zur „bescheuertsten Religion der Welt“, woraufhin die islamische Vereinigung einen Prozess anstrengt.

Im Grunde genommen bedient sich Michel Houellebecq der Tricks eines Taschenspielers: Durch seine öffentlichen Äußerungen verwischt er die Grenze von Figuren- und Autorenrede und gibt vor, die allgemeine Aufregung nicht zu verstehen. Was er in Abrede stellt, ist eine Übereinkunft: nämlich die, dass Literatur und öffentliche Rede zwei verschiedene Orte des Sprechens sind, mit denen sich auch unterschiedliche Regeln verbinden. Houellebecq spricht in der Öffentlichkeit nach den Maßgaben der Literatur. Und genau deshalb kann man „Plattform“ auch nicht lesen, ohne an den Autor zu denken. Seine öffentlichen Äußerungen schleichen sich unwillkürlich in die privaten „Plattform“-Lektüren der Wohn- und Schlafzimmer ein.

Die Literaturkritik sitzt in einer solchen Situation natürlich in der Klemme. Was soll sie eigentlich besprechen? Das Buch oder den Autor? Wo es brenzlig wird, scheint man sich gerne auf das zu kaprizieren, was man schon immer getan hat: Man spricht vom literarischen Kanon. Kein Schriftsteller ist in den letzten Jahren mit so vielen Größen verglichen worden wie Michel Houellebecq: Von Balzac, Maupassant, Charles Péguy bis hin zu Botho Strauß war bei den „Elementarteilchen“ die Rede. Für „Plattform“ müssen nun Huysmans und – wegen eines einzigen Satzes – auch Camus herhalten. Auf diese Weise kann man sich sicher sein, dass man über Literatur spricht.

„Il n'y a pas de dehors de texte“, „es gibt kein Außen des Textes“, lautet die Devise, die die avancierte französische Literaturtheorie für die Moderne des späten 19. und beginnenden 20. Jahrhunderts formuliert hat. Michel Houellebecq macht nichts anderes, als diese Devise erfolgreich zu vermarkten. Er verwandelt die theoretische Formel in eine Geschäftsidee. Das ist so legitim wie aufdringlich. Wenn man vom Autor nichts gehört hätte, wenn nicht überall sein Bild hinge und man ihn nie in einem Vorort von Dublin trunken im Essen hätte liegen sehen, könnte man unaufgeregt feststellen, dass „Plattform“ eine gute Bettlektüre ist. Und das wäre ein entschiedenes Kompliment.

Julia ENCKE

MICHEL HOUELLEBECQ: Plattform. Roman. Deutsch von Uli Wittmann. DuMont Verlag, Köln 2002. 370 Seiten, 24 Euro.

Meister, Martina: „Komm, lass uns einen Club aufmachen. Wieder eine thematische Bombe: Michel Houellebecqs jüngster Roman „Plattform" hält wirklich alles, was der Titel verspricht", in: *Feuilleton der Frankfurter Rundschau*, vom 20.03.2002.

Komm, lass uns einen Club aufmachen

Wieder eine thematische Bombe: Michel Houellebecqs jüngster Roman „Plattform" hält wirklich alles, was er verspricht

Michel Houellebecq ist ein Prophet. Er hat wie kein anderer Schriftsteller dieser Tage ein Gespür für Themen, einen literarischen siebenten Sinn. Denn spätestens jetzt, nach seinem dritten Roman, kann man die Houellebecq' sche Regel aufstellen: Die Erzählfäden, die er in seinen Bücher plötzlich spinnt, verdichten sich bald darauf zu einem gordischen Knoten, die aufzulösen plötzlich als die großen Herausforderungen unserer Gesellschaft gelten. Ein ganzes Jahr bevor so unbekannte Wesen wie die embryonale Stammzelle oder die Pärimplantationsdiagnostik in unseren Wortschatz eindrangen, riss Houellebecq in seinen *Elementarteilchen* die ganze Problematik der Eugenik und der Schöpfung eines neuen Menschen durch sich selbst auf. Sein jüngster Roman *Plattform* endet mit dem „mörderischsten Attentat, das es je in Asien gegeben hat". Islamische Fundamentalisten lassen im thailändischen Vergnügungsviertel „Crazy Lips" eine Bombe hochgehen, um mit den getöteten Sextouristen stellvertretend die gesamte westliche Welt für ihren Lebenswandel zu bestrafen.

Plattform wurde am 3. September in Frankreich ausgeliefert. Houellebecq hatte gerade noch Gelegenheit, in alter Manier ein paar Provokationen loszulassen und in einem Interview der Zeitschrift *Lire* den Islam als die „dümmste" aller Religionen zu bezeichnen, da brachen auch schon die Zwillingstürme und mit ihnen die alten Sicherheiten zusammen. Das war dann sogar noch maßloser, als es sich Houellebecq ausgemalt hatte. Zugleich ist dieser Autor der beste Pharmareferent, den die französische Literatur im Augenblick zu bieten hat. Er läuft selbst Werbung für seine Bücher, was allerdings gar nicht nötig wäre. Seine Romane verkaufen sich ohnehin wie Aspirin, und haben in etwa auch dieselbe Wirkung. Der Schmerz lässt kurz nach der Lektüre nach. Ansonsten gilt: Packungsbeilage beachten. Und das heißt in diesem Fall, den Autor für einen Helden halten und den Helden für den Autor.

Denn das ist die Bedingung, ohne den der Skandal und leider auch seine Bücher nicht mehr funktionieren würden. Sie schlagen nämlich nicht wegen ihrer literarischen Qualitäten ein, sondern als thematische Bomben. Und sie sind umso explosiver, je weiter Houellebecq die Verschmelzung seiner eigenen Person in die Romanfiguren treibt. Auf diese Weise ist es ihm immerhin en passant gelungen, die wenigen Sicherheiten über den Haufen zu werfen, die uns die Literaturkritik im vergangenen Jahrhundert beschert hat. Danach hatten wir uns angewöhnt, Nabokov nicht zwangsläufig für einen Pädophilen zu halten und Flaubert nicht unbedingt für einen depressiven Selbstmörder, selbst wenn er gern von sich behauptete: „Madame Bovary, das bin ich."

In *Plattform*, das sich wie ein Fortsetzungsroman der ersten Bücher liest, hat Houellebecq die Verschmelzung bis zur Perfektion getrieben. Wieder heißt der Protagonist Michel, wieder verkörpert er wie schon der Michel der *Elementarteilchen* den Mittelstandsfranzosen in seiner unüberbietbaren Mediokrität. Und wieder könnte es Houellebecq selbst sein, dieser Ritter der traurigen Gestalt, der seine Suche nach Glück einfach von der Atlantikküste nach Thailand verlagert hat und mit seinen vom Nikotin gelb gefärbten Fingern nun an hübschen, asiatischen Prostituierten rumfummelt, weil „diese kleinen Thai-Nutten", da sind sich der Michel des Buches und der Houellebecq des Interviews einig, „ein wahrer Segen sind". Dass das Erscheinen seines Romans von mehreren Gerichtsprozessen orchestriert wird, gehört längst auch zu dieser mise en scène: War es beim letzten Mal nur der Betreiber eines Nudistencamps, der vor Gericht zog, weil er sein Ferienparadies verunglimpft sah, ist es jetzt die ganze Tourismusbranche, die er gegen sich aufgebracht hat. Stellvertretend klagt der Alternativreiseführer *Guide de Routard*, dessen Macher sich mit der Etikette „protestantisch-humanitäre Idioten" nicht abfinden wollen.

Auf 340 Seiten ist es Houellebecq wieder einmal gelungen, alle gegen sich aufzubringen: die Moslems wie die Feministinnen, die Gegner der Prostitution und des Sextourismus, die karitativen wie die humanitären Verbände. Dabei erzählt *Plattform* die uralte Geschichte von der pursuit of happiness, mit der Houellebecq am Ende allerdings genauso kaltherzig abrechnet, wie mit dem Projekt der Moderne insgesamt.

Denn nachdem er in *Elementarteilchen* den Mythos von 68 und die sexuelle Befreiung verhandelt hat, zeigt er in *Plattform*, wie die zerrütteten Verhältnisse im alten Europa zum Export derselben führen. „Die ganzen Möglichkeiten, glücklich zu sein, konzentrieren sich in unserem Leben ja auf die wenigen Ferienwochen, die wir zur Verfügung haben", hatte Houellebecq schon in seiner Erzählung Lanzarote angemerkt.

Die Schilderung der Tourismusindustrie wird so zum Fokus, in dem sich die Spaß- und Freizeitgesellschaft in ihrer Reinform spiegelt. Hier wird die Bedürfnisbefriedigung der Marktgesellschaft endlich wieder wörtlich genommen. Es ist Michel, der die zündende Idee hat: „Biete eine Club an, in dem die Leute vögeln können." Er weiß, wovon er spricht. Denn schließlich verortet auch er sein Glück in den einschlägigen Salons der thailändischen Body-Massage. „Auf der einen Seite hast du mehrere hundert Millionen Menschen in der westlichen Welt, die alles haben, was sie sich nur wünschen, außer dass sie keine sexuelle Befriedigung mehr finden: Sie suchen unablässig, aber sie finden nichts, und sie sind darüber unglücklich bis auf die Knochen. Und auf der anderen Seite gibt es mehrere Milliarden Menschen, die nichts haben, kläglich verhungern, jung sterben, unter ungesunden Bedingungen leben und nichts mehr zu verkaufen haben, als ihren Körper und ihre Sexualität. Das ist einfach, wirklich einfach zu begreifen: Das ist die ideale Tauschsituation."

Ein Konzept, das der Protagonist allerdings selbst konterkariert. Nach „Nummer 7" und „Nummer 47" hatte er nämlich Valérie ausprobiert, die Mitreisende Dame aus der Tourismusbranche, die er anfangs als „unterwürfig" wahrnimmt, in der er dann aber die Frau entdeckt, die „den thailändischen Prostituierten das Wasser reichen kann". Was dann passiert, ist wohl Liebe. Doch auch Valérie kommt über den Ich-Erzähler wie ein guter Blow-Job: Das Glück ist von kurzer Dauer. Und seine Schilderung erreicht einen Grad von Banalität, die mit Arztromanen und Softpornos über weite Strecken fraglos konkurrieren kann.

Nur deren Happy End passt nicht in den Kosmos von Houellebecq: Michel und Valérie sind trotz etlicher Höhepunkte noch nicht auf dem ihrer Geschäftsidee angelangt, die Dritte Welt mit Sex-Ferien-Clubs zu überziehen, da kommt Valérie in dem Attentat der Fundamentalisten um. Das muss schon aus Gründen der Schreibökonomie geschehen.

Houellebecq ist nämlich nicht imstande, den langsamen Zerfall der Liebe, des allmählichen Auffressens, die Abgründe darzustellen, die sich zwischen den Seelen auftun. Er ist immer schon bei der Zerstörung angekommen. Die Utopie der Liebe ist bei ihm deshalb wie ein Déjà-Vu aus alten Zeiten, ein rosafarbenes Trugbild, das sich noch ein letztes Mal einstellt, um bald darauf in der Explosion von Nägeln und zersplittertem Glas ein für allemal zu verlöschen.

Plattform hält auf allen Ebenen, was der Titel verspricht. Je praller die Brüste der Thai-Girls, je härter der Ständer des Ich-Erzählers, desto platter der Stil. Einerseits ist das nur konsequent.

Denn je genauer und unerbittlicher Houellebecq in den Zustandsbeschreibungen einer sich entleerenden Gesellschaft ist, desto näher muss das Material, mit dem er sie beschreibt, ihrem Zustand angleichen. Andererseits ist das der kleine Tod der Lektüre. Denn diese Prosa der Pimmel und Mösen will keine „Wellen der Lust", keine „markerschütternden Schreie" dem Leser entlocken. Was in *Elementarteilchen* noch von unerhörter Kohärenz schien, wird hier zur Parodie. Zwar tut Houellebecq nichts anderes, als den Leser wieder einmal den Spiegel vors Gesicht zu halten. Aber der wird darin zwangsläufig den selben unersättlichen Konsumenten entdecken, den Houellebecq so perfekt beschreibt. Und genau aus diesem Grund wird er sich mit dem hässlichen Selbstporträt nicht mehr zufrieden geben können. Er will den Mehrwert. Er will das, was darüber hinausgeht. Er will seine Misere zumindest in der Sprache kompensiert sehen.

Martina MEISTER

Michel Houellebecq
Plattform.
Roman.
Aus dem Französischen von Uli Wittmann.
DuMont Literaturverlag, Köln 2002, 340 Seiten, 24 Euro.

Meister, Martina: „Postpubertäre „Plattform“. Der französische Skandalautor Michel Houellebecq propagiert Sextourismus – und hält der Gesellschaft damit den Spiegel vor“, in: *Feuilleton der Frankfurter Rundschau*, vom 08.12.2004.

Postpubertäre „Plattform“

Der französische Skandalautor Michel Houellebecq propagiert Sextourismus – und hält der Gesellschaft damit den Spiegel vor

Die einschlägigen Etablissements heißen „Pussy Paradise“ oder „Crazy Lips“. Michel, der Protagonist von Michel Houellebecqs jüngstem Roman „Plattform“, findet sein Glück auf den thailändischen Vergnügungsinseln. Es ist erschwinglich, von kurzer Dauer und mit keinerlei Problemen verbunden. Auch wenn jener Michel sich nach ungeschütztem Geschlechtsverkehr ins Gedächtnis ruft, dass einer Ärzteorganisation zufolge ein Drittel der thailändischen Prostituierten HIV-infiziert ist.

Seinem kurzen Glück scheint dies keinen Abbruch zu tun: „Diese kleinen Thai-Nutten“, resümiert der Held von „Plattform“, „sind ein wahrer Segen.“ Und zumindest in diesem Punkt scheint Autor Houellebecq mit seinem Protagonisten voll und ganz übereinzustimmen. Denn als der Roman vor drei Jahren in Frankreich erschien, ließ es sich Houellebecq im moralischen Kreuzverhör begleitender Interviews nicht nehmen, die Romanschilderungen von „Plattform“ mit persönlichen Lobliedern auf käufliche Körper zur orchestrieren.

Es sei dahingestellt, ob diese auf Erfahrungen beruhen oder nur dem altbewährten Ritual der Provokation geschuldet sind. Sicher ist: Die Romane Houellebecqs sind literarische Ritualmorde des gesellschaftlichen Konsenses. Sie spalten das Lesepublikum in zwei unversöhnliche Teile. Die einen halten ihn für einen schonungslosen Beobachter der gesellschaftlichen und individuellen Misere, der das Projekt der Moderne ein für alle Mal beerdigt hat. Die anderen nehmen ihn beim Wort und sehen in seinen mediokren Helden nur Wiedergänger eines durchgeknallten Schriftstellers, der nach seinem Lob der Gentechnik in „Elementarteilchen“ in „Plattform“ bei der wortreichen Verteidigung des Sextourismus und der Verunglimpfung des Islam angekommen ist.

Für Letztere müsste der Fall Houellebecq im Grunde schnell erledigt sein. Sie könnten ihn und seine Bücher als postpubertäres-popkulturelles Phänomen ad acta legen. Stattdessen klagen sie vor Gericht, wie der Herausgeber eines alternativen Tourismusführers oder verschiedene muslimische

Vereinigungen, die allesamt in erster Instanz verloren haben.

Mehr als ein Provokateur

Doch Houellebecq ist mehr als nur ein Provokateur. Er hält mit seinen Büchern der Gesellschaft einen Spiegel vor, und die will sich in dem Zerrbild, das sie darin erblickt, nicht unbedingt erkennen. Denn nachdem er in „Elementarteilchen" den Mythos von ' 68 und die Folgen der sexuellen Befreiung verhandelt hat, zeigt er in „Plattform", wie die zerrütteten Verhältnisse im alten Europa zum Export derselben führen: „Die ganzen Möglichkeiten, glücklich zu sein, konzentrieren sich in unserem Leben ja auf die wenigen Ferienwochen, die wir zur Verfügung haben", hatte er schon in seiner Erzählung „Lanzarote" bemerkt.

Sex im „All-Inclusive"-Angebot

Dass es sich beim Sextourismus letztlich um eine spezielle Form des Neokolonialismus handelt, unterschlägt Houellebecq nicht: Sein Ich-Erzähler Michel will die sogenannte Dritte Welt mit Ferienclubs überziehen, in denen der Sex zum „all inclusive" Angebot gehört.

Man kann „Plattform", das ist die ganze Schwierigkeit, sowohl als Apologie des Sextourismus als auch als schonungslose Kritik der Spaß- und Freizeitgesellschaft im Fokus der Tourismusindustrie mitsamt ihren Auswüchsen lesen. Wie auch immer man sich entscheidet: Eine gewisse prophetische Gabe lässt sich Houellebecqs „Platt-form" nicht absprechen.

Zur Erinnerung: Der Roman kam Anfang September 2001 in die französischen Buchläden. Wenige Tage später brachen die beiden Zwillingstürme des World Trade Centers zusammen. Ein Jahr später explodierten vor zwei Diskotheken auf der indonesischen Insel Bali zwei Bomben. Es war der erste Anschlag dieser Art von islamistischen Extremisten auf westliche Touristen. Anders als das Attentat gegen die Synagoge auf der tunesischen Ferieninsel Djerba sollte dort offensichtlich ein bestimmter Menschentypus für seinen Lebensstil bestraft werden. Houellebecq hat diese Entwicklung in „Plattform" vorweggenommen: Der Ich-Erzähler, der letztlich sein Glück bei einer Französin gefunden hatte, die den „thailändischen Prostituierten das Wasser reichen konnte", verliert seine Geliebte bei einem Bombenanschlag im „Crazy Lips", der größten Bar auf einer thailändischen Insel.

Auf die Apologie des Sextourismus folgt im Roman die blutige Rache des Fundamentalismus. Was vor allem verstört an diesem Text ist die Tatsache, dass man ihn unschwer als literarische Illustration von Samuel Huntingtons „Clash of Civilisations" lesen kann. Nur zeigt er auch, dass es im Kampf der Kulturen keine Gewinner wird geben können.

Martina MEISTER

Encke, Julia: „Im Lolita-Universum. Sehnsucht als Provokation: Michel Houellebecqs neuer Roman“, in: *Frankfurter Allgemeine Zeitung, Literatur*, vom 27.08.2005.

Im Lolita-Universum

Sehnsucht als Provokation: Michel Houellebecqs neuer Roman

Romane von Michel Houellebecq zu lesen ist zugegebenermaßen eine sehr zwiespältige Angelegenheit. Einerseits lösen sie die allergrößte Abwehr aus, andererseits kann man sich ihnen nicht entziehen. Das war in den „Elementarteilchen“ so und in „Plattform“, und es ist in seinem neuen Roman „Die Möglichkeit einer Insel“ dasselbe: Reflexhaft wehrt man sich gegen die etwas zu aufdringliche Schonungslosigkeit, mit der hier Wahrheiten verkündet werden, weil dies ungefähr so wirkt, wie wenn jemand in besonders vornehmer Runde extra schlimme Dinge sagt – also ein bißchen albern und peinlich. Zugleich gibt es wohl keinen zeitgenössischen Autor, der die Obsessionen und Ängste westlicher Gesellschaften so scharf analysiert wie er. Nie würde man einen seiner Romane aus der Hand legen, ohne diesen bis zum bitteren Ende gelesen zu haben. Denn bitter ist das Ende immer bei Michel Houellebecq – und diesmal ist es so bitter wie noch nie.

Wir befinden uns in der Zukunft. Der Mensch hat sich abgeschafft. Nur der Neo-Mensch hat überlebt: geklont, unsterblich, gefühlsarm und vor allem ratlos, weil ihm Lebensgeschichten aus dem 21. Jahrhundert überliefert sind, lauter archivierte Autobiographien, die er verwundert zur Kenntnis nimmt, mit denen er aber wenig anfangen kann.

Das klingt nach Sciencefiction. Doch hat Michel Houellebecq kein Buch geschrieben, in dem in der technoiden Welt nur Klone und Roboter unterwegs wären. Er macht etwas anderes: Er stellt durch den Blick aus der Zukunft die größte Distanz her, die man herstellen kann, eine Art Menschenferne. Er erfindet eine Figur namens Daniel 24, ein Klon der vierundzwanzigsten Generation, der den Bericht seines genetischen Prototyps Daniel 1 liest und ihn bestaunt wie ein Tier im Zoo. Andere haben Käfer aufgespießt, um ihre schillernden Farben unter Glas besser betrachten zu können. Michel Houellebecq spießt den Menschen auf. Teilnahmslos läßt er den Neo-Menschen auf den Menschen blicken und ihn fragen, was da eigentlich los war. Und weil man, anders als Daniel 24, beim Lesen durchaus menschliche Regungen hat, teilnahmslos also nicht sein kann, ist man erschüttert. Die Frage ist berechtigt: Was ist hier eigentlich los?

„Die Möglichkeit einer Insel“ ist ein Roman über

die panische Angst vor dem Altwerden. Daniel 1 arbeitet als Fernsehkomiker, seitdem er sein Unterhaltungstalent beim Bühnenauftritt in einem „All inclusive"-Ferienclub in der Türkei entdeckte: Inspiriert durch einen Zwischenfall am Buffet, hatte er einen Sketch über eine blutige Ferienclubrevolte aufgeführt, die durch die Würstchenknappheit beim Frühstück und den Aufpreis für das Benutzen der Minigolfanlage ausgelöst wurde. Die Leute hatten Tränen gelacht. Im Anschluß an die Show war eine hübsche Brünette gekommen, die mit ihm schlafen wollte, weil sie Männer mit Humor schätzte. Und so hatte er seine Berufung gefunden, war reich und berühmt geworden, leistete sich teure Autos und lernte Isabelle kennen, Chefredakteurin der Frauenzeitschrift „Lolita", ausnehmend schön und intelligent.

Isabelle jedoch hat in ihrem „Lolita" Kosmos sehr bald ein Problem. Sie ist um die Vierzig, während die Models, die zum Foto-Shooting tagtäglich ein- und ausgehen, kaum älter als sechzehn sind, also knackig, jung, frisch, unverbraucht. „Es ist normal, daß die Leute Angst vorm Alter haben, vor allem Frauen, das war schon immer so, aber jetzt... Das übertrifft die wildesten Vorstellungen", erzählt sie aus dem Büro. Doch schützt sie das nicht. Irgendwann beginnt sie, sich lieber im Dunkeln auszuziehen und auch beim Sex das Licht zu löschen, wird depressiv, kündigt den Job, nimmt zu. Erst haben sie weniger Sex, bald gar nicht mehr. Dann ist es aus.

„Es war mir nicht möglich, ihr immer wieder zu sagen, daß sie noch genauso begehrenswert und schön sei wie eh und je", protokolliert Daniel 1 in seinem Lebensbericht. „Noch nie hatte ich mich so unfähig gefühlt, sie auch nur im geringsten anzulügen. Ich wußte, welchen Blick sie anschließend haben würde. Es war der traurige, demütige Blick eines kranken Tiers, das sich ein paar Schritte von der Menge zurückzieht, den Kopf auf die Pfoten legt und leise winselt, weil es weiß, daß es geschwächt ist und von seinen Artgenossen kein Mitleid erwarten kann." Daniel 24, der Neo-Mensch, nimmt das alles aufmerksam zur Kenntnis.

Was er über die Zeitschrift „Lolita" erzähle, hat Michel Houellebecq neulich in einem Interview mit der Tageszeitung „Le Monde" gesagt, spiele bereits in der nahen Zukunft. Das sei heute nicht so drastisch, sei also keine Realität. Und so entwirft „Die Möglichkeit einer Insel" das, was bei H.G. Wells „The Shape of Things to Come" heißt: die Gestalt der zukünftigen Dinge – wobei der vom Defätismus gepackte Autor, wie schon in seinen vorhergehenden Romanen, auch diesmal wieder viel Nietzsche und viel Schopenhauer hineinmixt, sogar noch mehr als sonst. Drohend und düster, liegt der Roman also schwer auf der Seele: Das Alter wird zum Abschaum werden, legt uns Michel Houellebecq nahe. Es wird sich seiner selbst entledigen in einer Welt, in der nur glücklich sein kann, wer jung ist. Oder, wie Daniel 24 es aus der Zeitenferne mit ethnologischem Forscherblick völlig wertfrei konstatiert: „In den Jahren, die dem Verschwinden der Menschheit vorausgingen, war das Altern so unerträglich geworden, daß die Rate derer, die sich das Leben nahmen, fast 100 Prozent erreichte." Der Roman spart nicht an Toten.

Vielleicht hat man Michel Houellebecq immer falsch verstanden, wenn man in ihm unbedingt den Provokateur sehen wollte. Er selbst hat dieses Image genährt, mit seinen öffentlichen Geißelungen des Islams, mit seinen Interventionen, der müde-aufbegehrenden Pose des Inkorrekten. Und es liegt nicht fern, zu vermuten, daß er es sogar absichtsvoll getan hat: Wenn in der „Möglichkeit einer Insel" Isabelle ihrem Komiker-Freund Daniel rät, seinem ersten Film „Laßt uns Miniröcke mit dem Fallschirm über Palästina abwerfen" nicht nur einen „antiislamischen", sondern auch einen „antisemitischen Zug" zu geben, ist man jedenfalls gewillt, hinter der Maske des Clowns den kichernden Autor zu erkennen, der taktisch Gemüter erregt und so nur an Prominenz gewinnt.

Innerhalb des Romans aber geht es nicht um Provokation. Eher sind seine Stilmittel doch die der Übertreibung, Verschärfung, Radikalisierung. Er phantasiert das, was er vorfindet, fort, ohne dabei einen möglichen Ausweg zu suchen. Denn für Michel Houellebecq gibt es keinen Ausweg: Unaufhaltsam ist der Mensch dabei, sich selbst abzuschaffen, und die Klon-Sekten, die den Kult der Jugend zelebrieren und am ewigen Leben herumlaborieren, sind die überfüllten Kirchen von morgen.

Das ist bitter. Doch es ist nicht mit Verbitterung geschrieben, sondern vielmehr mit einer großen Sehnsucht. Michel Houellebecq gibt sich in seinem neuen Roman als leidenschaftlicher Romantiker zu erkennen. Er gibt sich die Blöße, und genau das ist das Anrührende an diesem Buch. Nach der Trennung von Isabelle lernt Daniel 1 Esther kennen, blutjung und willig und „wie alle jungen Mädchen nur zum Vögeln da". Das ist toll und aufregend – bis Esther ihn alt findet und sich lieber mit jungen Männern zu vergnügen beginnt. Da erkennt Daniel, zwei Frauen geliebt zu haben, von denen die eine nichts für Lust, die andere nichts für Liebe übrig gehabt hatte, zwei getrennte Wesen. Beides zusammen wäre Leben gewesen. Doch ist es dafür zu spät.

Die Möglichkeit einer Insel gibt es also nicht. Den Neo-Menschen von übermorgen bleibt in der Überlieferung die Ahnung einer verlockenden Idee: Auf der Suche nach Marie

23 stolpert Daniel 25 am Ende durch eine technoromantische Ruinenlandschaft.

So ist der Roman wie ein großer Seufzer. Und die Tragik von Michel Houellebecq vielleicht ganz einfach die, daß er sich bereits in der Welt von heute wie ein Mensch von gestern fühlt.

Julia ENCKE

Michel Houellebecq: „Die Möglichkeit einer Insel". Roman. Aus dem Französischen übersetzt von Uli Wittmann. DuMont Literatur und Kunst Verlag, Köln 2005. 424 S., geb., 24,90 [Euro].

Weidermann, Volker: „Das letzte Tabu. Michel Houellebecqs neuer Roman erzählt von Sex, Autos und Klonen – vor allem aber vom Unglück des Älterwerdens“, in: *Feuilleton der Frankfurter Allgemeinen Sonntagszeitung*, vom 21.08.2005.

Das letzte Tabu

Michel Houellebecqs neuer Roman erzählt von Sex, Autos und Klonen – vor allem aber vom Unglück des Älterwerdens

Sein Ruf ist wirklich legendär. Das hat jetzt auch Oliver Stone erfahren müssen. Nachdem der amerikanische Regisseur sich im Frühsommer dieses Jahres mit dem französischen Schriftsteller Michel Houellebecq im Restaurant „White Lotus“ in Hollywood zum Essen und zum Trinken getroffen hatte, wurde er, kaum hatte er sein Auto bestiegen, von der Polizei auf dem Sunset Boulevard gestoppt und wegen Einnahme und Besitz illegaler Substanzen verhaftet. Für 15000 Dollar kam er wieder frei. Irgend jemand mußte der Polizei einen Tip gegeben haben. Oder sie haben einfach gute Kontakte zur Literaturkritikerszene. Oder kalifornische Polizisten wissen einfach, was man heutzutage lesen muß. Und wie viel Wahrheit in Michel Houellebecqs Bewußtseinserweiterungsbüchern steckt. Da mußten sie Oliver Stone einfach stoppen.

Houellebecq selbst ist in Kalifornien nicht Auto gefahren. Er ließ sich chauffieren von Journalisten und Pressebetreuern, die ihm stolz die phantastische Landschaft Kaliforniens zeigen wollten und dann doch ein wenig enttäuscht registrierten, daß er die ganze Zeit im Auto nur geschlafen hat Zu Hause in Europa fährt er, wie er sagt, gern selbst. Und er fährt gern schnell. Er hat sich, als er begann, an seinem neuen Roman „Die Möglichkeit einer Insel“ zu arbeiten, der in dieser Woche weltweit erscheint, einen Mercedes 500 SLK gekauft und raste damit über Land. Inzwischen hat er ihn gegen ein nicht ganz so schnelles Peugeot-Coupé eingetauscht, in dem er, Bach hörend, zum Beispiel von Südspanien bis nach Irland fährt. Doch seine Verlage, die mit ihm reich geworden sind, sind trotzdem beunruhigt und wollen ihm, zumindest auf seinen Lesereisen, immer einen Chauffeur zur Verfügung stellen. Michel Houellebecq lehnt das ab.

Der Held in seinem neuen Buch, Daniel1, fährt auch Mercedes, einen 600 SL, und er beklagt sich, daß Mercedes, einer alten Tradition folgend, alle Modelle auf eine Höchstgeschwindigkeit von 250 Stundenkilometern begrenzt, und wenn man diesen Daniel1 im Buch, auf seinen rasenden Liebesfahrten durch Spanien hinauf nach Frankreich, lesend begleitet, ist man Mercedes ehrlich dankbar für diese weise Regelung.

Auch sonst wird viel geredet über Autos in Houellebecqs neuem Roman. Der Prophet einer Menschenklonungssekte auf Lanzarote, dem Daniel1 begegnet, rückt zum Beispiel entrüstet Presseberichte zurecht, wonach er einen großen Rennstall in Kalifornien besitze, obwohl er in Wahrheit doch nur einen Ferrari Modena Stradale und einen Porsche GT2 zu Hause habe. Und Daniel1 erläutert die Gründe, warum er von Bentley auf Mercedes umgestiegen sei, und schreibt später erleichtert in seinen Lebensbericht: „Ehrlich, worüber sollten sich Männer bloß unterhalten, wenn es keine Autos gäbe?"

Vielleicht über Sex?

Oder das ewige Leben?

Das Unglück des Alterns?

Nietzsche?

Oder die Liebe?

Das sind die Themen von Michel Houellebecqs neuem Roman. Es sind seine alten. Er hat seine Kunst verfeinert und seine Visionen verdüstert. Aber der Houellebecq der „Möglichkeit einer Insel" ist derselbe, der er in seinem Welterfolgsroman „Elementarteilchen" war und von dem er in seinem letzten Buch „Plattform" ein wenig abgewichen war. Er hat zurückgefunden: Wir sind am Ende der Welt, wohl zweitausend Jahre weit in der Zukunft. Es gibt fast keine Menschen mehr. Einige Horden von verwahrlosten Wilden bevölkern noch die Trümmer von New York und von Madrid. Aber das sind nur letzte Spuren, die kaum noch etwas Menschliches haben. Unsere Nachfolger haben die Herrschaft übernommen, die „Neo-Menschen", Klone der Menschen von einst. Klone, die ewig leben, denen jedoch alle menschlichen Regungen wie Lachen, Weinen, Güte, Mitleid und die Liebe nur leere Begriffe sind. Sie vegetieren dahin, in ihrer Ewigkeit.

Da hat Houellebecq viel von seinem strahlenden Weltuntergangsoptimismus der „Elementarteilchen" verloren, wo der neue Mensch , nach dem Untergang der Menschheit, am ganzen Körper mit lustempfindenden Krause-Endkolben übersät sein sollte, um so das vollkommene körperliche Glück zu erfahren. Nein, in seinem neuen Buch sind die neuen Menschen leer und ohne Krause-Endkolben, und nur wenige, wir erfahren nur von zweien, haben eine romantische Ahnung von ihren Vorgängern mitbekommen, die sie veranlaßt, sich aufzumachen und zu suchen. Denn sie glauben an „die Möglichkeit einer Insel", an die Möglichkeit des Glücks.

Das Wissen über die vergangene Welt haben sie aus den Berichten ihrer Vorgänger erhalten. Denn jeder alte Mensch, der beschloß, sich nach dem Tode klonen zu lassen, und seine DNA ablieferte, mußte einen Bericht schreiben. Über sein Leben, sein Leiden, seine letzten Tage als Mensch. Wir haben den Bericht von Daniel1, der immer wieder unterbrochen wird von den Kommentaren seiner Nachfolger, Daniel24 und Daniel25.

Daniel1 ist eine echte, große, unfassbare Houellebecq-Figur. Zynisch, lustig, sexbesessen, leidend, reich, schmächtig, böse und so traurig und unbedingt romantisch wie niemand sonst. Selbstironisch unbesorgt, gibt Houellebecq seinem Helden jede Menge seiner eigenen Eigenschaften und Äußerlichkeiten mit, er wohnt, wie sein Erfinder, in einem großen Haus bei Almería in Spanien, trinkt viel, liebt seinen kleinen Hund, einen Corgi, wie sich selbst, fährt Mercedes, hat die weltweit größte Aufmerksamkeit und das meiste Geld für Islam-Beschimpfungen erhalten, und daß Houellebecq wie Daniel1 die Frauen und ihre Körper schätzt, das hat man auch schon irgendwo gehört oder gelesen.

Daniel1 ist Komiker, nicht Schriftsteller. Er entdeckte sein Talent in einem All-inclusive-Ferienclub in der Türkei, als er beim Mitmachabend unter dem Motto „Sie haben Talent“ einen Sketch über eine blutige Revolte in jenem Club vorführt, die dadurch ausgelöst wurde, daß eine achtzigjährige Engländerin einem fetten Deutschen die letzten Frühstückswürstchen am Buffet vor der Nase weggegessen hat. Ein Riesenerfolg. Aber nichts gegen sein späteres Islamverspottungsprogramm „Am liebsten Gruppensex mit Palästinenserinnen“, das ihn kurzzeitig von den Tageszeitungsseiten „Kunst und Kultur“ in die Rubrik „Justiz und Gesellschaft“ wandern ließ.

„Ohne Zweifel der Höhepunkt meiner Karriere“, schreibt er, der ihm, wie seinem Erfinder nach dessen Satz vom Islam als der „dümmsten Religion“, Strafanträge von muslimischen Vereinen und Bombendrohungen einbringt und viel, viel Geld. Akribisch zählt er sein wachsendes Millionenvermögen auf. Eigentlich sind seine Spott-Themen ja ausschließlich die Weltbeherrschungsthemen Sex und Geld, aber der einfache Erfolg, den man mit Religionsbeschimpfungen erzielt, ist einfach zu verlockend. „Gleich zu Beginn kam ich auf den Nahost-Konflikt zu sprechen – ein Thema, mit dem ich in den Medien schon ein paar schöne Erfolge erzielt hatte“, schildert er gutgelaunt sein eigenes Programm.

Und sonst schildert er nur eins: die Liebe. Die Erinnerung an seine erste Frau wischt er schnell schlecht gelaunt beiseite, er kann sich beim besten Willen nicht mehr erinnern, warum er sie einmal geheiratet hat, aber dann, nach dem Beginn seines Erfolges, lernt er die Liebe kennen. Isabelle ist Chefredakteurin des körperbetonten Jungmädchenmagazins „Lolita“, und die beiden erleben miteinander das große Glück zu zweit. Und man muß sagen, dass Michel Houellebecq seine Körperbeschreibungskunst, seine Rücksichtslosigkeit, seine Präzision und seine kühle Verzauberung beim Beschreiben des weiblichen und mitunter auch des männlichen Körpers und die Beschreibung der Momente ihrer vollkommenen Verschmelzung noch einmal erweitert und perfektioniert hat. Irgendwann beschließt die Traumfrau Isabelle, sie sei zu alt für Daniel, ihr Körper werde schlaff, sie wünsche, daß er sich neu verliebe. In eine andere Frau.

Und Daniel trauert, wartet, trauert weiter, bis er endlich Esther findet. Zweiundzwanzig, praktisch unbekleidet, sorglos, willig, wunderschön. „Wie alle hübschen Mädchen war Esther im Grunde nur zum Vögeln da, und es wäre absurd, etwas anderes von ihr zu erwarten", schreibt Houellebecq, und man kann den kleinen gescheitelten Mann mit der ewigen Zigarette und dem wächsernen Gesicht förmlich kichern sehen, den runden Kopf zwischen die Schultern gezogen, als er diesen Satz aufgeschrieben hat.

Und die beiden, Esther und Daniel, tun also dies eine, für das die schönen Mädchen allein bestimmt sind, und sein Glück scheint endlich vollkommen, doch auch er wird vom Altern aus der Bahn geworfen. Er ist Mitte Vierzig, in ihrem ganzen Freundeskreis ist keiner über Mitte Zwanzig. Er geht mit ihnen aus, und er wird sie verlieren. Das Alter ist gnadenlos: „Seit zehn Minuten hatte ich eine irrsinnige Lust, ihnen zu sagen, daß auch ich diese Welt gern kennenlernen, mich mit ihnen amüsieren und die Nacht durchmachen wollte; ich war bereit, sie anzuflehen, mich mitzunehmen. Doch dann sah ich zufällig mein Gesicht in einem Spiegel und kapierte: Ich war hoch in den Vierzigern, mein Gesicht war sorgenvoll und starr, von Lebenserfahrung, Verantwortung und Kummer gezeichnet: ich sah wirklich nicht wie jemand aus, mit dem man Lust haben könnte, sich zu amüsieren. Ich hatte keine Chance."

Das ist die große Kunst von Michel Houellebecq. Die Ehrlichkeit, die Präzision, die Schonungslosigkeit, die Wahrheit seines Schreibens. Der heilige Ernst und seine große, große Traurigkeit. Die Unausweichlichkeit von allem.

„Die Möglichkeit einer Insel" ist ein Roman über das Unglück des Alterns. Neben allen Thesen vom Ende der Religionen und dem Traum vom neuen Menschen, von Nietzsche und vom Ende der Liebe ist es vor allem anderen dies: ein Buch der Angst. In seinen Visionen wird in naher Zukunft eine Selbstmordwelle durch die Welt gehen, der die meisten Frauen über vierzig und die Männer über fünfzig zum Opfer fallen. Die Lücke zwischen dem totalen Körperkult der Gesellschaft und der Unmöglichkeit der Liebe ist für keinen mehr zu schließen.

Der Mann, der alle Tabus gebrochen hat, schreibt: „Der Altersunterschied war das letzte Tabu, die äußerste Grenze, die dadurch, daß sie die letzte blieb und alle anderen ersetzt hatte, besonders massiv war. In der modernen Welt konnte man Swinger, bisexuell, transsexuell, Sodomit oder Sadomaso sein, aber es war verboten, alt zu sein."

Und auch der neue Mensch ist in dem Buch kein Ausweg mehr. Die gesuchte Insel gibt es nicht. Die mögliche Insel ist eine Illusion.

Volker WEIDERMANN

Michel Houellebecq: „Die Möglichkeit einer Insel", Roman. Aus dem Französischen von Uli Wittmann. DuMont, Köln 2005. 380 Seiten, 22,90 Euro.

Steinfeld, Thomas: „Der Narr verlässt die Kampfzone. Am Ende: Michel Houellebecq und sein Roman ‚Die Möglichkeit einer Insel'", in: *Süddeutsche Zeitung, Literatur*, vom 24.08.2005.

Der Narr verlässt die Kampfzone

Am Ende: Michel Houellebecq und sein Roman „Die Möglichkeit einer Insel"

Hart und böse ist dieses Buch, von großer Genauigkeit und verblüffendem Scharfblick, wenn der Erzähler von seinem Leben als Komödiant erzählt. Daniel heißt dieser Mann, der in seiner Jugend in einer türkischen Ferienanlage sein Talent entdeckte, als er öffentlich in einen Sketch verwandelte, was er am Tag zuvor am Frühstückstisch erlebt hatte: wie eine alte, nur noch mit sich selbst beschäftigte Engländerin die letzten Würstchen ergattert, nach denen ein großer, dicker Deutscher schon seine Gabel ausstreckt. So etwas bringt die Leute zum lachen, denn es lebt vom alltäglichen Rassismus und es ist gemein. Das Gelächter aber schwillt ins Unermessliche an, wenn man sich ins Mikrofon zu brüllen traut, was der Stammtisch so phantasiert, was Anstand und politische Tugend aber nicht auszuprechen wagen: um das Sexualleben der Palästinenserinnen geht es in Daniels Darbietungen, um einen „Hass in Reinkultur" oder um das Töten von Fliegen mit einem Gummiband, stets eng am Tabu entlang, manchmal mitten hinein, aber immer so, dass die Sketche noch als komödiantische Veranstaltung zu erkennen sind.

Ein Held der moralischen Indifferenz ist dieser Daniel, die Inszenierung eines freien Geistes, und das Publikum quittiert jede Übertreibung von Anstand und Geschmack mit brüllendem Gelächter und begeisterter Zustimmung: „Das Gute an dem Beruf eines Humoristen und ganz allgemein an der humoristischen Haltung zum Leben ist, dass man sich völlig ungestraft wie eine Drecksau benehmen kann, sich noch dazu die Bösartigkeit finanziell vergolden oder mit sexuellen Erfolgen vergüten lässt, und das alles mit Zustimmung der Öffentlichkeit." In diesem Gestus ähnelt der Erzähler den Hofnarren der demokratischen Selbstkontrolle – Harald Schmidt und mehr noch Stefan Raab heißen sie hierzulande –, aber am meisten gleicht er dem Autor dieses Romans, gleicht er Michel Houellebecq selber.

Der wirkt zwar in der Regel nicht wie ein Komiker, er feixt nicht herum, denn sein Metier ist die Apokalypse. Und doch begleitet auch ihn, wenn er von der Katastrophe des Alterns, vom Tausch zwischen Sexualität und Geld, vom radikalen, hoffnungslosen Individualismus erzählt, dasselbe erschrockene Gelächter, das auch die Spaßvögel des politisch Inkorrekten hervorrufen. Und so ist es nur konsequent, wenn er auch in Louis-Ferdinand Céline, dem bittersten aller französischen Romanciers des 20. Jahrhunderts, nur den „Komiker“, den Kollegen erkennen mag.

„Die Möglichkeit einer Insel“, der heute – ein paar Tage vor der französischen Originalausgabe – auf Deutsch erscheinende, vierte Roman von Michel Houellebecq, besteht zum größten Teil aus der (fiktiven) Autobiographie dieses Komödianten. Hier zieht einer die Summe seines Lebens, zunächst, so scheint es, weil er sich in den Möglichkeiten seiner Kunst erschöpft hat. Er kann das Lachen nicht mehr hören, das dem Menschen „augenblicklich alle Würde nimmt“, dieses Lachen, das im Unernst plötzlich die nackte Grausamkeit, den Hass erkennen lässt. Dann aber vor allem, weil er die Katastrophe aller Helden von Michel Houellebecq erleben muss: das Altern und damit den allmählichen, erzwungenen Abschied aus allen erotischen Verhältnissen. Und schließlich, weil sich Daniel, der Komödiant, am Ende des Buches selbst töten wird, um, Jahrhunderte nach diesen Ereignissen, einzugehen in ein ewiges Leben, das von Klon zu Klon weitergegeben wird. Sein Lebensbericht soll, in einer Art von biografischer Induktion, seinen späten Abkömmlingen etwas von seinem geistigen Wesen vermitteln.

Daniel nennt sich einen „Clown“, aber er ist weniger ein solcher als vielmehr ein Narr. Der König aber dieses Narren ist die permissive Gesellschaft mit ihrem prinzipiell schlechten Gewissen. Auch dieser Souverän hört sich an, was sein Narr zu sagen hat, und wieder ist der Narr der Einzige, der ihm die Wahrheit sagen darf. Er lauscht ihm mit Vergnügen, manchmal mit Betroffenheit, und fährt dann fort zu tun, was er zuvor schon tat. Als einen solchen Narren, als eine Figur der völligen Folgenlosigkeit des wahrhaftigen Sprechens, nimmt sich mittlerweile offenbar auch Michel Houellebecq wahr. Von allen Einsichten, die Michel Houellebecq bislang zum Verfassen von Romanen getrieben haben mögen, ist dies die fatalste – denn sie führt nicht nur ans Ende der Jugend, der Schönheit, der Sexualität oder des Geldes, sondern ans Ende des Schreibens.

Michel Houellebecq weiß, dass der Erfolg einem solchen „Clown“ auf Dauer nicht wohl tun kann. Der Clown muss, wenn er gut sein will, etwas Gescheiteres an sich haben. Doch dieser Artist stürzt nicht, im Gegenteil, jeder Sturz wird ihm – dem Helden Daniel wie seinem Autor Michel Houellebecq – als Gelingen ausgelegt. So besteht alles Unglück, das dem Clown widerfährt, darin, dass er älter wird. Er erlebt das Schicksal eines professionellen satten Clowns. Denn der falsche Bauch eines Clowns ist lustig und tragisch zugleich, der echte ist nur noch katastrophal.

Die Konzentration auf diese Katastrophe ist die große Schwäche dieses Romans: Er ist eine Lamento, ein einziges großes Dokument der Wehleidigkeit, mit der ein fast Fünfzigjähriger quittiert, dass zuerst seine Lebensgefährtin runzlig wird, und dass dann er selbst, nachdem sie ihn verlassen hat wie ein zum Sterben sich zurückziehendes Tier, nicht einmal mehr für die willigsten Frauen begehrenswert ist. Diesem Lamento ist der wüste Zorn gewichen, der Michel Houellebecqs frühe Romane auszeichnete, der Wille zum Skandal, der wütende Aufstand gegen die Normalität, das Korrekte und den radikalen Individualismus, der in der sexuellen Freizügigkeit den letzten Rest individueller Würde der freien Marktwirtschaft überantwortete.

Rückblickend betrachtet, ist diese verzweifelte Wut Stück für Stück, Buch für Buch aus dem Werk von Michel Houellebecq verschwunden, von der Novelle „Ausweitung der Kampfzone" (1994) über den Roman „Elementarteilchen" (1998) bis zum Roman „Plattform" (2002). Das Aufbegehren gegen eine gigantische, so politische wie soziale Zumutung ist fort und damit die Dringlichkeit, das Fahrige, Disparate und doch unglaublich Insistierende, das Michel Houellebecqs Bücher als ebenso mangelhaft wie notwendig erscheinen ließen – und das Ausdruck einer Gemeinsamkeit zwischen dem, was er als Schicksal empfand und dem, was diese Gesellschaft als ihr Los erkannte.

Und so klagt Daniel: „Seit zehn Minuten hatte ich eine irrsinnige Lust ihnen zu sagen, dass auch ich diese Welt gern kenne lernen, mich mit ihnen amüsieren und die Nacht durchmachen wollte... Doch dann sah ich zufällig mein Gesicht in einem Spiegel und kapierte: Ich war hoch in den Vierzigern... Ich hatte keine Chance." Mit einem solchen Lagebericht zur erotischen Malaise der Epoche kann Michel Houellebecq auf keinen Widerstand mehr rechnen. Und je mehr er auf seiner Verzweiflung als letzte, negative Projektion seiner selbst als einer Figur der Fruchtbarkeit, Vitalität und Überzeugungskraft insistierte, desto mehr offenbart sich in der geschilderten erotischen seine literarische Malaise.

Denn wo steckt das dramatische Potenzial eines solchen Elends? Im Traum von einer Insel, auf der es Liebe in all ihrer Dauerhaftigkeit, Treue und gegenseitiges Verstehen geben sollte? In gelegentlichen, glücklichen Erfahrungen, die eintreten, wenn freundliche Kühe zu den Fenstern eines Berggasthofes hereinschauen? In der Wiederholung von lauter bekannten Motiven und Gestalten aus dem bisherigen Werk von Michel Houellebecq, angefangen vom fanatischen, aber geschlechtslosen Wissenschaftler, der an der Herstellung von Homunculi arbeitet, über die Topologie der Insel Lanzarote bis zu den Hautproben, aus denen die neuen Menschen gezüchtet werden sollen? Dies alles war schon einmal da, und aus der Wiederkehr entsteht hier ein neues Werk.

An die Stelle des Aufbegehrens ist in „Die Möglichkeit einer Insel“ die Science-Fiction getreten. Das ist problematisch, denn der Leser spürt die Absicht in diesem Gestus von „eines Tages werden wir auf diese Welt als auf eine einzige Katastrophe zurückblicken“. Zu dieser Art von Fiktion gehört die mit allerlei Elementen aus dem Genre „Mord und Totschlag“ dekorierte Geschichte der Sekte, die Daniels DNS eines späten Tages in den Kreislauf der Klone befördert. Sie ist grob den Berichten über die Sekte der Raelianer nachgebildet, die vor knapp zwei Jahren durch die Medien geisterten. Das Retortenhafte prägt auch diesen dramaturgischen Einfall. Er ist nur eine Tapete, eine bemalte Wand, die der Autor in seiner Willkür als Zukunft definiert. Vielleicht erlebt Michel Houellebecq nun selbst, was er an Jacques Prévert so furchtbar fand: Er geht als Autor an dem großen Einverständnis zugrunde, das seine Werke erwecken. Es ist, als setzte sich der Clown eine Gummipistole an den Schläfe, drückte ab – und fiele im Ernst tot um.

Thomas STEINFELD

MICHEL HOUELLEBECQ: Die Möglichkeit einer Insel. Roman. Aus dem Französischen von Uli Wittmann. DuMont Verlag, Köln 2004. 446 Seiten, 24,90 Euro.

Meister, Martina: „Der dreiundzwanzigste Klon. Vom Olymp direkt auf die Abendnachrichten: Michel Houellebecqs neuer Roman ‚Die Möglichkeit einer Insel'", in: *Feuilleton der Frankfurter Rundschau*, vom 25.08.2005.

Der dreiundzwanzigste Klon

Vom Olymp direkt in die Abendnachrichten: Michel Houellebecqs neuer Roman „Die Möglichkeit einer Insel"

Es gibt große Geheimnisse. Sogar im Verlagswesen. Das folgende ist 442 Seiten stark, kopiert auf 221 Blatt, gutmütigen Menschen entlockt unter Bekundungen absoluter Verschwiegenheit, weitergereicht an Kollegen, die versprachen, keine Zeile vor der Sperrfrist zu veröffentlichen. Ein Geheimnis, das zeitgleich in Europa gelüftet werden soll, ein verlegerischer Super-Coup, getimet auf den 31. August, kein Bloomsday, sondern ein neuer D-Day, ein Jour J des literarischen Marketings, der Tag, als uns *Die Möglichkeit einer Insel* erschien. Heiliger Houellebecq. Vorname Michel. Obwohl, nicht einmal das ist sicher. Ein Biograph will herausgefunden haben, dass Houellebecq gar nicht als solcher geboren wurde, sondern, viel schlichter, als Michel Thomas. Dass er auch nicht im Jahr 1958 das trübe Licht der Welt erblickte, sondern bereits zwei Jahre zuvor; dass er genauso fremdenfeindlich ist wie die Protagonisten seiner Romane; dass er der Raelianer-Sekte angehört, und so weiter und so fort.

Der Gott des depressiven Kitsch steigt herab und sucht nach Sex

All das wird man in Frankreich bald nachlesen können, nicht in Houellebecqs jüngstem Roman, versteht sich, sondern in einer nicht autorisierten Biographie, um die ähnlich Wind gemacht wird wie um den Roman selbst, dessen Fahnen der Pariser Verlag vorab tatsächlich nur an ausgesuchte, das heißt: vom Autor für würdig, sprich wohlwollend befundene Rezensenten ausgegeben hat. Einer der aufmerksamsten Leser dürfte ohnehin der Justiziar des Verlages gewesen sein.

Kommenden Mittwoch wird er also erscheinen, der Roman und der Dichter, wenn *Die Möglichkeit einer Insel* auf Wunsch des Autors in den Buchhandlungen von Paris, Berlin, Rom, London und Amsterdam gleichzeitig ausgeliefert wird, und er, der Gott des *kitsch dépressiv*, vom Olymp hinab in die Abendnachrichten des Privatsenders TF 1 steigt, in persona oder als Klon, was weiß man schon, in diesen Zeiten, da nur das Datum sicher ist.

Was verbirgt sich nun hinter der lang ersehnten Möglichkeit einer Insel? Lediglich der Einblick in die Muschi von Marie 23, den uns der Autor schon auf den ersten Seiten gewährt, der aber so tief nicht ist, weil die Muschi nur aus Pixeln besteht, das Organ einer Intermediären eben, eines Klons, klinisch rein und absolut gefühllos, eine Bildschirmmuschi.

Es geht, kurz gesagt, um die Abschaffung der Menschheit. Um einen Roman, getaucht abwechselnd in das grelle Licht Spaniens, das fahle der Endzeit, bevölkert von Clowns und Klonen, von Neomenschen und Neandertalern, ein Buch, das von der Unmöglichkeit der Liebe handelt, von Sex und Sekten, eine moderne Version der biblischen Apokalypse des Buches Daniel, an das schon die Kapitelüberschriften erinnern, angesiedelt irgendwo auf der Grenze zwischen Science Fiction, philosophischer Erzählung und porno chic. Was Houellebecq vorab als sein wichtigstes Buch angekündigt hat, ist sein schwächstes. Ein erneuter Aufguss seiner Themen, zusammengequirlt nicht unter dem Druck des Leids, sondern unter dem eines bereits eingestrichenen Honorars. Houellebecq will sich mit diesem Buch übertreffen. Er will noch inhaltsleerer schreiben, noch provokativer, aber er hält diesem Crescendo gen Abgrund sprachlich nicht stand, weil die Gleichung, Plattes mit Plattem zu vergelten, Leeres mit Leerem, nur dann aufgeht, wenn der Leser wie in *Ausweitung der Kampfzone*, wie in *Elementarteilchen*, nackt und fröstelnd vor einem Spiegel steht und nicht vor einer lauen literarischen Spinnerei.

Tatsächlich kann man diesen Roman wahlweise für antisemitisch, antiislamisch, für frauenfeindlich, kinderfeindlich, ja menschenfeindlich halten, und doch verhallen diese Provokationen seltsam echolos, weil es dem Autor nur darum geht, die letzten Tabus zu brechen. Houellebecq, der Prophet, ist zur Plaudertasche geworden. Die Möglichkeit einer Insel? Ein schönes, aber leeres Versprechen. Das Versprechen literarischer Utopie in Zeiten, da das Wort seine Kraft eingebüßt hat, der Existenz einer große Gegenwelt, die sich hätte abzeichnen können in der schonungslosen Brechung der mickrigen Wirklichkeit: *Die Möglichkeit einer Insel*, plaudernd verspielt.

Die Houellebecq'sche Marketingmaschine läuft umso mehr auf Hochtouren, promotet den Blockbuster der gleichgeschalteten Lesekultur, ein Harry Potter für angefixte Erwachsene. Dass der französische Verlag Fayard diesen Zirkus veranstaltet, darf dabei kaum verwundern, hat er doch Houellebecq von Flammarion wie einen Fußballstar abgeworben, für angeblich 1,5 Millionen Euro für ein Buch, das noch nicht geschrieben war. Man geht also mit einer Auflage von 200 000 an den Start, und viele Trittbrettfahrer hängen sich ran mit Biographien, giftigen Pamphleten oder wie der Theaterautor Fernando Arrabal mit Lobreden, geschrieben mit spanischer Verve, Houellebecq! mit Titel.

Houellebecqs Held Daniel ist eine Art Zarathustra der Mittelschicht

Spanien voilà! Damit sind wir endlich auf der richtigen Fährte. Spanien ist der Schauplatz des Romans. Das Land, das sich gerade erst von Diktatur und Katholizismus befreit und deshalb umso tiefer in die Dekadenz gestürzt hat. In einer teuren Villa am Meer findet er Zuflucht, der Protagonist, Daniel mit Namen, wie der alttestamentarische Prophet, ein erfolgreicher französischer Komiker, „eine Art Zarathustra der Mittelschicht", stets auf der Suche nach Liebe oder Sex, ein Houellebecq' scher Antiheld, der zugrunde geht am Grundprinzip der westlichen Gesellschaft: „Die sinnliche Begierde bis ins Unerträgliche zu steigern und deren Befriedigung immer mehr zu erschweren." Er liebt erst Isabelle, dann Esther. Aber in dem großen Aufgebot von kopulierenden Säugetieren erweist sich nur ein einziges Wesen zur bedingungslosen Liebe fähig. Es heißt Fox und ist ein Hund.

Ansonsten reißt Daniel rassistische Witze, seine Show trägt den Titel „Gruppensex mit Palästinenserinnen", Ähnlichkeiten mit lebenden Personen sind aber rein zufällig, auch mit dem Autor, der sich vermutlich wie Daniel als „Humanist wider Willen" fühlt, weil „das Gute an dem Beruf ist, dass man sich völlig ungestraft als Drecksau benehmen kann, sich noch dazu die Bösartigkeit finanziell vergolden lässt und das alles mit der Zustimmung der Öffentlichkeit".

Wir besteigen hier den Gipfel des literarischen Zynismus, den Höhepunkt der Plattitüde. Der trübselige Lebensbericht Daniels, der sich wirklich wohl nur „in den Armen einer Frau" fühlt, „tief in ihrer Scheide steckend", diese akribischen Schilderungen von Penetration, von Fellatio, dieses Sinnieren über magersüchtige Models, die sich weigern, das Sperma zu schlucken, weil es zu viele Kalorien haben könnte, über Lolitas, die beim blow job brillieren, aber die Liebe verlernt haben, diese literarischen Ergüsse werden überboten lediglich von den eingeschobenen Berichten der Klone, der zweiten, dritten, ja fünfundzwanzigsten Generation, deren neomenschliche Existenz so belanglos ist, dass Daniel 25 seinen Vorgänger Daniel 1 vage um die Fähigkeit beneidet, Liebe und Schmerz zu empfinden.

Denn was wäre dieser Pseudo-Porno, wenn nicht Aussicht auf das ewige Leben bestünde? Daniel wird Mitglied der Elohimiten, eine Sekte, die wie die Raelianer als Klone Einzug in die Ewigkeit halten wollen. Er lässt seine DNA einfrieren und löst, indem er seinen Lebensbericht verfasst, das Problem des Downloadens des menschlichen Gedächtnisses: Alle Klone müssen seinen Bericht lesen und kommentieren. Es sind Gott sei Dank sehr abgestumpfte Wesen. Willkommen also im ewigen Leben, das sich nur als Fortsetzung der moralisch-ökologischen Apokalypse erweist. Wir schreiben eine Zeit 100, 1000, 2000 Jahre später, der Planet hat große Dürren erlebt und seine Rotationsachse geändert. Überlebt haben ein paar wild vögelnde Menschen, der Klon Fox, auch Daniel in seiner 25. Inkarnation. Wie Marie 23 wird er sich aufmachen, getrieben von der untilgbaren Hoffnung auf Liebe und menschliche Nähe. So endet der Roman mit großem romantischem Gestus. Der Leser indes weiß: Hier lockt nicht mehr das ewige Leben, sondern die ewige Wiederkehr des Gleichen. Houellebecq übrigens hat zwar seinen steuerlichen Wohnsitz in Irland, lebt aber wie sein Protagonist in Südspanien, in der Nähe der Almería, in einer großen Villa am Meer unweit eines Nacktbadestrandes, er lebt ganz allein, heißt es. Mit seinem Hund und seinen Honoraren.

Martina MEISTER

Michel Houellebecq: „Die Möglichkeit einer Insel". Aus dem Französischen von Uli Wittmann. DuMont Verlag, Köln; 448 Seiten, 22,90 Euro.

11.3 Die französischen Beiträge zu Günter Grass

Deshusses, Pierre: „L' unité mis à plat. Envoûtant, agaçant, le roman sans doute le plus difficile et le plus allemand de Günter Grass, mais aussi le plus universel et le plus généreux", in: *Le Monde des Livres*, vom 03.10.1997.

«L'unité mise à plat».

Envoûtant, agaçant, le roman sans doute le plus difficile et le plus allemand de Günter Grass, mais aussi le plus universel et le plus généreux

Les cloches sonnent, les policiers sont débonnaires, les feux d' artifice magnifiques, le champagne et la bière coulent à flot, le mur qui a séparé si longtemps les deux Allemagnes s'effrite sous les attaques des pics et des marteaux arrachant au béton peint des souvenirs de ce moment historique: réunification, victoire sur le socialisme borné, victoire de l'Ouest, victoire de la liberté. Dans ce concert d'euphorie, une voix discrète introduit une dissonance: «Ça leur est monté à la tête: la victoire rend idiot!» L'homme qui parle ainsi s'appelle Theo Wuttke, septuagénaire plus connu sous le nom de Fonty; c'est le meilleur connaisseur de l' écrivain Theodor Fontane, il est capable de citer des passages entiers de ses lettres, de ses poèmes, et d'en remonter à tous les archivistes patentés chargés de rédiger «des commentaires en bas de pages» sur l'œuvre de cet auteur allemand d'origine française. Wuttke est même né à Neuruppin comme Fontane, cent ans exactement après lui, mais les convergences ne s'arrêtent pas là: même silhouette élancée, même visage aux traits fins, même moustache tombant sur les commissures des lèvres. Ce parti pris de similitude affichée comportait un risque énorme pour une œuvre romanesque: celui de la biographie déguisée. Or Grass surmonte magistralement cet écueil en jouant à fond la carte du double et en adjoignant à Fonty une figure qui le suit comme une ombre et qui est elle-même la réincarnation d'un autre personnage: Tallhover, héros d'un roman contemporain de Hans Joachim Schädlich, incarnation de toutes les compromissions politiques et qui finit par se suicider. Il réapparaît ici sous le nom de Hoftaller.

Le pari du doublement double était risqué; il est gagné: non seulement Grass parvient à donner une vie propre à deux personnages d'emprunt, mais il réussit le tour de force de faire revivre quatre personnages à la fois en jouant sur les rappels et les similitudes.

Loin d'être des porte-parole désincarnés et serviles, Fonty et Hoftaller jouent de leur double identité et s'amusent à resserrer le présent et le passé dans une suite de boucles inattendues. Certes, distiller toute cette matière foisonnante, suivre les digressions et les allusions, accepter les continuels changements de perspective nécessite de l'attention de la part du lecteur, et toute velléité de lecture rapide révélera immanquablement frustrante. C'est un livre qui demande du temps. Pas de coup de théâtre, pas de catastrophes, pas de retournement d'intrigue, pas de narrateur tout-puissant: la fiction prend sa source, dans l'artifice de la construction délibérément mise à nu et qui pastiche sur fond de chaos et de trouble d'identité le système de surveillance de la Stasi, police d'État tristement célèbre de l'ancienne RDA. Livre en perpétuel mouvement, cette colossal bâtisse où travaillent Fonty et Hoftaller et qui a successivement abrité le ministère de l'aviation sous le IIIe Reich, la Maison des ministères sous le régime socialiste, et le service de liquidation et de réorganisation industrielle après la réunification.

Grass a toujours été un empêcheur de ronronner en rond et il est fidèle à ses convictions. Dans ce gigantesque jeu de miroirs, il ne se range ni d' un coté ni de l'autre: il refuse de condamner la RDA en bloc comme il refuse de reconnaître l'Ouest comme l'instance salvatrice et suprême. «L'unité a toujours bousillé la démocratie», fait-il dire à l'un de ses personnages. Si Grass regrette que l'unification ait été menée à la hussarde et sans concertation, il ne reconstitue pas pour autant le dialogue qui n' a pas eu lieu entre les deux Allemagnes et dont l'absence a conduit à une simple annexion, il n'essaie pas de ratrapper une occasion manquée. Fonty et Hoftaller sont du même bord, ils ont vécu la plus grande partie de leur vie dans le même pays, ce pays qui s'effondre maintenant: ils sont tous les deux du côté des perdants, même si leurs convictions sont différentes: Fonty a toujours été porté à reprendre une distance ironique vis-à-vis du pouvoir, il a toujours préféré la moquerie au mouchardage, alors que Hoftaller apparaît comme le délateur professionnel; mais le scepticisme et le cynisme peuvent servir de tremplin à la vérité. Sans dogmatisme, Grass fait du lecteur un véritable cinquième personnage, c'est à lui de choisir, sa liberté reste intancte. C'est sans doute la raison pour laquelle la presse allemande a si vivement réagi lors de la parution du livre (allant même jusqu' à le traiter de «traitre»), car la position que nous réserve Grass n'est pas commode. Qu'on le veuille où non, on est impliqué aidé en cela par les provocations soigneusement distillées et par les attitudes et les réactions de ce couple picaresque dont aucune des faiblesses n'est passées sous silence. C'est en battant et rebattant sans cesse les cartes, sans complaisance pour elle-même, que l'Allemagne réussira à sortir son meilleur atout: non pas celui du pouvoir économique ou politique, mais celui de la transparence, même si l'image n'est pas celle qu'on attendait: «Nous appelons ça: l' unité mise à plat», et c'est encore une longue histoire.

Pierre DESHUSSES
Toute une histoire (Ein weites Feld) de Günter Grass. Traduit de l'allemand par Claude Porcell et Bernard Lortholary, Seuil, 647 p., 160F.

Schneider, Marcel: „Günter Grass: le malaise teuton“, in: *Le Figaro littéraire*, vom 02.10.1997.

Günter Grass: le mailaise teuton

Günter Grass nous avait habitués à plus de méchanceté, plus de rouerie, plus de colossale «mauvaise éducation».

S'il y a un éternel «mal français», il existe aussi une éternelle «misère allemande». Il ne s'agit pas de pauvreté matérielle et pécuniaire, cela se dit en allemand das *Elend*; si nos voisins outre-Rhin emploient le mot français misère, c'est pour signifier un malaise d' ordre moral, voire métaphysique, existentiel en tout cas, qui les empêche d'accéder librement au contentement et à la joie. C'est cette *deutsche Misere*, me semble-t-il, dont Günter Grass a voulu faire le principal sujet de son dernier roman.
M. Grass, on le sait, a fait en 1959 une entrée fracassante dans les lettres avec son Tambour. C'était un roman alligorico-symbolique où le heros, le jeune Oskar, faisait voler les vitres en éclats chaque fois qu'il criait. Manière imagée d'évoquer toute les catastrophes passées, et singulièrement celle de 1933 à 1945, et de tenter d' exorciser les futures. Pulvériser le monde ancien, bien, encore faut-il empêcher le retour de la démence! Oskar battait le rappel, il incarnait la bonne conscience allemande, Kant-Hegel-Nietzsche, Günter Grass, avec insolence, cocasserie, francparler et inventions «hénaurmes», avec des avocats le plus souvent choisis dans la gent animale, chiens, chats, escargots, rats et surtout Le Turbot, qui passe pour son chef-d'œuvre, n'a cessé de sonner l'alarme. Quand on a perdu la guerre, il faut gagner la paix. Or on côtoie sans cesse le gouffre, le précipice, on n' est jamais hors de danger. La fragilité de l'actuel consensus peut se rompre d'un jour à l'autre. Nouveau Moise, M. Grass a voulu aider le peuple de gauche (il fait campagne pour Willy Brandt) à traverser le désert, non pas celui de Sinai, mais les landes de Brandebourg et de la Poméranie: *Toute une histoire* raconte le cheminement pénible de deux anciens communistes de la RDA depuis que la RDA n'existe plus, engloutie dans une Allemagne désormais réunifiée. Il regrettent le bon vieux temps à la soviétique, «une Allemagne pauvre, mais égalisée dans la pauvreté, qui est déjà affamée d' ordre nouveau et de sécurité. Un bon infarctus écologique... Quelque chose comme Tchernobyl puissance trois... Et, quand il n'y aura plus dans le monde que des crises, des massacres, des flots de réfugiés, alors on viendra nous chercher.» Vive Marx et Lénine!
Sur ce thème, traité avec plus ou moins d'ironie,

M. Grass a écrit un interminable roman, de 650 pages in-octavo, filandreux, languissant, qui veut combiner la chronique politique et sociale de l'Allemagne depuis 1945 avec les événements historiques qui se sont passés depuis cette date. Pour le lecteur français, c'est coudre ensemble Zola, L'été de 1914, de Martin de Gard, et La Liberté de Sartre. C'est beaucoup, c'est trop! D'autant plus que, s'il ne sait pas grand-chose de l'Allemagne communiste. Quel-ques notes l'auraient aidé: qu'est-ce que la Stasi (la toute-puissante Gestapo), la Trabant (une Volkswagen type RDA), les différents ministères? Les scrupuleux traducteurs, MM. Porcell et Lortholary, avaient assez d'ennuis avec cet interminable texte pour songer à nous éclairer.

Car il faut dire que M. Grass a eu l' idée, fort romanesque en soi, de rendre l'un de ses deux compères nostalgiques de la RDA en admirateur forcené de Theodor Fontane sous le prétexte qu'il est né lui aussi à Neuruppin, le même jour, à la même heure, mais un siècle après le grand écrivain prussien! Il s'identifie à lui, s'efforce de vivre les mêmes expériences, d'écrire les mêmes poèmes, de témoigner pour lui. Rien. L'idée romanesque se défend, mais il fallait faire de ce nouveau Don Quichotte un personnage burlesque, extravagant, sympathique mais fou, et le placer dans des situations où éclatent sa naïveté, son extravagance, son inoffensive paranoïa. M. Grass ne prend qu'à demi parti pour son dérisoire héros, et c'est le principal échec de son livre. Günter Grass nous avait habitués à plus de méchanceté, plus de rouerie, plus de colossale «mauvaise éducation». Le désarroi du lecteur français qui ne connait rien de celui qu'on appelle l'Immortel, de Theodor Fontane, le grand romancier d'*Effi Briest* ou de *Madame Jenny Treibel*, s'accroit de fait qu'il ne saisit pas les allusions, les clins d'œil ou les joyeusetés qui lui fournit Günter Grass. Le titre d'abord, Toute un histoire, qui est une citation d'*Effi Briest.* «C'est tellement difficile de savoir ce qu'on doit faire ou ne pas faire. Cela aussi, c'est toute une histoire!», dit le vieux Briest.

Nous non plus nous ne savons pas ce que nous devons faire, l'Europe, l'euro, le socialisme à toutes les étages... M. Grass n'éclaire pas notre lanterne. Ce n'est pas lui qui nous dira, comme Gérard de Nerval: «Le pays de Hoffmann, la vieille Allemagne, notre misère à tous, Teutonia...»

Marcel SCHNEIDER

Toute une histoire, de Günter Grass, traduit de l'allemand par Claude Porcell et Bernard Lortholary, Le Seuil, 160 F.

Millot, Lorraine: „L'État de Grass", in: *Libération Livres*, vom 02.10.1997.

L'Etat de Grass

«L'unité allemande, c'est celle des requins et des malfrats», déclarait Günter Grass en 1995, déclenchant outre-Rhin une tempête de protestations et une descente en flammes de son dernier roman.

Entretien avec l'auteur de «Toute une histoire», objet du délit et aujourd'hui traduit. Simultanément paraît, sur le même sujet, «Médée.Voix» de Christa Wolf.

Le livre de Günter Grass qui paraît ce jeudi en traduction française est bien plus qu'une «longue histoire» romancée de l'unification allemande, de 1848 à nos jours. Sa sortie en Allemagne, en 1995, a déclenché le plus grand scandale littéraire de ces dernières décennies (1). Le plus célèbre critique du pays, Marcel Reich-Ranicki a jugé le roman si «désastreux» qu'il s'est laissé représenter en train de déchirer le livre, à la Une du Spiegel, le plus sérieux hebdomadaire allemand. Dans un pays marqué par le souvenir des autodafés nazis, on ne pouvait guère imaginer image plus forte. Une bonne partie de la critique allemande a surenchéri, décrétant le livre «illisible», plombé par les partis pris politiques d'un Günter Grass devenu amer avec l'âge. «Grass n'aime pas son pays», a asséné le plus gros tirage de la presse allemande, le *Bild Zeitung*.

De fait, Günter Grass porte un regard particulièrement sombre sur l'unification de 1990. Par le biais de son personnage Fonty, réincarnation de l'écrivain Theodor Fontane (1819–1898), il souligne les parallèles troublants entre l' unification de 1989–1990 et celle con-quise par les armes, contre la France en 1870: pouvoir manipulateur, climat d'affairisme, triomphe de l' argent... Fonty a ce résumé cinglant: «C'était la même chose en 70-71. L'unité allemande, c'est toujours l'unité des requins et des malfrats.»

Pour corser encore, Grass flanque Fonty d'une «ombre diurne-et-nocturne», le maléfique Hoftaller, tiré du roman de Hans Joachim Schädlich, Tallhover (paru en 1986, traduit en son temps chez Gallimard). Quel que soit le régime, nazi, communiste ou unifié, tous deux sont attachés au même bâtiment, l'immense ministère de l'Aviation du Reich construit dans les années 1930 à Berlin. Fonty, comme aviateur de guerre, puis appariteur de la Maison des ministères qui occupe le bâtiment du temps de la RDA, puis «CDD» de la Treuhand, l'office de privatisation qui s'y installe en 1990. Hoftaller, comme mouchard au service des pouvoirs qui se succèdent: en 1989-

1990, il arbore une «tenue approximativement occidentale», à base de casquette de base-ball, et se met à la disposition des nouveaux maîtres du pays. Tout se transforme, le mal allemand demeure, souffle Günter Grass. L'Allemagne qui avait accueilli au XVIIe siècle les calvinistes persécutés en France serait même plus fermée et intolérante à tout apport étranger aujourd'hui: Fonty-Fontane, un descendant de ces huguenots, finit par reprendre le chemin de la France.

L'affaire Grass tenant plus du procès politique que de la critique littéraire, la justice demande de sig-naler que l'auteur distribue ses coups avec la même vigueur contre l'ancienne RDA («une garderie», «une prison») et son petit monde intellectuel de Prenzlauer Berg: «La trahison avait ses entrées partout et le soupçon circulait comme de la petite monnaie. Des gens de talent mangeaient aux deux rateliers.» Il est aussi sévère à propos des accusations de collaboration avec la Stasi lancées après l'unification contre ces mêmes écrivains, comme Christa Wolf: «Le bûcher revient à la mode», observe Fonty.

Grass fait penser à un jongleur qui lance des bribes de phrase au XIXe siècle, soupire sur la pesanteur de l'histoire allemande, et rattrape sa phrase au présent. Même si son analyse politique donne le tournis, son roman est assez dense pour offrir bien d'autres plaisirs: une relecture savante de Fontane, éclairée de pointes d'humour; des scènes mémorables, comme cette guerre du Golfe, suivie à la télévision depuis la cuisine d'une ménagère est-allemande; une longue étude du couple espion-espionné; ou encore de savoureux morceaux d'autoportrait sous les traits de ce Fonty qui «avait toujours le Reich millénaire en travers de la gorge».

Lorraine MILLOT

Günter Grass, Toute une histoire, Traduit de l'allemand par Claude Porcell et Bernard Lortholary, Seuil, 647 pp., 160F.

(1) L'affaire a même déjà donné lieu à un livre en France. Un écrivain à abattre. L'Allemagne contre Günter Grass. D' Olivier Mannoni. Ramsay. 208 pp. 99 F.

Deshusses, Pierre: „Un siècle d'écrivain. Le nouveau Prix Nobel Günter Grass nous livre un album de miniatures qui laissent peu de place à son talent de conteur", in: *Le Monde des Livres*, vom 05.11.1999.

Un siècle d'écrivain

Le nouveau Prix Nobel Günter Grass nous livre un album de miniatures qui laissent peu de place à son talent de conteur

A considérer le titre de cet ouvrage publié en Allemagne en juillet dernier, on a l'impression que Grass, qui vient de recevoir le prix Nobel, le dernier décerné avant l'an 2000, a choisi de s'enraciner définitivement dans une période dont il donne lui-même les limites.

Le livre étonne d'abord parce qu'il détonne. Grass nous propose non pas un volumineux roman baroque truffé de digressions et d'inventions bouffonnes, mais une mosaïque de brefs récits ne dépassant pas quatre pages, chapelet de cent miniatures égrenées au rythme des années révolues. Une façon de faire un bilan pour celui qui a vu le jour à Dantzig en 1927. Hommes ou femmes, conservateurs ou progressistes, intellectuels ou prolétaires, les personnages qui tiennent tour à tour le rôle de narrateur ou de témoin sont multiples, parfois anonymes. La première phrase du récit liminaire relatif à la révolte des Boxers, en Chine, est à cet égard programmatique: «Moi, échangé contre moi-même, année après année, j'ai été là.» D' une façon ou d'une autre, c'est donc toujours Grass qui parle, adoptant une des perspectives de narration qu'il affectionne particulièrement: celle d'en bas, des oubliés de l'Histoire. Ce pourrait d'ailleurs être la morale de ces récits: malheur à qui oublie l'Histoire!

L'Histoire est d'abord celle qui touche directement l'Allemagne, et Grass choisit de ne faire l'impasse sur aucun des événements qui – dans le chaos et la douleur – ont fait de cet Empire torturé une république unifiée: traité de Versailles; montée du nazisme; guerre; terrorisme; réunification, etc. La liste est longue. Il n'est malgré tout pas aisé de trouver un événement capable de coller à chaque date et, si certains récits sont émouvants d'intimité, d'autres laissent perplexes, tant ils sont énigmatiques, convenus ou teintés d'un humour assez lourd, comme lorsqu'il choisit de faire parler la *Grosse Bertha*, qui a donné son nom au canon qui devait pilonner Paris. Grass ne sait pas non plus toujours se défaire du rôle de donneur de leçons. La mort de l'écrivain expressionniste Georg Heym est ainsi présentée, de façon polémique, comme l'emblème d' une génération perdue. Mais qui pouvait s'en rendre vraiment compte à l'époque? Souvent, il ne résiste pas à l'envie de faire commenter anachroniquement le passé à la lumière du présent, tirant par exemple, dès 1904, quelques bordées sur le libéralisme sauvage à l'américaine qui envahit l'Europe. Enfin, plus d'un récit se termine par un «Mais c'est une autre histoire», laissant le lecteur sur sa faim et donnant l'impression que l'auteur est gêné par la contrainte qu'il s'impose.

Cet ensemble inégal n'exclut pas de belles réussites, comme le récit consacré à l'année 1938. Celui qui parle est un lycéen relatant ce qui est arrivé dans un cours d'histoire, le 9 novembre 1989. Se démarquant de l'allégresse générale engendrée par la chute du mur, le professeur évoque devant ses élèves ce qui s'est passé exactement cinquante et un ans plus tôt, un certain 9 novembre 1938: «Comme on savait tous vaguement quelque chose, mais que personne ne savait rien de précis, il nous a alors expliqué la Nuit de cristal.» Tollé chez les parents d'élèves devant cet empêcheur de tourner en rond qui préfère ressasser le passé plutôt que de s'intéresser au présent. Mais le professeur sait se défendre et obtient gain de cause: «Un enfant ne peut comprendre la fin de l'époque du mur s'il ne sait pas quand et où exactement l'injustice a commencé.» Ne pas oublier l'Histoire, mais ne pas s'y enfermer non plus. La période de la guerre de 14-18 est illustrée par une savoureuse confrontation entre Erich Maria Remarque et Ernst Jünger dans les années 60. Une jeune femme suisse a réussi à les réunir pour une interview. Les deux vieux messieurs, malgré leur courtoisie, s'opposent avec virulence, chacun campant sur ses positions d'antan: profession de foi pacifiste d'un côté et affirmation d' un élan chevaleresque de l'autre, pour finalement se retrouver sur des souvenirs d'anciens combattants et des blagues douteuses, comme si leur monde s'était arrêté là.

Panorama, puzzle ou pastiche – pain bénit en tout cas pour les auteurs d'anthologies –, cet ouvrage ne peut que renforcer l'idée que Grass a déjà rendu compte de son siècle, avec autrement de force et d'originalité, par son œuvre immense de romancier, pour laquelle il a été justement couronné.

Pierre DESHUSSES

MON SIÈCLE (Mein Jahrhundert) de Günter Grass. Traduit de l'allemand par Bernard Lortholary et Claude Porcell. Seuil, 346 p., 140 F (21,34 euro).

Millot, Lorraine: „Grass, un siècle. Tambour battant Verdun, Hitler, le Mur, les Volkswagen et la Philharmonie de Berlin: cent ans d'histoires allemandes en 99 scènes intimes et officielles par l'auteur du «Tambour», Nobel 1999“, in: *Libération Livres*, vom 04.11.1999.

Grass, un siècle.

Tambour battant Verdun, Hitler, le Mur, les Volkswagen et la Philharmonie de Berlin: cent ans d'histoire allemande en 99 scènes intimes et officielles par l'auteur du «Tambour», Nobel 1999.

Le siècle de Günter Grass commence, vingt-sept ans avant sa naissance, par l'expédition d'un jeune Bavarois en Chine, pour massacrer les Boxers, et s'achève par la résurrection de sa mère, à l'âge de 103 ans. Ce siècle est «dingue» dit-il, et, pour le raconter, il a donc écrit un livre dingue. Comment résumer autrement cent ans qui ont vu défiler colonisation et décolonisation, la Première et la Seconde guerre mondiale, l'holocauste de 6 millions de juifs, la coupure puis la réunification de l'Allemagne, le triomphe économique et footballistique du vaincu de 1945, Dolly la brebis clonée, plus toutes les femmes qui ont dansé à son bras? Le fait qu'il vienne de recevoir le prix Nobel de littérature et soit ainsi le dernier écrivain Nobel du siècle, alors que sa plus grande œuvre, le Tambour, date de 1959, vient comme en point d' orgue de toute cette folie.

Au départ, Grass avait songé faire raconter le siècle par une vieille femme, puis il a abandonné l'idée, craignant de faire lourd. A la place, l'idée lui est venue de démultiplier le narrateur, d'approcher ce torrent d'événements à plusieurs voix, de raconter non pas une histoire, mais 99 petites scènes, une par année: intime ou officielle, vraie ou inventée, grave ou loufoque. Tour à tour, c'est un aide-soignant qui voit en 1909 les cyclistes des Six Jours de Berlin dopés à l'oxygène, une ménagère qui bricole des gâteaux à la betterave, un jeune nazi bouleversé parce qu'il a «croisé le regard du Führer», la belle-mère qui voit ses gendres plus amoureux de leurs voitures que de leurs femmes, Grass ne prend pas les gens qui font la grande histoire, plutôt ceux qui se la reçoivent dans la figure, les seconds rôles, les victimes ou les suivistes, tous les ballottés du flot, qui parfois croisent un grand personnage, l'Empereur ou bien Hitler. Dans le magma du siècle, il pioche et ressort les contraires, qu'il projette les uns contre les autres, comme un chercheur en laboratoire: le squatteur de Kreuzberg confronté à sa grand-mère nazie; la belle jeune fille, joueuse de flûte traversière, qui tire au revolver pour tester l'acoustique de la Philharmonie de Berlin. L'histoire façon Günter Grass est celle qu'on ne verra pas dans les livres officiels, celle qui n'est pas correcte: les groupes de touristes à Verdun qui éclatent de rire devant les tibias entassés, le passeur qui regrette le bon vieux temps du mur de Berlin, où il pouvait être un héros.

Grass vieillissant sait bien qu'il ne peut saisir le flux du temps, il en attrape juste un peu d'écume, des circonstances, des hasards. Son histoire est arbitraire comme ce mur qui a séparé les deux Allemagnes, comme ces champignons qu'il ramasse le 27 septembre 1998 et qui doivent lui indiquer le score que fera Schröder, ou comme même une envie de faire pipi. Sur les épaules de son père pour écouter le socialiste Karl Liebknecht tempêter contre la guerre, un petit garçon ne se retient plus et arrose le dos paternel. Après la dérouillée qu'il se prend, quand la guerre éclate, il court s'engager comme volontaire.

Les sujets traités sont souvent conventionnels: l'hyperinflation en 1923, le chômage en 1932, le Deutsche Mark en 1948, la construction du mur en 1961. Tout est dans la perspective, décalée, grotesque ou acide. Ainsi, la coupure de l'Allemagne, vue par un couple d'ouvriers, qui a trimé chez Volkswagen pendant la guerre, s'est retrouvé à l'est du mur, mais veut quand même faire valoir son droit à une auto «vert tilleul sans options spéciales» «Ou bien est-ce que nous ne comptons plus comme Allemands?» A l'année 1995, Günter Grass se révèle même un grand talent méconnu d' animateur radio commentant la Love Parade: «C'est du délire, non, du superdélire.»

Quand les faits sont trop durs à exprimer, il invente. Pour raconter la Première Guerre mondiale, il imagine une rencontre entre Erich Maria Remarque et Ernst Jünger, le pacifiste et l'exalté: les deux ont les mêmes souvenirs factuels du front, mais l'un continue à trouver la guerre «chevaleresque», l'autre a retenu «d'angoisse de la mort». A l'année 1956, Grass récidive, cette fois avec Bertolt Brecht et Gottfried Benn, deux autres écrivains allemands, compromis l'un avec le parti de Staline, l'autre avec celui d' Hitler.

Plus le siècle avance, plus Grass se livre aussi lui-même. Il surgit en 1927, l'année de sa naissance à Dantzig, connaît le tourbillon du succès avec la publication du Tambour, qui lui fait écrire tout le chapitre 1959 d'une seule phrase, évoque ses tournées pour le Parti social-démocrate, ses rencontres avec les écrivains de la RDA, son exil à Calcutta en 1987, ou même son voyage avec ses trois filles en Italie en 1996. Un brusque rappel à son rôle de père au moment où Dolly la brebis clonée semble annoncer qu'on pourra bientôt se passer de géniteur mâle. Après Michel Houellebecq et Peter Sloterdijk, Grass donne aussi la parole à un savant qui prône une «bioéthique scientifiquement fondée», «plus efficace que des conceptions morales dépassées», «pour définir un nouvel ordre social». Grass a beau jouer, gronder, ironiser sur ces cent années de catastrophes, il semble craindre que le suivant soit pire encore.

Lorraine MILLOT

GÜNTER GRASS. Mon siècle. Traduit de l'allemand par Claude Porcell et Bernard Lortholary. Seuil, 343 pp., 140 F.

Deshusses, Pierre: „Surf et naufrage. Le plus grand naufrage de tout les temps, celui du «Gustloff», en 1945, a toujours été tabou. Günter Grass renfloue cette épave pour désamorcer sa charge de dynamite“, in: *Le Monde des Livres*, vom 25.10.2002.

Le plus grand naufrage de tous les temps, celui du «Gustloff», en 1945, a toujours été tabou. Günter Grass renfloue cette épave pour désamorcer sa charge de dynamite

Le 30 janvier 1945, vers neuf heures du soir, une torpille lancée par un sous-marin russe frappe la coque du *Wilhelm-Gustloff*. Le navire allemand sombre corps et biens. Entre six et neuf mille personnes trouvent la mort dans ce naufrage, dont quatre mille enfants qui, pris dans des bouées de sauvetage trop grandes, se retrouvent plongés la tête en bas dans les eaux glacées de la Baltique. Ce drame est au centre du dernier livre de Günter Grass qui mêle les personnages ayant réellement existé et les personnages de fiction, comme Tulla Pokriefke que l'on trouve déjà dans *Le Chat et la Souris* (1961), ce qui fait apparaître ce récit comme une suite de la *Trilogie de Danzig*. Le Prix Nobel de littérature 2000 revient pour ainsi dire à ses premières amours et à un volume d'écriture moins gargantuesque. Il intitule d'ailleurs «nouvelle» ce livre de près de trois cents pages. Tulla a ici 70 ans. Elle se trouvait avec ses parents à bord du *Gustloff* au moment du drame et était enceinte. Une heure après, la jeune fille de 17 ans met au monde un enfant: Paul. C'est lui le narrateur de l'histoire – narrateur contraint et forcé qui avance en crabe. Malgré l'insistance de sa mère qui le pousse à raconter l'histoire du *Gustloff*, Paul n' a en effet jamais eu envie de se plonger dans cet épisode de sa vie et de l'histoire allemande. Journaliste sans grande ambition ni conscience politique très précise, Paul a quitté l'Allemagne de l'Est pour travailler d' abord dans le grand groupe de presse allemand Springer, avant de collaborer à des journaux moins marqués à droite, et de vivoter ensuite comme «mercenaire de différentes agences de presse». Jusqu'au jour où, en surfant sur Internet, il découvre par hasard un site mystérieux qui raconte ni plus ni moins l'histoire de ce navire qui fut son berceau et faillit être son cercueil. Le passé longtemps refoulé par réaction contre la mère remonte à la surface par l'intermédiaire d'un média moderne et anonyme.

DANS LE SILLAGE DE SEBALD

Difficile de savoir qui se cache derrière ce site qui porte le nom de «www.blutzeuge.de» (témoin par le sang). Une chose est sûre: la réhabilitation de Gustloff via Internet montre que le néonazisme n'est pas loin. Wilhelm Gustloff était un dignitaire nazi; il fut assassiné en Suisse par un étudiant juif le 4 février 1936. Après sa mort, le Führer décide de lui rendre hommage et le fleuron des chantiers navals allemands, qui devait s'appeler initialement «Hitler», prend au dernier moment le nom de celui qui est élevé au rang de martyr. *Le Gustloff* propose des croisières aux civils allemands pour leur montrer que le régime national-socialiste sait aussi offrir des divertissements à son peuple. Mais en janvier 1945, il emmène à son bord une population hétéroclite fuyant devant l'avancée des Russes. Le naufrage, plus meurtrier que celui du Titanic, entraîne la mort de milliers d' innocents. En faisant de ce drame longtemps tenu sous silence le pivot de son récit, Grass se place dans le sillage d'écrivains comme Alexander Kluge et Sebald qui, quelques années plus tôt, furent les premiers à oser parler d'un sujet jusque-là tabou et que la controverse autour de l'allocution de Martin Walser sur la place de la culpabilité dans la conscience allemande a directement mis sous les feux de l'actualité: les Allemands comme victimes de la guerre. Ni pour Kluge, ni pour Sebald, ni pour Walser – ni pour Grass – il ne s'agit de minimiser ou de faire oublier les horreurs nazies mais simplement de faire valoir qu' une partie de la population allemande a aussi souffert de la guerre de façon atroce. Dans sa conférence tenue à l'université de Zurich en 1999 et intitulée *Attaques aériennes et littérature*, Sebald, qui évoquait les populations civiles tuées dans les villes allemandes bombardées et incendiées par les Alliés, soulignait qu'il était impossible à un pays de faire la paix avec lui-même s'il n'enterrait pas ses morts. Or longtemps, le poids de la culpabilité et de l'innommable commis par les nazis a empêché les Allemands de faire leur propre deuil. Le temps est venu pour Grass, lui qui n'a cessé de répéter qu'il ne faut pas oublier Auschwitz, de dire aussi qu'il ne faut pas oublier les victimes allemandes. Ne pas enterrer ses morts, c'est les laisser errer sans trêve ni repos; et leurs ombres peuvent être à tout moment utilisées à des fins ambiguës ou perverses. «Jamais on n'aurait dû passer sous silence pareille souffrance, laisser aux gens de droite ce sujet soigneusement évité – tout simplement parce que notre propre faute surpassait toutes les autres, que l'aveu et le remords étaient plus urgents pendant toutes ces années. Cette omission était abyssale. «Lassée par les réticences de son fils à s'emparer de l'histoire du *Gustloff*, Tulla a mis tous ses espoirs dans son petit-fils qui a «bu son discours comme une éponge». Sur le site «blutzeuge.de», Konrad, jeune nihiliste xénophobe laissé à lui-même après le divorce de ses parents et qui trouve une famille parmi les skins d'extrême droite, dialogue avec un autre adolescent, David, jeune juif qui lui apporte la contradiction de façon caricaturale et stéréotypée. La mémoire devient monde virtuel et jeu meurtrier. Un jour, Konrad donne rendez-vous à David à un coin de rue et le tue. Grass, qui a facilement des accents moralisateurs, termine cette fois sur une note désenchantée: «Ça ne finit pas. Ça ne finira jamais.» Sans point d' interrogation.

Pierre DESHUSSES

EN CRABE (Im Krebsgang) de Günter Grass. Traduit de l'allemand par Claude Porcell, Seuil, 264 p., 19 euros.

Vernet, Daniel: „Günter Grass brise le tabou du naufrage du «Wilhelm-Gustloff». Encensé par la critique, le livre de l'auteur du «Tambour» remporte un succès considérable", in: *Le Monde Culture*, vom 19.02.2002.

Günter Grass brise le tabou du naufrage du «Wilhelm-Gustloff»

Encensé par la critique, le livre de l'auteur du «Tambour» remporte un succès considérable

Cinquante mille exemplaires par jour commandés par les libraires allemands! Le dernier livre de Günter Grass, *Im Krebsgang* (*La Marche du crabe*), promet d' être un immense succès populaire. Le magazine *Der Spiegel* l'encense, lui qui avait mis son roman précédent en miettes, au sens littéral du terme: sur la couverture de l'hebdomadaire, un montage montrait Marcel Reich-Ranicki, le pape de la critique allemande, qui déchirait à belles dents *Toute une histoire*, chronique des deux Etats allemands et de la réunification. Cette fois, c'est le directeur du Spiegel lui-même, Rudolf Augstein, qui signe la critique.

Le succès est-il dû à la qualité du livre? Il est écrit «de manière brillante et captivante», juge *Der Spiegel*. «Il laisse à désirer du point littéraire et esthétique», affirme au contraire le *Süddeutsche Zeitung*. Ou plutôt à son thème? Poursuivant son exploration romanesque de l'histoire allemande, Günter Grass raconte à travers cinq personnages de trois générations différentes le naufrage du *Wilhelm-Gustloff*, le 30 janvier 1945 dans la mer Baltique. Le paquebot, qui portait le nom d'un haut dignitaire nazi assassiné en Suisse par un jeune juif, était parti du port de Gdynia, baptisé Gotenhafen par les nazis, à côté de Dantzig, la ville natale de Günter Grass. Il avait 12000 passagers à son bord. Il a été envoyé par le fond par trois torpilles tirées d'un sous-marin soviétique. Neuf mille personnes, dont 4000 enfants et adolescents ont péri, six fois plus que dans le naufrage du Titanic.

La plus grande catastrophe maritime de tous les temps n'est évidemment pas un fait divers. Ces 9000 victimes étaient des réfugiés allemands chassés de Prusse- Orientale et de Poméranie par l'avancée de l'Armée rouge. En racontant leurs souffrances, le Prix Nobel de littérature 1999 brise un tabou, au moins dans la gauche allemande. Ses héros sont des Allemands victimes, et non criminels, de la seconde guerre mondiale; ils témoignent pour les 12,5 millions de leurs compatriotes expulsés de leurs terres par les Soviétiques. Ils parlent aussi pour «la génération du silence», les Allemands de l'immédiat après-guerre et les soixante-huitards, qui ne voulaient rien entendre des malheurs allemands dans la guerre, afin de ne pas relativiser l'horreur des crimes nazis. Ceux qui tentaient un impossible parallèle étaient qualifiés de «revanchards». «Pas la réunification, la faute», disait le philosophe Walter Jens, en 1990, et Günter Grass lui faisait écho: «Qui veut aujourd'hui réfléchir sur l'Allemagne doit penser Auschwitz.» Plus d'un demi-siècle après la défaite du Reich, Günter Grass pense qu'il est temps de ne plus laisser à la droite la réflexion sur ce qu' ont enduré les Allemands: «Jamais, dit «le Vieux» qui n'est autre que l'ombre de l'auteur dans *La Marche du crabe*, on n'aurait dû se taire sur tant de souffrance, simplement parce que notre propre faute et la confession du repentir l'emportaient sur tout le reste.»

Daniel VERNET

Michel Cluny, Claude: „Günter Grass: la mémoire allemande à l'épreuve", in: *Le Figaro littéraire*, vom 03.10.2002.

Günter Grass: la mémoire allemande à l'épreuve

Commençons par la fin, qui est aussi le commencement. Le 30 janvier 1945, au large des côtes de Poméranie, un sous-marin soviétique place trois torpilles dans le flanc bâbord du paquebot allemand *Wilhelm-Gustloff*. Le bateau est surchargé de civils (et de militaires) qui fuient dans l'épouvante l'avance de l' Armée rouge. Un fait de guerre banal semblable à ceux dont la «Kriegsmarine» s'est longtemps rendue coutumière aux dépens d' autrui. Pourtant... Pourtant ce naufrage aux neuf mille victimes se voit entaché d'un symbolisme déplaisant. Du moins pour la mémoire allemande. Le massacre, dans les eaux glacées de la Baltique, illustre la loi du Talion au moment même où le IIIe Reich («millénaire») s'effondre. Mais il y a plus. Éventré par les explosions, le *Wilhelm Gustloff* s'enfonce dans une mer joliment pavoisée par les bouées et les gilets de sauvetage.

Le 30 janvier mérite en effet commémoration: douze ans jour pour jour ont passé depuis la prise du pouvoir par le national-socialisme, triomphale assomption d' Adolf Hitler. Le navire, lancé en 1938, aurait même dû porter le nom du Führer. Méfiant quant aux malveillance de la mer celui-ci se déroba. Très sensible au poids mortel des symboles, il avait déjà fait changer le nom du croiseur lourd *Deutschland* en Lützov... Quant au paquebot, il fut baptisé du nom d'un agitateur nazi assassiné en Suisse. Et servit d'abord aux croisières de «La Joie par force» pardon: de «La Force par la joie», qui récompensaient les nazis méritants.

Le roman de Günter Grass a surgi cette floraison hivernale de naufragés plus vite gelés que noyés, tant la température de la Baltique était basse. Les enfants ont la tête dans l'eau par centaines, les jambes en l'air du fait de gilets inadaptés. Une vision dont Signorelli aurait pu s'inspirer pour peindre un des cercles de l'Enfer. Günter Grass confie la description de ce cauchemar à Frau Ursula Pokriefke, rescapée de justesse. «Tulla», pour ses intimes, est une vieille connaissance des lecteurs de Herr Grass. Tulla incarne à elle seule le destin allemand malheureux. Le destin d'un peuple qui a cru faire l' Histoire, et l'a subie. Recueillie sur le torpilleur Löwe, Tulla y accouche d'un garçon sans père, Konrad.

Konrad naît alors que les morts se raidissent par milliers dans les flots autour du *Löwe*. L'auteur en fait l'une des voix du livre, le narrateur non pas unique mais le premier héritier de la mémoire de sa mère, jusqu'à en être saoulé. Il parvient à se glisser à l'Ouest. Alors que Frau Pokriefke, de nazie convaincue elle eut le droit à une des croisières «La Force par la joie», devient à l' Est une *Kamarade* respectée. On ne sait ce qui est le plus envahissant pour ses proches et ses voisins, de sa mémoire ou de ses coups de gueule. La mémoire, peut-être, serait la plus dérangeante. Car le sous-marin, le capitaine A. I. Marinesko, en fait de fait d'armes, a coulé bas un bateau surchargé de réfugiés allemands civils et militaires...

Que pense l'Allemagne marxiste de l'exploit du camarade capitaine Marinesko? L'histoire a le visage de Janus. C'est un peu Jean-qui-rit et Jean-qui-pleure. D'ailleurs Günter Grass ajoute à son habituels fonds de commerce, qui ne donne pas toujours dans le premier choix, une autre problématique, perverse et pareillement duelle. Le fils de Konrad, un binoclard monté en graine, a pris le relais de sa mère Frau Pokriefke. Le torpillage du *Wilhelm Gustloff* devient sa marotte. Konrad n'a échappé à l'obsession de Tulla que pour assister impuissant au développement familial de la métastase. La famille, comme la patrie allemande, souffre de scissiparités, de dédoublements successifs.

Grâce à Internet, cette poubelle d' opinions et de pulsions maladives, un dialogue plus ou moins agressif se noue entre le fils du narrateur entiché de Gustloff, l'agitateur nazi et un soi-disant David. David au contraire admire l'assassin de Gustloff, le juif qui a tiré «parce qu' il était juif» et pour appeler son peuple à se défendre. David est-il juif? Le drame de Gustloff recommence, comme à reculons, à l'envers, comme si l' histoire marchait en crabe mais les crabes, par parenthèse, ne reculent pas, ils se déplacent latéralement. Même en Allemagne. Peut-être passent-ils sans cesse d'un bord à l'autre?

Le trou dans l'eau qu'a fait le *Wilhelm Gustloff* n'en finit pas de faire des vagues. En emilant les biographies de ses personnages, Günter Grass empile les culpabilités: on apprécie beaucoup ça à Stockholm, notre romancier nobélisé en 1999 ne l'ignore pas. Il déploie de grandes ressources de perversité, passe d'une voix à l' autre avec un art consommé de la théâtralité, de la surprise, du contraste. Du fond des eaux remontent encore des bulles sinistres, qui crèvent le silence. L'histoire n'a pas toujours bonne odeurs, les consciences non plus.

L'auteur s'est gardé d'un récit linéaire. Il s'emploie au contraire, avec une parfaite maîtrise de moyens, à faire craquer la noix du consensus, à remettre à flot les choses qui fâchent, revigorer les mémoires qui flanchent. Le temps revient sur lui-même, les voix s'entrecroisent, les pans de l'histoire s'appuient les uns aux autres afin de mieux s'écrouler ensemble. Du très beau travail, et passionnant, aillant biographies à peine imaginaires à la vision d'un monde coupé et recoupé en deux. Le présent, à l'image du passé, n'en finit pas de conjurer les fantasmes d'une multiple et mortelle série de fractures.

Claude MICHEL CLUNY

Benyahia-Kouider, Odile: „Grass, tambour et trompettes. Pour ses 75 ans, le Nobel allemand Günter Grass, au sommet de sa renommée, a inauguré à Lübeck la maison-musée qui porte son nom“, in: *Libération Livres*, vom 14.11.2002.

Grass, tambour et trompettes

Pour ses 75 ans, le Nobel allemand Günter Grass, au sommet de sa renommée, a inauguré à Lübeck la maison-musée qui porte son nom.

Lübeck, envoyée spéciale
Ce n'est pas tout à fait un musée. Ni une simple exposition. C'est une sorte de mausolée moderne. Günter Grass ne pouvait pas rêver plus beau cadeau pour son soixante-quinzième anniversaire: une maison à son nom. Et qui plus est à Lübeck (nord de l' Allemagne), la cité de Thomas et Heinrich Mann. Etre doté d'une maison-musée de son vivant, c'est assez inédit pour un écrivain. Mais, avec Günter Grass, il ne fallait pas s'attendre à moins. Prix Nobel de littérature 1999, l'auteur qui a assis sa renommée avec la publication du Tambour en 1961, est révéré comme un Dieu. Qui d'autre que lui peut se vanter d'afficher complet à la moindre de ses apparitions? Le 29 octobre dernier, sept cents personnes étaient à l'académie des Beaux-Arts de Berlin pour l'entendre lire des extraits de son dernier roman, *Im Krebsgang*, (*En crabe*), qui vient d' être traduit en français. Après avoir avalé une gorgée de vin rouge, Günter Grass a lu pendant deux heures, debout derrière un pupitre, le chapitre un et le chapitre six de son roman. Il a salué son public et s'est retiré. Pas un mot d' introduction, pas même une petite blague. Le public était aux anges... A peine ouverte depuis quinze jours, la Günter-Grass Haus suscite le même enthousiasme. Et la surprise. Sculptures, gravures, dessins, aquarelles, la collection met l'accent sur tout un pan méconnu de l'œuvre de Günter Grass. Né le 16 octobre 1927 à Dantzig (aujourd'hui Gdansk en Pologne), Grass a d'abord étudié les Beaux-Arts à Düsseldorf avant de se lancer dans l'écriture. «Nous avons voulu montrer à quel point son travail d'écrivain et d'artiste sont intimement liés, explique Kai Artinger, directeur du musée. Il lui est arrivé à plusieurs reprises dans des périodes de pause de sculpter des objets qui lui ont inspiré ensuite ces romans». La juxtaposition des œuvres d'arts et des textes littéraires fait ainsi apparaître à quel point Grass a puisé son inspiration dans des figures emblématiques. Les bronzes de la ratte posée sur la tête d' une jeune femme, et du bras tenant ferme-

ment un turbot en sont les meilleures illustrations. Publié en 1986, *La Ratte* (1987) interpelle le narrateur dans ses rêves pour le mettre en garde contre la destruction de la nature et la prolifération du nucléaire. En forgeron, Grass a travaillé avec obsession cette image de la ratte jusqu'à ce que le personnage s'impose à lui.

Pour le crabe, Günter Grass n'a pas procédé différemment. L'écrivain allemand pense et raconte «en crabe» l'histoire «oubliée» du naufrage d' un paquebot qui transportait des réfugiés d'Allemagne de l'Est fuyant le péril rouge. Coulé le 30 janvier 1945 par un sous-marin russe, le *Wilhelm Gustloff* n'a eu que peu de survivants, parmi lesquels le narrateur, né ce même soir sur le bateau-martyr. Cinquante ans plus tard ces faits vrais refoulés par les Allemands préoccupés d'expier l'Holocauste resurgissent sur un site néonazi tout aussi vrai. Le narrateur découvre alors après de nombreux zigzags que le site est alimenté par son propre fils, nourri des récits de sa grand-mère qui est, elle, restée de l'autre côté du mur à Schwerin. Derrière ce roman où s'entremêlent éléments biographiques, fiction, et réflexion sur l'histoire de l'Allemagne, Grass stigmatise certains méfaits de la modernité: le non-engagement politique, l'éducation soixante-huitarde, l'abus d'Internet. Günter Grass appartient encore à cette école d'écrivains qui écrivent à la main, comme en témoigne le manuscrit du Crabe. Dans un second temps, l'auteur tape le texte sur une vieille machine à écrire. Une fois ce texte, annoté et recorrigé, il le transmet à sa secrétaire qui le clave sur ordinateur.

Dans la maison Günter Grass, on découvre aussi les gravures d' Oscar, le petit garçon du Tambour ou du chat qui a inspiré le Chat et la souris. Des autoportraits de Grass, l'œil mangé par un escargot en souvenir du Journal d'un escargot. En revanche, pas de traces des activités politiques de Günter Grass, dont l'engagement pour le SPD (Parti social-démocrate) date de son amitié pour le chancelier Willy Brandt (1). La ville de Lübeck voulait élargir le panorama de la littérature allemande du XXe siècle. Car jusqu'à présent, la «reine de la Hanse» était d' abord la patrie des Buddenbrook, le célèbre roman où Thomas Mann met en scène le déclin d' une famille de riches commerçants dans les années qui suivirent la Révolution de 1848. Depuis des années, la maison qui vit naître Thomas et son frère aîné Heinrich Mann, dans la Mengstrasse, rebaptisée «Maison Buddenbrook», est le musée le plus visité de la ville. Est-ce la proximité de la prestigieuse famille d'écrivains qui a plu à Günter Grass? «Il a toujours été frappé par la ressemblance de sa ville natale avec Lübeck», dit sa secrétaire. Les venelles moyenâgeuses, la brique rouge... Après avoir longtemps vécu à Berlin, l' auteur de la Trilogie de Dantzig a élu domicile à une trentaine de kilomètres au sud de Lübeck, où il a trouvé un bureau-atelier dans le centre historique de Lübeck. Une pièce mansardée avec vue d'un côté sur une abbaye franciscaine et de l'autre sur l' église des marins, la gothique Jakobikirche. Signe du destin, l'ex-chancelier Willy Brandt, qui était devenu un intime de Günter Grass, était aussi originaire de Lübeck. Le prix Nobel de la Paix 1971 aura donc lui aussi bientôt sa maison à Lübeck. Après le crabe, le turbot, l'escargot, le crapaud... Günter Grass serait-il déjà en train de travailler sur l'araignée qui tisse sa toile à travers les clochers de la Baltique? De Dantzig à Lübeck, cette galerie animalière lui aura permis d' entrer au Panthéon de la littérature allemande du XXe siècle, ouvert avec Thomas Mann et fermé avec Günter Grass.

Odile BENYAHIA-KOUIDER

Info œuvres: Günter Grass, En crabe, Traduit de l'allemand par Claude Porcell. Seuil, 264 pp., 19 euros.

(1) L'Akademie der Künste de Berlin consacre une exposition aux activités politiques de Günter Grass. Jusqu' au 20 novembre (www.adk.de).

11.4 Die deutschen Beiträge zu Günter Grass

Seibt, Gustav: „Die Uhr schlägt, das Käuzchen ruft. Da muß doch ein Zusammenhang bestehen – Günter Grass legt seinen Roman zur Wiedervereinigung vor“, in: *Frankfurter Allgemeine Zeitung, Literatur*, vom 19.08.1995.

Die Uhr schlägt, das Käuzchen ruft

Da muß doch ein Zusammenhang bestehen – Günter Grass legt seinen Roman zur Wiedervereinigung vor

Eines Tages faßte sich die deutsche Literatur ein Herz und sprach zur Deutschen Literaturkritik: „Jahrelang hast du mich getadelt und gequält bis aufs Blut, weil ich keine gute deutsche Literatur mehr produziere. Jetzt habe ich mir etwas einfallen lassen. Ich erfülle Dir, liebe Kritik, deinen innigsten Wunsch. Sage mir, was du willst, und du sollst es haben.“ Dieses verlockende Angebot stürzte die Deutsche Literaturkritik in bange Zweifel. Was sollte sie sich wünschen? Den großen Gesellschaftsroman der Bundesrepublik? Den ewig jungen Liebesroman? Das postmoderne Verwirrspiel auf Weltniveau? Packende Unterhaltung? Schließlich antwortete die Deutsche Literaturkritik: „Ich wünsche mir von dir, Deutsche Literatur, den kritischen Zeitroman zu unserer jüngst erlebten Vergangenheit! Ich will den großen Geschichtsroman zur Wiedervereinigung.“ „Das hat sich gleich“, rief erleichtert die Deutsche Literatur, „da fliege ich sofort zu unserem Nationalautor Günter Grass, der ohnehin auch im nächsten Jahr auf den Nobelpreis hofft, und bestelle ihm deinen Wunsch.“ Und so geschah es. Grass konnte einem so schmeichelhaften Auftrag nicht widerstehen, zumal die Deutsche Literatur durch den Lorbeer wirklich etwas von internationaler Anerkennung und längst fälligem Nobelpreis murmelte. Grass ahnte nicht, welche Quälerei damit ihren Anfang genommen hatte.

Zuerst war er guter Dinge. Man mußte nur die richtigen Bestandteile zusammensuchen: eine zustimmungsfähige Hauptfigur, symbolträchtige Schauplätze, die rechte, zwischen Kritik und Liebe vermittelnde Gesinnung und viel, viel historischen Stoff. Den ersten, entscheidenden Hinweis könnte Frau Ute gegeben haben, die es, wie die Widmung vor dem fertigen Buch mitteilt, „mit F. hat...“ Fontane! Natürlich! Altpreußischer Ironiker, dabei Hugenottenenkel, nationalgesinnter Liberaler, Plauderer von Rang, schwebend zwischen Links und Rechts, Klassiker, aber nicht beschwerlich, nicht zuletzt ein Erzähler von und für Frauen. „Kolossal überzeugend“, muß Grass sich, schon im unverwechselbaren Fontane-Ton denkend, gesagt haben, „werde den Deutschen ihre jüngsten Geschichten schön in die vergessenen Zusammenhänge rücken, Spott, Trauer hineinmischen und einen Schuß Weisheit.“

Ein paar kleinere Probleme mußten freilich gleich im Vorfeld gelöst werden. Theodor Fontane lebte von 1819 bis 1898. Wie konnte man ihn in die Gegenwart bringen? Ganz einfach: Man läßt ihn wieder auferstehen, genau hundert Jahre nach dem ersten Fontane, im Jahre 1919. Also erfand Grass einen Mann namens Theo Wuttke, der es nicht nur, wie Ute, mit Fontane hat, allerdings bis zum Marottenhaften und Spinösen, sondern auch aussieht wie er, seinen Charakter hat, sich als seinen Wiedergänger empfindet und wie Fontane aus Neuruppin stammt. „Sein Spitzname sei Fonty“, dachte sich Grass, und so geschah es. Auch das Titelproblem war leicht gelöst: Grass nahm einfach jenes Fontane-Zitat, das auch der kennt, der sonst gar nichts von diesem Autor weiß, und schrieb über sein Buch: „Ein weites Feld“. Ist nicht auch die deutsche Geschichte ein weites Feld, über das man mit dem alten Briest endlos sinnieren könnte?

Also Fonty. Es mußte wohl sein. Denn Wuttke, das hätte doch nur nach einem Spinner geklungen. Fonty aber darf eine unklare Identität haben: Teils ist er Wuttke, teils die Verkörperung von Fontanes Nachleben, zumal sonst alles stimmt: Fonty-Wuttkes Ehe gleicht aufs Haar der Fontanes, seine Familienverhältnisse sind dieselben, er verfügt über das Gedächtnis des historischen Fontane, ja er weiß mehr als selbst die Mitarbeiter des Potsdamer Fontane-Archivs. Am Schluß kommt sogar heraus, daß Wuttke ein direkter Nachfahre des historischen Fontane ist, aus der Liebschaft mit jenem Mädchen stammend, die das Vorbild der Lene in „Irrungen, Wirrungen“ wurde.

Das Fontane-Archiv ist in Grass' Roman die Instanz, die die ganze Geschichte erzählt, gleichsam ihr kollektives Gedächtnis. Die Leute vom Archiv erforschen Fontanes Leben im neunzehnten Jahrhundert, und sie nehmen Anteil an der Parallellaufbahn ihres Freundes Wuttke-Fonty durch das zwanzigste durch Weimarer Republik, Drittes Reich, DDR und Wiedervereinigungszeit. Grass, der nach den ersten Einfällen schwer ins Basteln und Konstruieren gekommen sein muß, hat sich dafür entschieden, seine Geschichte nicht etwa chronologisch durch die beiden Jahrhunderte zu verfolgen oder einfach die beiden Leben parallel laufen zu lassen. Nein, er schränkte die erzählte

Zeit auf einen Zeitraum von zwei Jahren ein, der vom 30. Dezember 1989 – Fontane-Fontys Geburtstag – bis zum Herbst 1991 reicht. In diesen zwanzig Monaten läßt er seinen Fonty durch das Berlin nach der Maueröffnung streichen, die Gegenwart kommentieren, das Vergangene erinnern, die Epochen vergleichen, sein Leben und das seines Vorbilds resümieren – alles in einem erbarmungslosen Plauderton, der nicht nur sagt, was er sagt, sondern immer auch zu verstehen gibt: Hört her, was für ein formidabler preußisch-französischer Causeur ich bin!

Als Grass' Erfindung so weit gediehen war, könnten der Deutschen Literatur, die ihm hin und wieder über die Schulter blickte, Zweifel gekommen sein, ob das ganze Konstrukt nicht zu kompliziert für die Deutsche Literaturkritik und vor allem für das Lesepublikum würde, das doch nicht nur belehrt, sondern auch unterhalten werden will. Aber nein, die Sache hatte mittlerweile eine eigene Dynamik gewonnen, und Grass setzte noch eins drauf. Fontane, schön und gut, aber wo blieben da die Schattenseiten und die Abgründe der deutschen Geschichte? Grass erinnerte sich an Faust und Mephisto, an Don Quixote und Sancho Pansa, an Schlemihl und seinen Schatten, und er befand, es sei nicht gut, seine Hauptfigur allein zu lassen. Jetzt wurde es ganz kompliziert.

Grass stellte seinem Fonty nämlich noch einen Begleiter an die Seite, einen Mann namens Hoftaller, der aber eigentlich Tallhover heißt und aus einem 1986 erschienen Roman von Hans Joachim Schädlich stammt. Dieser Hoftaller soll schon im neunzehnten Jahrhundert gelebt und bereits den historischen Fontane auf Schritt und Tritt begleitet haben. Hoftaller nämlich, geboren 1819, im Jahr der Karlsbader Beschlüsse gegen die nationalliberale Bewegung, ist der ewige, alle Systeme und Epochen überlebende Spitzel, Polizei-Informant, Gestapo- und Stasi-Mitarbeiter. Er ist Fontys „Tagundnachtschatten", ein fast gesichtsloser Homunkulus, noch irrealer als der wiedergeborene Fontane, zynisch immer der jeweiligen Macht dienend, Fontane mit seinen jugendlichen revolutionären Fehltritten und seinen Ehebrüchen, Fonty mit seinen in den Westen ausgereisten Söhnen erpressend. Nie weicht er ihm von der Seite.

Aus diesen Elementen – dem erzählenden Archiv, dem historischen Fontane, dem Wiedergänger Wuttke-Fonty und dem bösen Homunkulus Hoftaller – hat Grass sich die Erzählmaschine zusammengebaut, in die er nur oben seine historischen Zettelkästen einfüllen mußte, damit unten dann der große Geschichtsroman zur deutschen Nation fertig herauskomme. Stoff für nahezu achthundert Seiten füllte er oben ein, drehte an der Mühle, und unten kam

Blatt um Blatt heraus. Es muß eine furchtbare Schinderei gewesen sein, ein wahre Galeerenarbeit, dieses Einfüllen und Drehen, dieses Abarbeiten von hartkörniger Materie. Und je länger man liest, desto lauter meint man ein mahlendes Geräusch zu hören, ein Schraben, Schaben und Ächzen: Unser täglich Blatt gib uns heute.

Grass hat allen Anspruch auf unser Mitgefühl. Unendlich viel mußte gesichtet und ausgewertet werden. Zunächst die Werke und die Biographie Theodor Fontanes. Die Materialbeherrschung, die Grass hier erreicht hat, ist beeindruckend. Nichts wird ausgelassen, die Briefe nicht, die Erinnerungsbände, die Kriegsbücher, die Wanderungen, die Romane. All das hat Wuttke-Fonty stets abrufbar im Kopf und zitiert es bei allen erdenklichen Gelegenheiten. Diesem Fonty hat Grass einen so symbolträchtigen Lebenslauf gegeben, daß sich ihm solche Gelegenheiten ununterbrochen bieten: Er ist Soldat im Zweiten Weltkrieg und gelangt dabei in die französischen Herkunftsgebiete der Familie Fontanes. Danach arbeitet er im Reichsluftfahrtministerium, vermutlich vor allem, um nach der Wende 1990 in dasselbe Gebäude als Angestellter der Treuhand zurückkehren zu können. In der DDR-Zeit lebt er am Prenzlauer Berg, in der Nachbarschaft der aufsässigen und Stasi-unterwanderten Künstlerszene. Er ist nicht nur in der Fontane-Forschung tätig, sondern auch für den Kulturbund, für den er anspielungsreiche Fontane-Vorträge in der ganzen DDR-Provinz hält.

Grass muß frühzeitig die Furcht befallen haben, daß sein Roman die Leser nicht nur durch die allzu vertrackte Konstruktion überfordern könne, sondern auch durch die enzyklopädische Wissensfülle, die in diese aufwendige Maschinerie eingeführt werden mußte. Also wird alles erklärt. Und tatsächlich erzeugt dieses ständige Erklären und Verdeutlichen erfolgreich den Eindruck, daß man es mit einem intellektuell äußerst schlichten Buch zu tun hat. Am 9. November 1990 schickt er seinen Fonty samt Hoftaller in die Braunkohlegebiete der Lausitz. Symbol, Symbol, denkt da der Leser dieses Kapitels, das „Am Abgrund" überschrieben ist. Er könnte glauben, diese Überschrift und das Datum des Ausflugs reichten aus, und der Erzähler könnte sich damit begnügen, leblose Mondlandschaften, düstere Himmel und bedrückendes Schweigen auszumalen. Doch weit gefehlt: Grass muß uns alles sagen, muß sagen, daß der 9. November ein „tragisches, düsteres, blutiges, so übles wie verfluchtes Datum" ist, muß mitteilen, daß die ausgeräumte Kohlengrube vor seinen Figuren ein „Abgrund wie ein offenbartes Verhängnis" sei, muß Hoftaller verkünden lassen „Altlasten nennt man uns. Los, Fonty! Hinse-

hen!" Ja, ja, wir schauen ja schon hin.
Alles in diesem Buch ist Absicht, nichts ist Anschauung. Nietzsche sagte, sogenanntes historisches Denken arbeite nach dem Schema: „Die Uhr schlägt, das Käuzchen ruft, da muß doch ein Zusammenhang bestehen." Grass läßt ununterbrochen die Uhr schlagen und das Käuzchen rufen, ja die ganze Konstruktion seines Romans ist darauf angelegt, Uhrenschlagen und Käuzchenschrei ständig aufs ominöseste zusammenklingen zu lassen. Fonty-Wuttke ist 1942 Soldat in Frankreich, und auch Fontane war, allerdings als Kriegsberichterstatter 1870/71, in Frankreich: Da muß doch ein Zusammenhang bestehen. Die DDR-Volksarmee marschierte 1968 in der Tschechoslowakei ein; und Preussen führte 1866 Krieg in Böhmen (Fontane schrieb darüber): Da muß doch ein Zusammenhang bestehen. Göring fuhr im Paternoster des Reichsluftfahrtministeriums, und auch Ulbricht benutzte diesen Paternoster im selben, zum Haus der Ministerien mutierten Gebäude, und noch später trifft Fonty den Treuhand-Chef Rohwedder wieder in diesem Paternoster: Da muß doch ein Zusammenhang bestehen,
Doch bleiben diese mit beständigen bedeutungsvollen Seitenblicken auf den Leser herausgestellten Parallelen ominös. Eigentlich können Sie immer nur eines bedeuten: daß die deutsche Geschichte der letzten zweihundert Jahre eine unheilvolle Kontinuität aufweise, die sie zu ständigen Wiederholungen zwinge. „Hab ich ja immer gesagt", ruft Fonty auf den letzten Seiten, „im Prinzip ändert sich nichts." Sollte das der ganze Sinn des dauernden Gebimmels und Gekrächzes sein?
Der Erzähler Günter Grass muß sich bei der Verfertigung dieses Romans auf heroische Weise selbst verleugnet haben. Man stelle sich nur vor, er hätte die Geschichte eines Verrückten erzählt, der sich einbildet, Fontane zu sein, und mit dieser Psychose die beiden deutschen Diktaturen überlebt. Was hätte das für eine Geschichte von Weltflucht, Realitätsverlust, bildungsbürgerlicher Phantasterei, Gefühlserstarrung und politischer Verantwortungslosigkeit ergeben können! Hätte Grass sich dafür entschieden, nicht Allegorien, ein paar mühsam beatmete Symbolfiguren, in den Mittelpunkt seines Romans zu rücken, sondern einen zwar kranken, aber dafür vorstellbaren Menschen, dann wäre ihm vielleicht auch die deutsche Geschichte dieser letzten Jahrzehnte in ganz anderer Weise zugänglich geworden. Dieser malade Fonty hätte ein Gegenstück des Zwerges Oskar Matzerath aus der „Blechtrommel" werden können, und mit seinem grotesken Blick hätte Grass eine pathologische Betrachtung der deutschen Geschichte der letzten Jahrzehnte viel

beklemmender und überzeugender vorführen können. Auch manche der eher läppischen und wichtigtuerischen Vergleiche aus der Fontane-Welt, wie der, die Treuhand-Chefin Birgit Breuel sei eine neue *Frau Jenny Treibel*, hätten in einem Wahnsystem ihren bescheidenen Witz.

Aber Grass wollte eben nicht ein idiosynkratisches Erzählwerk schaffen, sondern seinem inneren Auftrag genügen, der deutschen Literatur ihren großen Geschichtsroman zu liefern. So hat er ein in Meinungen vollständig aufgehendes Werk geschrieben, eine gigantische Symbolmaschine zur Herstellung beliebiger Bedeutung. Was aber war zuerst? Der Verzicht darauf, eine Geschichte zu erzählen, oder der Entschluß zur politischen Allegorie nach ideologischen Vorgaben? Je länger man dieses von vordergründigsten Absichten bestimmte Buch liest, desto klarer wird: Grass hätte die von Anschauung genährte Geschichte eines Lebens in der DDR gar nicht schreiben können, weil ihm eigene Erfahrungen fehlen.

Denn historisch ist dieser Roman auch deshalb, weil er selbst die Gegenwart und die jüngste Vergangenheit so behandelt, als hätte der Erzähler sie nicht selbst erlebt, sondern nur den Quellen entnommen. Im Kern spielt Grass' Buch in Jahren, von denen alle seine Leser eigene Eindrücke haben. Und doch findet sich zu Mauerfall, Währungsreform, Abwicklung und Wiedervereinigung nichts, was über die Meinungen und die Bilder der Medien und der Wortführer in dieser Zeit auch nur im Ansatz hinausreichte. Man hat es tausendmal gehört, dass die DDR ein „Schnäppchen" gewesen sei, dass die Abwicklung „Ausverkauf" bedeutet habe, dass die Wiedervereinigung „Anschluß" war. Soll Grass diese Meinungen haben und behalten; als Essenz eines Kunstwerks sind sie etwas dünn.

Wenn er aber schon keine Anschauung von der DDR hat, so hätte Grass doch, mag man glauben, mit so viel Kenntnis ein schönes Fontane-Büchlein schreiben können, leicht mimetisch-parodistisch wie das „Treffen in Telgte", das die Barockliteratur auf unsere Zeit spiegelte. Aber Grass hat es eben gar nicht mit Fontane. Eine peinlichere Mesalliance als die zwischen dem gemütlichen, breiten Erzähler, der Grass in seinen besten Momenten ist, und dem verschwätzten Schweiger Fontane hätte man sich nicht ausdenken können. Senken wir einen Mantel der Nachsicht über dieses imitierte Fonty-Geschnarre, diesen falsch lockeren Telegrammstil, der alles „kolossal ridikül" findet und grundsätzlich „werde" statt „ich werde" sagt.

Nein, haben wir lieber Nachsicht. Man hat Günter Grass auf einen falschen Weg gelockt. Irgendwann hat man ihn glauben lassen, er sei der repräsentative Nationalschriftsteller in der Nachfolge Thomas Manns, und er habe die Pflicht, das Leben der Nation insgesamt mitzuleben und nachzugestalten. Und jetzt legt er Auftragswerke vor, Planerfüllungen, will belehren und bessern und fürs Ganze einstehen. So wurde der Roman „Ein weites Feld“, dieses Zeugnis bester Absichten, heroischen Fleißes und der Abwesenheit jeglichen Kunstverstandes, eine Totgeburt, ein Monstrum. Man soll sich von der Literatur, dieser hinterhältigen alten Dame, eben nichts wünschen.

Gustav SEIBT

Günter Grass: „Ein weites Feld“. Roman. Steidl Verlag, Göttingen 1995. 781 Seiten, geb., 49,80 DM.

Busche, Jürgen: „Vom Glanz und Schmutz des deutschen Bürgertums. Ein kühner Entwurf, beziehungsreich ausgeführt: der neue Roman von Günter Grass“, in: *Feuilleton der Süddeutschen Zeitung*, vom 19.08.1995.

Vom Glanz und Schmutz des deutschen Bürgertums

Ein kühner Entwurf, beziehungsreich ausgeführt: der neue Roman von Günter Grass

Von Theo Wuttke ist die Rede, einem ungewöhnlichen Menschen, der auch Fonty genannt wird, geboren am 30. Dezember 1919, also auf den Tag hundert Jahre nach dem Schriftsteller, dessen Name hier in einem etwas schnoddrigen Diminutiv verballhornt wird. Und nicht nur traktiert Günter Grass in seinem neuen Roman unaufhörlich Leben und Werk Fontanes, der Titel wiederholt auch wörtlich die Lieblingswendung des alten Briest; ‚Ein weites Feld‘ aus des Dichters bekanntestem Werk *Effi Briest*.

Wuttke, einst Soldat der Wehrmacht, zeitweilig in Frankreich, hernach Kulturbundredner in der DDR, dann Bürobote im Haus der Ministerien, schließlich freier Mitarbeiter der Treuhand-Anstalt, kennt Fontanes Bücher in- und auswendig, mehr noch, er scheint mit seinem Leben zeit- und milieuversetzt Fontanes Leben zu wiederholen. Neunzehntes und zwanzigstes Jahrhundert werden mit der Dichterbiographie und Wuttkes Biographie so aufeinandergelegt wie zwei mit verwandten Figuren bemalte Transparente. Konturen überlagern sich oder verzerren gegenseitig ihre Linien, was durchaus zur besseren Erkennbarkeit einzelner Züge führen kann. Zweimal Polizeistaat mit Spitzelsystemen, zweimal ein zögernder Mitmacher in der Überwachungsbürokratie, zweimal Vereinigung zu einem Gesamtdeutschland, zweimal Krieg mit Frankreich und zweimal ein Protagonist, der seine Liebe zu Frankreich nicht verleugnen will. Zweimal deutsches Bürgertum in zweihundert Jahren – und es ist ein- und dasselbe.

Es wird, um das zu demonstrieren, ein und dasselbe Leben zweimal gelebt. Das ist eigentlich nur eine Novellen-Idee. Doch der Autor hat einen Roman daraus gemacht. Das tut er im Vertrauen auf die Kraft seiner Sprache gern, und weil das, was er außerdem erzählen will, nämlich alles, was ihm in den Jahren seit 1989 zur Wiedervereinigung aufgefallen ist, in den Text hinein sollte, in dem er, anders als in Diskussionsbeiträgen, mit seinem ganzen Können und Gewicht als berühmtester deutscher Schriftsteller der Gegenwart sprechen kann, ist es ein dickleibiger Roman geworden.

Das Vertrauen des Autors in seine Sprache erweist sich als berechtigt. So viele Hürden Grass auch für das schlichte Verständnis der Erzählhandlung aufbaut, wer sie einfach umgeht und sich darauf, daß andeutungsweise eine Handlung entfaltet wird, gar nicht einläßt, kann bei der Lektüre der breit ausgeführten Szenen und Genrebilder durchaus auf seine Kosten kommen.

Einheit versaut Demokratie

Die Handlung in den fünf Büchern des Romans ist rasch rekapituliert: Wuttke erlebt die Vereinigung der beiden deutschen Staaten, die es eben erst auf ein Alter von vierzig Jahren gebracht haben, und betrachtet das alles mit großer Skepsis: ‚In Deutschland hat die Einheit immer die Deutschen versaut‘, ruft er vor fünfhunderttausend Menschen auf dem Berliner Alexanderplatz ins Mikrophon und bekommt Beifall. Sein Versuch, mit Hilfe des umgetauschten neuen Geldes nach Schottland zu eskapieren, scheitert an einem immer noch zugriffsmächtigen Mann vom Geheimdienst, der allerdings niemand anders ist als Wuttkes anderes Ich, dessen Tätigwerden hier auch als glücklich im Sinne der Familienbande gesehen werden kann. Das zweite Buch ist der Verheiratung seiner Tochter Martha mit einem Wessi, einem Bauunternehmer aus Münster, gewidmet. Im dritten Buch trifft Wuttke eine ihm bis dahin unbekannte Enkelin, Madeleine, deren Mutter er einst in Frankreich gezeugt hat. Das vierte Buch erzählt von seinen Erlebnissen in der Treuhandanstalt. Das fünfte beginnt mit einem weiteren Versuch Wuttkes, Berlin in Richtung britische Inseln zu verlassen; der Versuch scheitert zunächst. Am Ende der insgesamt 780 Seiten ist der Held aber endgültig verschwunden, er befindet sich bei seiner Enkelin in Frankreich und schreibt eine Postkarte: ‚Wir gehen oft in die Pilze. Bei stabilem Wetter ist Weitsicht möglich. Übrigens täuscht sich Briest; ich jedenfalls sehe dem Feld ein Ende ab…‘ Soweit die Privatgeschichte Wuttkes. Sie und jene Geschichte, deren Mantel auch einen Zipfel für den deutschen Bundeskanzler übrig hatte, bilden ein hübsches Match, ein Hin und Her von Kommentar und Erinnerung, das möglicherweise auch ein Eigenleben führen könnte aber jetzt noch nicht führen muß, weil jeder Leser sich an die Wiedervereinigung unter Kanzler Kohl und die Zeit davor noch gut genug selber erinnern kann.

Das Archiv erzählt

Freilich, für die Vereinigung Deutschlands unter Bismarck läßt sich das nicht sagen, und noch weniger für die Jahrzehnte davor. Und am wenigsten läßt es sich für das Stück Wirklichkeit sagen, das die beiden Zeitebenen durchgängig miteinander verbindet, verknüpft, vernäht, mit dichten, schnellen Stichen: Buchtitel, Buchthemen, Buchhelden Theodor Fontanes und unzählige Details aus dem Leben des Berlin-Brandenburgischen Dichters, der ehrgeizig und stets gekränkt am alten Preußen hing und einst seine schönste Reise vom bewunderten London nach Schottland unternommen hatte.

Das aber erklärt die exzessive Ausbeutung des Titel- und Namenvorrats aus Fontanes Werk noch keineswegs vollständig. Auch der beeindruckend gebildete Bücherfreund wird, selbst wenn er nach Maßgabe seiner Vorlieben ein Kenner Fontanes ist, beim Deutschen der Zitate und Bezugnahmen nicht weit kommen. Als Studie zu Fontane, der oft, allzu oft der ‚Unsterbliche' genannt wird, taugt dieses Buch mitnichten. Was da geboten wird, liest sich wie ein über die Erzählung wucherndes Gestrüpp von Fußnoten ohne den dazugehörenden Text. Wozu also diese – fast möchte man sagen – Obsession bei der Ausbeutung einer übergründlichen Lektüre des verehrten Kollegen?

Die Antwort darauf leuchtet vielleicht ein, wenn sie im Zusammenhang mit der Frage nach dem im Roman erkennbaren Erzähler der Geschichte versucht wird. Erzählt wird von einem Subjekt, das in Form eines Kollektivs erscheint und als das Fontane-Archiv in Potsdam auftritt: , Wir vom Archiv'. Dieser Erzähler ist allwissend, was kaum verwundert, wenn man an eine andere Sammelstelle für Daten in der DDR denkt. Fonty wird ständig begleitet von einem Mann, der auch als sein anderes Ich vorstellbar ist – und gelegentlich im Bild so vorgestellt wird – , einem Mann, den er immer wieder seinen ‚Tagundnachtschatten' nennt: , Von vorne gesehen sahen sie gegensätzlich aus, von hinten gesehen zueinander passend, wie Teilstücke in einem Puzzle; doch aus jeder Sicht gaben beide ein Doppelportrait ab, geschaffen für immer neue Skizzen.'

Der Mann ist der vom Geheimdienst und heißt – wie die Titelfigur des ersten Romans von Hans Joachim Schädlich – Tallhover oder Hoftaller, je nach neunzehntem oder zwanzigstem Jahrhundert, Preußen der Restaurationszeit oder Preußen im Kostüm der DDR. In solcher Perspektive gibt es keinen Unterschied zwischen Wuttke und Fontane, Fonty stand immer unter Druck. Er wurde an kurzer Leine gehalten. Nein, schlimmer: wir vom Archiv wissen, daß er von Anbeginn unter Aufsicht gewesen ist. Bereits die Jungeseleien des Unsterblichen zeitigten Spätfolgen. Der konspirative Zirkel in Leipzig, die Liebelei in Dresden, die Berliner Tage als Apotheker und Revoluzzer: nichts geschah ohne Nachspiel. Ganz zu schweigen von seinen Tätigkeiten für die , Centralstelle' und als Regierungsagent in London. Ein Fangnetz war geworfen worden, in dessen Maschen der achtundvierziger Barrikadenheld und der Freund der Prenzlberger Szene zugleich zappelten; so wenig Freiheit hatte ihm der Zerfall der Berliner Mauer gebracht. Zwar stand nun alles offen, doch die anhaltende Gefangenschaft wollte kein Ende nehmen. Manchmal hörten wir Fonty rückwirkend stöhnen, und doch trug er seine doppelt geschnürte Last über alle Wendezeiten hinweg; ein Archibald Douglas, dem keine Gnade zuteil wurde.

Wo so von innen und außen her Geheimdienstarbeit greift und Archive geführt werden, gibt es nur noch wenige Geheimnisse der Person, und was ein Romandichter der alten Art von seinem Helden erzählen kann, weiß das derart gefütterte Archiv schon lange.

Aber für den Roman redet in den Berichten des Archivs, die wir uns als vom Autor unbürokratisch paraphrasiert vorstellen dürfen, glücklicherweise jede Person, wie ihr der Schnabel gewachsen ist, es wird in Briefen geredet und in Erinnerungen, in Dialogen und Vorträgen. Alles wird erfaßt, soweit es dem Vorgang nach zur Kenntnis des Archivs gelangt ist, und manches, was ohne direkten Zeugen ablief, wird knapp rekonstruiert. Das macht die Erzählung lebhaft und abwechslungsreich im Ton, verweigert dem Roman jedoch alle spontanen Gefühlsregungen.

Was indes kein Geheimdienst und kein Archiv der Welt wissen kann – und in einem totalitären Staat auch nicht wissen soll – ist, wie der Einzelne sich in die Welt der Literatur hineinträumt und wie er aus der Verschmelzung von Traum und literarischer Wirklichkeit herauskommt. So ähnlich mögen sich ehedem in der DDR sensible Bürger aus dem überwachten Alltag in den für fremde Augen und Ohren verschlossenen Binnenraum ihrer Leseabenteuer zurückgezogen haben.

Anspielungsfestival

Alle Bezüge auf Romane und Romanfiguren Fontanes, auf die Lebensdaten und Briefe des Dichters veranschaulichen mit ihrem allenfalls fragmentarischen Aussagewert eine undurchdringliche, wie hermetisch abgeschlossene Sphäre der Privatheit in dieser Umgebung, in der – sei es aus politischen, sei es aus wirtschaftlichen Motiven – kaum noch etwas privat ist. Wie zwei Menschen, die sich kennen und lieben, dann, wenn sie gleichzeitig den selben Roman oder auch nur denselben Autor lesen, sich über ihn unterhalten können in einer Weise, daß nur Stichworte ausgetauscht werden und der Außenstehende gar keine Spur dessen aufnehmen kann, wovon die Rede ist und woher das Einverständnis der Sprechenden rührt, so erscheint auch die Anwesenheit Fontanes und seines Werks bei Grass als das, was privat ist und bleibt, also, im genauen Sinne des Wortes, der Zudringlichkeit der Informationssammler entzogen sein soll: Die Literatur beraubt Geheimdienst und Archiv der Möglichkeit, alles zu wissen. Beide Sphären kommen zusammen, wenn der Kulturbund- redner Wuttke öffentlich über Fontane spricht, dann wird er unberechenbar.

Steht auch der Leser dieses Romans vor diesem Anspielungsfestival als einer, der sich ausgeschlossen fühlen muß? Wer gar nichts von Theodor Fontane weiß, wird Namen und Notizen wie erfunden registrieren und an keinem Punkt weiter darüber nachsinnen. Irgendwann hat er begriffen, daß etwa mit dem , Tunnel über der Spree' ein eher konservativer bis reaktionärer Dichter-Club gemeint ist, der Fontane jene – auch anrüchigen gesellschaftlichen Verbindungen schuf, die ihn zeit seines Lebens über Wasser hielten. Aber bis er das begriffen hat, wird er sich das eine und andere Mal fragen: was ist denn das? Wer Fontane sehr gut kennt, wird rasch merken, daß es im Namen- und Datenspiel um die Beschwörung einer exklusiven Existenzform geht, die überhaupt nicht mit Bedeutung hubert: Als Fonty seinen siebzigsten Geburtstag feiert und die Gaststätte, wo dies geschieht, etwas Schottisches darstellen soll – Fontanes Lieblingsland war Schottland – geht er mit seinem ewig aktentaschentragenden Begleiter vom Geheimdienst zu McDonalds, stopft fast food in sich hinein und trägt Archibald Douglas vor: , Ich hab es getragen sieben Jahr…' Damit lässt sich weiter nichts anfangen.

Zu verstehen ist nur die Gegenwart. Da porträtiert Günter Grass etwa den ermordeten Treuhand-Chef Detlev Carsten Rohwedder, der geschildert wird, wie er nachts in den Gängen seiner Dienststelle, dem früheren Reichsluftfahrt-Ministerium, Rollschuh fährt und manchmal bei Wuttke, der die Geschichte des Gebäudes zu schreiben hat, auf einem mit Manuskripten ausgestopften Sofa Platz nimmt, um sich mit ihm über Fontanes Quitt zu unterhalten, dessen Konflikt ihn betrifft und berührt. Also doch Bedeutung? Nicht mehr, als genau damit und ein paar Sätzen zum Inhalt schon gesagt ist, nichts Dahintergestecktes.

Denkmal für Uwe Johnson

Nur von der Gegenwart her sind auch die – soll man denken aus einem Grasschen Tagebuch in das Konvolut des Romanmanuskripts herübergewanderten? – Seiten über Uwe Johnson zu verstehen: eine rau-ehrerbietige Porträtskizze des mecklenburgischen Autors der Jahrestage, dem hier Fontane und Fonty und Grass gleichsam unisono nachbarschaftlichen Respekt bekunden. Überhaupt scheint über Grass, wo er nicht politisch raisoniert, eine gewisse Altersfreundlichkeit gekommen zu sein, von ihr profitiert, um noch einmal auf den gewagten Entwurf dieses ganzen Erzählwerks zu kommen, vor allem Theodor Fontane, nicht so sehr der andere, nun wirklich unsterbliche Dichter, dessen Geburtsland Brandenburg war, Heinrich von Kleist: ihm wird – aus Fontys Sicht – eine etwas herablassende Ehrenrettung zuteil.

Taucht aus dem Entwurf, der sich einer Novellen-Idee verdankt, hier eine Idylle auf – trotz des schrecklichen Endes –, dort eine Liebeserklärung im und an den Paternoster, so kann es ein andermal wirklich dem Stoff nach eine Novelle für sich sein: Fonty als Soldat in Frankreich, Helfer der Résistance – er liest aus Fontanes Werk vor –, die ganze Gruppe wird verhaftet und ermordet, seine französische Geliebte später als Kollaborateurin geächtet, ihre Enkelin – eine Germanistik-Studentin und Fontaneforscherin – kommt nach Berlin und überreicht, die Sache hat sich dann doch aufgeklärt, Wuttke einen Orden. Es ist eine anrührende Geschichte, auch, wo Grass der Enkelin aus Frankreich erlaubt, ihm und Fonty, was Staat und Nation angeht, auf sympathische Weise zu widersprechen. Sie liebt Kleist wegen seiner Penthesilea. Mit den deutschen Kindern geht es – wie bei Fontanes – nicht so verständnisinnig zu. Wuttkes drei Söhne sind in den Westen gegangen und wiederholen dort die Karrieren der Fontane-Söhne. Grund genug, in der Resignation zu verharren. Was als Entwurf eines Erzählzusammenhangs entfaltet wurde, erweist sich als Entwurf einer Topographie der deutschen Seele zwischen Politik und Literatur. Hat sich in hundertfünfzig Jahren so wenig geändert? Auf Berlin hin betrachtet vielleicht nicht. Und dieser Roman ist ein Berlin-Roman. Die Spaziergänge durch die Stadt gehören zu seinen überzeugenden Passagen, da wird der Gegenwartsroman anschaulich zum historischen Roman. Geschichte geht weiter, könnte man auch hier sagen, aber ebenso: Es geht nicht weiter ohne das Eingedenksein der Geschichte.

Ein kühner Entwurf, ein beherzter Vortrag, der Ton ist mißmutig, die Sprache klar – gibt das schon einen gelungenen Roman? Das könnte am Ende doch von seinem Anspruch abhängen, die Geschichte, die er hinter dem Rücken seiner Protagonisten erzählt, als die authentische Geschichte zu erweisen, über die nicht nur zu räsonieren, sondern von der zu reden wäre. Nach dem Untergang des Deutschen Reiches in der Hitler-Barbarei und dem Zweiten Weltkrieg schrieb Thomas Mann seinen Doktor Faustus – eine Wiederholung des deutschen Schicksalsbuchs, nun auf die Geschichte eines aktuellen Teufelspakts hin entwickelt. Nichts anderes hat Günter Grass unternommen. In sein Bild des unsterblichen Fontane hat er – um Kleist mit Worten zu seiner Penthesilea zu zitieren – den ganzen Glanz und den ganzen Schmutz des deutschen Bürgertums aus zweihundert Jahren hineingelegt. Das muß nicht auf alle Zeiten des Teufels sein; Fonty, so darf ihn ein Leser verstehen, der ihn mit diesem Roman schätzen gelernt hat, Fonty jedenfalls sieht ‚dem Feld ein Ende ab'.

Jürgen BUSCHE

GÜNTER GRASS: Ein weites Feld. Roman.
Steidl Verlag, Göttingen 1995. 784 Seiten, 49,80 Mark. Der Roman wird am 28. August ausgeliefert.

Schütte, Wolfram: „„Wie aus der Zeit gefallen: zwei alte Männer"". Günter Grass und sein „Weites Feld" oder Archivberichte aus der Gründerzeit der Berliner Republik, in: *Frankfurter Rundschau, Zeit und Bild*, vom 26.08.1995.

„Wie aus der Zeit gefallen: zwei alte Männer".

Günter Grass und sein „Weites Feld" oder Archivberichte aus der Gründerzeit der Berliner Republik.

Am Anfang stand eine private Eifersuchtsvision, die der Autor öffentlich gemacht und nun in einer Begleitbroschüre zur Ankündigung seines neuen Romans noch einmal publiziert hat. Grass, mit seiner Frau Ute 1986/87 nach Kalkutta entwichen – die Verrisse *Der Rättin* („Für Ute") hatten ihn dazu provoziert –, „träumte" in Bengalen: „Ute und der alte Fontane unterm Birnbaum in unserem Garten. Und mich träumte ich hinterm geschlossenen Fenster, entrückt, aber doch nah genug, um zu begreifen: Da ist was, da tut sich was, und zwar schon seit Jahren. Sie hat was mit dem vielzitierten Kollegen von dir, ein Verhältnis, in dem du nicht vorkommst... Das alles träumt mir, aber der feste Vorsatz auch, nicht das Fenster aufzureißen und Schluss! zu rufen, nicht in den Garten wie hin zum Tatort zu laufen, sondern ein Glas aus der Küche zu greifen, im Vorbeigehn einen Stuhl mitzunehmen und mich den beiden und ihrer Vertrautheit (auf einer Bank) hinzuzuzählen, damit wir fortan unsere Liebe zu dritt..." „Für Ute, die es mit F. hat..." lautet die Widmung des sieben Jahre später publizierten Romans *Ein weites Feld* – wohl auch privat? Dem geträumten und öffentlich gemachten Voyeurs-Notat eines schon seit Jahren währenden literarischen Treue- & Ehebruchs folgte nicht der „Schluss!"-Ruf des Eifersüchtigen. Der von den literarischen Vorlieben seiner Frau Gehörnte träumt, sich der Vertrautheit der beiden zu einer menage à trois „hinzuzuzählen". Nun hat er sich hinzuerzählt, indem er sich in den geliebten Alten (oder den Geliebten, den Alten?) ganz und gar hineinerzählt hat: „Für Ute, die es mit F. hat" (immer noch?) – und mit G. G., der ihr seinen Fontane-Roman schrieb. (Damit sie nicht mehr fremdgehen muss?) Auf dem geographisch und zeitlich weit entfernten Vorfeld des Romans findet sich noch ein zweites Motiv, das ihn tiefgreifend prädestinierte. Nicht nur der Calvinist „Fontane gehörte jetzt dazu" (in Kalkutta bei Einkäufen und Besichtigungen: als allgegenwärtiger Schatten); auch der von dem zeitgenössischen Kollegen Schädlich als Umbruchex- emplar Grass mit auf die Reise gegebene Roman Tallhover begleitet ihn auf der Flucht aus Deutschland (wie Fontane die verehelichte Stechlin-Leserin). „Ein Buch", notierte Grass damals zu Tallhover, „das auswegslos seinem Grundeinfall folgt: Der schier unsterbliche Agent, Spitzel, Geheimdienstmann überlebt alle Systeme... Aus dieser Sicht werden hundert Jahre deutscher Geschichte zum Dauerfall, zur nicht abgeschlossenen, nicht abzuschliessenden Akte... Systemwechsel als fließende Übergänge in Geheimdossiers... Der Leser kann sich selbst in den Geschichtsverlauf und dessen Aktenordnung einfädeln oder als Ablage begraben." Grass missfällt jedoch, dass Schädlich seinen Helden zum Selbstmord verführt: „Ich werde Schädlich schreiben: nein, Tallhover kann nicht sterben" – schon gar nicht kurz nach dem 17. Juni 1953. Denn, was weder Grass noch der DDR-Flüchtling Schädlich 1987 wissen konnten: die „Tallhovers" wurden ja geradezu seit damals „massenhaft" gebraucht, was erst im Augenblick ihres Falls zwei Jahre später als DDR-„Weltniveau" ihrer Stasi offenbar wurde. „Systemwechsel als fließende Übergänge in Geheimdossiers": für den Skeptiker der „überstürzt vollzogen deutschen Einheit" mit seinen fortgesetzten Unkenrufen eines falschen deutschen Lastenausgleichs, bei dem der deutsche Westen den Osten schluckt und sich dabei den Magen verderben wird –: für den öffentlichen Zeitkritiker Grass ordnet sich die deutsche Misere um diesen Satz von 1987; und der rechtzeitig Heimgekehrte breitet den „Dauerfall" einer mehr als hundertjährigen deutschen Geschichte nun in seinem *Weiten Feld* weiträumig aus: indem er Fontane (als Fonty) und Schädlichs Tallhover (als Hoftaller) zu einer „miteinander verwachsenen Doppelgestalt" in der unmittelbaren „Wendezeit" (89/90) geografisch kreuz & quer durch Berlin und die vergehende DDR sich bewegen lässt; und zeitlich von der unmittelbaren Gegenwart in die deutsche Vergangenheit des 19. Jahrhunderts Fontanes sich zurückbuchstabiert: „Vergegenkunft", wie Grass derlei Zeitchangement einmal nannte – auf Fontane-Spuren an Gegenwartsorten.

Theodor Fontanes Leben & Werk, Herkunft, Reisen, Wohnung, dessen Meinungen und Ansichten zur Zeit (vornehmlich in den Tausenden von Briefen dieser Plaudertasche) sind ihm dabei Stecken und Stab für Nach-Erzählwanderungen von den hugenottischen Vorfahren bis zur Treuhand, vom Geburtsort Neuruppin bis zum finalen Verschwinden Fontys in den Cevennen. Denn „Fonty", der genau 100 Jahre nach Fontane in dessen Geburtstort 1919 zur Welt gekommene Theo Wuttke, ist ein schrullig-ironischer Widergänger, der sich von Kind auf dem großen Vorgänger bis ins Aussehen und die

Schrift „abgekupfert“ hat – wie Grass, beim Gang über sein *Weites Feld* nicht ohne H.-H. Reuters und Charlotte Jolles’ Fontane-Arbeiten weitergekommen wäre. Sie sind die mehrfach genannten Paten seines Romans. Und Hoftaller alias Tallhover, Fontys „Tagundnachtschatten“, den er als seinen „altvertrauten Kumpan“ anredet – gelegentlich tritt er als der (Havannas rauchende) stinkende „Schwefelgelbe“ (sowohl Bismarck als auch Teufel) auf oder als Schutzengel Fontys –, ist „das Gedächtnis in Person“: der systemübergreifende, staatsbedienstete Geheimaufklärer, der die Sünden der menschlichen Welt archiviert hat: ursprünglich made between Germany (east & west) by Hans-Joachim Schaedlich. Dieses komische Paar („lang und schmal neben breit und kurz“), erkennbar zwischen Don Quichote & Sancho Pansa, Pat & Patachon, Oliver & Hardy, ja sogar grotesk verzerrt zwischen Faust & Mephisto situiert, lässt Günter Grass in seinem Roman die Bühne der Fiktion betreten – die Bühne für Scherenschnitte, Bilderbögen, malerische Stilleben, hingeworfene Skizzen und kinematographisch festgehaltene Figurationen in einem der merkwürdigsten Romane der deutschen Literaturgeschichte. Man wird an des späten Heinrich Manns Atem und Empfang bei der Welt erinnert – symbolische Reminiszensen des Alten Europas –, denen der Bruder Thomas „Greisenavantgardismus“ zugesprochen hatte.

Unverkennbar ein Alterswerk ist der jüngste Roman von Günter Grass auch. Sein *Weites Feld* ist mindestens so „unpraktisch und sperrig“ wie das von Grass so genannte „hübsche Geschenk“ des „größer gewordenen Vaterlands“, dessen gegenwartshistorisierenden Darstellung, Kritik und geschichtlichen Stellung der Roman sich mit Haut & Haar verschrieben hat; und dessen artistischer Widerrede er sich verdankt. Mit deren immanenter ästhetischer Stringenz steht und fällt er. Dem Vorwurf, sich leitartikelnd hinter seinen kopfgebürtigen seltsamen Helden zu verstecken, wird Grass sowenig entgehen wie früher Peter Weiss der Invektive, mit der Ästhetik des Widerstands einen zwar häretischen, dennoch aber weitgefassten Lehrgang der kommunistischen Bewegung geschrieben zu haben.

Zu sehr decken sich nämlich die im *Weiten Feld* versammelten, auf alle Personen versträuselten Ansichten, Meinungen und Stellungnamen zur deutschen Gegenwart, dem „Abwickeln“, „Evaluieren“ und „Plattmachen“ der ehemaligen DDR mit den bekannten Äußerungen des Zeitgenossen Grass. Und weil sie neben abwägender Zustimmung häufiger Kopfschütteln, Ärger und Zorn provozierten und auf der ganzen Linie pessimistisch allen Hoffnungen auf die bekannten „blühenden Landschaften“, auf Einigkeit und Freiheit widersprechen, stehen sie einer literarischen Lektüre des Romans sperrig entgegen. Und weil der „unsterbliche“ Dichter und der unsterbliche Spitzel in einer ewigen deutschen Kumpanei von Grass gezeigt werden, die beim gegenseitigen Abschied auch noch in einer Umarmung terminiert, dürfte Grass allein schon deswegen das Gebell der Wachhunde moralistischer Trennschärfe entgegenschlagen – ganz zu schweigen vom literarischen Biographen Tallhovers, der seine mythische Figur nicht nur ent-, sondern auch gewendet sehen dürfte: zum Nothelfer seines Opfers. Mutmaßlich ging es manchen zeitgenössischen Stechlin-Lesern ähnlich – mit Fonates kritischen Abgesang auf das alte Preußen, bei dem so viele Tabus der Zeit verletzt wurden.

Aber gesetzt, das *Weite Feld* sei Grassens *Stechlin*, also eine Summe von Werk & Zeit & Person – so hatte der späte Fontane noch den hoffnungsvollen Ausblick auf den „vierten Stand“; Grass aber, bei seinem Berlindeutschem Wendepanorama, kann nur noch, nachdem er mit Fontane-Blick auf die ‚89/90 wiederholte falsche Gründerzeit geblickt und zuletzt das Treuhandschlamassel aufgetischt hat, seine „aus der Zeit gefallenen zwei alten Männer“, das literarisch-geheimdienstliche Kommentatorengespann, hoffnungslos verschwinden lassen: den einen nach Südamerika (Kuba oder Miami?), den anderen bei den Nachfahren seiner hugenottischen Vorfahren in den Cevennen. Kein Ort für Utopien, nirgends. Und wenn Fonty das letzte Wort hat („Übrigens täuschte sich Briest; ich jedenfalls sehe dem Feld ein Ende ab...“), dann dürfte auf das eigene Ende anspielen, den Tod. Ein weites Feld nicht als ein weiteres Feld Grass'scher Zeitpolemik sondern als den historischen Roman der Gegenwart und die Vergegenwärtigung deutscher Historie zu lesen, heißt jedoch, an ihm den vollzogenen Übergang vom „barocken Fabulierer“ im Zeichen Grimmelshausens zum entschiedenen Manieristen zu konstatieren.

Mit der die „Gruppe 47“ um Hans Werner Richter zum Treffen in Telgte allegorisierenden Erzählung von 1979 hat ästhetisch das *Weite Feld* seine nächste Verwandschaft: als changierender Doppelblick, als jetztzeitliche Verspiegelung von 1889 & 1989. Der Zugriff des Manieristen Grass hat Konsequenzen, deren anti- oder a-realistischer Gestus allen Liebhabern „realistischen Erzählens“ wider den Strich gehen. Sie säßen einem Missverständnis auf, erwarteten sie eine Blechtrommel (II) made in Gesamtgermany. Denn es wird hier weniger erzählt, als dass die Beschreibungsvorgänge beschrieben würden, aus denen sich der Roman herstellt: als Bild gewordene Montage historischer und zeitgenössischer Zitate. Kein „allwissender Erzähler“ waltet im *Weiten Feld* souverän seines gottgleichen Amtes; er verbirgt sich hinter dem „Kollektiv des (Fontane-)Archivs“, das „Blatt um Blatt“ füllt, um den „ganz gestrigen, von Liebermanns Hand gezeichneten Greis“ sich beschwörend „nahe zu rücken“, nachdem er endgültig entschwunden ist. Der Verweis auf Liebermanns Porträt ist signifikant für die literarische maniera des Buchs der Aus- & Abschweifungen: das Beschreiben-Erzählte stammt aus zweiter Hand, die sich „vergegenkünftig“ an bekanntem zeitgeschichtlichen und historischem Material entlangschreibt; Zitat und Montage, archivarische Pedanterie und Transparenz auf Leben und Werk Fontanes sind Mittel und Voraussetzung, von der Folie des Historischen in die ironisch-parodistische Kopie der Gegenwart zu überblenden. Vexierspiel aus Rekonstruktion und Wiederholung im Fadenkreuz der Überwachung: das literarische Vergnügen. Der einstige Wirklichkeitsfresser käut hier bewusst wieder. Dass *Ein weites Feld* deshalb erkennbar ein ausgepichtes „Kunstprodukt“ ist, darf ihm keiner bei Strafe eigener ästhetischer Ignoranz abfällig nachrufen; denn sein „Künstliches“ ist ihm künstlerische Voraussetzung, Absicht und: Form. Man kann ja schließlich einem Hochseilartisten nicht vorwerfen, dass er kein Bodenturner ist; oder Arcimboldo nicht, er sei kein Rubens.

Grass, heißt das, baut seinen Roman aus versammelten Fertigteilen; seine Fiktion ist deren Konstruktion. Von Goethes *Faust* über Thomas Manns *Doktor Faustus* zum *Weiten Feld*: eine metaphysich ausgenüchterte Deutsche Doppelbiografie der Untertanen. „Fonty“: das ist kein hässlicher Heinrich Mannscher Hessling, sondern ein liebenswerter Spinner; und der Mephisto Hoftaller: ein Taschendämon. Zusammen: die unheimlich harmonische Verwandtschaft von Dichtung und Überwachung. Der Grassche Hochseilakt eines doppelstimmigen Gegen- & Nicht- Vergangenheitsromans sieht sich jedoch einem Dilemma gegenüber. Der Mythos, den er ihm zugrunde legt – nämlich Fontanes Leben & Werk als Vorwegnahme des Aktuellen –, ist (anders als die homerische Odyssee für den Joyce des Bloomsday-Ulysses oder Nietzsches Lebensgeschichte für Manns „Leverkühn“) nicht kulturpräsent.

Grass muss also ein Doppeltes im Roman schultern: die Konstituierung des historischen Modells Fontane und dessen aktueller Fonty-Variante. Literaturhistorische Didaktik und poetische Animation. Schlüssig wird deshalb, dass die Aufgabe, den Roman als erinnerte Aufzeichnung zu schreiben, an das Kollektiv des Archivs delegiert werden musste; dessen archivarliche Penibilität „rechtfertigt“

denn auch die vielfachen Themen- und Motivwiederholungen auf doppelte Weise: durch berufsbedingte Pedanterie (humoristisch) und als Konstituierung eines durch Wiederholung erst existent werdenden Mythos (erzählimmanent).
Was dem auf fortschreitende Neuinformation gedrillten Realismusleser im *Weiten Feld* wie ein fortgesetztes Recycling mehrfach zerkauter und zermalener Zitate, als Erzählredundanz erscheinen mag, hat in solcher Mythosbegründung seine humoristisch unterfütterte ästhetische Stimmigkeit. Freilich ist selbst langmütigen Lesern nicht endlos solche selbstreferentielle Geduld an „Kleinmalerei und Gedächtniskrümel" abzuverlangen: der Roman hat steinige Längen und dröhnende Überinstrumentierungen (z.B. im Rohwedder-Kapitel), die ihm negativ zu Buch schlagen. Das „Archiv" als aktueller „Autor" des Romans *Ein weites Feld* ist aber auch deshalb das Zentrum dieses, in sich verspielten (& auch selbstverliebten) Romans der Komplexitäten & Komplizitäten, weil es – zuinnerst mit der Aktualität des Gegenwartsstoffs verbunden – die ästhetische Variante der politischen Archivarien ist, für die der Doppelname Tallhover/Hoftaller steht. Mit der doppelten Buchführung des Romans – nämlich imitatorisch sowohl den mit Briefen und minimalem Stühle-Rücken arbeitenden Fontane des Stechlin zu kopieren, wie auch diese Doppelbiografie und ihr Zeitbild aus verdeckten Observationen, „ausgewerteten" Briefen, gesammelten Zitaten und erschlossenen Ortsterminen als Archivakte zu kompilieren – steht das Buch in einem großen Spagat sowohl mit einem Bein in der Vergangenheit wie mit dem anderen in der Gegenwart. Ein ironischer Quasi-Stasi-Roman. Der pragmatische Pessimist Grass ist auf anstößige Art souverän genug, die sammlerische Informations- & Observationspedanterie und -Leidenschaft als Janusgesicht von „Aufklärung" sowohl bei dem Dichter- als auch bei dem geheimen Staatsbürgerarchiv der Staatssicherheit am Werk zu sehen. Obwohl Hoftaller als „schlimmer Finger„ namhaft gemacht (und ihm z.B. die Vertreibung Johnsons, von Tallhovers „Biographen" Schädlich und die Inhaftierung Loests von Fonty angelastet) wird, bleiben die individuellen lebenstragisch Momente von realexistenten Stasi-Tätlichkeiten in diesem Epochenbild unterbelichtet.
Über Fontanes zeitweilige konservative Abhängigkeiten und bestechlich-bestecherische englische Dienstfertigkeiten hinaus, geht Grass sogar soweit, Fonty nicht nur, sondern auch dessen Tochter und dessen in der Bundesrepublik lebenden Söhnen Stasi- (sprich: Hoftaller-) Kontakte anzudichten. Die fortgesetzte Prußifizierung (qua DDR) radikalisiert die Abhängigkei-

ten; und die „Kapitalisierung“ der ehemaligen DDR macht aus Fontys Tochter und Frau (bislang parodistische Kopien ihrer Fontaneschen Urbilder) „Karriere bewusste Geschäftsfrauen“. Und die Treuhändlerin Breuel erscheint als ein *Frau Jenny Treibel* redevivus. Grass' allegorischer Roman, der manieristisch wird, indem er seine eigenen ästhetischen Verfahren exemplifiziert, „folgt“ freilich weitgehend „ausweglos seinem Grundeinfall“ (wie er über Schädlichs Tallhover schrieb), indem er Fontanes Lebenssituationen (zwischen 1819/98) mit Fontys imitatorischen Nachleben (von 1919/91) ineinander überblendet. Das geht z.B. zwischen 70/71 und 39/45 nicht ohne gewaltsame Verharmlosungen ab. Dass der kriegsgefangene Fontane danach zum preußischen Missfallen keine antifranzösischen Pamphlete schrieb, lässt seine Grass' sche Wiedergeburt gleich zum Verschworenen der Resistence werden, der die Kampfmoral der Wehrmacht durch das Vorlesen von Fontaneschen Kriegsberichten im lokalen Partisanenfunk angeblich geschwächt hat und folglich spät dafür mit einem französischen Orden ausgezeichnet wird. Da packt der Allegoriker zuviel auf die schwachen Schultern seines Nachfahrenmodells. Wie er auch, um die Voy-eurs- & Observationstätigkeit des Archivs, das den Roman schreibt, zu begründen, sich zu den absurdesten Verrenkungen verleiten lässt; freilich, wie wir wissen: die Stasi nicht minder. Komisch bleibt' s in diesem und in jenem Fall gleichwohl; und unheimlich.

Andererseits bietet das monumental konzipierte Reichsluftfahrtsministerium, das nach Görings Besitz zum Gründungsort der DDR und dann zu deren „Haus der Ministerien“ wurde, um schließlich Sitz der die DDR „abwickelnden“ Treuhand zu werden, einen real-existierenden historisch-poetischen Ort für Grass, um an ihm, in dem Wuttke/Fonty erst als Kriegsberichterstatter, dann als Aktenbote aus- & einging, deutsche Geschichte symbolisch zu versammeln. Der von Fonty zeitweilig erfolgreich verteidigte Paternoster versinnbildlicht „die Mechanik der Wende in Gestalt eines rastlos dienstwilligen Personenaufzugs“; und der von Fonty in wechselnder Begleitung im westberliner Tiergarten beobachtete Haubentauer „verkörperte das Prinzip des Untertauchens“ (und unversehrten Wiederauftauchens): zwei sich ergänzende deutsche Opportunitätsverhalten, die der illusionslos-nüchterne Roman *Ein weites Feld* als deutsche Kontinuität eines Jahrhunderts konstatiert. Ein nicht gerade schmeichelhaftes deutsches Selbstbildnis.

Der historisierenden Doppelverspiegelung des Romans treten mannigfache literarische detail- & selbstironische Spiegelkabinette zur Seite. Das

Weite Feld hat hinlänglich Platz, die zeitbedingten Sprach-, Gedanken- & Meinungsklischees zu archivieren, ist dehalb eine Fundgrube für spätere Zeiten: der Gegenwartsroman der „Wende“ als Herbarium versteinerte Ansichten, Metaphern, Wortverdichtungen. Wie der sich Fontane „abkupfernde“ Fonty dessen Arbeitszimmer kopiert, so hält der Roman an einer Stelle die Fonty-Bibliothek fest, aus der sich Grass den Grundstock seines Buchs zusammenexzerpierte.

Je weiter Grass sein *Weites Feld* erzählerisch ausbreitet, desto ununterscheidbarer gehen Fontanes Worte, Tonfall und Weltansichten über Fonty zu Grass über: – und doch bleibt *Ein weites Feld* ein (neuer, später) Grass-Roman bis zuletzt, weil der Personalstil des Autors unverkennbar ist. Grass könnte sich nicht verleugnen, selbst wenn er' s wollte. Dass der Autor der Geliebten, „die es mit F. hat“, ein Eingedenken Fontys auf Hiddensee widmet; und dass er, als Hoftaller Fonty in Neuruppin zur Besteigung des dortigen Fontane-Denkmals zwingt, „ein ungleiches Paar“ auftreten lässt (nämlich das Ehepaar Grass), „das einen ganz anderen Roman lebte“, und die beiden Touristen die beiden erstarrten Geistererscheinungen beim Photographieren gar nicht sehen – das gehört schließlich als letzter Stempel einer manieristischen Handschrift zur ironischen Versiegelung des literarischen Gemäldes. Ein weites Feld.

Wolfram SCHÜTTE

Spiegel, Hubert: „Icke mit Lotte. Die Jahrhundertfibel des Günter Grass", in: *Frankfurter Allgemeine Zeitung, Literatur*, vom 17.07.1999.

Icke mit Lotte

Die Jahrhundertfibel des Günter Grass

Es war in den frühen siebziger, wahrscheinlich aber noch in den sechziger Jahren, als Hans-Joachim Kulenkampff begann, die Fragen in seinen Quizsendungen in kleine Theatersketche zu kleiden. Der Fernsehunterhalter spielte damals Nero, Hamlet, Goethe, Richard Wagner, Heinrich VIII. oder Alexander den Großen und fragte zum Beispiel, was es mit dem berühmten Knoten auf sich habe, den der junge Feldherr Alexander lösen sollte. Kulenkampffs kleine Fernsehweltgeschichte machte es den Kandidaten und Zuschauern nicht übermäßig schwer. Aber man konnte manches aus ihr lernen, etwa daß der damalige Star der bürgerlichen Fernsehunterhaltung sich über den Kanon und die Bildungsbeflissenheit seiner Zuschauer gern ein wenig lustig machte.

Gäbe es Kulenkampffs Quizsendungen am Samstag abend noch heute, er fände in „Mein Jahrhundert", dem neuen Buch von Günter Grass, reichlich Material für neue Fragen und Sketche. Einhundert Episoden, Monologe und Gespräche hat Grass in diesem Band versammelt, für jedes Jahr unseres Jahrhunderts einen kurzen Text, und der Fernsehunterhalter könnte sie alle spielen: Kulenkampff als Trümmerfrau 1946 in Berlin: „Icke mit Lotte, was meine Tochter is, wir haben in Kolonne jekloppt." Kulenkampff als holzhackender Kaiser Wilhelm im holländischen Exil: „Jawohl, unter Dampf... mußte handeln." Kulenkampff als Erich Maria Remarque, der mit dem Schriftstellerkollegen Ernst Jünger noch einmal über die Schlachten des Ersten Weltkrieges plaudert: „Ach was, Jünger. Sie reden daher wie ein Herrenreiter." Kulenkampff als Treuhand-Chefin Birgit Breuel, die ihre Abwicklungsraten rechtfertigt: „Nein. Mir hat keiner was geschenkt. Alles habe ich mir nehmen müssen." Und schließlich ganz zuletzt, Hans-Joachim Kulenkampff als wiederauferstandene Mutter des Schriftstellers Günter Grass: „So ist er nun mal. Denkt sich immer die unmöglichsten Sachen aus. Muß immer übertreiben. Mag man gar nicht glauben, wenn man das liest."

All dies könnte Kulenkampff wunderbar spielen, und es wäre Fernsehquiz der guten, alten Zeit. Aber „Mein Jahrhundert" verströmt auch ohne den Quizmaster den Atem der sechziger und siebziger Jahre. Man denkt bei der Lektüre an das längst verschüttete Projekt „Literatur der Arbeitswelt", an Stadtteilhistoriker und Geschichtswerkstätten.

Von ferne meint man einen Ruf zu hören: „Mehr Geschichte von unten wagen."
Das Wagnis hingegen, von dem der Titel zu sprechen scheint, bleibt aus. Den besitzergreifenden, radikal subjektiven Zugriff auf das Jahrhundert hat Günter Grass nicht unternommen. Nur dreizehn der hundert Episoden gelten der Person des Schriftstellers, jenen Jahren, in denen Grass das Jahrhundert nicht präsentiert, sondern erlebt. Es sind die interessantesten Teile des Werkes. Hier, in den Marginalien einer ungeschriebenen Autobiographie, wird Günter Grass dem Anspruch seines Buches gerecht, das mit dem Wörtchen „ich" beginnt und nach hundert Episoden und 409 Seiten mit dem Adverb „überall" endet. „Ich, überall", das wäre ein Programm, ein passender Titel gewesen für die Schrift eines vorlauten Chronisten seiner selbst, der durch unser Jahrhundert eilt im Habitus des unzuverlässigen Augenzeugen und Schwadroneurs, eines Allwissenden, Allgegenwärtigen, der die Wahrheit nur deshalb so genau kennt, weil er sie selbst erfunden hat. Vielleicht hätte Günter Grass dieser Chronist sein können, gewiß hat er es nicht sein wollen.

Das Vorwort zu seinem neuen Buch ist in zahlreichen Interviews und Fernsehauftritten schon Wochen vor der Veröffentlichung bestritten worden. Auch dieser „neue Grass" ist ein Medienereignis. Ein literarisches Ereignis ist „Mein Jahrhundert" nicht. Mit der „Blechtrommel" hat Günter Grass einen der bedeutendsten deutschen Romane des Jahrhunderts geschrieben, mit „Mein Jahrhundert" legt er nun das brave Panorama eines Säkulums vor, in dem, und darin liegt die größte Überraschung dieses Buches, die Literatur so gut wie keine Rolle spielt.

Nehmen wir das Jahr 1929. Damals hat Herr Forssmann den Herzkatheter entwickelt und Herr Byrd den Südpol überflogen. Leo Trotzki musste die Sowjetunion verlassen. In New York kam es zum größten Börsenkrach aller Zeiten. In Deutschland erschien in jenem Jahr der Roman „Berlin Alexanderplatz", das wichtigste Buch des einzigen Schriftstellers unseres Jahrhunderts, den Grass als seinen Lehrmeister akzeptiert hat. Aber von Döblin keine Zeile, in jenem Jahr nicht und nicht im ganzen Buch. Statt dessen lässt Grass einen Arbeiter der Opel-Werke zu Wort kommen, der sich rückblickend an den „Laubfrosch" erinnert, das Erfolgsmodell jenes Jahres, in dem der Opel-Erbe das Unternehmen an die Amerikaner verkaufte: „Und uff einmol warn wir all Amerikaner." Damit ist er ganz zufrieden, brachten die neuen Besitzverhältnisse im Zweiten Weltkrieg doch Schutz vor alliierten Bomben und später vor der drohenden Demontage mit sich: „Han Glück gehabt, gell?"

Wie der Opel-Arbeiter sprechen viele der Erzähler in diesem Buch Dialekt: Berliner, Ostpreußen, Schlesier, Ruhrpottler. Die Berücksichtigung der Tonfälle und Sprachfarben in Deutschland, könnte man meinen, folgt einem nicht aufzuschlüsselnden landsmannschaftlichen Proporz. Es ist das ganze Deutschland, um das es hier geht, mit all seinen Verwerfungen und Grenzverschiebungen: Kaiserzeit und Weimarer Republik, Drittes Reich, Teilung und natürlich die Erbsünde der Berliner Republik, die Wiedervereinigung. Das ganze Deutschland und nichts von der Welt. Grass' Perspektive bleibt stets deutsch, über die Grenze geht es nur zu Zwecken des Krieges oder in seiner Folge, etwa wenn ein Luftschiff, die LZ 126, als Teil der Reparationszahlungen nach Amerika überführt werden muß.

Der Schriftsteller gefällt sich als Stimmenimitator, der für jede seiner Figuren nach einer individuellen Ausdrucksweise sucht. Auf den zwei bis vier Seiten, die er jedem Jahr zugeteilt hat, verteilt er persönliche Merkmale, skizziert familiäre Verhältnisse, eine Biographie. Es nutzt nicht viel, die meisten Figuren sprechen wie Günter Grass. Selbst in der Maske eines „mittleren KPD-Funktionärs", der die Olympischen Spiele von 1936 als Insasse eines Arbeitslagers erlebt, verrät noch der Satzrhythmus den Autor der „Hundejahre".

Unablässig schlüpft Grass in fremde Kleider, wechselt Geschlecht und Herkunft, Bildungsgrad und Sprachfarbe. Gemäß seinem Motto, „Ich, ausgetauscht gegen mich, bin Jahr für Jahr dabeigewesen", berichtet er als Kriegsfreiwilliger vom sogenannten Boxeraufstand in China und als Bauleiter von der „dräuenden Masse" des Völkerschlachtdenkmals in Leipzig. Als Frauenrätin von Prenzlauer Berg weist er die Dolchstoß-Legende zurück, als Ilse Lepinski ist er Peter Panter alias Kurt Tucholsky erbötig, in „Walterchens Shimmydiele" Nachhilfestunden im Charleston zu erteilen. Aber die Kostüme der literarischen Strömungen und Moden dieses Jahrhunderts bleiben am Kleiderhaken. Welchen Stil- und Formenreichtum allein der ersten drei Jahrzehnte hätte der Schriftsteller hier aufrufen können: Naturalismus, Expressionismus, die Futuristen, Dada, Neue Sachlichkeit. Nichts von alldem bei Grass. Es gibt Literaten in seinem Jahrhundert, Jünger, Remarque, Brecht und Benn, Else Lasker-Schüler und auch den im Haveleis einbrechenden Heym, aber es gibt keine Literatur. Jedenfalls nicht, wenn ihr Autor nicht Grass heißt.

Die eigenen Bücher, „Die Blechtrommel", „Der Butt", „Zunge zeigen" und „Totes Holz", sind dem Chronisten Einträge wert, und die Episode für das Jahr 1959, als Grass auf der Frankfurter Buchmesse im Schwindel des sich ankündigenden

Erfolgs der „Blechtrommel" mit seiner Frau tanzt, gehört zu den eindrücklichsten des Bandes. Auch wenn Grass immer wieder überraschende Perspektiven findet, etwa wenn er eine ehemalige VW-Arbeiterin von „drüben" aus ihren Anspruch auf einen Käfer geltend machen läßt, die gelungensten Vignetten bleiben doch jene aus dem Leben des Autors: die Schelte für den im Westen angekommenen Wolf Biermann, die Abende vor dem Mauerfall in Ost-Berlin mit Hans-Joachim Schädlich und Sarah Kirsch, der Osterausflug des fast Siebzigjährigen mit den drei Töchtern nach Italien.

Schon bevor das Buch erschien, war das Wort von der „Geschichte von unten" gefallen. Es scheint dem Autor, der sich gern als „Spätaufklärer" bezeichnet, zu gefallen. Grass bevorzugt die Perspektive der Hausfrau und des Arbeiters, seine Gewährsleute heißen Hildchen oder Kurtchen, zufällige Zaungäste eines historischen Geschehens. Die Mächtigen sind nahezu unsichtbar, den Intellektuellen gilt nicht die Feindschaft, aber doch unübersehbar das Mißtrauen des Chronisten. Auch hierin, im gespaltenen Verhältnis zur Intelligenz, zeigt sich noch einmal die Tradition, in der diese sozialdemokratische Jahrhundertfibel steht. Es ist die einer paternalistischen Volksaufklärung.

„Mein Jahrhundert" ist ein Buch zum Vorlesen, Rollenprosa, Monologe, aufgeteilt in kleine Häppchen. Jede Seite zeugt von der Lust des Autors an der gesprochenen Sprache. Aber allzu oft ist es die Sprache des Schulfunks. Nicht zufällig bringt der Verlag zwei Ausgaben zugleich auf den Markt, das „Lesebuch", die Schul- und Volksausgabe also, und das „großformatige Buch" für den Liebhaber, ausgestattet mit zahlreichen Aquarellen, Zeichnungen von prangender Symbolik und naiv-kindlichem Gestus, die den Gedanken ans Kinder- und Jugendbuch noch verstärken: Alles ist vermittelt, in beruhigende Distanz gerückt.

Die Masse, die unser Jahrhundert das Fürchten gelehrt hat, kommt bei Grass nicht vor. Er löst sie auf, bis nur noch ihr kleinster Bestandteil zu sehen ist, der einzelne. Indem Grass ihm eine Stimme gibt, verleiht er seinem Jahrhundert ein Gesicht. Es ist das des kleinen Mannes, der noch einmal davongekommen ist. Vielleicht liegt es daran, an all den sympathischen Hildchens, Kurtchens, Walterchens, daß unser Jahrhundert, wenn man es mit den Augen von Günter Grass gesehen hat, auf so beklemmende Weise gemütlich wirkt.

Hubert SPIEGEL

Günter Grass: „Mein Jahrhundert". Lesebuch. Steidl Verlag, Göttingen 1999. 348 S., geb., 48,- DM.

Kunisch, Hans-Peter: „Nichts Deutsches ist dem Dichter fremd. In seinem „Jahr-hundert"-Werk nimmt Günter Grass das Volk an die Hand", in: *Süddeutsche Zeitung, Literatur*, vom 03.07.1999.

Nichts Deutsches ist dem Dichter fremd

In seinem „Jahrhundert"-Werk nimmt Günter Grass das Volk an die Hand

Straubing, Wuppertal, Lübeck, Leipzig, Herne, mit einem Bremer Kaufmann ein kleiner Sprung nach Marokko, Kiel, Celle, Berlin, Essen, Potsdam, Leipzig: Schon auf den ersten Seiten wird die gemeinsame Vergangenheit des größer gewordenen Landes D. präsentiert. Nicht nur die chronologische Ordnung charakterisiert *Mein Jahrhundert*, vor allem die geographische zeigt es an: Das neue Buch des hartnäckigen Vereinigungs-Kritikers Grass ist ein Deutschland-Werk, ein Buch der Einheit, das selten den Blick in die Welt hinaus wagt.

Ein Jahrhundert verstehen, wie macht man das? Bei Grass wird aus vielen verschiedenen deutschen Einzelperspektiven, mal als Ich-Erzählung, mal auktorial, für jedes Kalenderjahr eine Geschichte offeriert. Doch schon der Anfang des 20. Jahrhunderts ist umstritten: Der Universalhistoriker Eric Hobsbawm läßt es, als Zeitalter der Extreme, 1917 beginnen; wer mehr an Mentalitäts- und Philosophiegeschichte interessiert ist, kann die Texte Nietzsches als seine Urschrift lesen. Aber auch die Günter Grass' sche Normal-Variante, von 0 bis 99 jedes Jahr abzuklappern, hat ihre Vorzüge: Scheinbar ausschließlich der kargen Ideologie der Chronologie verhaftet, geht man die einzelnen Jahre an: Mal sehen, was da war. Warum aber Grass dies zu einem Zeitpunkt unternimmt, da jedes Mini- und Maxi-Medium sein Jahrhundert erkennt? Auch hat er sich mit „mein" ein Wort vor sein Jahrhundert gesetzt, das dem Leser die Privat-Ideologie der Subjektivität garantiert: Alle Perspektiven, von der Berliner Trümmerfrau bis zum netten Ost-Pfarrer, sind von Günter Grass persönlich installiert.

Devote Person

Doch Grass' „Person", das ist das Problem dieses Buchs, ist deutlich definiert. Sie neigt dazu, sich selbst unwichtig zu machen; sie steht, devot, zu sehr im Dienst der nur von ihr selbst erkannten Pflicht zur Repräsentativität.

Das heißt nicht, daß alle Figuren dieses Buchs Grass' Standpunkte teilen. Nazis kommen zu Wort, Mitläufer-Journalisten, engstirnige Polizisten, dumpfe Ausländerfeinde; Leute also, gegen die Grass ausdauernd Position bezieht. Nicht aufrechte bis angepaßte Linke bestimmen *Mein Jahrhundert*, sondern ein eher soziologischer

Querschnitt aller nicht direkt an der Macht beteiligten Leute.

Und alle diese Menschen versteht Grass ganz von innen heraus, im Gestus: Nichts Deutsches ist mir fremd. Das klingt unbescheiden, groß. Doch wenn man die Insassen dieser famosen Grass-Welt wählen ließe, so die Prognose, kämen die alten Zahlen von Allensbach heraus.

Was für die Menschen und ihre Ansichten gilt, hat auch für die Jahre und ihre Ereignisse Gültigkeit: Grass, der seine eigene Sicht zur allgemeinen machen möchte, neigt dazu, die eigene aufzugeben, indem er sie durch eine allgemeine ersetzt. Das heißt nicht nur: 1933 ohne Hitlers „Ernennung" geht nicht; die Mondlandung wird berücksichtigt, die Gen-Technologie, die Love Parade (1995), die „Kristallnacht", die Wiedervereinigung, der Mauerbau, das Erscheinen der *Blechtrommel*, die Weltwirtschaftskrise und so weiter. Und weil leider fast alle auftretenden Figuren der Grass' schen Repräsentationsmaschinerie unterworfen sind, bringt auch die „ungewöhnliche Kombination" von kleiner Figur und großem Ereignis wenig Neues: „Ich, ausgetauscht gegen mich, bin Jahr für Jahr dabeigewesen." Von wegen.

Interessanter ist Grass in Jahren, in denen geschichtlich Monumentales nicht da war und daher nicht berücksichtigt werden konnte. Die Perspektive des Menschen, der die Kloben zählte, als Wilhelm II. nur noch Holz machte, aber auch die Betrachtungen des Verglasers von Eichmanns Prozeß-Kabine, lesen sich gut. Eines der wenigen wirklich komischen Glanzstücke des Texts ist die gespaltene Wahrnehmung des Kanzler-Spions Günter Guillaume beim legendären 74er Fußballspiel BRD-DDR (0:1) – „Wie ist das, wenn man sich vor der Glotze doppelt erlebt?"

Zwecks Einschiffung

Als breit angelegtes „Volksbuch" situiert Grass sein Jahrhundert-Werk auf der Grenze zwischen gesprochener Sprache und Schrift. Viele Jahre wirken wie mündlich erzählt, andere scheinen Briefen zu entstammen. Doch ob mündlich oder schriftlich: All diese persönlichen Erklärungen, Bekenntnisse, Erzählungen, Dialoge sollen zwar sehr verschieden, doch mit Sicherheit „lebendig" wirken. Das klappt selten: Auf seinem Deutschlandspaziergang durch die Geschichte lässt Grass, wagemutig, gleich anfangs einen Straubinger erzählen – und zeigt doch nur das Unstraubingerische am Grass: Wörter wie „zwecks Einschiffung" oder „obgleich" sollen in die Gedanken des Niederbayern mit Frau „Resi" geraten sein? Grass versucht, volkstümlich zu sein und schreibt einmal „saumäßig" hin! Ach, melancholisch möchte man werden, wenn man an Ödön von Horváths *Geschichten aus dem Wiener Wald* denkt; da gelang all das, was Grass

wohl wollte: jenes repräsentativ stilisierte Kauderwelsch zwischen Schriftsprache und Dialekt, das als Zeichen des Kleinbürgertums gelesen werden kann, ohne daß die Figuren ihre Echtheitswirkung verlören. Das schafft Grass selten: 1993 vielleicht, als er einen kleinen Ex-DDR-Polizisten sprechen lässt.
Statt Lebendigkeit entsteht in *Mein Jahrhundert* ein den Repräsentationspflichten gewachsener sozialdemokratischer Realismus, der es an Klassizität mit seinem Ost-Pendant aufnehmen kann. Die ehemalige Prosa-Saftwurzel GG spricht in der ersten Person im Jahre 1996 gebildet von einer Italien-Reise mit seinen drei Töchtern: „Sparsamer als mit Tabak zeigte ich mich mit Belehrungen angesichts der vielen Kunst, die überall, ob anfangs in den Uffizien, später vor Orvietos Domfassade oder in Assisis im Jahr sechsundneunzig noch heiler Unter- und Oberkirche zu Kommentaren einlud." Wunderbar altfränkisch ironisch. Wäre Thomas Bernhard nicht tot, er müßte für seine Meister nicht mehr bis Gerhart Hauptmann und Goethe zurück.
Auch Grass' plüschig selbstkritikfreie Vision des eigenen Lebens entspricht der gedrechselten Sprache des Texts: Im letzten Stück, 1999, läßt er seine früh verstorbene Mutter mehr als hundert Jahre alt sein und ihren Sohn charakterisieren. Süß: „Der Bengel ist inzwischen über siebzig schon und hat sich längst einen Namen gemacht. Kann aber nicht aufhören mit seinen Geschichten. Manche gefallen mir sogar. Aus anderen hätte ich bestimmte Stellen glatt weggestrichen." Wie diese hier, an der sich ein alter Kater am Bauch krault.
Doch warum blättert man, trotz all dieser Furchtbarkeiten, paradoxerweise auch nach dem ersten Lesen noch gern in dem großen schwergewichtigen Band, liest, sieht sich an einzelnen Stellen fest?
Man muß kein Fan von Grass-Aquarellen sein (die aus den *Fundsachen für Nichtleser*, ein schöner Titel, glänzen durch den Versuch von Opulenz), um die Wirkung der Bilder schätzen zu können, die, so Grass in einem Fernseh-Interview, oft den Ausgangspunkt der Texte abgegeben haben und jetzt die dickere Ausgabe des Buchs verzieren. Sie leben vom Charme des Nicht-Künstlerischen, sie zeigen einen friedlich-kindlichen Expressionismus (bunt, flächig-zupackend, man schaue sich das Holz von Wilhelm II. an), sie geben dem betulichen Gestus der Schrift, kontrastierend, beinahe Eleganz zurück und einen heiteren ironischen Stoß, sie führen dazu, daß man dieses deutsche Jahrhundert auch wie einen Weihnachtskalender aus alter Zeit anschauen kann. Für Kriegsjahre, für KZs, hält diese nette Malerei keine Ästhetik bereit.
Damit es nicht zu gemütlich wird, hat Grass für die um den Kamin grup-

pierte Familie auch schriftlich ein paar Widerhaken eingebaut: Noch immer stellt er die Frage, wie die Selbstmorde von UlrikeMeinhof und anderen RAF-Leuten geschehen sein sollen (1975 und ‚77), woher die Waffen kamen. Auch die Alt-Nazi-Chefredakteure lassen ihn nicht los. Der Zweite Weltkrieg ist bei Grass ein über alle fünf Jahre ausgedehntes Sylter Treffen von Menschen wie Schmidt, dessen „neuer Name besser ungenannt bleibt", der bei *Signal* war, nach dem Krieg zum Springer-Blatt *Kristall* kam. Erzählt wird dies aus der Perspektive eines Journalisten, der immer nur Bodentruppen-Reportagen im Hinterland gemacht haben will, „Knobelbecher- und Fußlappenprosa".

Nichts geschenkt

Verglichen mit diesen unheilschwangeren Zeilen ist ein Gespräch zwischen Jünger und Remarque in Zürich, das den ersten Weltkrieg begleitet, nur Talk zwischen Gipsfiguren. Kommt man hingegen politisch näher an die Gegenwart heran, fällt das böseste Stück des Buches auf – die scharfe Karikatur der eisernen Treuhand- und Expo-2000-Lady, mit ihrem um so vieles geringer gewordenen, aber doch noch recht üppigen Familien-Besitz mit Elbblick: „Nein, mir hat keiner etwas geschenkt, alles habe ich mir nehmen müssen", läßt Grass sie bekennen, dem „der Osten" nach wie vor näher ist.

Mal ist er ein Wiederholungsakteur (*Tagebuch einer Schnecke*), mal umgeht er das eigene Werk, was nicht immer positiv wirkt: Den eigenen Zweiten Weltkrieg des Nachwuchskriegers und nicht nur Blechtrommlers Grass vermißt man; Uwe Johnson hat Grass in seinem Jahrhundert selten getroffen, F. J. Strauß wird porträtiert. Es gibt viele Bezüge zu *Ein weites Feld*; wieder wird der Calcutta-Teil, die einzige längere persönliche Auslandserzählung (waren die 50er Jahre in Paris nur die paar Zeilen wert?), von der Fonty-Rivalität zu Frau Ute ins Deutsche heimgeholt, das in diesem Buch nie aussterben darf.

Allerdings: „Das ist ja gerade das Schöne an den alten Säcken", wie Walser, Grass usw., daß sie „nicht nur nicht nachgeben können, sondern, daß sie auch wirklich nicht nachgeben", so ein ungern genannt werden wollender junger Autor; daß also Jahrhundertliteraten ihren Stiefel unabhängig und unberührt von Kritik weitertreiben; auffällig weltvergessen, fürs Literaturlexikon vielleicht, für Deutschland gar, nichts für die Leser.

Hans-Peter KUNISCH

GÜNTER GRASS: Mein Jahrhundert. Steidl-Verlag, Göttingen 1999. Im Großformat mit Aquarellen des Autors, 416 Seiten, 98 Mark. Text-Ausgabe: 384 Seiten, 48 Mark. Erstverkaufstag: 7. Juli.

Böttiger, Helmut: „„Laß ma, Berta!‘. Der Herr, der mich niederschreibt: Günter Grass und sein Jahrhundert“, in: *Frankfurter Rundschau, Zeit und Bild*, vom 10.07.1999.

„Laß ma, Berta!“. Der Herr, der mich niederschreibt:

Günter Grass und sein Jahrhundert.

Die Literatur und der Journalismus haben sich noch nie besonders gut vertragen. Das liegt natürlich daran, daß sie sich vom Handwerklichen her so ähneln. Auch Günter Grass kämpft an dieser Front. Schon zu Beginn seines neuen Buches wird gegen die „Journalisten“ gewettert, die sich immer ihr spezielles „Süppchen wärmen“, einige Seiten weiter folgt der mürrische Ausruf „Ihr Journalisten wißt sowieso alles besser!“, bevor endlich die „Feuilletonbengel“ selbst auftreten, die wohl die Schlimmsten sind.

Diese kleinen Boshaftigkeiten spielen sich eher am Rande ab und sind meist in Nebensätzen versteckt, aber da scheint etwas tief und ungeheuer Brodelndes an die Satzoberfläche zu kommen. Günter Grass ist vom profanen Metier des Recherchierens und Kommentierens und Leitartikelns nämlich gar nicht so weit entfernt, und genau davon kündet wohl die innere Dynamik seiner Sätze. Er war zeit seines Lebens immer auch publizistisch tätig (welche geheime Schnittstelle das Wörtchen „Publizist“ im Spannungsfeld zwischen Journalismus und Literatur darstellt, wäre eh einmal eine nähere Untersuchung wert), und sein neues, großangelegtes Werk unterwirft sich in virtuoser Weise den Mediengesetzen. Gerade rechtzeitig zum Ende dieses Jahrhunderts wirft er seinen Blick auf das Jahrhundert zurück und konkurriert damit mit dem tagesschreiberischen Gewerbe: er versucht, es mit seinen eigenen Waffen zu schlagen.

Für so ein Projekt ist natürlich eine aufwendige Recherchearbeit nötig, und die einzelnen, oft unscheinbaren Prosastücke in *Mein Jahrhundert* haben eine gehörige Tracht Spezialistenwissen mitbekommen: ob es nun um die konkreten äußeren Bedingungen des ersten deutschen Fußballendspiels 1903 geht, die feinmechanische Weiterentwicklung des deutschen Stahlhelms oder die beliebtesten Tanzschritte der zwanziger Jahre, die Hierarchie in der Waffen-SS oder die Begleitumstände des Treffens zwischen Paul Celan und Martin Heidegger im Jahre 1967, die Beschreibung diversester Pilzsorten (hier übertrumpft Grass sogar Handke!) oder die psychologischen Vorstellungen in den antiautoritären Kinderläden nach 1968 – Grass hat, wie ein gewissenhafter Redakteur, viele Informationsquellen benutzt und mit allen Mitteln der Statistik Zeitkolorit hergestellt.

Das Entscheidende aber ist die Form. Die Form verbürgt Literarität. Grass widmet jedem Jahr des zwanzigsten Jahrhunderts ein eigenes Kapitel, immer nur wenige Seiten lang, und es sind jedesmal kleine Sprechakte: meist Monologe einer Ich-Figur, manchmal aber auch Dialoge. Dies gewährleistet die Fiktion innerhalb all der Realien. Es sprechen verschiedenste Menschen, und die zentralen historischen Ereignisse geraten genauso ins Blickfeld wie charakteristische Alltagsbilder: Themen wie Erster und Zweiter Weltkrieg, Inflation und Währungsreform, Machtergreifung Hitlers oder Fall der Mauer werden somit souverän abgehandelt, aber auch die Hutmode im Kaiserreich oder das Aufkommen des Fernsehens in den fünfziger Jahren.

Die Form des Sprechakts wird an zugespitzten Stellen noch durch den Gebrauch von Mundart unterstützt. Auch hier sind intensive Studien der Dialekte und ihrer Eigentümlichkeiten unübersehbar, aber gelegentlich wirkt der Gestus „Achtung! Hier wird dem Volk aufs Maul geschaut!" doch ein bißchen künstlich. Das Ruhrgebiet spielt dabei, wegen seines proletarischen Vorzeigecharakters, eine große Rolle („Laß ma, Berta!" sagt man bei Krupp während des Baus am repräsentativen Artilleriegeschütz namens „Dicke Berta" beschwichtigend zur Wortführerin), das Berlinerische natürlich („uns Frauen hat das nich jucken jekonnt"), und manchmal muß ein mundartliches Versatzstück ganz allein die große Last einer Schlußpointe tragen, wie beim Bau des Völkerschlachtdenkmals 1913 (also sächsisch): „Denkmalbaun! Goste es, was es wolle!" Am schwierigsten wird es, wenn es ins Süddeutsche hineingeht: der Rüsselsheimer Opel-Arbeiter wird hauptsächlich durch den häufig eingestreuten Ausruf „Eijo!" charakterisiert, und der oberpfälzische Atomgegner aus Wackersdorf sagt: „Es gibt ja allweil solchwelche", was in seiner Gestelztheit doch wieder auf die Schriftkultur verweist. Es ist nicht ganz klar, warum die Figuren mal Mundart sprechen und mal nicht; ihr Einsatz hat von daher etwas Folkloristisches und scheint im Dienste einer Art „typischen Darstellung" a la Lukacs zu stehen. Grass' Form von Rollenprosa ist nie radikal, und es ist nie so, daß man den Zeigefinger nicht merken würde.

Zu einigen Jahren dieses Jahrhunderts gibt es dann wiederum kaum etwas zu sagen, und die dazukomponierten Texte wirken wie Verlegenheitslösungen. Bei manchen Aktualisierungen – die „Privatisierung" der Bahn, die schon 1920 als Schreckgespenst erscheint, oder die Schimäre des „Euro" im Inflationskapitel 1923 – ist das Augenzwinkernde dann doch zu aufgesetzt (oder draufgemalt, um das Genre der Aquarellmalerei, das die großformatige Vorzugsausgabe dieses Buches beherrscht, auch gleich zu kennzeichnen). Der Anfang dieses Jahrhunderts, den Grass nur aus Archiven kennt und nicht sinnlich abschmecken kann, bleibt trotz einiger aparter Ideen und Mundartgebrauch recht schablonenhaft und eignet sich am besten für Lesungen: da ist der Charakter des Unmittelbaren am ehesten zu fingieren. Epischer wird es bei den beiden Weltkriegen. Die Jahre 1914–1918 sowie 1939–1945 werden jeweils in einem geschlossenen Handlungsstrang erzählt. Beim Ersten Weltkrieg blendet Grass zudem verschiedene Zeiten ineinander. Die Handlung spielt Mitte der sechziger Jahre, und eine Schweizer Journalistin schafft es, die beiden großen Kriegsromanschreiber Ernst Jünger und Erich Maria Remarque an einen Tisch zu bringen. Der eine frönt den *Stahlgewittern*, der andere verkörpert mit *Im Westen nichts Neues* genau das Gegenteil.

Die Passagen, in denen Grass Jünger und Remarque sich von unterschiedlichen Positionen aus im Metaphernfeld des Kriegs wiederfinden läßt, zeigen ihn auf seiner erzählerischen Höhe. Weder weist er Jünger die Rolle des Bösewichts zu, noch erscheint Remarque als Lichtgestalt – eine „objektive“, unparteiische Perspektive, die vor allem die Phänomene zum Schillern bringen möchte. Aber hinterrücks hat diese Technik des Sich-Heraushaltens auch etwas mit einer nachträglichen Geschichtsmilderung zu tun, die vom sanften Licht der Sozialdemokratie herrührt und als Idealgestalt jene Prenzlauer Frauenaktivistin des Jahres 1919 hervorgebracht hat, die sagt: „Wir wolln bloß keen Kaiser nich mehr und keene Steckrüben. Aber och keene Revolution immerzu.“

Mit der Zeit tritt auch jene authentische Figur der Zeitgeschichte auf den Plan, die Günter Grass heißt. Schon das Geburtsjahr 1927 wird entsprechend gewürdigt. Und spätestens 1953, dessen 17. Juni in der Wahrnehmung von Grass selbst geschildert wird (nicht ohne auf das dazugehörige Drama *Die Plebejer proben den Aufstand* zu verweisen), stellt sich die Frage, wie die verschiedenen Ich-Figuren dieses Buches einander genauer zugeordnet sind. Der erste Satz, der Anfang des Buches aus dem Jahr 1900, wirkt enigmatisch, wie ein philosophischer Kern: „Ich, ausgetauscht gegen mich, bin Jahr für Jahr dabeigewesen.“ Dabei geht es nur um einen Söldner, der zufällig gerade gegen den Boxeraufstand in China eingesetzt wird. Das Ich dieser Rollenprosa kann aber auch ein KZ-Aufseher sein oder ein Angehöriger der rechtsradikalen Freikorps-Verbände, und es gibt daneben ausgesprochene Sympathieträger, wie eine Trümmerfrau 1946. Der Autor spricht mit vielen verschiedenen Stimmen; die Ichs im Grass-

Jahrhundert gehorchen dem Prinzip der Reihung. Immer aber wird eine „typische Darstellung" versucht, immer ist auch etwas Pädagogisches am Werk. Am typischsten wird die Darstellung zwangsläufig dann, wenn sich die Figur Grass selbst in dieses Jahrhundert einschaltet, und sie tut das im Lauf der Zeit immer öfter.

Noch 1965, im Wahlkampf, agiert Grass nur als tagebuchartig notierender Autor. Spätestens 1968 jedoch ist er in die Geschichte eingetreten. Er kommt im Monolog eines typischen Alt-68er-Universitätsdozenten vor, der in den Neunzigern ein Seminar über Paul Celan hält und sich dabei an seine politische Glanzzeit erinnert: unversehens taucht dabei „jener schnauzbärtige Schriftsteller" auf, „der sich an die Es-Pe-De verkauft hatte und nun meinte, uns ‚blindwütigen Aktionismus' vorwerfen zu dürfen." Zwei Existenzformen beginnen zu verschmelzen: Grass als Individuum und Grass als historische Größe.

Das bringt natürlich auch Mißtöne mit sich, ähnliche wie jene, die Grass mit Wolf Biermann verbinden. Bei beiden Akteuren handelt es sich ja phänotypisch um durchaus vergleichbare: der Schnauzbart, der Machismus, das östlich-proletarische Pathos. Biermann kommt aber bei Grass gar nicht so gut weg: am Vorabend des legendären Kölner Ausbürgerungskonzerts 1976 hat Biermann seinen Auftritt schon mal im engeren Grass' schen Familienkreis in Friedenau geprobt, wo er „launig von sich, vom wahren Kommunismus und abermals von sich sprach" – würde man hier statt „wahrer Kommunismus" die drei Buchstaben „SPD" einsetzen, dann hätte man auch gleich den ganzen Grass dieses Buches. Er spricht von sich und von der SPD: dies könnte der geheime Fluchtpunkt all der Ich-Figuren seines Jahrhunderts sein. Das Totalitarismus-Abziehbild von 1928, wo sich Kommunisten und Nazis gleichermaßen über die Sozialdemokraten hermachen, ist lehrbuchhaft, und auch der typische 68er-Professor kriegt sein Fett ab: „Vom Jargon der Eigentlichkeit zum Jargon der Dialektik", und in der Gegenwart muß er sich von der jungen Studentin sagen lassen: „Von Ihnen kommt sowieso nichts mehr."

Ein Kabinettstückchen in der Zusammenführung des Autors Grass mit der Geschichtsfigur Grass unter den Auspizien des sozial engagierten Intellektuellen ist das Treuhandkapitel 1994: der Name von Birgit Breuel, der damaligen Treuhand-Chefin, fällt zwar nicht, auch nicht der Klarname Günter Grass – aber der Monolog der Treuhandchefin ist eh darauf angelegt, sich selbst zu entlarven. Die „beinharte ‚Frau Treuhand' ", wie sie sich selbst nennt, wendet sich gegen den Roman *Ein weites Feld* von Grass, in dem sie mit Fontanes *Frau Jen-*

ny Treibel verglichen wird, und das lustvolle Spiel mit den verschiedenen Ebenen kulminiert in der Formulierung „Der Herr, der mich niederschreibt“ – das ist hübsch doppeldeutig und verbindet Form und Inhalt.

Mein Jahrhundert ist eine Allmachtsphantasie, und das hat über einige Strecken etwas durchaus Sympathisches. Aber die Haltung der Selbstironie, die bei solch einem Unterfangen eigentlich unvermeidlich wäre, wird in diesem Buch nur auf merkwürdige Weise umkreist. Auch im abschließenden Rückblick der früh verstorbenen Mutter, die der Autor für das Jahr 1999 am Leben erhalten hat, ist die Distanzierung vom Sohn insgeheim eine schmunzelnde Selbstfeier des Federführenden: „Der Bengel ist inzwischen über siebzig schon und hat sich längst einen Namen gemacht. Kann aber nicht aufhören mit seinen Geschichten. Manche gefallen mir sogar. Aus anderen hätt ich bestimmte Stellen glatt weggestrichen.“

Für die Bannung des vermeintlich richtungsweisenden Bundestagswahljahrs 1998 ist Grass eine schöne Allegorie eingefallen, die vielleicht sogar den Vorzug hat, daß sie auf Tatsachen beruht: Grass hat sich am frühen Nachmittag in den Wald verdrückt, um Pilze zu sammeln, und setzt in seinem Aberglauben insgeheim vorher die Zahl der gefundenen Pilze mit den zu erwartenden Prozentzahlen für seine Lieblingsregierung gleich. Und er findet immer mehr junge Flaschenboviste, die schnittfestes weißes Fleisch aufweisen, aber schon nach wenigen Tagen schwammig werden und „ins Grünliche“ übergehen. 47 Stück legt er dann am Abend auf den Tisch, liegend auf dem „gebreiteten Zeitungspapier“ der *Frankfurter Rundschau*, „jeden schon ältlichen und zuinnerst grün anlaufenden Fund beiseite geschoben“ – ach, wenn die Welt doch so in Ordnung wäre!

Wenn man nun danach fragt, was dieses Buch vom Journalismus, von dem es sich so affektvoll abwendet, vom Leitartikeln und vom erhobenen Zeigefinger vor allem unterscheidet – dann fällt die Antwort leicht. Für das Literarische steht einzig und allein der Name Grass.

Helmut BÖTTIGER

Günter Grass: Mein Jahrhundert. Steidl-Verlag, Göttingen 1999, 384 Seiten, 48 DM. (Eine zweite, großformatige, farbige Ausgabe mit Aquarellen des Autors kostet 98 DM).

Spiegel, Hubert: „Das mußte aufschraiben! Die verspätete Erinnerung: Günter Grass beschreibt in seiner Novelle „Im Krebsgang“ den Untergang der „Wilhelm Gustloff“ und das Leid deutscher Kriegsflüchtlinge“, in: *Feuilleton der Frankfurter Allgemeinen Zeitung*, vom 09.02.2002.

Das mußte aufschraiben!

Die verspätete Erinnerung: Günter Grass beschreibt in seiner Novelle „Im Krebsgang“ den Untergang der „Wilhelm Gustloff“ und das Leid deutscher Kriegsflüchtlinge

Wer im Internet den Suchbegriff „Gustloff“ eingibt, erhält an die zweitausend Verweise. Auch die Adresse „www.blutzeuge.de“; und der Hinweis auf eine „Kameradschaft Schwerin“ sind darunter. In Günter Grass' neuer Novelle „Im Krebsgang“ ist „Blutzeuge.de“ die Website, die ein anonymer Neonazi als Ehrentempel für Wilhelm Gustloff errichtet hat, jenen Nazi-Funktionär, nach dem das Flüchtlingsschiff benannt war, das im Januar 1945 von einem russischen U-Boot torpediert wurde und das im Zentrum des Buches steht.

Bei seinen Recherchen für ein Buch über die „Gustloff“ entdeckt der Erzähler Paul Pokriefke, daß der gewitzte Webmaster, der sich nach seinem Idol Wilhelm nennt und alles über das Schiff und seinen Namensgeber weiß, kein anderer als sein eigener Sohn Konrad ist. Am Ende der Novelle ist das Schicksal der „Gustloff“ erzählt, und Konrad sitzt im Gefängnis. Er hat seinen vermeintlich jüdischen Widerpart aus dem Chatroom bei ihrer ersten Begegnung erschossen, um das Attentat des Juden David Frankfurter am Nazi-Funktionär Wilhelm Gustloff zu rächen. Im Internet gibt es eine neue Seite, auf der Konrad als Märtyrer- und Führerfigur der Bewegung gefeiert wird.

Die Internetseite „Blutzeuge.de“ gibt es tatsächlich. Der Steidl Verlag hat sie eingerichtet, sie zeigt zwei von Grass gezeichnete Krebse, daneben steht ein Zitat aus der Novelle. Auch die „Kameradschaft Schwerin“ ist im Netz vertreten. Sie ist keine Erfindung des Verlags. Auf ihrer Homepage werden Besucher als „Freie Nationalisten“ angesprochen, mit „Heil Euch Kameradinnen und Kameraden“ begrüßt und mit „volkstreuem Gruß“ verabschiedet. Im Archiv der „Kameradschaft“ findet sich unter dem Datum vom 20. April letzten Jahres ein Bekenntnis zu Adolf Hitler. Durchaus denkbar, daß ein Gymnasiast mit pathologischer Gustloff-Macke hier, wie von Grass geschildert, anklopft und Aufnahme findet.

Vertäut im Netzwerk der Verweise

Kein Zweifel, Günter Grass hat gründlich recherchiert. Langsam tastet er sich an die Tragödie heran, immer wieder auf Nebenschauplätze ausweichend. „Warum erst jetzt?" lauten die ersten, „Das hört nicht auf. Nie hört das auf" die letzten Worte des Buches. Zwischen diesen beiden Polen, zwischen der Frage nach der verspäteten Erinnerung und der Angst, die Saat der Nazis werde nie vertrocknen, entfaltet Grass die Tragödie des Flüchtlingsschiffs „Wilhelm Gustloff" als „deutsches Requiem" und „maritimen Totentanz", aber auch als Schlußstein im eigenen literarischen Kosmos. „Im Krebsgang" ist die akribische Recherche eines historischen Dramas und zugleich das Zwiegespräch eines Autors mit sich selbst und seinen Figuren.

Gut vertäut ruht die Novelle im Netzwerk der Verweise auf frühere Werke und Figuren, am deutlichsten zeigt sich dies an Tulla Pokriefke, jenem kalt und böse funkelnden Kobold aus „Katz und Maus", den Grass offenbar nie aus den Augen gelassen hat. In „Hundejahre" (1963) war Tulla Straßenbahnschaffnerin in Danzig, in der „Rättin" (1986) hieß es von ihr, sie sei wohl mit der „Gustloff" untergegangen. Nun ist sie die zentrale Figur der Novelle, die unbeirrbare, unbelehrbare Gegenspielerin ihres kraftlosen Sohnes Paul, der in jener Minute geboren wurde, als die „Gustloff" unterging. Tulla ist der Motor der Erinnerung, die Augenzeugin, die Überlebende, die nach dem Sprachrohr sucht, das für die Nachwelt fixiert, was sie selbst nicht in Worte fassen kann.

Die Chronik der Tragödie, die Tulla stets von Paul gefordert hat – „Das mußte aufschraiben. Biste ons schuldig, als glicklich Ieberlebender" –, kann der frühere Springer-Journalist erst auf Geheiß eines Dritten zu Papier bringen. Pauls Auftraggeber, der „Alte", ist Grass' Alter ego, ein Schriftsteller, der sich „müdegeschrieben" hat und nun einem anderen überläßt, was er selbst hätte tun müssen: „Eigentlich, sagt er, wäre es Aufgabe seiner Generation gewesen, dem Elend der ostpreußischen Flüchtlinge Ausdruck zu geben... Niemals, sagt er, hätte man über so viel Leid, nur weil die eigene Schuld übermächtig und bekennende Reue in all den Jahren vordringlich gewesen sei, schweigen, das gemiedene Thema den Rechtsgestrickten überlassen dürfen."

Nun wird das Versäumte nachgeholt. Aber Grass erzählt nicht nur vom Nazi Wilhelm Gustloff und von seinem jüdischen Attentäter David Frankfurter, er erzählt nicht nur von Robert Leys KraftdurchFreude-Kreuzfahrten und ihrer verlogenen Klassenlosigkeit, nicht nur von Tulla Pokriefkes Flucht aus Danzig, von der Schreckensnacht des 30. Januar, als vier Kapitäne auf der Brücke der „Gustloff" durch ihr Kompetenzgerangel das Schiff zum leichten Ziel für das russische U-Boot „S-13" unter Kapitän Marinesko werden ließen. Tullas Fuchspelz und ihre vom Entsetzen gebleichten Haare, der schillernde Marinesko, die Marinehelferinnen, die im Schwimmbad unter Deck zu Hunderten starben, als ein Torpedo die Bordwand durchschlug – all dies ist Stoff für mehr als eine Novelle. Aber es war Grass nicht Stoff genug.

Als brauchte er ein Alibi, erfindet sich Günter Grass zu Tulla, Paul und dem Alten noch einen Sohn und Enkel. Konny Pokriefke ist ein intelligenter, netter junger Mann, der nur leider in den fatalen Familienverhältnissen der Pokriefkes aufgewachsen ist und deshalb auf die schiefe Bahn des Neonazis geriet. Mit Konrad und Paul variiert Grass das alte Thema der Achtundsechziger: das Schweigen der Väter und den ohnmächtigen Zorn der Söhne. Aber wie viel Mühe und Sorgfalt er sich mit Konny auch gibt – es ist umsonst. Der fehlgeleitete Attentäter ist eine papierene Alibifigur; die personifizierte Wiederkehr des Verdrängten. Seine Untat geschieht nur, um Tullas Forderung moralisch zu legitimieren: Das mußte aufschraiben, das darf nicht vergessen werden.

Grass vergisst nichts. Penibel ist er um Korrektheit bemüht, als fürchte er nichts so sehr wie den Vorwurf historischer Ungenauigkeit. Aber wie wenig es in diesem Fall auf Genauigkeit ankommt, zeigt schon die letzte Ausgabe des „Spiegel", die dem neuen Werk des Nobelpreisträgers die Titelgeschichte widmet. Ihre Überschrift: „Die deutsche Titanic". Der Vergleich hinkt. Die „Wilhelm Gustloff" sank nicht wie die „Titanic" in Friedenszeiten nach der Kollision mit einem Eisberg, sondern sie war ein Flüchtlingsschiff, das im Krieg versenkt wurde. Nicht die Zahl der Opfer ist hier entscheidend, sondern ihre historische Rolle. Die Passagiere der „Gustloff" waren Flüchtlinge, vor allem Frauen, Marinehelferinnen und Kinder. Zweitausend Verweise im Internet auf das Schiff und seinen Namensgeber sind ein Beleg dafür, daß die Katastrophe nie völlig in Vergessenheit geraten war. Es gibt etliche Bücher über die „Gustloff", und in Zeitungsartikeln wurde regelmäßig an das Unglück erinnert, nicht zuletzt, weil bis in die siebziger Jahre das Bernsteinzimmer im Schiffswrack vermutet wurde. Wer wollte, konnte alles über die „Gustloff" und ihr Schicksal in Erfahrung bringen, was es zu wissen gibt. Aber konnte er auch darüber reden?

Es war bundesrepublikanischer Konsens, daß deutsches Leid und das an Deutschen begangene Unrecht nicht gegen die Verbrechen der Nazis in Anschlag und zur Aufrechnung gebracht werden dürften. Wer ihn, in welcher Form auch immer, in Frage stellte, lief Gefahr, als Revisionist gebrandmarkt zu werden. Daß Günter Grass diesen Konsens mit seiner Novelle aufkündigt, wird ihm viel Beifall, aber auch Kritik eintragen. Man wird ihm, wie bereits geschehen, vorwerfen, daß er zu spät kommt, nämlich zu einem Zeitpunkt, da es kein großes Wagnis mehr bedeute, an deutsches Leid im Zweiten Weltkrieg zu erinnern. In dieser Kritik werden sich die Gestrigen beider Seiten, die Altrechten ebenso wie die Altlinken, einig finden. Die Stühle, zwischen die sich der Schriftsteller gesetzt hat, sind beide morsch. Wenn die alten Mechanismen nicht den Dienst versagen, wird gerade die Altlinke, die jahrzehntelang und nicht ohne Gründe das Aufrechnungsverbot heilighielt, dem Schriftsteller die vermeintliche Verspätung ungnädig vorhalten.

Vor vier Jahren beklagte der kürzlich verstorbene W. G. Sebald, daß die deutsche Nachkriegsliteratur sich dem Leid der eigenen Bevölkerung verschlossen habe. Sebald sprach vom „Luftkrieg“ und meinte die Bombardierung deutscher Großstädte. Aber gleichviel, ob deutsche Zivilisten in Luftschutzkellern verschüttet, auf den Flüchtlingstrecks von russischen Panzern zermalmt wurden oder als Passagiere der „Gustloff“ in der Ostsee ums Leben kamen, die Fragen sind immer dieselben: Darf es auf deutscher Seite, auf der Seite der Täter, Opfer gegeben haben? Und darf ihr Leid Gegenstand künstlerischer Darstellung sein?

Was Pynchon und Vonnegut vorgemacht machen

Rasch waren Listen verfertigt, die beweisen sollten, daß die von Sebald beklagte Leerstelle der Literaturgeschichte nie existiert habe. An Nossack, Ledig, Max Zimmering und Eberhard Panitz wurde erinnert. Natürlich gab es die erwähnten Bücher, aber sie blieben ungelesen. Nennenswertes Echo haben sie nicht hervorgerufen, das gelang erst Klemperer und Kempowski. Völlig übersehen wurde damals, daß amerikanische Autoren nicht zögerten, Deutsche als Opfer darzustellen. Kurt Vonnegut, der die Bombardierung Dresdens als Kriegsgefangener erlebte, hat mit „Schlachthof 5“ bereits 1970 einen Roman darüber geschrieben.

Thomas Pynchon hat in seinem großen Roman „Die Enden der Parabel“, im Original 1973 erschienen, den Flüchtlingsstrom im Osten beschrieben und scheute sich nicht, „Volksdeutsche von jenseits der Oder“, „Polen auf der Flucht vor dem Lublin-Regime“ und den Konzentrationslagern Entkommene in einem Atemzug zu nennen: „... weiße Handgelenke und Knöchel, die unsäglich abgezehrt aus den gestreiften Lagerkluften stechen, Schritte, leicht wie die von Wasservögeln auf dem Staub des Binnenlands... so sind die Völkerscharen unterwegs, über offene Felder, humpelnd, gehend, schlurfend, getragen, sich schleppend, über die Schutthalde einer Ordnung, einer europäischen und bürgerlichen Ordnung, von der sie noch nicht wissen, daß sie zerstört ist für immer."

Es mag gewagt sein, Grass' neue Novelle neben die dreißig Jahre alten Bücher der Amerikaner Pynchon und Vonnegut zu stellen, aber der Vergleich zeigt zumindest, wie unfrei selbst ein so souveräner Autor wie Grass noch immer mit dem heiklen Thema umgeht. Man muß nur einige Seiten in „Katz und Maus" lesen, um zu sehen, was der neuen Novelle fehlt, wie Grass klang, als Tulla Pokriefke noch keine Großmutter war. Oder nehmen wir eine andere der Grass' schen Großmütter. Sie sitzt in einer Windmühle, deren Flügel sie abwechselnd in Licht und Finsternis hüllen: „In der Hängestube saß sie und wurde von rasenden Schatten getroffen. Sie blitzte auf, verging im Halbdunkel, saß grell, saß düster. Auch Stücke Möbel, der Aufsatz des Vertikos, der gebuckelte Deckel der Truhe und der rote, seit neun Jahren unbenutzte Sammet des geschnitzten Betschemels leuchteten auf, vergingen, zeigten Profile, dunkelten globig; flittriger Staub, staubloses Dämmern über der Großmutter und ihren Möbeln." So beschrieb Grass Walter Materns gelähmte Großmutter in „Hundejahre", und nichts im neuen Buch reicht an eine solche Passage heran.

Als 1963 der Roman „Hundejahre" erschien, schrieb Ivan Nagel, die deutsche Literatur habe zum ersten Mal seit dem Tod Thomas Manns wieder einen Epiker. Nagel stellte sich damals die Frage, worin sich Grass von seinen Generationsgenossen unterscheide. Seine Antwort: Grass ist der künstlerischste unter den jüngeren deutschen Schriftstellern. „Er hat die Vergangenheit bewältigt, indem er sie zum erstenmal als Vergangenheit betrachtet hat. Das epische Unvermögen seiner Generationsgenossen entsprang wohl ihrer Absicht, die Vergangenheit nicht Vergangenheit werden zu lassen... Der Epiker Grass nimmt die Erinnerung in Kauf, er nimmt in Kauf das Vergessen." Was Nagel damit meinte, war, daß Grass die künstlerische Verarbeitung über die historische Detailtreue stellte, Gestaltung über Authentizität. Grass hat nicht an der Vergangenheitsbewältigung gearbeitet, sondern die Vergangenheit im artistischen Spiel bewältigt. Deshalb waren seine frühen Romane Skandale, deshalb hat ein Kritiker wie Günter Blöcker die „Blechtrommel" in Bausch und Bogen abgelehnt.

Jetzt, fast vierzig Jahre später, hat Grass sich ein Thema vorgenommen, das er nicht als Vergangenheit betrachten konnte, das all die Jahre in ihm rumort haben muß. Wohl deshalb mangelt es der Novelle an der artistische, die lustvoll ausufernde Sprachmächtigkeit der frühen Bücher. Wie Grass sich damals im Erzählen verlor, verliert er sich nun in der Aufzählung. Noch auf dem dramatischen Höhepunkt, als das Schiff untergeht und vielen Flüchtlingen der Sprung ins Rettungsboot mißlingt, klingt Grass so: „Doch Mutter kam mit Glück an Bord eines Kriegsschiffes von nur 768 Tonnen Wasserverdrängung, das im Jahr achtunddreißig vom Stapel einer norwegischen Werft gelaufen, auf den Namen ‚Gyller' getauft, in norwegischen Dienst gestellt und nach der Besetzung Norwegens im Jahr vierzig als Beute von der deutschen Kriegsmarine übernommen worden war."

Nein, da hat sich unübersehbar jemand neben den Epiker gedrängt und nimmt ihm die Luft zum Atmen. Es ist der Rechercheur, den Grass in Dienst genommen hat und der sogar auf dem Vorblatt des Buches namentlich erwähnt wird. Das ist nur recht und billig, denn gewissenhaft, detailbegeistert und fleißig hat er dem Schriftsteller zugearbeitet, der all dies ja auch selbst ist: gewissenhaft, detailbegeistert und fleißig. Der Rechercheur ist der Heizer im Maschinenraum dieser Novelle, unermüdlich, Detail um Detail, Schaufel um Schaufel hat er nachgelegt, und zuweilen hat er auch auf der Brücke gestanden und den Kurs bestimmt. Kein Zweifel, „Im Krebsgang" ist ein wichtiges Buch, das Beste von Günter Grass seit langem. Aber was für ein Meisterwerk hätte es werden können, wenn Grass den Heizer dort gelassen hätte, wo er hingehört: unter Deck.

Hubert SPIEGEL

Günter Grass: „Im Krebsgang". Novelle. Steidl Verlag, Göttingen 2002. 224 S., geb., 18,- <Euro>.

Raulff, Ulrich: „Untergang mit Maus und Muse. Günter Grass will den Leidschatz der Vertreibung aus der Ostsee heben: Heute erscheint seine Novelle ‚Im Krebsgang'", in: *Feuilleton der Süddeutschen Zeitung*, vom 05.02.2002.

Untergang mit Maus und Muse

Günter Grass will den Leidschatz der Vertreibung aus der Ostsee heben: Heute erscheint seine Novelle „Im Krebsgang"

Die Rolle des Großschriftstellers in Deutschland ist seit 1955 unbesetzt. Nach dem Tod von Thomas Mann war keiner mehr da, dem dieser Lorbeer auf die Locken passte. Aber der Kampf ums Präsidialamt des Geistes, der Clinch um den Titel eines Praeceptor Germaniae ging weiter; in diesen Ring stiegen neben Dichtern auch Philosophen und Intellektuelle. Mag sein, dass es damit bald vorbei ist, weil Schriftsteller wie Handke und Strauß es zu blöd finden, sich als Kandidaten für ein Amt handeln zu lassen, das immer nur in der Phantasie derer existierte, die Literatur und Politik nicht auseinander halten konnten und von Bedeutungskönigstümern träumten. Für den Augenblick aber und für die nächste Amtsperiode im Dichterstaat Deutschland geht der Kampf weiter. Zwei alte Männer rivalisieren um den Titel dessen, der der Republik die geistig-moralische Marschzahl vorgibt. Eine Zeitlang hatte, dank raffinierter Kombination aus romanhafter Rückschau und zeitgeschichtlichem Tabubruch, Martin Walser die Nase vorn. Jetzt zieht, dank einem bei nachlassendem Erzähltalent immer noch kräftigen Zeitgeistriecher, Günter Grass wieder an ihm vorbei.

Der Autor ist zu sich zurückgekehrt, weiß Gott zum wievielten Mal, zurück nach Danzig, in die Kaschubei, zu den frühreifen Marjällches, die so leicht zu vögeln, und den altklugen Kindersoldaten, die so leicht zu töten sind. Zurückgekehrt unter die ewig Siebzehnjährigen, die zusehen, wie ihre Welt in Stücke fällt und sich gleichzeitig einreden müssen, auf ihr Tun und Lassen käme irgend etwas an, zurück zu den Pickelträgern und den Piefkes, die sich einbilden, sie wären werweißwas, Führer, Weiberhelden oder Praeceptoren.

Das Personal, die Namen, die Folge der Orte und Zeiten, all das ist nicht neu bei Günter Grass. Selbst der Titel der Novelle „Im Krebsgang", die heute im Verlag Steidl erscheint, erinnert an frühere Erzählungen und ihr emblematisches Getier – Hunde, Ratten, dicke Fische. Was neu ist und interessant, ist die Verarbeitung einer großen Katastrophe, vergleichbar dem Untergang der Titanic oder dem Einsturz der Twin Towers, um die herum sich eine kleine Fünfpersonengeschichte legt. Eine etwas zwanghaft symmetrisch konstruierte Erzählung, die gelegentlich noch wie früher nach der Burleske oder nach dem Pikaresken schielt, aber sich für solche Spielereien doch nicht mehr die Zeit nimmt.

Vaterlos im Mutterschiff

Die Katastrophe im Zentrum der Novelle ist der Untergang des ehemaligen „Kraft-durch-Freude"-Dampfers *Wilhelm Gustloff*, verursacht durch russische Torpedos, am Abend des 30. Januar 1945. Niemand weiß, wie viele Menschen in jener Nacht den Tod in der eisigen Ostsee fanden. Registriert wurden 6600 Passagiere, darunter 5000 Flüchtlinge, aber vermutlich waren es am Ende noch zwei- bis viertausend mehr. Ungefähr die Hälfte davon Kinder und Jugendliche. Gerettet wurden wenig über 1200.

Im Westen der Nachkriegszeit war das Drama der *Gustloff* ein Dauerthema in zahllosen Familienrunden und Gegenstand eines düsteren Schwarzweißfilms mit Sonja Ziemann und Brigitte Horney („Nacht fiel über Gotenhafen"), im Osten wurde das von Torpedos der Freundes- und Friedensmacht versenkte Schiff ein zweites Mal von der Zensur versenkt und zum Tabu gemacht. Ein Reizthema war die *Gustloff* allemal, stand sie doch wie ein schauriges See- und Geschichtszeichen für die historische Katastrophe von Flucht und Vertreibung der Deutschen aus dem Osten. An dieses Wrack zu rühren, hatte seinen Preis.

Seit Jahrzehnten liegt Günter Grass die *Gustloff* auf der Seele, immer wieder hat er die Tragödie angetippt, von den „Hundejahren" über die „Rättin" bis heute. Aber er wusste auch, weshalb er um das gesunkene Schiff wie um den heißen Brei schlich. „Mochte doch keiner was davon hören, hier im Westen nicht und im Osten schon gar nicht", lässt er seinen Erzähler Paul Pokriefke sagen. Diesen Prokriefke, einen mäßig erfolglosen Journalisten, der bei Springer volontiert und später bei der „taz" geschrieben hat, hat er, „der Alte", als der er gelegentlich im Buch auftaucht, damit beauftragt, die Geschichte vom Untergang der *Gustloff* zu erzählen. Eine Geschichte, die ihm „aufgegeben" ist, an die er sich aber nicht mehr heranmachen will. Also muss Pokriefke ran, der ist prädestiniert.

Er ist der Sohn von „Tulla" Pokriefke, die treue Grass-Leser schon aus „Katz und Maus" kennen, eine frühreife Göre mit magnetischer Wirkung aufs andere Geschlecht, was der Grund dafür ist, dass die Identität von Pauls Vater unbestimmt bleibt. Diese nebulöse Herkunft ist insofern nicht gleichgültig, als Vaterlosigkeit zu einem der Leitmotive der Novelle wird, während umgekehrt Tulla zur Muttermacht und Muse der Erinnerung aufsteigt, die man gern als femme fatale beschriebe, ginge nicht diese Vokabel an dem zillehaften Milieu der Grass' schen Welt jämmerlich zuschanden.

Was Pokriefke zum idealen Erzähler der Geschichte bestimmt, ist die Stunde seiner Geburt: Im nämlichen Augenblick, als die *Gustloff* versank, 62 Minuten nach den Torpedotreffern, kam Paul auf dem Begleitschiff „Löwe", das seine Mutter gerettet hatte, endlich zur Welt. Endlich muss man deshalb sagen, weil Pokriefke sich an die eigene Geburt fast so langsam heranarbeitet wie Tristram Shandy: weil in diesem Fall die Geburt zeitgleich ist mit dem Inferno in der Ostsee. Hier, auf dem Höhepunkt des dramatischen Geschehens, staut sich die Zeit, und der Erzähler nutzt die kleine Geschichte um die hochschwangere Tulla, um das Entsetzliche des namenlosen Sterbens verschweigen zu können, allenfalls andeuten zu müssen. Danach nimmt die Erzählung wieder flotte Fahrt auf.

Als hätte der Grafiker und Stecher Grass sich lange und intensiv in Dürers Melancholiebild versetzt, legt er seiner Erzählung eine Konstruktion aus Zahlenmagie und Geometrie zugrunde. Zahlenmagie, wie sie auch den „Siegfried" von Harry Mulisch regierte, heftet sich hier an das Datum des Untergangs: auf den Tag fünfzig Jahre nach der Geburt des Namengebers Wilhelm Gustloff und zwölf Jahre nach der „Machtergreifung" der Nazis – Hitlers letzte Rede aus Anlass dieses 30. Januars gehört zum letzten, was die Passagiere der *Gustloff* vor den Detonationen und den Schreien der Todgeweihten hörten. Und da ist eine geometrische Figur wie ein Kegel mit einer dicken Mitte – der Schiffskatastrophe – und zwei spitzen Enden, die jeweils durch vier tödliche Schüsse markiert werden.

Den Anfang macht das Attentat auf den in der Schweiz für die NSDAP agitierenden Wilhelm Gustloff durch den knochenkranken jüdischen Studenten David Frankfurter, das der NS-Bewegung zu einem relativ späten Zweitpunkt 1936, einen „Blutzeugen" und dem neuen KdF-Schiff einen Namensgeber beschert. Am Ende steht ein symmetrisches Attentat, das der rechtsradikale Sohn des Erzählers, Konrad oder Konny Pokriefke, auf den vermeintlichen Juden „David" verübt. Die beiden Jungen, siebzehnjährig comme il faut, so alt wie Tulla bei der wunderbaren Rettung/Entbindung, haben sich im Internet kennengelernt, im Chatroom einer rechtsradikalen Website zum Untergang der *Gustloff*, die der als „Wilhelm" firmierende Konrad unterhält. Mehr als sechzig Jahre nach den Schüssen von Davos spielen die Jungen die Realität einer alten NS-Geschichte virtuell nach. Es sieht so aus, als sollte die Tragödie von einst sich heute als digitale Farce wiederholen – bis das blutige Ende kommt. Sowohl literarisch als auch zeit-diagnostisch, beides ist ja bei Grass nie zu trennen, ist dieser Konstruktionsbogen von einem Attentat zum anderen die dünnste, überspannteste Linie in der Novelle. Die Warnung vor den Gefahren des Rechtsradikalismus, von Grass bei passender Gelegenheit, siehe seine jüngsten Ausfälle gegen Stoiber, auch gern zwecks Komparativbildung relativiert (Edmund ist schlimmer als die Glatzen), ist so bekannt wie langweilig. Darunter, auf der zweiten Konstruktionsebene der Erzählung, wird es interessanter: Da spielt sich das Melodram einer Generation von Versagern ab.

Denn zwischen der übergroßen Tulla-Mutter und dem irrlichternden Konny-Enkel steht als Stellvertreter einer Generation von Mitschwimmern Paul Pokriefke. Statt die mütterliche Mission zu übernehmen und Zeugnis zu geben von den Leiden des deutschen Volkes, hat er politisch korrekt geschwiegen und dazu beigetragen, das Thema den Rechten in die Hände fallen zu lassen. Hier, wo Grass mit der eigenen Generation abrechnet, setzt er auch zu einer Rettung an, nicht minder wundersam als die der Tulla Pokriefke. Sie gilt nicht nur der eigenen Jugend, der er seit der „Blechtrommel" manchen Gedenkstein gesetzt hat.

Ballade vom Taucher

Seit einiger Zeit zieht Günter Grass durch die Lande und hält Vorträge über das Schicksal der vertriebenen Wolgadeutschen und die Leiden, die den Deutschen während des Krieges zugefügt wurden. Günter Grass ist ausgezogen, den Leidschatz des deutschen Opfergedächtnisses zu heben, und er weiß, wo der größte Batzen liegt: in der Ostsee nördlich von Stolpmünde. Grass will nicht länger zusehen, wie sich Rechte des Themas von Vertreibung und Leid der Deutschen bemächtigen. Er hat gespürt, dass es noch einmal wiederkehren wird wie die Untoten aus der Ostsee, er mag die ZDF-Serie von Knopp gesehen, die wachsende Zahl historischer Studien bemerkt haben. Und wenn es als Thema im Wahlkampf wiederkehrte? Dann wäre Grass, der Linke, der Angehörige der Schweigergeneration, einmal nicht zu spät gekommen: Ich bünn all hier.

Er ist ja nicht der erste, der in der Asche von Vertreibung, Flucht und Bombenkrieg stochert. Er ist auch nicht der erste Linke oder besser Nicht-Rechte, der das tut. Alexander Kluge ist ihm vorangegangen mit seiner geschichtsverständigen Lehrerin Gabi Teichert, es folgten Walter Kempowski und W.G. Sebald. Umgekehrt hat es immer wieder Versuche gegeben, unter den Trümmern des Dritten Reiches einen Zipfel heiler Kindheit, ein Stückchen unbescholtener Heimat hervorzuziehen. Den letzten, vielleicht bedeutendsten hat vor vier Jahren Martin Walser mit „Ein springender Brunnen“ unternommen. Er war begleitet von einer anstößigen Rede, die der moralisierenden Linken das Recht bestritt, die Vergangenheit restlos mit ihrem Diskurs von der Schuld zuzudecken.

Günter Grass, das lässt sich schon jetzt absehen, wird mit seiner in Novellenform gekleideten Vergangenheitspolitik auf weniger Widerstand treffen. Schon öffnen sich die Arme, um den zurückgekehrten Erzähler Grass an die Kritikerbrust zu drücken. Die Qualität seiner Novelle, die literarisch und ästhetisch dürftig ist, kann dafür nicht ausschlaggebend sein. Der Beifall gilt dem Tabubrecher, der behilflich ist, dem deutschen Gerede ein Thema wiederzugeben, über dem bisher kollektives Schweigegebot lag. Man wird ihn als mutigen Arbeiter am Gedächtnis feiern, man wird ihm auf die Schulter klopfen. Recht geschieht es ihm. Nur mit Literatur hat das nichts mehr zu tun.

Ulrich RAULFF

Meller, Marius: „„Das musste aufschraibn, biste ons schuldig'. Über die Aktualität moralischer Literatur, Günter Grass und seine neue Novelle „Im Krebsgang", in: *Feuilleton der Frankfurter Rundschau*, vom 09.02.2002.

„Das musste aufschraibn, biste ons schuldig"

Über die Aktualität moralischer Literatur, Günter Grass und seine neue Novelle „Im Krebsgang"

Es gab eine Zeit, und es war eine Blütezeit der Literatur, da ziemte es sich, amoralisch zu schreiben. Ihre literarische Gallionsfigur war der Marquis de Sade, später Baudelaire, die philosophische war Friedrich Nietzsche. Die antimoralische Literatur wendete sich zunächst gegen die „asketischen Ideale" des Christentums, gegen die Moral der „Hinterweltler", später gegen die Totalität der philosophischen moralischen Systematik. Die Geschichte der modernen Literatur ließe sich als die Geschichte der Fluktuation zwischen Moralität und Amoralität schreiben: Brecht begann als Amoralist und endete als ideologischer Moralist. Sein Schüler Heiner Müller begann als Moralist und endete als apokalyptischer Amoralist. Thomas Mann versuchte bürgerliche Moral und die Amoralität des Künstlers zu versöhnen, er nannte das den Widerstreit zwischen „Geist und Leben". Die bald nach 1945 einsetzende moralische Ideologisierung der Literatur führte zu Gegenbewegungen: Handke, Strauss, Koeppen und Bernhard schrieben zunächst strikt amoralistisch, auch wenn die beiden ersteren heute längst eine verschrobene Ästhetenmoral entwickelt haben, gegen die schon Nietzsche in der Genealogie der Moral polemisiert hatte.

Es lohnt sich nicht, Günter Grass zu lesen, wenn man grundsätzlich etwas gegen moralische Literatur hat. Grass ist nun einmal durch und durch Moralist, und wird es wahrscheinlich immer bleiben. Das muss man akzeptieren, oder man legt seine Bücher lieber gleich ganz zur Seite. Aber: Warum keine moralischen Geschichten, wenn sie nur gut sind? Und es gibt sogar Symptome, die für eine Renaissance der moralischen Literatur sprechen: Heute sieht es so aus, als hätte sich das Problem der metaphysisch begründeten Moral erledigt und mit ihm die literarischen Muster, die die Amoralität hervorgebracht hatte. Jüngere und junge Autoren plädieren inzwischen für eine postmoderne, gleichwohl neomoralische Literatur (Michel Houellebecq, Maxim Biller, Benjamin Stuckrad-Barre oder die Autoren des „Forum der 13").

Den Zeitgeist zumindest hat Grass schon mal auf seiner Seite. Übrigens hat auch Grass als Amoralist begonnen. Seit der *Blechtrommel*, die mit ihrem sarkastischen, grotesken Spätexpressionismus die schon angestaubten Nierentische der späten Fünfziger trommelnd zum Wackeln brachte, floss umgekehrt proportional zur Ausdifferenzierung des Grassschen Danzig-Langfuhrer Herkunftskomplexes zunehmend Ideologie in die kraftvollen Amoralitätsgebärden seiner erfolgreichen Frühtexte ein. Freilich immer eine gemäßigte linksliberale, bundesrepublikanische Ideologie wie bei Heinrich Böll und keine totalitäre wie bei Brecht. Aber warum nicht? Sein Engagement für den Wahlkampf der „Es Pe De" Willy Brandts sollte die Einheit von literarischer Produktion und moralischer Person bezeugen. Doch die Texte seit *Hundejahre* gefielen bis auf wenige Ausnahmen nicht, das kann man ruhig als Konsens der Literaturkritik bezeichnen. Spätestens mit der apokalyptischen *Rättin* hatte man den Eindruck, dass Grass sein in der *Danziger Trilogie* so glücklich eingeführtes Langfuhrer Personal nurmehr noch dafür ausbeutete, seine politischen Allegorien wiedergängerisch zu bevölkern. Literarisch wirkte das Ganze manchmal kolportagehaft, manchmal sogar episch selbstzerstörerisch. Man denke nur daran, wie er den Blechtrommler Oskar Matzerath in der *Rättin* als Videoclip-Produzenten wiederauferstehen ließ. Da hatte der Leser keinen reizvollen Déjà-vu-Effekt, sondern wünschte sich eher ein streng gehandhabtes Verfallsdatum für literarische Figuren.

Trotzdem wartete man von Buch zu Buch auf einen gelungenen Grass, und zwar nicht, weil man die Phantasie vom Großschriftsteller endlich auch qualitativ bestätigt haben wollte, und auch nicht, weil man vom Nobelpreisträger nun Überzogenes erwartet hätte. Nein, man wartete einfach deshalb, weil die künstlerischen Möglichkeiten von Günter Grass zu jeder Zeit evident waren und sind, obwohl es die Qualität der Produkte nicht war.

Müssen wir weiter warten? Sein neues Buch, eine schulmäßig gebaute Novelle mit dem Titel *Im Krebsgang*, ist wiederum ein moralisches Lehrstück. Das Sujet ist der tragische Untergang des „Kraft-durch-Freude"-Dampfers „Wilhelm Gustloff" nach russischem Torpedobeschuss im eiskalten Januar 1945 in der Ostsee, bei dem wahrscheinlich über zehntausend Flüchtlinge ums Leben kamen. Grass konstruiert ein Figurenensemble, mit dem er den verschiedenartigen Umgang mit der Katastrophe über drei Generationen erzählen kann: Die aus Danzig-Langfuhr stammende Tulla Pokriefke, im Danziger Dialekt gewitzt daherplappernd, dem Grass-Leser schon vertraut aus Katz und Maus, hat den Untergang als eine der Wenigen überlebt und unmittelbar nach ihrer Rettung einen Sohn, Paul Pokriefke, zur Welt gebracht. Paul ist der Ich-Erzähler der Novelle und hat ebenfalls einen Sohn, Konny, der bei der geschiedenen Frau von Paul lebt.

In den drei Generationen spiegeln sich drei Erinnerungsformen an das unbeschreiblich Schreckliche: Tulla ist traumatisiert und wiederholt in erzählerischen Endlosschleifen die Ereignisse um den Untergang und um ihre Rettung. Sie nervt damit ihren wenig geliebten Sohn, von dem sie sich die Verewigung ihrer Erlebnisse erhofft: „Das mußte aufschraiben. Biste ons schuldig als glicklich Ieberlebender. Wird ech dir aines Tages erzählen, klitzeklain, ond denn schreibste auf..." Paul ist nämlich ein mittelmäßiger Journalist, hat für die Springerpresse, später für die taz, dann als „Söldner für die Nachrichtenagenturen" geschrieben. Er hat sich immer um die Beschäftigung mit den katastrophischen Umständen seiner Geburt herumgedrückt, kann die Litanei seiner Mutter von der *Wilhelm Gustloff* nicht mehr hören.

Und Grass führt wie in den vorangegangen Texten wieder einmal die Metaebene des Autors ein: In einem Creative-Writing-Kurs hat Paul Pokriefke „den Alten" kennengelernt, einen Schriftsteller, hinter dem sich locker maskiert Günter Grass verbirgt. Der ermuntert den Journalisten zur Niederschrift des *Gustloff*-Sujets „als Novelle", eigentlich sei es die Aufgabe seiner Generation gewesen, „dem Elend der ostpreußischen Flüchtlinge Ausdruck zu geben". Gleich nach dem Erscheinen „seines Wälzers *Hundejahre*" sei ihm „diese Stoffmasse auferlegt worden", aber er habe geschwiegen, weil „die eigene Schuld übermächtig und bekennende Reue in all den Jahren vordringlich gewesen sei", also sowohl aus politischer Korrektheit als auch aus Schuldgefühlen. Aber nie hätte man „das gemiedene Thema den Rechtsgestrickten überlassen dürfen. Dieses Versäumnis sei bodenlos..."

Diese „Rechtsgestrickten", die Neonazis, kommen in der Figur von Pauls Sohn Konny ins Spiel, stellvertretend für die dritte Generation der Erinnernden. Anders als sein Vater interessiert er sich nämlich brennend für die *Wilhelm Gustloff* und ihren Untergang. Er ist ein begabter Computerfreak und betreibt eine Nazi-Homepage, „www.blutzeuge.de", eine Art virtuellen Andachtsschrein für alles rund um das Schiff und seinen Namenspatron, den „Blutzeugen" Wilhelm Gustloff, „Landesgruppenleiter" für die NSDAP in der Schweiz bis 1936, als er von dem Juden David Frankfurter erschossen wurde. Auch diese Geschichte erzählt Grass mit und verschränkt sie in schnellen Schnitten mit den anderen Erzählschichten. Die zwei ersten Drittel des Buches, bis zur Peripetie, dem Wendepunkt der Novelle, lesen sich eigentlich gut und spannend bis auf die bisweilen nervtötenden Internet-Fachbegriffe, in die sich Grass eingearbeitet hat und die er, allzu stolz auf das neugewonnene Sprachmaterial, viel zu häufig verwendet. Klar, es redet Paul Pokriefke, aber der hatte sich nach eigenen Angaben schon den ersten „Mac" gekauft, also um 1980, und würde, seit über 15 Jahren mit der Technik vertraut, wohl nie so reden. Aber das sind Kleinigkeiten. Viel schwerer wiegt, dass die geschickt angelegten Erzählstränge nach dem Wendepunkt völlig aus dem Ruder der Plausibilität laufen und, was vielleicht noch schlimmer ist, zum Schluss der Novelle in fahrlässig grobe moralische Klischees münden. Grass hat seine Novelle mit dem Anspruch der moralischen Differenzierung angelegt: Durch die Stoffwahl der deutschen Zivilisten als Opfer ließ er sich auf einen Diskurs ein, der zwar in der Literatur nicht wirklich brandneu ist (Kluge, Mulisch, Kempowski, Sebald haben sich damit beschäftigt), der aber gerade auch nach der Walser-Debatte an Aktualität gewonnen hat. Und sein Erzählschema der drei Generationen wäre genau dafür geeignet gewesen, diese Differenzierungsarbeit am Schema von Opfer und Täter literarisch zu leisten, so subtil, wie sie etwa Aleida Assmann und Ute Frevert in ihrem Buch Geschichtsvergessenheit essayistisch leisteten.

Was macht Günter Grass stattdessen? Er führt die fruchtlose und heikle Dichotomie Antisemit/Philosemit ein und erklärt uns mit erhobenem Schreibfinger, dass beides verwerflich sei: Er lässt zunächst den Antisemiten Konny im Internet mit dem Philosemiten David, der sich als Jude ausgibt, immer heftiger virtuell in einer Art Hass-Freundschaft streiten. Dann verabreden sich beide am 20. April 1997 an dem Ort des zerstörten Gustloff-Denkmals, und Konny erschießt schließlich David, in nachahmender Umkehrung des Attentats von Frankfurter auf Gustloff. Der folgende Prozess wird zur psychologischen und leider auch zur erzählerischen Farce. Die Elternpaare versöhnen sich überschwenglich vor dem Gerichtssaal, weil beide erkennen, dass sie sich zuwenig um ihre Sprösslinge gekümmert haben wer hätte das bezweifelt. Die Mutter des Erschossenen sagt noch: „Wir sehen uns frei von irgendwie gearteten Rachegelüsten." Paul Pokriefke sieht in den Lehrern die Schuldigen, die seinem Sohn verboten haben, sein Gustloff-Gesülze in der Schule als Referat zu halten. (Das zumindest hätte ihm Grass, „der Alte", herauslektorieren können, da er das Kreativ-Projekt doch auch außerhalb der Fiktion betreute.)

Das Justizpersonal stellt sich tölpelhaft an und tritt in alle Fettnäpfchen. Und nach einigen Jahren Jugendstrafe zerstört Konny im Gefängnis in Anwesenheit des gerührten Vaters in einem kathartischen Gewaltakt seine Gustloff-Devotionalien.

Wie nicht anders zu erwarten, schließt Grass seine Geschichte mit der Warnung „Das hört nie auf. Nie hört das auf" und meint die „braune Kacke", denn schon gibt es eine neue Nazi-Website: „www.kameradschaftkonrad-pokriefke.de".

Günter Grass hat mit der poetologischen Metapher vom Gang des Krebses, der wie das Erzählen seitwärts läuft und dennoch vorankommt, ein schönes Bild für die narrative Erinnerungstätigkeit gefunden. Denn nur sie, nur die Literatur kann die Ereignisse erzählen und gleichzeitig Ideen von Moral miteinander ins Spiel bringen. Grass hat seine Novelle der Erinnerung selbst gewidmet: „in memoriam" steht auf dem Vorsatzblatt, ohne Objekt. Es ist fraglich, ob Memoria, Göttin der Erinnerung und Mutter der Musen, diesen Text als Gabe annehmen wird, denn sie hat auch ästhetische Prinzipien. Vielleicht schreibt Grass uns das nächste oder übernächste Mal eine gute moralische Geschichte. Wir warten.

Marius MELLER

Günter Grass: Im Krebsgang. Eine Novelle. Steidl Verlag, Göttingen 2002, 216 Seiten.

12 Literaturverzeichnis

12.1 Primärquellen

12.1.1 Französischsprachige Rezensionen

Amette, Jacques-Pierre: Houellebecq: La provoc' continue", in: *Le point* (1510) 2001.

Benyahia-Kouider, Odile: „Grass, tambour et trompettes. Pour ses 75 ans, le Nobel allemand Günter Grass, au sommet de sa renommée, a inauguré à Lübeck la maison-musée qui porte son nom", in: *Libération Livres*, vom 14.11.2002.

Besson, Patrick: „Michel Houellebecq, le tiers-mondiste sexuel", in: *Le Figaro littéraire*, vom 06.09.2001.

De Gaudemar, Antoine: „Houellebecq, mutant moderne", in: *Libération Livres*, vom 27.08.1998.

De Saint-Vincent, Bertrand: „L'île noire", in: *Le Figaro magazine, LIRE*, vom 10.11.2000.

Deshusses, Pierre: „L'unité mis à plat. Envoûtant, agaçant, le roman sans doute le plus difficile et le plus allemand de Günter Grass, mais aussi le plus universel et le plus généreux", in: *Le Monde des Livre*s, vom 03.10.1997.

Ders.: „Surf et naufrage. Le plus grand naufrage de tout les temps, celui du «Gustloff», en 1945, a toujours été tabou. Günter Grass renfloue cette épave pour désamorcer sa charge de dynamite", in: *Le Monde des Livres*, vom 25.10.2002.

Ders.: „Un siècle d'écrivain. Le nouveau Prix Nobel Günter Grass nous livre un album de miniatures qui laissent peu de place à son talent de conteur", in: *Le Monde des Livres*, vom 05.11.1999.

Harang, Jean-Baptiste: „Le guide du biroutard. Pléthore de formes rebondies dans «Plateforme» où Michel Houellebecq invite ses lecteurs au tourisme sexuel", in: *Libération Livres*, vom 23.08.2001.

Ders.: „Une île flottante. Michel Houellebecq revient avec un gros livre, lourd de promesses tenues et de déceptions annoncées", in: *Libération Livres*, vom 01.09.2005.

Lebrun, Jean-François: „Le roman d'un anti-utopiste? Par-delà le spectacle, Michel Houellebecq provoque néanmoins la réflexion", in: *L' Humanité Cultures*, vom 01.09.2005.

Lepape, Pierre: „Dernière station avant le désert“, in: *Feuilleton du Monde*, vom 28.08.1998.

Ders.: „Un monde pétrifié“, in: *Le Monde des Livres*, vom 03.10.1997.

Levisalles, Natalie: „Delai de Grass“, in: *Libération Livres*, vom 11.10.2007.

Michel Cluny, Claude: „Günter Grass: la mémoire allemande à l' épreuve“, in: *Le Figaro littéraire*, vom 03.10.2002.

Millot, Lorraine: „Grass, un siècle. Tambour battant Verdun, Hitler, le Mur, les Volkswagen et la Philharmonie de Berlin: cent ans d'histoires allemandes en 99 scènes intimes et officielles par l' auteur du «Tambour», Nobel 1999“, in: *Libération Livres*, vom 04.11.1999.

Dies.: „L'État de Grass“, in: *Libération Livres*, vom 02.10.1997.

Nouchi, Franck: „Michel Houellebecq, un voyage au bout de l'humanité“, in: *Le Monde des Livres*, vom 02.09.2005.

Ollivier, Eric: „Michel Houellebecq: porno-misère“, in: *Le Figaro littéraire*, vom 10.09.1998.

Rinaldi, Angelo: „Un Houellebecq tombé du camion“, in: *Le Figaro littéraire*, vom 18.08.2005.

Rose, Sean James: „Lanzarote et autres textes“, in: *Libération Guide*, vom 01.11.2002.

Savigneau, Josyane: „Houellebecq et l'Occident“, in: *Le Monde des Livres*, vom 31.08.2001.

Dies.: „Littérature française: Hors cadre“, in: *Le Monde des Livres*, vom 14.10.1994.

Schneider, Marcel: „Günter Grass: le malaise teuton“, in: *Le Figaro littéraire*, vom 02.10.1997.

Sevillia, Jean: „Le nouvel état de Grass“, in: *Le Figaro magazine*, vom 12.10.2002.

Vernet, Daniel: „Günter Grass brise le tabou du naufrage du «Wilhelm-Gustloff». Encensé par la critique, le livre de l'auteur du «Tambour» remporte un succès considérable“, in: *Le Monde Culture*, vom 19.02.2002.

12.1.2 Deutschsprachige Rezensionen

Assheuer, Thomas: „Sex und Kapitalismus. Michel Houellebecq träumt in der obszönen Gesellschaft vom tragischen Leben“, in: *Die Zeit* (16) 1999.

Becker, Rolf: „Gezwiebelte Erinnerung“, in: *Der Spiegel* (7) 2006.

Böttiger, Helmut: „‚Laß ma, Berta!' . Der Herr, der mich niederschreibt: Günter Grass und sein Jahrhundert“, in: *Frankfurter Rundschau, Zeit und Bild*, vom 10.07.1999.

Busche, Jürgen: „Vom Glanz und Schmutz des deutschen Bürgertums. Ein kühner Entwurf, beziehungsreich ausgeführt: der neue Roman von Günter Grass“, in: *Feuilleton der Süddeutschen Zeitung*, vom 19.08.1995.

Encke, Julia: „Der Jargon der Missvergnügten“, in: *Süddeutsche Zeitung, Literatur*, vom 21.02.2002.

Dies.: „Im Lolita-Universum. Sehnsucht als Provokation: Michel Houellebecqs neuer Roman“, in: *Frankfurter Allgemeine Zeitung, Literatur*, vom 27.08.2005.

Hage, Volker: „Das ganze Säkulum: ein Quiz“, in: *Der Spiegel* (27) 1999.

Hanimann, Joseph: „Blut würde auch nichts mehr ändern. Leben ohne Verführungen: Michel Houellebecqs Erstlingsroman vermißt die Kampfzonen neu“, in: *Frankfurter Allgemeine Zeitung, Literatur*, vom 03.07.1999.

Ders.: „Mit dem Gabelstapler ins Paradies. Schrille Idylle: „Plateforme“, Michel Houellebecqs neuer Roman in alten Elementarteilchen“, in: *Feuilleton der Frankfurter Allgemeinen Zeitung*, vom 04.09.2001.

Isenschmid, Andreas: „Roman und antiliberales Manifest“, in: Steinfeld, Thomas (Hrsg.), *Das Phänomen Houellebecq*, DuMont, Köln 2001, S. 54-60.

Kämmerlings, Richard: „Im Schrebergarten der Lüste. Ein Camus für unsere Zeit? Michel Houellebecqs neuer Roman ‚Plattform'“, in: *Frankfurter Allgemeine Zeitung, Literatur*, vom 16.02.2002.

Kunisch, Hans-Peter: „Nichts Deutsches ist dem Dichter fremd. In seinem „Jahrhundert“-Werk nimmt Günter Grass das Volk an die Hand“, in: *Süddeutsche Zeitung, Literatur*, vom 03.07.1999.

Leick, Romain: „Abgrund kalter Düsternis. Michel Houellebecqs neuer Roman „Plateforme“ schildert die Abenteuer eines europäischen Sextouristen in der Dritten Welt – und ist in Frankreich schon jetzt die heftig umstrittene Sensation des Buchherbstes", in: *Der Spiegel* (35) 2001.

Ders.: „Guru der Traurigkeit. Michel Houellebecq provoziert in dem Roman „Plattform" mit einer kühnen Rechtfertigung des Sextourismus", in: *Der Spiegel* (13) 2007.

Maak, Niklas: „Der Wille zur Nacht. Der französische Skandalautor Michel Houellebecq und sein gefeierter Debütroman ‚Ausweitung der Kampfzone'", in: *Feuilleton der Süddeutschen Zeitung*, vom 20.02.1999.

Maetzke, Heinrich: „Standortflüchtig. Günter Grass macht sich Sorgen um die Verfassung Deutschlands", in: *Frankfurter Allgemeine Zeitung*, vom 28.07.1999.

Ders.: „Expedition Robinsonclub. Michel Houellebecq ist auf die kanarischen Inseln geflogen, hat ein paar Fotos und ein paar Notizen gemacht – heraus kam die bösartige Fotonovelle ‚Lanzarote'", in: *Feuilleton der Süddeutschen Zeitung*, vom 08.01.2001.

Ders.: „Hass und Hässlichkeit. Michel Houellebecq, sein böser Roman und die Ethik der Genetik", in: *Feuilleton der Süddeutschen Zeitung*, vom 26.08.1999.

Mangold, Ijoma: „Seht, wie meine Augen tränen. Günter Grass häutet seine Zwiebel, findet darin aber nur Metaphern: Eine Rezension seines Erinnerungsbuches", in: *Feuilleton der Süddeutschen Zeitung*, vom 19.08.2006.

Matz, Wolfgang: „Urlaubsanspruch für Angestellte. Michel Houellebecq entspannt sich auf Lanzarote", in: *Die Zeit* (10) 2001.

Mayer, Astrid: „Schöne neue Klon-Welt. Michel Houellebecq eckt mit seinem preisgekrönten Roman „Die Elementarteilchen" gewaltig an", in: *Feuilleton der Frankfurter Rundschau*, vom 19.11.1998.

Meister, Martina: „Der dreiundzwanzigste Klon. Vom Olymp direkt auf die Abendnachrichten: Michel Houellebecqs neuer Roman ‚Die Möglichkeit einer Insel'", in: *Feuilleton der Frankfurter Rundschau*, vom 25.08.2005.

Dies.: „Der tendenzielle Fall der Lust-Rate. Michel Houellebecq und die neue französische Revolution im Literaturgetriebe", in: *Frankfurter Rundschau, Zeit und Bild*, vom 13.10.1999.

Dies.: „Komm, lass uns einen Club aufmachen. Wieder eine thematische Bombe: Michel Houellebecqs jüngster Roman „Plattform" hält wirklich alles, was der Titel verspricht", in: *Feuilleton der Frankfurter Rundschau*, vom 20.03.2002.

Dies.: „Postpubertäre „Plattform". Der französische Skandalautor Michel Houellebecq propagiert Sextourismus – und hält der Gesellschaft damit den Spiegel vor", in: *Feuilleton der Frankfurter Rundschau*, vom 08.12.2004.

Meller, Marius: „„Das musste aufschraibn, biste ons schuldig'. Über die Aktualität moralischer Literatur, Günter Grass und seine neue Novelle ‚Im Krebsgang'", in: *Feuilleton der Frankfurter Rundschau*, vom 09.02.2002.

Niemann, Norbert: „Korrekturen an der Schönen Neuen Welt", in: Steinfeld, Thomas (Hrsg.), *Das Phänomen Houellebecq*, DuMont, Köln 2001, S. 82-90.

O.N.: „Dichter und Kritiker: ein Paar", in: *Der Spiegel* (34) 1995.

Rathgeb, Eberhard: „Kein Himmel auf Erden. Trübe Aussichten: Michel Houellebecqs Erzählung ‚Lanzarote'", in: *Feuilleton der Frankfurter Allgemeinen Zeitung*, vom 21.10.2000.

Raulff, Ulrich: „Untergang mit Maus und Muse. Günter Grass will den Leidschatz der Vertreibung aus der Ostsee heben: Heute erscheint seine Novelle „Im Krebsgang", in: *Feuilleton der Süddeutschen Zeitung*, vom 05.02.2002.

Schütte, Wolfram: „„Wie aus der Zeit gefallen: zwei alte Männer'. Günter Grass und sein „Weites Feld" oder Archivberichte aus der Gründerzeit der Berliner Republik", in: *Frankfurter Rundschau, Zeit und Bild*, vom 26.08.1995.

Seibt, Gustav: „Die Uhr schlägt, das Käuzchen ruft. Da muß doch ein Zusammenhang bestehen – Günter Grass legt seinen Roman zur Wiedervereinigung vor", in: *Frankfurter Allgemeine Zeitung, Literatur*, vom 19.08.1995.

Spiegel, Hubert: „Das mußte aufschraiben! Die verspätete Erinnerung: Günter Grass beschreibt in seiner Novelle „Im Krebsgang" den Untergang der „Wilhelm Gustloff" und das Leid deutscher Kriegsflüchtlinge", in: *Feuilleton der Frankfurter Allgemeinen Zeitung*, vom 09.02.2002.

Ders.: „Icke mit Lotte. Die Jahrhundertfibel des Günter Grass", in: *Frankfurter Allgemeine Zeitung, Literatur*, vom 17.07.1999.

Steinfeld, Thomas: „Der Narr verlässt die Kampfzone. Am Ende: Michel Houellebecq und sein Roman ‚Die Möglichkeit einer Insel'", in: *Süddeutsche Zeitung, Literatur*, vom 24.08.2005.

Ders.: „Kneif mich!", in: *Feuilleton der Süddeutschen Zeitung*, vom 27.08.2001.

Ders.: „Man muss auf allen Fronten angreifen", in: *Frankfurter Allgemeine Zeitung, Literatur*, vom 12.10.1999.

Weber, Manfred: „Neo-Klone lachen nicht. In „Die Möglichkeit einer Insel" erzählt Michel Houellebecq von einer Menschheit nach einer globalen Klimakatastrophe", in: *Focus* (34) 2005.

Weidermann, Volker: „Das letzte Tabu. Michel Houellebecqs neuer Roman erzählt von Sex, Autos und Klonen – vor allem aber vom Unglück des Älterwerdens", in: *Feuilleton der Frankfurter Allgemeinen Sonntagszeitung*, vom 21.08.2005.

Zimmermann, Harro: „Im Garten der Wörter. Die „Fundsachen für Nichtleser" von Günter Grass", in: *Frankfurter Rundschau, Zeit und Bild*, vom 30.08.1997.

Zweifel, Stefan: „Depressive Dekadenz", in: Steinfeld, Thomas (Hrsg.), *Das Phänomen Houellebecq*, DuMont, Köln 2001, S. 73-81.

12.2 Sekundärliteratur

Adler, Alexandre: „Les troubles nostalgiques de Günter Grass", in: *Le Figaro*, vom 25.08.2006.

Albrecht, Wolfgang: *Literaturkritik*, J. B. Metzler, Weimar 2001.

Altmann, Petra: *Der Buchkritiker in deutschen Massenmedien. Selbstverständnis und Selektionskriterien bei Buchbesprechungen*, Dissertation ohne Verlagsangabe, München 1982.

Altwegg, Jürg: „Im Schatten der Elementarteilchen. Aus französischen Zeitungen: Houellebecq und der Beginn des Nachkriegs in der Literatur", in: *Frankfurter Allgemeine Zeitung*, vom 02.10.1999.

Ders.: „Den Sonderweg lieben. Blick in französische Zeitschriften: Deutscher 9. November", in: *Frankfurter Allgemeine Zeitung*, vom 27.11.1999.

Ders.: „Die munteren Kinder von Günter Grass und der Wiedervereinigung. Blick in französische Zeitschriften: Eine Pariser Messe für die neue deutsche Literatur", in: *Frankfurter Allgemeine Zeitung*, vom 17.03.2001.

Amette, Jacques-Pierre: „L'affaire Günther [sic!] Grass. Une bien facile vengeance", in: *Le Monde*, vom 26.08.2006.

Angenendt, Thomas: *„Wenn Wörter Schatten werfen." Untersuchungen zum Prosastil von Günter* Grass (= Kölner Studien zur Literaturwissenschaft, Bd. 6), Peter Lang, Frankfurt a.M. 1995.

Anz, Thomas: „Literaturkritik", in: Heß, Dieter (Hrsg.): *Kulturjournalismus. Ein Handbuch für Ausbildung und Praxis*, 2., aktualisierte Auflage, List, München 1997, S. 50-59.

Ders.: „Theorien und Analysen zur Literaturkritik und zur Wertung“, in: ders./Baasner, Rainer: *Literaturkritik. Geschichte – Theorie – Praxis*, C. H. Beck, München 2004, S. 194-219.

Apel, Friedmar: „Lebensform Moped. Jean Rouaud kennt die Nöte der Kurzsichtigen“, in: *Frankfurter Allgemeine Zeitung*, vom 27.09.1997.

Arrabal, Fernando: *¡Houellebecq!*, Hijos de Mulery-Rubio, Madrid 2005.

Art. „Céline, Louis-Ferdinand“, in: Études littéraires (Hrsg.): < http://www.etudes-litteraires.com/celine-voyage.php > am 29.06.2011.

Art. „Exegese“, in: Burdorf, Dieter/Fasbender, Christoph/Moennighoff, Burkhard (Hrsg.): *Metzler Literatur Lexikon. Begriffe und Definitionen*, dritte, völlig neu bearbeitete Auflage, J. B. Metzler, Stuttgart/Weimar 2007, S. 216.

Art. „Interpretation“, in: Nünning, Ansgar (Hrsg.): *Metzler Lexikon Literatur- und Kulturtheorie. Ansätze – Personen – Grundbegriffe*, 4., aktualisierte und erweiterte Auflage, J. B. Metzler, Stuttgart/Weimar 2008, S. 297-298.

Art. „Kultur“, in: Mittelstraß, Jürgen (Hrsg.): *Enzyklopädie Philosophie und Wissenschaftstheorie*, Bd. 2, J. B. Metzler, Stuttgart/Weimar 1995, S. 508-511.

Art. „Kulturbegriff“, in: Nünning, Ansgar (Hrsg.): *Metzler Lexikon Literatur- und Kulturtheorie. Ansätze – Personen – Grundbegriffe*, 4., aktualisierte und erweiterte Auflage, J. B. Metzler, Stuttgart/Weimar 2008, S. 395-396.

Art. „Raelianer“, in: *Meyers Lexikon online* (Hrsg.): < http://lexikon meyers.de/meyers/ Raelianer > am 01.04.2008.

Art. „Roman“, in: Burdorf, Dieter/Fasbender, Christoph/Moennighoff, Burkhard (Hrsg.): *Metzler Literatur Lexikon. Begriffe und Definitionen*, dritte, völlig neu bearbeitete Auflage, J. B. Metzler, Stuttgart/Weimar 2007, S. 658-662.

Auffenberg, Christian: *Vom Erzählen des Erzählens bei Günter Grass. Studien zur immanenten Poetik der Romane ‚Die Blechtrommel‘ und ‚Die Rättin‘*, LIT, Hamburg/Münster 1993.

Auffray, Alain: „Etat de Grass“, in: *Libération*, vom 06.09.2006.

Bachorz, Stephanie: „Analyse der Figuren“, in: Wenzel, Peter (Hrsg.): *Einführung in die Erzähltextanalyse. Kategorien, Modelle, Probleme* (= WVT-Handbücher zum literaturwissenschaftlichen Studium, Bd. 6), Wissenschaftlicher Verlag, Trier 2004, S. 51–67.

Baier, Lothar: „Traduit du français“, in: *Magazine littéraire* (359) 1997, S. 66–67.

Barthes, Roland: „Qu'est-ce que la critique?", in: Marty, Éric (Hrsg.): *Roland Barthes. Œuvres complètes*, Bd. I: 1942-1965, Édition du Seuil, Paris 1993, S. 1357-1361.

Bauer, Matthias: *Romantheorie und Erzählforschung. Eine Einführung*, 2., aktualisierte und erweiterte Auflage, J. B. Metzler, Stuttgart/Weimar 2005.

Beránková, Eva: „Les fureurs d'un physicien quantique. Quelques remarques sur le style de Michel Houellebecq", in: *Verbum Analecta Neolatina* (8, 1) 2006, S. 101-108.

Berger, Sandra: „„Comment les choses en étaient arrivées là?» Michel Houellebecq et la moral", in: *Lendemains* (126/127) 2007, S. 136-143.

Blasius, Rainer: „Keine Wanderer auf der Ostsee. Die Erinnerung an das Schicksal von 15 Millionen Vertriebenen wandelt sich", in: *Frankfurter Allgemeine Zeitung*, vom 09.02.2002.

Blatnik, Meike/Fuchs, Tilla: „Literaturkritik heute. Eine Bestandsaufnahme", in: Miller, Norbert/Stolz, Dieter (Hrsg.): *Positionen der Literaturkritik. Sonderheft der Zeitschrift Sprache im technischen Zeitalter*, SH-Verlag, Köln 2002, S. 25-38.

Bloch, Werner: „Nachhilfeunterricht in Post-Romantik. Alain Finkielkraut über die Rolle der Intellektuellen, über die Arroganz der Deutschen in Europa und ihre fatale Geschichtsvergessenheit", in: *Süddeutsche Zeitung*, vom 14.02.2001.

Bock, Hans Manfred: „Wechselseitige Wahrnehmung als Problem deutsch-französischer Beziehungen", in: Deutsch-Französisches Institut (Hrsg.): *Frankreich-Jahrbuch 1995*, Leske + Budrich, Opladen 1996, S. 35-56.

Börsenverein des deutschen Buchhandels (Hrsg.): *Buch und Buchhandel in Zahlen*, Marketing- und Verlagsservice des Buchhandels, Frankfurt a.M. 2007.

Boßmann, Timm: *Der Dichter im Schussfeld. Geschichte und Versagen der Literaturkritik am Beispiel Günter Grass*, Tectum, Marburg 1997.

Bourriaud, Nicolas u. a.: „Houellebecq et l'ère du flou", in: *Le Monde*, vom 10.10.1998.

Busche, Jürgen: „Deutschlands weite Felder. Wie man Äpfel mit Birnen und Literatur mit Politik vergleicht: Michael Jürgs möchte in seiner gerade erschienenen Biografie lieber über den „Bürger" Günter Grass schreiben als über den Schriftsteller", in: *Die Tageszeitung*, vom 17.09.2002.

Busse, Jan-Philipp: „Analyse der Handlung", in: Wenzel, Peter (Hrsg.): *Einführung in die Erzähltextanalyse. Kategorien, Modelle, Probleme* (= WVT-Handbücher zum literaturwissenschaftlichen Studium, Bd. 6), Wissenschaftlicher Verlag, Trier 2004, S. 23-49.

Ceccaldi, Lucie: *L' innocente. Récit*, Scali, Paris 2008.

Chervel, Thierry: „Du sollst die Freiheit hassen! Paris hat einen neuen Starautor, der die Intellektuellenszene spaltet – und den ersten Literaturskandal seit Jahren“, in: *Süddeutsche Zeitung*, vom 09.10.1998.

Cicero: *De Oratore. Über den Redner*, hrsg. von: Merklin, Harald, 2., durchgesehene und bibliographisch ergänzte Auflage, Reclam, Stuttgart 1991.

Crime & Cie (Hrsg.): < http://www.arnaqueur.fr/HTML/CatalogueLivre Mois.htm > am 21.11.2007.

Cusin, Philippe: „Victoire pour Houellebecq“, in: *Le Figaro*, vom 01.09.1998.

Dahlke, Birgit: „Literatur und Geschlecht. Von Frauenliteratur und weiblichem Schreiben zu Kanonkorrektur und Wissenschaftskritik“, in: Becker, Ruth/Kortendiek, Beate (Hrsg.): *Handbuch Frauen- und Geschlechterforschung. Theorie, Methoden, Empirie*, 2., erweiterte und aktualisierte Auflage, VS Verlag für Sozialwissenschaften, Opladen 2008, S. 759-765.

Davet, Stéphane: „Michel Houellebecq, garçon de plage“, in: *Le Monde*, vom 12.07.1999.

De Beaumarchais, Jean-Pierre/Couty, Daniel/Rey, Alain (Hrsg.): *Dictionnaire des littératures de langue française*, Bordas, Paris 1987.

De Cortanze, Gérard: „Günter Grass: Un allemand étranger en Allemagne“, in: *Le Figaro*, vom 18.11.1999.

De Rambures, J.-L.: „Le Deuil toujours impossible“, in: *Le Monde*, vom 20.03.1987.

De Rubercy, Eryck: „Günter Grass: Les proses d'une épopée“, in: *L' Atelier du roman* (36) 2003, S. 143-150.

Delattre, Lucas: „Günter Grass, le prophète anachronique“, in: *Le Monde*, vom 07.09.1995.

Demonpion, Denis: *Houellebecq non autorisé. Enquête sur un phénomène*, Maren Sell, Paris 2005.

Ders.: *Michel Houellebecq. Die unautorisierte Biographie*, Schwarzkopf und Schwarzkopf, Berlin 2006.

Demougin, Jacques (Hrsg.): *Dictionnaire des littératures françaises et étrangères*, Larousse, Paris 1992.

Denis, Stéphane: „Le meilleur pour la fin“, in: *Le Figaro*, vom 04.09.2006.

Deshusses, Pierre: „La découverte de la légèreté. Un roman pétillant sur le jeu des contraires et [sic!] significatif d'un tournant de la littérature allemande déculpabilisée“, in: *Le Monde*, vom 23.06.2000.

Ders.: „La littérature en miroir de l'Histoire. Peut-être plus d'ailleurs, la littérature allemande est longtemps restée indissociable du passé. Mais la jeune génération lui tourne carrément le dos“, in: *Le Monde*, vom 16.03.2001.

Devarrieux, Claire/Lindon, Mathieu: „Le dernier Nobel du siècle couronne le plus radical des écrivains allemands“, in: *Libération*, vom 01.10.1999.

Diner, Dan: „Eigentum und Erinnerung. Europa hat heute einen verbindlichen Wertekanon. So ist es möglich, der Verbrechen wie der Leiden der Vergangenheit zu gedenken“, in: *Frankfurter Allgemeine Sonntagszeitung*, vom 07.04.2002.

Dion, Robert: Art. „Critique littéraire“, in: Aron, Paul/Saint-Jacques, Denis/Viala, Alain (Hrsg.): *Le dictionnaire du littéraire*, Presse universitaire de France, Paris 2002, S. 127-128.

Ders./Haghebaert, Élisabeth: „Le cas de Michel Houellebecq et la dynamique des genres littéraires“, in: *French studies* (55, 4) 2001, S. 509-524.

Dotzauer, Georg: „Im Sturzflug himmelwärts. Warum die Literaturkritik nicht aus der Öffentlichkeit verschwinden darf“, in: *Der Tagesspiegel*, vom 13.03.2009.

Durand, Béatrice: *Cousins par alliance. Les Allemands en notre miroir*, Autrement, Paris 2002.

Durzak, Manfred: Der *deutsche Roman der Gegenwart. Entwicklungsvoraussetzungen und Tendenzen: Heinrich Böll, Günter Grass, Uwe Johnson, Christa Wolf, Hermann Kant*, dritte, erweiterte und veränderte Auflage, Kohlhammer, Stuttgart 1979.

Eakin, Emily: „Le provocateur“, in: *New York Times*, vom 10.09.2000.

Emmerling, Eugen: „Der deutsche Buchmarkt. Gutenbergs Erben bestehen in der Medienkonkurrenz“, in: Goethe-Institut (Hrsg.): < http://www.goethe.de/INS/ge/tif/wis/ ver/de122050.htm > am 19.07.2009.

Fischer, Isolde: *Die literarische Tageskritik in deutschsprachigen Zeitungen seit 1955. Eine Untersuchung ihrer Wertmaßstäbe unter Berücksichtigung der Besonderheiten ihres Vokabu-*

lars, vorgenommen an ausgewählten Kritiken zu fünf zeitgenössischen Romanen, Dissertation ohne Verlagsangabe, Wien 1974.

Fischer, Stefan: „Ausgeklinkt. „Ausweitung der Kampfzone" – Hörspiel zum Buch von Michel Houellebecq", in: *Süddeutsche Zeitung*, vom 05.07.2000.

Fludernik, Monika: *Einführung in die Erzähltheorie* (= Einführungen Literaturwissenschaft, ohne Angabe des Bandes), Wissenschaftliche Buchgesellschaft, Darmstadt 2006.

Fohrmann, Jürgen/Müller, Harro (Hrsg.): *Diskurstheorien und Literaturwissenschaft*, Suhrkamp, Frankfurt a.M. 1988.

Förster, Jochen: „Romantiker! Poet! Existenzialist!", in: *Die Welt*, vom 29.09.2001.

Frenkel, Cornelia: „‚Was aber bleibt, schaffen die Übersetzer.' Aktuelle deutsche Übersetzungen ins Französische", in: *Dokumente* (60, 2) 2004, S. 42-45.

Fromm, Eberhard: „Intellektuelle im 20. Jahrhundert", in: ders. (Hrsg.): *Meister der deutschen Sprache. Studien zur Anatomie des deutschen Intellektuellen*, Luisenstadt, Berlin 2004, S. 11-31.

Fuchs, Tilla/Clement, Elise: „‚Qu'est-ce que la critique?' Literaturkritik in Frankreich", in: Miller, Norbert/Stolz, Dieter (Hrsg.): *Positionen der Literaturkritik. Sonderheft der Zeitschrift Sprache im technischen Zeitalter*, SH-Verlag, Köln 2002, S. 39-71.

Genette, Gérard: *Die Erzählung*, 2. Auflage, Wilhelm Fink, München 1998.

Gerigk, Horst-Jürgen: *Lesen und Interpretieren*, Vandenhoeck & Ruprecht, Göttingen 2002.

Gerstenberg, Renate: *Zur Erzähltechnik von Günter Grass* (= Beiträge zur neueren Literaturgeschichte, Bd. 47), Winter, Heidelberg 1980.

Getschmann, Dirk: *Zwischen Mauerbau und Wiedervereinigung. Tendenzen der deutschsprachigen journalistischen Literaturkritik – Metakritik und Praxis*, Königshausen & Neumann, Würzburg 1992.

Goethe, Johann Wolfgang: *Faust. Der Tragödie erster Teil*, 30. Auflage, Reclam, Leipzig 1976.

Goeudevert, Daniel: *Wie Gott in Deutschland. Eine Liebeserklärung*, Ullstein, München 2004.

Grass, Günter: *Beim Häuten der Zwiebel*, Steidl, Göttingen 2006.

Ders.: *Ein weites Feld*, 5. Auflage, DT-Verlag, München 2007.

Ders.: *Im Krebsgang. Eine Novelle*, 3. Auflage, DT-Verlag, München 2007.

Ders.: *Mein Jahrhundert*, 5. Auflage, DT-Verlag, München 2001.

Grosser, Alfred: „L' aveu tardif de l' écrivain est un doigt pointé sur le patriotisme allemand“, in: *Le Figaro*, vom 21.08.2006.

Hage, Volker: „Literatur am Montag. Kriterien der Kritik und redaktionelle Praxis – Rede vor Literaturstudenten“, in: Miller, Norbert/Stolz, Dieter (Hrsg.): *Positionen der Literaturkritik. Sonderheft der Zeitschrift Sprache im technischen Zeitalter*, SH-Verlag, Köln 2002, S. 146-158.

Halter, Martin: „Wunderfräulein zum ersten, zweiten und dritten. Literatenversteigerung mit Ladehemmung: Im deutsch-französischen Literaturaustausch gibt es ein großes Angebot, aber wenig Bieter“, in: *Frankfurter Allgemeine Zeitung*, vom 06.12.2000.

Hanimann, Joseph: „Elementar: Der neue Realismus in der französischen Literatur“, in: *Frankfurter Allgemeine Zeitung*, vom 28.09.1998.

Ders.: „Nachahmung des Glücks. Zolas Erben: Der neue Realismus im französischen Roman“, in: *Frankfurter Allgemeine Zeitung*, vom 07.03.2006.

Ders.: „Stabilität des Lebkuchens. Brigitte Sauzays kluge Beobachtungen deutscher Zustände“, in: *Frankfurter Allgemeine Zeitung*, vom 14.04.1998.

Ders.: „Zähflüssiger Verkehr. À la mode: Der Herbst des Schriftstellers Michel Houellebecq“, in: *Frankfurter Allgemeine Zeitung*, vom 22.12.1998.

Haupt, Birgit: „Analyse des Raums“, in: Wenzel, Peter (Hrsg.): *Einführung in die Erzähltextanalyse. Kategorien, Modelle, Probleme* (= WVT-Handbücher zum literaturwissenschaftlichen Studium, Bd. 6), Wissenschaftlicher Verlag, Trier 2004, S. 69-87.

Heidegger, Martin: *Sein und Zeit*, 18. Ausgabe, Max Niemeyer, Tübingen 2001.

Helbling, Hanno: „Klagen und Wünsche. Literaturtransfer Deutschland – Frankreich“, in: *Neue Zürcher Zeitung*, vom 23.02.1995.

Hemjeoltmanns, Dirk: „Andere Flußwege, oder warum die Seine nicht mehr in den Rhein mündet“, in: Nies, Fritz (Hrsg.): *Literaturimport und Literaturkritik. Das Beispiel Frankreich*, Narr, Tübingen 1996, S. 58-63.

Huber, Herbert: „Christa Wolf: Medea. Stimmen“, in: ders. (Hrsg.): < http://www.lesekost.de/HHL44.htm > am 05.07.2010.

Houellebecq, Michel: *Extension du domaine de la lutte*, J' ai lu, Paris 2006.

Ders.: *La possibilité d'une île*, Fayard, Paris 2005.

Ders.: *Lanzarote*, Librio, Paris 2003.

Ders.: *Les particules élémentaires*, 2. Auflage, Flammarion, Paris 1998.

Ders.: *Plateforme*, Flammarion, Paris 2001.

Huxley, Aldous: *Schöne neue Welt. Ein Roman der Zukunft*, ungekürzte Ausgabe, Fischer Bücherei, Hamburg 1962.

Illies, Florian: „Ein Dichter ist hier. Deutsche Szene: Günter Grass als Wahlhelfer in Halle", in: *Frankfurter Allgemeine Zeitung*, vom 23.03.1998.

Informationsgesellschaft zur Verbreitung von Werbeträgern e.V. (Hrsg.): < http://daten. ivw.eu/index.php?menuid=5&u=&p= > am 18.11.2007.

Jarrety, Michel: *La critique littéraire française au XXe siècle* (= Que sais-je?, Bd. 664), Presse universitaire de France, Paris 1998.

Jaumann, Herbert: Art. „Literaturkritik", in: Fricke, Harald u. a. (Hrsg.): *Reallexikon der deutschen Literaturwissenschaft. Neubearbeitung des Reallexikons der deutschen Literaturgeschichte*, Walter de Gruyter, Berlin/New York 2000, S. 463-468.

Jordheim, Helge: „Versuche zu einer Zeithermeneutik der Moderne und der Postmoderne: die Gleichzeitigkeit des Ungleichzeitigen in Grass' *Im Krebsgang* und Wolfs *Leibhaftig*", in: Sagmo, Ivar (Hrsg.): *Moderne, Postmoderne und was noch? Akten der Tagung in Oslo, 25.-26.11.2004* (= Osloer Beiträge zur Germanistik, Bd. 39), Peter Lang, Frankfurt a.M. 2007, S. 111-132.

Jurgensen, Manfred: *Über Günter Grass. Untersuchungen zur sprachbildlichen Rollenfunktion*, Francke, Bern/München 1974.

Jurt, Joseph: „Deutsch-französische Fremd- und Selbstbilder in der Literatur und Publizistik der Gegenwart", in: Deutsch-Französisches Institut (Hrsg.): *Frankreich-Jahrbuch 1995*, VS Verlag für Sozialwissenschaften, Opladen 1996, S. 57-79.

Ders.: „‚L'intraduction' de la littérature française en Allemagne", in: *Actes de la recherche en sciences sociales* (130) 1999, S. 86-89.

Ders.: „Literaturkritik als Vermittlungsinstanz zwischen Autor und Leser", in: Nies, Fritz (Hrsg.): *Literaturimport und Literaturkritik. Das Beispiel Frankreich*, Narr, Tübingen 1996, S. 81-91.

Ders.: „Traduction et transfert culturel“, in: Lombez, Christine/Von Kulessa, Rotraud (Hrsg.): *De la traduction et des transferts culturels*, L' Harmattan, Paris 2007, S. 93-111.

Kambas, Chryssoula: „Walter Benjamins *Die Aufgabe des Übersetzers*“, in: Brüggemann, Heinz/Oesterle, Günter (Hrsg.): *Walter* Benjamin *und die romantische Moderne*, Königshausen & Neumann, Würzburg 2009, S. 203-228.

Kant, Immanuel: *Kritik der Urteilskraft* (= Philosophische Bibliothek, Bd. 507), 2. Auflage, Felix Meiner, Hamburg 2006.

Kasper, Judith: „Das Rezensionswesen im Wandel – Autonomie und Heteronomie der Literaturkritik im Spiegel der Rezeption der französischen Literatur durch das deutsche Feuilleton“, in: Eggeling, Giulia/Segler-Meßner, Silke (Hrsg.): *Europäische Verlage und romanische Gegenwartsliteraturen. Profile, Tendenzen, Strategien*, Narr, Tübingen 2003, S. 239-251.

Kessler, Florian: „Wie sich der Mond im Wasser spiegelt. Eine turbulente Gala in Frankfurt kürte den schönsten ersten Satz“, in: *Süddeutsche Zeitung*, vom 08.11.2007.

Kijowska, Marta: „Kaschubische Geburtstagsgrüße: Mitten im Wahlkampf feiert Danzig den Achtzigsten von Grass“, in: *Frankfurter Allgemeine Zeitung*, vom 08.10.2007.

Kim, Nury: *Allegorie und Authentizität. Zwei ästhetische Modelle der Aufarbeitung der Vergangenheit: Günter Grass' Die Blechtrommel und Christa Wolfs Kindheitsmuster* (= Europäische Hochschulschriften, Reihe 1: Deutsche Sprache und Literatur, Bd. 1534), Peter Lang, Frankfurt a.M. 1995.

Kister, Kurt: „Warum schwieg der Redner? Mit dem späten Bekenntnis zum Dienst in der Waffen-SS hat Grass seine eigenen Ansprüche verletzt“, in: *Süddeutsche Zeitung*, vom 14.08.2006.

Klawitter, Arne/Ostheimer, Michael: *Literaturtheorie. Ansätze und Anwendungen*, Vandenhoeck & Ruprecht, Göttingen 2008.

Klein, Georg: „Les réflexions d'un écrivain allemand après la révélation, par le Prix Nobel de littérature 1999, de son engagement dans la Waffen-SS. Günter Grass, le monument mis à bas“, in: *Le Monde*, vom 25.08.2006.

Köppe, Tilmann/Winko, Simone: *Neuere Literaturtheorien. Eine Einführung*, J. B. Metzler, Stuttgart/Weimar 2008.

Krause, Tilmann: „Der Dreckspatz von Paris. Eine Begegnung mit Michel Houellebecq, dem Dark Star der französischen Gegenwartsliteratur", in: Steinfeld, Thomas (Hrsg.): *Das Phänomen Houellebecq*, DuMont, Köln 2001, S. 27-32.

Ders.: „Frankreich kommt wieder", in: *Die Welt*, vom 20.04.2002.

Ders.: „Schafft den Menschen ab. Michel Houellebecqs Roman über das liberale Zeitalter", in: *Die Welt*, vom 04.09.1999

Kreher, Corinna: *Michel Houellebecq in der Kritik. Die Rezeption des Autors in Frankreich und Deutschland*, unveröffentlichte Magisterarbeit Jena 2008.

Lahn, Silke/Meister, Jan Christoph: *Einführung in die Erzähltextanalyse*, J. B. Metzler, Stuttgart/Weimar 2008.

Lancelin, Aude/Monnier, Vincent: „La fracture Houellebecq", in: *Le nouvel observateur*, vom 27.10.2005.

Leinen, Frank: „„Limites et possibilités du transfert culturel. L'exemple de la traduction allemande de *L'Amour, la fantasia*, d'Assia Djebar"", in: Lombez, Christina/Von Kulessa, Rotraud (Hrsg.): *De la traduction et des transferts culturels*, L'Harmattan, Paris 2007, S. 137-156.

Leparmentier, Arnaud: „Günter Grass bat le tambour pour les Verts allemands", in: *Le Monde*, vom 08.09.1998.

Ders.: „Günter Grass, écrivain des dissonances de l'histoire allemande. Un prix tardif qui achève de réconcilier l'Allemagne avec elle-même", in: *Le Monde*, vom 02.10.1999.

Lepenies, Wolf: „Kultur statt Politik", in: *Süddeutsche Zeitung*, vom 28.10.2000.

Lessing, Gotthold Ephraim: *Hamburgische Dramaturgie*, BCU, Lausanne 1786.

Löffler, Sigrid: „Heißgeredet, totgeschrieben. Der Fall Fonty – ein Fall Grassomanie", in: *Süddeutsche Zeitung*, vom 26.08.1995.

Lorou, Blé Richard: *„Erinnerung entsteht auf neue Weise". Wende und Vereinigung der deutschen Romanliteratur*, Ludwig, Kiel 2003.

Lüdke, Martin: „Dampfende Rollenprosa. „Die Box", ein Trick: Günter Grass lässt seine Autobiographie von seinen Kindern fortsetzen", in: *Frankfurter Rundschau*, vom 26.08.2008.

Lüsebrink, Hans-Jürgen: *Interkulturelle Kommunikation. Interaktion, Fremdwahrnehmung, Kulturtransfer*, 2. Auflage, J. B. Metzler, Stuttgart/Weimar 2008.

Magenau, Jörg: „Heilig-hanseatische Dreifaltigkeit. Der Lübecker Festakt zum 80. Geburtstag von Günter Grass“, in: *Süddeutsche Zeitung*, vom 29.10.2007.

Mannoni, Olivier: *Günter* Grass. *L'honneur d'un homme*, Bayard, Paris 2000.

Marsden, Peter H.: „Analyse der Zeit“, in: Wenzel, Peter (Hrsg.): *Einführung in die Erzähltextanalyse. Kategorien, Modelle, Probleme* (= WVT-Handbücher zum literaturwissenschaftlichen Studium, Bd. 6), Wissenschaftlicher Verlag, Trier 2004, S. 89-110.

Martinez, Matias/Scheffel, Michael: *Einführung in die Erzähltheorie*, C. H. Beck, München 1999.

Matthes, Lothar: „Literaturkritik als Mittler fremder Kulturen – (heraus-) gefordert oder überfordert?“, in: *Dokumente* (52, 3) 1996, S. 230-233.

Matz, Wolfgang: „France-Allemagne: des relations négligées?“, in: *Le Monde*, vom 16.03.2001.

Mecke, Jochen: „Der Fall Houellebecq: Zu Formen und Funktionen eines Literaturskandals“, in: Eggeling, Giulia/Segler-Meßner, Silke (Hrsg.): *Europäische Verlage und romanische Gegenwartsliteraturen. Profile, Tendenzen, Strategien*, Narr, Tübingen 2003, S. 194-2

Meister, Martina: „Geheul. Bali und Houellebecqs Insel“, in: *Frankfurter Rundschau*, vom 15.10.2002.

Dies.: „Sprechen Sie Freutsch? Frankreichsucht das Geheimnis deutscher Literatur“, in: *Frankfurter Rundschau*, vom 21.03.2001.

Metz, Petra: „Houellebecq, Franzen & Co. Die Suche nach dem Bestseller oder Nischenprogramm? Tendenzen des Literaturimports in deutschen Verlagen“, in: *Internationales Archiv für Sozialgeschichte der deutschen Literatur*, Bd. 29, (2) 2004, S. 26–40.

Metzger, Chantal: „Introduction: France – Allemagne – Amérique du Nord. Transferts – Images – Relations“, in: dies./Kaelble, Hartmut (Hrsg.): *Deutschland – Frankreich – Nordamerika: Transfer, Imaginationen, Beziehungen* (= Schriftenreihe des deutsch-französischen Historikerkomitees, Bd. 3), Steiner, Stuttgart 2006, S. 7-10.

Mews, Siegfried: *Günter Grass and his critics. From „The tin drum“ to „Crabwalk“*, Camden House, Rochester 2008.

Meynier-Heydenreich, Frédéric: *Die Literatur der Anderen. Fünf Jahre deutsch-französische Literaturkritik (1995-1999)* (= Europäische Hochschulschriften, Reihe 1: Deutsche Sprache und Literatur, Bd. 1906), Peter Lang, Frankfurt a.M. 2004.

Middell, Katharina/Middell, Matthias: „Forschungen zum Kulturtransfer. Frankreich und Deutschland", in: *Grenzgänge* (10, 1) 2001, S. 107-122.

Mihm, Emil: *Studien zum französischen Roman der Jahrtausendwende*, Schwob, Fulda 2006.

Millot, Lorraine: „Günter Grass veut reléguer Kohl au musée de l'Histoire. L'écrivain souhaite un gouvernement de coalition rouge-vert", in: *Libération*, vom 08.09.1998.

Dies.: „Un thème tabou fait le succès de Günter Grass. En octobre, le Seuil publiera la traduction française", in: *Libération*, vom 18.02.2002.

Mittenzwei, Werner: *Die Intellektuellen. Literatur und Politik in Ostdeutschland 1945-2000*, Faber & Faber, Berlin 2003.

Mommsen, Hans: „Grass' Spießrutenlauf. Die Empörung ist so typisch wie verlogen", in: *Frankfurter Rundschau*, vom 16.08.2006.

Montaigne, Véronique: „Transparence de Houellebecq", in: *Le Monde*, vom 22.04.2000.

Moritz, Rainer: „Sur la nouvelle séduction de la littérature allemande contemporaine", in: *Documents* (57, 1) 2001, S. 81-89.

Moser, Sabine: *Günter* Grass. *Romane und Erzählungen* (= Klassiker-Lektüren, Bd. 4), Schmidt, Berlin 2000.

Müller, Jochen: *Von Kampfmaschinen und Ballkünstlern. Fremdwahrnehmung und Sportberichterstattung im deutsch-französischen Kontext*, Röhrig Universitätsverlag, St. Ingbert 2004.

Müller, Lothar: „Die Zustimmungsmaschine. Günter Grass, „die Box" und das unheimliche Prinzip des Kuddelmuddels", in: *Süddeutsche Zeitung*, vom 26.08.2008.

Nabokov, Wladimir: *Lolita*, 1. Auflage, Volk und Welt, Berlin 1989.

Naulleau, Éric: „Silence, on vend", in: *Le Figaro*, vom 18.08.2005.

Nehr, Harald: „Du *rag-time* au *be-bop*. Houellebecq et le roman existentialiste", in: *Lendemains* (126/127) 2007, S. 118-127.

Neuhaus, Stefan: *Literaturkritik. Eine Einführung*, Vandenhoeck & Ruprecht, Göttingen 2004.

Nickel, Gunther: „Krise der Literaturkritik. Historische Dimensionen eines aktuellen Themas", in: Ders. (Hrsg.): *Kaufen! statt Lesen! Literaturkritik in der Krise?*, Wallstein, Göttingen 2005, S. 5-17.

Niemann, Tanja: *Der Transfer französischer Gegenwartsliteratur auf den deutschen Buchmarkt*, unveröffentlichte Magisterarbeit, Leipzig 2004.

Nies, Fritz: „Importbetrieb französische Literatur. Ein Jahrtausend Übersetzungen", in: *Dokumente* (60, 2) 2004, S. 30-41.

Ders.: *Schnittpunkt Frankreich. Ein Jahrtausend Übersetzen* (= Transfer. Literatur – Übersetzung – Kultur, Bd. 20), Narr, Tübingen 2009.

Nietzsche, Friedrich: *Also sprach Zarathustra*, Reclam, Stuttgart 1993.

Noguez, Dominique: *Houellebecq, en fait*, Fayard, Paris 2003.

Ders.: „Le style de Michel Houellebecq", in: *L'Atelier du roman* (18) 1999, S. 17-22.

Ders.: „Le style de Michel Houellebecq (2)", in: *L'Atelier du roman* (19) 1999, S. 121-134.

Nordmann, Jean-Thomas: *La critique littéraire française au XIXe siècle (1800-1914)*, Le livre de poche, Paris 2001.

Norfolk, Lawrence: „Die Sehnsucht nach einer ungeschehenen Geschichte. Warum Bernhard Schlinks Roman „Der Vorleser" ein so schlechtes Buch ist und allein sein Erfolg einen tieferen Sinn hat", in: *Süddeutsche Zeitung*, vom 27.04.2002.

O. N.: „Die wichtigsten deutschen Intellektuellen. Geistige Wirkung ist meßbar: Ein erstes Internetranking für die gebildeten Stände", in: *Frankfurter Allgemeine Zeitung*, vom 27.01.2002.

O. N.: „Irak-Politik. Deutsche Intellektuelle verteidigen Schröder", in: *Frankfurter Rundschau*, vom 27.02.2003.

O. N.: „Michel Houellebecq darf gegen den Islam wettern", in: *Frankfurter Rundschau*, vom 23.10.2002.

O. N.: „Michel Houellebecq, Hors Série", in: *Les inrockuptibles,* vom 27.05.2005.

O. N.: „„So muss ich das Kainsmal wohl hinnehmen'. Günter Grass schreibt an Israel um seine Mitgliedschaft in der Waffen-SS zu erklären und sein langes Schweigen", in: *Frankfurter Rundschau*, vom 10.11.2006.

Øhrgaard, Per: *Ein deutscher Schriftsteller wird besichtigt*, Zsolnay, Wien 2005.

Patricola, Jean-François: *Michel* Houellebecq *ou la provocation permanente*, Archipel, Paris 2005.

Poier-Bernhard, Astrid: „Comptes rendus", in: *Œuvres et critiques* (XXIII, 1) 1998, S. 141-143.

Poulet, Georges: *La conscience critique*, 4. Ausgabe, Corti, Paris 1998.

Prantl, Heribert: „Irritationen im Bonner Chorgesang. Wie Grass und Hintze es geschafft haben, ein verdrängtes Thema wieder zum Thema zu machen", in: *Süddeutsche Zeitung*, vom 22.10.1997.

Pröll, Julia: *Das Menschenbild im Werk Michel Houellebecqs. Die Möglichkeit existenzorientierten Schreibens nach Sartre und Camus*, M-Press, München 2007.

Pürer, Heinz/Raabe, Johannes (Hrsg.): *Medien in Deutschland. Presse*, Bd. 1, 2., korrigierte Auflage, UVK-Verlagsgesellschaft, Konstanz 1996.

Ravoux Rallo, Elisabeth: *Méthodes de la critique littéraire*, Armand Colin, Paris 1999.

Reents, Edo: „Ich war dabei. Das Treffen in Behlendorf: Günter Grass verarbeitet sein SS-Geständnis", in: *Frankfurter Allgemeine Zeitung*, vom 21.03.2007.

Rempe-Thiemann, Norbert: *Günter* Grass *und seine Erzählweisen. Zum Verhältnis von Mythos und literarischer Struktur* (= Bochumer germanistische Studien, Bd. 2), Brockmeyer, Bochum 1992.

Rey, Alain (Hrsg.): *Dictionnaire culturel en langue française*, Le Robert, Paris 2005.

Richard, Lionel: „Esthétique et politique. D*'Anesthésie locale à Toute une histoire*", in: *Magazine littéraire* (381) 1999, S. 45-49.

Ritte, Jürgen: „Célines Korrespondenz in der Pléiade", in: *Dokumente* (65, 2) 2010, S. 69f.

Ritzenhofen, Medard: „Der deutsche Houellebecq", in: *Die Welt*, vom 18.12.1999.

Röseberg, Dorothée: *Kulturwissenschaft Frankreich*, Klett, Stuttgart/Düsseldorf/Leipzig 2001.

Rosenzweig, Luc: „Günter Grass dépecé par la critique", in: *Le Monde*, vom 23.08.1995.

Rossignol, Lorraine: „L'interminable chute du mythe Günter Grass", in: *Le Monde*, vom 05.09.2008.

Rühle, Axel: „Tanz mir den Husserl. Der Schriftsteller Michel Houellebecq gibt in Mainz ein Konzert", in: *Süddeutsche Zeitung*, vom 20.10.1999.

Saenen, Frédéric: „Sur l'écriture de Michel Houellebecq", in: *Anales de filología francesa* (10) 2001, S. 157-167.

Salles, Alain: „Michel Houellebecq change d'éditeur pour faire du cinéma", in: *Le Monde*, vom 29.04.2004.

Savigneau, Josyane: „Littérature et bien-pensance", in: *Le Monde*, vom 11.11.1998.

Schaub, Mirjam: „Die Feigheit des Affekts. Bei Houellebecq kommt das Ressentiment wieder zu seinem Recht", in: Steinfeld, Thomas (Hrsg.): *Das Phänomen Houellebecq*, DuMont, Köln 2001, S. 33-47.

Schlögel, Karl: „Die Sprache des Krebses. Der neue Grass und die Erinnerung an die Vertreibung", in: *Frankfurter Rundschau*, vom 12.03.2002.

Schmidt, Bernhard u. a., *Frankreich-Lexikon*, 2., überarbeitete Auflage, Schmidt, Berlin 2005.

Schmidt, Thomas E.: „Widerstand durch Mitarbeit. Gesellschaftskritik erreicht die Politik kaum noch. Warum der Intellektuelle sich heute die Verachtung der Gegenwart nicht leisten kann", in: *Die Zeit*, vom 17.10.2002.

Schneider, Jost: *Einführung in die Romananalyse* (= Einführungen Germanistik, ohne Angabe des Bandes), Wissenschaftliche Buchgesellschaft, Darmstadt 2003.

Schnyder, Peter: „Wertevermittlung über (Sprach-)grenzen hinaus. Plädoyer für Rezensionen zu noch nicht übersetzten Büchern in Tageszeitungen", in: Nies, Fritz (Hrsg.): *Literaturimport und Literaturkritik. Das Beispiel Frankreich*, Narr, Tübingen 1996 , S. 30-37.

Schober, Rita: *Auf dem Prüfstand. Zola –Houellebecq – Klemperer*, Frey, Berlin 2003.

Dies.: „Weltsicht und Realismus in Michel Houellebecqs utopischem Roman *Les particules élémentaires*", in: *Romanistische Zeitschrift für Literaturgeschichte/Cahiers d' histoire des littératures romanes* (25) 2001, S. 177-211.

Schreiber, Wolfgang: „Anspielstationen", in: *Süddeutsche Zeitung*, vom 15.06.2004.

Schulte-Sasse, Jochen: *Literarische Wertung*, 2., völlig neu bearbeitete Auflage, Metzler, Stuttgart 1976.

Schulz, Christian: *Die Vermittlung französischer Literatur in Deutschland. Eine Analyse ausgewählter Literaturkritik in der Presse zwischen 1990 und 1995*, unveröffentlichte Magisterarbeit, Duisburg 1995.

Schutte, Jürgen: *Einführung in die Literaturinterpretation* (= Sammlung Metzler, Bd. 217), 5., aktualisierte und erweiterte Auflage, J. B. Metzler, Stuttgart/Weimar 2005.

Schwibs, Bernd: „Einige lose Bemerkungen zur Literaturkritik", in: Nies, Fritz (Hrsg.): *Literaturimport und Literaturkritik. Das Beispiel Frankreich*, Narr, Tübingen 1996, S. 48-52.

Siepe, Hans T.: „‚Au pays des critiques heureux'? Französische Belletristik in deutscher Literaturkritik", in: Nies, Fritz (Hrsg.): *Literaturimport und Literaturkritik. Das Beispiel Frankreich*, Narr, Tübingen 1996, S. 92-112.

Silber, Martine: „Attentes et préjugés. Editeurs et traducteurs tentent de transmettre leurs passions et leurs découvertes", in: *Le Monde*, vom 16.03.2001.

Simanowski, Roberto: „Wem gefallen gefallene Mythen? Christa Wolfs „Medea" – eine Stimme", in: *Tabula Rasa. Jenenser Zeitschrift für kritisches Denken* (11) 1996, online aufgerufen unter: < http://www.tabvlarasa.de/11/rezsim2.php > am 05.07.2010.

Stäblein, Ruthard: „Ausweitung der Badezone. Schalenkoffertiere: Gedichte des Gnostikers Michel Houellebecq", in: *Frankfurter Allgemeine Zeitung*, vom 20.06.2001.

Steinfeld, Thomas: „Einleitung", in: ders. (Hrsg.): *Das Phänomen Houellebecq*, DuMont, Köln 2001, S. 7-26.

Ders.: „Helle Welle. Alle reden von Berlin: Die deutsche Literatur in Paris", in: *Frankfurter Allgemeine Zeitung*, vom 20.03.2001.

Ders.: „Mit beiden Händen nach der Welt gegriffen", in: *Frankfurter Allgemeine Zeitung*, vom 06.10.1999.

Stolz, Dieter: *Günter* Grass *zur Einführung*, Junius, Hamburg 1999.

Stolz, Joëlle: Houellebecq votera pour Chevènement", in: *Le Monde*, vom 15.02.2002.

Tonnet-Lacroix, Eliane: *La littérature française et francophone de 1945 à l' an 2000*, L' Harmattan, Paris 2003.

Vernet, Daniel: „Günter Grass, écrivain des dissonances de l' histoire allemande. Un citoyen écrivain", in: *Le Monde*, vom 02.10.1999.

Von Heydebrand, Renate/Winko, Simone: *Einführung in die Wertung von Literatur. Systematik – Geschichte – Legitimation*, Schöningh, Paderborn 1996.

Von Lovenberg, Felicitas: „Der Elfenbeinturm ist des Elefanten Tod. Hundert Jahre Nobelpreis“, in: *Frankfurter Allgemeine Zeitung*, vom 07.12.2001.

Von Uthmann, Jörg: „Der Herbst der Bücher“, in: *Die Welt*, vom 18.09.2003.

Voswinkel, Gerd: „Der Abstammungsromancier. Was Michel Houellebecqs Determinismus mit dem Naturalismus Zolas zu tun hat“, in: *Frankfurter Rundschau*, vom 01.04.2000.

Wehle, Winfried: „Der langsame Abschied vom nahen Fremden“, in: Nies, Fritz (Hrsg.): *Literaturimport und Literaturkritik. Das Beispiel Frankreich*, Narr, Tübingen 1996, S. 157-167.

Wenzel, Peter (Hrsg.): *Einführung in die Erzähltextanalyse. Kategorien, Modelle, Probleme* (= WVT-Handbücher zum literaturwissenschaftlichen Studium, Bd. 6), Wissenschaftlicher Verlag, Trier 2004.

Wetterwald, Denis: „Michel Houellebecq, un écrivain avant tout!“, in: *L'Atelier du roman* (18) 1999, S. 51-54.

Wetzel, Christoph: Art. „Belletristik“, in: Harenberg, Bodo u. a. (Hrsg.): *Harenberg Literaturlexikon. Autoren, Werke und Epochen – Gattungen und Begriffe von A bis Z*, 2. Auflage, Harenberg Lexikon Verlag, Dortmund 2001.

Wetzel, Johannes: „Vom Terrorismus des Vergnügens. Wie im Frankreich der Siebziger Pädophilie verteidigt wurde“, in: *Berliner Zeitung*, vom 19.04.2001.

Widmann, Arno: „Die Unfähigkeit zu feiern. In Göttingen gibt es zum 80. Geburtstag von Günter Grass eine Dichterehrung wie noch nie“, in: *Frankfurter Rundschau*, vom 22.10.2007.

Wierlacher, Alois (Hrsg.): *Kulturthema Fremdheit. Leitbegriffe und Problemfelder kulturwissenschaftlicher Fremdheitsforschung*, Iudiucm, München 1993.

Wintzen, René: „Un bouffon qui recrée le monde. Du *Tambour* jusqu'à *Anesthésie locale*, la première période romanesque de Günter Grass, hantée par le souvenir du passé“, in: *Magazine littéraire* (381) 1999, S. 43f.

Zima, Peter V.: *Das literarische Subjekt. Zwischen Spätmoderne und Postmoderne*, Francke, Tübingen/Basel 2001.

Zimmermann, Harro: *Günter Grass unter den Deutschen. Chronik eines Verhältnisses*, Steidl, Göttingen 2006.